Konzepte der Humanwissenschaften

Michael Winkler

Eine Theorie der Sozialpädagogik

Klett-Cotta

Verlagsgemeinschaft Ernst Klett Verlag –
J. G. Cotta'sche Buchhandlung

Printed in Germany
Umschlag: Klett-Cotta-Design
Satz und Druck auf säurefreiem und holzfreiem
Werkdruckpapier: Hieronymus Mühlberger, Gersthofen
Bindearbeiten: Ludwig Auer, Donauwörth

CIP-Titelaufnahme der Deutschen Bibliothek
Winkler, Michael:
Eine Theorie der Sozialpädagogik : über Erziehung als
Rekonstruktion d. Subjektivität / Michael Winkler. – Stuttgart :
Klett-Cotta, 1988
(Konzepte der Humanwissenschaften)
ISBN 3-608-93128-7

Inhalt

Vorwort

Einen Anhalter auf eine Reise einzuladen, die man schon länger angetreten hat, bei der man jedoch weder weiß, wann und wo sie begann, noch ihr Ziel angeben kann, mutet wie eine modernisierte Form des Menschenraubs an. Doch wer sich, entgegen aller Warnung, gegen bedachte Vorbehalte und trotz des zweifelnden Spotts an das Wagnis einer Theorie der Sozialpädagogik macht, mutet seinem Leser eine vergleichbare Situation zu.

Nicht nur, daß dieser selbst schon auf der Reise sein muß. Theoriearbeit endet in der Sozialpädagogik nicht mit der Leistung des Autors, sondern erfordert die Mitarbeit des Lesers. Er muß das Vorgelegte als eine Karte nutzen, aber auch als einen Führer, der auf Denk-, Merk- und Sehenswürdigkeiten aufmerksam macht. Hinsehen, erkennen und urteilen muß er jedoch selbst; ja, er muß noch – wie bei Reiseführern üblich – verärgert das eigene bessere Wissen entdecken. (Dieser Zwang zur Mitarbeit gründet übrigens in der Sache selbst, die hier als Sozialpädagogik verhandelt wird. Sie berührt nämlich Grenzen und Randpunkte der menschlichen Existenz, die sich nicht auf allgemeine Sätze, vielleicht nicht einmal auf sprachliche Äußerungen reduzieren lassen. Man muß sich selbst beteiligen; Theorie der Sozialpädagogik vollendet sich somit durch den Anteil des Lesers in je idiomorpher Gestalt.)

Nicht nur, daß Herkunft und Anfang im Dunkeln bleiben: Die Theorie der Sozialpädagogik geht von ungeklärten Grundlagen aus; deshalb klingen ihre Sätze häufig apodiktisch, scheinen einem purem Dezisionismus entsprungen. Oder sie verfangen sich in Selbstkritik. (Dies hängt mit der historischen Situation zusammen, in der die theoretische Annäherung gewagt wird.) Es drückt aber auch Absicht aus. Zwar geht es keineswegs um eine voraussetzungslose Theorie, wohl aber um einen Neuanfang, der nicht bei einer Auseinandersetzung stehenbleibt, über welche man dann nicht mehr hinausschreitet. Zugegeben: der Wissenschaftspurist muß dies verwerfen. Doch mit welchem Recht? Wo finden sich denn Voraussetzungen und Grundlagen, deren man sich als Voraussetzungen und Grundlagen einer Theorie der Sozialpädagogik schon gewiß sein kann? Haftet einer Kritik der Voraussetzungen, auch einer Diskussion der methodologischen Grundlagen nicht ebenso der Mangel an, voreilig ohne Erörterung der Sache selbst entscheiden zu müssen?

Vor allem aber bleiben Ergebnis und Ertrag dieser Theorie der Sozialpädagogik im Ungewissen. Einwenden läßt sich, man wisse nach ihrer Lektüre kaum mehr als vor dieser, fände vieles überhaupt nicht erwähnt, einiges unzureichend wiedergegeben; wenig sei erklärt, eigentlich nichts bewiesen. »Abgesehen davon, daß die meisten Gedanken schon recht alt sind, ist es doch ein glatter Euphemismus, hier von Theorie zu sprechen!«

Diese Kritik ist berechtigt. Sie verfehlt dennoch die Absicht der vorgetragenen Überlegungen: Der vorgelegte Ansatz zielt auf die *Systematisierung* von Problemen, die eine theoretische Bearbeitung als Probleme der Sozialpädagogik erst noch erfordern. Kurz: er will diese Probleme erst einfangen und in einen Kontext bringen. Weder löst er sie, noch will er Erklärungen, gar Aussagen über Gesetzmäßigkeiten anbieten, die vielleicht technologisch, oder prognostisch und technisch genutzt werden können. Theorie der Sozialpädagogik wird hier topologisch und topographisch betrieben: Topologisch erfaßt sie die konstanten Problemfelder, in welche ein Denken mündet, das ein Handeln als sozialpädagogisch reflektiert. Topographisch beschreibt sie die Eigenschaften dieser Probleme. In ihrer Gesamtheit soll sie ein Netz von Beziehungen repräsentieren, in welchen sich das sozialpädagogische Terrain darstellt. Sie verzeichnet, mit anderen Worten, *geordnet* die längst bekannten Materien. (Auch hier sind letztlich historische Umstände geltend zu machen: Angesichts einer um Sachfragen wenig besorgten Ablehnung sozialer Dienstleistungen sowie des pädagogischen Handelns und Denkens, angesichts aber auch eines zunehmenden Legitimationsdrucks innerhalb der fachlichen Diskussion, scheint es erforderlich, die Identität von Sozialpädagogik wenigstens im Umriß zu sichern. Dies ist nicht affirmativ gemeint. Zwar könnte der eingeschlagene Weg zur Grundlegung einer Disziplin führen, die bislang jenseits ihrer theoretischen Verlegenheit nur in Studienkonzeptionen ihr Profil fand[1]*; doch ist dies unmittelbar

* Die hochgestellten Ziffern beziehen sich auf den Anmerkungsteil ab Seite 337.

nicht beabsichtigt. Wenn die verstreuten und zusammenhanglosen Materien in eine Ordnung gebracht werden, so geschieht dies, um eine sprachliche Verständigung über die Probleme der Sozialpädagogik zu ermöglichen. Allerdings soll damit schon der – die fachliche Auseinandersetzung in den letzten dreißig Jahren bestimmenden – Tendenz ein Ende bereitet werden, Theoriearbeit als Ablage unerledigter Fragen zu betreiben.) Die Originalität des Ansatzes liegt somit im systematischen Zusammenhang. Dabei darf nicht verschwiegen werden, daß man sich mit dieser Bemühung stets in der Nähe des Trivialen bewegt.

Theorie der Sozialpädagogik ist ein schwieriges und hartes Geschäft. Allein die Menge der in ihr zu verarbeitenden Literatur erfordert eigentlich einen kollektiven Forschungsprozeß; eine kollegiale und kritische Auseinandersetzung wäre in ihm gefordert. Die nötigen empirischen Untersuchungen müßten arbeitsteilig über lange Zeiträume durchgeführt werden. Damit deuten sich die Restriktionen des vorgelegten Textes an: Er ist in einer für das Selbstverständnis moderner Wissenschaft, wie auch angesichts der Komplexität des bearbeiteten Gegenstandes geradezu absurd anachronistisch anmutenden Einzelarbeit entstanden. Sie sah sich dem Dilemma ausgesetzt, zwischen einem grundlegenden Neuzugang, dessen Begründung und Darstellung in ihrem Abstraktionsgrad wissenschaftlichen Ansprüchen kaum genügen, und einer gegenständlichen Begrenzung wählen zu müssen, die dann allerdings die Grundprobleme unberührt gelassen hätte. Nicht zuletzt aus pragmatischen Gründen fiel trotz aller Bedenken die Entscheidung für den ersten Weg. Damit war aber auch vorgezeichnet, daß die vorgelegte Theorie diesen Namen nicht verdient; sie müßte eigentlich »Bemerkungen zur Theorie der Sozialpädagogik« heißen. Sollte sie zum Gespräch anregen, gar helfen, einzelne Forschungsvorhaben zu konkretisieren, hätte sie sich dennoch gelohnt.

Mein Dank gilt den Studenten, die – hoffentlich ohne größeren Schaden zu nehmen – meine jeweiligen theoretischen Vorlieben und Launen gelassen ertragen haben. Er gilt – stellvertretend – den Kollegen der Universitäten Bielefeld, Frankfurt und Tübingen, sowie den Kollegen an der Evangelischen Stiftungsfachhochschule Nürnberg. Sie haben mit ihrem kritischen Interesse Mut gemacht, das angefangene Unternehmen wider alle Zweifel zu Ende zu führen. Angelika Fischer, Stephan Buchkremer und Karl-

Heinz Hamm haben mich mit der Bitte um Supervision ihrer pädagogischen Arbeit empirisch vor einem Höhenflug bewahrt, der vermutlich in der Glut des Theoriehimmels geendet hätte; aus der Arbeit mit ihnen, aber auch aus den Auseinandersetzungen im Verein für sozialpädagogische Jugendbetreuung habe ich mehr Einsichten gewonnen als aus dem langjährigen Studium der wissenschaftlichen Literatur.

Dem Lehrstuhl I am Institut für Pädagogik der Universität Erlangen verdanke ich den kaum vorstellbaren, zuweilen sogar erschreckenden Freiraum und die materiellen Subsistenzmittel. Die Kollegen dort, in situativ ähnlicher Betroffenheit insbesondere Karlheinz König, wurden zu neugierigen Gesprächspartnern. Mit meinem Lehrer Wolfgang Sünkel verbindet mich nun Freundschaft.

Erstaunlich genug, und vom Verfasser kaum verdient, blieben nahezu alle Freunde; sie waren bewundernswert geduldig und nachsichtig. Die Last des Unternehmens aber trug meine Frau Ute; Dorothea Knodt, Ulrich von Löhneysen und Susanne Neumann haben uns in kritischer Solidarität geholfen, vor allem auch den Diskurs ermöglicht. Allen Genannten sei daher die Arbeit gewidmet.

Für die Druckfassung habe ich auf einen Teil der ursprünglich vorgesehenen Anmerkungen verzichtet; sofern sie konkretisierende Beispiele enthielten oder weiterführende Perspektiven entwarfen, hoffe ich, diese in späteren Veröffentlichungen aufnehmen und vorstellen zu können.

Nürnberg, im September 1987 *Michael Winkler*

Wider die Macht der Techniker: Über die Möglichkeit einer Theorie der Sozialpädagogik

1 Von den Schwierigkeiten mit einer Theorie der Sozialpädagogik[1]

Die Theorie der Sozialpädagogik[2] ist ein schwieriges Geschäft, das sich nicht von selbst versteht. Ihr Anliegen kann kaum auf unbedingte Zustimmung hoffen, noch findet es Voraussetzungen, die als hinreichend gesichert gelten[3]. Damit ist zwar kein neuer Sachverhalt genannt, denn der Streit um die Sozialpädagogik und ihr angemessenes begriffliches Verständnis ist nahezu so alt wie der Terminus selbst und die Beschäftigung mit dem Thema. Aber in der eigentümlichen Gleichzeitigkeit von Tendenzen der Modernisierung und Demodernisierung, welche wenigstens die fortgeschrittenen Staaten und Gesellschaften gegenwärtig auszeichnen, hat das Nachdenken über Sozialpädaogik an Brisanz gewonnen. Mehr als das: Sozialpädagogik ist ein prekäres Thema geworden[4].

Das hat drei Gründe. *Erstens:* Mit der Krise wohlfahrtsstaatlicher Organisationsformen ist die Sozialpädagogik politisch und wissenschaftlich auf den unterschiedlichsten Ebenen ins Gerede gekommen. Die Finanzprobleme der öffentlichen Haushalte und Sozialversicherungen haben zu materiellen Restriktionen geführt, die nicht nur die erforderlichen Handlungsspielräume einschränken, sondern gesellschaftlich getragene Sozialisationsprozesse und Hilfeleistungen überhaupt in Frage stellen. Effektivitätsüberlegungen laufen parallel zu einer politischen Umorientierung nach neoliberalen Mustern, die sich in ihrer Kritik an der Herrschaft bürokratisierter sozialer Dienste und der Forderung nach einer im höheren Maße eigenverantwortlichen Tätigkeit anstelle sozialpolitischer Versorgung in eigenartiger Nähe zu den Vorbehalten bewegen, die aus eher gesellschaftskritisch »alternativer« Überzeugung vorgebracht werden. Sozialpädagogik zeigt sich dort als eine auf Pazifierung und Disziplinierung ausgerichtete Instanz, die der Herrschaftslogik polizeilichen Handelns folgt, dabei Möglichkeiten und Fähigkeiten zur Selbsthilfe zerstört, soziale und pädagogische Probleme den Betroffenen enteignet oder sie gar erst erzeugt.

Gleichzeitig und als Folge der veränderten politischen Konstellationen nehmen die Aufgaben und Probleme für – im weitesten Sinne des Ausdrucks – soziale Dienste in einem Maße zu, daß – mit einem Wort von Claus Offe zu sprechen – die sozialen Sicherungen durchzubrennen drohen[5]: Ökonomische Stagnation und Innovationen im Produktionsbereich haben zu einer Arbeitslosigkeit in einem nach dem 2. Weltkrieg kaum bekannten Ausmaß geführt; die »alte soziale Frage«[6] ist wieder aktuell geworden. Allerdings lösen die auf Modernisierung – etwa der Kommunikationsmedien – zielenden Veränderungen im gesellschaftlichen System die traditionellen Sozialbezüge auf, die individuelle Krisen gewöhnlich abfingen; zudem haben sich die naturwüchsig entstandenen Raum- und Zeitordnungen zunehmend zersetzt. Sie sind rational organisierten Formen des gesellschaftlichen Lebens gewichen. Kinder und Jugendliche (und hier wiederum besonders Ausländer und Mädchen[7]) sind hiervon vornehmlich betroffen: Nicht nur stellen fehlende Ausbildungs- und Arbeitsperspektiven ihre Sozialisation in einer Arbeitsgesellschaft und in diese hinein in Frage; vielmehr sind auch die Lebensorte und Rückzugsmöglichkeiten verloren gegangen, in denen – entlastet von gesellschaftlichem Erwartungsdruck – selbstbestimmte Erfahrungen möglich wurden. Kurz: »Die Jugendphase ist heute zu einem Krisenphänomen geworden«[8].

Verschärfend wirkt sich dabei aus, daß die organisierten und informellen Formen kollektiver Bewältigung von sozialen Problemen auseinandergebrochen sind oder durch die Eingliederung in das staatliche System die Nähe zu den Betroffenen, aber auch ihre Legitimation verloren haben[9]. Gesellschaftliche Strukturdefekte, aber auch die Kosten von Modernisierung und Demodernisierung müssen deshalb in doppelter Hinsicht als individuelle Krisen verarbeitet werden. Sie belasten nicht nur den einzelnen, sondern sollen von ihm in Lernprozessen bewältigt werden. Auch dies gilt in erheblichem Maße für die Belastungen, denen Kinder und Jugendliche ausgesetzt sind: Sie müssen individualisierend gesellschaftlich angebotene Möglichkeiten zur Krisenbearbeitung annehmen, die dann in einem eigenartigen circulus vitiosus ihre Lebenschancen zusätzlich verschlechtern.

Zweitens: Gegenüber der in ihrer Komplexität nur angedeuteten Situation findet sich die Sozialpädagogik vergleichsweise hilflos. Obwohl sich die theoretische Beschäftigung mit ihr in jüngerer Zeit zunehmend der Beschreibung und Analyse ihres Standortes und ihrer Funktion im gesellschaftlichen Reproduktionszusammenhang widmete, sind diese doch mehr denn je unentschieden. Zwar ist es den neueren kritischen Ansätzen nachhaltig gelungen, »die überkommene Vorstellung von Sozialarbeit als Hilfeleistung in individuellen Notlagen zu erschüttern und ihre Funktion als administrative Strategie der Bewältigung von Problemen der Reproduktion der Arbeitskräfte in der bürgerlichen Gesellschaft zu problematisieren, so wenig wurde (jedoch) bislang das Verhältnis von Sozialarbeit und Sozialpolitik geklärt. Der gesellschaftliche Standort von Sozialarbeit wird diffus im Bereich soziostrukturell bedingter Armut angesiedelt, ihre Aufgabe dem jeweiligen Theorieansatz entsprechend als Therapie abweichenden Verhaltens, als materielle Versorgung, als Integration und Repression definiert. Alle Ansätze bleiben insgeheim einer Vorstellung von Sozialarbeit als Strategie zur Bewältigung randständiger Probleme verhaftet und können die soziale Ursache der permanenten Ausweitung ihrer Aufgabenbereiche in der bürgerlichen Gesellschaft und die Entwicklung der unterschiedlichsten Formen, in denen Sozialarbeit die ihr vorgegebenen sozialen Probleme bearbeitet, nicht erfassen«[10]. Ob nun dieser Zusammenhang über die These von der Entkoppelung von Sozialisation und Produktion hergestellt oder die Annahme vorgetragen wird, Sozialarbeit suche soziale Konflikte zu minimieren und diene dabei als Garant des sozialen Wandels[11], so gibt es doch kaum einen Deutungsansatz, der eine präzise Bestimmung von Sozialpädagogik und Sozialarbeit zuläßt, die vielleicht auch als Legitimationsfigur im Sinne einer beruflichen Ideologie dienen könnte. Vor allem aber verfehlen die bisher zur Funktionsbestimmung entwickelten Ansätze regelmäßig die Ebene der konkreten Interaktion; eigentümlicherweise werden zu deren Strukturanalyse dann die Figuren herangezogen, die auf der Ebene einer gesellschaftlichen Funktionsbestimmung als »überkommene Vorstellung« zurückgewiesen wurden[12]. Indes kommt es in der Reflexion des konkreten sozialpädagogischen Alltags zu einem fast theoriefeindlichen Pragmatismus, der Liebe zum Konkreten und einer Pädagogisierungstendenz, die in ihrem Mangel an kritischer Selbstreflexion zugleich doch als fragwürdig verfügend betrachtet werden muß.

Diese Schwierigkeiten gründen nun nicht zuletzt darin, daß der zunächst eingeschlagene Weg einer Professionalisierung wenn nicht mißlungen[13], so doch zum Stillstand gekommen ist. Nach dem Ausglühen der politischen Orientierung, die noch Ende der sechziger Jahre aus unterschiedlichen Motiven entstanden war, lähmt der Mangel an einem hinreichenden Selbstverständnis die Initiative; auch wenn noch vor wenigen Jahren von einer »neuen sozialpädagogischen Bewegung«[14] gesprochen wurde, zeichnen sich doch zunehmend Rückzugstendenzen und individualistische Lösungswege ab. Hinzu kommt, daß die Legitimationsfrage in der Disziplin selbst aufgeworfen wird und durch die verfügbaren sozialwissenschaftlichen Erkenntnisse eher abschlägige Antworten erhält. Da wird nicht nur von der Hilflosigkeit der Helfer gesprochen und gezeigt, daß die Produktivität der Sozialpädagogik sich auf die Kompensation von emotionalen Bedürfnissen der Beteiligten beschränkt[15]. Es bestätigt sich auch die bürokratische Ineffektivität; schließlich gibt es Anlaß zur These, daß Sozialarbeiter und Sozialpädagogen als »sanfte Kontrolleure«[16] in einem Prozeß wirken, den Michel Foucault als Durchsetzung der Mikrophysik der Macht bezeichnete.

Fehlt so einerseits eine allgemeine, Legitimation sichernde Orientierung, so wird andererseits – nicht zuletzt gegenüber Theorieversuchen, die auf generelle konzeptionelle Vorstellungen zielen – der Mangel an konkreten Handlungsvorschlägen eingeklagt. Das ist allerdings nicht nur als Theoriefeindlichkeit zu werten, sondern als Ausdruck durchaus widersprüchlicher und uneingelöster Desiderate gegenüber Inhalt und Form theoretischer Reflexion von Sozialpädagogik[17]: Von ihr wird erwartet, daß sie ein professionelles Selbstverständnis sichert, ohne sich gegen Kritik und Selbstkritik abzuschotten; Theorie der Sozialpädagogik muß die Spannungen und Widersprüche ihres Gegenstandes zu Bewußtsein bringen, ohne bloßer Affirmation oder Negation zu verfallen; von ihr wird erwartet, daß sie die Integrität ihrer Sache anerkennt, doch Sozialpädagogik weder idealisiert, noch die – engen – Grenzen sozialpädagogischen Tuns verleugnet. Sie soll weder die Herrschaft von Sozialtechnokraten rechtfertigen, noch die Möglichkeiten der Adressaten einschränken oder aufheben. Sie soll hinreichend allgemein formuliert sein, zugleich aber Orientierung in einem vielfach ausdifferenzierten Feld geben. Sie soll Denkmodelle und Konzeptionen anbieten, die eine rationale Definition von Problemen und Lösungsstrategien entwerfen, jedoch weder die Problembestimmungen und Lösungsfähigkeiten der Betroffenen negieren, noch die Diffusität ihres Alltagslebens aufheben[18]. Sie soll allgemeine Aussagen über die handelnd einzuholenden Zusammenhänge von Gesellschaft und Erziehung formulieren, aber doch auch auf die konkrete Individualität, auf die je besonderen Lebensumstände und Lernmöglichkeiten hinweisen.

Drittens: Spricht man von uneingelösten Desideraten, so verführt dies leicht zu dem Schluß, in der Sozialpädagogik werde nur kaum zureichende oder gar keine Theoriearbeit geleistet. Dem widerspricht aber wenigstens die Menge der vorliegenden Untersuchungen, die sich explizit oder implizit als Beiträge zur theoretischen Reflexion von Sozialpädagogik begreifen. Die Lage ist also komplizierter; sie läßt sich nur in der widersprüchlichen Aussage fassen, daß es Theorie der Sozialpädagogik gibt und zugleich doch nicht gibt.

Dieser Widerspruch wird begreifbar, wenn man sich vergegenwärtigt, daß Sozialpädagogik auf drei nebeneinander bestehenden, in ihrer Ausrichtung unterschiedlichen Ebenen bedacht wird, die nicht miteinander vermittelt sind: Auf der Ebene allgemeiner Reflexion geht es im Anschluß an traditionelle Entwürfe um ein abstraktes Verständnis von Sozialpädagogik überhaupt; die dort vorgelegten Überlegungen sind zwar begrifflich akzentuiert, streben jedoch eine essentialistische Deutung[19] an, die wesentlich spekulative oder – wenn nicht ohnedies positionell – dogmatische Züge auszeichnen. Wo nicht Gründe für die Ausdifferenzierung und Etablierung einer eigenen wissenschaftlichen Disziplin Sozialpädagogik untersucht und vorgetragen werden[20], gilt das Interesse meist einer Erläuterung von »Modellen der sozialpädagogischen Theoriebildung«[21], d. h. einer wissenschaftstheoretischen Reflexion, die höchstens in Ansätzen material konkretisiert wird[22]. Zusammenhänge mit anderen Disziplinen und die Aufnahme empirischer Erkenntnisse werden zwar postuliert, jedoch kaum näher bestimmt oder tatsächlich eingelöst[23].

Abgesehen vom vielfach kritisierten akademischen Duktus dieser Darstellungen lassen sich ihre Grenzen und methodischen Mängel kaum übersehen. Zwar sind neuerdings Überlegungen vorgestellt worden, die nicht bloß der Rezeption von Traditionsbeständen sozialpädagogischer Reflexion gelten, sondern diese im Blick auf aktuelle philosophische und sozialwissenschaftliche Theorieangebote weiterführen, um wenigstens eine moderne Begrifflichkeit zu gewinnen[24]. Doch herrscht immer noch der Typus an Theoriebildung vor, der sich mit einer bloßen Aufzählung und Gegenüberstellung von Formen begnügt, in welchen der Ausdruck »Sozialpädagogik« in der Literatur gebraucht wird. Methodisch fragwürdig wird dies jedoch dann, wenn diese Verwendungsweisen des Ausdrucks mit Hilfe des Kriteriums beurteilt werden, wie weit der Gedanke der Emanzipation in ihnen verwirklicht sei[25]. Aber auch die in der Tradition hermeneutisch-pragmatischer Denkweise vorgelegten Versuche, ein begriffliches Verständnis von Sozialpädagogik über die Systematisierung von Aspekten herzustellen, leiden unter dem Fehlen eines – systematisch dann allerdings erst interessanten – Hinweises auf die benutzten Selektions- und Gliederungskriterien.

Einer zweiten, in der Diskussion inzwischen in den Vordergrund gerückten Ebene lassen sich die Überlegungen und Untersuchungen zuordnen, die sich entweder in einem phänomenologischen Zugriff, jedoch mit in systematischer und begrifflicher Hinsicht verringerten Ansprüchen der Realität sozialpädagogischer Praxisfelder nähern[26], oder in ihrer Fragehaltung und Forschungsintention wesentlich durch andere Disziplinen – zuletzt vornehmlich durch die Soziologie und die Politikwissenschaft – beeinflußt wurden, bzw. eng gefaßten, spezifischen Problemstellungen gelten, die allerdings in ihrem Zusammenhang zur Sozialpädagogik nicht immer definiert werden. Abgesehen von dem inzwischen klassisch anmutenden Zugang über Denkstrukturen und Annahmen des Historischen Materialismus[27] sind auf dieser Ebene zum einen die Analysen richtungweisend geworden, die den Zusammenhang zwischen der Einführung und dem Funktionswandel der Fürsorge zur Sozialarbeit und Sozialpädagogik aufdecken[28]; in jüngerer Zeit wurden dabei diese Analysen durch Untersuchungen historischen Materials ergänzt und konkretisiert[29]. Zum anderen lassen sich hier Reflexionen zu einzelnen Problemen und Arbeitsfeldern, zur institutionellen Ausdifferenzierung sozialer Dienste und zur Mikrologik des sozialpädagogischen Geschehens finden[30]. Es ist vor allem hier deutlich geworden, daß eine theoretische Bemühung um die Sozialpädagogik auf gesellschaftstheoretische Untersuchungen, die systematische Auswertung historischen Materials und politisch-ökonomische Annahmen angewiesen ist.

So fruchtbar die Untersuchungen im einzelnen jedoch auch sind, sie leiden wesentlich darunter, daß sie keinen Beitrag zu einem systematisch-theoretischen Verständnis von Sozialpädagogik leisten, da sie in der Regel mit einem heuristischen Begriff von Sozialpädagogik operieren. Obwohl dies forschungsmethodisch unvermeidbar scheint, birgt es doch eine dreifache Gefahr. Einmal bleiben die Untersuchungen unvermittelt nebeneinander stehen[31]; sie einigt das Signum »Sozialpädagogik«, ohne daß immer eine inhaltliche Beziehung sichtbar wäre. Zum anderen besteht die Tendenz, die jeweiligen Einzeluntersuchungen – nicht zuletzt aus der Zwangssituation zur wissenschaftlichen Profilierung – gleichsam totalitär für das Ganze von Sozialpädagogik zu nehmen; sie ignorieren dann Momente, welche durch methodisch und sachlich anders akzentuierte Zugänge freigelegt und fixiert wurden. Schließlich gründet in dem Fehlen eines theoretisch geklärten Kriteriums die befremdliche Modernitätssucht, mit der in der Diskussion um die Sozialpädagogik Fragen und Probleme aufgegriffen werden, die entweder in Nachbardisziplinen generiert werden oder in der öffentlichen Auseinandersetzung – hier wieder den Mechanismen einer nach Marktgesetzen organisierten Publizistik folgend – in den Vordergrund geschoben werden: Die Rezeption etwa der sogenannten Jugenddebatte, aber auch der Auseinandersetzung um das Problem der Kindesmißhandlung, schließlich auch von Fragen der Drogenpolitik in der sozialpädagogischen Fachdiskussion muß auch unter diesem Gesichtspunkt beurteilt werden[32].

Diese Vorbehalte lassen sich allerdings erneut als eine Aufgabe formulieren, welche von einer sozialpädagogischen Theorie zu bewältigen wäre. Sie muß offensichtlich zweierlei leisten. In formaler Hinsicht hat die in ihr vorgenommene systematische Entfaltung eines gegenständlichen Verständnisses von Sozialpädagogik eine Möglichkeit zu eröffnen, damit die unterschiedlichen Zugänge und

Detailuntersuchungen aufeinander bezogen werden können; wenn die Theorie schon kein gegenständliches Kriterium entwickelt (dazu: siehe unten), so ist von ihr zu erwarten, daß sie entweder ein Kommunikationsmedium zur Verfügung stellt oder aber die Schnittstellen markiert, an denen kompatible Einzeltheorien angeschlossen werden können. In inhaltlicher Hinsicht erliegt sie so dem Zwang, ihren Gegenstand in seinen inneren Spannungen und Widersprüchen zu repräsentieren. (Dies schließt vermutlich ein an Kausalitäten, Gesetzmäßigkeiten und Funktionen orientiertes Denken nicht aus, legt aber doch die Wahl von – im weitesten Sinne – dialektischen Denkformen nahe – auch wenn dies unter Umständen um den Preis einer Rücknahme von wissenschaftlichen Ansprüchen geschieht.)

Die für die zweite Ebene sozialpädagogischer Theoriearbeit geltend gemachten Einwände treffen auch für die dritte Ebene zu, die man ein wenig flapsig, doch nicht abschätzig mit dem Ausdruck »sozialpädagogische Alltagspublizistik« bezeichnen[33] könnte. Rein quantitativ haben diese aktuellen Stellungnahmen, Praxisberichte und Problemerörterungen das Übergewicht in der sozialpädagogischen Reflexion. Für eine Theorie der Sozialpädagogik gewinnen sie Relevanz, weil sie als Brücke zur Alltagsreflexion von Sozialarbeitern und Sozialpädagogen führen; sie stellen nicht nur konkrete Auseinandersetzungen, Handlungssituationen oder auch die normativen Ansprüche vor, die etwa von freien Trägern der Sozialarbeit festgelegt werden, sondern bringen zugleich – wenigstens tendenziell – in dieser Darstellung das die Praxis bestimmende, konkrete Bewußtsein der Akteure zum Ausdruck – genauer: sie machen die Pseudokonkretheit des Alltagsdenkens, aber auch die Mischung von ideologischen und wissenschaftlichen Inhalten sichtbar. Man darf dies nicht bloß als einen Hinweis auf ethnographisch relevantes Material werten; vielmehr muß sich eine Theorie der Sozialpädagogik auch gegenüber diesem Material bewähren: Sie muß so offen und differenziert argumentieren, daß diese Erfahrungen reflektierend eingeholt werden können.

Zweifellos ist »der Stand der Theoriediskussion in sich unbefriedigend, in vielfältige, miteinander wenig korrespondierende Fragerichtungen zersplittert, unüberschaubar und okkupiert auch nicht immer ergiebige Prioritäten«[34]. Dabei kann es jedoch kaum als Lösung gelten, wenn der Anspruch auf sozialpädagogische

Theorie suspendiert wird[35], indem man die Vielfalt der Ansätze (gar noch wissenschaftspolitisch zum Zeichen von »Pluralismus« hochstilisiert) als Charakteristikum einer nur »interdisziplinär« und »integrativ« verfahrenden Disziplin gleichsam positiviert[36]. Wenngleich dies faktisch in der Ausbildung von Sozialpädagogen geschieht, läßt es doch die Frage nach dem Fokus offen, in welchem Interdisziplinarität und Integration organisiert werden. Das Problem der fehlenden Theorie der Sozialpädagogik schleicht sich hier durch die Hintertür wieder herein.

Nur: diese Theorie fehlt bis heute (und kann auch hier – wenn überhaupt – nur skizzenhaft umrissen werden)[37]. Das hat – so die These – drei verschiedene Gründe. Einmal wurden die eben deutlich gemachten Desiderate nicht ernst genug genommen. Genauer: man hat, obwohl die methodologischen Einsichten im Rahmen der Geisteswissenschaften zur Verfügung standen, die Frage nach der Theorie der Sozialpädagogik primär essentialistisch zu beantworten versucht, aber kaum die Form reflektiert, in der sie vorgelegt werden muß. Erst in jüngster Zeit wurde in der Debatte um die sozialpädagogische Handlungskompetenz zunehmend klarer, daß Theorie der Sozialpädagogik einen Modus der Reflexion und Selbstreflexion zur Verfügung stellen muß[38]; das aber heißt: Sie muß sich in der Nähe zu den Kommunikationswissenschaften bewegen und zugleich Theorie eines Gegenstandes sein. Damit hängt – zweitens – zusammen, daß versucht wurde, eine explanativ adäquate Theorie zu entwickeln, die kausale oder funktionale Abhängigkeiten zum Bestimmungsmerkmal von Sozialpädagogik erhebt[39]. Aber die Theorie muß sich zunächst auf eine kategoriale Systematisierung von Deskriptionen richten, zwischen denen sie dann Verknüpfungen herstellt.

Zum entscheidenden Hindernis aber wurde offensichtlich – drittens – das Problem des Anfangs der Theorie, sofern dieser in der Gestalt einer Objektbestimmung erfolgte, über welche eine definitorische Festlegung des Begriffs »Sozialpädagogik« erfolgen sollte. Damit ist übrigens noch die Frage nach der Zuordnung der Sozialpädagogik etwa zur Erziehungswissenschaft oder (zu einer erst noch zu konstituierenden) Sozialarbeitswissenschaft verbunden.

Blockiert wurde die Theoriearbeit dabei wesentlich dadurch, daß man a priori, d. h. noch vor der eigentlichen Theoriearbeit, eine

Entscheidung über den Inhalt herbeizuführen suchte, der im Begriff der Sozialpädagogik zu denken wäre. Tatsächlich hat somit der Befund, daß der Begriff unbestimmt, die Sache selbst unklar sei, die theoretische Auseinandersetzung vornehmlich beschäftigt, eigentlich sogar dominiert[40]. Dabei erwies sich, daß der Ausdruck schon in seinen Wortbestandteilen vieldeutig ist[41] und als ganzer höchst unterschiedlich gebraucht wird. Bestimmungsversuche, die zu einem gegenständlichen angemessenen Begriff mit Hilfe der Bezeichnung einer Klasse von Objekten führen sollten, scheiterten bislang, gleich ob sie auf bestimmte Probleme, Handlungsformen, Institutionen oder auch auf eine bestimmte Klientel verwiesen[42]. Entweder würdigten sie die Komplexität der angesprochenen Sachverhalte und Phänomene nur unzureichend, oder sie nahmen Einschränkungen vor, die den möglichen Gewinn an begrifflicher Schärfe zunichte machten. Dem widerspricht nicht, daß sich im politisch-administrativen Bereich wie auch in der Öffentlichkeit (sowie auf der zweiten Ebene der Theoriebildung) – wenngleich eher pragmatisch und zufällig – eine Vorstellung durchgesetzt hat, die durchaus als klassisch gelten kann. Sie steht der von Gertrud Bäumer im »Handbuch der Pädagogik« vorgetragenen Auffassung nahe, nach der Sozialpädagogik alles umfasse, »was Erziehung, aber nicht Schule und nicht Familie ist«[43].

Heuristisch zwar hilfreich, kann jedoch auch diese Bestimmung kaum als Fundament einer Theorie gelten. Gertrud Bäumer selbst hat sie offenbar nur einführend gemeint, denn sie ergänzt sogleich, Sozialpädagogik gelte als »der Inbegriff der gesellschaftlichen und staatlichen Erziehungsfürsorge, sofern sie außerhalb der Schule liegt«[44]; schon im zweiten und im dritten Abschnitt des Handbuchs wird dann der zunächst gezogene Rahmen überschritten. Sie gelten nämlich der sozialpädagogischen Bedeutung von Familie und Schule.

Wollte man dennoch dem vorgeschlagenen Weg folgen, so müßte man als Sozialpädagogik die Gesamtheit der Erziehungstätigkeit bezeichnen, die beruflich (bzw. berufsähnlich in einem intentional geschaffenen Verhältnis) geleistet wird, jedoch nicht in der Form des Unterrichts geschieht. Allerdings leidet dieser Vorschlag nicht nur unter seinem allzu hohen Abstraktionsniveau. Gegen ihn spricht vor allem, daß er nur ein negatives Kriterium formuliert, somit – unter methodologischem Gesichtspunkt betrachtet – für eine theoretische Grundlegung unzureichend bleibt.

Indessen konzentrierte sich die wissenschaftliche Auseinandersetzung der letzten Jahrzehnte sachlich und begrifflich ohnedies auf die Rezeption der anglo-amerikanischen Social Work, wobei deren ursprünglich gegebene Nähe zur sozialpädagogischen Bewegung im ersten Viertel dieses Jahrhunderts kaum in den Blick kam[45]. Das Problem einer Theorie der Sozialpädagogik blieb, sofern es überhaupt angesprochen wurde, nur randständig. Mehr noch: mit dem raschen Vordringen von sozialwissenschaftlichen Denkmodellen brachen auch die letzten Verbindungen ab. Erst die Untersuchung von Klaus Mollenhauer über die »Ursprünge der Sozialpädagogik in der industriellen Gesellschaft« gab neue Impulse; sie bewirkte insofern einen Durchbruch, als sie einen im Begriff der Sozialpädagogik zu denkenden komplexen, je historisch zu konkretisierenden Zusammenhang von Gesellschaft und Erziehung als Tatsache, sowie als Inhalt von Reflexion herstellte.

Dieser Durchbruch lag vor allem darin, daß Mollenhauer mit seiner Untersuchung ein – ihm unter Umständen gar nicht bewußtes[46] – Profil sozialpädagogischer Theoriebildung entwarf: Er machte nämlich deutlich, daß die sozialpädagogische Theorie – erstens – ihren Gegenstand entfaltet, indem sie in einem problemanalytischen Zugang den der Sozialpädagogik eigenen Vermittlungszusammenhang von Gesellschaftstheorie, institutionen- und interaktionsbezogener Sichtweise einerseits, sowie einer Reflexion der historisch über diesen Zusammenhang je entfalteten Ideen herstellt. Kurz: sie muß einen Zusammenhang von Realgeschichte und Ideengeschichte in einem theoretisch rekonstruktiven Verfahren entwickeln. Indem sie aber dies leistet, gewinnt sie – zweitens – auf einem hochabstrakten Niveau einen strukturtheoretisch fundierten »allgemeingültigen« Begriff von Sozialpädagogik. (Die Kritik, im Denken über Erziehung müsse schon immer Gesellschaft und Geschichte mitgedacht werden, verfehlt übrigens diesen Zugang, da sie die Besonderheit der im Begriff der Sozialpädagogik konkret zu denkenden Vermittlung übersieht[47]). Schließlich impliziert aber der Zugang, daß ein auf Methoden und Handlungskonzepte gerichtetes Denken der Sozialpädagogik nicht gerecht wird. Ihre Theorie ist komplexer angelegt, insofern instrumental nicht tauglich, aber im Sinne einer Professionsphilosophie identitätssichernd.

Auch wenn es das Verdienst Mollenhauers bleibt, diesen Zugang wenigstens implizit eröffnet zu haben, so hat er ihn doch selbst nicht genutzt. Er war zu sehr noch der essentialistischen Denkweise verbunden, um deutlich zu machen, daß die Theorie das ihren Ausgang bestimmende Objekt in der reflexiven Identifizierung der sozialen und pädagogischen Probleme finden würde, die in der industriellen Revolution entstanden waren. Er machte somit zwar darauf aufmerksam, daß eine sozialpädagogische Theorie über die Reflexion der Reflexion entwickelt werden kann, führte dies selbst aber nicht aus. Vermutlich hängt dies mit der im hermeneutischen Zugang ungeklärten Frage nach dem Geltungskriterium von theoretischen Sätzen zusammen. Wenn sich nämlich Theorie über die Reflexion der Reflexion konstituiert, läßt sich zunächst nicht angeben, wann theoretische Sätze Verbindlichkeit gewinnen.

Erst dort, wo diese Reflexionsleistungen selbst zum Thema werden, läßt sich das Dilemma auflösen: Einmal kann – im Sinne von Ethnomethodologie und phänomenologischer Soziologie – nach der Bedingung der Möglichkeit von Reflexion gefragt werden; nur scheinbar muß dies in einem transzendentalphilosophischen Argument enden. Wenn man nämlich unterstellt, daß die Reflexionsleistungen durch eine implizite Grammatik des Denkens gesteuert werden, kann Theorie ihre Geltung dadurch erreichen, daß sie diese in einem abstrakt-logischen Modell rekonstruiert, mit welchem die Zusammenhänge der Reflexionsleistungen dargestellt werden. Geltung gewinnt dieses Modell dann aber nicht, weil es Realität widerspiegelt, sondern weil es in sich stimmig (oder auch: bündig) konstruiert wird. Zum anderen ermöglicht dieser Zugang eine Rückkoppelung der einzelnen Reflexionsleistungen auf soziologisch zu bestimmende Gruppen, die sich gleichsam in »Sozialpädagogik« verständigen. Schließlich kann man sie an Denkstrukturen zurückbinden, die eine Ordnung innerhalb der Reflexionsleistungen entdecken lassen. Die Tradition pädagogischen Denkens scheint diese Ordnung zu konstituieren[48].

2 Vom Objekt der sozialpädagogischen Theorie

Was unter Sozialpädagogik (und Sozialarbeit) verstanden wird, läßt sich also nicht voraussetzen. »Sozialarbeit ist das«, so hat

Wolfgang Bäuerle eher resignativ festgestellt, »was ein jeder denkt, das sie sei«[1]. Man kann weder auf Übereinstimmung hoffen, noch mit einer Gewißheit rechnen, denn es gibt keine (oder besser: kaum) Traditionen und ebenso wenig einheitliche Auffassungen in gegenständlicher Hinsicht. Man ist statt dessen mit einer Vielzahl von Äußerungen, Annahmen, Forderungen, aber auch mit Vorschlägen und Anweisungen konfrontiert, die – schon in ihrem Status heterogen – noch einem historischen Wandel unterliegen, zudem aber auch von modischen Veränderungen beeinflußt werden. Man muß vom Zeitgeist sprechen, wenn man von der Sozialpädagogik reden will.

Voraussetzen lassen sich jedoch zwei empirische Befunde, die nur vordergründig trivial erscheinen: Einmal kann man daran anknüpfen, daß es einen Kommunikationszusammenhang gibt, der durch das Reden über Sozialpädagogik konstituiert, genauer noch: der durch ein Reden in einer Sprache bestimmt wird, die man – zugegeben ein wenig ungewöhnlich – »sozialpädagogisch« nennen könnte. Wie heterogen die einzelnen Äußerungen auch immer sein mögen, es eint sie, daß die Teilnehmer an diesem Zusammenhang Sozialpädagogik sowohl im Blick auf Theorie wie auch auf ihre Praxis im Sinn haben[2]. Zwar wissen sie nicht, wie sie dies tun, aber sie tun es[3]. Das läßt sich mit einem zweiten Befund ergänzen, der hier nur sehr abstrakt formuliert sein soll: Es gibt offensichtlich Personen, die sich selbst als Sozialpädagogen begreifen. Befragt, warum sie dies für sich in Anspruch nehmen, könnten sie vermutlich keine Antwort geben. So bleibt nur, daß sie sich selbst in einem Zusammenhang sehen, den sie mit dem Ausdruck »Sozialpädagogik« symbolisch für sich selbst (und für andere) kodieren; doch es bleibt unklar, worin eigentlich die Bedingung liegt, daß sie diesem Zusammenhang angehören. Soviel ist dabei allerdings sicher: der – letztlich soziologische – Hinweis auf die Zugehörigkeit zu einer bestimmten Gruppe, die unter Umständen sogar durch eine gemeinsame Ausbildung definiert wird, vertagt das Problem nur; er formuliert eine vielleicht hinreichende, jedoch keine notwendige Bedingung dafür, daß man sich selbst dem Zusammenhang »Sozialpädagogik« zurechnet.

Festhalten läßt sich demnach, daß es einen Denk- und Sprechzusammenhang gibt, in welchem der Sinn von Sozialpädagogik, d. h. zunächst die Bedeutung des Ausdruckes »Sozialpädagogik«

für die Beteiligten fundiert und gesichert ist. Für sie hat deshalb Sozialpädagogik Wirklichkeit, denn sie bedienen sich der Sprache (bzw.: des Kommunikationscodes) Sozialpädagogik, um ihre eigene Welt[4], ihre Aufgaben und ihr Tun zu bestimmen; sie verständigen sich in dieser Sprache mit anderen und gewinnen so eine Lebensform, denn »die Sprache, die im alltäglichen Leben gebraucht wird, versorgt mich unaufhörlich mit den notwendigen Objektivationen und setzt mir die Ordnung, in welcher diese Objektivationen Sinn haben und in der die Alltagswelt mir sinnvoll erscheint«[5]. Dieser Zusammenhang – aus dem man übrigens auch hinaustreten kann – läßt sich als ein »Diskurs« bezeichnen: So bildet der sozialpädagogische Diskurs das Objekt, dessen sich die theoretische Bemühung um Sozialpädagogik gewiß sein kann[6].

Der Begriff des Diskurses soll hier in einem empirischen, somit weder in einem transzendentalphilosophischen, noch in einem geltungstheoretischen[7] Sinne verstanden werden. Angelehnt an die Überlegungen von Michel Foucault und Ernesto Laclau einerseits[8], an die von Husserl angeregten phänomenologischen Sozialwissenschaften, sowie an Ludwig Wittgensteins Spätphilosophie andererseits[9] bezeichnet er das Phänomen, daß die sinnhafte Einheit von Sozialpädagogik nur in einem Sprachzusammenhang identifiziert werden kann, der aus tradierten und konventionalisierten »Theorieelementen«, sowie aus Erfahrungs- und Alltagswissen konstituiert[10] und von den Sprachhandelnden je aktualisiert wird. *Für sie* stellt sich die Bedeutung des Ausdruckes Sozialpädagogik, so auch der das Handeln tragende, eine bestimmte Weltsicht verbürgende Sinn von Sozialpädagogik in Teilhabe und Teilnahme am Diskurs her[11]. Der Begriff der »Sozialpädagogik« bezeichnet demnach keine materielle oder in bestimmten Tätigkeitsformen geronnene Wirklichkeit, sondern ein »Sprachspiel«; er zeigt ein bestimmtes Verständigungssystem an, fungiert als Chiffre für diejenigen, die am Diskurs teilnehmen. Der Begriff dient somit als ein Ausweis[12]. Verläßt man aber diese Ebene der Beobachtung und dringt in den Diskurs, ihn schon mitsprechend, ein, so verdeutlicht sich der zunächst festgehaltene Befund: Verstanden wird der Ausdruck »Sozialpädagogik«, indem er gebraucht wird; »die Bedeutung eines Wortes ist sein Gebrauch in der Sprache«[13]. So kann der Begriff der Sozialpädagogik verwendet werden, ohne daß seine Bedeutung expliziert wäre; im Gegenteil: in einem Sprachspiel verknüpfen sich vielerlei Momente zu einer für die Beteiligten sinnvollen Einheit: Aussagen, Beschreibungen, Analysen, Normen, aber auch Programme, Aufforderungen, Phantasien, Hoffnungen, Utopien, ungeprüfte Vorstellungen von Wirklichkeit, schließlich – beispielsweise – sogar »soziale Stereotypen«[14]. Das Sprachspiel selbst sichert die Einheit des Ganzen, das als Sinn der Sozialpädagogik den Beteiligten »schon immer« gegenwärtig und verfügbar ist: Sie sehen und »wissen«, daß die ihr Sprachspiel bestimmenden Elemente in einer für die Sprachhandelnden selbstverständlichen Weise »irgendwie« »irgend etwas« miteinander zu tun haben. Aber »wenn du sie anschaust, wirst du zwar nicht sehen, was allen gemeinsam wäre, aber du wirst Ähnlichkeiten, Verwandtschaften sehen, und zwar eine ganze Reihe. Wie gesagt: denk nicht, sondern schau!«[15].

Die Eigentümlichkeit des Diskurses liegt demnach zunächst darin, daß die Bedingung seiner Kohärenz weder den Teilnehmern des Sprachspiels, noch den Außenstehenden in explizierter Weise bewußt ist. Ihn eint, wenn nicht der Besitz eines Arcanums, so doch das Gefühl, über ein Geheimnis zu verfügen, das dem Laien außerhalb des Sprachspiels unzugänglich scheint, den Teilnehmern des Diskurses aber nur negativ vergegenwärtigbar ist; sie können in der Kritik artikulieren, was ihrer Vorstellung von Sozialpädagogik widerspricht: Man spielt das Sprachspiel, indem man die in ihm vorgetragenen Inhalte einer Prüfung aussetzt, so aber den Sinn der Sozialpädagogik durch diskursive Aufklärung sichert.

In historischer Hinsicht läßt sich deshalb eine Affinität des sozialpädagogischen Diskurses zu den Formen bürgerlicher Geselligkeit erfassen, die genetisch wie strukturell ein Grundelement von bürgerlicher Gesellschaft darstellen; er ist nach dem Prinzip einer exklusiven Öffentlichkeit konstituiert, die sich über einen für selbstverständlich gehaltenen Korpus von Regeln und Inhalten verwirklicht[16]. Insofern schwingt aber im Diskurs, wenigstens in der Form seiner sozialen Organisation, ein Moment des Aufklärungsdenkens mit, das sich in einer dialektischen Doppelbewegung am Rationalitätsbegriff orientierte, zugleich aber doch diesen modifizierte, nämlich präzisierte und erweiterte; allgemeiner formuliert: in den sozialpädagogischen Diskurs gehen offensichtlich Kriterien ein, die zwar – wenn auch nicht bewußt – allgemein geteilt werden, zugleich doch ständiger Bearbeitung unterliegen.

Diese Form einer an selbstentwickelten Standards orientierten Eigenidentifizierung läßt sich – ebenfalls historisch – als der Denkmodus erkennen, welcher – wenigstens idealtypisch – der Organisationsform der klassischen Professionen entspricht[17], sofern dieser nicht – wie etwa in der Medizin – von technisch-instrumentalen Denkmodi abgelöst wurde, die auf eine innerdisziplinäre Ausdifferenzierung reagieren. Funktional entspricht diese Denkform den in den Handlungsvollzügen der Diskursteilnehmer gegebenen »Ungewißheitssituationen«[18], welche nicht routinisiert bearbeitet werden können, sondern einer reflexiven Rückbindung an den Diskurs bedürfen.

Aber macht es sich die Empfehlung, doch erst einmal ordentlich hinzusehen, nicht zu leicht? Setzt das Hinschauen nicht schon einen Begriff von der Sache voraus? Welche Gründe lassen sich also, anders formuliert, angeben, um die Behauptung von der Existenz eines sozialpädagogischen Diskurses abzusichern? Eine – allerdings, wie sich noch zeigen wird, problematische – Voraussetzung für die Erkenntnis des Diskurses findet sich in dem Bestehen einer empirischen Forscher-, Wissenschaftler- und Praktikergemeinschaft, die sich faktisch selbst als Sozialpädagogen begreifen; die zunächst verdeutlichte literarische Produktion zum Thema belegt dies, wenngleich man für diese Überlegung theoretisch, vor allem aber ideologiekritisch naiv die Selbsteinschätzung der Beteiligten als gültig annimmt. Man blendet also in diesem einer Phänomenologie des Alltagslebens verwandten Zugang zunächst die Reflexion von hegemonialen Strukturen, insbesondere aber von machtgesteuerten Kontroll-, Auswahl- und Entscheidungsprozessen über die Einführung von Inhalten in den Diskurs aus; die Durchsetzungschance von Bestimmungen interessiert hier nicht, läßt sich jedoch als ein Thema soziologischer Forschung identifizieren.

Immerhin deutet sich hier ein zweites Kriterium für die Gültigkeit der These vom sozialpädagogischen Diskurs an. Er läßt sich dort identifizieren, wo er in Frage gestellt wird. Abstrakt formuliert, liegt der historische Bezugspunkt zu einer Analyse des sozialpädagogischen Diskurses in seiner eigentümlichen – weil nämlich begriffslosen – Widerständigkeit gegenüber den Versuchen seiner Abschaffung[19]. Diese zeichnen sich gegenwärtig auf drei Ebenen ab. Nämlich einmal in einer schon angedeuteten, von fiskalpolitischen Erwägungen getragene Gesellschaftspolitik, zum anderen in den – allerdings im Blick auf den sozialpädagogischen Diskurs durchaus als ambivalent zu bezeichnenden – Selbsthilfegruppen, die den Anspruch von Sozialpädagogik negieren. Entscheidender und möglicherweise für die Existenz des sozialpädagogischen Diskurses bedrohlich scheint jedoch eine Überformung durch andere Diskurse: Drohte beispielsweise dem sozialpädagogischen Diskurs lange Zeit die Überführung in einen medizinischen, dann in einen juristischen Diskurs, so scheint er nun durch das therapeutische Paradigma gefährdet; diesem ist es, so wird wenigstens befürchtet – und damit die Identität des sozialpädagogischen Diskurses zumindest vorübergehend noch einmal festgehalten –, »gelungen, einen neuen Sprachhabitus im sozialpädagogischen bzw. psychosozialen Feld durchzusetzen«[20]. Die Beobachtung einer Negation des sozialpädagogischen Diskurses legt ihn also als Faktum erst einmal frei; man kann nur um Vorhandenes besorgt sein. Zum anderen aber gewinnt man über die Negation des Diskurses auch einen Zugang zu seinen Themen. Sie treten dort in einer Art von Negativ hervor, wo ihre Reduktion oder ihre Ausblendung in anderen Diskursen moniert wird; man gibt sich selbst preis, wenn man dem Usurpator seine Mängel vorhält.

Exkurs: Die Behauptung, »Sozialpädagogik« bezeichne einen Diskurs, in welchem der Sinn von Sozialpädagogik erhalten sei, lenkt die Überlegung auf einen abstrakten Zusammenhang. Im Diskurs als Objekt der Reflexion bleiben die konkreten Inhalte zunächst ausgelöscht. Man beschäftigt sich gleichsam mit der Bewegungsform und dem Medium der Gedanken. Dieser Zugang läßt sich jedoch sachlich begründen[21]: Historisch scheint nämlich erreicht, daß der Begriff der Sozialpädagogik tatsächlich von jedem konkreten Designat befreit ist und nur mehr ein Abstraktum bezeichnen kann; die Möglichkeit, Sozialpädagogik in der abstrakten Kategorie des Diskurses zu fundieren, läßt sich verwirklichen, weil die Abstraktion zu einem Moment des sozialpädagogischen Diskurses wurde, Allgemeinheit somit den zentralen, im Diskurs reflektierten Inhalt bildet.

Die historische Voraussetzung für diese Einheit von Inhalt und Form scheint in der realen Abstraktheit zu liegen, die dort entsteht, wo die normale Durchschnittsexistenz von vergesellschafteten und zu vergesellschaftenden Menschen im sozialpädagogischen Diskurs reflektiert wird[22]. Alles Besondere – konkret etwa der Gesichtspunkt einer an bestimmten Problemen orientierten Notstandspädagogik – tritt zurück: Man muß sich über eine nichtspezifizierbare Allgemeinheit auseinandersetzen, die jedes Gesellschaftsmitglied betrifft und nicht mehr individuell oder privat bearbeitet werden kann. Der Vorgang der Vergesellschaftung von Erziehung, der mit der Durchsetzung jenes interpretativen Prinzips einsetzt, in welchem die Gattungsexistenz über »perfectibilité« reflektiert wird, führt dazu, daß Pädagogik nur mehr als eine abstrakte Kategorie zur Verfügung steht, deren selektive Funktion darin liegt, daß sie ein Medium, nämlich den Diskurs konstituiert; kurz: ihr Inhalt ist in der Abgrenzung einer Form gegeben, in welcher dann scheinbar beliebige Inhalte bewegt und ausgetauscht werden können.

Nehmen wir an dem Diskurs »Sozialpädagogik teil, weil wir ›Sozialpädagogik‹ reden, denken oder auch – nämlich diskursiv reflektiert – handeln, dann fügen wir uns nicht nur in jenes »komplizierte Netz von Ähnlichkeiten, die einander übergreifen« ein[23]. Vielmehr ist dieses Netz in unserer Gedankenwelt als die Form eingebettet, in der uns unsere Wirklichkeit widerfährt. Aber mehr noch: der Diskurs bestimmt, wie wir uns *praktisch* in der Wirklichkeit selbst einbetten. Der Ausdruck »Sprachspiel« meint also mehr als bloße Kommunikation: »Ich werde auch das Ganze: der Sprache und der Tätigkeiten, mit dem sie verwoben ist, das ›Sprachspiel‹ nennen«[24].

Damit kann man zunächst begreifen, wie Sozialpädagogik gelernt wird: Nicht, daß man als Sozialpädagoge geboren wird; man wird vielmehr in die mit dem Sprachspiel gegebene Lebensform eingeübt, indem man in den Diskurs eintritt, gleichsam das Sprechen lernt. Dem entsprechen zwei Erfahrungen: Einmal diejenige, daß man in einer Ausbildung zum Sozialpädagogen stets ein Ungenügen an dem ungeordneten inhaltlichen Wirrwarr empfindet, sich vom Gespräch ausgeschlossen fühlt und niemals eine feste Bestimmung erfaßt, sich aber am Ende (manchmal schon früher) als Sozialpädagoge begreift. Es kommt, mit anderen Worten, weniger auf die Inhalte an; vielmehr bildet der institutionell gebundene Diskurs: indem man sich für eine Ausbildung entscheidet, hat man die Bereitschaft erklärt, sich ihm auszusetzen. Man hat ihm erlaubt, daß er sich in den Köpfen ausbreitet; mehr noch: man übt sich selbst in ihn ein. Sozialpädagogen werden also nicht ausgebildet, sondern in einem »Fegefeuer aus wissenschaftlichen Ansprüchen«[25] sozialisiert, wobei allerdings für die Ausbildungsgänge selbst »die massive Vernachlässigung wichtiger Komponenten professioneller Kompetenz im Bereich der Persönlichkeitsentwicklung und Identitätsfindung der Studierenden« beklagt wird: »Die Person des Studierenden ist sozusagen die ›black box‹ des Curriculums, in die man vorne einfüttert und hinten die professionelle Persönlichkeit erwartet«[26].

Daß man in der Ausbildung zum Sozialpädagogen sozialisiert wird, meint nicht die Aneignung einer »gesinnungsfundierten Naivität«, sondern den Erwerb eines Habitus, der in der Teilhabe am Sprachspiel gestützt und – auch auf die Gefahr einer hermetisierenden Mystifizierung der eigenen Praxis – geschützt ist: »Zwar wird generell die Ungewißheit und Unsicherheit professioneller Theorien und ihrer Anwendung erkannt und akzeptiert, ohne daß daraus jedoch ein Bedürfnis nach Evaluationskriterien erwächst. Vielmehr wird diese Erkenntnis benutzt zur Immunisierung und Kritikabwehr, nicht nur gegenüber Klienten und Außenstehenden, sondern auch innerhalb der professionellen Bezugsgruppe der ›Kollegen‹ selbst«[27]. Die Sozialisation in das Sprachspiel ermöglicht nun, daß Wissensbestände angeeignet werden, die sich in einer Balance zwischen Systematisierung und Kunstfertigkeit bewegen; der Sozialisationsvorgang, jedoch weder die besonderen, möglicherweise wissenschaftlich ausgewiesenen Inhalte allein, aber auch nicht die bloße Erfahrung eigener Praxis, konstituiert somit wenigstens die Grundlage des »Taktes«[28], der im Berufsalltag rasche Entscheidungen zuläßt. Andererseits aber droht, was man als zweite Erfahrung bezeichnen kann: Der sozialpädagogische Diskurs vermittelt offensichtlich ein Weltbild; dieses kann ein totales Weltbild werden, welches uns zwingt, alle Situationen als sozialpädagogische Situation wahrzunehmen. Wir bleiben dann stets im sozialpädagogischen Diskurs befangen. Beide Erfahrungen ähneln übrigens dem Geschehen in der Psychoanalyse, die sich nicht nur selbst das Muster einer Sozialisation in den analytischen Diskurs als einzig legitime Ausbildungsform gewählt hat, sondern sich auch zu einem totalen Weltbild verdichten kann.

Man darf den Diskurs nicht bloß auf Sprache beschränkt sehen. Er hat vielmehr eine lebenspraktische Bedeutung, weil er eine pragmatisch relevante Wirklichkeitskonstruktion zur Verfügung stellt, in welcher die Momente eines zu bewältigenden Seins einerseits selektiv verarbeitet, andererseits aber auch zu Bewußtsein gebracht werden. Soziologisch akzentuiert kann man daher sagen, daß sich im sozialpädagogischen Diskurs die an sozialer Arbeit Beteiligten selbst, die Probleme ihrer Tätigkeit und ihr Handeln identifizieren und interpretieren. Sie nehmen Sinnzuschreibungen vor, mit welchen sie vor dem Hintergrund eines historisch entstandenen, in seinen Wurzeln durchaus heterogenen, durch Tradition dann zunehmend gesicherten, schließlich auch durch didaktische Zwänge in Kohärenz gebrachten, »professionellen« Selbstverständnisses eine Ordnung nicht zuletzt auch zur reflexiven Selbstvergewisserung erhalten. Sie gewinnen so die Semantik der sozialpädagogischen Praxis[29]; in der im Diskurs gebundenen Begrifflichkeit prägt sich aus, was als Realität des sozialpädagogischen Handelns gewußt werden kann. Er bindet also das Wissen vom sozialpädagogischen Handeln, das den Beteiligten für ihre Praxis zur Verfügung steht. Zugleich formuliert er die Orientierungen, die Maßstäbe und Kriterien zu ihrer Beurteilung. Der Diskurs bildet demnach ein Medium zur Reflexion von Handlungen; er ermöglicht sozialpädagogisches Handeln als sozialpädagogisch reflektiertes Handeln. Anders formuliert: die sozialpädagogischen Handlungen gewinnen ihre Qualität als sozialpädagogische erst dann, wenn sie zum Referenzobjekt einer sie in ihrem Sinn bestimmenden Auseinandersetzung im sozialpädagogischen Diskurs wurden.

Der Diskurs leistet also mehrerlei: Er gibt den Mitwirkenden in seinem Sprachspiel »Sicherheit«, indem er ihnen gestattet, sich einer Gruppe, genauer: einem Spiel zuzurechnen; man wird in eine kommunikativ gebundene Lebensform eingeordnet, in der zum einen ein bestimmter Code gilt, in der zum anderen spezifische Interpretationsschemata, d. h. Typisierungen von Weltzuständen als ein immer wieder aktualisiertes Hintergrundwissen für die Beteiligten verbindlich gelten[30]. Damit ist aber nicht nur die eigene Position in der Welt definiert, vielmehr läßt sich auch das eigene Handeln »rationalisieren«. Dies gilt in einem doppelten Sinn: Einmal formuliert der Diskurs bestimmte Vorgaben über die zu befolgenden Schritte; man handelt sozialpädagogisch, indem man einer im Code sequentierten Ordnung *in der Reflexion* der eigenen Aktivität folgt – auch wenn diese Ordnung im Diskurs selbst durchaus zur Disposition gestellt werden kann. Nicht nur, daß die aufgrund der eigenen Wissensvorräte mögliche Problematisierung von Geltungsansprüchen aus pragmatischen Gründen suspendiert wird – weil man unter Zeitdruck steht, bewegen sich die Rationalisierungsversuche stets auf der Ebene von Plausibilitäten. Entscheidender scheint vielmehr noch, wie weit im Diskurs Selektionsmechanismen zur Verfügung stehen, die das Setzen von Präferenzen erlauben: Sinnhafte Identifizierung vollzieht sich – so kann man als These formulieren – in der Form einer Reduktion von Komplexität, die mit den Typisierungen vorgenommen wird, die im Diskurs angeboten werden; eine Grundbedingung für das Funktionieren dieses Mechanismus liegt dabei weder in der Differenzierung eines Deutungsmodells, noch in der Durchführung seiner Begründung, sondern allein in seiner Indizierung als Sozialpädagogik. Der Diskurs erlaubt also zum anderen eine Rückbindung des Tuns an den in ihm gegebenen Weltzusammenhang; man kann so eine Legitimation für das eigene Tun in den Formeln der im Diskurs zugänglichen Weltbeschreibung erwerben, wobei der »sozialpädagogische Code praktisch als eine Art Mythos wirkt, um die offizielle Definition dessen, was in der alltäglichen Sozialarbeit geschieht, zu stützen«[31].

Der Diskurs selbst repräsentiert somit, wenngleich in der Form einer nichtmethodisierten Reflexion, die Probleme in einem durch ihn selbst noch fixierten Handlungssystem; er stellt sich als »Reflexion im Erziehungssystem« dar[32], kann daher nicht auf Konsensbildung hin orientiert sein. Er folgt einerseits der Genese von Realproblemen, welche durch das in ihm zur Verfügung gestellte »Sinnmaterial«, d. h. die in ihm vorfindlichen Beschreibungen und Bestimmungen von Weltzuständen erfaßt werden, strukturiert aber andererseits durch den in ihm gegebenen Zusammenhang der einzelnen Sinnelemente die Wahrnehmung der Wirklichkeit; kurz: den Diskurs zeichnet ein Schwanken zwischen Novellierung und Traditionalität in der Art und Weise aus, wie in ihm Themen erfaßt werden.

Aber der Diskurs repräsentiert noch mehr: Die in ihm gebundenen Begriffe und Konzeptionen bezeichnen präzise die Wirklichkeit, welche die Sozialpädagogik für die Beteiligten hat. Der Diskurs als Ganzer läßt sich als die Theorie der Sozialpädagogik bezeichnen, von der sich die Sozialpädagogen in ihrem Sein und Handeln bestimmen und leiten lassen. Daß nämlich im Diskurs das Handeln sinnhaft reflektiert wird, heißt ja nicht bloß, daß ein Geschehen durch die diskursiv ermöglichten Reflexionsakte sinnhaft bestimmt wird, sondern meint vielmehr auch, daß dieses Handeln überhaupt erst für den einzelnen die Wirklichkeitsqualität des sozialpädagogischen Handelns hat. Diese Überlegung schließt sich zunächst der Festsetzung von Max Weber an, daß »Handeln (. . .) ein menschliches Verhalten (einerlei ob äußeres oder inneres Tun, Unterlassen oder Dulden) heißen (soll), wenn und insofern als der oder die Handelnden mit ihm einen subjektiven Sinn verbinden«[33]. Handeln wird demnach durch eine Sinnzuschreibung als Handeln erst konstituiert. Aber es stellt sich die Frage, wie der Sinn zustande kommt, durch welchen eine Handlung als solche, dann als eine sozialpädagogische qualifiziert wird: Er konstituiert sich durch eine Reflexion im Medium des Diskurses, der erst sprachlich-begrifflich den Sinnzusammenhang »Sozialpädagogik«[34] zur Verfügung stellt. Anders formuliert: der Bezug auf die eigene Sprache »Sozialpädagogik« stellt uns die sozialpädagogische Welt als solche her: Der Diskurs versorgt uns mit als sozialpädagogisch qualifizierten Typisierungen von Problemen, Aktivitäten, Institutionen und Fällen, läßt sich also als eine durch soziale Kommunikation hergestellte »Konstruktion der Wirklichkeit« begreifen[35].

Diese Annahme, im Diskurs werde die Wirklichkeit konstruiert, darf nicht in idealistischer Verkürzung mißverstanden werden: Nicht nur, daß der Diskurs neben den »einzufangenden« Momenten des Neuen stets schon über »objektiv«, d. h. verbindlich gültige Symbolzusammenhänge und institutionalisierte, d. h. auch mit Macht durchgesetzte Sinndeutungen verfügt und deshalb eine soziale Realität eigener Art für die Beteiligten bildet. Vielmehr leugnet diese Annahme gar nicht eine Realität außerhalb des Diskurses. Sie besagt nur, daß diese Realität erst durch die diskursive Reflexionsleistung als *besondere* sozialpädagogische Realität qualifiziert wird; die Überlegung gilt somit überhaupt nicht der Frage, wie wirklich die Wirklichkeit für uns ist, sondern zielt auf das Problem, wie eine Wirklichkeit als besondere Wirklichkeit kodiert wird, wenn sie – was offensichtlich der Fall ist – nicht über spezifische Qualitätsmerkmale unabhängig von der Bestimmungsleistung der sich mit ihr auseinandersetzenden Individuen verfügt: Die Probleme, Institutionen, Handlungen, kurz: die gesamte Wirklichkeit existiert demnach – so kann ungeachtet der hiermit verbundenen fundamentalen erkenntnistheoretischen und philosophischen Fragestellungen unterstellt werden – durchaus an und für sich; sie wird zu einer besonderen sozialpädagogischen Realität aber erst durch die Reflexion im Diskurs. Dieser Zusammenhang ist, wie jede sprachliche Bezeichnungsleistung, zunächst nur als arbiträr zu beurteilen; er hängt von dem sachlich zufälligen Faktum ab, ob jemand in den sozialpädagogischen Diskurs (oder eben in den medizinischen, juristischen, vielleicht auch therapeutischen) sozialisiert wurde. (Die Definitionschancen der unterschiedlichen Professionen lassen sich dann allerdings wiederum soziologisch oder politologisch untersuchen.)

Wenn sozialpädagogisches Handeln somit nur als sozialpädagogisch, d. h. im Diskurs reflektiertes Handeln möglich ist, dann heißt dies, daß man durch eine Beschreibung der Inhalte des Diskurses nicht nur Einsicht in das Bewußtsein der Beteiligten, sondern auch eine Erkenntnis der sozialpädagogischen Wirklichkeit gewinnt, wie sie den Beteiligten zur Verfügung steht; die Untersuchung der durch den Diskurs bedingten und ihm verfügbaren »Theorien« der Sozialarbeiter und Sozialpädagogen führt so in eine Analyse der Realität, die *ihnen* zugänglich ist und von ihnen behandelt wird.

Nun hinterlassen diese Beobachtungen in mehrfacher Hinsicht ein Unbehagen. Auch wenn sie zeigen können, daß der Ausdruck »Sozialpädagogik« sich nicht auf eine gegenständliche Objektivität bezieht, sondern sinnhaft in einem Sprachspiel gebunden ist, unterstellen sie – erstens – bloß positivistisch die Faktizität des Diskurses; seine Entstehung muß als kontingent erscheinen. Sie ist systematisch auf dieser Ebene gar nicht einholbar. Dies wirft zuerst die Schwierigkeit auf, den Diskurs nach außen zu legitimieren; man muß Gründe finden, die für die Legitimität des Sprachspiels in Anschlag gebracht werden, wenngleich man doch weiß, daß es zufällig zustande kam. – Die Diskussion über die Frage, wie weit »die« Sozialarbeit ihre Zuständigkeit allein aus Gründen geltend macht, die der existentiellen Sicherung der Professionsangehörigen dient, somit dem Muster einer Bestandssicherung folgt, läßt diese Schwierigkeit ahnen. Darüber hinaus führen sie aber –

zweitens – insofern in eine Aporie, als man keine Möglichkeit mehr sehen kann, sozialpädagogisches Handeln jenseits der kategorialen Reflexionen zu untersuchen, die von den Beteiligten immer schon angestellt werden und das konkrete Tun durch den Rückbezug auf den Diskurs legitimieren. Sie sind nicht objektivierbar, sondern immer an die subjektive Zuschreibung gebunden; als ein außerhalb des Diskurses Stehender kann man dann weder über ihre Effektivität noch über ihre Funktionalität entscheiden. Man hätte dann ein anderes Sprachspiel gewählt, sich somit nicht auf den Diskurs eingelassen, damit aber die Handlungen gar nicht in ihrer Qualität als sozialpädagogische Handlungen erfaßt.

Diese *Geltungsproblematik* stellt sich aber schon unmittelbar im Diskurs selbst. Dies hängt – drittens – zunächst mit dem trivialen Sachverhalt zusammen, daß zwar der Diskurs als Ganzer die sozialpädagogische Wirklichkeit – gefaßt in seinen Reflexionsbestimmungen – repräsentiert und so den »ganzen« Sinn von Sozialpädagogik enthält, der einzelne Diskursteilnehmer dagegen aber nur über Einzelmomente des Diskurses verfügt: er kann also seine Handlungen »sozialpädagogisch« reflektieren, ohne andere im Diskurs gebundene Bestimmungen aufzunehmen, welche seiner individuellen Reflexionsleistung widersprechen.

Will man nun – viertens – aus diesem Grund die Überlegung, der Diskurs ermögliche erst sozialpädagogisches Handeln, nicht in dem bloß formalen Sinne verstehen, daß die individuelle Aktivität gesteuert wird, indem man sie auf Kategorien zurückbezieht, die im sozialpädagogischen Diskurs zur Verfügung stehen, so führt auch diese in einen Widerspruch: Entweder sind nämlich die Elemente des Diskurses tatsächlich kontingent, dann ist ein begründetes Urteil über das Handeln, d. h. eine »sachgerechte« Orientierung der Aktivität nicht möglich; man kann nur willkürlich entscheiden, da sich ja ein verbindliches Kriterium nicht findet. Oder man muß die Überlegung professionssoziologisch auflösen, indem man die Etablierung von Zunftstandards verfolgt; allerdings könnte man diese wiederum nur historisch deskriptiv oder – im Blick auf den Diskurs – rekonstruktiv erörtern, müßte sich aber begründungstheoretisch damit begnügen, sie als dezisionistisch zu bezeichnen. Darüber hinaus spräche gegen den professionshistorischen und -soziologischen Zugang, daß von einer Profession von Sozialarbeitern und Sozialpädagogen nur mehr bedingt gesprochen werden kann – der Zugang über den Diskursbegriff hatte ja hierin auch einen Grund.

Tatsächlich macht sich jedoch diese Überlegung einer subjektivistischen Verkürzung schuldig. Sie ignoriert die eigentümliche Selbständigkeit des sozialpädagogischen Diskurses, wenn sie diesen allein auf die Reflexionsbedürfnisse der professionellen Sozialarbeit bezieht. Insbesondere an den in ihm gefaßten Handlungsbegriffen wird nämlich deutlich, daß er zwar der Profession, genauer: den im sozialen Sektor Tätigen, eine Art ideologischen Überbau liefert, zugleich jedoch auch als ein gleichsam objektiver Zusammenhang aber auch anderen zur Verfügung steht. Er verfügt über eine Art sachlich konstituierter Eigenexistenz, kann somit – ein wenig idealistisch gesprochen – als objektiver Geist erfaßt werden. So bewegen sich nicht nur »Laienhelfer« in den Denkformen des Diskurses. Vielmehr kann er gerade als sozialpädagogische Reflexion gegenüber der institutionalisierten Sozialarbeit geltend gemacht werden; so machte die Kritik an der Herrschaft der »Sozialexperten«, aber auch die an den totalen Institutionen Überlegungen geltend, die nicht nur klassische Themen des sozialpädagogischen Diskurses[36], sondern vielmehr seine Kernbegriffe markieren[37]. Darüber hinaus zeigt sich sogar, daß beispielsweise Selbsthilfeinitiativen für ihr Handeln Bestimmungen in Anspruch nehmen, die im Diskurs der Sozialpädagogik verbürgt sind. Man kann sogar die These formulieren, daß der Diskurs der Sozialpädagogik wesentlich durch Anstöße in Bewegung gebracht wird, die außerhalb professioneller Reflexionsbedürfnisse entstehen[38]: Die Projekte, welche sich alternativ zur institutionalisierten sozialen Arbeit verstehen, gerade darin aber dem Diskurs der Sozialpädagogik folgen und ihn vorantreiben, machen auf einen Diskurswechsel der professionell Tätigen aufmerksam; sie zeigen beispielsweise, daß der soziale Sektor selbst durch administrative Kategorien überformt wurde und keine sozialpädagogische Ideologie mehr zuläßt. Wo also die Verstaatlichung bis in die Mikrostrukturen der Interaktionen einfließt, somit ihre Reflexion im sozialpädagogischen Diskurs verhindert, quillt dieser über die Ränder institutioneller Ordnung und fließt in Bereiche, die den sozialpädagogischen Diskurs noch zulassen; er wird so zu einer »freiflottierenden Idee«[39], die dann noch die Gestalt der Kritik am Diskurs selbst annehmen kann.

Den Diskurs als Objekt einer theoretischen Bearbeitung von Sozialpädagogik zeichnet also einerseits zwar aus, daß er nur in der Aktivität der Diskursteilnehmer seinen Bestand erhält, andererseits aber seine Teilnehmer nicht mit eindeutigen Indikatoren beschrieben werden können; der Diskurs hat also eine gewisse Eigenständigkeit. Dies hat zwei Konsequenzen. Erfaßt man – erstens – Sozialpädagogik mit dem Verweis auf den sozialpädagogischen Diskurs, so bedeutet dies, daß diese untrennbar mit kommunikativ geleisteten Prozessen der Sinnstiftung verbunden gedacht werden muß. Sie konstituiert sich somit erst über die Anerkennung der Notwendigkeit, die eigene Reflexionsarbeit an den sozialpädagogischen Diskurs zurückzubinden und in einer Auseinandersetzung mit den dort eingelagerten und verfügbaren Elementen zu einer sinnhaften Bestimmung der Wirklichkeit zu kommen. Normativ gefaßt bedeutet dies, daß die Teilnehmer des Diskurses – sofern ihnen (aus welchen Gründen auch immer) an Sozialpädagogik gelegen ist – sensibel sein müssen für Gefährdungen des Diskurses selbst. Sie haben auf die Erhaltung des Diskurses als transzendentaler Voraussetzung von Sozialpädagogik zu achten. So diskreditiert sich der Versuch, durch institutionelle Druckmittel eine sozialpädagogische Normativität durchzusetzen, weil er die eigene Voraussetzung in Frage stellt; auch solche Versuche müssen sich den diskursiven Verständigungsprozessen stellen und so in ihrem Sinn als sozialpädagogisch bestimmt werden. Insofern erlauben alle die Institutionen, die zwar Sozialarbeiter und Sozialpädagogen beschäftigen, jedoch ein nicht mehr diskursiv verfügbares Sinnverständnis ihrer Angelegenheiten verfügen, keine sozialpädagogische Tätigkeit.

In formaler Hinsicht und höchst abstrakt läßt sich Sozialpädagogik somit als eine Disziplin bezeichnen, die auf Prozesse kommunikativer Sinnstiftung gegründet ist, welche ihrerseits auf die »Wissensstände« der Gemeinschaft jener verweisen, die den Diskurs führen. Das klingt zwar vordergründig tautologisch, doch darf man bei der Feststellung, Sozialpädagogik existiere nur in einem Diskurs, nicht übersehen, daß der Diskurs geführt werden muß, um als solcher zu bestehen. Man kann ihn als eine Praxis bezeichnen, die in Selbstreferenz sich identifiziert. So ist aber auch deutlich, daß Sozialpädagogik sich nicht durch bloße Diskursivität auszeichnet. Es geht nicht um das »Maulbrauchen«, sondern um die sinnhafte Verarbeitung von Erfahrung in dem bestimmten Medium des Diskurses; bestimmt ist dieser aber nicht nur als Form, sondern durch in ihm schon immer gegebene Inhalte. Der Diskurs verfügt demnach über eine Objektivität, die in seiner Traditionalität gründet[40].

Akzeptiert man – zweitens – diesen Gedanken der Objektivität, so führt das unweigerlich zur Annahme, daß den Diskurs selbst Relevanzstrukturen auszeichnen, die Selektionsleistungen ermöglichen. Allerdings genügt hier der Hinweis auf seine Geschichtlichkeit nicht mehr; sie hat zwar konstitutive Bedeutung, reicht aber nicht hin, um die innerhalb des Diskurses aktuell vorgenommenen Selektionen zu erklären, welche seine Dynamik jedoch auszeichnen.

Es stellt sich also erneut das Problem der Geltung: Man muß nach der Bedingung fragen, die jene eigene Dignität des sozialpädagogischen Diskurses als solchen ermöglicht. Man muß also einen Weg suchen, auf dem die Annahme der Diskursivität mit der der Objektivität vermittelt werden kann. Vom Objekt der sozialpädagogischen Theoriebildung her stellen sich diesem Vorhaben allerdings zwei prinzipielle Hindernisse entgegen, über die man nicht hinausschreiten kann. Einmal darf dieser Versuch nicht beanspruchen, den Diskurs zu dominieren; die Vermittlung beider Annahmen sieht sich also mit der Gefahr konfrontiert, den sozialpädagogischen Diskurs zu zerstören. Die andere Gefahr liegt jedoch darin, daß der Vermittlungsvorschlag selbst auf der Ebene des Diskurses bleibt, somit in ihm nur ein Moment unter anderen bildet. Dann aber hätte weder die Suche nach den Bedingungen der Objektivität des Diskurses Erfolg gehabt, noch wäre die Frage nach den Möglichkeiten seiner Geltung beantwortet.

3 Von der wissenschaftlichen Bemühung um die Sozialpädagogik

Daß man unter Sozialpädagogik etwas versteht, wird im allgemeinen vorausgesetzt. Darin liegt nicht nur eine pragmatische Erfordernis des Diskurses, vielmehr macht dieser selbst dies als Erfahrung zugänglich; das Sprachspiel sichert, was unter Sozialpädagogik im allgemeinen verstanden wird. Beginnt man aber nach den Bedingungen zu fragen, die den Diskurs als besonderen ermöglichen und ihm eine »objektive« Existenz verleihen, so stellt man die Selbstverständlichkeit dieser Voraussetzungen in Frage. Zwar geht man von seiner Realität aus, doch problematisiert man ihn nun als Ganzes wie aber auch die in ihm vorfindlichen inhaltlichen Bestimmungen hinsichtlich ihrer Geltung und Begründung: Man strebt ein kritisches Verfahren an, in welchem zum einen seine Inhalte als solche analysiert und erfaßt, zum anderen aber in ihren Beziehungen zueinander geklärt werden sollen. Kurz: das Interesse gilt der Ordnung des Diskurses.

Dies ist nicht normativ gemeint; die Suche nach der Ordnung des Diskurses zielt auf die Feststellung eines realen, in ihm zu denkenden Zusammenhangs von Inhalten, der nur scheinbar in einem bloß sprachkritischen Verfahren gewonnen wird. Insofern nämlich die Inhalte des sozialpädagogischen Diskurses eine Realität sichern, führt die Suche nach einer Ordnung des Diskurses zu einem, allerdings methodisch interpretierten Verständnis von Sozialpädagogik. Daran aber zeigt sich, daß man mit dieser Fragestellung den Diskurs verlassen hat; der in ihm fundierte Sinn von Sozialpädagogik steht zur Disposition. Man muß ihn als theoretischen Begriff neu konstituieren, ohne jedoch die im Diskurs gebundenen Bestimmungen selbst aufgeben zu können: Will man nicht eine spezifische, von ihm unabhängige Bedeutung in einem stipulativen Verfahren etablieren, so ist man darauf verwiesen, die Elemente des diskursiven Begriffs in einem theoretischen Begriff – in der seit Hegel vertrauten mehrfachen Verwendungsweise des Ausdrucks – »aufzuheben«: Man muß sie gelten lassen, sie zugleich doch prüfen, kritisch gegeneinander abwägen und abstimmen und in einem systematisch begründeten Verhältnis zueinander ordnen.

Aufgeworfen ist damit ein theoretisches Problem, das einer wissenschaftlichen Untersuchung und Klärung bedarf. Zwar drängt sich die Frage nach der Geltung von Annahmen auch im Diskurs selbst auf, doch wird es dort im dezisionistischen Rückgriff auf Inhalte gelöst, die in ihm unmittelbar zugänglich sind. Er funktioniert (in all seinen Fragwürdigkeiten) mit Selbstverständlichkeit. Ihn jedoch in seiner Problematik zu thematisieren und somit in seiner zunächst gegebenen semantischen Unhintergehbarkeit zu transzendieren, bleibt das Privileg der wissenschaftlichen Sichtweise, in der man sich Probleme stellt[1]. Sie konstituiert damit ein zweites Verständnis von Sozialpädagogik; Sozialpädagogik wird als ein Theoriebegriff konstituiert.

Daß die Theoriebildung aus dem Diskurs heraustritt, zieht mehrere Konsequenzen nach sich. Weil – erstens – der theoretische Begriff der Sozialpädagogik in seinem Material von den Bestimmungen des Diskurses abhängt, ihm somit genetisch nachgeordnet ist, hat die Theoriebildung selbst keine unmittelbar praktische Bedeutung. Sie gehört nicht dem Verständigungszusammenhang über eine problematische Wirklichkeit an, sondern rekonstruiert diesen; sie sucht seine Systematik aufzuklären. Obwohl sich dies sowohl auf die Ausbildung von Sozialpädagogen, wie auch in der Konkretisierung dessen auswirkt, was Handlungskompetenz heißen kann, gründet das Interesse am theoretischen Begriff der Sozialpädagogik in selbst noch theoretischer Neugier. Sie ist der Tradition von Wissenschaft verpflichtet, muß deshalb für den Vorgang der Theoriekonstitution einen methodologischen Aufwand dulden, der in der Selbstverständlichkeit des Diskurses absurd erscheinen muß. Aufgrund dieser Differenz zum Diskurs muß der theoretische Begriff der Sozialpädagogik – zweitens – nicht nur in seiner Beziehung zu diesem, sondern vielmehr noch in seinem eigenen Status geklärt werden; der Versuch, ihn allein als Theorie zweiten Grades zu begründen, scheitert dabei in den Aporien des hermeneutischen Zirkels: Der theoretische Begriff der Sozialpädagogik verfügt über eine eigene Dignität, die ihrerseits nach einer angemessenen Darstellungsform verlangt.

Darin liegen keine neuen Einsichten. Die Geschichte der Artikulation eines theoretischen Begriffs von Sozialpädagogik läßt sich nämlich zurückverfolgen bis auf die ersten Nennungen des Ausdrucks »Sozialpädagogik«. Diese sind aber nicht nur unter dem bislang vorrangig angesprochenen begriffsgeschichtlich-philologischem Gesichtspunkt relevant. Ihnen kommt vielmehr aus zwei Gründen ein systematischer Stellenwert zu: Zum einen konstituieren sie faktisch die Sozialpädagogik, da sie ein Geschehen sprachlich zugänglich machen und so einen begrifflichen und gedanklichen Fokus für die Reflexion schaffen, in welchem – wie subjektiv die durch ihn angestoßene Deutung von realen Sachverhalten auch ausfällt – ein Spektrum von Ereignissen gesehen wird. Noch schärfer: sie formulieren und generieren ein Thema und die Suche nach seiner inhaltlichen Ausfüllung; damit erschließen und codieren sie zugleich den Zugang zu einem Erfahrungsraum und eröffnen einen Erwartungshorizont, indem sie eine Perspektive für eine Reihe von Ereignissen und Objekten in der Lebenswelt zur Verfügung stellen. Eigentümlicherweise geben sie dabei nur den Anstoß, die Dinge neu zu sehen; wie diese dann unter dem Aspekt »Sozialpädagogik« gesehen werden, läßt sich nur als die eigene, sich dann im Diskurs zusammenfügende Leistung von einzelnen betrachten.

In methodischer Hinsicht ließe sich gegen diese Überlegung einwenden, daß sie die Bedeutung der Begriffsbildung überschätze; die neueren Arbeiten zur Geschichte etwa des Arbeitshauses[2] oder zur Geschichte der Armenfürsorge haben doch, so die mögliche Kritik, sehr viel konkreter und materialreicher die wirkliche Tradition der Sozialpädagogik ausgewiesen. Dem ist zwar nicht zu widersprechen, doch scheint das Problem einer Theorie der Sozialpädagogik eigentlich hier wieder verfehlt: Diese hat das historische Material vor dem Hintergrund eines Zusammenhangs von Semantik und Realgeschichte in dem Bewußtsein zu reflektieren, »daß geschichtliche Ereignisse und ihre sprachliche Konstitution ineinander verschränkt sind«[3].

Mit dem Begriff der Sozialpädagogik wird also zunächst und zu allererst ein Indexwort eingeführt, das den Teilnehmern des Diskurses, diesen erst als solchen konstituierend, zur Verfügung steht; so kann man vorliegendes Gedankenmaterial neu organisieren – wie sich im Blick auf Theorien und Ideologeme in der Rezeption Schleiermachers und Pestalozzis, aber auch im Bezug auf Traditionen etwa des christlichen karitativen Denkens, sowie hinsichtlich historischer Realität in der Interpretation der Heimerziehung als sozialpädagogisch zeigt. Der Begriff der »Sozialpädagogik« ermöglicht die ideelle Integration eines gesellschaftlich sich ausdifferenzierenden Zusammenhangs von Tätigkeiten; weil er dabei in hohem Maße abstrakt bleibt, kann er diese Integration sogar dann leisten, wenn sich die Aufgaben und Aktivitäten des so Integrierten ständig verändern. Allerdings liegt darin von vornherein der Zwang, diese ideelle Integration materialiter und inhaltlich selbst zu vollbringen. Der Begriff gibt in der Tat nur den Anstoß dazu. Man kann deshalb schon auf dieser Ebene der Überlegung auf die besonders prekäre Situation von Sozialpädagogen schließen: Sie müssen sich nicht nur ständig um einen Vollzug ihrer Arbeitsvorgänge sorgen, sondern vielmehr gleichzeitig den möglichen Sinn dieser Arbeit in diskursiver Verständigung sichern. Kurz: Sozialpädagogen haben es mit drei Variablen zu tun, nämlich ihrer Handlungsrealität, dem selbst herzustellenden Sinnzusammenhang und der unter dem Signum »Sozialpädagogik« herzustellenden Vermittlung von beiden.

Zu dieser Funktion des Begriffs »Sozialpädagogik« kommt, daß seine frühen Verwendungsweisen in der Gestalt des Umrisses einer materialen Theorie, dann – etwa bei Natorp und Willmann – als methodologisch interessierte Aufforderung zu einer spezifischen Form von Theoriebildung auftreten. Sozialpädagogik hat also eine vergleichsweise lange Tradition als ein wissenschaftlich ambitioniertes Projekt der Theoriebildung – und zwar als ein Projekt für einen Ansatz, in welchem überaus komplexe, abstrakt-systematische Fragestellungen und konkrete historische Fakten vermittelt werden sollen.

Diese zeichnet schon die erste Nennung des Ausdrucks »Sozialpädagogik« aus. Sie findet sich im Maiheft der »Pädagogischen Revue« Karl Friedrich Magers von 1844[4]. Mager entwickelt dort eine Vorstellung von Sozialpädagogik, die sich nicht auf eine besondere pädagogische Realität bezieht, sondern einen Forschungs- und Darstellungsansatz, mithin ein theoretisch ausgewiesenes Prinzip skizziert, Pädagogik überhaupt zu denken: Als Sozialpädagogik erweist sich ein Zugang zur Erziehungswirklichkeit, in welchem systematisch allgemeine Kategorien und die Bestimmung der Realität von Erziehung vermittelt werden. Sozialpädagogik ist bei Mager »die Theorie der gesamten, in einer gegebenen Gesellschaft vorkommenden Erziehung, einschließlich der Deskription der geschehenen Praxis. (...) Also umfaßt hier die ›Sozialpädagogik‹ alles, was nicht Allgemeine Pädagogik und Didaktik ist und was nicht ›Scholastik‹ ist. Dies ist aber offenbar der ganze Bereich der tatsächlichen Erziehung, so wie sie im gegebenen Raum zu gegebener Zeit erörtert und behandelt wird. Sozialpädagogik meint also das Ganze der wirklichen Pädagogik oder: alle realisierte Pädagogik ist ›Socialpädagogik‹«[5].

Anders als Mager hat A. Diesterweg den Begriff der Sozialpädagogik nicht unmittelbar im Zusammenhang eines wissenschaftlichen Interesses, sondern im Blick auf eine historisch gegebene Problemlage eingeführt; implizit kann man darin allerdings eine schon theoretisch akzentuierte gegenständliche Fassung eines theoretischen Begriffs von Sozialpädagogik erkennen. Diesterweg benutzt den Begriff – übrigens erstmals 1849/50 im literarischen Dokumentationsteil seines »Wegweisers zur Bildung für deutsche Lehrer«[6] – als ein Ordnungswort zur Klassifikation von Schriften über die »sociale Not«, wobei »Not« hier materielle, geistige und sittliche Zustände umfaßt[7]. Ein pädagogisch-systematisches Interesse läßt sich dabei auf den ersten Blick nicht erkennen[8]. Diesterweg sammelt die vorgestellten Schriften unter dem »politisch-socialen Gesichtspunkt«, läßt sich dabei von der doppelten Beunruhigung leiten, die von der Gefahr ausgeht, daß der »Pöbel fort und fort« wächst[9]: »Es ist eine Lebensfrage, wie für die Sicherheit des äußeren Bestehens, so für die Ruhe des Gewissens«[10]. Seine Leistung liegt somit zunächst darin, daß er den Diskurs der Sozialpädagogik fixiert, da er faktisch den Begriff »Sozialpädagogik« als einen Index für diesen einführt. – Allerdings leistet er so der Tendenz Vorschub, soziale und politische Fragen an die Erziehung zu delegieren. Zugleich aber umreißt er in der Auswahl der aufgenommenen Werke eine theoretische Vorstellung von Sozialpädagogik; man kann einen inneren Zusammenhang zwischen ihnen, somit eine der Auswahl zugrundeliegende, implizite Ordnung erkennen. Er nimmt nämlich Werke auf, die sich – will man es modern formulieren – mit der veränderten Sozialisationslage in einer Gesellschaft befassen, deren Modernisierungskosten sich als Pauperismus am deutlichsten niederschlagen. Ihren inneren Zusammenhang könnte man in der Frage nach den Möglichkeiten einer Vergesellschaftung von Erziehung sehen; diese entspricht der Notwendigkeit, in allen sozialen Schichten die habituellen Voraussetzungen – nämlich die »Civilisation« – herzustellen, welche eine Dynamisierung der Gesellschaft – ihre »Humanisierung« – ermöglichen. So reichen die aufgenommenen Arbeiten von globalen, zeitkritisch angelegten Überlegungen, die dem Fortbestand der Gesellschaft angesichts der unzivilisierten niederen Klassen gelten, über volkserzieherische Fragestellungen bis hin zur Erörterung spezifisch pädagogischer Probleme und Einrichtungen.

Es ist kein Zufall, daß nach Mager und Diesterweg eine theoretische Beschäftigung mit dem Begriff der Sozialpädagogik für einen Zeitraum von nahezu vierzig Jahren unterbleibt. Nicht nur die Veränderungen im politischen Klima[11] standen dabei einer Auseinandersetzung mit dem Thema im Wege. In der pädagogischen Diskussion selbst verlagerte sich die Fragestellung: Unter dem starken Einfluß der Herbartianer[12] konzentrierte man die theoretische Reflexion im allgemeinen auf die Frage, wieweit sich die gesellschaftlichen Strukturprobleme über das Bildungssystem steuern, bzw. in Form von Anpassungsprozessen beherrschen ließen[13], und im besonderen auf die im Rahmen einer Theorie des Unterrichts zu bearbeitenden Gegenstände. Zugleich bewirkte die Gründung der Wohlfahrtsverbände (bzw. ihrer Vorgängerorganisationen), daß die Frage nach dem konkreten Zusammenhang von Gesellschaft und Erziehung als einem theoretischen Problem entweder auf der Ebene einer Diskussion von Motiven oder auf der einer pragmatischen Orientierung abgehandelt wurde. Selbst die am Ende des 19. Jahrhunderts wieder in größerer Zahl auftretenden Schriften und Abhandlungen, welche sich des Ausdrucks Sozialpädagogik bedienen, reagieren auf aktuelle Anstöße aus der politischen Auseinandersetzung: Sie suchen entweder eine pädagogische Antwort auf die mit dem Anwachsen der Sozialdemokratie sichtbar gewordene Revolutionsgefahr, bemühen sich also um Sozialpädagogik als eines nationalen Integrationsfaktors, mit dem sich – wie es dann 1913 in Friedrich Hemans »Geschichte der Pädagogik« heißt – die »Unzulänglichkeit des bisherigen Bildungsideals«[14] überwinden läßt. Oder sie begreifen Sozialpädagogik im Zuge einer reformistischen Programmatik innerhalb der Sozialdemokratie selbst als Mittel, um die Klassenspaltung der Gesellschaft aufzuheben[15].

Immerhin deutet sich jenseits der politischen Besetzung des Begriffs auch eine wissenschaftlich-theoretische Beschäftigung mit ihm an. Sie gründet, wie die Zeitgenossen selbst urteilen, in der Etablierung des neuen Wissenschaftsparadigmas, welches durch die Entstehung der Wissenschaft vom Sozialen, der Soziologie, eröffnet wird: »Die Grundtendenz«, so schreibt John Edelheim 1902 in seinen »Beiträgen zur Sozialpädagogik«, »die alle Äußerungen der letzten zwei Jahrzehnte des 19. Jahrhunderts beherrscht, ist die Sozialisierungstendenz. Nicht nur die gesellschaftliche Praxis, auch die wissenschaftlichen Theorien werden immer mehr von dieser Tendenz getragen. Fast gibt es kein Gebiet im Bereiche der Geisteswissenschaften, das sich nicht gezwungen fühlte, seine Grundsätze im Lichte der socialphilosophischen Erkenntnis zu revidieren und umzugestalten. So ist schon mancher geistigen Disziplin der Stempel des Socialen aufgedrückt worden. Socialpsychologie, Socialethik, Socialökonomie, sociale Kunst, sociales Recht und in allerletzter Zeit Socialpädagogik sind geläufig gewordene Bezeichnungen für Forschungsgebiete, die das psychologische, ethische, ökonomische, ästhetische, juridische und pädagogische Material vom Standpunkte der Gesellschaftswissenschaft zu bearbeiten streben und dadurch die Grundlagen schaffen zu neuen Zweiggebieten der Socialphilosophie«[16].

Zwar gilt das Bemühen der Sozialwissenschaft nicht der Begründung einer Theorie der Sozialpädagogik, sondern zielt auf das Einbringen des pädagogischen Sachverhalts in das von der Soziologie angebotene Denkmodell. Aber dieses Paradigma und die in ihm gegebenen Denk- und Erkenntnismittel lassen die Dignität von Sozialpädagogik erst hervortreten; es ermöglicht die Erkenntnis eines systematischen Begriffs von Sozialpädagogik.

Das wird erstmals deutlich in den Arbeiten des Marburger Neu-Kantianers Paul Natorp. Noch ganz in der politischen Hoffnung befangen, daß »der Sozialismus der Bildung ... über alle Klüfte hinweg uns vereinigen« sollte[17], lösen seine Abhandlungen zur Sozialpädagogik eine Auseinandersetzung aus, welche die methodologischen Grundlagen des Nachdenkens über Sozialpädagogik erstmals freilegt und sichert[18]. Zwei Gesichtspunkte seiner Überlegung sind hierbei entscheidend. Einmal hebt er die fundamentale Bedeutung der Soziologie hervor; die theoretische Durchdringung der Sozialpädagogik bedarf der in der Gesellschaftswissenschaft gegebenen Denkmittel und Erkenntniseinsätze: »Worauf es ankommt, ist, daß die Sozialpädagogik nicht einen Teil der gesamten, den sozialen und individualen Gesichtspunkt vereinigenden Pädagogik, oder einer einseitigen Ansicht der Probleme hat bedeuten wollen, sondern einen Charakter der ganzen Pädagogik, welcher Charakter in der Methode besteht: sämtliche Probleme der Pädagogik unter dem obersten Gesichtspunkt der Grundbeziehung der Individuen in der Gemeinschaft zu ordnen und zu behandeln. Denn die Erziehung hat es allerdings mit den Individuen zu tun, aber eben nicht als für sich stehenden, sondern als Glieder der Gemeinschaft«[19]. Gleichwohl bildet die Sozialpädagogik weder ein Anhängsel der Soziologie, noch eine ihrer Teildisziplinen[20]. Die Soziologie wirkt vielmehr gleichsam als das Instrument, welches in dem Dickicht der sozialen Tatbestände die Bresche schlägt, in der dann der eigene Ort der Sozialpädagogik erkannt werden kann; sie legt den systematischen Ort frei, an welchem die genuin pädagogische Fragestellung der Sozialpädagogik identifiziert werden kann. Der theoretische Begriff der Sozialpädagogik hängt also ab von der Konstitution des sozialwissenschaftlichen Paradigmas, innerhalb dessen er dann als ein pädagogischer Begriff sui generis entfaltet werden kann.

Natorp hat diese von ihm unwidersprochen als »allgemeine Ansicht«[21] behauptete Auffassung in nahezu allen einschlägigen Schriften weitgehend ähnlich entfaltet[22]. Grundlegend wurde jedoch seine erstmals 1899 erschienene Monographie »Sozialpädagogik. Theorie der Willenserziehung auf der Grundlage der Gemeinschaft«: »Also muß vor allem«, so umreißt Natorp dort die in einem theoretischen Begriff der Sozialpädagogik darzustellenden Zusammenhänge, »die Theorie der Willenserziehung von der Voraussetzung des Lebens in der Gemeinschaft von Anfang an ausgehen und die Konsequenz dieser Auffassung auf Schritt und Tritt beachten. Auch darf es sich hierbei nicht bloß handeln um das Verhältnis des Einzelnen zum anderen Einzelnen, sondern es fragt sich ferner nach seinem Verhältnis zur konstituierten menschlichen Gemeinschaft in ihren mancherlei Formen von der Familie bis zur Gemeinde und dem Staat und schließlich zur Menschheit ... Das ist die Auffassung von der Aufgabe der Erziehungslehre, welche der Titel ›Sozialpädagogik‹ in Erinnerung halten möchte. Gemeint ist damit aber nicht ein abtrennbarer Teil der Erziehungslehre etwa neben der individuellen, sondern die konkrete Fassung der Aufgabe der Pädagogik überhaupt und besonders der Pädagogik des Willens. Die bloß individuelle Betrachtung der Erziehung ist eine Abstraktion, die ihren begrenzten Wert hat, aber schließlich überwunden werden muß. Der Begriff der Sozialpädagogik besagt also die grundsätzliche Anerkennung, daß ebenso die Erziehung des Individuums in jeder Hinsicht sozial bedingt ist, wie andrerseits eine menschliche Gestaltung sozialen Lebens fundamental bedingt ist durch eine ihm gemäße Erziehung der Individuen, die an ihm teilnehmen wollen ... Die sozialen Bedingungen der Bildung also und die Bildungsbedingungen des sozialen Lebens, das ist das Thema dieser Wissenschaft«[23].

Sozialpädagogik zeichnet demnach aus, daß sie eine allein im Zusammenhang des Wissenschaftssystems möglich gewordene

Fragestellung zum Thema hat. Der Begriff markiert ein Problem der Theoriebildung und bezeichnet dabei ein Prinzip des Denkens, genauer: der Organisation von Gedanken[24]. Obwohl so auch ein Ansatz zur Forschung skizziert war, stand für Natorp, nicht zuletzt aufgrund seiner eigenen Wissenschaftstradition, eine rein theoretisch-begriffliche Arbeit[25] im Vordergrund: explizit hat er diese Reflexionsarbeit zwar vor allem gegenüber der Kritik verteidigt, die Wilhelm Rein und Otto Willmann an seiner Interpretation Herbarts übten[26]; aber es bereitet kaum Schwierigkeiten, die dort von ihm vorgetragene Auffassung als seine wissenschaftliche Grundposition zu interpretieren: »Und nun noch ein letztes Wort. ›Nicht von den problematischen Deduktionen einer Erkenntniskritik hängt es ab, in welchem Geiste unser Volk erzogen wird, sondern von den Grundlagen, die, den Spekulationen eines Einzelnen entzogen, aus der sittlichen Erfahrung der Völker sich ergeben haben und nun ehernen Gesetzestafeln gleich die Geschicke der Menschheit bestimmen‹, sagt Prof. Rein (. . .). Was von konkreten sittlichen Anschauungen in der Entwicklung der Völker sich herausgebildet hat, ist gewiß nicht unbesehen zu verwerfen, aber es unterliegt der unnachsichtigen Kritik der weiteren Entwicklung. Die ›Gesetzestafeln‹, die das Ergebnis früherer Entwicklungen aussprechen, sind heute bereits sehr ernstlich in Frage gestellt, nicht von der Spekulation Einzelner allein, sondern von breiten Schichten, die auf die konkreten sittlichen Anschauungen nicht ohne Einfluß bleiben können. In solcher Lage treten an die theoretische Arbeit erhöhte Forderungen heran und lastet auf ihr eine schwerwiegende Verantwortung, der sie sich nicht entziehen darf. Soll die notwendige Arbeit nicht ungetan und alles dem blinden Spiel der Kräfte überlassen bleiben, so müssen wohl Einzelne sich an die Aufgabe wagen. Je ernster sie es tun, um so weniger werden sie von denen, die an dieser Arbeit nur in Mußestunden teilnehmen, der Belehrung bedürfen, daß ihre Deduktionen problematisch sind. Es ist darum nicht weniger ihre Pflicht, die Deduktionen, die sie bei der strengsten ihnen möglichen Prüfung haltbar befunden haben, vorzulegen; nicht nur, um sie als ›eherne Gesetzestafeln‹ den Völkern aufzudrängen – ein monarchischer Absolutismus der Spekulation, den man seit Hegel gründlich verlernt hat – sondern um die gemeinschaftliche Arbeit zu fordern, ja um widerlegt zu werden, aber durch radikalere Deduktionen, nicht durch die altbekannte Weisheit, daß wir ewig an Problemen tasten. Probleme sind noch dazu da, daß man an ihnen arbeite«[27].

Trotz aller Differenzen mit Natorp haben sowohl Rein wie Willmann das von jenem entwickelte Verständnis der Sozialpädagogik als Theorieproblem für gültig gehalten. Rein hat dies zum Ausdruck gebracht, indem er das Stichwort »Sozialpädagogik« in beiden Auflagen seiner »Enzyklopädie der pädagogischen Wissenschaften« von Natorp abhandeln ließ. Bei Otto Willmann bereitet es dagegen größere Schwierigkeiten, die Nähe zu den Auffassungen Natorps festzustellen, die dieser selbst wohl durchaus wahrnahm[28]. Tatsächlich liegen die Differenzen hinsichtlich des, so Willmann, zu berichtigenden Schlagworts Sozialpädagogik eher auf der Ebene der inhaltlichen Ausfüllung; der wissenschaftstheoretische Charakter steht jedoch nicht zur Disposition[29]. Willmann greift zwar die neukantianische Sozialpädagogik an, sie sei in die Niederungen einer Parteidoktrin gesunken[30], und warnt davor, »das Prinzip der Sozialpädagogik (zu) fälschen und den neuen Wein in alte Schläuche (zu) gießen, indem die Staatspädagogik repristiniert wird, wie dies in Natorps Sozialpädagogik (1889) geschieht«[31].

Unter Bezug auf die in der »Didaktik als Bildungslehre«[32] entwickelten Grundannahmen spitzt er jedoch sogar die theoretische Sichtweise zu, indem er sich für eine güterethische Fundierung des Begriffes Sozialpädagogik ausspricht. Es sei »vor allem erforderlich, daß man Gesellschaft und Staat, sozial und politisch scharf auseinanderhalte, und daß man als den Bildungsbegriff der Gesellschaft den Begriff des Gutes erkenne«[33]. Dabei erfaßt er als Sozialpädagogik einen theoretischen Zugang zur Erziehungswirklichkeit, in welchem eine konkrete Vermittlung von historisch-sozialen Bedingungen und den Annahmen der allgemeinen Erziehungslehre theoretisch geleistet wird: »Die Sozialpädagogik rückt die Gesamtheit in den Gesichtskreis, und dieser ihr Verdienst wird erhöht durch einen Fingerzeig, der in ihrem Namen liegt. Das Soziale umfaßt... eine Mehrzahl von Gesellungen und Gemeinschaften, von der Familie und ihren socialia foedera an bis zur Menschheit der societas generis humani hinauf. Für die Erziehung wird damit die Forderung aufgestellt, dem sozialen Element in seinen verschiedenen Formen gerecht zu werden, die Eingliederung der Jugend in alle Sozialverbände zum Augenmerk zu machen«[34].

Der Begriff der Sozialpädagogik gewinnt damit eine fragende, die theoretische Reflexion in eine bestimmte Richtung lenkende Funktion. Mehr noch: er konstituiert, nicht anders als bei Natorp, ein Prinzip der Organisation des gedanklichen Materials. Er bildet gleichsam ein Gerüst, welches die begrifflich reine, allerdings durch die Sozialwissenschaften inspirierte Reflexionsarbeit liefert, um Erziehung in einer neuen, resp. in einer anderen Weise zu denken: »Wenn sich so in der Erziehung das individuale und soziale Element verschränken, so muß für die sie beratende Erziehungslehre das gleiche gelten. Die Sozialpädagogik ist daher nicht eine besondere Gestalt der Pädagogik, sondern ein Teil derselben, mit dem ihr zugehörigen Teile der Individualpädagogik eng verwachsen. Danach wäre strenggenommen die Wortbildung unstatthaft; man könnte sowenig von einer Sozialpädagogik sprechen, wie man von einer syntaktischen Sprachlehre reden kann, weil die Syntax, d. i. Zusammenstellung der Wörter, ein Teil der Sprachlehre ist. Der Vergleich gestattet übrigens eine Weiterführung. Erziehungs- und Sprachlehre sind darin ähnlich, daß sie es mit dem Einzelnen und seiner Zusammenführung zu tun haben; die Bildung des Individuums sind der grammatischen Formen- und Formenbildungslehre vergleichbar und die Weisungen für seine Eingliederung in die Gesellschaft der Syntax; die Sozialpädagogik ist eine pädagogische Syntax, untrennbar mit der individualen Bildungslehre verbunden und nicht berechtigt zu dem Anspruche, das ganze Gebiet in sich zu fassen[35].«

Wenn auch inhaltlich nicht verwirklicht, war doch zur Jahrhundertwende die Einsicht zugänglich, daß Sozialpädagogik als ein theoriekonstituierender Begriff zu denken sei. »Sozialpädagogik« stand für ein wissenschaftliches Programm, das sich einerseits als Reflexionsproblem im Wissenschaftssystem stellte, das andrerseits auf eine theoretische Durchdringung des Zusammenhangs von Erziehung und Gesellschaft zielte. Die Pädagogik selbst sollte als Theorie die Herausforderung der Soziologie aufnehmen, sich gleichsam mit ihren eigenen Prämissen im gesellschaftswissenschaftlichen Kontext bewegen, ohne die Logik der Erziehung aufzugeben, in der abstrakt schon immer eine Beziehung von Individuum und Gesellschaft mitgedacht war. Wissenschaftliche Sozialpädagogik intendierte einen systematischen, in seinem Prinzipcharakter entfalteten Zusammenhang von Fragestellungen und Problemen, der sich in einer reinen Begriffsarbeit darstellte. Dahinter verbarg sich – wenigstens bei Paul Natorp – eine Vorstellung von Wissenschaft, die über die dem menschlichen Verstand nur bedingt mögliche Erkenntnis der Phänomene hinaus eine vernunftkonstituierte Vorstellung von Pädagogik anstrebte. Mit diesem Zugang in Form einer vernunftgeleiteten Konstruktion eines Gedankenzusammenhangs stellte sich aber eine präzise Beziehung der Sozialpädagogik zur Philosophie her. Arthur Buchenau hat deshalb auch in seinem Büchlein »Sozialpädagogik« betont, es sei »mit Paul Natorp (...) daran festzuhalten, daß die Philosophie als Ganzes die Grundlage der Sozialpädagogik bildet«[36]. Dabei war man sich bewußt, wie komplex der so entwickelte theoretische Begriff von Sozialpädagogik ausfallen würde: »Die rechte Sozialpädagogik«, so skizziert Max Gritschneder den in ihm zu denkenden Zusammenhang, »mußte das Verhältnis zwischen Individuum und Gemeinschaft jeweils festlegen im Hinblick auf die Soziologie und die Völkerpsychologie einerseits und eine empirisch begründete Ethik verbunden mit erkenntnistheoretischen philosophischen Überlegungen andrerseits. Hieraus mußte sich eine Erziehung ergeben, die zwischen Kulturpädagogik und Persönlichkeitspädagogik läge, ein Mittelding, das ermöglichte, daß sowohl die Eigenart des Individuums in intellektueller und emotionaler Hinsicht in Rechnung gestellt, als auch die Erfüllung objektiver Gemeinschaftswerte nicht vernachlässigt würde«[37].

Mit der Hervorhebung eines theoretischen Begriffs der Sozialpädagogik, vor allem mit der Klärung seiner methodologischen Implikate, war freilich auch eine Differenz zwischen der Reflexion von Sozialpädagogik im Wissenschaftssystem und einem auf Alltagsbedürfnisse gerichteten Verständnis von Sozialpädagogik eingeführt worden; spätestens mit der Betonung des philosophischen Charakters theoretischer Reflexion in der Sozialpädagogik war dieser Unterschied von Sozialpädagogik als Denkproblem und Sozialpädagogik auf der Ebene diskursiv gebundener »Meinung« markiert. Aloys Fischer hat ihn, wenngleich im Blick auf die Wissenschaftsgeschichte der Sozialpädagogik weitgehend wirkungslos, in seiner Abhandlung über »Das Verhältnis der Jugend zu den sozialen Bewegungen und der Begriff der Sozialpädagogik« festgehalten: Sozialpädagogik lasse sich im Wissenschaftskontext und in einem praktischen Zusammenhang denken. Mit den Forschungen in jenem »hängt ein Gebrauch des Wortes Sozialpädagogik zusammen, deren Begriff man dann als die Berücksichtigung der sozialen Seiten, die alle Erziehungen tatsächlich hatten und haben, in der historischen Beschreibung, in der kritischen Beurteilung und abschließenden Theoriebildung umschreiben könnte. Ein solcher Begriff der Sozialpädagogik bleibt beschränkt auf den Betrieb der Wissenschaft Pädagogik, er hat in ihr seine Fruchtbarkeit weiter zu bewähren und schließlich dem theoretischen Verständnis der Tatsache ›Erziehung‹ und der Einzeltatsachen im Sinne der größeren Vollständigkeit und Richtigkeit zu dienen. Die so verstandene Sozialpädagogik ist wesentlich eine Schul- und Forschungsrichtung, die sowohl in der historischen wie auch in der systematischen Pädagogik den Einfluß sozialer Faktoren nicht übersehen oder verwischt haben will, die Erziehung in die Gruppe der Lebensbedingungen des Kollektivgeistes einreiht[38].« Gegenüber dieser in Anlehnung an Natorp konzipierten theoretischen Auffassung von Sozialpädagogik sieht Fischer die Vielzahl von möglichen anderen, höchstens klassifizierbaren, auf die Praxis des Erziehens bezogenen Begriffe von Sozialpädagogik: »Die übrigen, ebenfalls noch beträchtlich voneinander abweichenden Begriffe von Sozialpädagogik sind zugleich praktisch orientiert, sie wollen eine bestimmte Auffassung vom Sinn und den Aufgaben der Erziehung zum Ausdruck bringen und auf das erziehliche Tun, auf das pädagogische Leben Einfluß gewinnen, nicht bloß auf das Bild von diesem Tun, das die betrachtende Theorie zeichnet[39].«

Mittelbar kommt allerdings auch dem theoretischen Begriff von Sozialpädagogik eine Bedeutung für das praktische Geschehen zu. Gegenüber einer Selbstzweck gewordenen und werdenden Fürsorgetätigkeit müsse nämlich, so Fischer in der ein Jahr später erschienenen berühmten Abhandlung über »die Problematik des Sozialbeamtentums«, den Fürsorgern ein Wissen zur Verfügung gestellt werden, mit welchem sie nicht nur reflexiv ihre eigene Tätigkeit überprüfen und beurteilen können. Vielmehr muß ein theoretischer Begriff von Sozialpädagogik auf einer Ebene abstrakter Rationalität und in Distanz zur Praxis entwickelt werden, damit die Sozialpädagogik selbst noch in Frage gestellt werden kann; nötig sei ein vernünftiger Begriff von Sozialpädagogik, der dieser als Maßstab ihrer eigenen Kritik dienen könne. Gefordert ist eine Theorie, die, von institutionell zweckhafter Orientierung befreit, eine generalisierende Reflexion über die Praxis zuläßt: »Für die

Berufsethik des Sozialbeamtentums und unmittelbar wieder für die Ausbildung und Auslese der darin tätigen Kräfte ergeben sich damit Aufgaben, die nur auf dem Umweg über die Hineintragung eines philosophischen Elements gelöst werden können«[40]. Theorie ist so im aristotelischen Sinne, d. h. als Wissen über eine Praxis, welche ihre sittliche Dignität in sich trägt[41], reklamiert; sie ermöglicht eine bewußte Praxis, insofern der aufgeklärte Begriff von Sozialpädagogik ihre Bestimmungen und Momente entfaltet, so den reinen Sinn von Sozialpädagogik zur Darstellung bringt. Damit aber enthält der theoretische Begriff der Sozialpädagogik eine vom Sozialpädagogen in verantwortlichem Handeln zu verwirklichende Orientierung; er ist als ein wissendes Subjekt gefordert, das doch selbst entscheiden muß: Die aktuelle Diskussion um die sozialpädagogische Handlungskompetenz hat nichts anderes zum Inhalt.

Exkurs: Die Versuche, wenigstens Notwendigkeit und Umriß eines theoretischen Begriffs von Sozialpädagogik zu begründen, stehen in einem wissenschaftsgeschichtlich bemerkenswerten Zusammenhang. Zwar folgen sie dem seit den 40er Jahren des 19. Jahrhunderts[42], eigentlich schon im 18. Jahrhundert beginnenden Prozeß[43] der Etablierung von Problemauffassungen, Handlungsformen und Einrichtungen, die dann sozialpädagogisch genannt werden, doch schreiten sie in eigentümlicher Weise der empirischen Tätigkeit, auch der Ausbildung eines realen und umfassenden Diskussionszusammenhangs, voraus. Man hatte, will man dies ein wenig pointiert formulieren, zwar nicht den Begriff, wohl aber die Bedingungen der Begriffsbildung geklärt, ehe die Sache selbst vorlag. Sogar in der an wissenschaftsgeschichtlichen Eigentümlichkeiten reichen Pädagogik traf dagegen Schleiermachers Feststellung, die Theorie folge der Praxis, durchaus zu: Sieht man nämlich von Ernst Christian Trapps »Versuch einer allgemeinen Pädagogik« ab, so schlossen die systematischen, Erziehungswissenschaft erst begründenden Entwürfe Herbarts und Schleiermachers immerhin eine fast fünfzig Jahre dauernde, insbesondere mit dem Namen des Philanthropinismus verbundene Phase empirischer Arbeit und öffentlicher Diskussion ab. Die methodologische Reflexion des theoretischen Begriffs der Sozialpädagogik ging dagegen dem realen Institutionalisierungsprozeß, auch der umfassenden, sich über die Diskussion der Ausbildung von Fürsorgern entfaltenden Diskussion voraus.

Darin gründet nicht nur, daß die theoretischen Ansätze kaum mehr als das Problem einer wissenschaftlichen Reflexion entwickelten. Vielmehr kann man auch vermuten, daß gerade in der Gefahr einer möglichen Dominanz und Disziplinierung[44] durch die akademisch-philosophische Begründung ein Motiv zu ihrer Abwehr lag, zumal die sich selbst als sozialpädagogisch verstehende Bewegung[45] ein Recht auf eine eigene Begründung in Anspruch nahm.

Die Praxis der Sozialpädagogik, das Experimentieren, das sinnhaft im Diskurs eingeholt wird, folgen also der Entstehung von theoretischen Programmen; diese werden nicht einmal mehr rezipiert. Ein Vergleich der zentralen Nachschlagewerke dieser Jahre belegt, wie das Bewußtsein von einer theoretisch-wissenschaftlichen Bearbeitung von Sozialpädagogik eigentlich einer nur pragmatischen, letztlich begriffslosen Anordnung von Themen wich, die für relevant gehalten wurden: Hatte beispielsweise in der Reinschen Enzyklopädie Natorp noch das Thema Sozialpädagogik abgehandelt, so fehlt im 1929 erschienenen, bald zum Klassiker erhobenen fünften Band des »Handbuchs für Pädagogik« von Herman Nohl und Ludwig Pallat jeglicher Hinweis auf Natorp und die von ihm thematisierten Fragestellungen: Die Theoriefrage findet keine Beachtung. Das schlägt sich noch in dem völligen Mangel an Reflexion über Aufbau und Auswahlprinzip des Bandes nieder; er dokumentiert begriffs-und systemlos die Ebene des Diskurses.

Besonders prekär wird dies allerdings bei der Frage nach der Gestaltung und den Inhalten der Ausbildung für Fürsorger und Fürsorgeerzieher. Sozialpädagogik wird ein integrativer Charakter zugesprochen, wobei allerdings das Integrationsprinzip selbst in den Sozialwissenschaften vermutet wird. »So gibt es«, schreibt Gertrud Bäumer über die Ausbildung der Sozialpädagogen, »als wissenschaftliche Grundlage ... eigentlich nur eine Wissenschaft: richtig verstandene Soziologie – eine soziale Lebenskunde mit der Zuspitzung auf die Möglichkeit praktischen Einwirkens[46].« Auf dieser Grundlage aber entfaltet sich dann eine Vorstellung von Sozialpädagogik, die zwar von einem

– freilich unbestimmten – Proprium geleitet wird, gleichwohl im Zusammenhang von vielfältigen Disziplinen besteht: »Die sozialpädagogische Ausbildung hat es also mit zwei Einheiten zu tun: der des Menschen und der der Gesellschaft . . . Die Lehrpläne der sozialpädagogischen Ausbildungsstätten umfassen: Hygiene, Psychologie, Pädagogik, Volkswirtschaft, Sozialpolitik, alle Zweige der Wohlfahrtspflege, Strafrecht und öffentliches Recht. Und die weitere Schwierigkeit liegt darin, daß alle diese Wissenschaften unter Gesichtspunkten und Zusammenhängen behandelt werden müssen, die von denen der fachwissenschaftlichen Einteilung und Abgrenzung ganz und gar abweichen . . . Beispielsweise müssen die wirtschaftlichen Verhältnisse verstanden werden als Lebensbedingungen. Die Sozialpädagogik hat es stets mit einer lebendigen Synthese von äußeren und inneren, materiellen und seelischen Tatsachen zu tun, wie sie das Leben des Einzelnen oder die Klasse darstellt«[47]. Ein eigenes wissenschaftliches Profil, das theoretischen Fragestellungen folgt, entwickelt sich nicht mehr. Reflexion bleibt auf die Anhäufung des im Diskurs Vorgelegten beschränkt, das dann nach didaktischen Zwängen geordnet wird: Sozialpädagogik entwickelt sich als »Ausbildungswissenschaft«[48]. Es gelingt ihr nicht mehr, die Theorieproblematik wieder aufzunehmen und an der systematischen Klärung ihres eigenen Gegenstandes zu arbeiten: Nicht nur hatte man sich zu weit von den Anforderungen einer strikten wissenschaftlichen Behandlung der eigenen Themen entfernt; vielmehr unterbrach vermutlich die nationalsozialistische Herrschaft die Reflexionsbemühungen, die sich vielleicht auf das Handbuch als einer Vergegenwärtigung des sozialpädagogischen Diskurses hätten stützen können.

4 Vom Gegenstand einer Theorie der Sozialpädagogik

»Was auch immer der Zweck sei, man dichtet nicht Pädagogik, sondern denkt sie«[1]: Auf den ersten Blick müssen die Einsichten ebenso trivial wie fragwürdig wirken, die man aus den Überlegungen gewinnt, welche historisch im Blick auf einen möglichen wissenschaftlichen Begriff der Sozialpädagogik angestellt wurden. Sie markierten nur – erstens – die Differenz zwischen einem den alltäglichen Bedürfnissen von sozialpädagogischer Praxis verhafteten Denken und einer wissenschaftlich-theoretisch ausgerichteten Bemühung; diese zeigte sich dann – zweitens – als eine spezifische Organisation gedanklicher Inhalte, von der sich allerdings wohl annehmen läßt, daß sie als ein Bündel von Hypothesen intendiert war, welches ein Forschungsdesign »Sozialpädagogik« zulassen sollte.

Sicher gerät die erste Einsicht in die Nähe zu einer Tautologie; man kann erwarten, daß in wissenschaftlicher Ambition die Möglichkeit einer wissenschaftlichen Vorstellung von Sozialpädagogik aufgewiesen wird. Doch liegt das Problem tiefer: Es tritt hervor, wenn man erneut nach der Notwendigkeit und dem Objekt des wissenschaftlichen Interesses in der Sozialpädagogik fragt. Beide Fragen lassen sich dabei nicht trennen. Denn nicht nur, daß man sich allein des Diskurses als eines möglichen Referenzobjekts von Theorie gewiß sein konnte; vielmehr ergab sich in diesem ja das »Theoriedilemma«[2], welches nach einem Prinzip für die Begründung geltungsfähiger Sätze suchen läßt. Bezieht man aber die wissenschaftliche Bemühung deshalb auf den Diskurs, so sieht man sich nicht nur mit der Heterogenität seiner Inhalte konfrontiert, sondern muß damit rechnen, daß diese auch falsches Bewußtsein, Unkenntnis u. a. ausdrücken. Als Lösung liegt nahe, daß man in der wissenschaftlichen Bemühung ein anderes Objekt aufsucht. Aber damit geriete man erneut in die Schwierigkeiten, aus welchen der Verweis auf den Diskurs als einziger sicherer Objektivität herausführen sollte. So bleibt der andere, im historischen Zugang aufgewiesene Weg einer spekulativen Reflexion über die Sozialpädagogik: nämlich die reine theoretische Sozialpädagogik. Nur stellt sich auch dieser wiederum die Frage nach ihrem Zusammenhang mit dem Objektbereich; dieser muß bestimmt werden, weil andernfalls der theoretische Begriff der Sozialpädagogik als wissenschaftlicher nur durch seinen Zusammenhang mit dem Wissenschaftssystem, nicht aber in methodologischer und inhaltlicher Hinsicht begründet wäre.

Das so umrissene Problem der Konstitution einer Theorie der Sozialpädagogik läßt sich auf drei Ebenen bearbeiten. Die erste gilt dem Verhältnis und dem Zusammenhang zwischen Theorie und Diskurs einerseits, der Beziehung von Theorie auf Realität andrerseits. Sie berührt, was traditionell, aber in höchstem Maße ungenau, als Theorie-Praxis-Problem bezeichnet wurde; ungenau war diese Bezeichnung, weil sie nicht unterschied zwischen der Praxis von Sozialpädagogik als einem Erkenntnisgegenstand (der dann auch Institutionen, Probleme, Handlungen, aber auch das diskursive Wissen enthalten muß) und der Praxis des Sozialpädagogen im Sinne des konkreten (allerdings stets schon über Motive, Einsichten und Wissen gesteuerten) Handelns. Das Fehlen dieser Unterscheidung führte aber stets zu dem Kurzschluß zwischen Einsicht in die Praxis und Anleitung dieser Praxis. Zweitens ist nach der Gestalt einer Theorie der Sozialpädagogik zu fragen: Was kann sie formulieren und wie kann sie dargestellt werden? Wo liegen ihre Möglichkeiten und Grenzen? Schließlich: in welcher Form und mit welchen sprachlichen Mitteln kann sie dargestellt werden? Drittens bleibt zu klären, wie eine mögliche Theorie der Sozialpädagogik bestätigt werden kann. Alle drei Ebenen hängen selbstverständlich zusammen; zwar werden sie nicht willkürlich getrennt, doch bilden die auf ihnen thematisierten Problemstellungen eine Einheit. Mit ihrer Bearbeitung gewinnt man allerdings das, was man die methodologischen Voraussetzungen und Bedingungen der Theorie der Sozialpädagogik in dem ihr möglichen wissenschaftlichen Sinn nennen könnte.

Erstens: Man kann vermuten, daß die Heterogenität des Diskurses und die so über ihn erfahrene Komplexität von Sozialpädagogik, vor allem aber die Vielfalt von Theorieangeboten aus verschiedenen Disziplinen den Anstoß dazu gaben, die Theorie der Sozialpädagogik als eine Metatheorie entwickeln zu wollen. Es liegt nahe, den wissenschaftlichen Begriff von Sozialpädagogik angesichts der Vielzahl von offensichtlich zu verarbeitenden Informationen zu konstituieren, indem man Verfahren festlegt, die für die Konstitution von wissenschaftlichen Sätzen gelten sollen; man sichert den wissenschaftlich-theoretischen Charakter, indem man bestimmt, wie eine wissenschaftliche Theorie zustande kommen soll. Wenn bei diesen Versuchen nicht ohnedies eine Verwechslung von Abstraktionsgrad der Theorie selbst und Theorielevel vorliegt[3], so begründete man diesen metatheoretischen Zugang damit, daß »wissenschaftsimmanent ... durchaus ein Pluralismus in den ›Wissenschaftsalternativen‹ zu disziplinieren (ist), insofern diese

Alternativen auch, wissenschaftlich betrachtet, nicht gleichwertig sind«[4]. Von einer Metatheorie erhoffte man dabei, nicht nur die als prekär empfundene Vermengung von Alltagstheorien und systematisiertem Wissen auflösen zu können, da sie Standards und Regeln der Begriffs- und Satzbildung verbindlich machen sollte; vielmehr erwartet man auch, daß sich so ein terminologisches Raster entwickeln läßt, das deskriptiv tauglich, werturteilsfrei angelegt, die Bildung von Hypothesen, schließlich auch von prognostisch verwendbaren Aussagen zuläßt[5]. Die Vorteile dieses Verfahrens für eine wissenschaftliche Beschäftigung mit der Sozialpädagogik lassen sich kaum übersehen: Zu allererst garantiert es eine hohe Selektivität. Es erfordert – freilich nicht als sein Privileg – einerseits das Bemühen um begriffliche Klarheit und Eindeutigkeit, da sich anders eine methodisch einwandfreie empirische Prüfung der formulierten Annahmen nicht durchführen läßt; andrerseits klammert es (wenigstens vorläufig) unbearbeitbare Themen und Fragen aus, die nicht in einer Form repräsentiert werden können, die den methodologischen Vorgaben entspricht: Eine über die Konstitution von Metatheorie fundierte wissenschaftliche Beschäftigung mit der Sozialpädagogik folgt dem wissenschaftsethischen Postulat allerhöchster Bescheidenheit.

Allerdings birgt dieser Ausklammerungseffekt des metatheoretisch hergestellten Zugangs nicht nur die Gefahr eines Reduktionismus, in welchem eine Komplexität ausgeklammert wird, die wenigstens für die Handelnden im Feld sozialer Arbeit besteht und allein deshalb thematisiert werden müßte; es wird also im Sinne der Formel vom »kannitverstan« die im Bewußtsein der Beteiligten vorhandene Wirklichkeit wenigstens dort abgeschnitten, wo sie nicht in empiriefähige Aussagen gefaßt werden kann. Vor allem aber läßt sich nach der Angemessenheit einer Metatheorie fragen: Entweder greift sie nämlich dezisionistisch auf Maßstäbe zurück, die in der wissenschaftstheoretischen Diskussion für solche Sätze verbindlich gemacht wurden, die als wissenschaftlich gelten dürfen; damit löst sie zwar – wenn auch zirkulär – das Problem einer Bestimmung von Wissenschaft, doch problematisiert sie nicht die Frage einer gegenständlich angemessenen Erkenntnis. Oder sie führt von vornherein ein Kriterium ein, das die Angemessenheit sichern soll – dann hat sie aber entweder a priori über den Gegenstand entschieden, oder die Ebene der Metatheorie verlassen und sich auf die Ebene der Objekttheorie begeben.

Um dieser doppelten Gefahr des Reduktionismus und der sachlichen Beliebigkeit einer auf Metatheorie gerichteten Theoriebildung zu entgehen, empfiehlt sich die Rückkehr zu methodologischen Grundannahmen, die sich auf den Kontext der Hermeneutik stützen. Aber auch hier wird man sich zunächst einige Einwände vor Augen halten müssen. Sie gelten insbesondere einem Verständnis von Theorie als einer Theorie dritten Grades, welche sich in der Reflexion einerseits der von den praktisch tätigen Subjekten geleisteten alltäglichen Reflexionsarbeit, andrerseits deren Zusammenhangs zur Praxis selbst konstituiert[6]. Weil sich so keine geltungsfähigen Sätze begründen lassen, sieht man sich gezwungen, das Referenzobjekt der wissenschaftlichen Theoriebildung in einer Analyse der Bedingungen und Strukturen der Praxis selbst zu suchen[7]; Theorie der Sozialpädagogik hätte so die sozialpädagogische Praxis zum Objekt.

Dieser Lösungsversuch erweist sich indes als nicht minder kurzschlüssig: Da die Wirklichkeit der Sozialpädagogik durch sinnhafte Handlungen konstituiert wird, Sozialpädagogik als sinnhaftes Geschehen deshalb nur über den diskursiven Kommunikationszusammenhang identifiziert werden kann, in welchem dieser Sinn zur Verfügung steht, bleibt Theorie notwendig auf diesen verwiesen. Die Theorie hat es mit einer vorinterpretierten Welt zu tun; Theorie »is rooted in ... the whole apparatus of commonsense thought. That is the datum from which it starts, and to which it must recur«[8]. Dies aber gilt in noch höherem Maße für eine Welt, die durch den spezifischen, in einem historisch evolutiven Prozeß entstandenen Diskurs der Sozialpädagogik begriffen wird. Sie muß durch dieses semantische System, somit durch die Bewußtseinsinhalte hindurchgehen, zugleich aber als entwickelte Theorie eine Darstellung vorlegen, die von der bloßen Beschreibung des Diskurses unterschieden aufzeigt, was als Sinnzusammenhang Sozialpädagogik gedacht sein kann. Theoriearbeit in der Sozialpädagogik gehorcht also – wie vermutlich jede sozialwissenschaftliche Theoriearbeit – einer komplexen doppelten Hermeneutik[9]: Sie interpretiert Äußerungen der ihre Lebenswelt durch sinnhafte Handlungen konstituierenden Subjekte, zugleich aber nimmt sie eine interpretative Deutung der den Subjekten so zur Verfügung stehenden, im Diskurs angelegten Welt hinsichtlich der in ihr zu denkenden, sachlich-objektiven Strukturen und Zusammenhänge vor[10].

Der sozialpädagogische Theoretiker bedient sich also stets des »Wissens« der am Diskurs Beteiligten, um seinen Gegenstand zu konstituieren: »Das Beobachtungsfeld des Sozialwissenschaftlers, also die soziale (und hier: die sozialpädagogische) Wirklichkeit hat (im Unterschied zur Welt der Natur) eine besondere Bedeutung und Relevanzstruktur für die in ihr lebenden, handelnden und denkenden menschlichen Wesen. Sie haben diese Welt, in der sie die Wirklichkeit ihres täglichen Lebens erfahren, in einer Folge von Konstruktionen des Alltagsverstands (und hier: in den Konstruktionen, die im sozialpädagogischen Diskurs eingelagert sind) bereits vorher ausgesucht und interpretiert. Diese ihre eigenen gedanklichen Gegenstände bestimmen ihr Verhalten, indem sie es motivieren. Um diese soziale Wirklichkeit zu erfassen, müssen die vom Sozialwissenschaftler konstruierten Gegenstände auf denen aufbauen, die im Alltagsverstand des Menschen konstruiert werden, der sein tägliches Leben in der Sozialwelt erlebt. Daher sind die Konstruktionen der Sozialwissenschaften sozusagen Konstruktionen zweiten Grades, das heißt Konstruktionen von Konstruktionen der Handelnden im Sozialfeld, deren Verhalten der Sozialwissenschaftler beobachten und erklären muß, und zwar in Übereinstimmung mit den Verfahrensregeln seiner Wissenschaft[11].« Dies zieht als allgemeine Konsequenz nach sich, daß die Kategorien sozialpädagogischer Theoriebildung stets doppelsinnig zu interpretieren sind: Sie sind einerseits als Reflexionsbegriffe zu denken, in welchen die am Diskurs Beteiligten ihr Tun wahrnehmen und begreifen, sofern sie nun in der Theorie geordnet sind, auch in den Bezügen und Zusammenhängen der Einzelmomente erfassen und beurteilen können. Zum anderen aber drücken sie die Realität der Sozialpädagogik aus: man kann diese quasi-objektiv analysieren und bestimmen, denn die Kategorien beschreiben, wie diese Realität den Aktoren zur Verfügung steht. Sozialpädagogische Theoriebildung erreicht so die pragmatische Objektivität, jenseits derer eine durch menschliches Handeln konstituierte Welt nur in Kategorien naturwissenschaftlicher Analyse thematisiert werden kann. Allerdings greift die Theorie selbst stets über das aktual verfügbare Wissen des einzelnen Handelnden hinaus und macht auf Bedingungszusammenhänge aufmerksam, die ihm momentan nicht bewußt sein müssen; darin gründet, daß die Theorie einen höheren Objektivitätsgrad beanspruchen kann: Er beruht nicht nur auf ihrem ordnenden Charakter, sondern auch darauf, daß sie als Theorie die Möglichkeit des Diskurses reflektiert; man kann darin eine dritte Hermeneutik sehen, welche den Diskurs auf seine eigenen Existenzbedingungen deutet, dabei noch seine Genese – sowohl in realer Hinsicht, wie auch im Blick auf die in ihm verarbeiteten Inhalte – rekonstruiert.

Theoriebildung in der Sozialpädagogik hat also keine anderen Inhalte als der Diskurs selbst[12]. Aber sie stellt diese in einen eigenen Zusammenhang: sie konstruiert nämlich einen ihr allein eigenen (und auch nur in ihr bestehenden) theoretischen Gegenstand als Zusammenhang der im Diskurs gegebenen Inhalte[13]; was in diesem willkürlich, zufällig und widersprüchlich erscheint, wird in ihr systematisch verortet, in Beziehungen gesetzt und begrifflich miteinander vermittelt; ihr erstes Ziel ist somit die Aufdeckung der Beziehungen im Fluß des Diskurses, ihre Aufgabe aber liegt in der Organisation von Gedanken[14], um diese im Zusammenhang von Beziehungen und Verweisungen begreifbar und verständlich zu machen[15]. Der Theorie geht es also um eine Erkenntnis der denkbaren sachlichen Gestalt von Sozialpädagogik; sie gilt der logischen Struktur einer Wirklichkeit, die wir uns einhandelnd erst schaffen. So aber zeigt sich die Differenz in der Objektivität als Folge differenter Erkenntnisinteressen: Der Diskurs gilt einer Realität, die nicht selbstverständlich ist, auch nicht fraglos gilt, sondern die Struktur des Problems hat. Man sucht ihr eine Bedeutung zu geben, indem man seine Reflexion an den Diskurs bindet, sich reflektierend im Diskurszusammenhang bewegt. Jedes Suchen nach einer Bestimmung des Wirklichen mittels Sprache, jede Bemühung, die Bedeutung der Realität aufzudecken, gilt einer unaufgeklärten Wirklichkeit, einem bloß scheinhaft sich Aufdrängenden, das eine aktuelle, instrumental nützliche Bestimmung, kurz: eine Lösung verlangt. Die diskursiv gefaßte Wirklichkeit ist daher zunächst die Wirklichkeit von Problemen. Der Diskurs greift an Fragen an, versucht Probleme aufzuklären und Bestimmungen zu generieren – wovon wir nämlich sprechen können, das verliert schon seine Gefährlichkeit, wirkt nicht mehr bedrohlich. Der Diskurs entlastet also, indem er hilft, die Fragwürdigkeiten unseres Tuns und seiner Bedingungen zu entschärfen; er holt sie in unseren Verständigungshorizont[16].

Der Theorie aber geht es um die Einsicht in die Gesamtheit des Sinnzusammenhanges, der den Diskurs erst ermöglicht[17]; ihr geht es um »the things that were common to all«[18]. Sie entfaltet begrifflich als Theorie (und nur in dieser) als Gegenstand einen Zusammenhang, den man den »Sinn« der Sozialpädagogik nennen kann: Sie konstruiert einen theoretischen Gegenstand, der so weder in der Wirklichkeit noch im Diskurs selbst auffindbar ist, gleichwohl den Sinnzusammenhang begreifen läßt, der den Diskurs ermöglicht. Sie stellt nämlich vor, was als ein »objektiver Gedankeninhalt« den Beteiligten die bedeutungsidentifizierende Designation von Realität ermöglicht[19].

Die Differenz der Erkenntnisinteressen begründet allerdings noch nicht die Möglichkeit ihrer Verwirklichung. Zwar mögen die Kriterien für die Bildung theoretischer Sätze – etwa die Verpflichtung zur Explikation gewählter Begriffe, die Forderung nach Präzision, argumentativer Stringenz, nach Beleg und Verdeutlichung des Herkunftskontextes gewählter Gedanken und Argumentationsfiguren, schließlich auch zur Lehrbarkeit als Form der intersubjektiven Überprüfung – strenger sein als die für Alltagssprache gültigen Bestimmungen, doch kann dies Theorie noch nicht sichern. Die Bedingung der Möglichkeit, einen theoretischen Gegenstand zu entfalten, liegt somit nicht in dem Unterschied der Verfahren von Sinnstiftung und Bedeutungskonstitution, sondern in der exklusiven Position desjenigen, der Theoriearbeit leistet. Seine Sinnkonstruktionen, die dann als theoretischer Gegenstand vorgelegt (und objektiviert werden), sind in doppelter Hinsicht von dem Druck entlastet, eine (möglichst noch handlungsleitende) Bedeutung von Problemen und Sachverhalten zu identifizieren: Ihm steht nicht nur nahezu beliebige Zeit zur Verfügung, vielmehr kann er auf Ressourcen, d. h. beispielsweise alle möglichen, historisch und aktuell entfalteten Alternativen der Sinnzuschreibung zurückgreifen; beides steht einem Aktor nicht zur Verfügung, der allerdings dafür auch den Vorzug genießt, sich nicht in den Irrgärten historischer Semantiken zu verirren oder sich in diese zu verlieben. (Hinzu kommen für den Theoriebildenden – sekundär – die Vorzüge einer Ausbildung als Theoretiker und Rechercheur, sowie das Faktum, daß er nicht dem durch Entscheidungszwang ausgelösten psychologischen Blockaden ausgesetzt ist: Er kann allein aus diesem Grunde eine Situation besser begreifen und analysieren als derjenige, der in ihr existentieller Bedrohung ausgesetzt ist. Allerdings droht ihm vielleicht, daß er deshalb auch nicht den Zustand erreicht, in welchem der Handlungsdruck intuitive Lösungen gebiert; ihm fehlt die heilsame Ökonomie, die in der Intuition sich ausdrückt[20]).

Zweitens: Indem die Theorie den in den Diskurs eingelagerten Sinnzusammenhang von Sozialpädagogik als ihren theoretischen Gegenstand darstellt, legt sie ein System vor, mit welchem darüber entschieden werden kann, was im Diskurs erfaßt werden kann, wie die Beziehungen zwischen den einzelnen Momenten aussehen, welche Bedingungen auch für sie jeweils gelten müssen, damit sie innerhalb des Diskurses »sinnvoll« – und das heißt: gültig – vorgetragen werden können. Von ihrem Erscheinungsbild her betrachtet ähnelt die Theorie dabei einer Landkarte[21]. Sie weist einerseits auf die entscheidenden, im Denken zu vergegenwärtigenden Problemfelder hin, zeigt andrerseits die Verbindungslinien zwischen diesen auf. Für die Analyse der Theorieform empfiehlt es sich jedoch, zunächst den Vergleich mit der Landkarte auf sich beruhen zu lassen[22]. Knüpft man nämlich an Otto Willmanns Vorschlag an, Sozialpädagogik sei als Syntax zu begreifen, so läßt sich die Theorie der Sozialpädagogik als die Grammatik-Theorie des sozialpädagogischen Diskurses bestimmen: Sie beschreibt die Elemente des Diskurses und die zulässigen Zusammenhänge, in welchen diese auftreten können. So expliziert sie zunächst seine immanente Logik, fügt also nichts Neues hinzu; sie gibt nur Auskunft über die Eigenschaften der Elemente und die Modi ihrer Verknüpfung. Die theoretische Grammatik des sozialpädagogischen Diskurses stellt dabei zunächst systematisch die Denkformen und -operationen vor, die im Diskurs angewandt werden. Darin formuliert sie ein Kriterium der Rationalität, »denn Rationalität hat weniger mit Erkenntnis und dem Erwerb von Wissen als damit zu tun, wie sprach- und handlungsfähige Subjekte Wissen verwenden«[23].

Aber die Theorie der Sozialpädagogik, begriffen als Grammatik-Theorie des Diskurses, ist mehr als eine Lehre von den zulässigen

Elementen und der erlaubten, sowie der notwendigen Formenbildung. Der Begriff »Grammatik-Theorie« soll nämlich ausdrücken, daß sie zwar formal die Funktion einer Grammatik des Diskurses erfüllt, inhaltlich aber nicht nur eine Anschauung von der Möglichkeit eines einheitlichen Diskurses gibt, sondern in ihrer Darstellung eine inhaltliche, nämlich über die Konstitution von Handlungssinn zu realisierende (und realisierte) Theorie der Sozialpädagogik vorlegt. Sie läßt sich als der Versuch interpretieren, die semantische Tiefenstruktur des Diskurses zu begreifen[24]. Damit ist zum einen gemeint, daß sie das Apriori des Diskurses vergegenwärtigt, welches stillschweigend von allen Diskursteilnehmern geteilt und in dem semiotischen Prozeß aktualisiert wird, in welchem Handlungen in die mit dem Index »Sozialpädagogik« markierte Semiose einbezogen werden. Sie gibt zum anderen Konstitutionsregeln des Diskurses vor, die als inhaltlich-materiale Verknüpfungen interpretiert werden müssen, da sie über bloß logische Operationen hinausgehen; grundlegende Deutungen von Funktionszusammenhängen, die in einen Begriff von Sozialpädagogik zu denken sind[25], lassen sich so als sachlich bestimmte Denkregeln auffassen, die den Diskurs steuern. Die Darstellung der semantischen Tiefenstruktur des Diskurses verfügt demnach über zwei Dimensionen: Sie kann einmal gelesen werden als eine deskriptiv-analytische Theorie der Sozialpädagogik; zugleich kann sie auch als Korpus verbindlicher Regeln begriffen werden, nach welchen die einzelnen Äußerungen des Diskurses gebildet, vor allem aber als zum Sinnzusammenhang gehörend identifiziert werden können (auch wenn dies u. U. aufwendige Rekonstruktionsschritte erfordert)[26]. Hierin deutet sich schließlich der produktive Charakter der Theorie der Sozialpädagogik an: Trotz ihrer notwendigen Beschränkungen, trotz ihres Abstraktionsgrades muß sie als ein System gelesen werden, mit dessen Hilfe die prinzipiell unendliche Menge von diskursiven Bedeutungsbestimmungen geleistet werden kann, genauer: mit dessen Hilfe die unendliche Menge von Diskursäußerungen als Elemente des sozialpädagogischen Diskurses identifiziert werden können[27].

Hinsichtlich der Erklärungsmöglichkeiten einer Theorie der Sozialpädagogik im hier vorgetragenen Verstande muß jedoch an eine erste Grenze erinnert werden: So können im Diskurs Positionen und Überlegungen vorgetragen werden, welche die vorkommenden Phänomene ins Detail verfolgen, überzeugend erfassen, auch erklären. Die Grammatik des Diskurses legt dagegen nicht nur idealtypische Konstruktionen vor, in welchen von zufälligen und irrationalen Momenten abstrahiert wird[28]; sie zielt auf die reine Rationalität der Sozialpädagogik, auf ihren idealen Sinn: Während es ihr um einen substantiellen Begriff von Sozialpädagogik geht, kann auf der Ebene des Diskurses eine instrumentelle Rationalität vorherrschen[29]; beide Typen schließen sich also in der Sozialpädagogik nicht aus, sondern sind auf verschiedenen Ebenen ihrer Reflexion angesiedelt.

Hinter dieser Grenze verbirgt sich jedoch eine prinzipielle Beschränkung der sozialpädagogischen Theorie hinsichtlich ihres Geltungsanspruchs: Sie verfügt nur über den Status einer Annahme; Wahrheit kann sie allein in dem Sinne beanspruchen, der für eine rationalistische Hypothese gilt[30]: Ihr kommt die Vernunftwahrheit einer philosophischen Reflexion zu[31]. Obwohl sie Erkenntnisse und Einsichten mit wissenschaftlichem Charakter verknüpft, entsteht ihre Grundkonstruktion, über welche erst die Vermittlung jener in dem Zusammenhang der Sozialpädagogik möglich wird, in einem philosophischen Verfahren begrifflicher Erläuterung und Bestimmung. Sie entfaltet also im Gange des Argumentierens gedankliche Bestimmungen. Die Konstitution der Theorie, von der angenommen wird, daß sie die semantische Tiefenstruktur des Diskurses, somit aber den Sinn der Sozialpädagogik widergibt, geschieht demnach als eine reine theoretische Leistung, die zu einem Gegenstand eigener Art, einem reinen Denkgegenstand führt; sie stellt den theoretischen Sachverhalt prinzipiell und als solchen heraus, erfaßt aber so »den letzten Sinn eben jener erzieherischen Praxis selbst, das Gefüge der Bedingungen, die erfüllt sein müssen, soll pädagogische Praxis überhaupt möglich werden«[32].

Legt man nun zugrunde, daß die Theorie den ganzen Sinn von Sozialpädagogik in einem komplexen Netz von Begriffen, Denkbestimmungen und Gedankenverbindungen erfaßt, so bedeutet ihr Charakter einer Annahme, daß der Theorie als Ganzer die Qualität einer »Fiktion« zukommt:

Dieser Begriff befremdet im wissenschaftlichen Zusammenhang, trifft aber den Status des in der Theorie entfalteten Gegenstandes, wie aber auch ihre Konstruktionsmittel: Der in der Literaturwissenschaft geläufige Ausdruck scheint mit Wissenschaft nicht vereinbar, weil er – abgeleitet von lat. fingere – bloß Erdichtetes, gar lügenhafte Fabelei, schließlich die betrügerische Finte meint; im substantivischen fictio dominiert immerhin die meliorative Bedeutung des schöpferischen Bildens über die pejorative[33]. Für wissenschaftstheoretische Zwecke wurde jedoch der Begriff der Fiktion in Hans Vaihingers »Philosophie des als ob«[34] eingeführt, welche die Fiktionen-bildende Geistestätigkeit »der Deduktion und Induktion als ein drittes Glied im System der logischen Wissenschaften hinzufügen wollte[35]. Das Denken bediene sich nämlich, so die Überlegung Vaihingers, einer Reihe von Kunstgriffen, welche über die Logik hinausreichen, auf den Nichteingeweihten allerdings geheimnisvoll, magisch, ja paradox wirken[36]. Man konstruiert Gedanken- und Vorstellungsgebilde, »welche in der Wirklichkeit keine Vertreter finden«[37]. Diese werden im (sprachlichen) Modus des als ob fingiert: Man stellt gedanklich Verknüpfungen und Beziehungen her, *als ob* dem so nur Gedachten Wirklichkeit und Gültigkeit zukommen, obgleich man dies nicht beweisen kann.

Fiktionen zielen dabei auf eine Öffnung des Denkens in Bereiche, die einer Überprüfung noch nicht, oder prinzipiell nicht zugänglich sind; sie haben erschließenden, genauer: erfindenden Charakter[38]. Darin unterscheiden sie sich von den Hypothesen, die über einen gedanklich schon zugänglichen Bereich formuliert werden: »Der Verifizierung der Hypothese entspricht die Justifizierung der Fiktion. Muß jene durch Erfahrung bestätigt werden, so muß diese gerechtfertigt werden durch die Dienste, welche sie den Erfahrungswissenschaften schließlich leistet«[39]; ihre methodische Regel liegt in der »Zweckmäßigkeit der Begriffsgebilde«[40].

Da die sozialpädagogische Theorie einen komplexen, handlungskonstituierten Zusammenhang gegenständlich macht, der als solcher nicht isoliert und empirisch überprüft werden kann, hat sie den Charakter einer theoretischen Fiktion[41]: Dabei entwickelt sie jedoch kein Modell für Funktionen und Abläufe, sondern entfaltet einen begrifflichen Zusammenhang, der als Ganzer die Sozialpädagogik (im Sinne des theoretischen Gegenstandes) repräsentiert; die Theorie der Sozialpädagogik kann daher als eine kategoriale Struktur begriffen werden, die als Denkzusammenhang zur Verfügung steht, obwohl ihr keine sinnliche Gewißheit zukommen muß. Man kann sagen: der theoretische Gegenstand Sozialpädagogik entfaltet sich als ein *Text*[42]. Dessen Besonderheit als theoretischer Gegenstand Sozialpädagogik ergibt sich dabei durch den spezifischen, allein ihm eigenen konstruktiven Aufbau, der erst die sinnhafte Einheit des Ganzen ermöglicht. Das hat einerseits zur Folge, daß Einsichten und Annahmen verschiedener Disziplinen integriert werden[43]; als Elemente von Sozialpädagogik figurieren sie erst im theoretisch bestimmten Zusammenhang. Andrerseits zieht dieser Charakter des fiktionalen Textes nach sich, daß erst die Gesamtdarstellung den Begriff der Sozialpädagogik vermittelt; kein Einzelelement kann für das Ganze stehen, vielmehr muß die Totalität der Theorie angeeignet werden, will man den Sinn von Sozialpädagogik erfassen[44]. Darin liegt eine Parallele zur Theorie der Fürsorge, für die Hans Scherpner in seiner Vorlesung ebenfalls feststellte, daß »erst im Verlauf der Vorlesung klar werden« kann, was das Wort Fürsorge bezeichnet[45].

Der Begriff des fiktionalen Textes betrifft aber auch die Konstruktionsmittel: Die Theorie der Sozialpädagogik kann sich nicht bloß einer durch metatheoretische Festlegungen normierten Sprache bedienen; sie findet ihre Denkmittel nicht minder in Vergleichen, in assoziativ hergestellten Bezügen, auch in Metaphern und Bildern[46]; sie ist auf eine eigentümliche Weise sprachlastig, beschäftigt sich daher mit Begriffsreflexion[47]. Dabei ist ihre Sprache reicher an Darstellungsmöglichkeiten, doch ärmer an Präzision – wenngleich die Begriffsklärung als ein Desiderat festzuhalten ist. Aber Pestalozzi und Makarenko haben gezeigt, daß die Theorie der Sozialpädagogik und die in ihr repräsentierte eigene Rationalität der Sozialpädagogik auch in der literarischen Gestalt des Romans verdichtet und vorgelegt werden können. Möglicherweise liegt hierin sogar eine prinzipielle Eigentümlichkeit für die wissenschaftliche Reflexion solcher Bereiche menschlicher Existenz, die einer empirischen Untersuchung nur bedingt zugänglich sind; vielleicht bedürfen die Wissenschaften vom Menschen überhaupt einer Denkform, die eher der literarischen Phantasie als dem an der Naturwissenschaft orientierten Ideal verwandt ist[48]. Dies kann damit zusammenhängen, daß jede Einsicht in den Geistes- und Humanwissenschaften nur über eine eigene Denkleistung des sie Aufnehmenden rezipiert und aktualisiert wird; er fügt stets einen Eigenbeitrag hinzu, der jedoch auf den unterschiedlichsten Ebenen menschlicher Geistestätigkeit realisiert wird. So gibt es (in der physiologischen Organisation des menschlichen Körpers liegende) Gründe für die Annahme, daß Erkenntnisse (nicht nur) der Humanwissenschaften auf einer Ebene von eher ästhetischen Wahrnehmungsformen, nämlich der Struktur- und Musteridentifikation vonstatten gehen und vermittelt werden[49]. Allerdings muß man sich über die Einschränkungen im klaren sein, die ein derartiges Verständnis von Theoriebildung impliziert: Ihre innertheoretische Gültigkeit kann nicht mit logischen Maßstäben allein begründet werden: Sie gewinnt ihre Konsistenz im Sinne einer Bündigkeit ihrer theoretischen Überlegungen; sie müssen sich in einer nachvollziehbaren Weise plausibel ineinanderfügen[50].

Exkurs (oder auch: einige kommentierende Gedanken zur Form von Anton Makarenkos »Ein pädagogisches Poem«): Theorie in die Nähe des literarischen Schaffens zu stellen, von Fiktion einerseits, von Romanen andrerseits zu sprechen, läßt sich kaum mit den Überlegungen vereinbaren, in denen eine wissenschaftstheoretische Absicherung auch des pädagogischen Denkens angestrebt wird. Siegfried Bernfelds eingangs zitierter Satz bringt die unterschiedlichen Positionen nachdrücklich genug auf den Punkt. In der Tat lassen sich denn auch hier keine Argumente anführen, die diese formale Gestalt über eine auch nur in Annäherung vollzogene Beschreibung hinaus im Kontext wissenschaftstheoretischer Erörterungen rechtfertigen. Man kann sich nur in die Hoffnung retten, es werde schon anerkannt werden, daß man sich auf wissenschaftstheoretisch noch ungepflügtem Neuland bewege.

Das betrifft allerdings weniger die prinzipielle Frage nach der Verwendung von Begriffen; für sie sind die höchstmögliche Präzision, ihre intersubjektive Kommunizierbarkeit anzustreben[51], wenngleich doch stets ein privatsprachlicher Rest einerseits[52], ihre semantische Bedingtheit im Kontext der Theorie andrerseits in Rechnung gestellt sein muß. Obwohl das Problem der Wahrheit von Aussagen hier nicht erörtert wird, kann es ebenfalls angesprochen werden: Zwar sind Fiktionen von Hypothesen zu unterscheiden, doch haben sie für die kommunikativen Zusammenhänge, in welchen sie in Anspruch genommen werden, probabilistischen Wert. Darin unterscheidet sich die hier angestrebte Theoriebildung ebenfalls nicht von den Reflexionsprozessen in anderen Wissenschaften.

Die grundlegende Differenz entsteht erst dort, wo die Gesamtgestalt der Theorie zur Debatte steht. Dies soll mit zwei Bemerkungen erläutert werden: Der Anspruch – erstens – einer eindeutigen Bestimmung von Begriffen wird regelmäßig mit dem Versuch eingelöst, in einem stipulativen oder lexikalischen Verfahren den Gebrauch eines Terminus zu identifizieren. Wenigstens in der pädagogischen, im Grunde jedoch in der gesamten sozialwissenschaftlichen Diskussion war dies stets von dem Unbehagen über die damit verbundenen Exklusionen begleitet. Es liegt hier ein wenig thematisiertes Limitationsproblem vor: Offensichtlich gründet nämlich die Enge von Definitionsverfahren in dem Versuch, eine praktisch taugliche, instrumental nützliche, knappe, formelähnliche Gleichung aufzustellen.

Spätestens dort, wo komplexe Sinnphänomene zur Debatte stehen, innerhalb derer hochdifferenzierte Funktionen abgebildet werden, läßt sich dieses Verfahren jedoch nicht mehr durchhalten. Weder der Begriff des Rechts, noch der der Gesellschaft lassen sich beispielsweise so festlegen (oder in ihrem Gebrauch feststellen). Ihre Bestimmung kann nur durch das Gesamt einer vorgetragenen Überlegung erfolgen. Wenngleich Analogien die Gefahr eines Mißverständnisses bergen, kann man an das mathematische Vorgehen erinnern: Die allgemeinen Begriffe lassen sich als das Ergebnis fassen, zu dem ein komplexer, oft umfassender, viele geregelte Einzelschritte aufnehmender Rechenvorgang geführt hat, wobei der Grundaufbau einer Theorie dann als der Ansatz dieser Rechnung zu begreifen wäre. Das Ergebnis der Rechnung, resp. der jeweilige Begriff bergen dann in zwar für weitere Operationen nützlicher Weise, zugleich doch auch abkürzend, alle zu ihrem Erreichen notwendigen Einzelschritte.

Für die hier vorgelegte Theorie der Sozialpädagogik heißt dies, daß sie erst als Ganze den Begriff der Sozialpädagogik bestimmt. Darin liegt als ihr Nachteil, daß sie pragmatisch kaum brauchbar wird; sie ist reine Theorie, die als angewandte Theorie schon immer verkürzt wird. Kurz: Der Begriff der Sozialpädagogik findet sich in der Gesamtheit des Netzes von Begriffen, Annahmen und Beziehungen, die hier vorgestellt werden; nimmt man Teile aus diesem Gesamt, so thematisiert man Aspekte des Sozialpädagogischen, muß sich dabei aber der so vollzogenen Verkürzung bewußt sein.

Damit ist die zweite Bemerkung schon angesprochen: Theoretisches Denken gewinnt seine formale Gestalt gewöhnlich in Satzsystemen, in welchen, aufeinander aufbauend, genauer: mit Hilfe logischer Regeln abgeleitet, generelle Annahmen, Einzelannahmen und Beobachtungsdaten verknüpft werden. Sowohl deduktiv wie auch induktiv aufgebaute Theorien stellen sich daher als Gebilde vor, in denen einander folgende Sätze vorgelegt werden.

Dies scheint nun trivial, hängt es doch mit der Art zusammen, in der wir sprechen, schreiben und lesen; wir können gar nicht aus dem Muster konsekutiver Sequenzen ausbrechen, vollzieht sich doch die Materialisierung des Denkens stets als Herstellung von einer Folge von Einheiten in der Zeit. Die Wissenschaftstheorie hat dies, wo sie sich letztlich normativ um eine Regelung der Standards von Wissenschaft bemüht, formalisiert. Darin liegt aber – so die These – in doppelter Hinsicht eine Einengung, welche jedoch nicht sachlichen Möglichkeiten folgt, sondern aus der Beschränkung unserer Darstellungstechniken entsteht. Insbesondere die von den Geisteswissenschaften übernommenen Vorstellungen von Wissenschaftlichkeit machen dabei aus der Not eine Tugend, die in den Naturwissenschaften selbst nicht bestand. Man kann sagen, daß jene einer Problemverwechslung unterliegen, wenn sie eine »lineare« Argumentation fordern; sie unterscheiden nämlich nicht zwischen dem durch die Zeitgebundenheit von sprachlichen Äußerungen gegebenen Problem der notwendigen Folge dieser und der je zu thematisierenden Komplexität eines Sachverhaltes. Diese wird reduziert, während sie in den Naturwissenschaften nur partiell für die experimentelle Situation und ihre Analyse ausgeblendet wird.

Mit dieser wissenschaftstheoretischen Festlegung bleiben die prinzipiellen Möglichkeiten unseres kognitiven Apparates ungenutzt. Wissenschaftliches Denken reduziert sich so auf die Benutzung nur einer – nämlich der linken – Hirnhemisphäre, obowhl wir aus unserem alltäglichen Leben wissen, daß für die

Bewältigung von aktuellen Situationen häufig »andere« und »mehr« Operationen benutzt werden, die einer Schulung zwar zugänglich sind, unter wissenschaftstheoretischem Gesichtspunkt jedoch ausgeschlossen bleiben: Wir »spüren« Stimmungen des anderen, »ahnen« Entwicklungen, »kombinieren« auch ungewöhnliche, ja »verrückte« Zusammenhänge, um uns ein Bild von einem Geschehen zu machen; den Emotionen zugewiesene Vorgänge unserer Gehirntätigkeit leiten uns ebenso wie beispielsweise ästhetische Wahrnehmungsmuster. Tatsächlich enthält die traditionelle pädagogische Literatur eine Fülle von Hinweisen auf diese Denkvorgänge. So spricht nicht nur Friedrich Schleiermacher vom »divinatorischen Vermögen« des Erziehers; so ist vermutlich auch zu rekonstruieren, was Herbart unter dem Begriffe des »Takts« meint; so ist auch an die Hinweise auf »Schönheit« zu erinnern, die von Pestalozzi bis Makarenko immer wieder auftauchen, um Urteile über Zöglinge zu substantiieren[53].

Pädagogisches Denken zeichnet sich demnach durch andere Denkformen und Denkweisen aus. Gegenüber den wissenschaftstheoretischen Verengungen wird daher hier nicht nur für eine Erweiterung der zulässigen Denkmittel plädiert. Vielmehr wird eine andere Form der Theorie vorgeschlagen: Pädagogische Theorie soll als ein komplexes sinnkonstituierendes Gebilde gedacht und gelesen werden, in welchen sich eine (begrenzte) Menge von Momenten je strukturbildend verknüpfen. Dieses Gebilde dehnt sich in vier Dimensionen aus: Die Begriffe der Theorie, aber auch die durch sie repräsentierten, denkend zugänglichen konstellativen und strukturellen Zusammenhänge sind nicht bloß in einer Ebene zu sehen, sondern verfügen vielmehr auch über eine Tiefendimension. Man sollte sich pädagogische Theorie daher einem Würfel gleich vorstellen, in welchem ein Kosmos von Begriffen eingelagert ist, die nicht nur in einer den Betrachtungsebenen parallelen Ebene strukturiert werden können, sondern vielmehr auch in Zusammenhängen, die parallel zu den Seiten des Würfels liegen. Die Begriffe sind dabei prinzipiell in vielfältiger Weise vernetzt. Ihre Beziehungen lassen sich dabei vorstellen, wenn man ein abstraktes Modell der Verbindung jener Nervenzellen vor Augen hält, welche unsere Gehirntätigkeit ermöglichen.

Ein Denken innerhalb der Theorie bewegt sich also auf der Oberfläche des »Würfels«, geht aber auch in diesen hinein, fließt geradezu durch die je herzustellenden Verbindungen. Man bewegt sich in den Fäden eines Netzes. Hierbei aber wird die vierte Dimension aktuell: Da wir für das »Eindringen« in den Theorieraum und das Durchfließen der einzelnen Elemente und Beziehung Zeit benötigen, müssen wir auch eine historische Dimension unterstellen.

Anders als wissenschaftliche Theorien im klassischen Sinne haben literarische Darstellungsformen eher eine Verwandtschaft zu den hier angedeuteten Denkprozessen; sie eröffnen den Zugang zu ihnen: Nicht nur, daß sie »Bilder« von Situationen und Vorgängen komponieren, die vom Leser nachgebildet werden müssen. Vielmehr fordern sie von diesem auch, daß er das je früher Dargestellte nicht nur als Hintergrundwissen bereithält, sondern auch für den aktuell angesprochenen Zusammenhang in neuer Lage einzubringen imstande ist. Entscheidend dabei ist jedoch die Eigenleistung des einen Text rezipierenden Subjekts: Obwohl das Material, auch die Grenzen und inneren Beziehungen eines literarischen Werkes je vorgegeben sind, ist es doch die eigene Arbeit des Subjekts, dieses zu verdichten. Es muß subjektiv das Angebotene vollenden.

Für pädagogische Theorie scheint dies in eigentümlicher Weise auch zu gelten. Man kann sich dies mit ihrem sinnstiftenden Charakter erklären: Dieser besteht ja nicht an und für sich, sondern nur für ein selbst schon in subjektiver Praxis involviertes Subjekt; es ist immer diese, seine subjektive Praxis, die es mit Sinn zu erfüllen hat.

Möglicherweise muß der Satz von Siegfried Bernfeld daher als unzutreffend zurückgewiesen werden: Vielleicht ist die pädagogische Theorie auf die Form der Dichtung notwendig angewiesen, weil nicht anders die theoretischen Sachgehalte in einer subjektive Praxis sinnbestimmenden Weise gegeben werden können[54]; die ungebrochene Wirkung und Anregungskraft etwa des »Pädagogischen Poems« ließen sich so begreifen. Aber das sind alles Vermutungen. Daß für die hier vorgetragenen Gedanken die Form des Exkurses gewählt wurde, soll ihren gänzlich vorläufigen Charakter verdeutlichen. Sie lassen sich methodologisch in zureichender Weise noch nicht absichern. Nur ihre Voraussetzung kann markiert werden. Sie gründet in der, aus der Tradition des hermeneutischen Denkens stammenden Annahme, daß eine einheitliche Methodologie wissenschaftlicher Satzbildung unmöglich sei, diese vielmehr den Eigentümlichkeiten des je zu verhandelnden Gegenstandes zu folgen habe: Eine Theorie, die den Sinnstrukturen gilt, welche ein subjektives, gleichwohl so in seinem Sinn bestimmtes Handeln ermöglicht, muß offensichtlich anders, auch aufwendiger angelegt sein als die Theorie spezifischer Naturerscheinungen. Dieser gegenüber verfügt jene allerdings auch über einen geringeren Geltungsanspruch.

Drittens: Daß die Theorie formal nur nach dem Kriterium beurteilt werden kann, wie weit ihre Überlegungen bündig vermittelt sind, macht auf die Schwierigkeiten einer Validierung aufmerksam. Tatsächlich ist das Geltungsproblem in einer methodisch hinreichenden Weise nicht lösbar: Zwar sind einer empirischen Verifizierung oder auch Falsifizierung wenigstens die Teilbereiche des theoretischen Gegenstandes zugänglich, die aus anderen Disziplinen übernommen wurden. Auch lassen sich einzelne Annahmen, die im Denkzusammenhang der Theorie selbst erst zugänglich werden, so überprüfen. Aber als ganze bleibt die Theorie in dem Sinne vorwissenschaftlich, daß sie ein spekulatives System darstellt.

Vergegenwärtigt man sich jedoch ihren grammatischen Charakter, dann werden zwei Prüfungskriterien sichtbar. Das eine findet sich in der Frage, wieweit die Theorie die Ansprüche der Logik erfüllt, bzw. – wo diese nicht erreicht werden können – als bündig bezeichnet werden kann. Dieses Kriterium kann auch empirisch genutzt werden. Bezieht man nämlich die Theorie auf den Diskurs, so bedeutet Bündigkeit, daß die Theorie im Diskurs aufgeworfene Positionen entweder in Übereinstimmung bringen oder aber sie möglicherweise unterschiedlichen Zusammenhängen zuweisen muß. Sie bewährt sich dann, wenn sie diese Zuordnungen in überzeugender Weise leistet, ohne selbst auseinanderzubrechen. Bündigkeit erweist sich also dort, wo die Theorie gegenüber den diskursiv eingebrachten Elementen bestehen bleibt, diese ausgleicht, in den jeweiligen systematischen Zusammenhängen verortet – oder sie aber als nichtzugehörig aus dem Diskurs verweist.

Kann man dieses Kriterium als die regulative Kapazität der

Theorie bezeichnen, so schließt sich, scheinbar im Widerspruch dazu, als zweites Kriterium an, was man die produktive Potenz der Theorie nennen kann: Sie muß in der Lage sein, neue, im Diskurs aufgebrachte Sachverhalte und Positionen nicht nur hinsichtlich ihres Zusammenhanges im theoretisch schon Erfaßten zu verorten, sondern gleichsam theoretisch verfolgen zu können. Das heißt aber, daß die Theorie selbst wandlungs- und veränderungsfähig sein soll.

Beide Kriterien haben nicht nur formale Bedeutung, sondern geben Auskunft über die inhaltliche Gestaltung der Theorie selbst. Theorie der Sozialpädagogik bewegt sich in der Spannung zwischen Denksystem und Denkgeschichte. Als Denksystem organisiert sie Gedanken und bringt auch historisch entstandene Diskurselemente auf die Ebene einer nur aktual gültigen Sinnbestimmung von Sozialpädagogik. Erst im systematischen Zusammenhang und von diesem aus lassen sich dann historische Entwicklungen – etwa die des Arbeitshauses – oder auch Theorietraditionen – etwa die Texte von Pestalozzi und Makarenko – als dem Sinnzusammenhang der Sozialpädagogik zugehörig betrachten; sie sind dabei eigentlich nicht mehr historisch, sondern als aktuelle Beiträge durch ihre Stellung im System bestimmt. Zum anderen aber ist die Theorie doch dem historischen Wandel unterworfen; da sie sich auf den Diskurs bezieht, kann sie kein statisches System bleiben, sondern verändert sich stets: So kann auch die hier vorgelegte Theorie immer nur als eine bloß historisch gültige betrachtet werden.

5 Von der Funktion einer Theorie der Sozialpädagogik

Nach den Funktionen einer Theorie der Sozialpädagogik zu fragen, wirkt befremdlich. Man assoziiert technische Vorgänge, vermutet auch, nur um des Effekts eines modernistischen Sprachduktus sei der Weg verlassen, auf welchem traditionell das Verhältnis von Theorie und Praxis thematisiert wurde[1].

Aber diese »klassische« Sichtweise ginge an der hier zugrundegelegten Problemstellung vorbei, erweist sich zudem für eine hinreichende Bestimmung der praktischen Bedeutung von Theorie als untauglich. Sie unterstellt nämlich eine Dichotomie zwischen Theorie einerseits und einer zudem noch ontologisierten Praxis andrerseits. Daß ein sinnbestimmtes pädagogisches Handeln schon immer theoretisch konstituierte Anteile impliziert, entgeht ihr. Doch ermöglichen erst die im Diskurs geleisteten Reflexionen das so in seinem Sinn als sozialpädagogisch identifizierte Tun. Allerdings entfaltet sich Theorie im strikten Sinne des theoretischen Gegenstandes als eine Reflexion der Reflexion – wobei sie zugleich im Wissenschaftssystem zu verorten ist[2]. Mittelbar gelingt mit Hilfe der Theorie somit auch ein Nachdenken über die Praxis, wenngleich dieses stets als zeitversetzt, nachgängig zu begreifen ist; die Praxis der Theorie folgt der Erziehungspraxis[3] selbst dann, wenn jene einer Beurteilung dieser gilt. Als ein Mittel der Selbstreflexion der praktisch Tätigen verhilft sie jedoch diesen, weil sie gleichsam eine Metaebene zu der des Diskurses eröffnet, zu einer »bewußteren« Praxis[4]: Theorie hat somit zunächst nur eine dem realen Geschehen folgende, aufklärende, für die Beteiligten auch »therapeutische« Bedeutung[5], die sich jedoch wiederum auf die Praxisvollzüge auswirken kann: Man begnügt sich nämlich nicht mehr unkritisch mit den »spontan« im Diskurs zugänglichen Sinnbestimmungen, sondern versucht diese zu prüfen und einzuordnen; die auf Sinnstiftung zielende Reflexionsleistung, in welcher das Handeln eigentlich erst sozialpädagogisch bestimmtes Handeln wird, erhöht sich so nicht nur quantitativ (da Theorie mehr Informationen zugänglich macht), sondern verändert sich auch qualitativ, da Theorie eine tiefergehende Reflexion der möglichen Sinndeutung zur Verfügung stellt. Weil ihre Bestimmungen nicht unter Zeitdruck entstanden sind, kann sie Denkalternativen anbieten, die andernfalls nicht in den Blick kämen[6].

Obwohl hier schon deutlich wird, daß der Bezug auf Theorie nur als eine Praxis theoretischer Reflexion, d. h. als ein Hin- und Herwenden der in ihr gegebenen Angebote im Blick auf die diskursiv vorgenommenen Deutungen erfolgen kann, obwohl also sichtbar ist, daß Theorie eigentlich »Philosophieren« meint, muß man mit Einwänden rechnen. Der Typus von Theorie als einer philosophischen Grundsätzen verpflichteten kategorialen Reflexion und begrifflichen Explikation eines fiktionalen Gegenstandes, die solches Philosophieren als sachlich begründetes erst ermöglichen sollen, setzt sich nämlich einer Kritik aus, die sowohl von Angehörigen des Wissenschaftssystems, als auch von den »Praktikern« selbst geübt wird. Während für jene der Status eines solchen Unterfangens unsichtbar bleibt, vermissen diese eine Anleitung für ihr Tun, bzw. für die Verbesserung ihres Tuns.

Innerhalb des Wissenschaftssystems provoziert der auf eine allgemeine Theorie der Sozialpädagogik zielende Ansatz den Einwand, daß er höchstens »vorwissenschaftlich« genannt werden kann. Man muß ihm entweder den Status eines »Privatsystems«[7] zusprechen, oder ihn als eine »Berufsideologie« auffassen, die jener Tradition konzeptioneller Vorstellungen verhaftet sei, die über Leitbegriffe wie etwa »Hilfe« (oder auch »Emanzipation«) begründet werden[8], jedoch die faktischen Bedingungen sozialer Arbeit außer Acht lassen. Dabei steht dem Versuch einer abstrakten allgemeinen Theorie der Sozialpädagogik nicht nur entgegen, daß eine hinreichende Menge von wissenschaftlich erarbeiteten Daten, Gesetzmäßigkeiten und Konstruktionsprinzipien noch gar nicht zur Verfügung steht. Vielmehr läßt sich prinzipiell einwenden, daß über das »Allgemeine« im pädagogischen Denkzusammenhang gar nicht entschieden ist[9]. Eher besteht ex negativo Einigkeit über die Ineffektivität generalisierender Ansätze, da sie weder wissenschaftliche Forschung noch die Formulierung technologischer Aussagen zulassen. Vorzuziehen sei daher, daß man sich auf eng begrenzte, definierte und überblickbare Gebiete auch dann bescheidet, wenn die Zonen der Ungewißheit größer werden, die einer wissenschaftlichen Bearbeitung nicht (oder noch nicht) zugänglich sind[10].

Man kann dies als praktische Schwierigkeit einer philosophischen Theorie der Sozialpädagogik interpretieren: Da sie nicht mit technischen Sätzen operiert, kann sie keine Effizienzkriterien angeben. Empirisch wird der Erfolg sozialpädagogischen Handelns daher stets extern, nämlich durch ihre rechtlich normierte Beendigung festgelegt[11]. Intern steuern das pädagogische Handeln dagegen nur Kriterien, die auf der Ebene eines »pädagogischen Dennoch« liegen[12]. Kurz: einer allein durch eine allgemeine Theorie begründeten Sozialpädagogik fehlen sowohl die Möglichkeiten der Validierung ihres Tuns wie auch Kriterien, die als Selektionsfilter über die Aufnahme von Klienten in sozialpädagogische Handlungsfelder entscheiden könnten. Sozialpädagogik fühlt sich so, mit anderen Worten, allzuständig; zugleich werden ihr auch sämtliche Aufgaben überantwortet, die im Kontext der Bewältigung psychosozialer und sozialisatorischer Probleme auftreten. Da sie keine Definition für ihre Klienten hat, kann sie diese Zuweisungen auch nicht abweisen[13]: Eine nur philosophisch gesteuerte Sozialpädagogik läßt niemand vor der Türe; nimmt sie aber dann doch Selektionen im eigenen Handlungsbereich vor, dann geschieht dies regelmäßig mit dem schlechten Gewissen des Skandals. Was der Sozialpädagogik fehlt, sind nicht nur Vorstellungen von den Grenzen der Erziehung, sondern schlicht Rationalität[14].

Die anwendungsbezogene Kritik an einer philosophischen Theorie der Sozialpädagogik setzt hier unmittelbar ein: Reine Theorie kompliziere die Arbeit nur, da ihr die Spezifizierung nicht gelingt, von der aus sich erst Lösungsmöglichkeiten für Einzelprobleme erwarten lassen. Der durch die Theorie eröffnete Reflexionshorizont behindere sogar die Bearbeitung konkreter Schwierigkeiten, da er abstrakt auf Vorbedingungen und Implikationen hinweise, die aktuell möglicherweise über keine Relevanz verfügen.

Nicht zuletzt die Anstellungsträger im sozialen Bereich, so etwa die Spitzenverbände der Wohlfahrtseinrichtungen und die Spitzenorganisation der Kommunen fordern daher[15] in einer zuweilen eigenartigen Koalition mit den Handelnden selbst eine gezielt praxisorientierte Ausbildung in Methoden und Verfahren, bei der Anwendungswissen vor die theoretische Reflexion zu treten habe. Trotz der vielfältigen, schließlich auch konstruktiv gewendeten Methodenkritik[16] hat dieses Bedürfnis nach überschaubaren, rasch anwendungsfähigen und klar geregelten Handlungsformen in jüngster Zeit sich in einer nahezu inflationären Aufnahme ursprünglich therapeutischer Verfahren niedergeschlagen[17]. So werden über die Psychoanalyse hinaus, die heute als unverzichtbarer Bestandteil von sozialpädagogischer Theorie und Praxis gilt[18], gleichwohl selbst noch auf der Ebene eines philosophisch deutenden Denkens anzusiedeln wäre[19], Konzepte der Beratung und Therapie als Handlungsinstrumente der Sozialarbeit und Sozialpädagogik rezipiert[20]. Allerdings läßt sich nicht übersehen, daß eine allein aus pragmatischen Gründen erfolgende, unkritische und vor allem – aus Mangel an Grundorientierung – sozialpädagogisch unreflektierte Aufnahme solcher Konzepte nicht nur diese selbst auf eindimensionale Handlungstechniken verkürzt, sondern in eine »klinische Pädagogik« führt[21]. So ist geltend zu machen, daß die Sozialarbeit »hier, wie so oft, einer Tendenz zur unkritischen

Übernahme aus anderen Bereichen und einer naiven Wissenschaftsgläubigkeit (unterliegt), ohne (. . .) zu berücksichtigen, daß die gängigen Therapiekonzepte weder in Hinblick auf das spezifische ›Setting‹ im sozialpädagogischen Feld, noch in bezug auf die besondere Klientel der Sozialarbeit entwickelt wurden«[22]. Darüber hinaus begründet eine »allein additive« Verfahrensanhäufung kaum eine berufliche Identität, da die »Inhalte und Ziele sozialpädagogischen Handelns als Probleme in den Hintergrund treten. Die Konsequenz daraus ist ein zunehmender Methodenpluralismus, bei dem allein die Verfahren konkurrieren und ihr notwendiger Rückbezug zu den Inhalten und Zielen und die Integration in einem Konzept sozialpädagogischen Handelns unterbleibt«[23].

Wenngleich sich kaum übersehen läßt, daß die Ausbildung in Verfahren und Handlungstechniken eine entscheidende Rolle bei der Profilierung der Sozialarbeit und Sozialpädagogik als Profession spielt, müssen ihr gegenüber eine Reihe von Bedenken vorgebracht werden. Abgesehen nämlich von der ethischen Fundamentalproblematik, die jegliche technologische Konzeption im Blick auf menschliche Interaktion aufwirft – sie stößt selbst dann an die von Kant als kategorischen Imperativ gesetzte Grenze, man dürfe den anderen niemals als Mittel, sondern stets nur als Zweck auffassen[24], wenn man sie damit rechtfertigt, sie sei bloß subsidiär, als Ausgleich einer vorübergehenden und im Interesse der betroffenen Person selbst zu beseitigenden Hilflosigkeit in Gang gesetzt[25]. Abgesehen auch davon, daß nur in beschränktem Maße hinreichend geprüfte Aussagen über menschliches Verhalten vorliegen, die technologisch umgesetzt werden könnten[26], so gibt es doch keine Möglichkeit, eine Ausbildung in Verfahren und Handlungstechniken angemessen zu leisten. Hier liegt in der Tat ein Paradox vor: Will man nämlich spezifische Handlungsweisen in einer Weise vermitteln, welche eine auf Abstraktion zielende begriffliche Berechnung vermeidet, so ist man auf ein handwerksähnliches Lehrverhältnis angewiesen, in welchem ein imitatives Lernen überwiegt. Die Anwendung der je angeeigneten Methode bleibt dabei auf Bedingungen beschränkt, die denen gleichen, welche im Lehrverhältnis gegeben waren; sie ist settinggebunden. Überwinden läßt sich diese Begrenzung nur mittels abstrahierender Denkvorgänge; damit vergrößert sich jedoch auch der subjektbedingte, individuelle Anteil am Handeln, der nicht nur durch die jeweilige Methodenkonzeption abgesichert ist.[27] Eine Ausbildung, die ohne ein abstraktes Hintergrundkonzept Verhalten trainiert, führt also nicht nur dazu, daß der Sozialpädagoge über keinerlei Maßstäbe für sein Tun verfügt, sondern vielmehr auf eine eigentümliche Weise keinen Erfolg haben kann. Außer Acht bleiben nämlich zunächst die reale Komplexität und die unvermeidlichen Kontingenzen des sozialen Feldes: Zwar liegen sozialepidemiologisch begründete Einsichten wie auch statistische Erfahrungswerte über die Adressaten sozialer Arbeit vor, doch lassen sich situativ keine eindeutigen »Fallkonstellationen« antizipieren, die eine Anwendbarkeit von Verfahren ermöglichen – selbst in den juristisch geregelten Bereichen der Sozialarbeit werden noch erhebliche Ermessensspielräume eingeräumt. Weil somit Individuen wie Kollektive trotz vergleichbarer sozialer Bedingungen, trotz ähnlicher sozialer Lagen über eine eigene Bildungsgeschichte, auch über subkulturell spezifische Handlungsstile, schließlich auch über individuelle Lösungspotentiale verfügen, läßt sich eine Anwendung von sozialpädagogischen Methoden nicht denken. Mindestens ist man nämlich auf Prozesse des Aushandelns mit den Betroffenen angewiesen, in welchen geklärt werden kann, wo diese jeweils »stehen«.

Damit ist der zweite Einwand schon angedeutet. Er ist eigentlich wesentlich, da er auf die sachliche Problematik des sozialpädagogischen Handelns zurückgeht: Sowohl formal wie auch hinsichtlich seiner Intentionen hängt dieses mit dem Alltagsleben von Menschen zusammen[28]. Es unterscheidet sich von institutionell ausgliederbaren, auf moratoriumsähnlichen Verhältnissen aufbauenden Handlungsformen des Behandelns und Therapierens darin, daß es nicht nur auf die Bewältigung alltäglichen Lebens zielt, sondern in diesem selbst sein methodisches Medium findet: Es will entweder die Adressaten instand setzen, ihren individuellen (und durch die Lebenslage) bedingten Alltag bewältigen und leben zu können (und impliziert daher auch eine Aufklärung über diesen, wo die Strukturen des Alltagslebens selbst ein bewußtes Leben in ihm verhindern, sich sogar bedrohlich auf den Einzelnen auswirken); oder es will Strukturen des alltäglichen Lebens im Sinne ökologischer Nahbedingungen menschlichen Lebens[29] dort herstellen, wo diese etwa durch die voranschreitende Rationalisierung von Lebenswelten zerstört werden. Aber nicht nur, daß Alltagssituationen je nach sozialer Lage differieren, sogar noch davon abhängen, was die je Betroffenen als gelungenen Alltag selbst definieren. Vielmehr ist jeder Alltag stets pseudokonkret, d. h. von Wahrheit und Lüge zugleich bestimmt, diffus, von Regeln und Regelabweichungen, Gesetzmäßigkeiten und Zufällen durchtränkt; in ihm vermischen sich hochdifferenzierte und hochkomplexe Wirklichkeiten mit einfachen Strukturen. Sozialpädagogik ist nun zunächst angewiesen, den je konkreten Alltag in seiner Wirklichkeit aufzuspüren; sie muß zugleich auch die in ihm steckenden Möglichkeiten und Chancen für die Beteiligten (und mit diesen) aufdecken: Das aber läßt sich weder theoretisch noch in Form von Verhaltensanweisungen regeln; gefordert ist die Fähigkeit, diese je konkrete Realität zu erforschen. Kurz: man muß fragen können, ohne die Antwort zugleich vorwegzunehmen. Das professionelle sozialpädagogische Handeln selbst aber zeichnet nicht minder diese Spannung aus: Zwar wird es häufig durch institutionelle und organisatorische Bedingungen und Zusammenhänge überformt und beeinflußt – es läßt sich in dieser Hinsicht auch systematisieren. Jenseits davon unterscheidet es sich jedoch phänomenal nicht von gewöhnlichen Interaktionen und Kommunikationsvorgängen[30]. Sein Medium und sein Inhalt sind die »Alltäglichkeit«, die – in all ihren Ambivalenzen – »Normalität«, das Gewöhnliche und Vertraute; alltägliche Handlungen stellen das Repertoire methodischer Verfahrensweisen der Sozialpädagogik dar. Daher ist ihre Tätigkeit selbst diffus und nicht objektivierbar, denn sie hängt in ihren Bestimmungen noch von der Form des Alltags ab, die in einem sozialen Zusammenhang gegeben ist[31].

Der Mangel an professionsspezifischen Handlungsweisen gefährdet nun nicht nur Fremd- wie Selbstbild des Sozialpädagogen, sondern führt zu einer Negation des Anspruchs auf eine berufsspezifische Kompetenz überhaupt: Im Fremdbild tritt der Sozialpädagoge als Person auf, die eine Arbeit verrichtet, welche eigentlich jeder andere, vielleicht sogar besser, erbringen kann. Er muß sich fragen lassen: »Wofür wirst du eigentlich bezahlt?«[32] Die damit verbundene Erosion des eigenen Selbstverständnisses wird dann durch Konzepte gleichsam kompensiert, die auf die Selbstheilungskräfte des Alltags, auf die Mobilisierung von Alltagsressourcen, auf die Selbsthilfekapazitäten der Adressaten vertrauen und Non-Intervention als angemessene Intervention betrachten. Dem scheint eine Auffassung »des Nichthelfens als idealer Form der Hilfe« zugrundezuliegen, bei der allerdings zu fragen ist, »ob in solchen Konzepten sich der Helfer nicht schon längst als Helfer aufgegeben hat. Die hier angebotene Hilfe besteht nämlich – so paradox formuliert wie es leider auch ist – im Prinzip darin, zu sagen: ›Ich kann dir nicht helfen‹«[33].

Verfällt man also mit der Einsicht in die Alltäglichkeit des sozialpädagogischen Handelns dem Alltag? Geht man nicht in ihm auf? Besteht die spezifische Qualifikation des Sozialpädagogen in einer Art Kompetenzverlagerung[34], vielleicht gar in seiner Inkompetenz? In diesen kritischen Fragen beschränkt man sich allerdings bei der Beurteilung der Sozialpädagogik allein auf Aspekte der Interaktion mit Betroffenen. Aber schon vor dieser lassen sich methodisch geregelte Elemente seiner Tätigkeit aufdecken: Sie beziehen sich zunächst auf die systematische Erhebung von Daten, allgemein: auf die präzise Analyse von Situationen. So ist es kein Zufall, daß schon Mary Richmonds fundamentales, auch – vermittelt über das Werk von Alice Salomon – die deutschsprachige Situation beeinflussende Werk »Social Diagnosis« heißt. In der Tat formuliert dieses ein Regelwerk zur systematischen Bestimmung von Problemen sowie der Voraussetzungen und der situativen Bedingungen für das Handeln. Dieses selbst wird – im Unterschied zu Alice Salomon – nicht angesprochen. Freilich läßt sich dieses Phänomen auch dahingehend interpretieren, daß Mary Richmond dem Gedanken folgte, schon die soziale Diagnose selbst sei ein Wesensmerkmal des »Social Work«. In seiner aufklärend-informativen Funktion liegt nämlich schon einerseits ein Moment der Zusammenarbeit mit dem Klienten, welches diesem, als eine ihm ungewohnte Situation, einen Lern- und Veränderungsprozeß ermöglicht. Zum anderen wird durch die Datenerhebung selbst die Situation des Klienten in einer Weise zugänglich und bewußt, wie sie vor der Sozialdiagnose noch unvorstellbar war. Sozialpädagogik und Sozialarbeit wären so als ein methodisches Recherchieren bestimmt, das eine Situationsdefinition und -bestimmung erlaubt, die den unter unmittelbarem Handlungsdruck stehenden Betroffenen vor der »forschenden« Intervention nicht zugänglich waren[35].

Wenn die Methode der Sozialpädagogik im Bereich der »Sozialen Diagnose« angesiedelt wird, so läßt sich daraus eine erste pragmatische Funktion sozialpädagogischer Theorie ableiten: Zwar darf sie nicht das Ergebnis der Sozialdiagnose antizipieren, doch muß sie ein bestimmtes Fragen ermöglichen. Theorie stellt sich so dar als Instrument des Fragens und Forschens; sie ist Theorie des pädagogischen Erkennens. Dabei dient sie als eine Art sozialpädagogisches Fragekalkül, welches auf die relevanten Probleme zielt. Dabei darf sie nicht zu einem bloßen Fragebogen erstarren[36]. Vielmehr muß sie eine prinzipiell fragende und raisonierende Haltung einüben; sie muß noch lehren, das schon Gewonnene erneut zur Disposition zu stellen.

Sozialpädagogische Theorie formuliert somit kein positives System des Wissens, sondern eine Methode des Nachdenkens und Nachfragens. In der Anwendung dieser Methode findet man dann zu einer konkreten, situationsspezifischen und situationsangemessenen Einsicht; mehr noch: sie hilft, die Elemente und Punkte zu entdecken, an welche man dann in der Form eines alltäglichen Handelns anknüpfen kann: »Das Denken beginnt nicht mit festen Gedanken. Ein Fragen geht vielmehr dem Gewinnen solcher voran, das noch erst sucht. So daß gilt, nicht sogleich mit dem Urteil ins logische Haus zu fallen. Auch die problematischen Urteile und die Annahmen erschöpfen das Fragen nicht, sie werden vom Fragen eingeleitet und angeleitet. Oder anders: Die Frage entsteht nicht durch das Infragestellen von Urteilen, sondern jedem Urteil geht ein sich immer genauer machendes Fragen vorher. Nicht was eine Sache ist, sondern wie nach ihr gefragt werden müsse, steht methodisch am Anfang«[37].

Indes: Theorie darf sich nicht auf diese Funktion beschränken. Es geht ihr und in ihr doch um das Handeln; sie muß dieses thematisieren und ermöglichen, ohne jedoch die Form einer technischen Anweisung zu erhalten. Ein empirischer Befund legt dies noch nahe: Beobachten läßt sich nämlich, daß gerade die Sozialarbeiter offensichtlich »gute«, d. h. erfolgreiche Arbeit leisten, welche sich von Annahmen leiten lassen, die unter sozialwissenschaftlichem Gesichtspunkt »falsch« erscheinen[38], somit keinen Gegenstand eines wissenschaftlichen Erkenntnissystems im strikten Sinne bilden. Aber was bestimmt dann ihr Denken und Handeln? Was ist der Inhalt der sie faktisch leitenden Theorien? Vor allem: wo sind diese in ihrem Handeln anzusiedeln? Schließlich: Wenn sich diese Fragen klären lassen, was folgt dann für eine begründete Theorie der Sozialpädagogik?

Die Einsicht, sozialpädagogisches Handeln geschehe im Kontext und im Medium eines in sich diffusen, komplexen und von Kontingenzen bestimmten Alltags, legt nahe, Theorie der Sozialpädagogik einen Schritt vor den konkreten, methodischen Handlungsvorstellungen anzusiedeln[39]: Theorie ist dann – erstens – als ein abstraktes System von Annahmen, orientierenden Bestimmungen gekennzeichnet, welches das Bewußtsein und die Identität des Handelnden für diesen selbst inhaltlich auszeichnet. Zweitens impliziert dieses Verständnis von Theorie eine Annahme über die Rolle des Sozialpädagogen als Person im sozialpädagogischen Geschehen. Ihm steht zwar in Gestalt der Theorie ein allgemeines System zur Verfügung, doch bleibt ihm, eben wegen dieser hochgradigen Allgemeinheit der Theorie, die Entscheidung über das konkrete Tun überantwortet.

Erstens: Die Bewältigung der für Sozialpädagogik gegebenen doppelten »Ungewißheitssituation«, nämlich einerseits mit stets unterschiedlichen Individuen, andrerseits aber in kaum typisierbaren Zusammenhängen arbeiten müssen, fordert ein sinnverbürgendes System von Annahmen und Konzepten. Zunächst findet sich dieses in einem gemeinsam geteilten »Prinzip Hoffnung«: In der Hoffnung nämlich, »auf eine endgültige und nicht nur vorübergehende Problemlösung – zumindest von Teilproblemen – und (der) Hoffnung auf einen Zuwachs an Problemlösungskompetenzen der Betroffenen«[40]. Aber damit bewegt man sich noch auf der Ebene einer Berufsideologie. Da jedoch die Theorie der Sozialpädagogik als ein in sich begründeter Text formuliert wird, da sie Argumente und Argumentationen entfaltet, die überzeugen sollen, kann man sagen, daß sie in sachlicher und perspektivischer Hinsicht Überzeugungen herstellt; ihre pragmatische Funktion realisiert sich somit in einem Handeln aus Überzeugung.

Aufgrund der Diffusität des sozialen Feldes leistet sie dies jedoch nur dann, wenn sie als ein abstrakter philosophischer Zusammenhang zur Verfügung steht. Im Unterschied zur deutschsprachigen Diskussion, die sehr viel stärker auf eine wissenschaftliche Kritik der Inhalte von Theorien abhob, dabei jedoch die funktionale Bedeutung abstrakter Sinnsysteme für eine subjektive Praxis aus den Augen verlor, war dies in der angelsächsischen Denktradition stets gegenwärtig. Schon Mary Richmond widmet ein Kapitel ihres Werks der ihren Auffassungen, aber auch dem Vorgang der »Social Diagnosis« zugrundeliegenden Philosophie. Nicht minder ist für das professionelle Selbstverständnis des »Social Work« in der Gegenwart unbestritten, daß die »Philosophy« neben den Teilen »knowledge base, applied science, art« eine gleichrangige Rolle bei der Konstitution der »practice theory«[41] spielt.

Man kann dabei eine eigentümliche Pointe darin sehen, daß die Notwendigkeit einer abstrakt philosophischen Theorie eines bestimmten Handelns für eine gelingende Praxis von Carl von Clausewitz herausgearbeitet wurde: Ausgangspunkt seiner – auf die Theorie des Krieges gerichteten – Überlegungen war die »Ungewißheit aller Daten« für den Handelnden[42]. Die faktische Unbestimmbarkeit und Unvorhersehbarkeit der Handlungssituationen verbiete es deshalb, »ein positives Lehrgebäude aufzustellen . . ., welches dem Handelnden dann überall einen äußeren Anhalt gewähren könnte. Der Handelnde würde sich in allen jenen Fällen, wo er auf sein Talent angewiesen ist, außer diesem Lehrgebäude und mit ihm in Widerspruch befinden, und es würde, wie vielseitig dasselbe auch aufgefaßt sein möchte, immer dieselbe Frage eintreten, von der wir schon gesprochen haben: daß das Talent und Genie außer der Gesetze handelt und die Theorie zum Gegensatz der Wirklichkeit wird«[43]. Die Lösung des Dilemmas sieht Clausewitz in der Form der reinen Theorie, welche dem Handeln ein nichtdeterminierendes Fundament gibt. Der »Ausweg für die Möglichkeit einer Theorie ist der Gesichtspunkt, daß sie nicht notwendig eine positive Lehre, d. i. eine Anweisung zum Handeln sein muß. Überall, wo eine Tätigkeit es großenteils immer wieder mit denselben Dingen zu tun hat, mit denselben Zwecken und Mitteln, wenn auch mit kleinen Veränderungen und einer noch so großen Mannigfaltigkeit von Kombinationen, müssen diese Dinge ein Gegenstand vernünftiger Betrachtung werden können. Eine solche Betrachtung aber ist eben der wesentlichste Teil jeder Theorie und hat auf diesen Namen ganz eigentlich Anspruch. Sie ist eine analytische Untersuchung des Gegenstandes, führt zu einer genauen Bekanntschaft und, wenn sie auf die Erfahrung (. . .) angewendet wird, zur Vertrautheit mit demselben. Je mehr sie diesen letzten Zweck erreicht, um so mehr geht sie aus der objektiven Gestalt eines Wissens in die subjektive eines Könnens über, und um so mehr wird sie sich also auch da wirksam zeigen, wo die Natur der Sache keine andre Entscheidung als die des Talents zuläßt; sie wird in ihm selbst wirksam werden[44].«

Zweitens: Die Theorie selbst kann als eine allgemeine Betrachtung über den Gegenstand zwar das Raisonnement anregen – sie erlaubt ein Philosophieren in der Sache. Aber sie antizipiert kein Urteil. Als analytisch gesichertes Wissen durchdringt und expliziert sie systematisch den Gegenstand in seiner reinen Gegenständigkeit. Damit verschafft sie aber dem Einzelnen eine Grundlage für ein situationsspezifisches und zugleich sachlich berechtigtes Urteil. Indem sie aber sachliche Orientierung und Überzeugung vermittelt, gewährt sie ihm die (psychische) Sicherheit, die er in der Unbestimmtheit seiner Handlungssituationen benötigt; sie gibt ihm die Gewißheit, mit der er sich den heterogenen Anforderungen seiner Tätigkeit aussetzen, diese und die Ansprüche der Betroffenen aushalten und ertragen kann. Als abstrakte Theorie aber erzwingt sie von ihm zugleich auch Offenheit gegenüber diesen Ansprüchen. Er muß sie verarbeiten. So handelt er stets ungeschützt, somit verantwortlich, da er in seinem Tun nirgends durch ein System festgelegt wird.

Dies ist keine neue Einsicht. Schon zu Beginn des letzten Jahrhunderts haben Friedrich Schleiermacher und Johann Friedrich Herbart bei der Fundierung ihrer theoretischen Systeme darauf hingewiesen, daß eine Theorie der Erziehung in ihrer Allgemeinheit die Besonderheit der je gegebenen pädagogischen Situation weder vorwegnehmend erfassen kann, noch dies überhaupt darf[45]. Erzieherisches Handeln hängt stets von der Eigentümlichkeit der Umstände, von der Individualität des Zöglings, wie auch von der des Erziehers selbst ab; es wird durch die »Aufforderung des Moments« konstituiert[46]. Das hat drei Gründe: Einmal steht Erziehung als ein Geschehen zwischen Subjekten in deren subjektiver Verantwortung, weil es in einem sozial- wie individualhistorischen Prozeß zu denken ist, der nicht antizipiert werden kann[47]. Man muß daher dem »Leben selbst überlassen, was in jedem Augenblick getan werden soll«[48]. Zum anderen kann Erziehung deshalb nur dort gelingen, wo innerhalb des Rahmens ihrer allgemeinen Sinnbestimmung die Genialität, modern gesprochen: Kreativität, Phantasie und Einfallsreichtum des Erziehers in Form eines »Probehandelns«[49] ins Spiel gebracht werden können. So ist »diejenige

Praxis eine Kunst, in der die richtige Anwendung von dem gemacht wird, der die facultas zur Praxis hat, die Produktivität«[50]. Erziehung ist – und darin liegt sicher ein Grund für die extremen Belastungssituationen, denen Erzieher ausgesetzt sind, ohne daß sie auf Routine zurückgreifen können – wesentlich auf eine subjektive, individuell bestimmte Eigenleistung angewiesen; in diesem Punkt gewinnt die Rede vom »geborenen Erzieher« ihren vernünftigen Sinn[51]. Schließlich ist so die Einsicht aufgenommen, daß das entscheidende Instrument pädagogischen Handelns in der Person des Erziehers selbst zu finden ist: Während seine Handlungen wenigstens in ihrem Erscheinungsbild keine spezifische Differenz gegenüber den alltäglichen Aktivitäten auszeichnet, hat er sich doch als alltäglich handelnde Person methodisch zu instrumentalisieren.

Eine allgemeine Theorie der Sozialpädagogik vermittelt deshalb dem Handelnden nicht bloß eine sachlich bestimmte Grundorientierung, in der auch ein Wissen um die Grenzen und Möglichkeiten sozialpädagogischen Tuns eingebettet ist. Sie dient ihm vielmehr der Selbstreflexion: Wenn nämlich sozialpädagogisches Handeln als ein besonderes nicht bestimmbar ist, wesentlich sogar in der Instrumentalisierung dessen besteht, was der Person des Erziehers als sozialer Kompetenz zur Verfügung steht, bedarf es doch eines kognitiven Mittels, die durch ihn erzielten Wirkungen zu reflektieren. Dies gilt in doppelter Hinsicht: Er muß in der Lage sein, sowohl die durch sein Handeln induzierten Wirkungen auf die Persönlichkeit und Aktivitäten der Betroffenen zu erfassen und zu beurteilen, wie auch seine Persönlichkeit und die mit ihr verknüpften Aktivitäten einzuschätzen. Beides schließt nicht nur eine kritische Selbstvergewisserung darüber ein, wie weit sein Tun – prinzipiell im Sinne der These von den »hilflosen Helfern« oder speziell durch eine besondere Lebenssituation des Sozialpädagogen – einer Befriedigung eigener (etwa narzißtischer) Bedürfnisse dient, somit den Betroffenen instrumentalisiert; vielmehr muß auch eine Prüfung daraufhin stattfinden, wie weit das eigene Handeln sich gegenüber der Lebenslage der Betroffenen und der in ihnen ruhenden Möglichkeiten verdichtet und entfremdet hat.

Weil sozialpädagogisches Handeln in der Selbstinstrumentalisierung des Erziehers vollzogen wird, ist er notwendig auf Selbstreflexion angewiesen[52]. In ihr erst kann er die für sein Tun unvermeidliche situative Verdoppelung seiner Aktivität vornehmen. Er muß nämlich authentisch, als alltäglich handelnde Person an der Situation teilhaben, zugleich aber sich des methodischen Moments in dieser Teilhabe bewußt sein. Dies kann er aber nur von einer Position außerhalb (oder: oberhalb) des situativen Geschehens. Von ihm ist somit gefordert, daß er in der Situation selbst ist, sich aber doch auch in dieser beobachtet und beurteilt. Eine inhaltlich gefüllte, materiale, gleichwohl abstrakte Theorie ermöglicht ihm nun nicht nur ein sozialpädagogisch sinnvolles Handeln, sondern stellt ihm als Theorie einen gleichsam objektiven Bezugspunkt zur Verfügung, über welchen er sich selbst wahrnehmen und beurteilen kann.

So zeichnen sich zwei weitere Grundfunktionen einer Theorie der Sozialpädagogik in pragmatischer Hinsicht ab: Einmal formuliert sie für den Handelnden die Philosophie der Sozialpädagogik; genauer noch: sie vermittelt ihm in ihrer inhaltlichen Entfaltung einen Modus philosophierender Denkbewegung, in der er seine spezifische Identität als Sozialpädagoge und als Person gesichert sehen kann – aber auch selbst sichern muß: Das sozialpädagogische Denken kann ihm nicht abgenommen werden. Sie gibt ihm nämlich in ihrer Abstraktheit nicht bloß eine Grundvorstellung von seiner Aufgabe, den Bedingungen und Inhalten seines Tuns, sondern schreibt ihm selbst die konstruktive Rolle zu. Dabei verlangt sie von ihm, daß er seine eigene, je konkrete Handlungstheorie mit Hilfe der allgemeinen Theorie konstruiert[53]. So ermöglicht die Theorie der Sozialpädagogik eine Reflexivität, welche dem Sozialpädagogen erlaubt, die »zu vermittelnden (bzw. auszuhaltenden) Widersprüche zwischen gesellschaftlich herrschenden Interessen und dem Anspruch auf solidarische Hilfe, zwischen professionell möglicher Hilfe und professionell bedingter Entwertung von Alltagserfahrung und Selbsthilfemöglichkeiten bei den Betroffenen, zwischen theoretisch analysierenden Ansätzen und konkreter Handlungsstrategie praktizieren zu können«[54]. Darin ist aber die zweite Funktion schon enthalten: Theorie der Sozialpädagogik ist immer gegenständliches und formales Mittel der Selbstreflexion des Sozialpädagogen; macht sie ihm inhaltlich die Offenheit seines Handelns, d. h. die Notwendigkeit, sich als Person in die Situation einzubringen, deutlich, so hilft sie ihm doch zugleich, dies und die daraus entstehenden Wirkungen zu bedenken. Beide Funktionen machen aber deutlich, daß die Bedeutung der Theorie der Sozialpädagogik ganz auf der Ebene des Denkens liegt; sie ist intellektuell, nicht praktizistisch bedeutsam. Ihre notwendige und unausweichliche Funktion wird so auf der Ebene des persönlichen Denkvermögens situiert. Sie konstituiert mit anderen Worten eine reflektierende Haltung, in der sich das reflektierende Subjekt noch auf sich selbst bezieht[55].

Beide Funktionen der Theorie der Sozialpädagogik lassen sich an den Begriff der »Kompetenz« anschließen, der in der jüngeren Diskussion eingeführt wurde, um die Spezifik einer professionell ausgeübten sozialpädagogischen Tätigkeit zu kennzeichnen[56]. Zwar setzte die Diskussion zunächst mit dem Versuch ein, die Fähigkeiten und Techniken unter einem Begriff systematisch zu subsumieren, über welche der Sozialarbeiter und der Sozialpädagoge verfügen sollte, wandte sich dann aber von der Frage nach dem faktischen Können ab und dem Problem habitualisierter Eigenschaften, sowie der Dimension einer Beschreibung von Zuständigkeiten zu. Die Akzentuierung auf den Begriff der Handlungskompetenz bedeutet dabei allerdings einen theoretischen Rückschritt, obwohl man mit ihr eine Abgrenzung zum Qualifikationsbegriff vornehmen konnte: In ihr ging der wesentlich kognitive, denkmethodische Aspekt verloren, der auch in dem Zusammenhang der linguistischen Theorie Noam Chomsky's gegeben war, aus deren Rezeption der neuere Kompetenzbegriff gewonnen wurde. Hans Scheuerl hat in einer kritischen Überlegung zu dem im Rahmen der Diskussion um die »Handlungskompetenz« vorgetragenen Ansinnen, Erziehungstheorie als Handlungstheorie zu rekonstruieren, auf diese Verkürzung hingewiesen und auf die mit Erziehung notwendig verbundene interpretative Dimension hingewiesen: »Wissen, was man will und kann, Sinnverständnis ist der Schlüssel zur Handlungskompetenz[57].«

Exkurs: Folgt man Noam Chomsky's Ansatz und begreift die sozialpädagogische Theorie als Ausdruck und Inhalt der Kompetenz des Sozialpädagogen[58], seine Handlungsbedingungen, sein Tun und sich selbst einer reflexiven Betrachtung zu unterwerfen, somit durch Zuschreibung von Sinnstrukturen die Äußerungen auf der Performanzebene zu deuten, dann zeigt sich eine Doppelsinnigkeit der Theorie und ihrer Begriffe. Wissenschaftstheoretisch betrachtet verfügt sie nämlich über zwei Dimensionen; sie sind auch in funktionaler Hinsicht zu unterscheiden: Die den Sinn des sozialpädagogischen Handelns verbürgende, dem kompetenten Sozialpädagogen als Überzeugung verfügbare Theorie hat eine deskriptive und eine normative Bedeutung.

Deskriptiv vermittelt sie eine (allerdings abstrakte) gegenständlich-sachliche Vorstellung; sie umreißt das Prinzipielle der Sozialpädagogik, indem sie begrifflich die Bestimmungen entfaltet, die als »pädagogische Logik« zu denken sind[59]. Die Begriffe der Theorie bezeichnen demnach als einzelne und in ihrer systematischen Gesamtheit für das sozialpädagogische Denken unverzichtbare Momente, welche für das konkrete Handeln gegeben sein oder durch dieses hergestellt werden müssen. Theorie verdeutlicht also in pragmatischer Hinsicht die Prämissen, die strukturellen und prozessualen Bedingungen der Sozialpädagogik überhaupt. Sie beschreibt, wozu der Begriff der Sozialpädagogik das Denken in pragmatischer Hinsicht veranlaßt.

Weil jedoch die Dialektik der Pädagogik sich nicht hintergehen läßt, weil sich »keine absolut richtigen pädagogischen Maßnahmen und Systeme festlegen (lassen und vielmehr) jede dogmatische These, die nicht von den Umständen und Forderungen des gegebenen Augenblicks ausgeht, (...) stets fehlerhaft sein« wird[60], muß Theorie stets in Allgemeinheit das Ganze der Sozialpädagogik übergreifen. Ihre deskriptive Funktion läßt sich deshalb mit der Hilfe vergleichen, die wir von einer Landkarte erwarten dürfen[61]: Eine Landkarte gibt uns eine Vorstellung von dem Gebiet, in welchem wir uns bewegen; sie zeigt uns – sofern wir imstande sind, sie richtig zu lesen – Höhenzüge, Hindernisse, Wege und Ortschaften an, befreit uns aber nicht von der Entscheidung darüber, welche Route wir schließlich wählen können – sie gibt uns Hinweise, erinnert an Beachtenswertes, doch vermag sie uns über Sperrungen, Baustellen u. ä., nicht aufzuklären. Aber die Eigentümlichkeiten der Straßen, die Details der Landschaft, schließlich die Sinnlichkeit einer Reise müssen wir jedoch selbst erfahren, denn »die Theorie in ihrer Allgemeinheit erstreckt sich über eine Weite, von welcher jeder Einzelne in seiner Ausübung nur einen unendlich kleinen Teil berührt; sie übergeht wieder, in ihrer Unbestimmtheit, welche unmittelbar aus der Allgemeinheit folgt, alles das Detail, alle die individuellen Umstände, in welchen der Practiker sich jedesmal befinden wird, und alle die individuellen Maßregeln, Überlegungen, Anstrengungen, durch die er jenen Umständen entsprechen muß«[62]. Das heißt auch, daß die Theorie selbst unendlich viel Unsicherheit verschafft: Als ein abstrahierendes Weltbild kann sie uns nur auf Dinge hinweisen; aber ihre Realität müssen wir doch selbst je konkret aufspüren und erfassen. Sie zwingt uns also, auf diese zu achten.

Die positive Funktion der Theorie in ihrer deskriptiven Dimension besteht also darin, daß sie – paradox formuliert – eben keine Realität beschreibt: Sie hilft uns als allgemeines und sachlich gebundenes System, die je konkrete Realität aufzusuchen und pädagogisch sinnhaft zu bestimmen; sozialpädagogische Kategorien haben also eine appellative Bedeutung. Sie fordern uns auf, das von ihnen abstrakt Bezeichnete konkret in der Wirklichkeit aufzuspüren.

Die Begriffe der Theorie geben also jene Differenzen vor, über welche wir uns überhaupt erst Informationen beschaffen können; sie dienen als Selektionsraster, das Wahrnehmungen, Einordnungen und Zuordnungen, aber auch Relevanzabstufungen erlaubt. So stellt die Theorie zwar einerseits ein Mittel dar, die Komplexität der Wirklichkeit zu reduzieren, sowie die Kontingenzen zu bewältigen, denen wir ausgesetzt sind. Sie bringt sie in einen geordneten Zusammenhang, blendet auch Informationen aus, die als »nichtpädagogisch« bewertet werden. Aber sie beschränkt sich in eigentümlicher Weise nicht auf diesen »klassischen« Mechanismus von Theorien in pragmatischer Absicht. Andrerseits nämlich macht sie uns überhaupt erst auf Komplexität und Kontingenzen aufmerksam. In ihrer Abstraktheit fordert sie sogar dazu auf, diese je konkret und spezifisch zu erfassen. Sie verhindert nämlich nicht nur eine allzu scharfe Kalibrierung unserer Wahrnehmung, sondern erlaubt, die Begriffe und Kategorien auf unterschiedlichsten Realitätsebenen anzusiedeln: Der hier vorgelegte Begriff des Ortes bezieht sich beispielsweise zunächst auf großflächige Rahmenbedingungen, also auf die räumlichen Großstrukturen von Lebenslagen; aber er kann ebenso gut enger gemeint sein und sich auf ein Heim, schließlich sogar auf das Zimmer eines Jugendlichen in der familiären Wohnung oder auf die individuelle Rückzugsecke eines Kindes in einer Gesamtschule beziehen.

Die Begriffe der sozialpädagogischen Theorie gelten auf den verschiedensten Ebenen der Abstraktion. Stets aber verfolgen sie die Funktion, auf Sachverhalte in ihrer pädagogischen Relevanz hinzuführen. Dabei fordern sie von ihrem Benutzer eine denkerische Eigenleistung, in welcher die Wirklichkeit unter dem begrifflich verfügbaren Aspekt gleichsam zu einem konkret anschaulichen Bild komponiert und verdichtet, dabei in einer pädagogischen Perspektive angeordnet und ausgeleuchtet wird. Verdeutlichen läßt sich dies an dem Fundamentalbegriff des Subjekts: Er scheint ungenau und unklar, verlangt nach Attributen, welche näher bestimmen, was ein Subjekt als solches auszeichnet. Aber eben dies behinderte die pädagogische Einsicht. So fällt es dem pädagogischen Laien (aber auch dem, der einen exakten Subjektbegriff fordert) schwer, ein autistisches Kind als ein Subjekt wahrzunehmen. Ihm entgeht, daß die Verweigerung von Umweltkontakten die diesem Kind zugängliche Form der subjektiven Auseinandersetzung mit seinen Lebensbedingungen bildet. Ebensowenig wird vielleicht der Nicht-Pädagoge die süchtige Person als ein Subjekt erfassen. Ihm scheint diese von Krankheit gefesselt, vielleicht auch ein Opfer sozialer Umstände. Damit aber erfaßt er weder die Persönlichkeitsanteile, welche nicht vom süchtigen Verhalten bestimmt sind, noch die subjektive Eigenleistung, die im Suchtverhalten sich spätestens dort zeigt, wo die grundliegende Konfliktsituation hervortritt.

Fordert die Theorie zu einem bestimmten Denken und Wahrnehmen auf, so eignet ihr auch im Blick auf das Tun ein normativer Aspekt. Genauer: Sie hat eine ethische Dimension. Nicht gesetzte Vorschriften sind ihr Inhalt, sondern die in ihr enthaltene Vorstellung von Pädagogik hat den Charakter einer sachlichen Ordnung, die kommunikativ gebunden ist[63]. Die Theorie bildet also als kommunikative Ordnung ein praktisches Apriori des pädagogischen Handelns. Aber auch hier fordert sie auf, legt das Handeln also nicht fest. Dies hängt wiederum mit dem beschreibenden und ganzheitlichen Charakter der Theorie zusammen: So enthält der Begriff des Subjekts, der als systematisches Implikat von Erziehung »beschrieben« wird, nicht nur die

Aufforderung, man müsse, wo man erziehen will, die Subjektivität des anderen beachten; vielmehr fordert er auch auf, für die Verwirklichung von Subjektivität zu sorgen, wo diese behindert wird.

Man kann sagen, daß die Begriffe der Theorie die Realität zugänglich machen und zugleich als Kandidat für eine Beurteilung zur Verfügung stellen. Darin eignet der Theorie stets ein kritisches, nicht-affirmatives Moment[64]. Aber sie tun dies nicht nur als einzelne Begriffe für sich, sondern stets in der Beziehung zu den anderen Kategorien der Theorie. Die Theorie selbst leitet so eine Denkbewegung des kritischen Aufsuchens, Prüfens und Urteilens an, die über das zugleich angeregte, doch stets subjektiv zu verantwortende Handeln entfaltet wird. Im Blick auf die Praxis bleibt Theorie also erneut ganz dem Denken zugeordnet; nur durch die Subjekte selbst, nur durch ihre subjektive Praxis wird sie wirksam.

Beide Dimensionen der Theorie lassen sich zusammenfassen: Sie werden gemeinsam thematisiert, wenn man die Begriffe der Theorie als »Ideen« bestimmt, »die aber ihre unbezweifelte (praktische) Realität« haben[65]. Als solche haben sie »freilich keinen Gegenstand in irgendeiner Erfahrung, aber bezeichnen darum doch noch nicht Gedichtetes, und zugleich dabei für möglich angenommene Gegenstände. Sie sind bloß problematisch gedacht, um in Beziehung auf sie (als heuristische Fictionen) regulative Prinzipien des systematischen Verstandesgebrauchs im Felde der Erfahrung zu gründen«[66]. Alltagssprachlich formuliert: Wenn wir eine Idee haben, dann setzen wir für uns eine Gliederung der Wirklichkeit, mit der wir uns im Handeln orientieren. Kurz: In einer Idee setzen wir Zusammenhänge, die wir uns einzuhandeln haben.

Alle Überlegungen zur Funktionalität der Theorie in pragmatischer Hinsicht kehrten immer wieder zu dem Punkt zurück, daß sie als Denkmittel dient: Sie ermöglicht das Fragen, gibt als bestimmte Form der Reflexion und Selbstreflexion Gewißheit, öffnet so aber auch den Blick auf die mit ihrer Hilfe noch je konkret zu bestimmenden Probleme und Handlungsmöglichkeiten.

In all diesen Funktionen verfügt die Theorie neben dem in ihr gegebenen sachlich gegenständlichen Gehalt, der als fiktionaler

Gegenstand begriffen wird, über einen methodischen Charakter. Genauer noch: methodologisch lassen sich zwei Modi unterscheiden, in welchen die Theorie als Denkmethode instrumentalisiert werden kann.

Der erste Modus findet sich als die durch die Theorie ermöglichte Hermeneutik der pädagogischen Wirklichkeit. In ihr geht es um die reflexive Sinnbestimmung einer durch den Diskurs schon identifizierten Praxis. Darin liegt nun zunächst kein Unterschied zur erziehungswissenschaftlichen Reflexion überhaupt, deren Gegenstand »ganz entschieden nicht Vorentwurf künftigen pädagogischen Handelns, sondern Hermeneutik einer pädagogischen Wirklichkeit (ist), die im Augenblick des Darübersprechens immer schon vorgegeben ist. Freilich ist ein Ziel solcher Reflexion – neben der Einsicht in Sachverhalte – immer auch Ermöglichung künftigen pädagogischen Handelns«[67].

Diese hermeneutische Funktion kann die Theorie erfüllen, weil sie als eine materiale Hermeneutik genutzt wird: Sie gibt nicht nur einen begründeten Weg der Reflexion vor, sondern enthält in sich selbst schon ein Moment des Objektiven, über welches sich der hermeneutische Zirkel etablieren kann. Die Theorie als Entfaltung eines fiktionalen Gegenstandes bietet also der auf Deutung und Erkenntnis des individuellen Phänomens gerichteten Denkbewegung ein Widerlager, durch welches zugleich doch der Gang der Erkenntnis zwar nicht bestimmt, aber doch angeregt wird. Indem die Theorie nämlich ein in sich zusammenhängendes Raster von Begriffen und Begriffsstrukturen vorgibt, indem sie auch die möglichen begrifflichen Widersprüche in abstrakter und zugleich doch auch konkreter Weise vordenkt, stößt sie das Denken an. Sie gibt ihm Richtungen vor, zwingt es, mit ihren Bestimmungen die phänomenal vorhandene Realität gleichsam auszuleuchten und auszutasten. In dieser Denkbewegung kann sich zeigen, daß die theoretisch angebotenen Sinnmöglichkeiten im konkreten Falle keine Gültigkeit haben; die Theorie bleibt so in einzelnen Punkten unbestätigt. Das aber heißt nichts anderes, als daß zugleich eine konkrete Vorstellung des besonderen Sachverhaltes entsteht. In der durch Theorie ermöglichten hermeneutischen Aufklärung und Aufdeckung der Wirklichkeit verläßt man demnach zunehmend das abstrakte Gebäude der Theorie. Je mehr man ihr folgt, umso geringer wird ihre Bedeutung als Fundament des Erkenntnisprozesses, gewinnt man doch eine für den Einzelfall gesicherte Einsicht: Man erreicht somit eine besondere Theorie des besonderen Gegenstandes.

Da man so, freilich in gedankenreicher Denkbewegung das Niveau des Diskurses erreicht, somit gleichsam vom Abstrakten zu einem inhaltlich bestimmten und differenziert begriffenen Konkreten aufsteigt, zeigt sich die hermeneutische Methodik der Theorie als eben jene Reflexion, welche den Rückgang auf die Voraussetzungen rekonstruiert, die das diskursive Erkennen erst ermöglichen[68]. Sie gilt also der Interpretation von pädagogischer Realität in ihrem Zusammenhang mit der pädagogischen Sinngebung im Kontext des Diskurses.

Nach den bisher angestellten Überlegungen kann nun freilich nicht überraschen, daß Theorie über den Modus der Hermeneutik verfügt. Dies lag nahe, entspricht es doch nicht nur der mit kommunikativen Zusammenhängen verknüpften Realität von Sozialpädagogik, sondern auch dem klassischen Typus pädagogischer Erkenntnis überhaupt: Verstehen bildet nämlich die Form, in der die theoretische Reflexion auf die Einzeltatsachen innerhalb der Erziehungswissenschaft möglich ist; weil aber Erziehung immer mit Individualitäten, auch mit individuellen Situationen zu tun hat, kann ihre Erkenntnisform kaum anders als die hermeneutische Form sein. Eine pragmatische Relevanz gewinnt dieser methodische Modus der Theorie daher in doppelter Hinsicht: Einmal stellt er das Reflexionsverfahren dar, in welchem die Bedingungen pädagogischen Handelns aufgeklärt und in ihrem Sinngehalt identifiziert werden. Zum anderen aber stellt das »Verstehen«, also die hermeneutische Reflexion, das Verfahren, mit welchem die Wirkungen pädagogischen Handelns erschlossen werden. Da Erziehung nämlich mit Subjekten rechnet, somit stets Eigenanteile bei der Erzeugung von Wirkungen erwartet und daher eine allein das erzieherische Handeln auszeichnende (und kontrollierbare) Kausalität nicht unterstellen kann, muß das Ergebnis von Erziehung in einem reflektierenden Verfahren aufgedeckt, überprüft und analysiert werden. Das Resultat pädagogisch gemeinter Interaktionen hat nämlich, weil es noch durch den Zögling selbst bestimmt wird, eine eigene sinnhafte Qualität, die sich von dem durch den Erzieher antizipierten Ergebnis unterscheidet. Selbst dort, wo eben dieses eintrat, kann er sich dessen als Wirkung seines Tuns nicht sicher sein; es kann immer noch in einer unerwarteten Eigenleistung des Zöglings ruhen, die jedoch als Anknüpfungspunkt künftiger pädagogischer Tätigkeit aufgedeckt werden muß.

Tatsächlich kann jedoch gerade in pragmatischer Hinsicht das hermeneutische Verfahren allein nicht befriedigen. Es erfaßt nämlich nur die vergangenen Ereignisse, kann sich höchstens dem eben Geschehenden in seiner Faktizität zuwenden. Es hat somit immer noch einen abschließend bestimmenden Grundzug in dem Sinne, daß es eine Wirklichkeit als bestimmte Wirklichkeit in den Zusammenhang des theoretischen Systems einholen will. Somit reicht es dort nicht aus, wo man gerade die Wirklichkeit als eine offene Konstellation begreifen will, in welcher ein subjektiv verantwortetes Handeln möglich ist. Kurz: es genügt nicht, wenn die Realität in ihrem Problemgehalt zu erschließen ist.

Der zweite, im Hinweis auf ihren fragenden Charakter schon angedeutete Modus der Theorie, läßt sich bestimmen als ein Verfahren, in welchem die Probleme als Probleme erfaßt, die Wirklichkeit somit in ihrer inneren Widersprüchlichkeit und Unentschiedenheit »auseinandergelegt« wird[69]. In diesem Modus fungiert die Theorie als Heuristik. Sie ist in ihm »Erfindungskunst«[70], in der sie über ihre schon entwickelten materialen Gehalte hinausschreitet, kreativ Wirklichkeit in ihrer Widersprüchlichkeit entdeckt: Umreißt die Theorie selbst spekulativ das in wissenschaftlicher Abhandlung mitteilbare »Fachwerk«[71] des Prinzipiellen der Sozialpädagogik, über welches derjenige verfügen muß, der individuelle Erfahrungstatbestände einordnen will, so wird sie als Heuristik zum Konstruktionsverfahren. »Das heuristische Verfahren«, so hat Schleiermacher diesen Umschlag von gesicherter Erkenntnis zum Entdekkungsprinzip beschrieben, »ist aber begrenzt auf der einen Seite durch menschliche Mitteilung und auf der anderen Seite durch das ursprüngliche und bewußtlose Selbstfinden (. . .). Jeder Mensch hat die Aufgabe, den Zusammenhang zu konstruieren, und also eine Richtung auf die Totalität des Wissens, die von einer gewissen Summe von Erkenntnissen aus konstruiert werden soll. Und diese Konstruktion ist eben das heuristische Verfahren«[72]. Weil die heuristische »Erfindung« auf einem schon gesicherten Fundament aufbaut, darf sie nicht als bloße Intuition mißverstanden werden; sie ist ein »Finden durch Konstruktion, die durch Formeln entsteht, und die man auf gegebene Punkte zurückbeziehen kann«[73].

Die durch die sozialpädagogische Theorie gegebene Heuristik dient dazu, ausgehend von schon gesicherten Erkenntnissen die konkrete Gestalt einer Handlungswirklichkeit in ihrem Problemgehalt methodisch zu erfassen. Damit ist deutlich, daß Heuristik hier nicht – im klassischen, seit Descartes und Leibniz entwickelten Sinn – auf die Entdeckungen und Lösungen für gegebene Probleme zielt. Vielmehr hat sie einen gleichsam reinigenden, klärenden Charakter, mit dem das Feld eröffnet werden soll, in welchem dann ein verantwortliches Handeln möglich ist. Dabei zeichnet sie jedoch trotz ihrer Abhängigkeit von den in der Theorie schon entwickelten Vorgaben ein prinzipiell offenes, selbst noch in sich dialektisch verknüpftes Bündel von Verfahren aus. So ist das allgemeinste Kennzeichen der Heuristik das »Operieren in zwei entgegengesetzten Vorgehensrichtungen, von zwei gegensätzlichen Standpunkten aus bzw. mit entgegengesetzten Begriffsmitteln oder progressiver Negation (...). Dadurch ergibt sich eine Schaukelbewegung, eine einem Pendeln ähnliche Gedankenprogression, wie sich etwa im dialektischen Dreischritt darstellt, zeigen sich Abbrüche, Neuansätze, Korrekturen, Aufhebungen und Vereinigungen. Die dialektisch methodische Gedankenoperation (in der Heuristik – M. W.) ist nicht linear einsinnig, nicht durch logische Kontinuität, sondern nur durch die Bezogenheit auf die innere Einheit des Betrachteten, also nicht durch logisch-stringente Verknüpfung zu einem Gedankengang integriert«[74]. Dabei kann die Erfindungskunst ihre Ergebnisse systematisch nicht sichern; dies fällt vielmehr in die hermeneutische Methodendimension der Theorie. Heuristik kann mögliche Erkenntnisse vorbereiten und andeuten, aber sie nicht in die Theorie einholen. Darin liegt nun aber ihre eminent praktische Bedeutung: Sie entschlüsselt die Handlungsprobleme, welche sich dem einzelnen in Gestalt unklarer Situationen stellen; was er nur dunkel ahnt, wird so methodisch ausgeleuchtet: Die Wissenbestandteile der Theorie dienen dabei gleichsam als Operatoren, mit denen man Strukturbeschreibungen einer problematischen Realität entwirft. Aber erst im Handeln selbst ergibt sich ein pädagogischer Sinn dieser heuristisch in ihrer Problematik aufgeklärten Wirklichkeit.

Die Theorie der Sozialpädagogik

6 Vom Aufbau der Theorie der Sozialpädagogik

Es gibt Probleme und Reaktionen auf diese. Es gibt Phänomene und ihre kategoriale Reflexion. So trivial diese Aussagen scheinen, so wenig sie auch mit der Theorie der Sozialpädagogik auf den ersten Blick zu tun haben, sie drücken doch die Komplexität des theoretischen Gegenstandes aus und lassen die sachlichen Implikationen und Schwierigkeiten der Theoriebildung hervortreten: Sie formulieren nichts anderes als eine Beschreibung des Aufbaus der Theorie.

Theorie der Sozialpädagogik handelt – *erstens* – von zwei Themenbereichen. Sie gewinnt als Theorie der Sozialpädagogik ihre (fiktionale) gegenständliche Identität erst dort, wo sie eine Theorie des sozialpädagogischen Problems und eine Theorie des sozialpädagogischen Handelns umklammert. Auch dies könnte als trivial gelten. Doch schon die Kritik an der Vorstellung, man könnte ein einheitliches sozialpädagogisches Problem identifizieren[1], läßt die Schwierigkeit hervortreten. Darüber hinaus muß man sich fragen, ob nicht erst ein bestimmtes Handeln das Problem zum sozialpädagogischen Problem werden läßt; produziert erst das sozialpädagogische Handeln das sozialpädagogische Problem? Und andrerseits: wenn man die gesellschaftliche Praxis beschreibt und analysiert, die ihren Sinn als Bearbeitung – und nicht einmal notwendig: als Lösung – des sozialpädagogischen Problems begreift, so verfällt man möglicherweise ebenfalls einer Täuschung. Vielleicht entsteht diese Praxis aus gänzlich anderen Gründen, verfügt auch über eine Eigendynamik, die nichts mit dem sozialpädagogischen Problem zu tun hat.

Für die Theoriebildung in der Sozialpädagogik hat dies zunächst die eigenartige Konsequenz, daß in ihr zwei Themenbereiche verhandelt werden, die Themen der Sozialpädagogik erst dann werden, wenn sie gleichsam unter das »Dach« der Theorie der Sozialpädagogik gebracht werden. Anders formuliert: jedem der beiden

Theoriebereiche eignet an und für sich nichts »Sozialpädagogisches«; erst im Zusammenhang der Theorie, als Bereiche des fiktionalen Gegenstandes werden sie Elemente der Sozialpädagogik. Was beispielsweise in der Theorie der Sozialpädagogik als das sozialpädagogische Problem erscheint, könnte in Verknüpfung mit der Theorie einer anderen Praxis zu dem Problem dieser Praxis werden. Im Kontext einer psychologischen Theorie ließe sich das hier als sozialpädagogisches Problem Bezeichnete ohne große Abstriche integrieren; ebensogut könnte der Themenbereich der sozialpädagogischen Praxis soziologisch oder politologisch thematisiert werden.

Aber diese Konsequenz beschränkt sich auf den forschenden Zugang; wenngleich sie als Monitum in Erinnerung bleiben muß, verschwindet sie in der eigentlichen systematischen Darstellung, die doch schon immer unter dem Fokus »Sozialpädagogik« erfolgt, der im Diskurs als dem Objekt der Analyse vorgegeben war: Unterscheidet man den Bereich der Problemerörterung und -analyse, sowie den der Praxisbestimmung und -untersuchung, so nimmt man ja eine begriffliche Ordnung des Diskurses vor und versucht, eine Regelmäßigkeit in dem zu entdecken, was als Einheit schon vorgegeben war. Gleichwohl bleiben beide Bereiche doch getrennt: Theorie versucht, eine »Logik« des Problems und eine »Logik« der Praxis aufzudecken, die je für sich gelten; erst der verantwortlich handelnde Erzieher verknüpft beide Teile: Die Kategorien der Problemdeutung ermöglichen ihm eine Einsicht in die Problemstruktur, legen aber nicht kausal eine Handlungsstrategie nahe. Zwar wäre es, so hat Heinrich Tuggener im Zusammenhang seiner Diskussion von Verwahrlosung für eine derartige Trennung beider Bereiche argumentiert, »in mancher Hinsicht zweckmäßig, die einzelnen Paradigmata der Deutung und Erklärung (des Problems – M. W.) gleich mit den sich daraus ergebenden Richtlinien des pädagogisch-therapeutischen Verhaltens und Handelns darstellerisch zu verbinden. Wenn darauf verzichtet wird, so vor allem, weil ein Vergleich verschiedener und zu verschiedenen Zeiten postulierter und praktizierter Strategien sich von inhaltlich stark voneinander abweichenden Paradigmata der Deutung her erklären lassen. Dies legt aus Gründen der systematischen Klarheit eine Trennung der Paradigmata der Deutung und Erklärung von den Grundstrategien pädagogisch-therapeutischer Intervention nahe. Es soll damit dem Eindruck entgegengewirkt werden, es bestehe zwischen der Interpretation von Verwahrlosung und dem entgegenwirkenden pädagogisch-therapeutischen Instrumentarium eine naturgesetzlich zwingende Wenn-dann-Relation«[2]. Der Erzieher muß demnach mit der Theorie wie mit einem Rechenschieber umgehen: Er hat zunächst das Problem, die Aufgabe zu identifizieren; sie läßt sich als der eine Wert begreifen, der eingestellt wird. Den auf Praxis zielenden Reflexionszusammenhang muß er nun in einem Punkte auf die gleiche, je notwendige Höhe mit dem ersten Wert bringen: Wie er dann sozialpädagogisch handeln kann, läßt sich aus der Gesamtposition des Rechenschiebers nun ablesen.

Zweitens: Wenn nun die beiden der Theorie der Sozialpädagogik zugehörenden Themenbereiche zu trennen sind, so muß doch nach der Bedingung der Möglichkeit gefragt werden, eine einheitliche Theorie zu konstruieren. Im Hinweis auf den Diskurs als dem einheitlichen (freilich in sich heterogenen) Objekt der Theoriebildung war zwar die Antwort auf diese Frage schon angedeutet, doch bedarf sie einer zusätzlichen Vorüberlegung. Sie gilt dem Verhältnis der Phänomene zu ihrer kategorialen Reflexion, betrifft also erneut den Aufbau der Theorie; doch sie thematisiert eine gedankliche Ebene, die gleichsam quer zu dem bisher angesprochenen Verhältnis des Problems zu der auf es reagierenden Praxis liegt: In den methodologischen Vorüberlegungen wurde gezeigt, daß die Begriffe der Theorie über einen doppelten Status verfügen. Daran muß nun zunächst erinnert werden, zugleich aber wird diese Doppelsinnigkeit nun in sachlich-gegenständlicher Hinsicht relevant: die Begriffe der Theorie bezeichnen nämlich einerseits Realität, bezeichnen aber andrerseits diese Realität im Kontext eines semantischen Systems. So kann das Problem der Sozialpädagogik zwar als ein reales Phänomen angenommen werden, doch wird es als sozialpädagogisches erst durch den reflexiven Rückbezug auf Kategorien und Begriffe identifiziert und spezifiziert. Diese geben ihm die ihm eigentümliche Gestalt; durch sie wird es wenn nicht konkreter, so doch präziser faßbar. Man kann also sagen, daß das Problem – implizit freilich auch schon die für es denkbaren Rahmenbedingungen seiner Lösung – durch die diskursiv gebundene Semantik denkbar, aber auch zugespitzt und in eine besondere Form gebracht wird.

Diese Überlegung gilt nicht minder für den Bereich, der der Praxis der Sozialpädagogik als Reaktion auf das Problem gilt: Auch hier verfügt die Theorie über eine doppelte Richtung; sie thematisiert die Bedingungen, Formen und Strukturen des Handelns, formuliert zugleich aber auch Reflexionsbegriffe im Sinne einer kategorialen Analytik der sozialpädagogischen Praxisbegriffe.

Sowohl in dem problem- wie auch in dem handlungsbezogenen Bereich sozialpädagogischer Theoriebildung müssen als Einheit Realität und semantische Kodierung dieser Realität reflektiert werden. Man könnte dies einfach formulieren: In der sozialpädagogischen Theorie reflektiert man einen Zusammenhang von Realität und Begrifflichkeit, der durch die Akteure im sozialpädagogischen Feld hergestellt wird; kurz: sie wird besondere Theorie über einen besonderen Zusammenhang von Wirklichkeit und Bewußtsein. Aber diese Vereinfachung enthält eine bedenkliche Verkürzung. Sie unterschlägt nämlich, daß im reflexiven Zugang sich erst die Realgestalten ergeben, die das sozialpädagogische Problem einerseits, das sozialpädagogische Tun andrerseits für uns annehmen. Man muß also im Bewußtsein behalten, daß das, was als Realität erscheint, doch schon durch die kategoriale Reflexion wenigstens vorgeordnet wurde[3].

Im Bezug auf die Ideen, welche die Entdeckung und Bestimmung der sozialpädagogischen Realität zulassen, findet sich aber auch der Fokus, über welchen sich beide Theorieteile vermitteln: Er liegt in der Wirklichkeit, die mit dem Begriff des Subjekts zugänglich und konstituiert wird. Das Subjekt ist nämlich die semantische Figur, mit der in der neuzeitlichen Gesellschaft die Realität des Menschen gefaßt und zugleich auch als ein Ideal verbürgt wird; in diesem Begriff werden wir unserer selbst inne. Er ermöglicht uns, daß wir uns sowohl in unserer Gefährdetheit erfahrbar werden, wie aber auch eine Bestimmung für das Handeln finden, welches der Überwindung von Zuständen dient, in denen die Existenz als Subjekt verhindert wird. Der Subjektbegriff bezeichnet also, mit anderen Worten, den Sinnkern sozialpädagogischen Denkens. Von ihm aus läßt sich das sozialpädagogische Problem als solches strukturieren; von ihm aus wird auch das sozialpädagogische Handeln begreifbar[4].

Im Subjektbegriff als Zentrum liegt aber auch der doppelte

Grund dafür, daß Sozialpädagogik der Pädagogik zugerechnet wird: Einmal stellt der Subjektbegriff die Reflexionsbedingungen zur Verfügung, über welche sich das neuzeitliche Verständnis von Pädagogik, der moderne Begriff der Pädagogik konstituiert; der Subjektbegriff gibt der prinzipiellen, nichthintergehbaren Aufgabe einer Sicherung der Kontinuität menschlichen Gattungslebens nicht nur eine spezifische Problemgestalt. Vielmehr führt er stets in die Aporien hinein, die das Proprium moderner Pädagogik bilden. Er verweist auf das, mit dem Pädagogik hadert – und sonst niemand. So ist der Begriff des Subjekts mit dem der Pädagogik auf eine eigentümliche Weise verbunden: Wer vom Subjekt spricht, muß von Erziehung sprechen; denn es ist die Erziehung, die das im Subjektbegriff als Wirklichkeit des modernen Menschen Gedachte in jener eigentümlichen Dialektik zu sichern hat, in welcher der Subjektstatus und die Subjektivität stets vorausgesetzt sind, zu dieser doch zugleich aufgefordert wird, wobei dieses Auffordern ständig in Gefahr gerät, das von ihr Vorausgesetzte zu negieren. Darin ist aber schon der zweite Grund angegeben: In der Rede vom Subjekt ist stets das Moment der Veränderung mitgedacht; wo Subjektstatus und Subjektivität gefährdet sind, wo daher ein Tun eintritt, welches sie sichern will, zielt man auf Veränderung: Man sucht Bedingungen herzustellen, die dem Subjekt seine Subjektivität ermöglichen. Eben darin aber entsteht diesem nicht nur die Chance zur Veränderung, vielmehr verändert es sich schon faktisch. Nichts anderes aber meint die Pädagogik.

Daß die Theorie der Sozialpädagogik um den Begriff des Subjekts angeordet ist, somit stets innerhalb des Kontextes steht, den man als das im Verhältnis von Erziehung und Bildung gefaßte, neuzeitliche Pädagogikverständnis[5] bezeichnen könnte, markiert seinerseits jedoch eine sachliche und eine methodische Schwierigkeit: Wenigstens im Blick auf den systematischen Kern der Theorie muß nämlich somit nach der Differenz von Sozialpädagogik und Allgemeiner Pädagogik in sachlicher Hinsicht gefragt werden. Wenn die Begriffe »Subjekt« und »Subjektivität«, damit aber auch der der Pädagogik selbst das Zentrum bilden, von dem aus Sozialpädagogik gedacht wird, dann löst sich die spezifische Identität von Sozialpädagogik auf. Haben also die Kritiker doch recht, die die Überflüssigkeit des Begriffs behaupten[6]?

In der Tat: Versucht man die Strukturen und Eigenschaften des sozialpädagogischen Problems wie auch des sozialpädagogischen Handelns zu beschreiben, so sieht man sich unvermeidlich auf die Begrifflichkeit der Pädagogik verwiesen. Die Zentralstellung des Subjektbegriffes erzwingt dies. Aber dieses Problem des Zusammenhangs von Sozialpädagogik und Allgemeiner Pädagogik stellt sich noch schärfer. Denn während beispielsweise die allgemeine Didaktik im Begriff des Unterrichts einen zwar erziehungswissenschaftlichen, dennoch für sie spezifischen, auf Eigenartiges verweisenden Terminus ausgebildet hat, können die Probleme, Ereignisse und Vorgänge im sozialpädagogischen Feld nur als Probleme, Ereignisse und Vorgänge der Erziehung schlechthin thematisiert werden[7]: Der Sozialpädagoge ist mithin Pädagoge – aber er ist Pädagoge unter spezifischen Bedingungen; der Sozialpädagoge erzieht – aber er leistet spezifische Erziehung. Gleich der Heilpädagogik[8] stellt sich die Sozialpädagogik in ihrer konkreten, unmittelbaren Praxis als der radikale Ernstfall von Pädagogik, vielleicht sogar als der Normalfall von Erziehung, den nur ein höherer Bewußtheitsgrad von allen alltäglich geschehenden Erziehungsvor-

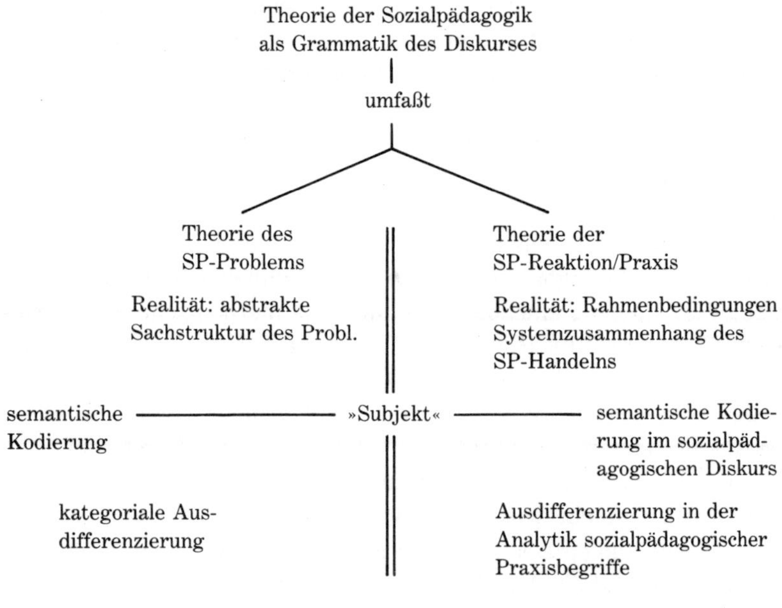

Abb. 1: Der formale Aufbau der Theorie

gängen unterscheidet. Nie aber ist Sozialpädagogik eine andere Pädagogik; was sie auszeichnet: die Ambivalenzen und Widersprüche, die Ansprüche und Belastungen, mit denen der Sozialpädagoge in seinem konkreten Tun hadert, die Ängste vor den (nicht nur emotionalen) Verstrickungen mit Kindern, Jugendlichen und Erwachsenen, die Bemühungen um Nähe und Distanz zu ihnen, die Anerkennung von Erreichtem und die Mühe um Fortschritt, die Sorge, Entwicklungen zu hindern statt zu unterstützen, der Versuch, ein Leben in einer Gesellschaft zu ermöglichen, die man selbst für fragwürdig hält, all dies (und vieles andere) ist Pädagogik – nicht mehr, aber auch nicht weniger.

An das fundamental Pädagogische der Sozialpädagogik als einer Voraussetzung und einer Vorbedingung der systematischen Reflexion über Sozialpädagogik zu erinnern, setzt sich freilich Einwänden aus. Es erscheint schon deshalb problematisch, weil es nur mehr apodiktisch formuliert, nicht mehr selbst begründet werden kann. Man kann dies anders, nämlich positiv ausdrücken: Diese Erinnerung versucht, eine praktische Elementarerfahrung ins Bewußtsein zu rufen, die nicht hintergehbar, zugleich aber doch häufig vergessen ist. Insofern stellt sie die primäre, für das ganze Gebiet, welches von der Theorie der Sozialpädagogik bearbeitet wird, gültige Erkenntnis und Einsicht dar. Es handelt sich um die Einsicht, daß es im Blick auf das konkrete Handeln, auch auf die konkreten Probleme keine Sozialpädagogik, sondern nur Pädagogik gibt; erst dort, wo die Bedingungszusammenhänge der Probleme und des Handelns reflektiert werden, ergibt sich ein Begriff der Sozialpädagogik.

In methodischer Hinsicht bedeutet dies, daß Sozialpädagogik als eine besondere Explikation des Erziehungsbegriffes beschrieben werden muß. Daher sieht sich die Theorie der Sozialpädagogik auf einen gemeinsamen Anfang mit der Allgemeinen Pädagogik verwiesen. Die Rekonstruktion ihrer Kategorien nimmt also auch ihren Ausgang von der Problematik des Humanen, in welcher die Erziehung gründet. Andererseits kann jedoch die Sozialpädagogik nicht im Gang der Reflexion zur Allgemeinen Pädagogik aufgedeckt werden; wäre dies möglich, so gäbe es in der Tat kein Recht mehr, von ihrer Besonderheit zu sprechen. Das Theorieproblem stellt sich also komplizierter dar.

Theoretisch läßt sich die Genese von Sozialpädagogik nur als ein kontingentes Ereignis aufzeigen, das mit der Logik von Erziehung nichts zu tun hat, welche eine allgemeine Pädagogik systematisch zu entfalten sucht; systematisch betrachtet ist Sozialpädagogik also, wie gezeigt, Pädagogik, oder eben nicht Pädagogik. Eben dieses Paradox weist jedoch zurück auf die systematische Reflexion von Pädagogik: Es läßt sich auflösen, wenn innerhalb dieser die Bedingung der Möglichkeit einer Genese des sozialpädagogischen Problems und des sozialpädagogischen Handelns, aber nicht dieses selbst aufgezeigt werden kann. Demnach läßt sich Sozialpädagogik doch systematisch erfassen; sie muß sogar in dieser Weise analytisch rekonstruiert werden, wenngleich diese Rekonstruktion keinen theoretischen Grund, sondern nur Möglichkeitsbedingungen aufzeigt – wobei gleichwohl der pädagogisch normative Sinn zugänglich wird, der für Sozialpädagogik dann entdeckt werden kann, wenn ihre Problemlage im Kontext des Erziehungsdenkens schlechthin erfaßt wird.

Die Differenz zwischen der Allgemeinen Pädagogik und der Sozialpädagogik gründet dann also praktisch (d. h. als bestimmte Praxis des Erziehens) in der Realisierung des pädagogischen Problems unter bestimmten historischen Zusammenhängen, welche die Erscheinungsform des Problens und des auf es reagierenden Handelns prägen. Daher kann auch eintreten, daß die Sozialpädagogik real zur historischen Gestalt von Pädagogik überhaupt wird, somit sachlich identisch wird mit dem, was eine Allgemeine Pädagogik zu verhandeln sucht. Mehr noch: im Wort vom pädagogischen Ernstfall deutet sich an, daß in der Sozialpädagogik sogar Momente real und konkret werden, die in der Allgemeinen Pädagogik nur begrifflich erfaßt werden. Insofern könnte man allerdings auch sagen, daß die Sozialpädagogik eine Probe auf die Pädagogik schlechthin darstellt.

1. Teil

Das sozialpädagogische Problem

7 Vom verwaisten Tier: Über die allgemeine Struktur des sozialpädagogischen Problems

Alles menschliche Leben vollzieht sich wesentlich praktisch, denn die Menschen »fangen, wie jedes Tier, damit an, zu essen, zu trinken, also nicht in einem Verhältnis zu stehen, sondern sich aktiv zu verhalten, sich gewisser Dinge der Außenwelt zu bemächtigen durch die Tat und so ihr Bedürfnis zu befriedigen. (Sie fangen also an mit der Produktion)«[1]: Zwar teilt die menschliche Gattung mit allen anderen Lebewesen die Grundmechanismen des Biologischen und lebt daher in einem ihr als Bedingung vorgegebenen Naturzusammenhang, doch ist sie durch diesen in ihrer Existenz nicht determiniert[2]. Menschen sind abhängig vom Gesamtzusammenhang der Natur und doch als »nicht festgestellte Tiere«[3] aus ihm entlassen, daher auch weltoffen[4]. Biologisch verwaist[5] stehen sie ihren eigenen Naturbedingungen gegenüber, die sie doch wieder aneignen müssen: Um die Kontinuität ihres Gattungslebens zu sichern, sind sie auf sich selbst verwiesen; sie müssen den verlorenen Zusammenhang mit der Natur wieder herstellen, sich ökologisch verhalten. Die eigenen Naturbedingungen sind der menschlichen Gattung nicht gegeben, sondern aufgegeben.

Diese conditio humana ruht in einer Möglichkeit, welche auf einen zufällig ausgelösten und schließlich stabilisierten[6], evolutionären Sprung zurückgeht. In ihm bildet sich eine Neuorganisation der Materie, welche sich in den neurophysiologischen Strukturen von Anthropoiden ausdrückt[7], die eine andere, einmalige Stufe des Austausches zwischen lebendigen Systemen und Umwelt hervorrufen. Diese Stufe ist menschlich spezifisch, tritt aber zugleich als solche unspezifisch in einer Unzahl von Variationen auf; biologisch betrachtet stellt sich das generelle Merkmal der Hominisation im Phänotyp des Individuums dar[8].

Der evolutionär verursachte Ausbruch der Hominiden aus dem Determinationszusammenhang der Natur konstituiert die Strukturbedingungen des Humanen; sie lassen sich, weil in vielfältiger Weise miteinander vermittelt, nur als unterschiedliche Aspekte ordnen: Was die Begriffe (1) Opposition, (2) Praxis, (3) Institutionalität, (4) Symbolhaftigkeit und (5) Reflexivität im einzelnen hervorheben, muß doch als Totalität des menschlichen Lebensvollzuges eigentlich immer zusammengedacht werden.

Erstens: Nicht zuletzt an ihrem aufrechten Gang zeigt sich, daß die Mitglieder der menschlichen Gattung ihren Lebensbedingungen, aber auch einander gegenübergestellt sind. Sie finden sich in Opposition zu einer Umwelt, die ihnen – wie vielfältig sie auch sein mag – unter der Form des Objektes erscheint und widerfährt. Sie müssen sich mit dieser auseinandersetzen, weil sie zu einer selbstbedingten Existenzsicherung gezwungen sind. Nur indem sie die Natur in Anspruch nehmen, können sie sich erhalten. Aufgrund ihres Verlustes instinkthafter Determination haben sie aber auch die Fähigkeit dazu; sie können selbstbestimmt gegenüber der objektiven Wirklichkeit tätig werden. Dabei aber ist die »Subjektivität des Lebendigen (...) auf eine objektive Natur bezogen, und diese selbst erscheint nur als ein Moment in diesem Bezug: sie ist schon immer das Objekt eines Subjekts, eben weil die ›natürliche Subjektivität‹ dieser Beziehung zugrunde liegt«[9]. Die so gemeinte Bedingung der menschlichen Existenz kann also auch mit dem Ausdruck »Differenz« bestimmt werden; die Menschen finden sich in einer Differenz zur Natur, die aufzuheben ihnen »notwendig« auferlegt, aber auch möglich ist. So ist aber auch die Richtung gegeben, in der die Differenz der Menschen zur Natur aufgehoben wird: Sie bemächtigen sich ihrer, verfügen über sie, werden so eins mit ihr.

Zweitens: Die Aufhebung der Differenz geschieht im menschlichen Handeln; damit wird Praxis, nicht bloß Verhalten, zu einem charakteristischen Merkmal der Gattungsmitglieder. Zeichnet sie zunächst bloße Aktivität aus, so gewinnt diese im Vollzug des Tuns einen Inhalt. Dieser ist doppelt bestimmt, nämlich einmal subjektiv dadurch, daß das Handeln absichtsvoll und zielorientiert geschieht, objektiv aber dadurch, daß in ihm eine Aneignung der Natur und der Formen menschlicher Interaktion wie Kommunikation vollzogen wird. Bleibt für diese Form des Handelns der Begriff der Praxis gültig, so wird jene, dem traditionellen Verständnis nach poietische Tätigkeit, seit der im neuzeitlichen Denken vollzogenen, mit den Namen der Nationalökonomen und des philosophischen Werkes von Hegel verbundenen »kopernikanischen Wende«[10] als Arbeit zur Fundamentalkategorie des Nachdenkens über menschliche Tätigkeit. Die Gattung kann so nicht jenseits der Arbeit bedacht werden, mit der sie in den Stoffwechselprozeß eintritt, in welchem sie ihre eigenen Lebensbedingungen sichert.

Drittens: »Eben in der Bearbeitung der gegenständlichen Welt bewährt sich der Mensch daher erst wirklich als ein Gattungswesen. Diese Produktion ist sein werktätiges Gattungsleben. Durch sie erscheint die Natur als sein Werk und seine Wirklichkeit. Der Gegenstand der Arbeit ist daher die Vergegenständlichung des Gattungslebens des Menschen: indem er sich nicht nur wie im Bewußtsein intellektuell, sondern werktätig, wirklich verdoppelt und sich selbst daher in einer von ihm geschaffenen Welt anschaut«[11]. In der Produktion entäußert sich menschliche Tätigkeit an die gegenständliche Welt und verändert diese zu einer menschlichen Gegenständlichkeit; sie wird als menschliches Produkt eine bestimmte Wirklichkeit, die als Voraussetzung des Gattungslebens Bestand erhält. Auch dies gilt wiederum in einem mehrfachen Sinne: Einmal bildet die umgewandelte, die gezähmte, vermenschlichte Natur eine Lebensvoraussetzung. In ihr kann die Gattung geschützt existieren; auf ihr kann sie künftige Produktion verläßlich aufbauen. Das aber heißt auch, daß die Vergegenständlichung menschlicher Tätigkeit als Werkzeug, als – im weitesten Sinne – »Technik« dient; als ein wiederholt brauchbares, in seinen Eigenschaften und Anwendungsweisen menschlich kodifiziertes Mittel entlasten Werkzeuge das menschliche Dasein, erweitern zugleich auch die humanen Möglichkeiten[12]. Allerdings läßt sich die Entstehung des Werkzeuges nicht von sozialer Organisation trennen; Werkzeug und Arbeitsteilung bedingen einander wechselseitig. So wie das Werkzeug eine bestimmte Anwendungsweise einschließt, zieht es auch eine Formung des sozialen Lebens nach sich. Eine bestimmte Praxis, Institutionen im weitesten Sinne des Begriffes etablieren sich. Auch sie haben für das soziale Leben eine instrumentelle Bedeutung, stellen Mittel zur Gestaltung des Verkehrs der Individuen dar, dienen aber auch der Entlastung[13] und ermöglichen schließlich nicht minder eine Ausdehnung der menschlichen Aktivität.

Sowohl die Poiesis wie auch die Praxis vergegenständlichen sich; sie werden zu einem objektiven Ausdruck menschlicher Tätigkeit, zu einer Vergegenständlichung vergangener Wesenskräfte, die nun das aktuelle Tun bestimmen. Zur bloßen Tätigkeit tritt hinzu, daß sie kulturell geformt und gebildet wird. Weil die Kultur sich als Resultat der kollektiven Naturaneignung ergibt, kann sie scheinbar unabhängig von den Individuen bestehen, ja beginnt sogar, sich gegenüber diesen mit imperativer Macht durchzusetzen[14]. Sie müssen sich den Formen menschlicher Tätigkeit unterordnen, die sie doch selbst geschaffen haben.

Viertens: »Die Natur hat gewollt: daß der Mensch alles, was über die mechanische Anordnung seines tierischen Daseins geht, gänzlich aus sich selbst herausbringe, und keiner anderen Glückseligkeit, oder Vollkommenheit, teilhaftig werde, als die er sich selbst, frei von Instinkt, durch eigene Vernunft, verschafft hat«[15]. Werkzeuge, Institutionen, die faits sociaux[16] stellen die materielle Seite des »menschlichen Wesens«, die objektivierte Praxis der Menschen dar. Aber man darf dieses schon deshalb nicht auf diese Seite beschränken, weil sie das Ergebnis des absichtsvollen und bewußten Handelns ist. Das gesellschaftliche Wesen liegt also nicht minder als ein »objektiver« Bewußtseinsinhalt auf der Seite des Denkens, der Ideen[17]. Denn in der sozialen Organisation der Produktion entstehen auch die Symbole und Zeichen, welche im sozialen Zusammenhang und den mit ihm verknüpften semiotischen Prozessen den Instinktverlust ausgleichend für die Menschen eine Bedeutung ihrer Umwelt festhalten. Dies entspricht selbst noch einer Überlebensnotwendigkeit, zeigt sich doch die Welt den Tieren schon wohldefiniert, während sie den Menschen neutral erscheint; sie können und müssen ihr Funktionen begrifflich zuweisen[18].

So entsteht ein System von »eingefahrenen Bedeutungen«[19], die das menschliche Tun regeln, damit auch kontrollieren, zugleich aber auch an Zeichen gebunden sind, durch welche sie unabhängig von besonderen Handlungszusammenhängen werden. Abstrakt formuliert: als Resultante des kollektiven sozialen Tuns, doch nicht bestimmt von individueller Aktivität bilden sich symbolisch gebundene, gegenüber den einzelnen objektive soziale Sinnstrukturen, die ihrerseits einzelnes Handeln in seiner Intentionalität und seiner symbolischen Qualität ermöglichen (aber nicht im Sinne eines Stimulus bestimmen)[20].

Als Sprache hat man diesem Netz von Zeichen und Symbolen, die dem Bewußtsein Welt konstituieren und verbürgen, die herausragendste aller anthropologischen Eigenschaften zugesprochen. In der Tat: nicht nur, daß Sprache abgelöst von besonderen Situationen besteht, damit die Tradition von Werkzeugeigenschaften, aber auch von Einsichten, Denkinhalten überhaupt ermöglicht[21]; vielmehr zeigt sich an ihr, was als Grundzug das »gesellschaftliche Wesen« der Menschen beherrscht: Wenn auch abhängig von deren Aktivität, besteht es doch unabhängig von den einzelnen und kann sich als ein Ganzes in einer Weise entwickeln, die keiner ursprünglichen Absicht entspricht[22]. So ist die Sprache nicht nur ein Charakteristikum des menschlichen Lebens, sondern auch Ausdruck der Objektivität des menschlichen Gattungswesens, die freilich auf Sprache nicht beschränkt werden darf: Das menschliche Gattungswesen läßt sich nur als die objektivierte und zugleich doch praktisch realisierte »gesamte Lebensweise«[23], nur als eine Totalität des menschlichen Kulturprozesses begreifen[24], der gegenüber die Individuen als biophysische Einheiten sich in einer eigentümlichen Randposition befinden: Sie müssen die Resultate früheren Tuns zum Inhalt ihrer eigenen Tätigkeit erheben, werden durch diese bis in die Grundstrukturen ihrer psychischen Existenz bestimmt, sind gleichwohl zu ihrer Individualisierung in der Lage.

Fünftens: Obwohl Sprachfähigkeit und Sprache – nicht jedoch das Sprechen – zu den Grundmerkmalen der menschlichen Gattung zählen, da sie die Humanisierung der Hominiden erst konkret ermöglichen, scheint doch vorab schon ein spezifisches Moment in der neurophysiologischen Struktur der Hominiden zu ruhen, das als eine Voraussetzung sozialen Handelns gelten muß: Anders als selbst die hochentwickeltsten, evolutionsgeschichtlich am engsten verwandten Anthropoiden, können sich allein Menschen im Spiegel selbst identifizieren. »Das für die mitmenschliche Beziehung Entscheidende ist, daß ich in dem anderen mich, wenn auch nicht im strengen Sinne gespiegelt sehe«[25]. Soziale Beziehungen konstituieren sich so über die »Reziprozität der Blickpunkte der Perspektiven (. . .). Dank ihrer leben wir nicht nur in einem Mit-, Gegen- und Füreinander. Vielmehr hat unsere Kommunikation mit dem Anderen die Möglichkeit, sich über die Unmittelbarkeit vitaler Verständigung, in der die Tiere einander locken, warnen, bedrohen und behaupten, zu erheben und wiederum mit ihr, auf ihr zu spielen«[26].

Sich im Spiegel zu sehen, kann als Fähigkeit zur Selbstwahrnehmung und als Möglichkeit zur Selbstreflexivität gedeutet werden. Man kann über sich nachdenken, weil man sich im anderen erkennt; aber man kann auch über den anderen nachdenken, weil man ihn nicht nur in sich selbst erkennt, sondern vielmehr davon ausgehen kann, daß er sich in seinem Gegenüber spiegelt. Tritt man so schon deshalb in eine Beziehung zu ihm, wenn man sich gegenüber ihm identifiziert und feststellt, so gilt dies noch mehr, wenn man in die eigene Selbstreflexion die Selbstreflexion des anderen aufnimmt. Das schafft nicht notwendig Sicherheit, erweist sich doch die in das Unendliche gehende Reflexion der Selbstreflexion des anderen als belastend[27]. So kommt Reflexivität in einem weiteren Sinne, nämlich als das bewußte Bedenken des eigenen Tuns mit Hilfe der in der Gesellschaft institutionalisierten und symbolisierten Inhalte ins Spiel[28]: Sie helfen, die Komplexität zu bewältigen, die aus der Möglichkeit zur Selbstreflexivität entsteht; und andrerseits erweist sich so sogar die Selbstreflexivität – nicht bloß, weil sie über Sprache vermittelt ist – als an ein Konzept des Überindividuellen gebunden[29].

Mit der Kategorie der Reflexivität kehrt die Überlegung zum Ausgangspunkt zurück. Sie besagt nämlich, daß das konstitutive Moment der Gegenüberstellung zum Gegenstand menschlichen Denkens wird; es wird Inhalt bewußter Auseinandersetzung, Inhalt auch eines denkend antizipierten Tuns, das doch nicht jenseits dessen liegt, was gesellschaftlich schon erarbeitet wurde.

Indes: auch wenn die hier als Aspekte genannten Momente aufeinander verweisen und so den Eindruck einer hinreichend geschlossenen Vorstellung von Anthropologie vermitteln, bleibt diese doch unzureichend. In ihr wurde nämlich von der aus ihr selbst freilich begreifbaren Geschichtlichkeit des menschlichen Gattungswesens abgesehen. Kurz: der Zeitfaktor blieb außer Betracht. Doch wenn die Gattung Techniken und Institutionen zur Gestaltung der Natur entwickelt und sich selbst so eine eigene

Gestalt gibt, initiiert sie einen komplexen Prozeß. Natur in ein Lebensmittel umzuwandeln bedeutet nämlich einmal, daß sie zur unmittelbaren Gattungsreproduktion konsumiert wird; zum anderen bildet sie als Werkzeug ein Medium künftigen Tuns. Dieses inkorporiert also vergangene Aktivität, die gleichwohl verfügbar ist, ohne daß die zu seiner Entstehung erforderliche Leistung wiederholt werden muß. So aber tritt die Reproduktion der Gattung in eine Dialektik von Erweiterung ihrer Aneignungsmöglichkeiten der Natur und Veränderung des Gattungswesens ein; sie braucht nicht stets von vorne zu beginnen, sondern hebt in ihrer Aktivität mit den schon vorhandenen Instrumenten in einem schon erreichten Zustand der Naturumwandlung an. Aber diese Geschichtlichkeit des menschlichen Gattungswesens birgt nicht nur die positive Möglichkeit der ständigen Erweiterung des menschlichen Handlungsspielraumes. Negativ bedeutet sie, daß das menschliche Tun, die aktuelle Gestalt der Praxis nicht mehr beliebig ist: Man muß die Plätze der Fallgruben kennen und die Techniken des Fallgrubenbaus beherrschen, andernfalls der Tod in den von anderen und früheren angelegten Gruben droht.

In der Reflexion auf die Zeitlichkeit der menschlichen Existenz tritt aber die allgemeine Gestalt des pädagogischen Problems, somit die Aufgabe hervor, welche durch die soziale Arbeit der Erziehung gelöst wird: Wenn nämlich die menschliche Gattung ihr Gattungswesen in ihrer Kultur, somit außerhalb dessen findet, was ihre natürliche Konstitution auszeichnet, dann kann sie durch die physisch-biologische Reproduktion allein die Kontinuität ihres Gattungslebens nicht sichern. Denn nur rudimentär (und oft nicht zuverlässig) werden Instinkte und Reflexe vererbt, die zudem in der individuellen, schon immer in sozialen Beziehungen erfolgenden Ontogenese wenigstens überlagert werden. Wie kann also über den ebenso unvermeidlichen Tod der einzelnen Gattungsmitglieder das Gattungswesen erhalten werden? Diesem Todesproblem entspricht das Geburtsproblem. Das menschliche Individuum wird nämlich in eine durch kultivierenden Eingriff menschlich bedeutsame, geschichtliche Kunstwelt hineingeboren; sie ist ihm aufgegeben. Es wird daher durch eine soziale Tätigkeit in diese Welt eingeführt, in der es ihre spezifisch menschlichen Bedeutungen erfährt, zugleich auch die Fähigkeit gewinnt, die Kulturgegenstände für sich, somit auch für sein soziales Leben zu gebrauchen[30].

Wählt man den Fokus des Generationenverhältnisses, welches ein biologisch unvermeidliches Mittel zur Zeitstrukturierung zur Verfügung stellt[31], so läßt sich das Geburts- und Todesproblem näher analysieren[32]: Jede ältere Generation produziert im Austausch mit der Natur ihre historische Form des Gattungswesens, die ihrerseits Lebensvoraussetzung und Lebensmittel für die jüngere Generation wird. Jene führt diese in die von ihr geschaffene Welt ein, sichert also die Kontinuität des Gattungslebens, indem sie die Objektivation der eigenen (und der früheren) Tätigkeit als ein »gesellschaftlich-geschichtliches Erbe«[33] an die jüngere Generation vermittelt. Doch im gleichen Maße wie die ältere Generation in Opposition zu ihrer Umwelt stand und sich diese erst zur Verfügung stellen mußte, sieht sich die jüngere Generation mit dem Gegenstand der Vermittlung konfrontiert. Sie muß sich ihn also aneignen.

Geburts- und Todesproblem werden demnach durch eine soziale Handlung im Generationenverhältnis gelöst, welche aus den zwei Tätigkeitsformen des Aneignens und Vermittelns zusammengesetzt ist: Das ist die Erziehung. Erziehung, ob zufällig oder absichtsvoll, vollzieht sich als eine Verknüpfung der das gesellschaftliche Erbe vermittelnden und aneignenden Tätigkeit. Dabei tritt die ältere Generation als Subjekt der Vermittlung, die jüngere Generation als Subjekt der Aneignung auf; dem die Erziehungstätigkeit gleichsam erst auslösenden gesellschaftlich-geschichtlichen Erbe kommt dabei, im Blick auf das Generationenverhältnis, die Rolle eines dritten Faktors zu.

Wählt man nun allein eine strukturtheoretische Perspektive, so verfügen beide Generationen über eine gleiche Position gegenüber diesem dritten Faktor; für das Gelingen der sozialen Handlung Erziehung müssen beide als Subjekte, wenn auch in unterschiedlichen Tätigkeitsformen wirken. In prozeßtheoretischer Betrachtung wird allerdings eine Modifikation erforderlich: Hier zeigt sich nämlich das Verhältnis gegenüber dem dritten Faktor als asymmetrisch. Denn die je ältere Generation hat sich das gesellschaftlich-geschichtliche Erbe schon »produktiv« angeeignet. Zwar verfügt sie über dieses und steht ihm in bewußter Distanz gegenüber, wenn sie es als in Objektivationen verkörpertes Gattungswesen weitergibt, doch ist es ihr in dem Sinne bedeutsam und – traditionell gesprochen – wertvoll, da sie ihm nahe steht, in ihm lebt. Sie präsentiert mit anderen Worten ihre eigenen Lebensformen[34], um sie zu vermitteln. Tritt dagegen die jüngere Generation ins Leben, so ist sie von diesem »Wertvollen« zunächst weit entfernt. Erziehung als Sicherung der Kontinuität des menschlichen Gattungswesens hebt diese Asymmetrie auf; beide Generationen gewinnen so eine gleichrangige Position gegenüber dem dritten Faktor. Sieht man von der Altersdifferenz ab, so können sie nun miteinander in den Stoffwechselprozeß eintreten. Tatsächlich aber bleibt doch eine eigentümliche Differenz erhalten: Die Nähe der älteren Generation zum dritten Faktor zieht nämlich auch eine negative Folge nach sich. Sie impliziert nämlich, daß die ältere Generation gerade durch eine gelingende Erziehung kulturell veraltet. Die jüngere Generation kann nämlich auf dem Vermittelten und von ihr Angeeigneten aufbauen und Neues schaffen. Damit zeichnet sich eine andere prozessual relevante Asymmetrie ab: die ältere Generation sieht sich zunehmend auf das von ihr Vermittelte selbst festgelegt, während die jüngere Generation dieses gerade für eine offene Zukunft nutzen kann.

Tatsächlich bricht hier eine noch tiefergehende Problematik auf. Die bisher angestellten Überlegungen setzen nämlich die Konstanz des dritten Faktors voraus. Aber diese Annahme widerspricht aus zwei Gründen den Bestimmungen des Aneignungsbegriffes selbst: Einmal schließt jede Aneignung eine Veränderung des Angeeigneten ein – und sei es nur in der Neubewertung seines Stellenwertes für die menschliche Tätigkeit. So sehr die vermittelnde Tätigkeit auch immer die Identität des gesellschaftlich-geschichtlichen Erbes im Generationenwechsel sichern will, sie kann doch nicht verhindern, daß die jüngere Generation Modifikationen vornimmt. – Es sei denn, sie wählt anstelle der sozialen Handlung Erziehung die Technik der Dressur[35].

Zum anderen gründet der Wandel des gesellschaftlichen Erbes in seiner Doppelfunktion als Voraussetzung und Mittel des Lebens. So beginnt nicht nur jede Generation auf einem neuen Niveau des menschlichen Lebensprozesses, sondern kann ihm auch mit den ebenfalls tradierten Mitteln eine neue Gestalt geben. So schließt die Sicherung der Kontinuität des menschlichen Gattungswesens paradoxerweise den steten Wandel der Momente ein, welche die Kontinuität eigentlich erst bedingen. Erziehung verfolgt demnach die Aufgabe, die Identität der Gattung über den von ihr selbst noch bedingten, ihr menschliches Wesen auszeichnenden Wechsel ihrer Existenz zu bewahren. Daher stehen nicht nur Erziehung und Geschichte in einem untrennbaren Zusammenhang, sondern Erziehung selbst muß als ein Ereignis begriffen werden, das »Geschichte macht«.

Nun mag diese Sicherung der Kontinuität im Wandel fraglos gelingen, so lange zwischen der Entwicklung des gesellschaftlich-geschichtlichen Erbes und der Generationenfolge ein Gleichtakt besteht[36]. Dann pulsiert die Dynamik des menschlichen Wesens in jenem Zeittakt, den die Generationenfolge vorgibt. Die Geschichte der Menschen läßt sich somit in Schritten durchmessen, deren Länge sich in der Generationendifferenz erschließt. Will man diesen Zusammenhang nicht sofort im Sinne eines aufklärerischen, selbst noch auf Erziehung vertrauenden Fortschrittsoptimismus fassen, so kann man so wenigstens die Funktion einer bewußt gestalteten, d. h. theoretisch reflektierten Erziehung identifizieren. Erziehung wird nämlich somit in ihrer Bedeutung für den gesellschaftlichen Reproduktionsprozeß erfaßt und nachgewiesen. Es kann daher nicht überraschen, daß für das Aufklärungsdenken, wie auch für die klassischen Versuche zur Begründung der Erziehungstheorie in einem auf Gesellschaft gerichteten Reflexionszusammenhang dieser Gleichtakt von Generationenfolge und Entwicklung des gesellschaftlichen Erbes außer Zweifel stand: er bildete die Prämisse, unter der die Legitimation der auf Erziehung gerichteten Reflexion überhaupt nur möglich wurde. Anders ließen sich weder das pädagogische Problem in seinem historischen Sinn, noch Erziehung und ihre Theorie in ihrer Funktionalität verstehen, wenngleich allerdings die Notwendigkeit methodisch geplanten und durchgeführten Unterrichtens und Erziehens, die eigentlich erst zur theoretischen Reflexion den Anstoß gab, die gerade erst entdeckte Fassung des pädagogischen Problems schon in Frage stellte. Denn in dieser Notwendigkeit zeigte sich ein über das Generationenverhältnis begründete Erziehungsverständnis aus Gründen überholt, die in der Struktur der gesellschaftlichen Praxis lagen. Daß ein besonderer »pädagogischer Beruf« entsteht (für den dann auch eine Theorie ersprießlich wird), spiegelt nämlich schon ein fortgeschrittenes Stadium der »division du travail social«[37] wider, in der Vermittlung und Aneignung des gesellschaftlichen Erbes schon nicht mehr ohne Schwierigkeiten gelingen, da dieses selbst sich nicht nur inhaltlich ausdifferenziert, sondern auch quantitativ unbewältigbar wird. Es läßt sich weder überschauen, noch durchschauen, entfernt sich auch zunehmend von Individuen, denn je höher der Grad von Arbeitsteilung in einer Gesellschaft ist, um so weniger können die einzelnen andere in ihrer produktiven Tätigkeit – also modern: in der Ausübung ihrer Berufsrolle – wahrnehmen. Aber diese Steigerung der Komplexität im Aufbau einer Gesellschaft berührt noch stärker das Erlernen von Komplementärrollen, also die Möglichkeit einer gesellschaftlichen Integration[38]. Um zu vermeiden, daß Gesellschaft nur über die Sanktion derjenigen besteht, die aus einer abstrakten, empirisch gar nicht mehr erfaßbaren Ordnung ausbrechen, um gleichzeitig die zentralen Inhalte des gesellschaftlichen Wissens, schließlich auch die erforderlichen Fähigkeiten und Fertigkeiten »concentriert«[39] weiterzugeben, werden Auswahl und didaktische Codifizierung des gesellschaftlichen Erbes, die systematische Unterweisung der jungen Generation, schließlich auch die Auslagerung von Erziehungs- und Bildungsräumen erforderlich; diesem Vorgang korrespondiert dann der in der Tat gesellschaftliche, nämlich durch die Struktur des gesellschaftlichen Wesens bedingte Prozeß einer Definition von Kindheit und Jugend[40].

Für das Nachdenken über Erziehung und – insbesondere – Unterricht lag hierin freilich eher ein Problem der – wenn man so will – technologischen Optimierung[41]; einen Anlaß zu einer Änderung der pädagogischen Problembestimmung sah man nicht. Erst die unmittelbare Anschauung menschlichen Elends machte nicht nur den idealischen Charakter der Problembestimmung, sondern auch die Notwendigkeit einsichtig, eine zweite, gleichsam abgeleitete Problembestimmung zu entwickeln: Zwar sollte (und konnte) sie die ursprüngliche Auffassung nicht aufheben – das wäre absurd gewesen, geht doch diese auf ein biologisches Grunddatum zurück; aber in ihr mußte eine Struktur des »dritten Faktors« faßbar werden, durch welche Erziehung im zunächst (und generell) verbindlichen Sinne unmöglich geworden war. Den Weg dazu hat ohne Zweifel J. H. Pestalozzi eröffnet, indem er das Zerbrechen der Einheit im gesellschaftlich-geschichtlichen Gattungswesen zum Thema pädagogischer Reflexion erhob.

Welche Faktoren müssen nun für diese Modifikation des pädagogischen Problems in Rechnung gestellt werden? Worin kann, mit anderen Worten, die Entflechtung des natürlichen Zeittaktes der Generationenfolge und der Zeitdimension des nichtgenetischen Erbes gründen? Eine Ursache kann sicherlich auf der Seite der biologischen Gattungsreproduktion, somit in der durch die Art der generativen Erneuerung gründenden demographischen Entwicklung gesucht werden; eine Generation selbst kann nämlich die Etablierung eines Generationenverhältnisses selbst verhindern. Da aber die Produktion des physischen Menschen, der Kinderwunsch und seine Verwirklichung selbst von sozialen und ökonomischen Bedingungen abhängen[42], muß schon hier von einem Sekundäreffekt der Entwicklung gesprochen werden, die in einer Gesellschaft eingetreten ist.

Systematisch gesprochen hat man hier freilich mit der Negation des pädagogischen Problems und nicht mit einer abgeleiteten Struktur zu tun[43]. Diese wird zugänglich, wenn man vor dem Hintergrund des allgemeinen Problems der Pädagogik analysiert, welche Konstellation für das Verständnis von Erziehung vorausgesetzt werden muß, wenn im dritten Faktor selbst Bedingungen gegeben sind, die seine Vermittlung und Aneignung verhindern, obwohl sie doch – aus den genannten anthropologischen Gründen – unvermeidbar sind. Diese spezifische, durch die besondere Qualität eines Widerspruchs im gesellschaftlichen Erbe erforderliche, modifizierte Ableitung des pädagogischen Problems bildet die Struktur des sozialpädagogischen Problems[44]. Dabei muß jedoch in methodischer Hinsicht der Vorbehalt geltend gemacht werden, daß das Realwerden und die Realität dieser Problemstruktur von systematisch nicht erfaßbaren, kontingenten, historisch-praktisch eintretenden Bedingungen abhängen. Und darüber hinaus gilt, daß die Struktur selbst nicht unmittelbar, sondern nur an ihren Grenzlinien erfaßt werden kann. Darin spiegelt sich wider, daß man nicht mehr mit anthropologisch fundierten Sachverhalten, sondern mit Gegebenheiten zu tun hat, die durch die geschichtliche Praxis der menschlichen Gattung bestimmt werden.

Abstrakt läßt sich als allgemeines Kennzeichen der sozialpädagogischen Problemstruktur identifizieren, daß sie durch eine – temporal gesprochen – Gleichzeitigkeit der Ungleichzeitigkeit, somit durch einen – strukturell formuliert – zu einem bleibenden Widerspruch führenden Bruch im dritten Faktor konstituiert wird[45]. Dabei lassen sich drei Gestalten unterscheiden, die gleichsam die Außenseiten des sozialpädagogischen Problems begrenzen – wobei sich jeweils eine mehr oder weniger in den Vordergrund schieben kann.

Erstens: Innere Differenzierung einer sozialen Praxis und Eigentumsverhältnisse lassen sich kaum voneinander trennen[46]. In diesen gründen allerdings Formen der Macht und der Herrschaftsausübung, welche pädagogisch bedeuten, daß das historisch entstandene gesellschaftliche Wesen den möglichen Aneignungssubjekten in unterschiedlicher Weise zur Verfügung steht. Nicht nur, daß Vermittlung unterbleibt, vielmehr werden über Mechanismen der Herrschaftssicherung einzelne oder einzelne Gruppen von der historisch prinzipiell möglichen Humanisierung ausgeschlossen. Obwohl potentiell aneignungsfähig, duldet man die Aneignung nur auf einem archaischen Level; sie bleiben auf ihre bestialische Natur beschränkt[47]. Anders formuliert: die Einheitlichkeit des pädagogischen Problems löst sich auf, weil entweder als Resultat der faktischen historischen Entwicklung zwei unterschiedliche Formen der objektiven Wirklichkeit zur Verfügung stehen, oder aber der Zugang zu dieser verhindert wird, somit ebenfalls – wenngleich nun absichtsvoll – verschiedene soziale Praxen existieren[48].

Obwohl es naheliegt, diese Gestalt des sozialpädagogischen Problems als ein prinzipielles Merkmal von Klassengesellschaften zu interpretieren, muß das Gemeinte doch schärfer akzentuiert werden: Die Verhinderung von Aneignung – etwa durch den systematischen Ausschluß[49] aus einer Gesellschaft – bezieht sich auf das Betreten eines verfügbaren Niveaus des praktischen Lebensprozesses überhaupt; daß dieser seine Einheit im Widerspruch finden kann, bleibt davon unberührt. Dem entspricht, daß noch die Einfügung in untergeordnete Positionen einer Kasten- oder Klassenhierarchie für die Beteiligten subjektiv eine Form darstellt, in welcher das gesellschaftliche Wesen angeeignet wird. Erst in der Nichtanerkennung selbst der unteren sozialen Position entsteht jenes Gefühl der Ungerechtigkeit, welches man als das subjektive Äquivalent des Ausschlusses von der Aneignung bezeichnen kann[50].

Zweitens: Zunehmende soziale Differenzierung kann auch zum Träger eines immer schnelleren Wandels des geschichtlich-gesellschaftlichen Erbes werden. Dieses verändert sich dann innerhalb der Generationendifferenz völlig, so daß es als ein Gegenstand des Vermittlungsprozesses gleichsam veraltet. Es tritt ein, was Günther Anders als »Antiquiertheit des Menschen« besonders für die jüngste Zeit hervorhebt: »Durch unsere unbeschränkte prometheische Freiheit, immer Neues zu zeitigen (und durch den pausenlosen Zwang, dieser Freiheit unseren Tribut zu entrichten), haben wir uns als zeitliche Wesen derart in Unordnung gebracht, daß wir uns als Nachzügler dessen, was wir selbst projektiert und produziert hatten, mit dem schlechten Gewissen der Antiquiertheit unseren Weg langsam fortsetzen oder gar wie verstörte Saurier zwischen unseren Geräten einfach herumlungern... Die Tatsache der täglich wachsenden A-Synchronisiertheit des Menschen mit seiner Produktwelt, die Tatsache des von Tag zu Tag breiter werdenden Abstandes, nennen wir das prometheische Gefälle«[51]. Dieses prometheische Gefälle führt aber zu einer paradoxen Aufhebung der Generationendifferenz als des natürlich bedingten Elements des pädagogischen Problems, überrollt doch die Dynamik des gesellschaftlich-geschichtlichen Erbes die Generationenfolge. Vermittelt mit der Etablierung von Orten der Erziehung, die zur methodischen Sicherung der Kontinuität des Gattungswesens vom sozialen Leben getrennt werden, tritt damit eine historische Dialektik ein, in welcher die faktisch jüngere die faktisch ältere Generation in ihrem Bezug zum dritten Faktor überholt. Die Asymmetrie kehrt sich um, da dieser der gesellschaftlichen Entwicklung davonläuft. So muß die zeitlich später in die Welt tretende Generation ihre Vorgängerin bei der Aneignungsarbeit unterstützen: Erwachsenenpädagogik und Altenarbeit werden unumgänglich. Allerdings werden durch die Beschleunigung in der Entwicklungsdynamik des dritten Faktors selbst noch die Versuche obsolet, Vermittlung und Aneignung an besonderen Orten und in besonderen Institutionen methodisch durchzuführen. Die pädagogischen Einrichtungen einer Gesellschaft unterliegen nämlich einer doppelten Spannung: einerseits sind sie als Element des gesellschaftlichen Wandels diesem selbst unterworfen und bringen daher aus sich selbst einen Widerspruch zwischen ihrer Struktur und den in ihnen vermittelten Inhalten hervor; andrerseits werden sie als besonderer Ort, der über eine eigene institutionelle Logik verfügt, selbst überrannt – sie werden gesellschaftlich dysfunktional, verschärfen also das pädagogische Problem[52].

Weil also das Generationenverhältnis als Bezugspunkt pädagogischer Problembestimmung ausfällt, läßt sich als ihr tragender Grund nur mehr die Aneignungstätigkeit erkennen. Welcher Generation man auch immer angehört, man kann seine Position nicht mehr durch die Vermittlungstätigkeit definieren. Die Dramatik dieses Geschehens zeigt sich in einem mit ihm verbundenen Deplazierungsprozeß der älteren Generation: Zwar lebt sie in der historischen Gestalt der objektivierten Praxis, sieht jedoch deren Legitimation im historischen Prozeß selbst in Frage gestellt; obwohl sie in ihr lebt, gerät diese Praxis aus der Verfügungsgewalt. Zwar kann die ältere Generation das nichtgenetische Erbe als eigene Lebensvoraussetzung begreifen, ist sich dessen aber so wenig gewiß, daß sie es nicht mehr weitergeben kann. Es hat eigentlich nur mehr nostalgischen Wert. So fällt die ältere Generation aus dem in sich dynamischen Zusammenhang gesellschaftlicher Praxis heraus, verliert faktisch ihre Ortsbestimmungen und beziehungsreichen Verflechtungen. Anders gesagt: für die ältere Generation als möglichem Subjekt der Vermittlung ist das Alte nicht mehr, das Neue aber noch nicht vermittelbar. Während nun die ältere Generation mit der Illusion von der Gültigkeit des ihr Gegebenen leben kann, findet die jüngere Generation nichts vor, das durch Tradition gesichert wäre. Sie steht dem Neuen in der Situation des Erstanfangs gegenüber.

Tatsächlich ist jedoch ihre Situation noch schwieriger: Weil nämlich das nicht-genetische Erbe in jedem Fall die Lebensvoraussetzungen bereithält, muß es angeeignet werden; dabei kann sie auf Vermittlung und Unterstützung nicht rechnen. So aber geht nicht nur das im Begriff der Erziehung gedachte Gleichgewicht der Tätigkeiten verloren, indem sich alle pädagogische Arbeit auf die jüngere Generation verlagert. Vielmehr sieht sie sich mit einer unbewältigbaren Aufgabe alleingelassen: sie muß nämlich – erstens – das schon sinnlose Erbe aneignen, weil es ihre Lebensvoraussetzung in einer menschlich strukturierten Welt darstellt, und sich sogleich von diesem distanzieren, weil es schon wieder überholt ist. Zweitens aber hat sie in ihrem Aneignungshandeln einen mit Voraussetzungen belasteten Neubeginn zu vollziehen. Sie muß nämlich mit den Elementen des Alten einen neuen, für ihr eigenes Leben gültigen Zusammenhang konstituieren. Das Problem liegt also darin, daß ihrer Aneignung einerseits keine Vermittlung korrespondiert, daß aber andrerseits ihre selbsttätige Aneignung zu einem Resultat führt, in welchem eben diese Aneignung als Aneignung schon wieder fragwürdig wird.

Drittens: Mit dem Verlust der Vermittlung reduziert sich die Struktur des Pädagogischen auf die Tätigkeit eines Subjekts, das selbständig einen Zusammenhang aneignen muß, der seine Lebensvoraussetzung bildet und doch nicht bildet; Pädagogik besteht so plötzlich darin, daß die jüngere Generation ihre eigenen Lebensbedingungen, damit aber auch sich selbst erst produzieren muß. Weil somit die Sicherung der Kontinuität für das menschliche Gattungswesen ganz bei der jungen Generation liegt, trägt diese ein doppeltes Risiko. Sie arbeitet die gesellschaftlich-geschichtlichen Lebensvoraussetzungen ihrer eigenen Existenz auf, kann aber dabei weder gewiß sein, daß sie deren Eigengesetzlichkeit gerecht wird, noch daß sie real als Lebensvoraussetzungen dienen. Ohne unterstützende Vermittlungstätigkeit läuft die jüngere Generation Gefahr, schon Überholtes wiederholen zu müssen oder gar sich eine Realität anzueignen, die ihr ein eigenes Leben nicht mehr ermöglicht. Es lassen sich nämlich Strukturen des nicht-genetischen Erbes denken, welche die Aneignungstätigkeit selbst noch zerstören. – So kann das Aneignungssubjekt in widersprüchlichen Bedingungen paralysiert werden; so kann es auch eine gesellschaftlich verfügbare und angebotene Objektivität aneignen, die – wie der Konsum von Giftstoffen – zu seiner Beschädigung und Zerstörung führen. Gelungene Aneignung ist so auf fatale Weise mißlungen.

Allen Gestalten des abgeleiteten, »sozialpädagogischen« Problems ist – wenigstens auf dem hier gewählten Abstraktionsniveau – gemeinsam, daß die Vermittlungstätigkeit ausgefallen, tendenziell dazu selbst noch die Aneignungstätigkeit bedroht ist. Indes läßt sich jene nicht bloß restituieren – wenngleich dazu faktisch natürlich Versuche gemacht werden, die sehr schnell als »Mut zur Erziehung« in bloße Disziplinierung abgleiten. Der für sie erforderliche grundlegende Bezug auf das gesellschaftliche Erbe als dem dritten Faktor des pädagogischen Geschehens gelingt nämlich aus Gründen nicht mehr, die in der Struktur des gesellschaftlichen Erbes selbst liegen. Soll die pädagogische Einheit von Aneignung und Vermittlung wieder hergestellt werden, so muß demnach die Vermittlungstätigkeit neu bestimmt und zugleich subsidiär mit einem anderen Referenzsystem rekonstruiert werden[53]. Schon allein um der Gefahr vorzubeugen, daß die Aneignungstätigkeit selbst aufgehoben wird, liegt es nahe, daß diese Form der Vermittlung damit befaßt ist, die subjektive Aneignungstätigkeit selbst sicher-, bzw. wiederherzustellen. Die rekonstruierte Vermittlungstätigkeit bezieht sich daher wesentlich als unterstützendes Handeln auf das Subjekt der Aneignung. Gleichwohl bleibt ihr Bezug auf das gesellschaftliche Erbe nicht völlig aufgehoben; sie kann sich dessen nur nicht als eines dritten Faktors beliebig gewiß sein. Im Gegenteil: weil dieser dritte Faktor in sich zerrissen und uneinheitlich ist, erhält die sozialpädagogische Vermittlungstätigkeit einen dreifachen Sinn: Sie muß das Subjekt in einer Weise stützen, daß ihm Aneignung, Distanzierung und Neuproduktion möglich werden. Man kann dies auf eine Formel bringen: Im sozialpädagogischen Problem stellt sich die Aufgabe einer Sicherung, ja Rekonstruktion der Subjektivität dort, wo sie durch die Eigenschaften des nichtgenetischen Erbes gefährdet und beschädigt wurde.

Weil sozialpädagogisches Handeln kein sicheres Fundament in der gesellschaftlichen Praxis findet, sieht es sich allerdings auch mit einem erheblichen Risiko belastet. Aus seiner Problemstruktur selbst folgt nämlich, daß die Sozialpädagogik es stets mit einem offenen Ausgang zu tun hat. Sie initiiert einen Prozeß, in welchem die besondere geschichtliche konkrete Subjektivität als Eigenleistung des Subjekts entsteht. So hat sie im Grunde mit einem Münchhausenproblem zu tun: sie soll helfen, daß sich diejenigen, die in den Sumpf gefallen sind, nicht nur an den eigenen Haaren aus dem Sumpf ziehen, sondern auch noch selbst die Stege bauen, von denen sie wieder festes Land gewinnen können.

8 Von den Bedingungen, die das sozialpädagogische Problem in der Moderne bestimmen

Die Gesellschaft der Moderne zeichnet – wenigstens in ihrer bürgerlich kapitalistischen Ausformung[1] – aus, daß sie in der Struktur selbst, in welcher Produktion und Reproduktion der Gattung in ihr organisiert werden, das sozialpädagogische Problem stets als Möglichkeit birgt: Zwar läßt sie sich – im Unterschied zur »alten Gesellschaft«[2], die in für sich bestehende, mechanisch verknüpfte Segmente[3] parzelliert ist[4] – als eine einheitliche Gesellschaft erfassen, die sich selbst als Ganzheit begreift. Doch spaltet sie sich nicht nur in die unterschiedlichen sozialen und kulturellen Praxen der in ihr bestehenden Klassen und Schichten auf, deren Zusammenhang mit dem Gesamtzusammenhang oftmals ganz verschwindet[5]; vielmehr vollzieht sich in ihr die alltägliche Lebensbewältigung der Individuen in heterogenen, einander noch widersprechenden Situationen[6]. Der einzelne wird ständig mit unvereinbaren Anforderungen konfrontiert, in welchen kein gemeinsames, Gesellschaft verbürgendes Prinzip erfahren werden kann. Er selbst muß nicht nur in seiner Person diese divergierenden Ansprüche aufnehmen und integrieren, sondern sich zugleich als solche überhaupt erst konstituieren und gerade so mit anderen in Beziehung treten. Zugleich aber bestimmt die moderne Gesellschaft real, spätestens seit der Aufklärung auch in ihrem Selbstverständnis, eine grenzenlose, alles ergreifende und umfassende Dynamik. Sie begreift sich – in nahezu ungebrochenem Optimismus[7] – als Institution und Garant der Veränderung und des Fortschritts.

Selbst die Kritik in der Postmoderne benutzt noch zu ihrer Artikulation dieses auf den Wandel vertrauende Denkmuster: Neuzeitliche Gesellschaften können demnach nicht konservativ sein – erst in den sozialistischen Gesellschaften scheint dies ironischerweise zu gelingen[8]. Oder anders formuliert: Konservativität zeigt sich in der Moderne darin, daß ungeachtet der damit verbundenen sozialen und psychischen Kosten die gesellschaftliche Dynamik wenigstens stabilisiert, zumeist gar beschleunigt werden soll. Die Moderne ist ein dauerndes Projekt[9].

Aber die moderne Gesellschaft enthält in ihrer Struktur nicht bloß das sozialpädagogische Problem in seiner abstrakten Gestalt. Sie stellt vielmehr das soziale Material zur Verfügung, mit welchem es sich konkretisiert und in besonderer Form ausdifferenziert. Sie bestimmt somit die Möglichkeiten seiner Ausprägung, weist damit aber auch die Wege seiner Bearbeitung vor – das heißt freilich nicht, daß sie es damit einer Lösung zugänglich macht. Im Gegenteil: die moderne Gesellschaft kann dem sozialpädagogischen Problem eine Gestalt geben, in der es systematisch durch sie selbst ständig neu produziert wird. Gleichwohl bleibt festzuhalten, daß die sozialen und pädagogischen Probleme in ihrer gesellschaftlichen Praxis gründen; zugleich legt diese fest, wie sie von den Beteiligten erlebt und erfahren werden. Die Realität der sozialpädagogischen Problematik findet nicht außerhalb der gesellschaftlichen Möglichkeiten statt. So bildet die bürgerliche und kapitalistische Gesellschaft die Bühne, auf der das sozialpädagogische Problem aufgeführt wird, und schreibt zugleich das Stück, welches jenes zum Inhalt hat. Für die Beteiligten bleibt es gleichwohl experimentelles Theater; sie müssen das Stück auf ihre Weise spielen. In seiner Ausführung sind sie dabei schon deswegen frei, weil sie seine gesellschaftliche Bestimmtheit gedanklich erfassen können.

Für die besondere sozialpädagogische Theorie bedeutet dies – wie in methodischer Hinsicht anzumerken ist –, daß sie über die historisch entstandenen Skriptteile nachdenkt, nach welchen auf der gesellschaftlichen Bühne »frei« agiert wird. Sie versucht also die sozialen Bedingungen und Implikate aufzudecken, die von den Akteuren verknüpft und erst dann in die Realität »eingehandelt« werden. Dabei zielt die Überlegung zur historischen Möglichkeitsform des sozialpädagogischen Problems weder auf die Realgeschichte der Gesellschaft noch auf die der Sozialpädagogik. Als eine historische Gesellschaftstheorie sucht sie strukturelle Determinanten der sozialen Praxis und die Möglichkeiten, die in dieser ruhen. Wie diese handelnd verwirklicht werden, wie das Handeln in Strukturen, eingebettet als »structuration«, diese doch erst schafft, kann nicht mehr systematisch reflektiert werden, sondern fällt in das Gebiet der Geschichte[9].

Die Konstitution der modernen Gesellschaft vollzieht sich in einem Prozeß der Individualisierung. Das ist historisch, vor allem aber systematisch gemeint, werden doch einerseits die Mitglieder der bürgerlichen Gesellschaft zu Mitgliedern erst, indem sie aus den traditionellen Lebenszusammenhängen herausgelöst und auf sich selbst gestellt werden. Andrerseits kann die moderne Gesellschaft aus Gründen, die in ihren Funktionsbedingungen liegen, nicht darauf verzichten, ihren Mitgliedern den Status abstrakter, bloßer Individualität zuzuweisen; Individualität bildet so den notwendigen und in ihr möglichen Sozialtypus. Und dies gilt schließlich auch ideell. Denn nun erst können sich die Individuen als solche entdecken und an der Ausformung ihrer Individualität arbeiten. Kurz: sie können Individualität zum Thema und Gegenstand noch des Denkens und Handelns machen, welches auf sie selbst gerichtet ist. Aber dies bedeutet auch, daß das sozialpädagogische Problem, in welchem Moment es auch immer als real erfaßt wird, als ein Problem des Individuums und seiner Individualität auftreten und als ein solches auch bedacht sein muß.

Die Erfahrung des Individualisierungsvorganges birgt einige Dramatik, weil in ihr ein radikaler Bruch mit der Vergangenheit bewußt wird, der nicht mehr rückgängig gemacht werden kann: Zwar war die alte Gesellschaft in Segmente zersplittert, die nur durch eine äußere Ordnung zusammengehalten wurde, welche selbst die Könige »nach außen manifestieren mußten, um ihre Geltung zu bewahren« und so ihre Herrschaft zu sichern[10]. Individualität war hier unmöglich und überflüssig, denn innerhalb der Segmente selbst lebten die Menschen eingebunden in einem letztlich durch Naturzyklen rhythmisierten Arbeitsprozeß, in welchem sie ganz aufgingen: Die gottgegebene Legitimität der Anordnung des Ganzen wie auch der jeweiligen Segmente stand dabei außer Frage. So zählt selbst die Armut als eine Form segmentärer Reproduktion zum Ganzen[11], zumal theologisch als ausgemacht gilt, daß »der Arme viel leichteren Zugang zu den christlichen Tugenden als der Reiche hat«[12].

Der Beschränkung des Lebens auf ein Segment entspricht, daß die Aneignung der so nur partikular zugänglichen »Gesellschaftlichkeit« des menschlichen Wesens nicht nur vergleichsweise schnell, sondern auch in unmittelbarer Anschauung der Verhaltensweisen gelingen kann: Arbeit, Leben, Feiern und Erziehung gehören noch zusammen. Weil das soziale Leben in den Segmenten selbst nur wenige Anforderungen stellt, müssen von den einzelnen auch kaum abstrakte Verhaltensimperative erworben werden[13]. Der deshalb in nur geringem Maße erforderliche sozialisatorische Aufwand läßt die alte Gesellschaft kindlicher erscheinen[14] – oder umgekehrt: man könnte meinen, daß »in jener Welt kein Platz für die Kindheit war«[15].

Erst die zunehmende Arbeitsteilung und die Durchsetzung des über Geld vermittelten Warentausches lassen die neue Qualität des Sozialen entstehen: Die moderne Gesellschaft etabliert sich als die soziale Praxis des Besitzindividualismus – sie versteht sich selbst so[16], wobei das bürgerliche Individuum in einem eigentümlichen Lebenspositivismus[17] noch von sich selbst Besitz ergreift. Im Tausch zwischen den individuellen Warenbesitzern brechen aber die Segmente ökonomisch, sozial und kulturell auf; die Warenform wird »Universalkategorie des gesamten gesellschaftlichen Seins«[18]. Weil aber unter ihrer Vorherrschaft nicht mehr gilt, was der einzelne konkret tut, sondern nur mehr die Fähigkeit zählt, in der Rolle des Tauschpartners auftreten zu können, impliziert die moderne Gesellschaft eine Sozialisation in die Existenzform der abstrakten Individualität.

Individualität scheint der größte Gewinn zu sein, den die moderne Gesellschaft für ihre Mitglieder bereithält, läßt sie sich doch vom Prinzip der Freiheit des einzelnen nicht trennen. Sich selbst zu erfassen und zu erkennen, setzt ja die Unabhängigkeit von aller äußeren Bestimmung voraus; nur so kann man seine Individualität wirklich erreichen. Tatsächlich aber bedeutet der Individualisierungsprozeß einen Vorgang der Depossedierung, der nur dort erträglich wird, wo Eigentum in der Form des abstrakten Äquivalents angehäuft ist. Karl Marx und Friedrich Engels haben – mit den unterschiedlichen Akzenten, nach welchen sich ihr publizistisches Früh- und Spätwerk unterscheiden – deutlich gemacht, daß der Prozeß einer individualisierenden Lösung und Entfremdung von den Subsistenzmitteln und der als Produktivkräfte vergegenständlichten menschlichen Praxis zwar die Situation der menschlichen Gattung in der Moderne schlechthin auszeichnet, in der Entstehung und Lebensweise des Proletariats sich aber konkret niederschlägt. An ihm wird die Ambivalenz der Individualisierung sinnfällig, denn »die geschichtliche Bewegung, die die Produzenten zu Lohnarbeitern verwandelt, (erscheint) einerseits als ihre Befreiung von Dienstbarkeit und Zunftzwang (...). Andrerseits aber werden diese Neubefreiten erst Verkäufer ihrer selbst, nachdem ihnen alle ihre Produktionsmittel und alle durch die feudalen Einrichtungen gebotenen Garantien ihrer Existenz geraubt sind«[19]. Mehr noch: sie werden ihrer »Lebensmittel« nicht nur in einem ökonomischen, sondern auch in einem umfassenden kulturellen Sinne getrennt; ihre gesamte traditionelle Lebenspraxis wird zerstört.

Die Existenz von freien, allein noch über ihre Arbeitskraft verfügenden Individuen bildet allerdings die Voraussetzung für die zweite ökonomische Grundstruktur der Moderne: Auf ihr beruht die kapitalistische Produktionsform. Sie geht nämlich einmal auf die Trennung der Besitzer von Produktionsmittel von jenen zurück, die allein über ihre Arbeitskraft verfügen und zu deren Verkauf als einer Ware gezwungen sind; zum anderen gründet sie darin, daß die Aufwendungen für diese Ware zwar ihrem Tauschwert entsprechen, in ihrem konkreten Gebrauchswert jedoch über die zu ihrer Reproduktion erforderliche Zeit hinaus vernutzt und verwertet werden kann: So ist die Produktion von Mehrwert möglich. Um seiner Vermehrung willen unterwirft sich das Kapital sämtliche vorfindlichen Beziehungen und Lebensverhältnisse; es setzt sie einem dauernden revolutionären Wandel aus, in welchem keine Ordnung Geltung behält. So entsteht eine Gesellschaft des Wandels, vielleicht auch des Fortschritts. Und wiederum kann dies nur um den Preis geschehen, daß der Mechanismus der Individualisierung funktioniert: Wo eine Gesellschaft sich permanent verändert, reißt sie den einzelnen notwendig aus seinen Bezügen und individualisiert ihn systematisch[20]. Genauer: die anonyme, nicht faßbare Instanz des Kapitals stellt seine Lebensweise in jeder Hinsicht infrage, indem sie diese mit Kulturmustern überzieht, die allein dem Warenkalkül gehorchen; mehr noch: weil sich die Individuen selbst immer wieder in der Sozialform des warentauschenden Individuums bewegen müssen, tun sie das selbst noch[21]. Darin aber wird die bestehende, alltäglich gültige Lebensform als ein Produkt sinnlicher Praxis nicht nur entwertet, sondern den handelnden Individuen entzogen, »entfremdet«. So »erscheinen die Produktivkräfte als ganz unabhängig und losgerissen von den Individuen, als eine eigene Welt neben den Individuen, was darin seinen Grund hat, daß die Individuen, deren Kräfte sie sind, zersplittert und im Gegensatz gegeneinander existieren, während diese Kräfte andrerseits nur im Verkehr und Zusammenhang dieser Kräfte wirkliche Kräfte sind. Also auf der einen Seite eine Totalität von Produktivkräften, die gleichsam eine sachliche Gestalt angenommen haben und für die Individuen selbst nicht mehr die Kräfte der Individuen sind und daher die Individuen nur, sofern sie Privateigentümer sind. In keiner früheren Periode hatten die Produktivkräfte diese gleichgültige Gestalt für den Verkehr der Individuen als Individuen angenommen, weil ihr Verkehr selbst noch ein bornierter war. Auf der anderen Seite steht diesen Produktivkräften die Majorität der Individuen gegenüber, von denen diese Kräfte losgerissen sind und die daher allen wirklichen Lebensinhalts beraubt, abstrakte Individuen geworden sind, die eben dadurch erst in den Stand gesetzt wurden, als Individuen miteinander in Verbindung zu treten (...). Es ist also jetzt soweit gekommen, daß die Individuen sich die vorhandene Totalität von Produktivkräften aneignen müssen, nicht nur um zu ihrer Selbstbetätigung zu kommen, sondern schon um ihre Existenz sicherzustellen«[22].

Versteht man dies nicht bloß in einem engen Sinne von »Ökonomie«, sondern bezieht es – gleichsam ökologisch – auf die Gesamtheit der menschlichen Lebenspraxis als eines kulturellen Selbstschöpfungsprozesses, der jegliche Lebenstätigkeit umfaßt, dann wird deutlich, daß die kapitalistische Produktionsform andauernd (und mit ihrer Ausdehnung auf alle Lebensbereiche in wachsendem Maße) den in der menschlichen Praxis geschaffenen und verbürgten »Sinn« zerstört[23]. Was zur Bewältigung des Lebens, auch zur Orientierung des eigenen Handelns hervorgebracht wird, wird ständig in seiner von den Produzenten gesetzten Bedeutung aufgehoben und ihnen mit geändertem Vorzeichen wieder angeboten. Erst in diesem kulturellen Bereich liegt für die Individuen die Wurzel eines, gleichwohl hoffnungslosen Gefühls der Ungerechtigkeit[24].

In diesem umfassenden, auch auf kulturelle Produktion bezogenen Sinn betrifft der Individualisierungsprozeß in der Tat jedes Mitglied der bürgerlichen Gesellschaft. Man ist als »homme machine« des Kapitals[25] dem »stummen Zwang der Verhältnisse« (Marx) ausgeliefert – auch als Besitzender: Zwar sind sie sich des in der Form des angehäuften Äquivalents gesicherten Eigentums gewiß, doch zwingt sie gerade das ihnen gleichsinnige Interesse an der Vermehrung des Kapitals in die Konkurrenz zueinander, so aber auch in die Isolation. Moral können sie sich nicht leisten – sie müssen als Individuen ihre eigenen Prinzipien durchbrechen und so den Fortschritt ermöglichen; das heißt: sie müssen dem Prinzip der Kapitalakkumulation gehorchen. Kurz: sie verfolgen durchaus ein soziales Prinzip, welches indes nur in seiner allgemeinsten Form, gerade unabhängig von allen Inhalten gilt.

Man kann natürlich einwenden, daß die Annahme von der individualisierenden Tendenz der Moderne durch die empirische Massenhaftigkeit widerlegt wird, die der Prozeß der Proletarisierung annimmt. Hier entstehe doch eine Klasse; davon, daß Individuen geschaffen werden, dürfe keine Rede sein. Doch mit dieser Überlegung greift man dem historischen Prozeß voraus. Denn erst in einem mühsamen und langwierigen Lernprozeß gelingt es den vereinzelten Lohnarbeitern, sich selbst als Klasse zu organisieren[26]. Eigentümlicherweise liegt die Voraussetzung dafür in der spezifischen Konstellation, die die moderne Gesellschaft selbst schafft: Indem sie nämlich den einzelnen dem Ganzen der Gesellschaft gegenüberstellt, ermöglicht sie ihm auch, dieses wiederum in einem kritischen Lernprozeß anzueignen. So aber birgt die bürgerliche Gesellschaft latent den Widerspruch in sich, daß eine Form der sozialen Organisation geschaffen wird, die zu dem ihr eigenen Vereinzelungsprinzip im Gegensatz steht.

Indirekt zeichnet sich hier schon eine prinzipielle Schwierigkeit der modernen Gesellschaft ab, die Kant wohl vor Augen hatte, wenn er von der ungeselligen Geselligkeit des Menschen sprach. Läßt denn überhaupt, so muß man sich fragen, das universale Sozialprinzip der Individualisierung noch Gesellschaft zu? Kurz: wie ist also Gesellschaft möglich? Welche Mechanismen im gesellschaftlich-geschichtlichen Erbe sichern, gegenläufig zum Prinzip der Individualisierung, die moderne Gesellschaft als Ganze? Und schließlich: wenn Individualität der in der Moderne mögliche prinzipielle Modus des Sozialen für den Menschen ist, welche Leistungen werden von ihm dann gefordert, damit er Individuum und zugleich doch gesellschaftlich integriert ist?

Tatsächlich tritt diese Problematik nur zögernd ins Bewußtsein, bilden sich doch mit der modernen Gesellschaft auch die Ansätze des modernen Staates. Da diesem das Gewaltmonopol zufällt, verliert der »desozialisierende« Individualisierungsprozeß seine bedrohlichen Aspekte. Zwar verwirklicht sich in diesem für den einzelnen der Naturzustand »des wilden Menschen, der in Wäldern herumirrt, ohne Fertigkeiten, ohne Sprache, ohne Wohnhaus und ohne Verbindung«[27], doch verringert er wenigstens die physische Bedrohlichkeit dieses Zustandes, indem er die Rahmenbedingungen der menschlichen Existenz sichert. Zugleich macht er durch seine Sanktionen die dem menschlichen Verhalten auferlegten Grenzen und Gesetze sichtbar. Indes: obwohl die staatliche Gewalt erheblichen Anteil an der Durchsetzung des Proletarisierungsprozesses, somit an der Etablierung und Sicherung der bürgerlichen Gesellschaft hat, wird sie für diese zur Belastung. Denn der omnipotente Leviathan hindert als ein beharrliches Element die Dynamik des sozialen Wandlungsprozesses; er ist eine Zwangsanstalt, der gegenüber spätestens das aufklärerische Denken für ein liberales, an Rechtsnormen orientiertes Sozialsystem freier Individuen optiert. Nur so könne überhaupt der Fortschritt des Ganzen gesichert werden.

Worin aber gründet dann die Bereitschaft der Individuen, diesen Normen nicht nur frei zu gehorchen, sondern auch noch bereit zu sein, ihren Wandel anzuerkennen und doch Individuum zu bleiben? Wie wird, mit anderen Worten, in ihnen das »vorkontraktuelle Element« hergestellt und gesichert, das ihre Zustimmung zur Gesellschaft – damit auch zu ihrer eigenen Individualität – und zu ihrer Veränderung garantiert?

In der Frage selbst deutet sich schon eine Antwort an: Vergesellschaftung kann weder durch äußeren Zwang, noch durch die Vermittlung bestimmter Inhalte erfolgen; die Normen der sozialen Praxis lassen sich nämlich nicht empirisch fassen und objektivieren. Man kann ihnen nur in der Praxis selbst gehorchen, muß sie also in der eigenen Psyche selbst erzeugen. Schon die Aufklärer haben dies herausgestellt, wenn sie die soziale Praxis als ein »Arcanum« fassen[28]; tatsächlich zeigt sich Gesellschaft nur als eine abstrakte Größe, deren Bestimmungskraft für das individuelle Handeln sich in der Heterogenität scheinbar zusammenhangsloser Alltagssituationen nur post festum konstatieren läßt[29]. So muß sich also ein neuer Typus von Psyche etablieren, der den einzelnen zu einem Handeln befähigt, das individuell und doch auf das Ganze bezogen, zugleich aber zur Revision der eigenen Orientierungen fähig ist. Das heißt: Die Vergesellschaftung des Individuums erfolgt, indem es sich selbst mit Hilfe eines abstrakten und zugleich revisionsfähigen, also zeitlich variablen Systems von Verhaltensvorstellungen reflektiert und diszipliniert. Man darf demnach nicht an eine besondere Gesellschaft denken, sondern muß gleichsam Gesellschaft überhaupt in jedem Moment der eigenen Praxis zum Bestimmungsgrund seines Tuns erheben. Das »conscience collectif«[30], welches so als Kontrollagentur in die Seele der Individuen verlegt wird, kann deshalb gar nicht komplex genug sein. Denn

»von den frühesten Zeiten der abendländischen Geschichte bis zur Gegenwart differenzieren sich die gesellschaftlichen Funktionen unter einem starken Konkurrenzdruck mehr und mehr. Je mehr sie sich differenzieren, desto größer wird die Zahl der Funktionen und damit der Menschen, von denen der einzelne bei allen seinen Verrichtungen, bei den simpelsten und alltäglichsten ebenso wie bei den kompliziertesten und selteneren beständig abhängt. Das Verhalten von immer mehr Menschen muß aufeinander abgestimmt, das Gewebe der Aktionen immer genauer und straffer durchorganisiert sein, damit die einzelne Handlung darin ihre gesellschaftliche Funktion erfüllt. Der einzelne wird gezwungen, sein Verhalten immer differenzierter, immer gleichmäßiger und stabiler zu regulieren (...). Gerade dies ist charakteristisch für die Veränderung des psychischen Apparates im Zuge der Zivilisation, daß die differenzierte und stabilere Regelung des Verhaltens dem einzelnen Menschen von klein auf mehr und mehr als ein Automatismus angezüchtet wird, als Selbstzwang, dessen er sich nicht erwehren kann, selbst wenn er es in seinem Bewußtsein will. Das Gewebe der Aktionen wird so kompliziert und weitreichend, die Anspannung, die es erfordert, sich innerhalb seiner ›richtig‹ zu verhalten, wird so groß, daß sich in dem einzelnen neben der bewußten Selbstkontrolle zugleich eine automatische und blind arbeitende Selbstkontrollapparatur verfestigt, die durch einen Zaun von schweren Ängsten Verstöße gegen das gesellschaftliche Verhalten zu verhindern sucht, die aber, gerade weil sie gewohnheitsmäßig und blind funktioniert, auf Umwegen oft genug solche Verstöße gegen die gesellschaftliche Realität herbeiführt«[31].

Die Komponente der Variabilität im individuellen und doch sozialen Bewußtsein zeichnet sich an der Veränderung der religiösen Vorstellungen an der Schwelle zur Moderne ab; sie sind Indikator und Katalysator für ihre Entstehung: Zunächst bricht die religiöse Klammer auf, in welcher das Ganze der alten Gesellschaft einbegriffen war, und gibt den Raum des ökonomischen Denkens frei[32]. Ihn überlagert eine neue Grundorientierung, in welcher sich der einzelne »dem als Selbstzweck vorausgesetzten Interesse an der Vergrößerung seines Kapitals«[33] verpflichtet sieht. Von diesem »Geist des Kapitalismus« leitet sich eine dynamische Motivation ab, die ihrerseits freilich den Vorgang der Komplexitätserzeugung noch beschleunigt, somit in einer Wechselbeziehung zu den psychischen Strukturen steht, die auf Selbstdisziplinierung in differenten und differenzierten Situationen gerichtet sind.

Die Semantik der Moderne codiert diese abstrakten, in die Psyche der Individuen eingelagerten Systemimperative in den Begriffen Vernunft und Zivilisation; diese sind nicht bloß Symbole für die von den Individuen ausgehaltenen, eine dynamische, auf Individualität beharrende Gesellschaftlichkeit integrierenden Ansprüche. Vielmehr lassen sie sich selbst noch als Ausdruck und Inbegriff eines hochabstrakten sozialen Mechanismus erfassen: Die Moderne schreibt ihre einheitliche, alle Individualität übergreifende Geschichte als Geschichte des vernünftigen Geistes, der durch seine Entäußerung in den Individuen zu sich kommt[34]; sie sieht sich dabei auf dem Weg von der Barbarei zur Zivilisation[35]. Daß jedoch zugleich dem Code »Zivilisation und Rationalität« auf eigentümliche Weise kein Inhalt zukommt, hilft das Vergesellschaftungsproblem in adäquater Weise zu lösen. Der Code steht nämlich für eine soziale Ordnungsfunktion, die in temporaler wie auch örtlicher Hinsicht durchgeführt wird.

Erstens: Die spezifische Qualität des vernünftigen und zivilisierten Tuns liegt darin, daß es zur rechten Zeit geschieht. Rationalität und Zivilisation beweisen sich daher in einer verbindlichen Ordnung des Nacheinander. Das schließt ein, daß man sein Tun, aber auch seine Erwartungen vom Handeln der anderen auf eine lineare, zugleich in die Zukunft offene Zeit bezieht, die durch das Handeln der Menschen selbst ausgefüllt werden kann. Darin drückt sich nicht nur eine grundlegende, mit dem Begriff des »Fortschreitens zum Vollkommeneren« verknüpfte Selbsteinschätzung der Moderne aus; vielmehr liegt hierin schon ein abstrakter Funktionszusammenhang des gesellschaftlichen Lebens: Vergesellschaftung wird durch die Individuen vollzogen, indem sie ihr eigenes Handeln, mehr noch: ihre gesamte individuelle Biographie allgemein mit Hilfe des Zeitbegriffs interpretieren, sich dabei aber konkret unter Zugrundelegung des gesellschaftlich etablierten Zeitmaßstabes selbst und mit anderen synchronisieren[36]. Ein rationales und zivilisiertes Verhalten stellt man also her, indem man seine Aktivitäten in einer Abfolge gliedert, die als solche von anderen nachvollzogen werden kann. So wird man sozial verläßlich.

Auf den Individuen lastet demnach die Aufgabe, durch den rekursiven Bezug von Ereignissen und Handlungen über den abstrakten Zeitmaßstab auf sich selbst soziale Integration zu sichern. In der Reflexion auf Zeit überhaupt, in der Synchronisation mit der Uhr im besonderen liegt also der soziale Kitt. Dabei hängt in der über Zeit strukturierten Gesellschaft nur wenig von der Qualität und den Anforderungen ab, die eine Tätigkeit ihrem Inhalt nach stellt. Entscheidend ist vielmehr, daß sich das Leben an den festgesetzten Terminen bemißt; wer zu spät kommt, kann denn auch weder als vernünftig noch als zivilisiert gelten: Er fällt aus der gesellschaftlichen Ordnung selbst dann noch heraus, wenn er die besseren Gründe dafür angeben kann.

Redet man also von der Moderne, von dem in ihr erreichten Grade an Vernunft und Zivilisation, dann spricht man eigentlich von den »modern times«. Sie sind die Lektion, die als Vernunft und Zivilisation den Individuen mitgeteilt werden, damit sie Individuen und doch im Gleichtakt bleiben – unabhängig davon, was sie nun inhaltlich tun.

Tatsächlich hängen auch realhistorisch die Etablierung der modernen Gesellschaft und die Einführung der Uhr miteinander zusammen[37]. Nicht nur, daß der Wertbegriff der kapitalistischen Ökonomie selbst ohne mechanische Zeitmessung unvorstellbar wäre. Vielmehr gestattet diese erst eine hinreichende Organisation des Arbeitsprozesses[38]. Allerdings darf eine historische Dialektik nicht übersehen werden: Daß ein abstrakter Zeitbegriff in die Individuen versenkt und so zu ihrem inneren Lebensrhythmus wird, bildet nämlich nur die eine, formale Seite einer Disziplinierung der einzelnen über die Zeitordnung. Ihr korrespondiert eine materiale Zeitregelung. Diese wird deutlich zunächst an der alltäglichen Trennung von Arbeitszeit und Freizeit[39], dann aber in einer zunehmenden gesellschaftlichen Ausgestaltung der gesamten individuellen Lebenszeit. So konkretisiert sich die fortgeschrittene Gesellschaft der Moderne in der Gestalt von »typischen Biographien«[40], die dem einzelnen offenstehen, dabei die an ihn gerichteten Verhaltenserwartungen temporal strukturieren. Diese Fixierung ausdifferenzierter und nahezu unvermeidlicher Lebenspläne löst allerdings den Mechanismus der Individualisierung auf und verwandelt sich in eine gesellschaftlich einseitige Disziplinierung der Individuen. Dieser Vorgang enthält einige Ambivalenz. Zwar eröffnet er ihnen eine ungeahnte existentielle Sicherheit, weil er Gewißheiten anbietet und zugleich das Fortschreiten des Individualisierungsprozesses verhindert. Darin aber wird er nicht nur hinsichtlich des gesamtgesellschaftlichen Lebensprozesses dysfunktional, sondern schließt auch für die Individuen zunehmend einen Verlust von Möglichkeiten ein, über ihre eigene Existenz zu verfügen. Über sie ist dann verfügt; aber ihre Lebensmöglichkeiten wurden so schon enteignet. Wo nämlich Ereignisketten und Zeitpläne für das Individuum festgelegt sind, muß es einem ihm fremden Reglement gehorchen; ihm gehören nicht einmal die Ereignisse mehr, die noch durch seine physische Existenz determiniert sind.

Zweitens: Will man die zweite, der Herstellung von Gesellschaft dienende Ordnungsfunktion des Codes Rationalität und Zivilisation verstehen, so muß man einen systematischen und einen wirkungsgeschichtlichen Aspekt trennen.

Systematisch betrachtet stehen beide Begriffe nämlich für ein Beurteilungsverfahren. Dabei geht es weniger um ein inhaltlich festgelegtes Urteil darüber, was vernünftig und zivilisiert sei – dieses ändert sich historisch immer wieder[41]; entscheidend ist vielmehr die Tatsache, daß das Verfahren als solches Anwendung findet: Vernünftig und zivilisiert, damit gesellschaftlich integriert, ist ein Verhalten (aber auch ein Persönlichkeitszustand) weder durch seine inhaltliche Qualität, noch aufgrund der besonderen Absichten des Urhebers, sondern erst dann, wenn es in den sozialen Akt der Beurteilung eingeholt wird, der mit den Begriffen »Vernunft« und »Zivilisation« symbolisch codiert wird[42]. Man kann sagen, daß sich das individuelle Handeln als soziales erst in der Reflexion durch andere konstituiert, die über den Rationalitätscode gesteuert wird. Allerdings kann das Individuum diese Beurteilung vorwegnehmen, indem es gedanklich gleichsam aus sich selbst heraustritt und sich selbst dem Verfahren unterwirft; es legitimiert sein Tun dann, indem es dieses einer Reflexion unterwirft – also sein Gewissen in Anspruch nimmt. Nur: keineswegs schließt dies aus, daß andere zu einem anderen Urteil kommen. Ungewißheit, damit aber auch Ängste bleiben der ständige Begleiter des Individuums.

Obwohl wenigstens die Vernunftfähigkeit jedem Menschen unterstellt wird, kann sich der Beurteilungsakt selbst nur auf äußere

Phänomene beziehen. Dies legt eine mechanische Auflösung des Vergesellschaftungsproblems nahe. Man unterstellt nämlich eine enge Beziehung zwischen seelischer Wirklichkeit und der Physiognomie des Individuums[43] und sucht deshalb, diese zu bearbeiten. Ohne die Gestaltung des Äußeren, schreibt Pestalozzi über »Körperbildung«, »ist in der Stellung und Haltung des menschlichen Körpers keine Würde denkbar, und – sichtbare Würde des Leibes mangelnd – wer wollte leben mögen und sich davor nicht entsetzen? Man entsetzt sich wirklich davor. Man zählt den ungelenkigen Mann, man zählt das ungelenkige Weib, man zählt den Menschen, der nicht wenigstens durch Tanzen und Fechten zur Tagesgelenkigkeit erhoben worden, nicht unter die gute Gesellschaft (. . .)«[44].

Die Mechanisierung des Verfahrens stellt allerdings nur eine grobe, durchaus fragwürdige und nur bedingt zuverlässige Ausformung des sozialen Mechanismus dar. In der Perspektive auf den Systemzusammenhang der Gesellschaft zeigt sich nämlich, daß er in höchst subtiler Weise eine evolutionäre Ausdifferenzierung des Gesellschaftssystems bewirkt und durch diese erst in seiner Funktionsfähigkeit für die gesellschaftliche Integration, somit auch als gegenläufiges Prinzip zu dem der Individualisierung erhalten wird. Dabei sind sowohl die Wirkungsgeschichte, die der gesellschaftsstiftende Mechanismus für die Gesellschaft selbst hat, wie auch ihr Ergebnis für die Konturen des sozialpädagogischen Problems von unmittelbarer Relevanz. Sie treten neben die Individualisierung und die diese kompensierende »Verzeitlichung« des Individuums als die entscheidenden Koordinaten, innerhalb derer das sozialpädagogische Problem in der Moderne Gestalt annehmen kann.

In dem über Vernunft und Zivilisation symbolisierten Mechanismus geht es nicht um Inhalte. Seine Funktionsfähigkeit liegt vielmehr darin, daß er überhaupt eine Differenz ermöglicht; die Moderne stiftet also ein Kollektivbewußtsein unter den Individuen, indem sie die Welt einteilt: Die Vernunft sperrt sich gegen die Mystik, gegen Willkür und mangelnde Gedankenkontrolle – aber sie ist darin selbst willkürlich, bedient sich selbst eines mystischen Vernunftbegriffes. Das Licht der Vernunft läßt die Vergangenheit im Dunkeln verschwinden – doch es sind bloß ihre Schatten, die das Frühere verfinstern. Der Zivilisierte grenzt sich gegen den Barbaren ab – den er dann auch gleich als Gefährdung seiner eigenen Existenz um die Ecke bringt. Um nichts anderes geht es also, als um die Herstellung von Unterschieden[45], schließlich um die Ordnung der Welt in Räume, an denen diese Unterschiede sichtbar werden – an denen man aber, wenn auch nur ex negativo, all das erkennen kann, was die bürgerliche Gesellschaft auszeichnet: So vollzog sich »der Aufstieg des Zeitalters der Vernunft, des Merkantilismus und des aufgeklärten Absolutismus (...) in eines mit einer neuen rigorosen Raumordnung, die alle Formen der Unvernunft, die im Mittelalter zu der einen, göttlichen, in der Renaissance zur sich säkularisierenden Welt gehört hatten, demarkierte und jenseits der zivilen Verkehrs-, Sitten- und Arbeitswelt, kurz: der Vernunftwelt, hinter Schloß und Riegel verschwinden ließ. Bettler und Vagabunden, Besitz-, Arbeits- und Berufslose, Verbrecher, politisch Auffällige und Häretiker, Dirnen, Wüstlinge, mit Lustseuchen Behaftete und Alkoholiker, Verrückte, Idioten und Sonderlinge, aber auch mißliebige Ehefrauen, entjungferte Töchter und ihr Vermögen verschleudernde Söhne wurden auf diese Weise unschädlich und gleichsam unsichtbar gemacht«[46]. Man zog also eine Trennungslinie zwischen der Gesellschaft der Vernünftigen und Zivilisierten und den Räumen außerhalb dieser, die so überhaupt erst eingerichtet werden. (Technisch standen dabei die nach dem Zeitalter der Pest ungenutzten großen Seuchenanstalten zur Verfügung[47]).

So wird wenigstens anschaulich, was man selbst nicht ist: Aus- und Eingrenzung »machen dem Bürger negativ den Raum sinnfällig, in dem er sich ohne Skandal und damit ›frei‹ bewegen kann, sie weisen ihm den Weg der Verinnerlichung einer Haltung, die ihn zum selbsttätig moralischen und arbeitenden Bürger macht«[48]. Indem Unvernunft und Zivilisationsmangel empirisch, gar als Spektakel zur Unterhaltung und moralischen Erbauung vorgeführt werden[49], kann die Gesellschaft der Vernünftigen und Zivilisierten gelassen unter sich bleiben, ohne sich mit einer Verständigung darüber lange aufhalten zu müssen, was sie denn in ihrer Vernünftigkeit und Zivilisiertheit auszeichnet.

Allerdings muß man sich schon der damit verbundenen Schwierigkeiten bewußt sein: Da der Unterscheidungsakt selbst ohne Kriterium willkürlich vollzogen wird, bedingt – aber auch nur bedingt – von Machtpositionen abhängt, kann zum einen prinzipiell jeder, somit auch der ehrbare Bürger plötzlich ausgeschlossen werden[50]. Sicher kann man dies als überaus wirkungsvolle volkspädagogische Funktion, schließlich auch als Ausdruck des Prozesses interpretieren, in welchem sich die Disziplinen als anonyme Macht der Moderne durchsetzen[51]. Denn als andauernde Bedrohung veranlaßt es die Individuen, sich mit wachsender Rigidität selbst zu kontrollieren und selbst zu disziplinieren. Zum anderen bleibt unklar, wie man zu dem Verfahren der Beurteilung selbst ermächtigt wird, wie man – mit anderen Worten – in die Gesellschaft der Vernünftigen und Zivilisierten hineinkommt. Die Schwierigkeit ist offensichtlich: Entweder man lebt nämlich im Zustande der Vernünftigkeit und Rationalität – dann kann man dessen Inhalt weder erkennen noch erlernen. Oder man ist schon ausgeschlossen – dann kann man nicht mehr zurückkehren. Vor allem aber: Wie ist das eigentlich mit den jungen Menschen, den Kindern? Daß sie der Vernunft prinzipiell fähig sind, kann man ihnen zwar zubilligen, doch wie sollen sie den komplexen psychischen Apparat erwerben, der eine Bewegung im Raume der Vernunftgesellschaft ermöglicht?

Schon der Fortschritts- und Perfektionsgedanke der Aufklärung, später die Etablierung des medizinisch-therapeutischen Denkens lassen die Willkür und Simplizität einer bloßen Vernunft/Unvernunft-Unterscheidung fragwürdig werden. Zumal es auch ökonomisch höchst unsinnig erscheint, eine unübersehbare Zahl von Menschen einfach aus dem Produktionsbereich zu verbannen[52]. So setzt außerhalb des gesellschaftlichen Raumes ein Vorgang der Differenzierung ein[53], der die Ausgrenzungsorte zunächst dem Kriterium der Arbeitsfähigkeit von Betroffenen folgend einteilt. Zunehmend werden Plätze geschaffen, in deren spezifischem Milieu[54] ein »moral management« den Übergang von der Unvernunft zur Vernunft, vom Mangel an Zivilisation zur Zivilisiertheit ermöglicht: Die pädagogischen Orte oder – unter anderem Aspekt betrachtet – die Systeme der Sozialisation entstehen, in welchen Vergesellschaftung prozessualisiert wird. Weil sie außerhalb der Gesellschaft liegen, kann in ihnen Sozialität gleichsam technisch konkretisiert werden; anders als in der Gesellschaft selbst, in der man nur von der Wirkung anonymer Mechanismen ausgehen kann, lassen sich hier über Personen organisierte Verhältnisse erleben[55]; selbstverständlich schließt diese gesellschaftliche Technik stets ein Moment der Entindividualisierung ein. Doch kann man es sich hier getrost erlauben, da man sich ja immer noch außerhalb des gesellschaftlichen Lebens selbst bewegt; fragwürdig wird es nur dann, wenn die Produktion von Menschen außerhalb der Gesellschaft eine Individualisierung gar nicht mehr zuläßt.

An den pädagogischen Orten kann man den Begriff der Ordnung erwerben, weil man konkret Ordnung erlebt. An ihnen herrscht ein Reglement der Dinge, welches den Begriff der Regularität vermittelt. An ihnen herrscht nicht minder eine zeitliche Ordnung. Und schließlich kann all dies noch ein Gegenstand der sprachlichen Vermittlung werden. Zugleich aber wird man als Ortsinsasse in das Verfahren der Beurteilung eingeübt: Die Orte außerhalb der Gesellschaft stehen unter dauernder Beobachtung; das Prinzip der Privatheit existiert hier nicht[56].

An der Architektur der psychiatrischen und der Strafanstalten wird das Prinzip der permanenten Aufsicht in ihrem panoptischen Aufbau deutlich. Theoretisch verarbeitet wird die Entstehung der Sozialisationsorte außerhalb der Gesellschaft und das ihnen eigene Prinzip dauernder Aufsicht in der Pädagogik. Tatsächlich scheint sich hier ein unaufhebbarer Konnex zwischen den Sozialprinzipien der bürgerlichen Gesellschaft und der Pädagogik zu eröffnen: Schon Jean Jacques Rousseau läßt den Emile an einem Platze außerhalb der Gesellschaft unter ständiger Beobachtung erziehen; jenem ist aufgetragen, besser nicht zu handeln, sondern sich auf das Beobachten und Abwarten zu verlassen. So lange muß der Zögling, so kann man dieses Prinzip verallgemeinern, die Augen des Erwachsenen auf sich spüren, bis er sie in sich spürt, des Erziehers, Wächters oder Meisters gar nicht mehr bedarf[57]. Im Reglement von Port-Royal ist dies explizit formuliert: »Die Kinder müssen ständig überwacht werden und dürfen, ob gesund, ob krank, nirgendwo allein gelassen werden«[58]. August Hermann Francke hat darin dann das grundlegende Moment von Erziehung überhaupt gesehen: »Die Kinder müssen allzeit unter sorgfältiger Inspektion gehalten werden, sei es in der Stube, auf dem Hofe, im Speise- oder Bettsaal, beim Kleiderwechsel, bei der Reinigung oder wo es auch sein mag, und sind ohne Not auch nicht auf eine kurze Zeit allein zu lassen (. . .). Denn die sorgfältige Inspektion ist der eigentliche Nervus der Erziehung (. . .)«[59].

Exkurs: Die Entstehung von in sich differenzierten und abgestuften Sozialisationseinrichtungen im Bereich der Ausgrenzung bewirkt in doppelter Hinsicht eine Änderung in der Organisation des gesellschaftlichen Systems überhaupt. Einmal verliert der Mechanismus der Differenzsetzung seine Willkürlichkeit. Die Sozialisationsorganisationen spielen dabei eine funktionale Rolle, da sie als Schleusen wirken, die der einzelne durchlaufen muß, bevor er die dem mündigen und verantwortungsvollen Bürger zustehenden Positionen einnehmen kann. »Diese Schleuse stellt sich jedem entgegen; sie ist nicht durch Privilegien der sozialen Zugehörigkeit oder des Besitzes zu umgehen. Die Sozialisationsorganisationen zentralisieren die Kontrolle zu den Ein- und Ausgängen der Gesellschaft der ›Erwachsenen‹, der ›Vernünftigen‹ und ›Gesunden‹«[60]. Darin deutet sich ein eigentümliches Ergebnis an: Die Gesellschaft erreicht ihre Stabilität, indem sie in dem zunächst außerhalb von ihr liegenden, sozial unbesetzten und nur negativ definierten Raum eine Ordnung einführt, die für ihren eigenen Bestand nicht nur funktional wird, sondern diesen sogar erst ermöglicht. Sie setzt zur Lösung des Problems, wie sie als Gesellschaft bestehen kann, ein System spezifischer Orte – so wenigstens die Sicht der Individuen. Soziologisch interpretiert differenziert die Gesellschaft einen Zusammenhang von Subsystemen aus sich heraus, deren Funktion darin besteht, die Integration des Systems der Gesellschaft zu sichern[61].

Das Problem der sozialen Integration der Individuen, das diesen Evolutionsprozeß überhaupt erst auslöste, verlagert sich dabei in eigentümlicher Weise. Es wird gesellschaftlich irrelevant. Anders formuliert: es wird an die Individuen zurückgegeben, die nun gezwungen sind, in der Auseinandersetzung mit diesen Subsystemen sich selbst zu vergesellschaften. Damit wird ihnen eine zusätzliche Last auferlegt, deren Gewicht noch nicht einmal angedeutet werden kann. Soviel scheint jedoch sicher: Vergesellschaftung als individuelle Leistung bedarf eines hohen reflexiven Aufwandes; man muß sich gleichsam für die Gesellschaft entscheiden und für die Verwirklichung dieser Entscheidung arbeiten, ohne daß man damit rechnen darf, daß das gesellschaftliche System hierbei Hilfestellung leistet. Im Gegenteil: die integrierten Subsysteme erweisen sich dabei zunehmend eher als hinderlich.

9 Vom Subjekt als der einzulösenden Möglichkeit der Moderne[1]

Die moderne Gesellschaft bringt für den Menschen die Lebensform des Individuums hervor und sucht zugleich, ihn in dieser zu disziplinieren; sie will nicht nur verhindern, daß er aus ihr auswandert[2], sondern ihn dazu bringen, daß er sich frei für sie entscheidet. Dazu erlegt sie ihm auf, sich selbst an die Gesellschaft zu binden und an ihrem Wandel mitzuwirken, bei sich selbst, also »identisch« zu bleiben und sich zu verändern.

Doch wie lassen sich die aus diesen widersprüchlichen Anforderungen entstandenen Spannungen aufheben, aushalten oder wenigstens menschlich ertragen? Erst in der aus den gesellschaftlichen Kommunikationsprozessen entstehenden Begrifflichkeit, mit der sich die Moderne ihre eigene Bedeutung zuschreibt, sich in dieser begreift und feststellt, läßt sich ihre Wirklichkeit hintergehen und überschreiten. Die Semantik der Moderne konstituiert eine neue, eine andere Welt; sie legt veränderte Referenzsysteme vor, in welchen die Dinge nicht nur anders angeordnet, sondern veränderte Projektionen, auch neue Horizonte zugänglich werden: Zwar hebt diese Semantik als ein Phänomen des – traditionell gesprochen – »ideologischen Überbaus« die realen Strukturen und Funktionen des gesellschaftlichen Reproduktionsprozesses nicht auf. Als Bedingung der Bewußtseinsstrukturen verändert sie jedoch die Wahrnehmungs- und Denkweisen sowie die Handlungsmotivationen der Akteure. Damit aber wirkt sie sich auch aus auf deren soziale Praxis.

Es ist der Begriff des Subjekts, der den in der Moderne gegebenen Zwiespalt zwischen Individualisierung und Disziplinierung, somit die conditio humana in ihrer bürgerlich-kapitalistischen Fassung einer neuen Interpretation zugänglich macht. Er codiert somit auch die Wahrnehmung des sozialpädagogischen Problems. Dieses wird nämlich nun als Problem des Subjekts und seiner Subjektivität denkbar, läßt sich mit Bezug auf die im Subjektbegriff gedachten Inhalte kategorial ausdifferenzieren: Die konkrete Gestalt des sozialpädagogischen Problems in der Moderne wird so vor dem Hintergrund der historisch zur Verfügung gestellten und benutzten Begrifflichkeit erfaßt; sie bildet das Raster, durch welches das sozialpädagogische Problem im Diskurs der Sozialpädagogik reflektiert und verarbeitet wird. Man muß daher die Theorie des Subjektbegriffes betreiben, denn in ihr formuliert sich das Bewußtsein aus, welches die Beteiligten von ihrer Situation und den in dieser ruhenden Möglichkeiten haben.

Im Begriff des Subjekts wird menschliche Existenz in einer Dimension denk- und problematisierbar, in der nicht nur die Zerrissenheit des Sozialen aufgehoben, sondern zugleich eine Projektion für das menschliche Handeln entworfen wird, da für dieses ein Zentrum identifiziert wird. Das Subjekt ist der gedanklich für menschliche Praxis entworfene Modus, in welchem der moderne Mensch die Widersprüche der Welt aushalten und zugleich initiativ, neu gründend und verändernd wirken kann. In ihm wird – zunächst begrifflich, dann aber doch als handlungsleitendes Motiv real – die Verfügung über die Welt erobert.

Die Semantik von Subjekt und Subjektivität überschreitet so die mechanische Determination durch das Soziale. Das Subjekt bildet eine Grenze zur Welt[3]. Oder anders formuliert: Der Begriff steht als Symbol für einen systematischen Zusammenhang, der gesellschaftlich »erfunden« und in eigener Dignität ausdifferenziert wird, um das unmittelbar unlösbare Problem von Individualisierung und Disziplinierung gleichsam durch eine Verdrehung der Bezugsgrößen aufzulösen. Er steht als Symbol für die (begrifflich-gedanklich eingeführte, gleichwohl einer »notwendenden« Realität entsprechenden) Entdeckung einer wirklichen und zugleich aufgetragenen praktischen Struktur, in welcher eine zunächst nicht mögliche Beziehung zwischen Handelnden und Umwelt erfaßt wird. Die moderne Gesellschaft eröffnet also den Modus der Subjektivität. Sie setzt ihn als eine für sie erforderliche, gleichwohl eigenartige, offene, riskierte und riskante Möglichkeit aus sich heraus. Sie muß ihn aus sich heraussetzen, weil nur die im Subjektbegriff gedachte potentielle Realität jenen Mechanismus der historischen Transzendierung verwirklichen kann, der sie in ihren Grundbedingungen auszeichnet. Die Gesellschaft benötigt noch das Subjekt zu ihrer eigenen Verwirklichung; und zugleich kann sie sich durch das Subjekt selbst in Frage gestellt sehen. Dieses ist nämlich, obwohl seine Möglichkeit selbst gesellschaftlich bedingt ist, imstande, seine eigenen Voraussetzungen zu begreifen und zu überwinden. So ist im Subjektbegriff die historische Möglichkeit denkbar geworden, jene Determination zu überwinden, die der

Humanität als der bewußten, geplanten und verantworteten Lebenspraxis der Gattung entgegensteht – indes läßt er auch die Möglichkeit erfassen, daß die Subjekte als Subjekte ihre Bedingungen aufheben, so aber entweder die Existenz der Gattung zerstören oder sich selbst eine Lebensform unterhalb jeder Subjektivität schaffen.

Die eigenen Lebensvoraussetzungen zu überwinden, liegt als Sinn dem Subjektbegriff zugrunde, seitdem er eingeführt wurde: Ursprünglich bringt die bürgerliche Klasse das Begriffspaar Subjekt und Subjektivität polemisch ein, um ihr Projekt der Moderne gegenüber den alten Mächten zu verteidigen und voranzutreiben. Mit ihm werden als menschlich spezifisch die Fähigkeiten zur Selbstthematisierung und Selbstschöpfung geltend gemacht; man mißt sich prometheische Qualitäten zu, die alle Fesseln bornierter Verhältnisse sprengen. So kann die historische Realität noch dort auf Handeln zurückgeführt werden, wo sie Ergebnis eines von den Handelnden nicht zu verantwortenden Prozesses scheint.

Von der Tradition der Scholastik ausgehend hat Thomas von Aquin den Weg für das neuzeitliche Subjektdenken eröffnet; er stellt die Weichen für die Etablierung der neuzeitlichen Subjektsemantik. Erkenntnis begreift er als ein Verhältnis des erkennenden Menschen gegenüber der erkennbaren Objektwelt; auch klingt die Vorstellung an, daß allein der Mensch imstande sei, sich in seiner Beziehung zur Welt zu erfassen und diese nach seinen Vorstellungen zu verändern. Schon im ausgehenden Mittelalter zeichnet sich demnach die dann von Descartes vollzogene Zuordnung des Subjektbegriffes zur Erkenntnisseite ab[4], welche das für die politische Programmatik der Moderne entscheidende Selbstverständnis der Menschen als handelnde Subjekte ermöglicht. Aber erst die Bedingungen der entfalteten Aufklärung erlauben, daß es in seiner ganzen, das soziale Leben mitumfassenden Breite zum Durchbruch kommt. Vielfältige, noch in sich komplexe realgeschichtliche Prozesse führen zu dieser Genese des Subjekts in sachlicher wie auch in begrifflicher Hinsicht: Als Folge der Auflösung traditioneller Lebenszusammenhänge und Abhängigkeitsverhältnisse, auch als Ausdruck der noch heute anhaltenden Trennung der Produzenten von ihren Produktionsmitteln verzahnen sich der soziale Prozeß der Vereinzelung, die Säkularisierung des Lebens, die Vorstellung eines inneren, in den wechselnden Umständen des Lebens als einheitliches Motiv gleichbleibenden Selbsts[5], die Entfaltung neuer Zeitvorstellungen und das ökonomisch effektive Rationalitätskonzept, schließlich die Erfahrung einer zunehmend gelingenden technischen Beherrschung von Natur und die bürgerliche revolutionäre Gedankenwelt zur Vorstellung vom menschlichen Subjekt als Zentrum der sinnlichen Lebenspraxis. Man versteht sich als die tätige Ursache seiner selbst, die unabhängig von äußeren Einflüssen das eigene Leben plant und verwirklicht; man sieht sich als derjenige, der sich mit selbstgeschaffenen Lebensbedingungen ein hinreichendes Maß an existentieller Gewißheit begründet. Vor allem aber: man ist nicht nur Subjekt, sondern weiß sich als ein solches selbst. Subjekt und Subjektivität bezeichnen nicht nur den Modus, den sich der moderne Mensch selbst zubilligt; als Begriffe bilden sie vielmehr seine schlechthin verbindlichen Reflexionskategorien.

Der moderne Begriff des Subjekts, trotz aller Gegensätzlichkeit der Grundpositionen in Romantik und klassischem Idealismus philosophisch durchdrungen und abgesichert, war so zunächst kämpferisch gemeint. Er diente vorzüglich der Kritik. Erst spät, wenn auch im Zeitalter der Empfindsamkeit und in der Romantik schon präsent, tritt seine heute vertraute, auf Befindlichkeit und individuelle Seinszustände gerichtete Dimension hinzu.

Ihren Ausdruck findet diese kritisch-polemische Richtung des Subjektbegriffes in seiner funktionalen Doppeldeutigkeit: Zwar formulieren »Subjekt« und »Subjektivität« eine Aussage über die Realität, die für gewiß gehalten und dem eigenen Tun zugrunde gelegt wird. Sie hält Merkmale fest, die dem Menschen unzweifelhaft selbst dort zukommen, wo sie empirisch nicht vorfindlich sind. Er ist, so die darin formulierte Grundannahme, die tätige Ursache seiner selbst, welche unabhängig von äußeren Einflüssen das eigene Leben plant und verwirklicht. Menschliche Existenz kann und darf gar nicht anders gedacht werden. So bleibt also die kritische Implikation des Begriffspaares erhalten. Im Subjektbegriff wird die notwendig aufgetragene Verwirklichung einer Möglichkeit angesprochen. Er macht auf Unausgeschöpftes aufmerksam. Weil er aber mehr als das Gegebene meint, kann er diesem gegenüber auch geltend gemacht werden. Mit ihm läßt sich fragen, ob in den historischen Umständen der dem menschlichen Subjekt zukommende Platz eingeräumt wurde. Einem Axiom gleich hält er also die Grundbestimmungen des Menschen selbst dann noch fest, wenn sie empirisch unbestätigt bleiben, und fordert auf, diese um der Humanität willen zu verwirklichen. Insofern steht hier allerdings mehr als ein Begriff zur Debatte. »Subjekt« und »Subjektivität« drücken eine Idee aus, die Hoffnung und Auftrag zugleich ist: Gehofft wird, daß die den widersprüchlichen sozialen Prozessen Unterworfenen doch schon als Subjekte wirken; daß sie zu Subjekten werden, wo dies noch nicht gesichert ist. Und eben dies wird ihnen in eigene Verantwortung über- und aufgegeben.

Daß Subjektivität, daß der Subjektstatus handelnd zu verwirklichen sind, verweist auf die begrifflichen Grundlagen, die mitgedacht werden müssen: Erstens läßt sich der Subjektbegriff in der Tat nicht von der Vorstellung des Handelns, der Tätigkeit trennen. Er ist noch unaufhebbar mit dem Gedanken an Kreativität verbunden, der in der Renaissance seinen von dem klassisch antiken unterschiedenen neuen Sinn gewonnen hatte[6]. Schließlich wird die ihm implizierte Tätigkeitsvorstellung zu dem modernen Begriff der Arbeit zugespitzt, der die Selbsterzeugung des Menschen in der Auseinandersetzung mit der Natur meint.

Damit ist die zweite begriffliche Grundlage schon angedeutet. Das auf Handeln gerichtete Denken läßt einen Mittelpunkt, mehr noch: einen Urheber der Aktivität erkennen: Wer vom Subjekt spricht, meint ein autonomes, aber auch verantwortliches Wesen. Dies findet unmittelbar seinen Niederschlag auf der Ebene ethisch-moralischer Reflexion, da es dem Wirken der Menschen untereinander und aufeinander Grenzen setzt, aber auch neue Dimensionen eröffnet: Der Begriff der Würde des Menschen setzt hier ein[7]; er markiert die Mindestbedingung, die im sozialen Miteinander erfüllt sein muß. Wenn aber Subjekte auszeichnet, daß sie autonom allein der eigenen Vernunft unterworfen tätig werden, dann heißt dies nicht nur, daß sie ihr Handeln selbst im Blick auf seine Wirkungen zu prüfen haben; vielmehr gibt es keine Berechtigung mehr, ihnen Zwecke verbindlich zu machen, die nicht ihre eigenen sind. Beides hat Kant in der Formulierung des Kategorischen Imperativs verdichtet: »In der ganzen Schöpfung kann alles, was man will und worüber man etwas vermag, auch bloß als Mittel gebraucht werden; nur der Mensch, und mit ihm jedes vernünftige Geschöpf, ist Zweck an sich selbst. Er ist nämlich das Subjekt des moralischen Gesetzes, welches heilig ist, vermöge der

Autonomie seiner Freiheit. Eben um dieser willen ist jeder Wille, selbst jeder Person ihr eigener, auf sie selbst gerichteter Wille, auf die Bedingungen der Einstimmung mit der Autonomie des vernünftigen Wesens eingeschränkt, es nämlich keiner Absicht zu unterwerfen, die nicht nach dem Gesetze, welches aus dem Willen des leidenden Subjektes selbst entspringen könnte, möglich ist; also dieses niemals bloß als Mittel, sondern zugleich selbst als Zweck zu gebrauchen«[8].

Drittens setzen Subjekt und Subjektivität den Begriff der Erfahrung voraus, stehen somit im Zusammenhang mit dem der Geschichte. Nur weil die autonom gedachten Individuen nicht bloß als ein Ergebnis fremder Einflüsse zustandekommen, sondern das eigene Wirken auf die Außenwelt, ja noch die von ihnen unabhängigen Ereignisse als Erfahrungen verarbeiten und sich bewahrend sichern können, wird es ihnen möglich, Geschichte als eigenes Produkt zu begreifen und den historischen Prozeß zu verändern[9]. Deshalb muß »der Begriff der Erfahrung als komplementärer Gegenbegriff zu aller Subjektivität stets mitgedacht werden (. . .). Die Subjektivität der Subjekte besteht schließlich darin, daß sie Erfahrungen zu machen in der Lage sind und nicht allein reagierende Gegenstände für andere Gegenstände bleiben«[10]. Geschichte darf dabei jedoch nicht bloß als Vergangenheit oder Gegenwart verstanden werden. Im Gegenteil: gemeint ist, daß sich als Subjekt nur erfährt, wer über seine Zeit verfügt und eine Zukunft für sich denken kann, die er auch verwirklichen kann. Das zielt auf den projektiven Charakter der Moderne[11], der als programmatisch erklärter »Ausgang des Menschen aus seiner selbst verschuldeten Unmündigkeit«[12] von der Aufklärung zum Epochenthema erhoben wird.

Anders formuliert: Erfahrung gilt nur im Blick auf die Erfahrung vom Subjekt selbst in den selbstgeschaffenen Bedingungen. So hat noch der Sensualist Locke als Grundlage der bürgerlichen Gesellschaft erfaßt, daß sich die Individuen in ihr nur als autonome Urheber des »Moral law« selbst vergesellschaften, indem sie die so selbst bedingte Gesellschaftlichkeit ihrer Existenz erfahren[13].

Damit ist – viertens – auf das im Subjektbegriff zu denkende Verhältnis zur Welt, zu den dem Subjekt objektiven Bedingungen hingewiesen. Dieses Verhältnis gründet in der vom Ich ausgehenden Tätigkeit, welche die Welt modifiziert. Spätestens in der Sprache der Philosophie des 17. Jahrhunderts gilt daher als Subjekt »das Ich, sofern es sich erkennend wie handelnd zu dem Gegebenen in seinem ganzen Umfang als ›Objekt‹ verhält, es zum Gegenstand des Erkennens macht oder es praktisch aneignet und verändert. Die Subjektivität ist so das Subjekt in allem, was sein Sein in sich und für sich in Anlagen, Fähigkeiten, im Empfinden, Wollen, Denken, in Sehnsucht, Liebe, Leiden, Glauben ausmacht«[14]. So impliziert der Subjektbegriff den Gedanken an das Gegenüber, an die Welt der objektiven Gegenstände. Objektivität darf hierbei nicht verkürzt begriffen sein; der Ausdruck umfaßt vielmehr alles, was als »objektiver Geist« erfaßt sein kann. Er bezeichnet Lebewesen, Verhältnisse und Beziehungen, Dinge, auch Symbole und Zeichen, kurz: alles, was uns wenigstens irgendwann einmal objektiv gegenübersteht, bis es von uns bearbeitet wird.

Daran wird verständlich, warum der Subjektivitätsbegriff selbst ein Verhältnis meint: Nicht nur, daß Subjektivität ohne Objektivität undenkbar ist, vielmehr zeigt sich, daß die Vermittlung zwischen beiden – die dann doch erst den Subjektstatus auszeichnet – ein Handeln ist. Insofern aber läßt sich auch sagen, daß Subjektivität Selbsterzeugung meint. Im Subjektbegriff wird demnach – allgemeiner – Selbstreferenz gedacht: dies gilt in dreifacher Hinsicht: In der Selbstreflexion erkennen sich die Individuen selbst. Sie werden sich selbst zum Gegenstand. Insofern nämlich das Ich nur ist, »inwiefern es sich seiner bewußt ist«, muß es sich als Subjekt selbst Objekt sein: »Das Ich stellt sich selbst vor, nimmt insofern sich selbst in die Form der Vorstellung auf und ist nun etwas, ein Objekt«[15].

Man stellt sich – so die zweite Selbstreferenz – selbst fest. Gegenüber den sozialen Prozessen, die noch die Bedingungen der eigenen Subjektivität erzeugen, identifiziert man sich. Der Subjektbegriff enthält also die Zumutung, daß man sich gegenüber den Ereignissen und Vorgängen, welche die eigene Existenzform bedingen, fixiert und gleichsam organisiert. Man muß sich widerständig geltend machen. Es tritt also die Aufgabe an das Subjekt heran, sich in den Wechselfällen seines Lebens eine eigene Identität zu erarbeiten, indem es sich der sozialen Praxis auf seine Weise »einregelt«[16]. Insofern sich schließlich die Subjekte in der Welt sehen und diese umgestalten, verändern sie sich selbst. Das Subjekt bezieht sich also – darin liegt die dritte Selbstreferenz – weltbildend auf sich selbst. Es verändert seine Umwelt um seiner eigenen Humanisierung willen.

Unter dem Gesichtspunkt dieser dreifachen Selbstreferenz läßt sich nun auch die Subjektivität auszeichnende Art der tätigen Auseinandersetzung mit der objektiven Umwelt erfassen. Sie ist doppelter Natur. Subjektives Handeln wird nämlich zum einen nur möglich, wo sich das Subjekt in seiner Tätigkeit gegenüber der Welt als ein hypothetisch fixer Punkt definiert[17]. Es distanziert sich von den Prozessen, denen es ausgesetzt ist; sie werden von ihm als objektiv gesetzt und so einer Bearbeitung zugänglich. Das Subjekt zieht also, durchaus willkürlich, einen Trennungsstrich zwischen sich selbst und den eigenen Lebensbedingungen, um diese für seine Tätigkeit zu vergegenständlichen.

Gesellschaftstheoretisch betrachtet verfügt die Subjektivierung stets über eine Affinität zur Anomalie. Man wird ein Subjekt, das sich auf sich selbst bezieht, indem man sich aus einer vorgegebenen Welt löst; zwar entzieht man sich nicht den Mechanismen des Sozialen, stellt sich aber doch in kritische Distanz zu ihnen[18]. Distanzierung als ein Subjektivität fundierendes Moment bedeutet jedoch anderes als Individualisierung; sie ist weniger und zugleich mehr: weniger, da sie kein Heraustreten aus den sozialen Beziehungen meint. Mehr, weil sie auf eine reflexive, auf das sich konstituierende Subjekt bezogene Bearbeitung der Objektivität weist. Distanzierung muß also als ein Akt des Bewußtmachens begriffen werden. Somit wird das Subjekt Subjekt erst dann, wenn es begreift und erkennt.

Ein subjektkonstituierendes Erkennen beschränkt sich allerdings nicht bloß auf ein rezeptives Aufnehmen. Es ist ein aktiver Prozeß der Auseinandersetzung, der in den Vorgang einer Verallgemeinerung des Erfaßten mündet: Da sich Objektivität dem einzelnen Subjekt nur in Situationen und somit partikulär darstellt, muß das Subjekt aus seiner Wahrnehmung Gesetzmäßigkeit und Regularität abstrahieren, die es – Instrumenten gleich – künftiger Wahrnehmung und künftigem Handeln zugrunde legt; gerade so kann es seine Subjektivität in Situationen bewähren, die es noch nicht antizipiert hatte, wenngleich es Gefahr läuft, subjektiv eine falsche Regularität aus seiner erfahrenen Situation zu abstrahieren: Zwar korrespondieren seiner individuellen Verallgemeinerung real universelle Momente des Lebensprozesses, die man als Institutionen bezeichnen kann. Da diese aber eher Erwartungen (und weniger sanktionierte Verhaltensweisen) ausdrücken[19], riskiert das Subjekt in seiner Verallgemeinerung durchaus seine Subjektivität.

Alle diese Überlegungen thematisieren freilich schon längst das der Distanzierung korrespondierende Moment der Aneignung; man distanziert sich ja von der Objektivität, um diese zu kontrollieren, um über sie zu verfügen, sie schließlich anzueignen. Erst durch Aneignung wird Objektivität zu einem Instrument, welches vom Subjekt in seinen Lebenssituationen mediatisiert werden kann; erst nach der (beispielsweise: erkennenden) Aneignung weiß es um seine Lebensbedingungen und kann diese zu beherrschen versuchen. Darin zeigt sich aber, daß dem Subjektstatus eine dynamische Dimension innewohnt: Subjektivität ist ein Modus der Auseinandersetzung mit der Umwelt, in welchem sich ein Wandel des Subjekts selbst vollzieht. Subjektivität ist somit nichts Statisches. Im Gegenteil: den »Subjektstatus« zeichnet ein durch die selbsttätige Aneignung von Welt bedingter Wandel des Subjekts aus. Es verändert sich in seinem Modus: Durch sein Handeln wird die durch es selbst bestimmte (je konkret aufzuzeigende) Relation zu seiner historischen und sozialen Welt neu geordnet. Es bewirkt selbst »einen Übergang oder eine Modulation von einem Modus auf einen anderen«[20]: Durch seine Aneignung konstituiert es sich in einer neuen Gestalt seiner handelnd herzustellenden Beziehungen zur Welt, somit auch in seiner von anderen (und auch durch sich selbst) wahrnehmbaren Position. Kurz: es begründet einen vom vorhergehenden unterschiedenen Subjektivitätsmodus – damit auch neue Ausgangsbedingungen für künftige Aneignungshandlungen.

Wenn auch unter den Prämissen des objektiven Idealismus, somit unter der Annahme, daß das Subjekt nur Durchgangsstadium des sich an es entäußernden, subjektiv werdenden Geistes sei, hat die Hegelsche Philosophie diese über Distanzierung und Aneignung konstituierte Dynamik des Subjekts zugänglich gemacht. Sie verdeutlicht, daß der Begriff des Subjekts mit dem der Bildung sowohl im Blick auf das Ergebnis wie auch hinsichtlich des prozessualen Elements in diesem vermittelt ist: Zwar ist das Subjekt, so läßt sich der vor allem in der »Phänomenologie des Geistes« und den »Nürnberger Gymnasialreden« denkbar gemachte Zusammenhang sachlich zusammenfassen, Zentrum seines absichtsvollen Tuns; seine Subjektivität gründet in einem Ich, das sich selbst in den wechselnden Zuständen der Welt identisch scheint. Aber da dieser Wandel auf es selbst zurückwirkt und es verändert, löst sich die Identität des Subjekts auf. Weil sich Subjektivität in der Bildung des Subjekts zeigt, müssen in diesem Identität und Differenz als verknüpft gelten: Das Subjekt ist mit sich identisch in der Differenz zur Welt; indem es diese Differenz als Zeichen seiner Subjektivität aufhebt und sich auf die je konkreten Sachbedingungen der Wirklichkeit einläßt, verliert es seine eigene Identität; es »entäußert« sich an die objektive Welt. Diese Entäußerung bleibt ihm selbst als Erfahrung oder Wissenszuwachs. Durch beide wird es ein anderes, in seinen Möglichkeiten verändertes und erweitertes Subjekt. Insofern wird schon bei Hegel deutlich, daß Subjektstatus und Subjektivität eingebunden sind in die Dialektik von Bildung und Arbeit.

Doch muß die im Bildungsprozeß auftretende Dynamik hervorgehoben werden: Subjektivität ergibt sich nämlich, so kann man aus den Hegelschen Überlegungen schließen, nur in der subjektiven Riskierung des eigenen Subjektstatus. Man muß sich der Objektivität als solcher aussetzen und dieser als einer Aufforderung gehorchen, dabei aber die schon erreichte Subjektivität in einem Akt aufgeben, der selbst doch nur ein subjektives Handeln sein kann. Dies impliziert allerdings – erstens –, daß keineswegs Objektivität in einem sachlich-dinglichen Sinn angeeignet wird. Vielmehr richtet sich der Aneignungsprozeß auf das Objektive mit seinem durch frühere Tätigkeit von anderen gleichsam inkorporierten Handlungsmuster. In der Aneignung als selbst noch praktischem Prozeß wird stets die Tätigkeit vollzogen, welche der Sache eine gesellschaftliche Bedeutung gibt[21]. Zweitens zeigt sich hier aber als andere Seite des Aneignungsgeschehens, daß dieses nicht unabhängig von seinen sozialen Effekten betrachtet werden kann. Aneignung ist nicht bloß »Interiorisation«, in welcher eine »praktische Gegenständlichkeit« (oder auch: »gegenständliche Praxis«) in das Subjekt aufgenommen und von diesem habitualisiert wird. Weil sie nur aktiv geschehen kann, läßt sie sich vielmehr niemals von der im Aneignungshandeln schon erzielten Wirkung auf die Umwelt trennen; es bedarf einer Reaktion der Umwelt – etwa durch andere Personen –, in welchem es bestätigt und verifiziert wird. Aneignung umfaßt also »Interiorisation« und »Exteriorisation«, wobei durch diese das Angeeignete für das Subjekt in seinem sozialen Sinn als gültig erklärt wird; erst so erhält der nun erreichte Subjektivitätsmodus selbst Objektivität für andere.

Als subjektiver Prozeß läßt sich der Aneignungsvorgang jedoch nur begreifen, wenn man die in ihm vollzogene Aufhebung der eigenen Subjektivität durch das Subjekt in einer Zeitdimension betrachtet: Sie bedeutet nämlich, daß das Subjekt seine Subjektivität in die Zukunft verlegt; es stellt sich selbst die Aufgabe, ein anderes Subjekt zu werden. Es will die Modulation. In diesem Versuch, über die eigene Biographie zu verfügen, liegt also eine mit der individuellen Geschichtlichkeit verknüpfte futurische Dimension. Man kann sie mit den Ausdrücken »Perspektive« und »Planung« erfassen: Subjektivität erweist sich dann darin, daß das Subjekt selbst die gegebene Struktur von Objektivität als eine Perspektive erfaßt, die für es modale Lebensrelevanz hat; es schließt sie für sein Leben auf, negiert hierbei gleichzeitig seine aktuelle biographische Realität und versucht, diese in Gestalt eines neuen Modus wieder positiv herzustellen, indem es die perspektivisch erfaßten Handlungen vollzieht: »Entwickelte Subjektivität ist (...) in dem Maße gegeben und in dem Maße entwickelt, wie der Mensch in der Lage ist, sich die eigene persönliche Entwicklung als Aufgabe zu stellen, sich selbst als Problem zu begreifen und selbst dafür die Verantwortung zu übernehmen, sich allmählich von passiven Erwartungen und Abhängigkeiten zu emanzipieren«[22].

Um eine Perspektive entwerfen zu können, bedarf es jedoch einer doppelten empirischen Voraussetzung. Einmal muß sich das Subjekt im »Modus des Könnens« befinden; es muß jene komplexe Verfaßtheit von »Fähigkeit und Zuständigkeit, (...) Kraftgefühl und maßvollem Eifer« gegeben sein, die sich so umschreiben läßt: »Wenn wir etwas können, sind wir zu etwas fähig und für etwas zuständig, fühlen wir uns kräftig etwas zu tun, und entwickeln dabei Eifer, das uns Zustehende zu erreichen«[23]. Der Biographie gewordene Prozeß von Aneignungsakten hat also zu einem Potential gesicherter Fähigkeiten und Fertigkeiten (nämlich den instrumentalisierten Momenten vorangegangener Aneignung) geführt.

Sie bestimmen das Niveau der aktuellen Leistungen eines Subjektes[24]. Da das Subjekt diese von ihm angeeignete »objektive Praxis« jedoch aus den ursprünglichen situativen Zusammenhängen gelöst und für sich integriert hat, weisen diese Fähigkeiten schon immer über die Gegenwart hinaus. Sie bezeichnen eine »Zone der nächsten Entwicklung«[25]. In der psychischen Organisation des Subjektes findet sich somit eine Basis der Perspektive.

Zum anderen aber muß ebenfalls empirisch ein Aneignungsmaterial, eine objektive Realität für das Subjekt gegeben sein, welche gleichsam als externes materiales Substrat möglicher Perspektiven dienen kann. Dabei gilt: »Bewußte Subjektivität (. . .) ist kein Prozeß privater Individualisierung und Vereinzelung. Sie kann sich nur dann entfalten, wenn sich das Individuum der objektiven Logik der gegenständlichen Welt und der Entwicklungslogik gesellschaftlicher Prozesse unterordnet und diese für sich nutzt«[26]. Weil das Subjekt als Subjekt nur in seiner handelnd hergestellten Beziehung zur objektiven Wirklichkeit denkbar ist, muß man von seiner historischen und sozialen Immanenz ausgehen; ein Subjekt kann nicht außerhalb des geschichtlich gewordenen »objektiven Geistes« Subjekt sein. Es ist in seinen Handlungsbedingungen sowie durch seine Handlungen mittels der angeeigneten Objektivität selbst in den historischen Stand gesellschaftlicher Reproduktion eingebunden: So ist das Subjekt »einmalig im wesentlich Gesellschaftlichen seiner Persönlichkeit«[27]. Seine, die eigene Subjektivität formende Lebenspraxis hängt positiv wie negativ von den objektiv gegebenen, ihm als Material zur Verfügung stehenden Bedingungen ab. Daher ist die konkrete Subjektivitätsäußerung stets »einerseits Handlung eines Individuums, Aspekt seiner Biographie, Selbstäußerung, aber andrerseits (. . .) Handlung einer gesellschaftlich bestimmten Welt, Aspekt der gesellschaftlichen Verhältnisse, Äußerung der objektiv historischen Bedingungen«[28]. Jeder Akt der Aneignung legt also das Subjekt in doppelter Hinsicht fest: Je mehr es sich von einer gesellschaftlichen Objektivität aneignet, um so stärker bezieht es sich auch auf diese; es baut sich gewissermaßen in diese ein, wird dabei spätestens durch das Element der Exteriorisation für sich selbst und für andere in der Besonderheit seiner Aneignung und Aneignungsgeschichte identifizierbar. Andrerseits legt es sich auch in seinen künftigen Aneignungsmöglichkeiten fest: so wie es sich Handlungsdimensionen eröffnen kann, verschließt es auch die Zugänge zu anderen Entwicklungen. Es kann sich sogar durch gelingende Aneignung das weitere Voranschreiten des Aneignungsprozesses, somit die Möglichkeit seiner Subjektentwicklung – also kurz: seine eigene Subjektivität – zerstören.

Damit ist aber schon umrissen, wie sich das sozialpädagogische Problem in der Semantik des Subjektbegriffes differenziert darstellt. Um zu verstehen, wie der Subjektbegriff das sozialpädagogische Problem neu fokussiert, muß man jedoch mit einer allgemeineren Vorüberlegung anheben: Zuallererst impliziert nämlich der Subjektbegriff den Zwang, die konkrete Person stets in ihrer Realität als ein Subjekt anzuerkennen. In welcher Situation der einzelne sich befinden mag, wie gering seine geäußerte Subjektivität erscheint, wie verletzt und beschädigt, abhängig und kontrolliert das Subjekt ist, es bleibt doch als Subjekt anzuerkennen. Noch seine Probleme müssen als Probleme thematisiert werden, welche es als Subjekt hat. Darin liegt eine vielleicht auch zynisch wirkende Radikalität in der Wahrnehmung von anderen. Sie besagt nämlich auch, daß ein leidendes Subjekt nicht bloß als Opfer, sondern als handelnd und verantwortlich angesprochen wird. Das meint keinen Vorwurf, sondern zielt darauf, daß selbst eine problematische Situation immer noch Element der subjektiv biographischen Realität ist, in welche es sich selbst praktisch verwickelt hat. Das schließt nicht nur ein, daß es keinen bestimmten Grad von Subjektivität, sondern nur konkrete Formen von dieser gibt. Zugleich aber heißt es, daß man auch Leiden, Not, Probleme und Schwierigkeiten als Ausdruck von Subjektivität begreift und sie (beispielsweise) nicht auf gesellschaftliche Bedingungszusammenhänge zu reduzieren sucht[29]. Eine über den Subjektbegriff gesteuerte Wahrnehmung erlaubt also, den individuellen Lebensprozeß in seiner unverwechselbaren Eigenart zu erfassen, ihn auch als die Möglichkeit eines identischen, tätigen Wesens zu interpretieren, welches Hoffnungen und Perspektiven entwickelt. Schärfer formuliert: der Begriff des Subjekts zwingt dazu, den einzelnen Menschen in seinem Hier und Jetzt ernst zu nehmen und *seine* Reallage als seine gegenwärtige Lebenstatsache anzuerkennen[30]. Er verlangt, sich nicht mit einer (unter Umständen sogar zutreffenden) Erklärung aus soziologischer, psychologischer oder medizinischer Sicht zufrieden zu geben, sondern fordert, die subjektive Situation als solche zu begreifen und zugleich sich dem zu stellen, dessen Subjektivität zerstört wird.

Unterhalb dieser prinzipiellen Vorentscheidung erlauben die im Subjektbegriff zu denkenden Implikate, das sozialpädagogische Problem konkret als Gefährdung des Subjekts und seiner Subjektivität zu erkennen: Es dechiffriert sich als das Paradox eines Subjektzustandes, in welchem das Subjekt und seine Subjektivität gefährdet oder schon verloren sind; nur weil der Maßstab des Subjekts geltend gemacht wird, läßt sich dies überhaupt erfassen. Da er aber ein abstrakter, gleichsam nur strukturtheoretisch skizzierter Begriff ist, fordert er auf, die in einem konkreten Subjekt liegenden Möglichkeiten zum Maßstab der Beurteilung seiner Wirklichkeit zu nehmen.

Für die konkrete Bestimmung und Analyse des sozialpädagogischen Problems unter der unhintergehbaren, den Fokus erst einstellenden Voraussetzung des Subjektbegriffes bezieht man sich auf die tätige Auseinandersetzung des Subjekts mit seiner Umwelt; das Aneignungshandeln wird zum Referenzsystem. Dabei tritt auf eigentümliche Weise der Subjektbegriff in doppelter Position hervor: Gleich ob das Aneignungshandeln glückt oder mißlingt, es konstituiert einen Subjektivitätsmodus. Innerhalb dieser prinzipiellen Formbestimmung findet sich jedoch Subjektivität auch im Aneignungshandeln selbst; man hat somit mit der Subjektivität im Subjektivitätsmodus zu tun.

Das ist keineswegs bloß eine begriffliche Spielerei. Erst von dieser Unterscheidung aus läßt sich nämlich eine konkrete Bestimmung des sozialpädagogischen Problems ableiten: Zwar ist der Aneignungsakt stets ein subjektives Tun, in welchem eine Phase der Nichtsubjektivität auftritt. Zu einem sozialpädagogischen Problem wird er jedoch dort, wo sich diese Phase der Nichtsubjektivität verselbständigt und dominierend das Aneignungshandeln selbst verhindert. Das sozialpädagogische Problem ergibt sich also, wenn der Subjektivitätsmodus durch nichtvollzogene Aneignung gekennzeichnet ist und dieser Zustand beharrlich bleibt. Es realisiert sich als eine Negation der Subjektivität, welcher keine Aufhebung in Gestalt einer erweiterten Subjektivität, sondern eine Destrukturierung des Aneignungssubjekts folgt.

Gelingt Aneignung, dann könnte man den daraus erwachsenden Subjektivitätsmodus als den *Modus der Identität* bezeichnen.

Zerbricht aber die Aneignungsdialektik von modaler Subjektivität und modaler Objektivität, weil – aus welchen Gründen auch immer – eine Tätigkeitsbeziehung nicht zu verwirklichen ist, so entsteht ein *Modus der Differenz*. – Dem entspricht übrigens eine alltägliche Erfahrung: Wir finden uns selbst im Modus der Differenz, wenn wir uns mit uns selbst uneins fühlen, dabei nicht so recht wissen, wo wir stehen, wie wir uns verhalten sollen. Uns ist dann der Zusammenhang zwischen unserem Tun und der realen Welt entglitten.

Dieser Zustand mag in seiner Alltäglichkeit nicht erschrecken. Aber er kann in einen Krisenzustand, schließlich auch dazu führen, daß das Subjekt die Kontrolle über seine Lebensbedingungen verliert. Damit wird aber eine kriteriensetzende Differenzierung für die Bestimmung des sozialpädagogischen Problems möglich: Für seine Identifikation mit Hilfe des Subjektbegriffes wird gefragt, in welchem Maße das jeweilige Aneignungshandeln dem einzelnen ermöglicht, gesellschaftlich Subjekt zu werden (bzw. zu bleiben), in die ihm in ihrer Struktur vorgegebenen sozialen Interaktions- und Kommunikationsvorgänge einzugreifen, somit aktiv zu werden. Einmal wird also geprüft, wie weit Aneignung dazu führt, daß das Subjekt über seine existentiellen Bedingungen verfügt und diese kontrolliert. Zum anderen ist zu erfassen, wie weit gelungene oder mißlungene Aneignung eine künftige Entwicklung des Subjekts ermöglicht und verhindert. Nicht um den Inhalt des Aneignungsgeschehens geht es somit – also auch nicht um gesellschaftlich notwendige Normen, die der einzelne zu verinnerlichen habe –, sondern vielmehr um die Sicherung oder Wiederherstellung der Subjektivität in ihrer Dynamik – wobei diese als stets gesellschaftlich bedingte nicht außerhalb der gesellschaftlichen Möglichkeiten und »Notwendigkeiten« gelingen kann.

Mißlingt der Aneignungsprozeß entweder unmittelbar, indem ein Aneignungsgegenstand fremd bleibt, oder mittelbar, indem die Aneignung in einen Zustand führt, in welchem weitere Entwicklung unmöglich wird, sieht sich das Subjekt einer ihm fremden, äußerlichen Kontrolle unterworfen. Es wird als auffällig demarkiert, erhält eine Biographie zugeschrieben, in deren Rahmen es sich bewegen muß; es wird auch handlungsunfähig, da es seine spezifische Form von Subjektivität nicht mehr exteriorisieren kann. Es findet sich im Subjektmodus der aufgehobenen Subjektivität, im Modus der Differenz.

»... oft werden sie nur Ausgangspunkt einer positiven Erziehung sein, die nun die eigentlichen Schwierigkeiten erfaßt, die hinter den ersten Symptomen stecken. Diese *Schwierigkeiten* sind aber der zentrale Ansatz der normalen wie der anormalen Erziehung: sie bestimmen das, was wir die *pädagogische Situation* des Kindes nennen. Und hier wird noch einmal jene Umdrehung, von der ich zu Beginn sprach, ganz entscheidend. Die alte Erziehung ging aus von den Schwierigkeiten, die das Kind macht, die neue von denen, die das Kind *hat*«[1]: Angestoßen durch die – freilich damals noch junge – Tradition eines Denkens »vom Kinde aus«, angeregt durch die Entdeckungen der Tiefenpsychologie, schließlich im Kontext der pädagogischen Reformbewegung zu Beginn des 20. Jahrhunderts, definiert sich das sozialpädagogische Denken durch seinen Bezug auf das Subjekt. Es markiert so den Focus seiner Problembestimmung und den Ansatzpunkt für das von ihm angeleitete Handeln: die subjektive Realität des Subjekts, das *ihm* widerfahrende Aneignungsproblem werden zum Thema, seine Tätigkeit dann auch zur Grundlage des pädagogischen Handelns.

Allerdings blieben in der sozialpädagogischen Diskussion weder die Radikalität dieser Auffassung, noch ihre stets mitgedachten Implikationen im Gedächtnis. So sieht sich auch heute erheblichen Einwänden ausgesetzt, wer eine Bestimmung des sozialpädagogischen Problems über den Begriff des Subjekts vornehmen will. Diese Kritik ist zumeist – im weitesten Sinn – soziologisch und politikwissenschaftlich begründet. Sie wendet ein, daß die Subjektorientierung nicht nur zur Bildung von Illusionen über die Handlungsmöglichkeiten der Sozialpädagogik, sondern vor allem zu einer Individualisierung in der pädagogischen Problemdefinition führt: Abgesehen davon, daß sie – kaum anders als das Verwahrlosungsdenken im 19. Jahrhundert – die Individuen moralisierend für ihren Zustand verantwortlich mache, verfalle sie insgesamt einer verkürzten Problemsicht; in ihr wären die gesellschaftlichen Determinanten sozialer Probleme wenn nicht sogar ausgeblendet, so doch regelmäßig unterbewertet. Insbesondere wird dabei – etwa mit dem Hinweis auf die Verknüpfung von Lohnarbeit und Armut – hervorgehoben, daß die als sozialpädagogisch bezeichnete Problematik systematisch in der Struktur der kapitalistischen Gesellschaft wurzle[2]. Kraß ausgedrückt: Wer die Aneignungsprobleme eines Subjekts als Thema sozialpädagogischer Theoriebildung bestimme, mache sich einer systemaffirmativen Ideologie schuldig.

Diese Kritik kann einige Berechtigung in Anspruch nehmen, da in der Tat nach dem 2. Weltkrieg die materiellen Lebensbedingungen zunehmend aus der sozialpädagogischen Problemdefinition herausfielen, »psychosoziale Notstände und Bedürfnisse« dagegen in den Vordergrund rückten[3]. Noch die in der Gegenwart zunehmende »Therapeutisierung« der Sozialpädagogik läßt sich als ein Beleg für die individualisierende, sozialstrukturelle Bedingungen ausklammernde und psychologisierende Tendenz innerhalb des sozialpädagogischen Denkens werten.

Sowohl diese Auffassung wie aber auch die Kritik an einer unzureichenden Berücksichtigung materieller Lebensverhältnisse verfehlen die über den Subjektbegriff vorgenommene Bestimmung des sozialpädagogischen Problems. Für diese steht nicht nur die prinzipielle Gesellschaftlichkeit des Subjekts außer Frage, vielmehr gilt ihr Interesse – wie schon Herman Nohls gegen eine bloß reagierende Jugendfürsorge gerichtetes »Schienengleichnis«[4] deutlich macht – zuallererst den Lebensbedingungen der Betroffenen. In diesen finden sich zwar der Bestimmungsgrund des sozialpädagogischen Problems wie aber auch der Ansatzpunkt für das sozialpädagogische Handeln, doch werden diese stets zurückbezogen auf die Subjekte als diejenigen, welche auf ihre konkrete Weise unter den Problemen leiden, bzw. selbst als Handelnde ihre Lebensbedingungen beeinflussen.

Da in der Kritik eben dies unberücksichtigt bleibt, macht sie sich eines Mangels an Angemessenheit schuldig; sie wirft im Grunde der Sozialpädagogik vor, diese bediene sich nicht des soziologischen oder psychologischen Gegenstandsverständnisses. Darüberhinaus scheint sie sachlich fragwürdig: Was im sozialpädagogischen Denken als ein Aneignungsproblem der Subjekte thematisiert wird, läßt sich nämlich durchaus unabhängig von Sozialindikatoren identifizieren. Eine Differenz liegt regelmäßig erst in der Art der Problembearbeitung, die für die soziale Unterschicht in Gestalt einer öffentlichen Reaktion, in der Oberschicht dagegen in Form privat finanzierter Erziehungseinrichtungen (etwa in Internaten), in Psychotherapie oder auch in Selbsthilfegruppen erfolgt. Zudem zieht übrigens der Verweis auf einen Zusammenhang zwischen sozialer Lage und abweichendem, auffälligem Verhalten ein erhebliches Erklärungsproblem nach sich: Wieso, so muß gefragt werden, bleibt die übergroße Mehrzahl von Lohnabhängigen, aber auch von Armen, im Rahmen der gesellschaftlichen Konventionen?

Der sozialpädagogische Subjektbegriff impliziert schon auf der Ebene der Problembestimmung nicht nur abstrakt Gesellschaftlichkeit, sondern lenkt den Blick auf die konkreten und realen Lebensbedingungen. Er zielt auf die Möglichkeiten des Subjekts, somit auch auf die von ihm selbst vorgenommene Einschätzung seiner Wirklichkeit – einer Wirklichkeit, in welcher dem Subjekt etwas fehlen kann[5]. Sowohl die Lebenslage, wie aber auch das Aneignungsproblem dürfen dabei nicht durch eine äußerliche Beurteilung diskriminiert und für das Subjekt »unmöglich« werden. Noch die Krise des Subjekts verrät »eine Art zu leben, die auf mehr oder weniger tiefe Weise zum Individuum gehört; es ist eine seiner möglichen Arten zu sein«[6]. Subjektorientierung meint demnach die Anerkenntnis einer subjektiven »Normalität« eines Lebensstils auch dann, wenn er den durchschnittlichen Erwartungen widerspricht. Dies gilt auch für die Identifikation des Aneignungsproblems: Keineswegs notwendig hat ein Drogenkonsument ein Aneigungsproblem[7]; nicht minder können Angehörige einer Jugendsubkultur trotz ihres »ungewöhnlichen« Aussehens, trotz ihrer »auffälligen« Verhaltensweisen ihre Lebensbedingungen kontrollieren[8]; schließlich kann auch eine »psychische Krankheit« zu einem Lebensstil geworden sein, den das betroffene Subjekt gelungen und ohne Schwierigkeiten angeeignet hat[9].

Subjektorientierung bedeutet indes keineswegs bloße Toleranz. Zwar geht sie von einer Pluralität menschlicher Möglichkeiten aus, lenkt so den Blick auf die konkreten Lebensbedingungen; sie begreift also menschliche Subjektivität ökologisch[10]. Insofern greift sie auch den Vorbehalten vor, welche das Theorem von der Kolonialisierung der Lebenswelten nahelegt – es besagt, daß Sozialarbeit und Sozialpädagogik als Instanzen der öffentlichen Kontrollpolitik glückende Aneignungsprozesse aus einer negativen Bewertung der Lebenswelten für defizitär erklären und diese systematisch umzugestalten suchen[11]. Gleichwohl schließt die Subjektorientierung die Beliebigkeit aus zwei Gründen aus: Einmal fragt man mit ihr danach, ob bestimmte Lebenswelten überhaupt angeeignet werden können, bzw. eine Entwicklung des Subjekts erlauben. Zum anderen bleibt man sich in ihr der Gesellschaftlichkeit des Subjektes bewußt: Führen Lebenswelten und Lebensstile in die Isolation, führen sie dazu, daß das Subjekt gesellschaftlich ohnmächtig, bloßer Adressat der Verfügung andrer wird, dann liegt darin keine Berechtigung, die ursprünglichen Aneignungsprozesse zu negieren – dies würde die biographische Identität der Betroffenen in Frage stellen –, legitimiert aber wohl zu einem pädagogischen Handeln. In der Tat zeigt sich hier nämlich ein Aneignungsproblem, welches durch Anstöße zur Selbsttätigkeit gelöst werden kann. Insofern führt die sozialpädagogische Problembestimmung zur Gesellschaft hin – wenngleich Sozialpädagogik selbst nur den Weg dazu eröffnen kann.

Allerdings wird damit auch bewußt, daß die Subjektorientierung eine theoretisch detaillierte Bestimmung des Aneignungsproblems nicht zuläßt; sie hat auffordernden Charakter, verlangt nicht nur die Prüfung des konkreten Subjektivitätsmodus, sondern fordert den Sozialpädagogen zu einer selbst noch subjektiven Entscheidung auf. Sie kann ihm nur Reflexionshilfe geben. Allein in diesem Sinne läßt sich eine Typologie möglicher Aneignungsprobleme entwerfen; sie kann deshalb auch nur grob, höchstens als ein heuristisches Hilfsmittel tauglich, ausfallen.

Folgt man den zuletzt zum Modus der Differenz angestellten Überlegungen, dann drängt sich auf, in diesem zwei Kategorien zu unterscheiden: Unter die erste fallen die Erscheinungsformen, welche allein durch strukturtheoretische Beschreibung hinreichend erfaßt werden können. Da man mit einem Auseinanderfallen von Subjekt und Objekt im Aneignungsprozeß zu tun hat, läßt sich diese Kategorie als »absoluter Modus« der Differenz bezeichnen. In diesem gelingt nicht einmal annäherungsweise die Aneignung; zugleich erstarrt das Subjekt in diesem absoluten Modus der Differenz; es kann sich gleichsam nicht mehr bewegen, ist (und fühlt sich) gefesselt und gefangen in seiner Leidenssituation. Unter die zweite Kategorie der »relativen Modi« der Differenz fallen die in der Realität überaus schwierig zu identifizierenden, eher prozessualen Formen des Aneignungsproblems. Sie lassen sich mit der paradoxen Formel eines »Gelingens von Aneignung, welches doch nicht gelingt« umschreiben. Es handelt sich dabei um Aneignungsprobleme, welche zunächst über einen Modus der Identität vermittelt werden und erst in zweiter Instanz zu einem Modus der Differenz führen; faktisch stellen sie sich als Aneignungsfallen, die sich das Subjekt zum Teil selbst baut, die andrerseits aber auch für das Subjekt eingerichtet werden: Die öffentliche Jugendhilfe selbst kann zu einer derartigen Aneignungsfalle werden[12].

Erstens: Ein erster Typ des absoluten Modus der Differenz läßt sich dort identifizieren, wo eine aneigenbare Objektivität schlechthin fehlt. Aneignung findet nicht statt, da kein Aneignungsgegenstand vorhanden ist. Allerdings muß diese Vorstellung unter logischem Gesichtspunkt befremden, läßt sich doch, wo kein Aneignungsgegenstand vorhanden ist, weder von Aneignung noch von ihrem Mißlingen sprechen. Sinn gewinnt dieser Typ daher erst, wenn man eine zeitliche Dimension entweder auf der Seite des Subjekts selbst oder auf der Seite der Objektivität hinzudenkt.

Geht man nämlich von einer – psychologisch gesprochen – Entwicklungslogik[13] oder auch von der Biographie gewordenen Aneignungsgeschichte des Subjekts aus, so läßt sich vorstellen, daß eine Objektivität fehlt, die für die subjektive Entwicklung erforderlich ist oder aber von dem Subjekt aufgrund seiner Erfahrung erwartet wird. So kann sich offensichtlich die Subjektivität von Kindern und Jugendlichen nur entwickeln, wenn sie sich mit erwachsenen Bezugspersonen auseinandersetzen; sie müssen nicht bloß Sorge und Zuwendung, sondern auch Widerstand erleben, um sich selbst als Person zu identifizieren[14]. Indem sie diese Praxis der Auseinandersetzung mit anderen aneignen, können sie die Handlungsmuster erwerben, welche für das Erkennen, Gestalten und Lösen von Konflikten erforderlich sind. Ähnliches gilt dort, wo sich Erwachsene Jugendlichen gegenüber indifferent zeigen, für diese somit weder in Gesamtheit noch in einer besonderen Beziehung zu ihrer eigenen Wirklichkeit erfahrbar sind[15].

Unter einem anderen Aspekt zeigt sich fehlende Objektivität dort, wo ein Subjekt aufgrund seiner Aneignungsgeschichte die Konfrontation mit einer bestimmten Objektivität erwartet, ja sogar erhoffen muß. Auch hier lassen sich eine eher psychologische und eine soziologische Dimension unterscheiden: So kann ein Kind erwarten, daß ihm mit wachsenden Einsichten und Fähigkeiten eine zunehmende Selbständigkeit von seinen Eltern zugebilligt wird; es darf damit rechnen, daß ihm die Möglichkeit erwächst, sich mit jener Art von Objektivität auseinanderzusetzen, die in Gestalt von sozialen Beziehungen außerhalb der Familie auftritt. Binden jedoch Eltern (beispielsweise aufgrund ihrer eigenen narzißtischen Bedürfnisse) das Kind oder den Jugendlichen an sich, indem sie verhindern, daß es aus dem familiären Zusammenhang ausbricht, dann wird ihm eine Realität vorenthalten, zu deren Aneignung es sich entwickelt hat[16]. Eine eher soziologische Dimension zeigt sich dort, wo ein Subjekt auf eine bestimmte Lebensphase systematisch vorbereitet wurde, diese selbst normativ als notwendig antizipiert, sie somit als Perspektive für sich empfindet, zugleich auch die erforderlichen Fähigkeiten ausgebildet hat, sie ihm gleichwohl vorenthalten wird. Als Beispiel hierfür mögen das Fehlen einer Lehrstelle oder Jugendarbeitslosigkeit insgesamt gelten: So wurden die Heranwachsenden in den Sozialisationseinrichtungen systematisch sowohl im Blick auf ihre Fähigkeiten wie auch hinsichtlich ihrer Einstellungen auf die Arbeitswelt vorbereitet, die nun aber der ihnen möglichen Aneignung unzugänglich bleibt.

Das Subjekt verfügt also über Handlungsmöglichkeiten in der Zone künftiger Aktivität, die jedoch durch das Fehlen von Objektivität inhaltlich nicht ausgefüllt werden. Nicht nur, daß so seine Perspektive, somit die biographisch erworbene Vorstellung von Zukunft zusammenbricht. Vielmehr sieht sich das Subjekt durch seine Aneignungsabsicht bereit, seinen Subjektivitätsmodus selbst aufzulösen; es hat sich in den für die Aneignung erforderlichen Zustand der »Dekomposition«[17] begeben, der nun aber andauert. Da die Ansatzpunkte möglicher Aktivität fehlen, gehen so schon früher erworbene Kompetenzen verloren – es destabilisiert sich, gerät sogar in die Gefahr, daß sich sein Aktivitätspotential insgesamt verringert[18].

Legt man die Zeitdimension an die Objektivität an, so kann ihr Fehlen Folge ihres Verschwindens sein: Sie hatte Bestand, war für das Subjekt regelmäßig vorhanden, wenn auch nicht umfassend angeeignet; nun aber fehlt sie, fällt somit als permanente Realität, wie auch als dauernder Impuls für die Entfaltung von Perspektiven für die psychosoziale Konstitution des Subjekts aus. Sein Subjektivitätsmodus zerfällt. Als Beispiele dafür lassen sich der Verlust materieller Mittel als Folge etwa von Arbeitslosigkeit, aber auch der – oft als »Rentenschock« bezeichnete – Übergang in die nachberufliche, »beschäftigungslose« Zeit nennen. In besonderer subjektbedrohender Dramatik zeigt sich der Verlust von Objektivität jedoch im Falle des Verwaisens von Kindern und Jugendlichen[19], bzw. beim Tod eines Partners innerhalb der Beziehungen von Erwachsenen.

Dabei wirkt der Entzug von Objektivität in dreifacher Hinsicht traumatisierend: Einmal heben sich für gewiß gehaltene, das Subjekt individuell stabilisierende, regelmäßige Sozialbezüge und Handlungskontexte auf. Es verliert seine Aktivitätsvoraussetzungen, somit die Grundlage seiner Orientierung und seines Handelns – ihm lösen sich, mit anderen Worten, nicht nur die aktuellen Fähigkeiten auf, vielmehr werden deren vom Subjekt einkalkulierte Bedingungen fragwürdig. Es ist deshalb nahezu notwendig gezwungen, auf ein früheres Entwicklungsstadium zu rekurrieren, muß es sich doch auf einen Modus zurückbesinnen, auf welchem Realität und Subjektivität zusammenstimmen und Gültigkeit haben. Subjektiv entwertet demnach – zweitens – der Verlust von Objektivität stets die schon in modaler Lebenspraxis verwirklichten Handlungsformen; der erreichte Modus der Subjektivität wird negiert, erweist sich doch als überflüssig, was man schon angeeignet hat. Zugleich aber – drittens – geht ein möglicher Gegenstand von Aneignung, somit auch das materielle Äquivalent der Perspektivbildung verloren; das Subjekt sieht also die futurische Dimension seines Lebens entleert und kann höchstens – freilich auch nur idealisierend – auf seine Vergangenheit zurückgreifen.

Der Entzug von Aneignungsgegenständen kann sich dabei in durchaus subtiler Weise als unbeabsichtigte Folge intentionaler Handlungen ergeben: So verschließt beispielsweise die Einordnung eines Kindes oder eines Jugendlichen in eine pädagogische Institution prinzipiell den Zugang zu anderen Lebensbereichen; insofern birgt ein starrgegliedertes Schulwesen schon die Gefahr einer Subjektbeschädigung. Besonders gilt dies aber, wenn im Zuge strafender oder auch psychiatrisierender Maßnahmen Jugendliche vorübergehend eingeschlossen werden. Eine erste Problematik liegt dabei schon darin, daß die subjektive Legitimität der individuellen Biographie wenigstens dann in Frage gestellt wird, wenn die früheren Erfahrungswelten für ungültig erklärt werden; eine ganze Individualgeschichte glückender Aneignung kann so angezweifelt und für das Subjekt unzugänglich werden.

Die subtilen Formen des Objektivitätsentzuges deuten sich schon an: Sie zeichnet aus, daß am Subjekt selbst (und von ihm verinnerlicht) die Zugehörigkeit zu bestimmten Bereichen der sozialen Praxis vermerkt wird; gemeint ist also der Prozeß einer »Stigmatisierung« von Individuen. Sie entzieht diesen Entwicklungsmöglichkeiten, da sie gleichsam an ihnen selbst einen Vermerk über die ihnen erlaubten und verbotenen Lebensbereiche anbringt. So wird es mit dem Etikett »abweichend« oder »anormal« aus dem Universum gesellschaftlicher Normalität ausgeschlossen.

Offensichtlich besteht also eine enge Beziehung zwischen dem Typus des Aneignungsproblems, welches aus dem Fehlen von Objektivität entsteht, und den gesellschaftlich prinzipiellen Möglichkeiten. Aneigenbare Realität vorzuenthalten, führt nämlich in die Tantalussituation, »mitten in der erregendsten Fülle machtlos entbehren zu müssen«[20]: Man ist von der sichtbaren, potentiell verfügbaren Wirklichkeit ausgeschlossen; Armut, Mangel an Obdach werden so zum unmittelbaren Ausdruck dieses Typus, der keineswegs in dem emphatischen Sinne einer Teilhabe am gesellschaftlichen Reichtum gelten muß. Eher bricht er dort auf, wo die gesellschaftliche Normal- und Durchschnittsexistenz verweigert wird, wo das Subjekt somit nicht wenigstens auf dem niedrigsten Level gesellschaftlicher Lebensweise handeln kann.

Neben das Fehlen von Objektivität tritt als zweiter Grund für das Entstehen des absoluten Modus der Diffferenz, daß sich vorhandene Objektivität nicht aneignen läßt: Sie besteht, wird vom Subjekt nicht nur wahrgenommen, empfunden oder erlitten, sondern noch in seine Perspektivenbestimmung aufgenommen, bleibt aber dennoch außerhalb seiner Verfügung. Es müht sich an ihr ab, scheitert jedoch, weil entweder seine Kräfte nicht ausreichen oder sich die Objektivität widerständig jeder Aneignung entzieht. Sie stellt sich zwar als Aufgabe, rückt aber vom Subjekt immer wieder ab und bleibt – in jeder Hinsicht – unfaßbar.

Daß dies eintritt, kann selbstverständlich am Subjekt liegen. Fehlen ihm Handlungsmöglichkeiten und -fähigkeiten, liegt die Objektivität empirisch außerhalb seiner Reichweite, so ist es überfordert. Vielleicht gründet dieser Modus der Differenz darin, daß ihm – einschließlich möglicher Organschäden – die physischen oder psychischen Voraussetzungen prinzipiell oder vorläufig noch fehlen, um einen Gegenstand zu »behandeln«. Aber darin liegt nur ein technisches Aneignungshindernis; der Modus der Differenz verschwindet entweder durch die Gesamtentwicklung des Subjekts oder wird durch die Aneignung einer »zwischengeschobenen« Objektivität überwunden; durch sie werden dann die nötigen Handlungsmittel erworben, um die noch entfernte Realität ebenfalls anzueignen. Freilich kann ein Subjekt insgesamt oder in einem Teilbereich seiner Aktivitätspotenzen an einem (vielleicht nur vorübergehenden) Ende seiner Entwicklungsmöglichkeiten angelangt sein; schließt man diese Möglichkeit – vermutlich realistisch – ein, dann wird man sich genötigt sehen, die den Modus der Differenz konstituierende Objektivität zu entfernen, um so einen Subjektivitätsmodus der Identität wieder zu ermöglichen.

Folgt die Nichtaneigenbarkeit des Gegenstandes aus dessen Eigenschaften, so lassen sich ebenfalls zwei Formen unterscheiden: In dem ersten Falle gleicht die objektive Realität einer undurchdringlichen, unfaßbaren, harten Dinglichkeit, die zunehmend bedrohlicher scheint. Man ist ihr machtlos ausgesetzt – jene in der Schweizer Jugendbewegung entstandene Metapher, in welcher die gesellschaftlichen Verhältnisse als »Packeis« bezeichnet werden, kann das so entstehende Lebensgefühl illustrieren: Ohnmächtig steht man einer Wirklichkeit gegenüber, die fremd bleibt, das Handeln noch in die Grundstrukturen der Aktivität hinein paralysiert oder den Rückzug nahelegt. So verlassen Kinder und Jugendliche »die traditionelle Umwelt und suchen sich neue Lebensmöglichkeiten und Interaktionsformen. Im Bereich der ›Verhaltensstörungen‹ scheint z. B. die Zahl der Kinder zuzunehmen, die die Beziehung zu ihrer Umwelt und Mitwelt allmählich ›einfrieren‹ lassen und sich in eine private Welt zurückziehen«[21].

Solche harte Realität läßt sich zumeist erleben im Umgang mit Institutionen. Ihre Beziehungen werden als Sachzwang nach außen dargestellt; sie lassen sich weder »behandeln«, noch verändern – Subjekte zählen in ihnen nicht. Wo dies völlige Realität geworden ist, läßt sich von einer »totalen Institution« sprechen: Diese beherrscht das Individuum noch in seinen minimalsten Lebensäußerungen, duldet dabei keinerlei subjektive Sinnzuschreibung; dieses ist auf die Mechanik einer Lebensäußerung reduziert, welche den Bestimmungen der Institution folgt. Indes vermitteln Institutionen zumeist zwei Botschaften: Die eine verspricht Förderung und Entwicklung des Subjekts, fordert dieses geradezu zur Aneignung auf. Aber sie duldet diese nur bis zu einem gewissen Grade, um sich dann zu verweigern: Die zweite Form der Nichtaneigenbarkeit, welche aus den Eigenschaften des Gegenstandes folgt, trägt also »weichere Züge« als die erste. In ihr zeigt sich die Objektivität nachgiebiger, auch indifferenter, vielleicht auch dem aneignenden Subjekt gegenüber offener. Kurz: sie ähnelt einer Gummiwand. Bis zu einem gewissen Grade läßt sie zu, daß man sie erfaßt, auch in sie eindringt, um dann das Subjekt zurückzuschleudern.

Zweitens: Mit dem durch nachgiebige Härte ausgezeichneten Aneignungsgegenstand vollzieht sich der Übergang zur zweiten Kategorie des Modus der Differenz. Sie ist wesentlich prozessual bestimmt, zeichnet sie doch aus, daß dem Subjekt Aneignungsprozesse gelingen, welche aufgrund der gegenständlichen Eigenschaften der Objektivität, d. h. aufgrund der mit ihr verbundenen (sozialen) Praxis das Subjekt in einer eigentümlichen Zirkelstruktur des Wiederholungszwanges fesselt und seine Subjektivität schließlich zerstört.

Verdeutlichen läßt sich dies am Problem des Alkoholismus, besonders des Jugendalkoholismus: Der Konsum von Alkohol gehört nämlich zu den auch (und besonders) unter Jugendlichen etablierten, gesellschaftlich anerkannten und institutionalisierten Handlungsmustern. Sie eignen sich so eine für die Interaktion und die Kommunikation mit Gleichaltrigen und Älteren unentbehrliche »Technik« an. Sowohl die chemischen Eigenschaften wie auch die als positiv erfahrenen, über alkoholische Getränke (oder auch andere suchtkonstituierenden Giftstoffe) vermittelten Lebensformen determinieren das Subjekt; sie führen (unter Umständen) zu einer psychischen und physischen Abhängigkeit, in welcher zunächst die Konsumsituation immer wieder aufgesucht wird, der Raum für andere Erfahrungen und Entwicklungsmöglichkeiten zunehmend geringer wird. Das Subjekt beginnt sich in wachsendem Maße in den Versuch einzudrehen, die Wirklichkeit der »Alkoholpraxis« zu beherrschen, verliert dabei aber den Zusammenhang mit seiner Umwelt. Es hört schließlich auf, Subjekt zu sein: »Wir haben die

Erfahrung gemacht«, schreiben die Berichterstatter über die Drogeneinrichtung »Nowhere House«, »daß wie kaum ein anderer Patient der Süchtige gar nicht da ist. Er hat sich selbst nicht, wie er die Zeit verloren hat. Er ist nicht geschichtlich. In seiner Asynchronität ist er handlungsunfähig. Er kann nichts entwickeln. Er vermag nicht Konflikte zu erleben, geschweige denn auszutragen. Er ist in die Geschichtslosigkeit geflüchtet«[22].

Diese generelle, nur langfristig wirksame Tendenz bleibt jedoch zunächst verborgen: Süchtigen gelingt nämlich nicht nur auf subtile Weise die Aneignung ihrer Lebensbedingungen. Vielmehr entwickeln sie auch präzise Techniken zu ihrer Kontrolle; sie schaffen ein sorgfältiges Setting, in welches der Konsum des Giftstoffes eingelagert wird. So verschwindet eine mögliche Auffälligkeit. Um den Modus der Differenz gruppiert sich also eine Schicht von Modi der Identität. Tatsächlich zeigt sich hier erst die eigentliche Komplexität der unter diese Kategorie fallenden Modi der Differenz – durchaus kann sogar als Differenzmodus erscheinen, was real eine gelungene Form der Aneignung darstellt. So ist nicht nur bekannt, daß ein kontrollierter Gebrauch von »Giftstoffen« möglich ist; vielmehr können auch die um den Modus der Differenz gelegten Modi der Identität dazu führen, daß das Subjekt über sein Aneignungsproblem gleichsam hinauswächst: Eingebettet in eine gesellschaftliche Normalität kann es das Aneignungsproblem in einem Teilbereich seiner Biographie ertragen und als irrelevant hinter sich lassen.

Erst eine restriktive gesellschaftliche Reaktion, durch welches das Subjekt in »seinem Problem« identifiziert wird, fixiert und schließt es von anderen gesellschaftlichen Handlungsbereichen aus. So tritt der Modus der Differenz als fatale (allerdings bei Kenntnis der gesellschaftlichen Reaktionen, insbesondere der Kontrollpolitik einer Gesellschaft erwartbare) sekundäre Folge des ursprünglichen Aneignungsvorganges ein.

Bei genauer Betrachtung lassen sich jedoch zwei Formen unterscheiden, in welchen der relative Modus der Differenz zustandekommt: Einmal entsteht er aus dem Versuch, den absoluten Modus der Differenz mit untauglichen Mitteln zu überwinden. Das Subjekt weicht dabei entweder dem ungelösten Aneignungsproblem aus – ein Kind oder ein Jugendlicher geht vielleicht auf Trebe –, entwickelt die Symptomatik einer psychischen oder somatischen

Erkrankung (etwa auch psychotische Strukturen), oder verlagert seine Aktivität auf eine andere Objektivität; vielleicht hofft das Subjekt, so noch ein Mittel zu finden, mit dessen Hilfe es das ursprüngliche Problem löst. Sind jedoch in einer gesellschaftlichen Wirklichkeit – um das Ausgangsproblem erneut aufzugreifen – Drogen verfügbar, so kann eintreten, daß das Subjekt sich – erstens – in jene Zirkelstruktur begibt, die sich aus den chemischen Eigenschaften (insbesondere aus dem Entzugsphänomen) ergibt. Zum anderen setzt es sich so der gesellschaftlich negativen, in der Formulierung vom Drogenproblem auf die ganze Person bezogenen und diese in ihrem Handlungsspielraum einschränkenden Beurteilung aus. Zur ungelösten Ausgangsproblematik tritt so ein zweites – im beschriebenen Fall selbst noch doppelt strukturiertes – Aneignungsproblem[23].

Die andere Form des relativen Modus der Differenz beginnt auf der Stufe einer real geglückten Aneignung: Das Subjekt erlernt eine soziale Praxis, die vielleicht für einen partikularen Bereich seiner Welt Gültigkeit hat, durch die Instanzen sozialer Kontrolle jedoch sanktioniert wird. Man kann diese Form in ihrer Struktur und Dynamik an jenen Interaktionsprozessen erfassen, in welchen Kriminalität, schließlich abweichende Karrieren produziert werden: Ein Ladendiebstahl kann in einer Jugendsubkultur eine Handlungsweise darstellen, mit der man die Zugehörigkeit zu ihr erwirbt. Der Vorgang selbst, seine glückende Bewältigung hat dabei nur eine vorübergehende Bedeutung für das Subjekt. Gerät dieses jedoch unter die Zuschreibung delinquenten Verhaltens, so muß es entweder Geschicklichkeiten entwickeln, um einer Sanktion zu entrinnen, oder es wird in der Tat von den Instanzen sozialer Kontrolle erfaßt. Beides führt jedoch zu einer Festlegung des Subjekts. Spätestens wenn der Jugendliche die Zuschreibung nämlich vorwegnimmt, integriert er die »Definition als Delinquenter in sein Selbstbild, d. h. er beginnt sich als solcher zu sehen und auch entsprechend dieser Sichtweise zu handeln; die Schwelle zum Verbotenen wird niedriger, das Unerlaubte selbstverständlicher und die ungelöste Problematik größer«[24]. So glückt zwar die Aneignung der für die Aufnahme in die Gruppe erforderlichen Verhaltensweise. Aber sie gelingt nur um den Preis, daß dem Subjekt das Etikett der Delinquenz zugeschrieben wird. Nimmt es nun diese in sein Selbstbild auf, so gelingt ihm sogar noch die Aneignung der ihm gesellschaftlich zur Verfügung gestellten Rolle des Abweichenden. Doch dieser Erfolg zieht eine kumulative Reduktion der Subjektmöglichkeiten nach sich: »Der Jugendliche, als delinquent definiert, wird in seinen sozialen Kontakten zum Außenseiter. Die ›normalen‹ Möglichkeiten der Sozialisation, die Förderung seiner normalen Persönlichkeitsentwicklung wird eingeengt (. . .). Kompensatorisch werden die bei anderen Delinquenten in der Bande Ansehen und Erfolg versprechenden Bereiche entwickelt. Bestimmte delinquente Techniken der Problembewältigung verfestigen sich; diese Techniken werden offiziell als solche bestätigt und für die Gesamtpersönlichkeit als typisch hervorgehoben. (. . .) In diesem Wechselprozeß entstehen dann die delinquenten Rollen, in die die Gesellschaft die Jugendlichen hineindrängt, und in denen sie sich bewegen lernen. Solche Rollen sind z. B. die des Aggressiven, der bei geringer Frustationstoleranz seine Probleme mit ständigen Schlägereien zu lösen versucht, oder der Wegläufer, der allen Bindungen zu entgehen versucht, weil er oft enttäuscht wurde – und der durch Einbrüche und Autodiebereien seinen Unterhalt fristet –, der Manipulator, der seine Umwelt auszunutzen gelernt hat und ständig wegen Betrügereien auffällt, das Bandenmitglied, der Rocker, der hier seine Anerkennung findet, oder der Süchtige und Alkoholiker, der so seinen Problemen entflieht und immer weiter isoliert wird«[25].

Jede abweichende Karriere birgt demnach gelingende Aneignung in sich; sie ist ein in vieler Hinsicht erfolgreicher Lernprozeß, der sekundär in den Modus der Differenz führt. Noch die Zuschreibung der Delinquenz kann dabei angeeignet und zu einem Selbstbild umgeformt werden. Zugleich aber bleibt sie eine Objektivität, die dem Subjekt fremd und unverfügbar bleibt, da sie sich aufgrund der Macht von Zuschreibungsinstitutionen ihm ständig entziehen kann. Je stärker es jedoch versucht, sich aus dem so um es gelegten Netz zu befreien, um so mehr Handlungsweisen legt es an den Tag, welche die erste Zuschreibung bestätigen. So bleibt ihm in der Tat nur mehr eine Entwicklungslinie, nämlich die des Abweichenden[26].

Aneignung kann schließlich – um einen letzten Typus andeutungsweise zu umreißen – gelingen, aber zugleich zu einer Enteignung der subjektiven Fähigkeitspotentiale durch das je angeeignete Objekt führen; zwar setzt man sich mit diesem auseinander, wird jedoch eigentlich von diesem vereinnahmt: Bei einer Sucht zeigt sich schon eine ähnliche Struktur. Auch in ihr eignet man sich ein Handlungsmuster an, kann es aber nicht in die Biographie integrieren, schon gar nicht mediatisieren und souverän über es verfügen. Man wird von ihm vielmehr in seiner Aktivität fortgerissen und in der eigenen Persönlichkeit aufgespalten. So verwandelt sich das Aneigungsobjekt in ein externes Zentrum der Person, welches alle ihre Kräfte auf sich bündelt und beherrscht.

Betrachtet man moderne Gesellschaften unter einem kulturkritischen Aspekt, so wird man diesen Typus des Aneignungsproblems in vielen Lebensbereichen entdecken. Er ruht nicht zuletzt in der Logik einer durchökonomisierten Gesellschaft: Sie zwingt die Subjekte zur Aneignung von Handlungsstrukturen, ohne ihnen ein Minimum an Selbstbestimmung zu erlauben. Im Gegenteil: sie müssen der Logik und dem imperativen Zwang der Objekte folgen, dabei zunehmend gleichsam den Kredit abzahlen, den sie mit jedem Aneignungsakt aufgenommen haben. Nicht zuletzt große Teile der kommerziellen Jugendkultur gründen in einer solchen Enteignung von Aneignungsaktivität; sie tritt an die Subjekte mit der Forderung heran, daß diese sich ihr selbst ausliefern. Und sie hat Erfolg, weil die Jugendlichen ihre Aneignung als befriedigend und sinnvoll erleben. Daß sie so in den Bann des Fremden geraten, domestiziert und pazifiert, schließlich ihrer eigenen Aktivität beraubt werden, entgeht ihnen.

11 Von dem Zusammenhang und der Dynamik des Aneignungsproblems

Spätestens der »relative Modus der Differenz« läßt sich kaum mehr begreifen, wenn man außer Acht läßt, daß das Aneignungsproblem einerseits nicht isoliert, sondern nur in einem bestimmten Zusammenhang mit anderen Faktoren entsteht, andrerseits durch diesen erst seine prozessuale Dynamik gewinnt. Seine Bedrohlichkeit für das Subjekt erwächst nämlich eigentlich erst in einem komplexen Gefüge und aus diesem heraus. Analyse und Bestimmung des Aneignungsproblems erfordern demnach eine Differenzierung der Begrifflichkeit, wenngleich auch dieser dann nur eine heuristische Tauglichkeit als Hilfe bei der Reflexion des konkreten Falles zukommt. Hinzutritt als Schwierigkeit, daß für die erforderlichen theoretischen Bestimmungen kaum auf taugliche Voraussetzungen zurückgegriffen werden kann; man muß – mit anderen Worten – selbst konstruktiv, d. h. auch spekulativ verfahren, ohne jedoch eine zureichende Begründung vorlegen zu können[1].

Erstens: Jeder Aneignungsprozeß ist eingebettet in den Zusammenhang einer sozialen Situation; offensichtlich stellen nämlich soziale Situationen das Verbindungsglied zwischen der Welt der Gesellschaft und dem System der Persönlichkeit dar, wobei die Strukturen jener in der Situation durch die handelnden Subjekte erst doch hergestellt werden[2]. Der Zusammenhang zwischen Situation und Subjekten ist deshalb nur als dialektischer zu begreifen. Denn die Subjekte müssen zwar alle Bedingungen für die Herstellung der Situation schon mit sich bringen; doch werden diese zu Bedingungen der Situation erst dann, wenn die Situation eingetreten ist. Umgekehrt haben also Situationen nicht nur eine subjektunabhängige Realität, sondern verfügen noch über Strukturen, die von den Subjekten nicht bewirkt, sondern spezifisch für Situationen sind, jedoch durch subjektives Tun erst ermöglicht werden müssen[3].

Auf den ersten Blick muß dabei als trivial anmuten, wenn man das Zustandekommen von Situationen auf einen sachlich-gegenständlichen (aber nicht bloß dinglichen) und einen subjektiven Faktor, nämlich auf die beteiligten Personen zurückführt: Aneignungssituationen entstehen jedoch erst dann, wenn in den alltäglich-kontinuierlichen Lebenslauf eines Subjekts ein für es »objektives« Ereignis eintritt; ihm widerfährt Neues und noch Unbekanntes, durch welches es zur Reaktion aufgefordert wird. Freilich muß man sich davor hüten, als Ereignis nur Geschehen von überragender, dramatischer Qualität gelten zu lassen; ein situationsstiftendes Ereignis kann anderen unbedeutend erscheinen, wird von ihnen vielleicht gar nicht wahrgenommen[4].

Das Ereignis selbst liegt zwar nicht vor der Situation, legt jedoch ihren Anfangspunkt fest. In der Aneignungssituation vollzieht dann das Subjekt durch die Auseinandersetzung mit dem Ereignis seine Modulation, erfährt damit auch die Entwicklung seines Handlungspotentials. Deshalb zeichnet Situationen stets eine zeitliche Dimension aus. Sie sind durch die Dauer definiert, welche der Aneignungsprozeß in Anspruch nimmt. Allerdings können sie abgebrochen oder – im Falle eines ungelösten Aneignungsproblems – in ihrem Ausgang offen bleiben. Dabei beanspruchen Situationen durchaus unterschiedlich lange Zeiten. Es gibt Situationen, die sich nahezu punktuell, »blitzschnell« ereignen, während andere andauern. Sie können sogar durch andere Situationen unterbrochen werden oder sich mit diesen überlagern und überlappen.

Zugleich zeichnet Situationen ein räumlicher Zusammenhang aus, der durch das Subjekt in doppelter Hinsicht definiert wird. Situationen sind ihm in einer für es gegenwärtig gültigen Ausdehnung und Begrenzung durch Signifikanzen gegeben. Wir benötigen das so umrissene Territorium, um nicht aus unseren Lebenszusammenhängen herauszufallen – nur im Tagtraum, aber auch im psychotischen Zustand erlaubt sich das Subjekt ein Flottieren der Ideen ohne räumliche Zuordnung. Andrerseits fügt es die Situation in den weiteren Raum seines Orientierungs- und Wahrnehmungshorizontes ein[5]. Während der Bezug auf das Hier und Jetzt sich als selbstreflexive Identifikation des aktuellen Modus durch das Subjekt begreifen läßt, bildet es über den weiteren Horizont seine Perspektive. Es bringt also zwei Aktivitätsdimensionen ein: In der Zone einer ersten Potentialität liegt, was ihm biographisch integriert als Handlungsmittel verfügbar ist; hier stehen wiederherstellbare Situationserfahrungen zur Verfügung. Dagegen bezieht sich »die zweite Zone der Potentialität (...) antizipatorisch auf meine zukünftigen Bewußtseinszustände. Sie ist mit meinen vergangenen Erlebnissen nicht direkt verknüpft, sondern nur dadurch, daß meine Erwartungen meinem Wissensvorrat entspringen, der sedimentierte Erlebnisse enthält«[6].

Die erste Zone der Potentialität hat nun für die Situation die Bedeutung, daß über sie der Zusammenhang mit anderen Personen hergestellt wird; ihr entspricht eine fundamentale Schicht innerhalb des Aufbaus von Situationen. Die Analyse von Situationen erlaubt nämlich eine Unterscheidung von drei Ebenen, welchen in den Persönlichkeitssystemen nicht nur ebenfalls drei Dimensionen, sondern vielmehr auch Befindlichkeiten und Handlungsweisen entsprechen; Subjekte verweben sich über diese drei Ebenen in der Situation: Jeder sozialen Situation liegt dabei eine basale Schicht zugrunde, die stabil und konstant eine Ordnung sichert; subjektiv stellt sie einerseits die Gewißheitsbedingungen zur Bewältigung der Lebensanforderungen zur Verfügung, andrerseits entspricht ihr der schon realisierte Modus des Könnens. Über ihr lagert die Ebene der eigentlichen Aneignungsvorgänge, welche interpersonal als Konflikte und Auseinandersetzungen erlebt, subjektiv als Moduswechsel verarbeitet werden. Drittens tritt noch eine Ebene der reflexiven, sprachlichen Verhandlung der Situation hinzu: Auf ihr wird zwar situativ gebunden, gleichwohl schon metasituativ ein Thema der Situation bestimmt, das diese für das Bewußtsein der Beteiligten einklammert und erinnerbar werden läßt.

Auf der tiefsten, für den jeweiligen situativen Zusammenhang auch ältesten Schicht sind für das Subjekt die Elemente eingelagert, welche Gewißheit verbürgen, zugleich auch aneignungsfundierend wirken. Auf ihr finden wir Grundorientierungen über uns und die Welt. Wir verlassen uns auf diese, weil hier ein unproblematisierter Bestand an Symbolen, Handlungsweisen, gemeinsam gültigen Territorialmarken eingelagert ist; hier finden sich die Stabilität und die Kontinuität, von welchen angenommen wird, daß sie über die Gegenwart hinaus auch künftig bestehen.

Insofern hier zugleich auch ein intersubjektiv geteilter Erwartungshorizont liegt, kann man sagen, daß sich auf der tiefsten Schicht von Situationen Gesellschaft darstellt. Dies geht sogar über die für die unmittelbare situative Interaktion erforderlichen Regeln des Handelns hinaus. Der Situationsbasis lassen sich nämlich die durchschnittlichen Möglichkeiten, Sicherheiten, aber auch die Strukturierungsdaten zuordnen, welche eine Gesellschaft für die einzelnen und ihre Biographie zur Verfügung stellt. So sind räumliche und zeitliche Ordnungen, auch die vom Subjekt erwartbaren Normalkarrieren, schließlich die gesellschaftlich ausgebildeten Typisierungen hier verankert. Sie bilden unseren Erfahrungs- und Erwartungshintergrund, limitieren auch den Horizont, innerhalb dessen wir uns bewegen, unsere Existenz auch riskieren. Hier werden wir also mit Grunderwartungen für unser lebensgeschichtliches Handeln versorgt – insofern reproduziert sich durch die Aktualisierung der Situationsbasis die gesellschaftliche Kultur[7]. Andrerseits aber verknüpft sich diese hier mit unserer Alltagskultur; die uns verfügbare anschauliche Realität schließt hier an das große Ganze an. Obwohl dabei »objektiv« Brüche und Widersprüche auftreten, bleibt die Situationsbasis stets eigentümlich stimmig[8]. Kurz: es ist unsere subjektive Lebenswelt, die uns als Situationsbasis zur Verfügung steht. Wenngleich diese für uns wesentlich sinnlich konstituiert ist, hat sie doch imaginative, auch illusionistische Züge. Nicht nur, daß auf ihr lebensstabilisierende Ideensysteme – etwa religiöse und politische Überzeugungen – zum Tragen kommen, vielmehr ruhen in ihr auch die von anderen mitgetragenen Stereotypen, Vorurteile und Lebenslügen, mit welchen wir uns durch den Alltag mogeln.

Funktional ermöglichen uns die Inhalte der Situationsbasis den Verkehr mit anderen; sie haben den Sinn von praktischen, in ihrer Geltung unbestrittenen Regeln, dienen zugleich auch als Vorrat für Handlungsmittel. Psychologisch aber stellt die Situationsbasis eine emotionale Sicherung dar; sie markiert den Bereich, in welchem wir fraglos anerkannt sind, der selbst dann noch trägt, wenn Beziehungspartner – als Mitspieler der Situation – in Streit geraten. (Erst wo diese Basis fehlt, ist auch eine Beziehung zerbrochen). In unserer psychischen Organisation könnte man daher als Korrelat der tiefsten Situationsschicht (und als Bedingung für sie) das »Urvertrauen« bezeichnen[9]. Denn wir haben hier mit einem Kapital zu tun, welches wir, wenn auch in den unterschiedlichsten Formen ausdifferenziert, in der Situation investieren, diese damit auch erst ermöglichen.

Die Nichthintergehbarkeit der Situationsbasis macht diese jedoch anfällig für Angriffe aller Art: Als soziale Sicherung gerät sie in dem Maße in Gefahr, in welcher ihre Naturwüchsigkeit und Selbstverständlichkeit in Frage gestellt wird. Das gilt real – so erodieren die die moderne Gesellschaft auszeichnenden Rationalisierungsprozesse die »vorwissenschaftlich« legitimierte moralische Ökonomie des Alltags. Es gilt aber auch auf der Ebene der Ideen, setzen doch die Zersetzungsprozesse schon dort ein, wo die Selbstverständlichkeit sinnstiftender Konzepte – etwa des Konzepts »Familie« – theoretisch bezweifelt werden. Schon ihre Thematisierung zerstört ihre Legitimität. Beides bewirkt, daß die den Aneignungsprozeß stützenden Sinnressourcen verloren gehen[10]. Anders formuliert: Jede Situationsbasis zeichnet ein konservativer Grundzug aus, wenngleich ihre Kontinuität nicht mit Statik verwechselt werden darf. Auch die Situationsbasis verändert sich. Denn das in ihr gegebene lebenspraktische Fundament enthält nichts anderes als sedimentierte Aneignungsbemühungen.

So können Situationen einerseits erst zustandekommen, wenn Subjekte aufeinandertreffen, welche einen Sinnhorizont teilen, über gemeinsame Techniken seiner Konstitution verfügen, oder wenigstens mit dem Vertrauen in die Situation eintreten, daß sich diese bewerkstelligen läßt. Andrerseits entstehen Situationen erst durch ein das Aneignungshandeln herausforderndes Ereignis, welches dann durch gelingende Aneignung wenigstens biographisch abgelegt und in die Tiefenschicht künftiger Situationen eingegraben wird. Mit dem Eintreten des Ereignisses und seiner Wahrnehmung durch das Subjekt entfaltet sich dabei eigentlich erst die Situation. Sie explodiert in ihre drei Schichten[11].

Das die zweite Schicht der Situation bestimmende Aneignungsgeschehen bildet demnach die notwendige Bedingung für die Situation: Das Subjekt wird in Anspruch genommen, versucht sich deshalb seiner Lebenswelt zu vergewissern und greift auf sie zur Mobilisierung von Handlungsmitteln zurück. Auf ihr vollzieht sich sein Moduswechsel, der gleichzeitig die Alltagskultur der Beteiligten, sowie ihr Territorium erweitert[12].

Die dritte Schicht einer Situation scheint von den beiden anderen abgehoben; sie können auch bestehen, ohne daß jene aktuell realisiert und manifest wird: In ihr findet eine kognitive Klammerung der Situation statt, die dann ihre Identifikation erlaubt. Faktisch lassen sich dieser Schicht der Situation die Verständigungsprozesse zuordnen, in welchen Bedeutung und Sinn, letztlich das Thema formuliert werden, unter welchem die Situation verarbeitet wird. In der Vereinfachung einer Themensetzung kann also das unübersichtlich komplexe und in sich dynamische Geschehen der Situation eingefangen, verklammert und eingerahmt werden. So ist »eine Situation (...) ein durch ein Thema herausgehobener, durch Handlungsziele und -pläne artikulierter Ausschnitt aus lebensweltlichen Verweisungszusammenhängen, die konzentrisch angeordnet sind und mit wachsender raumzeitlicher und sozialer Entfernung zugleich anonymer und diffuser werden«[13].

Man könnte vermuten, daß der Zusammenhang zwischen Situation und Thema nicht nur einer gesellschaftlichen Festlegung unterliegt, sondern auch unveränderlich bestehen bleibt. Tatsächlich erinnern wir uns beim Eintreten von Ereignissen an frühere, nehmen die damals je mit ihnen verbundenen Themen auf und erledigen so das aktuelle Geschehen. Darüber hinaus finden sich allerdings auch Themenfestlegungen, die von Machtpositionen abhängen: Zweifellos ist es eine Frage der sozialen Position, wie groß oder gering die Chance ist, eine Thematisierung von Situationen durchzusetzen[14].

Gerade diese Abhängigkeit von Macht beweist jedoch indirekt, daß die Definition eines Situationsthemas sich bei den Beteiligten unterscheiden kann, die Festlegung eines gemeinsamen Themas daher von Prozessen kommunikativer Auseinandersetzung abhängt.

Die dritte Schicht einer Situation hängt also mit Sprache und Rationalität zusammen. Denn jenseits bloßer Machtdurchsetzung ist die thematische Klammerung prinzipiell einer Prüfung, aber auch einer Vereinbarung zugänglich; wir können Übereinstimmung darüber anstreben, wie eine Aneignungssituation begriffen sein soll. Dabei ähnelt die Festsetzung des Situationsthemas einer Gerichtsverhandlung, in welcher ein konkreter Sachverhalt einer möglichen Beschreibung untergeordnet wird[15].

Allerdings kann sich noch im Laufe der Situation eine thematische Klammer ändern: Was uns vielleicht zunächst als Situation »Scherz« erschien, entpuppt sich bei nachträglichem Bedenken als »Beleidigung«. Aber auch in der individuellen Biographie, in welcher die Themen als Markierungshilfe die Situation speichern, kann eintreten, daß man eine Situation neu thematisiert oder sogar thematisieren muß. Denkbar ist nämlich, daß die Situationen von uns gleichsam unter falschem Namen abgelegt wurden; der reale Gehalt, den sie für unsere Biographie haben, ging verloren oder blieb verdeckt. Therapie leistet dann eine systematische Neubestimmung. Freilich sind auch hier Grenzen gegeben; es gibt nämlich durchaus objektive Faktoren, die sich nicht neu bestimmen lassen. Man kann nur ihre Bedeutung für uns verändern.

Zweitens: Im Blick auf den situativen Zusammenhang, der durch das Aneignungsgeschehen zustandekommt, dieses dann aber auch umfaßt, wird deutlich, daß der situativen Basisschicht eine unhintergehbare Bedeutung zukommt, wenn Aneignungsprobleme bewältigt werden sollen. Das Subjekt legt nämlich in ihr (d. h. mit den Beteiligten der Situation) den aktuellen Raum wie auch den Horizont fest, in welchem die Perspektiven entwickelt werden können – was darüber hinausgeht, überfordert die subjektiven

Handlungsmöglichkeiten[16], oder bleibt Gegenstand der Traumindustrie. In der Basisschicht ruhen zugleich die sozial schon bewährten, Praxis ermöglichenden Handlungsmittel, auf welche man im Aneignungsprozeß »probehalber« zurückgreift. Schließlich aber realisiert sich über sie konkret der gesellschaftliche Zusammenhang als subjektive Lebenstatsache: Gesellschaft steht hier nicht bloß als Abstraktum (freilich durchaus in allgemeinen Verhaltensanforderungen), auch nicht allein sinnlich-empirisch zur Verfügung, sondern berührt und bindet das Subjekt in unmittelbarer, letztlich emotionaler Qualität.

So ermöglicht die situative Basisschicht Aneignung und subjektive Entwicklung eigentlich erst, weil sie es in einem sozialen Zusammenhang birgt. Ihren Verlust kann man daher mit dem Ausdruck belegen, der in der Sozialpädagogik lange als Kernbegriff galt, wegen seiner moralisierenden, zu allererst das Individuum für verantwortlich erklärenden Implikationen jedoch zunehmend abgelehnt wurde: Das Fehlen der situativen Tiefenschicht kann – in dem alten Sinne des Ausdrucks – als »Verwahrlosung« bezeichnet werden. Das Subjekt ist nicht mehr gebunden, nicht mehr als »wertvoll geschützt«[17]; es ist sowohl in seinem Verhältnis zur Gesellschaft, wie auch in sich selbst, nämlich in seinem Subjektivitätsmodus dissoziiert[18]. Man kann deshalb auch den Modus der Differenz als einen Prozeß der Isolation des Subjekts interpretieren[19]. Als einen Prozeß, weil das Subjekt nicht bloß zu Beginn der Aneignungskrise auf sich gestellt ist, welche einem unlösbaren Aneignungsproblem folgt. Vielmehr eskaliert diese Trennung von der empirischen sozialen Praxis zunehmend[20]: Nicht nur, daß sein subjektiver Modus schon eine Störung im Austausch mit der es umgebenden und aufgegebenen Wirklichkeit repräsentiert; es sieht sich sogar noch von denen verlassen, die mit ihm diesen Subjektmodus der Differenz mittragen könnten. So trennt die Isolation »das Individuum als je konkret-historisches von der umfassenden Aneignung des gesellschaftlichen Erbes, von der umfassenden Realisierung seines menschlichen Wesens als Ensemble gesellschaftlicher Verhältnisse. Isolation meint somit die Störung des Stoffwechselprozesses des menschlichen Individuums mit Natur und Gesellschaft durch Arbeit und Kooperation. Sie ist als Störung von Widerspiegelungs-, Aneignungs- und Vergegenständlichungsprozessen im innerorganischen Bereich wie im Verhältnis zur objektiven Realität in Natur und Gesellschaft zu begreifen (...) Die Isolation der in je unterschiedlichen Situationen betroffenen Individuen führt zu schwersten psychischen und physischen Störungen, je unterschiedlich nach

- der bisher im Aneignungsprozeß erfolgten und durch diesen determinierten Entfaltung des biologischen Substrats im Sinne der Herausbildung funktionaler Hirnorgane,
- der Entfaltung der Ich-Struktur, der psychischen Regulation, des Bewußtseins, der gesetzmäßigen Einsicht in Natur und Gesellschaft. (...) Unter je unterschiedlichen Bedingungen kann Isolation bis zum Tode führen, ruft Halluzinationen, Persönlichkeitsstörungen, schwere psychische Konflikte hervor«[21].

Isolation ist eine Bedingung für das Entstehen einer Subjektivitätskrise aus dem Aneignungsproblem; zugleich aber ist sie in verschärftem, am Ende totalen Ausmaß ein Ergebnis der so entstandenen Dynamik. Dabei lassen sich unter der Bedingung von Isolation prinzipiell noch drei Möglichkeiten denken, mit einem Aneignungsproblem umzugehen; doch führen alle drei, mehr oder weniger mit Notwendigkeit, in einen krisenhaften Prozeß: Die erste Möglichkeit scheint sogar den noch eben angestellten Überlegungen zu widersprechen. Sie besteht nämlich darin, daß man ein entstandenes Aneignungsproblem »routinemäßig« zu erledigen versucht – man könnte sie als die Form administrativer Reaktion bezeichnen. Tatsächlich setzt sie nämlich noch eine Situationsbasis von sozialer Routine voraus, auf welche man dann rekurriert. Doch erfolgt die Reaktion auf das Problem somit allein im Vertrauen auf schon bewährte »Lösungen«, nicht jedoch im Blick auf die objektiven Eigenschaften der Herausforderung. Kurz: man beginnt weder einen Lern- noch einen Entwicklungsprozeß. Wenngleich dieser Lösungsweg ökonomisch effektiv scheinen mag, birgt er die Gefahr, daß einerseits das Aneignungsproblem nur oberflächlich gelöst wird und in möglicherweise verschärfter Form wiederkehrt. Andrerseits zieht die eigentlich inadäquate Lösung Sekundärprobleme nach sich, welche die Aneignungsproblematik nur vergrößern, das Subjekt schließlich zum bloßen Objekt einer von ihm nicht mehr bestimmbaren Dynamik werden lassen.

Eine zweite Möglichkeit besteht in der Vermeidung des Aneignungsproblems; sie liegt vor allem nahe, wenn sich das Subjekt der situativen Basis nicht mehr gewiß ist, ohne definitiv ihren Verlust feststellen zu können: Nicht nur, daß das Subjekt seinem Aneignungsproblem ausweichen kann[22]. Es kann vielmehr versuchen, es als irrelevant zu ignorieren, es zu verdrängen oder sich in Form einer Ersatzhandlung einer anderen Welt zuzuwenden. Und schließlich läßt sich auch eine bloß imaginative Lösung denken, die freilich sehr nahe zur Halluzination rückt. Der Vorteil dieser Lösungsverfahren liegt darin, daß man die Situationsbasis erst gar nicht erprobt. Indes wird das Aneignungsproblem nicht einmal unzureichend gelöst, sondern bleibt in seiner Ursprünglichkeit erhalten, während zugleich die Probleme hinzutreten, welche durch das Vermeiden selbst entstehen.

Schließlich läßt sich als dritte Möglichkeit eine Art des konstruktiven Umgangs mit dem Aneignungsproblem bei Fehlen einer situativen Tiefenschicht vorstellen: Um jenes zu lösen, beginnt das Subjekt diese für sich aufzubauen; doch setzt dies selbst ungeheure Kräfte des Subjekts voraus oder mündet in eine eingeschränkte, selbst noch isolierende Situationsbasis. In der Karriere von Heroinsüchtigen findet sich diese Form der Bewältigung weniger des Drogenkonsums als vor allem der gesellschaftlichen Reaktion auf diesen: So bricht das Subjekt selbst alle traditionellen Kontakte ab, schafft so »Raum für die andere Welt, in die der Abhängige – notgedrungen – immer stärker hineinwächst, in die Szene (...). Im Verlauf dieses schrittweisen Auswechselns der Bezugspartner muß der Betroffene sich eine eigene neue Welt aufbauen, in der er diejenige Anerkennung und Bestätigung findet, die seine frühere Umgebung ihm verweigert, in der er aber auch seine Art und Weise, die Welt wahrzunehmen, ›seine Wirklichkeit‹ zu definieren, gegen die ungeheure Übermacht der Wirklichkeitsdefinition seiner Verfolger zusammen mit anderen Betroffenen aufrechterhalten muß und kann (...) und in der er begreift, ›wir leben anders als die anderen‹«[23].

Offensichtlich liegt der Schlüssel zur Krisendynamik des Aneignungsproblems in der Möglichkeit eines Rückgriffs seitens des Subjekts auf die ihm vertrauten Handlungsmittel, somit auf eine Situationsbasis; nur wo dies gelingt, kann es auch neue Fähigkeiten und Fertigkeiten entwickeln: Konfrontiert mit einer Anforderung, versucht es nämlich zunächst seine Erfahrungen zu mobilisieren und setzt ihm bewährt scheinende Techniken ein[24]; dabei darf der aus der Aneignungsaufgabe erwachsende Druck ein bestimmtes Maß offensichtlich nicht überschreiten. Das Subjekt muß sich geborgen und gesichert fühlen, wenn es neue Herausforderungen annehmen, Veränderungen in seiner Existenz anstreben will[25]. Unter außerordentlich belastenden Umständen ist nämlich nur ein Rückgriff auf bewährte Reaktionsmuster möglich. »Zum Experimentieren, zum Suchen nach neuen Problemlösungen läßt die Dringlichkeit der Situation keinen Raum. Unter der Bedingung der Not (. . .) hat das Individuum an Handlungs- und Problemlösungsmöglichkeiten nur zur Hand, was es vorher gelernt hat. (. . .) In der Krise werden produktive Alternativen kaum erschlossen. (. . .) Zeitdruck und Erfolgsnotwendigkeit schränken den Zeit- und Planungshorizont ein und erzwingen die Ausblendung aller nicht unmittelbar für das Ziel der Mangelbeseitigung verwertbarer Situationsinhalte«[26].

Dieses konservative Reaktionsmuster liegt nahe, weil jede Aneignungstätigkeit eine Desintegration des Subjekts bedeutet; es riskiert sich selbst, um über den vorangegangenen eigenen Modus hinauszuwachsen. Insofern ruht in jedem Aneignungsgeschehen eine spannungsreiche Doppeldeutigkeit. So wie das Ereignis einen »fruchtbaren Moment« eines subjektiven Bildungsprozesses ermöglicht, kann es auch eine Krisendynamik auslösen. Deshalb kann der Modus der Differenz auch unterschätzt werden: Man kann nämlich den Eindruck gewinnen, er wäre für die subjektive Entwicklung stets anstrebenswert, dürfe daher auch nicht durch pädagogisches Handeln in seiner Belastung gemildert, gar durch eine Intervention aufgehalten werden. Zwar trifft zu, daß Subjekte oft selbst eine Krise überwinden und »erwachsener, reifer und selbstsicherer aus ihr hervorgehen. Und zwar, weil die Krise wörtlich eine ›Wachstumsstörung‹ der Person war, ein zeitweiliges Ungleichgewicht bei der Determination der eigenen Identität und in dem Prozeß, in dem Mittel für das soziale Zusammenleben aufgebaut werden; aber auch – und dieser Punkt muß betont werden – weil der Jugendliche (oder der Erwachsene – M. W.) es verstanden hat, diese Krisenerfahrung zu nutzen, aus den eigenen Fehlern zu lernen, nach und nach durch Ausprobieren und Nachdenken die Wege zu verwerfen, die zu Leiden und Mißerfolg führen (. . .). In keinem Fall ist ein Übermaß an Leiden und Störungen an und für sich ein Reifeprozeß; wer glaubt, daß psychische Krisen,

Desorientierung oder Depression und Pessimismus, oder allgemeiner das ›Schlecht-Gehen‹ an und für sich positive Momente seien, gesundheitsfördernde und befreiende Momente, verfällt einem gefährlichen Irrtum. Befreiend und reifend ist, daß man aus der Krise herauskommt, nicht, daß man in ihr steckt: die Krise zu nützen, bedeutet, sie überwinden zu können«[27].

Solange eine situative Basis vorhanden ist, bleibt die Bedrohlichkeit des Modus der Differenz abgeschwächt; gewiß, das Subjekt wird aufgeregt und unstet nach Handlungsmöglichkeiten suchen, fühlt sich jedoch darin gestützt und unterstützt. Die über die Situationsbasis verwebten Bezugspersonen bewahren das Subjekt vor Panikgefühlen, beruhigen, ermuntern und bestärken es. Ist sich aber das Subjekt dieses Hintergrunds seiner Aktivitäten nicht mehr gewiß, wird seine Suche nach Mitteln und Lösungen dringender. Es gerät in den Zustand der Hektik; das Subjekt »produziert systematisch Chaos«[28], indem es die unterschiedlichsten Erfahrungen seiner Vergangenheit in immer neuen Kombinationen zu mediatisieren versucht, dabei seinen eigenen Zusammenhang sozialer Praxis gleichsam auf den Kopf stellt. Parallel dazu beginnt es, die ihm verfügbaren Bezugspersonen auf die Probe zu stellen. Systematisch werden Beziehungen, emotionale Zuwendung und Interesse der Beteiligten in Frage gestellt oder durch ein provozierend auffälliges, oftmals regressives Verhalten bis ins Extrem belastet; das Subjekt will so in eigentümlicher Selbstverurteilung erfahren, daß es in der Tat isoliert ist.

Ziehen sich die Beziehungspartner zurück, so verstärkt sich die Krisendynamik in einem Aufschaukelungsprozeß. Sie erstreckt sich nun in zwei Dimensionen. Nicht nur, daß das Aneignungsproblem bestehen bleibt, vielmehr sieht sich das Subjekt nun real isoliert. Es eignet sich dabei die Praxis des isoliert Handelnden *praktisch* an, indem es den Kontakt zu seiner Umwelt abbricht und nichts mehr von außen entgegennimmt. »Trotz aller Vielfalt der Diagnosen, Auffälligkeiten, Störungen, Ursachen und Erklärungen gibt es bei auffälligen Kindern ein Phänomen, über das alle Eltern und Erzieher klagen. Es wurde einmal von einer Mutter formuliert, die selber mehrere Jahre ihrer Jugendzeit in ›Erziehungsheimen‹ verbracht hat. Über ihren Sohn, der nun seinerseits erhebliche Schwierigkeiten bereitet, klagt sie, er habe ihre Erziehungsmethoden nicht für voll genommen, da er überhaupt nicht hinhöre und alles in kurzer Zeit vergesse. Liegt etwa darin das Schwierige im Umgang mit schwierigen Kindern, daß sie ›Erziehungsmethoden nicht für voll nehmen‹, ›nicht hinhören‹ und ›alles in kurzer Zeit vergessen‹?«[29].

Doch will das Subjekt in seiner doppelten Not eines ungelösten Aneignungsproblems und des Mangels an situativer Basis mit auffälligem Verhalten meist die Umwelt auffordern; es versucht so, oft auf paradoxe Weise, Kommunikations- und Interaktionsprozesse einzuleiten, über welche es zu Grundlagen für die Bearbeitung des Aneignungsproblems finden könnte. Die letzte Phase der Subjektkrise besteht dann im »Anhalten der Problemspannung, Scheitern von unzureichenden Lösungs- und Rückzugsversuchen oder Wahrnehmungsverzerrungen, ebenso Scheitern von Versuchen der Persönlichkeitserweiterung, schließlich Zusammenbruch und totale Desorganisation«[30]: Die Aktivität des Subjekts erstarrt in einer der »anaklitischen Depression« des Kleinkindes vergleichbaren Weise[31]. Entweder paßt es sich an die Umwelt völlig an, läßt sich willenlos durch diese bestimmen, oder gibt sich selbst völlig auf. Es überführt seine Subjektivität in einen handlungslosen, quasi autistischen Zustand, in welchem kein Austausch mehr mit der Umwelt stattfindet. Auch kann es real seinem Tun durch den Suizid ein Ende setzen. Die letzte Phase der Aneignungskrise besteht also in der Zerstörung der subjektiven Tätigkeit. Mehr noch: in der Tat hebt sich hier das Subjekt selbst auf.

2. Teil

Das sozialpädagogische Handeln

12 Von der Topologie der sozialpädagogischen Praxis

Die Möglichkeit einer Praxis, die von den an ihr Beteiligten als sozialpädagogische begriffen und in welcher auch das sozialpädagogische Problem als solches zugänglich wird, gründet außerhalb pädagogisch zu deutender Sachverhalte. Sie hat ihre Voraussetzung im gesellschaftlichen Reproduktionsprozeß. Denn die moderne Gesellschaft selbst etabliert das – pädagogisch gesprochen – Feld, in welchem eine sozialpädagogische Praxis stattfinden kann; sie legt unhintergehbar für diese einen sozialen Ort fest, der als Bedingung sozialpädagogischen Handelns im Begriff der Sozialpädagogik mitgedacht sein muß. Insofern gehen in diesen gesellschaftstheoretische Annahmen ein, deren man sich bewußt sein muß – sie werden im Diskurs thematisiert –, wenngleich man die Vorstellung von Sozialpädagogik nicht auf jene reduzieren kann[1].

In der aktuellen, empirischen Realität der modernen Gesellschaft erscheint das »sozialpädagogische Feld« als »sozialer Sektor«[2], mithin als ein Moment, das mittels vielfältiger Verbindung in das Ganze der Gesellschaft verwoben ist und in ihm spezifische Aufgaben und Funktionen erfüllt, welche oftmals gar nicht mehr eindeutig identifizierbar sind. Der soziale Sektor gehört somit jenem historisch entstandenen, überaus komplexen Gesamtzusammenhang von unzähligen Einzelsystemen an, in welchen sich die moderne Gesellschaft ausdifferenziert und so (nicht zuletzt für die ihr angehörenden Individuen) ihre Binnenstruktur gewonnen hat[3].

Im Blick auf diese entfaltete Totalität lassen sich jedoch weder die Genese des sozialen Sektors, noch die besonderen Anforderungen begreifen, die an ihn gestellt werden; ginge man bei seiner Untersuchung allein von dem bestehenden Gesamtsystem der Gesellschaft aus, so geriete man sogar in die Gefahr, nicht nur seine Möglichkeiten und Grenzen zu verkennen, sondern nur noch die Probleme zu thematisieren, welche sich konkret im Verhältnis des sozialen Sektors zu anderen Teilsystemen der Gesellschaft ergeben[4]. Genetisch und funktional stellt sich jedoch im sozialen Sektor – erstens – ein Versuch der Gesellschaft dar, ihre eigene Reproduktion durch die Ausdifferenzierung eines besonderen Systems zu sichern[5]: Sie setzt die »soziale Arbeit« aus dem Strukturzusammenhang ihrer Reproduktion heraus (und erweitert sich so evolutionär zu einer komplexeren, in sich differenzierteren Einheit). Das System »soziale Arbeit« ähnelt hierin – wenngleich mit anderen Aufgaben – dem ihm parallelen Bildungssystem: Auch dieses entsteht – wenigstens in der soziologischen Betrachtungsweise –, wenn die ursprünglich in den Zusammenhang von Produktion und Reproduktion unmittelbar eingelagerten Ausbildungsanstrengungen nicht mehr hinreichen und in einen neu entstehenden, gesonderten Zusammenhang »zur Bearbeitung ausgelagert« werden. Zweitens wird das sozialpädagogische Feld durch das politische System, kurz: durch den Staat determiniert. Dabei steht dieses selbst noch in einer Beziehung zu dem Reproduktionszusammenhang, welche sich ihrerseits auf die strukturellen Bedingungen des sozialen Sektors auswirkt. Während jedoch das Verhältnis von diesem zum Prozeß der gesellschaftlichen Reproduktion eine funktionale Notwendigkeit[6] auszeichnet, konkretisiert sich die Beziehung zum Staat in historisch kontingenten, vom Stand politischer Auseinandersetzung abhängigen Gestalten. Schließlich – drittens – determiniert sich der soziale Sektor selbst: Er hat nicht nur eine in ihm aufgehende Vorgeschichte, die sich aus traditionellen Vorstellungen und überkommenen, nun zweckentfremdeten Einrichtungen herleitet; vielmehr entwickelt sich für die Arbeit in ihm eine eigene Semantik: Erst indem sich die Beteiligten über die im sozialen Sektor entstehenden Handlungsprobleme verständigen müssen und in einen Diskurs eintreten, wird ihr Handeln Sozialpädagogik.

Erstens: Die moderne Gesellschaft birgt ständig das sozialpädagogische Problem in sich, da die sie auszeichnenden Mechanismen der Dynamisierung und Individualisierung sie in ihrem Bestand bedrohen. Sie sieht sich nicht nur dauernd mit dem Problem konfrontiert, wie sie sich als Gesellschaft reproduzieren kann, sondern verstärkt dieses noch, indem sie es den Individuen überantwortet. Das Reproduktionsproblem beschränkt sich deshalb nicht bloß auf

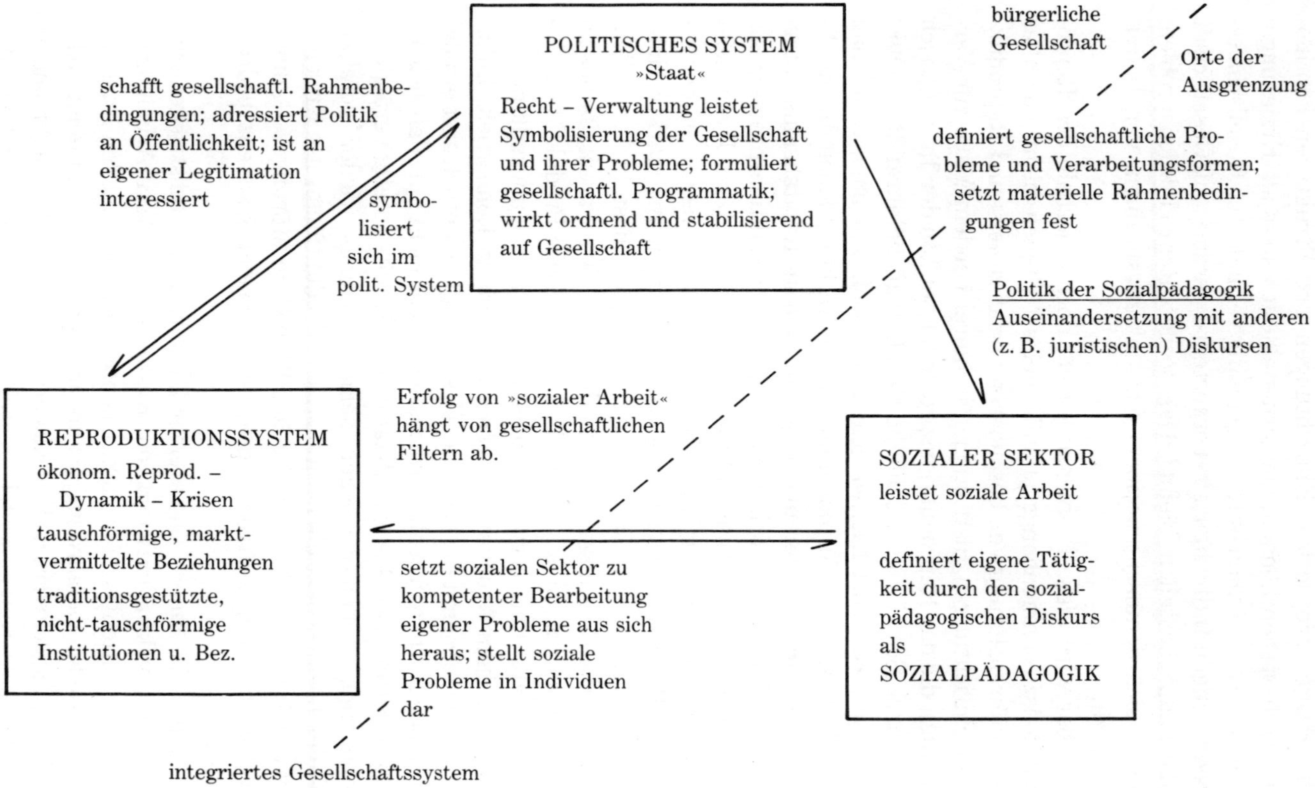

Abb. 2: Zur Topologie des sozialen Sektors

die Frage, wie soziale Einrichtungen und Strukturen kontinuierlich bestehen können, sondern stellt sich stets als Erziehungsproblem: Wie können unter den ständig veränderten Gesellschaftsbedingungen Individuen so »hergestellt« werden, daß Gesellschaft überhaupt bestehen bleibt? Das soziale Reproduktionsproblem spitzt sich demnach zu einem Entwicklungsproblem von Individuen zu.

Aber wird diese Problematik nicht doch innerhalb des Reproduktionszusammenhangs ständig gelöst? Stehen nicht vor aller Ausdifferenzierung von besonderen Sozialisations- und Reproduktionseinrichtungen Institutionen in hinreichendem Maße zur Verfügung, die das Reproduktionsproblem lösen? In der Tat zeigt sich die ganze Schwierigkeit, die die Gesellschaft bei ihrer Reproduktion mit sich selbst hat, vor allem (und vielleicht nur), wenn man die ökonomischen Formbedingungen betrachtet, denen die gesellschaftliche Produktion und Reproduktion im Kapitalismus unterliegen. Dann zeigt sich nämlich das Reproduktionsproblem als Ausdruck der Widersprüchlichkeit, die zwischen der Dynamisierung und Ausdehnung kapitalistischer Produktionsweisen, der gesellschaftlichen Organisation in tauschförmigen und marktvermittelten Beziehungen und der Notwendigkeit besteht, vor allem Sozialisationsleistungen nicht in der Form des Warentausches zu erbringen: Einmal dehnt sich die kapitalistische Produktionsweise ständig aus und erzwingt so eine dauernde Umwandlung von menschlichem Arbeitsvermögen schlechthin in Lohnarbeit; Lohnarbeit bildet somit die typische, Gesellschaft eigentlich erst ermöglichende Form menschlicher Existenz. Aber nicht nur, daß sich die Anforderungen an die Qualifikation der Arbeiter stetig verändern, lebendiges Arbeitsvermögen demnach immer wieder veraltet. Vielmehr unterliegt die kapitalistische Produktionsweise Krisen – trivial formuliert: Konjunktur- und Wachstumsstörungen –, durch welche lebendiges Arbeitsvermögen in seiner Existenz bedroht wird.

Schon die innere Logik einer konkurrenzkapitalistischen Produktionsstruktur erzwingt, die Kosten für die Ware Arbeitskraft nahezu grenzenlos zu senken. Ebenso gerät diese an den Rand der existentiellen Gefährdung, wenn sie – etwa aufgrund einer Krise – ihren Tauschwert nicht realisieren kann: Wandert sie in andere Produktionszweige, dann bedeutet dies den Verlust von Qualifikation für ihren ursprünglichen Arbeitgeber[7]; wird lebendiges Arbeitsvermögen tatsächlich zerstört, dann steigt der realisierbare Preis für noch vorhandene Arbeitskraft profitgefährdend. Schließlich aber kann sich noch die Schwierigkeit einstellen, daß innerhalb einer Gesellschaft die für ihren Bestand insbesondere in einer Phase dynamischer Veränderung erforderlichen Qualifikationen und Einstellungen nicht in Warenform vermittelt werden können. Da die Arbeitskraft durch den innovativen Schub in ihrer Marktgängigkeit entwertet wurde, kann sie nämlich die für ihre Wiederherstellung erforderlichen Kosten nicht aufbringen. Sie ist wenigstens auf finanzielle Vorleistungen angewiesen[8].

Vernichtung und Entwertung der Ware Arbeitskraft dürfen freilich nicht bloß als ökonomisches Problem betrachtet werden. Nicht nur, daß sie sämtliche Sozialeinstellungen der Individuen betreffen, da sie das soziale Korrektiv der Marktgängigkeit außer Kraft setzen[9]. Vielmehr gefährden sie die Existenz einer Gesellschaft überhaupt, deren materielle Produktion von der Existenz der Ware Arbeitskraft abhängt: das gesellschaftliche System als Ganzes ist also infragegestellt.

Diese Überlegung bleibt jedoch abstrakt, da sie übersieht, daß sich das kapitalistische System in einem historischen Prozeß durchsetzt: So ist die Vernichtung von Arbeitskraft für den Bestand der Gesellschaft ohne Bedeutung, so lange potentielle Arbeitskraft in ausreichendem Maße zur Verfügung steht und – sei es auch mit Zwangsmaßnahmen[10] – in den Produktionsprozeß eingeführt werden kann. Erst die Ausdehnung der Kinderarbeit markiert historisch den Punkt, an welchem ein Grenzbereich in der Vernutzung menschlicher Arbeitskraft bewußt wird[11]: Ohne – in jeder Hinsicht – materielle Sicherung des gesellschaftlichen Nachwuchses[12] schienen Fortsetzung und Förderung des ökonomischen Wachstums nicht mehr möglich[13]. Allgemein formuliert: die Bedrohung der Stabilität einer gesellschaftlichen Produktionsform muß erst ein hinreichendes quantitatives Ausmaß erreicht haben, ehe eine gesellschaftliche Reaktion eintritt.

Zum anderen müssen jedoch noch die traditionellen Elemente im gesellschaftlichen System, sowie die – selbst noch historisch bedingten – vorhandenen Institutionen in Rechnung gestellt werden, welche die Individuen vor Krisenerscheinungen schützen oder schon immer Sozialisationsleistungen erbringen[14]. Erst wenn diese aufgelöst oder selbst noch durchkapitalisiert werden, beginnen sie als Sicherungen gesellschaftlicher Reproduktion zu schmelzen; obgleich dies einen Gewinn auf der Seite kapitalistischer Verwertung bedeutet, macht es doch die Situation für den Bestand des sozialen Systems prekär.

Will es nun seine Stabilität erhalten, so besteht zunächst die Möglichkeit, daß es die selbstproduzierten Probleme ignoriert[15]. Es schließt die Betroffenen aus, gerät so aber in die Gefahr der Stagnation und wird schließlich zunehmend instabil. Realistisch bieten sich daher (auch für die handelnden Subjekte) nur zwei Optionen: Einmal kann sich die Systemstruktur selbst so verändern, daß die gefährdenden Bedingungen nicht mehr auftreten. Das System lernt gleichsam, in einer neuen Weise mit sich selbst umzugehen – es wird revolutionär umgebaut. Zum anderen kann es eine Möglichkeit schaffen, die es bedrohenden Faktoren an einer Stelle zu bearbeiten, welche die eigene Weiterexistenz erlaubt, die Friktionselemente jedoch entweder absorbiert oder umwandelt.

Bloße Arbeitsteilung, auch die Etablierung von neuen Institutionen innerhalb des Reproduktionszusammenhangs reichen dazu jedoch nicht aus. Eine Binnendifferenzierung hätte nämlich unweigerlich zur Folge, daß die so entstandenen Einrichtungen innerhalb kürzester Zeit selbst noch der Logik des Prozesses unterworfen wären, in welchem das gesellschaftliche Strukturproblem erst entstand[16]. Aus dem Interesse an seiner eigenen Existenz und ihrer Sicherung muß das Gesellschaftssystem gleichsam die Flucht nach außen antreten: Es gliedert eine bislang dem System der sozialen Reproduktion integrierte Funktion aus; für diese wird ein eigener, funktionsspezifischer Bereich etabliert. Das Gesellschaftssystem begnügt sich also nicht mit Arbeitsteilung, sondern erweitert sich evolutionär in eine auf es selbst gerichtete, mit der generalisierten Aufgabe der Systemerhaltung beauftragten Metadimension; es schafft eine Instanz, in der es mit sich selbst beschäftigt sein kann, ohne jedoch von den selbstverursachten Problemen jenseits eines bloßen Anstoßes berührt zu werden. Konkret bedeutet dies, daß Produktion und Sozialisation »entkoppelt« werden[17], wobei für diese ein Bereich entsteht, der eine eigene »autonome« Kompetenz entwickeln muß: Dieser Bereich ist der »soziale Sektor« oder – in anderer Perspektive – das »sozialpädagogische Feld«.

Von seiner Genese her und im Blick auf seine Funktion sind also der soziale Sektor und das auf ihm errichtete soziale System prinzipiell auf die kontinuierliche Sicherung der Ware Arbeitskraft gerichtet. Durchaus doppelsinnig[18] meint dies sowohl die Herstellung[19], Bewahrung[20], auch – in Krisenzeiten – die »Lagerung«[21] und – angesichts von Dynamisierungsschüben – Umerziehung von menschlicher Arbeitskraft in Warenform für eine Gesellschaft, welche auf diese angewiesen ist. Es meint aber nicht minder die existentielle Sicherung der Individuen selbst; der soziale Sektor bietet ihnen Gewähr auch dann, wenn sie ihre Arbeitskraft nicht verkaufen können.

Diese Funktion kann der soziale Sektor jedoch nur dann erfüllen, wenn er außerhalb des gesellschaftlichen Reproduktionsbereiches, somit auch außerhalb des Geltungsbereiches tauschförmiger und marktorientierter Beziehungen angesiedelt ist. Deshalb läßt sich seine Entstehung nur bedingt als »Vergesellschaftung von Sozialisation« interpretieren[22]; ihn prägt vielmehr eine Ambivalenz: Prinzipiell und funktional wird er zwar als eine gesellschaftliche Einrichtung etabliert, welche den Bestand des Gesellschaftssystems sichern soll; es findet also die Vergesellschaftung eines ursprünglich naturwüchsigen (und oft nicht beachteten) Geschehens im Sinne sozialer Funktionssicherung statt. Wo – bildlich gesprochen – das »große Haus« zusammenbricht, müssen die in ihm selbstverständlichen Tätigkeiten nun gesondert und bewußt durchgeführt werden. Zugleich aber werden diese Tätigkeiten aus dem Zusammenhang gesellschaftlicher Produktion und Reproduktion herausgeschoben und verlagert. Paradoxerweise findet also eine Vergesellschaftung statt, indem der innere Konnex mit der Gesellschaft aufgehoben und durch eine bloß äußere Beziehung zum sozialen Sektor ersetzt wird.

Die gesellschaftliche Funktionalität des sozialen Sektors liegt demnach in seiner sozialen Exterritorialität; aus gesellschaftlichen Gründen muß daher die an ihm geschehende Praxis autonom sein. Für ein in sich dynamisches Gesellschaftssystem birgt dies zu allererst den Vorteil, daß es sich auch im Prozeß seiner eigenen Veränderung der Existenz des sozialen Sektors gewiß sein kann. Er liegt außerhalb von diesem, wird von seinen Entwicklungsprozessen nur verspätet getroffen. Zum anderen gewinnt das Gesellschaftssystem so einen Bereich, der eine eigene Dignität, eine eigene Handlungslogik, vor allem eine eigene Problemlösungskompetenz entwickeln kann und muß: Sie liefert gleichsam ihre Probleme an den »Fachmann« im sozialen Sektor ab und erwartet eine eigenständige, sachlich gerechte Lösung. Im sozialen Sektor soll demnach eine eigene Kompetenz entwickelt werden, die unabhängig von den Strukturen des gesellschaftlichen Reproduktionsbereiches wirken kann. Das Geschehen in ihm steht also in der widersprüchlichen Konstellation, hinsichtlich seiner formalen Rahmenbedingungen gesellschaftlich bedingt, in der inhaltlichen Durchführung jedoch frei und selbstbestimmt zu sein. Daß aber im sozialen Sektor stets über neue, problemadäquate Lösungen nachgedacht, der Gesellschaft also tatsächlich ihre eigene Entwicklungsarbeit abgenommen wird, liegt an der Instabilität seiner Existenz. Zwar setzt nämlich die Gesellschaft den sozialen Sektor aus sich heraus, doch gibt sie ihm keine Bestandsgarantie; sie hält ihn in der Schwebe, zwingt so die Beteiligten, sich stets auf neue Probleme einzulassen.

Allerdings sieht sich die »freie« inhaltliche Ausgestaltung mit zwei Grenzen konfrontiert: Obwohl – erstens – Individuen die Adressaten der Tätigkeit im sozialen Sektor bilden, bleibt sein Referenzsystem die gesellschaftliche Produktion und Reproduktion. Er bezieht sich auf die Gesellschaft als Ganze, deren Kontinuität (bzw. deren Kontinuität im Wandel)[23] er ermöglichen soll. In der Tätigkeit im sozialen Sektor wird an der Gesellschaft gearbeitet – und zwar nicht bloß in Reaktion auf entstandene Reproduktionsschwierigkeiten, sondern auch im Blick auf künftige Gesellschaftszustände[24]. Insofern läßt sich die Tätigkeit im sozialen Sektor prinzipiell als *soziale Arbeit* bezeichnen; in ihm wird am Gegenstand Gesellschaft gearbeitet. (Damit ist freilich auch deutlich, daß die Existenz des sozialen Sektors zwar das gesellschaftliche System in seinen Grundzügen bestehen läßt, es gleichwohl verändert. Es wird nämlich für sich selbst, aber auch für alle Beteiligten berechenbarer; die Gesellschaft kann eher mit sich selbst experimentieren. Zugleich gewinnt sie neue, auch komplexere Strukturen, die sich indes durchaus dysfunktional auswirken können. Die Gesellschaft versucht also, sich ihrer Probleme mit der Herausbildung des sozialen Sektors zu entledigen, muß jedoch nun mit diesem rechnen).

Die andere Grenze der inneren Ausgestaltung des sozialen Sektors verfügt über zwei Aspekte: Einmal wird die Möglichkeit einer autonomen Kompetenz des sozialen Sektors dadurch eingeschränkt, daß die Gesellschaft selbst die an ihn abgelieferten Probleme definiert; genauer noch: die Gesellschaft definiert auf einem hochabstrakten Niveau Problematiken, ohne deren besonderen Charakter noch inhaltlich auszufüllen. Sie erklärt Individuen für abweichend oder unnormal; die im sozialen Sektor Tätigen sehen sich mit dieser generellen Problembestimmung konfrontiert, müssen sie aufnehmen, können aber die Spezifika der Problematik selbst fassen. Im sozialen Sektor läßt sich nämlich das Handeln selbst steuern. Damit deutet sich der zweite Aspekt dieser Grenze an: Weil sich die Handelnden im sozialen Sektor von einer möglichen Funktionslogik freigestellt sehen[25], finden sich im sozialen Sektor zwar intern gültige, jedoch keine gesellschaftlich relevanten Erfolgskriterien. Erst die Gesellschaft entscheidet mit ihren »Eingangsfiltern«, ob die hergestellte oder wiederhergestellte Ware Arbeitskraft in den gesellschaftlichen Produktions- und Reproduktionsprozeß integriert oder reintegriert werden kann; die Einstellung der Filter, somit ihre Selektionswirkung, hängt von dem aktuellen Stand der Produktion ab. Diese entscheidet, ob die Ware Arbeitskraft auf dem Markt verkauft werden kann. Insofern zeichnet die soziale Arbeit eine unübersehbare Spannung aus: Gemessen an ihren eigenen Grundsätzen kann sie individuell erfolgreich und sinnvoll Sozialisationsleistungen erbringen und zugleich an den gesellschaftlichen Bedürfnissen vorbei wirken. Sie kann tatsächlich mehr leisten, als gefordert wird; möglicherweise liegt darin eine gesellschaftstranszendierende Tendenz des sozialen Sektors[26]. Die Bedingung der Funktionalität des sozialen Sektors liegt also im Grunde darin, daß er als ein bloßer Ort entsteht. Genauer noch: die Gesellschaft bestimmt in jenem schon immer bestehenden Raum außerhalb ihres geordneten Zusammenhangs einen Bereich, der ihr nun zu dienen hat. Damit unterwirft sie sich formal einen Teil des Gebiets der Unvernunft und des Zivilisationsmangels, welches sich stets durch das Fehlen von tauschförmig strukturierten Beziehungen auszeichnete; sie stellt es prinzipiell unter öffentliche Kontrolle, überläßt deren konkrete Ausführung jedoch den im sozialen Sektor selbst Wirkenden. – Der soziale Sektor wird also – überpointiert formuliert – absichtsvoll als Geheimgesellschaft eingerichtet: Als Hypotheken belasten diese soziale Exterritorialität und die Aussetzung in den Bereich des

Nicht-Normalen jegliche Praxis im sozialen Sektor; sie steht deshalb im Zusammenhang einer gesellschaftlichen Kontrollpolitik über die Abweichung vom bürgerlichen Leben, welche sich zunächst als Verbannung und Verwahrung, dann als Sozialisation darstellt[27].

Für die Betroffenen heißt dies, daß sie durch ihren Ausschluß aus dem Kontext gesellschaftlicher Reproduktion in der Tat »sozial nichts sind«[28]. Sie definiert allein der Mangel an Mitteln, welche eine Teilnahme am gesellschaftlichen Verkehr erlauben würden. Aber auch die im sozialen Sektor Wirkenden werden durch seine Randständigkeit gezeichnet, sind doch auch sie aus dem Zusammenhang warenförmiger Beziehungen ausgenommen, können somit diese auch nicht erfolgreich in die Interaktion mit den Betroffenen einbringen. Ihre Tätigkeit bestimmt sich daher zunächst allein konkret qualitativ, eigentlich nur nach dem Maßstab persönlicher Aufwendungen, welche je investiert werden. Eine äußere Kontrolle findet erst dann statt, wenn über die Verwertung von hergestellter oder wiederhergestellter Arbeitskraft entschieden wird. (Allerdings gibt diese Kontrolle keine Auskunft über die Qualität der Tätigkeit, die am sozialen Sektor geleistet wurde; sie bemißt sich allein an den Kriterien der gesellschaftlichen Reproduktion. Deshalb kann auch eine »Gleichgültigkeit der Lohnerzieher« gegenüber den Inhalten ihrer Tätigkeit – weil sie, wie jeder Lohnabhängige, allein ihr Interesse an der eigenen Reproduktion verfolgen, wird ihnen der konkrete Tätigkeitsinhalt beliebig[29] – wenigstens nicht auf die gesellschaftliche Funktion des sozialen Sektors und der sozialen Arbeit zurückgeführt werden; da diese aus den Warenbeziehungen herausfallen, bildet jene keine primäre Bestimmung des Begriffs der Sozialpädagogik.) Sowohl die Auseinandersetzung um die Professionalität sozialer Arbeit, aber auch die empirische Erfahrung eines zeitlich kaum festgelegten, sondern durch die Bedürfnisse der Klienten bestimmten Arbeitstages machen bewußt, daß eine Lohnarbeitermentalität erst Resultat einer reflexiven Selbstaneignung der Beteiligten bildet. Allerdings kann der Hinweis auf die besondere Qualität der Tätigkeit im sozialen Sektor[30] nur bedingt die These von der Gleichgültigkeit der Lohnerzieher entkräften; er übersieht nämlich unter Umständen, daß diese Qualität Ergebnis einer eigenen, Maßstäbe erst setzenden Anstrengung der Beteiligten ist. Das den sozialen Sektor bestimmende Moment der Exterritorialität schafft zunächst nur die Bedingung der Möglichkeit eines Handelns, welches in menschlicher Vereinbarung, orientiert an der konkreten Lage der Individuen, geschieht; aber ebenso kann sich ein bloß kustodiales, auch allein strafendes Tun entwickeln. Anders formuliert: Selbst die für Warenbeziehungen grundlegende Autonomie der Beteiligten muß im sozialen Sektor erst thematisiert und absichtsvoll zum Gegenstand der Praxis erhoben werden.

Will man dies positiv als bestimmendes Merkmal für die Tätigkeit im sozialen Sektor fassen, so zeichnet diese aus, daß sie in unmittelbar personenbezogener Interaktion und Kommunikation vollzogen wird; die Praxis in ihm wird nicht durch das gesellschaftliche Medium der Warenform vermittelt[31]. »Menschliche Qualität« spielt demnach sowohl als Tätigkeitsgegenstand, wie auch als Handlungsmittel eine konstitutive Rolle; soziale Arbeit zeichnet systematisch die menschliche Arbeit am Menschen aus, steht damit aber auch offen für Formen unmittelbarer Herrschafts- und Gewaltausübung. Darin deutet sich jedoch auch eine erste Dysfunktionalität des sozialen Sektors für das Gesellschaftssystem an: Unter der Bedingung einer unvermittelten Personenbeziehung in ihm kann seine Auslagerung und die so entstehende Möglichkeit einer eigenen Kompetenz für soziale Arbeit dazu führen, daß das Anspruchsniveau der Individuen erhöht wird; sie beginnen im Gesellschaftssystem einzufordern, was im sozialen Sektor möglich und von ihnen sogar erfahren wird. Emotionalität, Sensibilität, persönliche Verwirklichung werden zu Themen, die im sozialen Sektor entstanden sind und nun für alle Bereiche der Gesellschaft reklamiert werden. Die Praxis des sozialen Sektors schwappt gleichsam in das Gesellschaftssystem hinüber.

Die zweite Dysfunktionalität verbirgt sich stärker: Eine Delegation von sozialen Problemen an die zuständigen Fachleute zieht nämlich einen Verlust an Lern- und Veränderungsmöglichkeiten im gesellschaftlichen System nach sich. Unter dem Gesichtspunkt einer Systemerhaltung erscheint dies zunächst sogar als ein Gewinn, werden doch so Reibungsfaktoren aller Art, d. h. auch Elemente des sozialen und politischen Widerstandes pathologisierbar und – entweder durch die Androhung der Ausweisung in den sozialen Sektor oder schon durch ihren Vollzug – diszipliniert. Verändernde Initiativen werden so a priori bedroht; sie können aber auch in ihrer Sprengkraft domestiziert werden, indem man sie auf den für »ihr« Problem zuständigen sozialen Sektor verweist oder sie dort einfach integriert.

Diese Verlagerung bedeutet aber nicht nur, daß die Individuen eigene Handlungsansätze und -möglichkeiten verlieren, weil sie ihnen enteignet werden. Sie führt vor allem dazu, daß die Lernkapazität eines Gesellschaftssystems geringer wird: Weil es sich für die eigenen Probleme einen eigenen Sektor geschaffen hat, braucht es sich um diese nicht mehr zu bemühen. Mehr noch: es muß sich nicht einmal mehr dann verändern, wenn dies doch aus Gründen der eigenen Entwicklungsdynamik notwendig und geboten wäre. Wenn nicht aus dem sozialen Sektor selbst Veränderungsimpulse erwachsen und auf das Gesellschaftssystem zurückwirken, bleibt dann für Veränderungsprozesse nur der Platz in den Randzonen des Gesellschaftssystems oder gar in Bereichen, die sich als alternativ zur gesellschaftlichen Reproduktionsweise ausgestalten[32].

Zweitens: Wenn sich die Ortsbestimmung des sozialen Sektors (und somit die Erörterung der das sozialpädagogische Feld bestimmenden Bedingungen) auf den Zusammenhang mit der Gesellschaft beschränkt, so widerspricht dies der unmittelbaren Evidenz. Denn es ist offensichtlich, daß weder die Gesellschaft überhaupt, noch allein der ökonomische Reproduktionszusammenhang in ihr den sozialen Sektor konstituieren. Dieser gewinnt vielmehr seine materiellen und formellen Rahmenbedingungen durch den Staat. Mehr noch: das – allgemeiner und treffender – politische System[33] definiert die ihm überantworteten Probleme und legt seine realen Handlungsmöglichkeiten sowie die Richtung ihrer Lösung fest. So wird der im sozialen Sektor gebündelte praktische Zusammenhang als System eingerichtet, in seinen Aktivitäten ausdifferenziert und funktional bestimmt; politische Entscheidung und staatliches Handeln, welche noch die private Hilfs- und Fürsorgetätigkeit im Gesellschaftssystem, aber auch die Motive der caritas aufnehmen, formen die wirkliche Gestalt der sozialen Arbeit.

Dieser Befund legt nahe, soziale Arbeit als Teil oder als konkrete Realität von Sozialpolitik zu begreifen[34] und allein der staatlichen Aktivität zuzuordnen; eine systematische Erörterung sozialer Arbeit hätte demnach vom Begriff der Sozialpolitik auszugehen. Dem steht allerdings die Evidenz selbst entgegen. Denn nicht nur, daß sich die staatliche Ausgestaltung des sozialen Sektors historisch verändert, somit auf Ursachen zurückgeführt werden muß, die außerhalb dieses Verhältnisses selbst liegen. Vor allem zeigt der internationale Vergleich, daß von einer prinzipiellen staatlichen Ausgestaltung des sozialen Sektors nur mit Einschränkungen die Rede sein kann; sie scheint historisch[35] und systematisch eine deutsche Eigentümlichkeit zu sein[36]. Schließlich geht in die Zuordnung zur Sozialpolitik zudem eine Annahme vom Primat staatlichen Handelns ein, welche den Staat der Gesellschaft überordnet und ihm – in Aufnahme Hegelscher Idealisierung einerseits, obrigkeitsstaatlicher Denkfiguren andrerseits – die Rolle eines Willenszentrums zuspricht; ihm wird unterstellt, er könne und müsse als Inkarnation des vernünftigen Geistes sich über die Konkurrenzverhältnisse partikularer Einzelinteressen hinwegsetzen.

Allerdings hängt der moderne Staat schon in seinen materiellen Voraussetzungen von dem gesellschaftlichen Reproduktionsprozeß ab, erhält er sich doch durch die unmittelbare oder mittelbare Abschöpfung von Steuern aus dem Einkommen der bürgerlichen Privatsubjekte. Seine Einnahmen hängen demnach nicht bloß von den zyklischen Schwankungen im Reproduktionsbereich ab, sondern dürfen auch nicht die Grenze des Bereichs überschreiten, in welchem die Reproduktionsfähigkeit des Ganzen oder der einzelnen infragegestellt wäre; andernfalls würde der Fiskalstaat seine eigenen materiellen Grundlagen aufheben. Innerhalb dieser Grenzen entscheidet allerdings das politische System selbst über die jeweilige Belastung der Beteiligten. Zudem tritt es als ein selbst wirtschaftendes Subjekt spätestens in dem Moment auf, in welchem es in Krisenzyklen kompensierend oder auch beschleunigend interveniert, indem es ein erwartetes Steueraufkommen über Kredite finanziert und vorwegnimmt. So zeigt sich die Eigenständigkeit des Staates gegenüber dem gesellschaftlichen System darin, daß er eine andere, zusätzliche Zeitdimension eröffnet, verkürzt formuliert: antizyklisch agiert[37].

Spätestens in diesem antizyklischen Wirken des Staates schlägt sich nieder, daß er in der Tat eine übergeordnete Position gegenüber der Gesellschaft einnimmt; er erhält sie, indem er leistet, was sie benötigt und doch nicht aus sich heraus kann. Er ist das Instrument, mit dem Gesellschaft selbstreferentiell auf sich wirkt, um die internen und externen Voraussetzungen ihrer Existenz zu sichern. Im politischen System wird sich somit die Gesellschaft nicht nur ihrer selbst bewußt, findet also das soziale Kollektivbewußtsein seinen Ausdruck, vielmehr wird sie sich selbst zum Gegenstand. In ihm und mit ihm symbolisiert sie sich und gewinnt zugleich eine auf sie zurückwirkende Instanz zur eigenen Ordnung, Kontrolle und programmatischen Steuerung. Die Bedingung dafür liegt einmal in dem an den Staat abgetretenen Gewaltmonopol, durch welches dieser erst real seine Ordnungsfunktion erfüllen kann; andrerseits muß das politische System eine Form der Symbolisierung – etwa in Gestalt einer repräsentativen Parteiendemokratie – gewonnen haben: Es muß selbst eine Sprache für das gesellschaftliche System gebildet haben; mehr noch: es stellt das verbindliche, von ihm selbst noch erzwungene Sprachsystem der Gesellschaft dar. Das hat allerdings zur Folge, daß gesellschaftliche Auseinandersetzungen zunehmend über das Symbolisierungsmedium des Staates ausgetragen und allein in seiner Sprache kodifiziert werden.

Die gesellschaftliche Bedeutung des politischen Systems geht somit zunächst weniger auf seine – zudem durch die materiellen Voraussetzungen restringierten – Handlungen[38], als vielmehr auf seine symbolischen und symbolisierenden Aktivitäten zurück, mit welchen es ordnungsstiftend und regelnd auf das Gesellschaftssystem zurückwirkt; es steuert so Kommunikationsprozesse. Was jedoch inhaltlich an Themen und Orientierungen in die Symbolwelt des politischen Systems und dann in Impulse für das gesellschaftliche System überführt wird, ergibt sich als eigentümlich kontingente Resultante von drei Faktoren: Inhalte und Richtung von Politik sind zunächst bestimmt durch den Stand der realen sozialen Verhältnisse im Gesellschaftssystem; sie drücken dabei nicht bloß eine durch herrschaftliche Intentionen definierte Position, sondern das Ergebnis von sozialen Auseinandersetzungen aus[39]. Zum anderen hängen sie von dem Interesse des Staates an sich selbst, somit von seiner realen Stärke und der Eigendynamik seiner Einrichtungen ab[40]. Weil aber im politischen System Gesellschaft sich selbst zum Gegenstand wird, vermittelt sich beides schließlich unter der Perspektive auf die Gesamtheit der Gesellschaft; auch die Ausdifferenzierung des politischen Systems führt also zu einer generalisierenden Metadimension gegenüber dem ursprünglichen System, gegenüber dessen realer historischer Gestalt nun prinzipielle Bedingungen, gleichsam die Bewegungsformen der sozialen Auseinandersetzung eingeführt werden können.

Erst als Ausdruck dieser Resultante (und unter der Prämisse des symbolisierenden Tuns) werden zunächst die prinzipielle Funktion des Staates, dann auch die der Sozialpolitik begreifbar: Er versucht eine rationale und effektive Ordnung des gesellschaftlichen Verkehrs – und zwar in der Etablierung von Verkehrsformen und der Sicherung einer Verkehrsfähigkeit der Beteiligten – sicherzustellen[41]. Dies verwirklicht das politische System parallel in einer materiellen und in einer symbolisch-ideologischen Dimension: Materiell begründet der Steuerstaat *strategisch* die allgemeinen Bedingungen gesellschaftlicher Produktion und Reproduktion durch Steuerabschöpfung und Umverteilung. Seine Intention gilt dabei dem Feld von Einrichtungen, die noch nicht, überhaupt nicht oder nicht mehr in privatwirtschaftlicher, auf dem Prinzip des Warentausches basierender Weise betrieben werden können[42], gleichwohl für die Existenz des Reproduktionszusammenhanges unverzichtbar sind oder – abhängig von dem Stand der sozialen Bewegung – nur um das Risiko fundamentaler Konflikte preisgegeben werden können. Er stabilisiert dabei einerseits traditionelle Institutionen, bzw. sichert durch Subsidiierung ökonomisch nicht tragfähige, sozial aber erforderliche Handlungsweisen; ein Hauptinteresse gilt dabei den kollektiv relevanten Symbolwelten, welche in Warenform nicht bestehen können, jedoch für die soziale Integration, aber auch für die Entfaltung reflexiver Möglichkeiten eines Gesellschaftssystems und seiner Angehörigen von elementarer Bedeutung sind[43]. Schließlich sorgt er durch Umverteilung und temporale »Dehnung« im Rahmen versicherungsähnlicher Verhältnisse für individuelle Lebensrisiken vor. Während diese Aktivitäten wesentlich subsidiär oder – im Falle des Ausgleichs besonderer Risiken – kompensatorisch ausgerichtet sind, bewirkt er andrerseits mit konstruktiven Maßnahmen die Herausbildung einer Infrastruktur, welche gesellschaftlichen Verkehr überhaupt erst ermöglicht. *Flankierend* sucht er dagegen aktuelle Reproduktionskrisen zu minimieren; er interveniert in individuellen oder sozialen und ökonomischen Prozessen, wenn sich diese gesellschaftlich bedrohlich auswirken können oder sein Einreifen durch den Stand der sozialen Bewegung unvermeidlich wird. Staatliche Politik sieht sich dabei allerdings prinzipiell dem Grunddilemma ausgesetzt, daß sie »die Folgen des sozioökonomischen Strukturwandels steuern, auffangen, abpuffern (muß); sie darf aber gleichzeitig diesen ökonomisch ›notwendigen‹ Strukturwandel nicht behindern, sondern soll in ihren Maßnahmen einen Beitrag zu seiner Absicherung, Stabilisierung und Beförderung leisten«[44]. Alle politisch indizierten Leistungen müssen deshalb potentiell wieder begrenzt und teilprivatisiert werden können.

Symbolisch-ideologisch schafft das politische System die formelle Gestalt der sozialen Beziehungen; es etabliert sich zugleich als Instanz einer systematischen Kontrolle über deren Einhaltung: Justiz, Polizei und Verwaltung bilden die manifesten Gestalten und Garanten dieser Funktion; mit ihnen wird eine durch Sanktionen kontrollierte allgemeine Ordnung geschaffen, in welcher sich die gesellschaftlich Handelnden bewegen. So sichert das politische System Rationalität und Transparenz von Gesellschaft, durchdringt dabei aber zunehmend alle Lebensbereiche: In einer eigentümlichen Dialektik zerstört es sogar noch die historisch entstandenen, durch bloße Tradition gesicherten informellen Sozialbezüge, welche es als soziale Institutionen doch zugleich bewahren soll und muß[45].

Vor allem aber codiert das politische System im Sinne einer hegemonialen Kulturstiftung eine Weltanschauung[46]. Es legt den Sinn und die Programmatik fest, in der sich eine Gesellschaft begreift und ihre eigene Existenz legitimiert; das politische System ermöglicht die Ideologie, mit welcher sich die Gesellschaft ihrer aktuellen Probleme bewußt wird, in welcher sie auch thematisiert, wie sie künftig mit diesen und mit sich selbst umgehen will. Darin liegt die legitimatorische Funktion des politischen Handelns.

In der Etablierung des sozialen Sektors durch das politische System drücken sich nun sowohl die prinzipiellen wie auch die spezifischen Aktivitäten des Staates aus: Formal gewinnt der soziale Sektor erst durch den ordnenden, systematischen Zugriff des Staates seine Gestalt. Obwohl in der Armenordnung, spätestens aber im Preußischen Landrecht vorweggenommen, erhält der Staat seinen Handlungsimpuls historisch durch die Erfahrung des Massenelends, des Pauperismus[47], sowie durch die Bedrohung seitens der entstehenden Sozialdemokratie. Systematisch aber wird das den sozialen Sektor formende sozialpolitische Handeln in dem Moment ausgelöst, in welchem in Folge der generellen Durchsetzung von Lohnarbeit Armut zu einer gesellschaftlichen Normalform, somit aber auch das Risiko allgemein wird, daß die individuelle Reproduktion durch Arbeit fehlschlägt. Erst die Armut der Lohnarbeiter als gesellschaftliche Normalexistenz macht die Herausbildung des sozialen Sektors und des Systems sozialer Arbeit erforderlich; gegenüber einer liberalen Politik des Laisser-faire tritt nun ins Bewußtsein, daß die Erhaltung von Arbeitskraft im Interesse des Ganzen liegt; zugleich aber wird deutlich, daß dies nur über soziale Integration in Form einer Verpflichtung der Arbeitenden auf das politische System gelingen kann[48]. Das politische Interesse am sozialen Sektor ist also materiell und legitimatorisch begründet. Zu diesem systematischen Bedingungsgefüge tritt schließlich noch ein ideologisches Moment, dem die Funktion einer Steuerung des Prozesses zukommt, in welchem der soziale Sektor sozialpolitisch konstituiert wird: Es handelt sich um die Durchsetzung der programmatischen Verpflichtung eines jeden auf Selbstreproduktion; was ursprünglich in Gestalt des Arbeitszwanges noch durchgesetzt werden mußte, ist nun zu einem Leitthema der Gesellschaft geworden, das eine Ausbildung spezifischer Institutionen erlaubt, die auf die Verwirklichung dieses Prinzips zielen. Sie finden in ihm ihre strukturbildende Teleologie[49].

Die sozialpolitische Etablierung des sozialen Sektors zielt auf das Ganze der Gesellschaft. Sie versucht die in ihr liegenden Spannungen und Widersprüche erträglich zu gestalten, indem sie Formen etabliert, in welchen sie institutionalisiert, somit auch gebändigt sind; ökonomisch gesprochen institutionalisiert und stabilisiert sie den Gegensatz von Kapital und Arbeit[50], wenngleich sie dafür »ansatzweise auch in das materielle Austauschverhältnis von Lohnarbeit und Kapital und damit in die Produktionssphäre direkt eingreift, sei es um den einzelnen vor besonderen Risiken des Arbeitsprozesses zu schützen (Arbeitsschutzgesetze), um die Erhaltung und Schaffung von Austauschgelegenheiten zu gewährleisten (Konjunkturpolitik, Regionalstrukturpolitik, Arbeitsbeschaffungsprogramme). Sozialpolitik umfaßt daher nicht nur die traditionell hierzu gerechneten Bereiche der Sozialversicherung, Versorgung und Fürsorge, sondern außerdem den gesamten Bildungs- und

Ausbildungssektor, sowie große Teile der Wirtschafts-, Arbeits- und Familienpolitik«[51]. Dabei wird jedoch gerade an der Etablierung des sozialen Sektors die innere Doppelsinnigkeit einer jeden Sozialpolitik greifbar: Sie will das gesellschaftliche System erhalten, schafft so aber auch existentielle Sicherheit für die einzelnen; sie kann das Ganze nur sichern, indem sie es doch auch preisgibt. Sozialpolitik bewahrt »die kapitalistische Produktionsgrundlage vor den von der sozialen Bewegung drohenden Gefahren, indem sie der sozialen Idee nachgibt; sie baut den Kapitalismus stückweise ab und rettet dadurch seinen jeweils verbleibenden Rest; sie erreicht immer dann und nur dann einen Erfolg, wenn die Erfüllung einer sozialen Teilforderung zur produktionspolitischen Notwendigkeit wird. Dies ist ihr konservativ-revolutionäres Doppelwesen«[52].

In ihrem Bezug auf das Ganze erfaßt die Sozialpolitik zunehmend mehr Bereiche des menschlichen Lebens[53]. Der durch sie als Gestalt ihrer eigenen Wirklichkeit konstituierte soziale Sektor verwandelt sich zunehmend in einen für alle Individuen verbindlichen Lebensbereich. Darin scheint ein Funktionswandel zu liegen, den man als Übergang von der Armenpflege zur Fürsorge und schließlich zur sozialen Arbeit im heutigen Verstande interpretieren könnte. Tatsächlich bestimmt jedoch die sozialpolitische Formung des sozialen Sektors immer schon das Interesse an der Existenz der Gesellschaft; dieses bleibt als Oberziel auch dann bestehen, wenn sich die Arbeit an ihm zunehmend im Blick auf die durch das politische System definierten besonderen Notlagen und Randgruppen differenziert: So tritt in ihm neben die versicherungsähnlichen »Normalorganisationen« eine Vielzahl von adressatenspezifisch ausgerichteten Institutionen und Maßnahmen, die jedoch gleichwohl an dem übergeordneten Ziel einer Herstellung oder Wiederherstellung von Arbeitskraft ausgerichtet sind.

Das Handeln des politischen Systems legt somit die materiellen Möglichkeiten des sozialen Sektors unmittelbar oder – in der Schaffung von versicherungsähnlichen Institutionen – mittelbar fest. Zugleich werden die Handlungsspielräume eingegrenzt, die Aktivität sogar unmittelbar geformt, indem die Verfahrensprinzipien öffentlicher Gewalt, vor allem die Form rationaler bürokratischer Verwaltung an ihn herangetragen und in ihm eingepflanzt werden. Die symbolisierende Funktion des politischen Geschehens schlägt sich dagegen einerseits in der »verordneten« Wahrnehmung von Problemen nieder: Das politische System legt die Empfindlichkeitsschwelle einer Gesellschaft[54] wie auch die besondere Aufmerksamkeit für soziale Probleme fest[55]. Es entscheidet darüber, was und wer als Reproduktionsrisiko eingestuft[56] und in welche Normalitätsvorstellungen und Identitätsstandards eingeholt werden soll; es entwirft also die »typisierten Normalbiographien«[57], die zur Handlungsgrundlage im sozialen Sektor werden sollen. Damit aber greift es auch in die Verfahrensweisen im sozialen System ein. Zugleich entscheidet sich im politischen System die allgemeine Wirkrichtung des sozialen Sektors. Abhängig von den zu regelnden gesellschaftlichen Funktionsproblemen legt es die Steuerungsprogrammatik formal – etwa in der Entscheidung zwischen kausal orientierten Konditional- und final orientierten Programmen – und konkret inhaltlich fest.

Welche Richtung in dieser Programmatik eingeschlagen wird, hängt dabei weniger von den materiellen Mitteln ab, die dem politischen System zur Verfügung stehen. Es gründet vielmehr in der Zufälligkeit, mit der sich die Entscheidungsträger zusammensetzen, in der Stärke und Durchsetzungskraft sozialer Ideen[58], schließlich in den Legitimationsbedürfnissen des politischen Systems selbst. Keineswegs muß dabei die vorgenommene Orientierung funktional für das Gesellschaftssystem ausfallen: So kann eine finale Steuerung, welche dem sozialen Sektor mehr Eigenkompetenz überläßt, sowohl materiell wie auch funktional effektiver ausfallen, da sie sich nicht an den staatlichen Problemdefinitionen orientieren muß; was diesen beispielsweise als abweichend erscheint, kann im sozialen Sektor als konstruktive Grundlage erfaßt werden[59].

Der sozialpolitischen Konstituierung des sozialen Sektors eignet also grundsätzlich eine Dialektik: Zwar gibt jene diesem erst seine reale Gestalt, begründet in ihm eine vielfältig differenzierte Praxis. Aber das politische System vollzieht damit einen Prozeß der Formgebung für eine gesellschaftlich entstandene Möglichkeit. Es handelt zwar gleichsam als Geburtshelfer für den sozialen Sektor, versucht aber zugleich, sich dessen Praxis zu bemächtigen, indem es seinen Geltungsanspruch sowie die ihm zugänglichen Regelungsmodi implementiert[60]. Während nun das gesellschaftliche System vom sozialen Sektor eine autonome und kompetente Lösung seiner Reproduktionsprobleme erwartet, legt das politische System diese Probleme fest. Durch das an es gebundene Gewaltmonopol, welches sich in der formellen Regelung aller Lebensbereiche auswirkt, sowie durch die über es fließende materielle Ausstattung erzwingt es einen Wechsel in der Referenz sozialer Arbeit[61]: Sie darf sich nicht mehr auf Gesellschaft beziehen. Vielmehr muß sie sich auf die vom politischen System definierten und produzierten[62] Probleme, sowie auf die Standardisierungsformeln beziehen, welche es bereithält.

Das politische System beschneidet also die gesellschaftlich notwendige Freiheit des sozialen Sektors, um so Rationalität und Ordnung auch in ihm zu sichern; dieser wird – wenigstens im Erscheinungsbild – durch bürokratische Institutionalisierung entqualifiziert, erleidet also eine »Funktionseinbuße«[63]. Aber dies entspringt keineswegs der Willkür des politischen Systems, sondern drückt einen unvermeidlichen Konflikt zwischen zwei parallel liegenden, ausdifferenzierten Funktionssystemen der Gesellschaft aus[64]. Der ordnungsstiftende Anspruch des Staates entspricht ebenso einer gesellschaftlichen Anforderung wie das Bemühen des sozialen Sektors um seine eigene, fachliche Kompetenz.

Wählt man jedoch die Perspektive des sozialen Sektors, so stellt sich der Zugriff des politischen Systems als Gefahr in vierfacher Hinsicht dar. Einmal droht, daß die soziale Arbeit Problemdefinitionen bearbeiten muß, welche politisch vorgegeben, jedoch gesellschaftlich irrelevant, gar dysfunktional sind[65]. Ein Grund dafür liegt darin, daß die Zusammensetzung des politischen Systems eigenen Kriterien folgt; zudem wird in ihm dezisionistisch, nach dem Machtkalkül der beteiligten Gruppen entschieden. Zweitens kann eintreten, daß das soziale System zwischen den Anforderungen des politischen Systems und dem Mangel an Mitteln aufgerieben wird, die dieses aufgrund seiner Abhängigkeit von Konjunkturschwankungen jeweils nur zur Verfügung stellen kann[66]. Drittens wird die soziale Arbeit jedoch nahezu zwangsläufig in den in sich widersprüchlichen Prozeß eingebaut, in welchem Staat und gesellschaftliche Reproduktion aufeinander reagieren. Er kann als die Spirale beschrieben werden, die zwischen den ökonomischen Reproduktionsproblemen, staatlichen Legitimationsbedürfnissen und sozialer Arbeit entsteht: Steigert nämlich eine ökonomische Krise die Nachfrage nach Sozialleistungen, so muß der Staat sie um seiner Legitimation willen erbringen. Ihre Finanzierung ist jedoch nur möglich, indem das ohnehin fallende Steueraufkommen weiter erhöht wird. Dies steigert allerdings wiederum den staatlichen Legitimationsbedarf. Zugleich aber führt es zu einer Verteuerung der Ware Arbeitskraft, somit zu einer Schmälerung von Unternehmensgewinnen; diese führt entweder zur Unterlassung von Investitionen, somit zu einer weiteren Stagnation, oder zu solchen Erneuerungen, in welchen Arbeitskräfte entbehrlich werden. Beides aber steigert wieder die Nachfrage nach Sozialleistungen. Damit ist viertens deutlich, daß die Anbindung des sozialen Sektors an das politische System diesen nicht bloß zunehmend für die Beschaffung von Legitimationen instrumentalisiert, sondern ihn vor allem von den Verwertungsprozessen abhängig werden läßt, die doch bloßer Impuls für die soziale Arbeit sein sollen. Diese wird paralysiert und unmöglich.

Allgemein gefaßt kann man hier einen Grund sehen, der erklärt, warum sich eine spezifische eigene, »pädagogische« Qualität der sozialen Arbeit vor allem in Zeiten einer Instabilität des politischen Systems und seiner ordnenden Ansprüche entwickeln kann. Dann ist er – freilich auch mit allen Finanzierungsproblemen – sich selbst überlassen: Pestalozzis Stanser Unternehmen, Makarenkos Jugendkolonien, aber auch die Entwicklung der Sozialpädagogik nach dem 1. Weltkrieg wurden zwar durch eine gesellschaftliche Dynamik angestoßen, konnten aber ihre spezifische Qualität nur durch das Ausbleiben der Ordnungsmacht des Staates entwickeln[67].

Drittens: Die soziale Arbeit sieht sich also von zwei Funktionslogiken bestimmt, welche nicht nur unterschiedliche Ansprüche an sie herantragen, sondern zueinander noch in Widerspruch stehen. So überträgt in sachlicher Hinsicht die Gesellschaft als Reproduktionszusammenhang ihre Probleme an die soziale Arbeit und verlangt von dieser kompetente Definitions- und Lösungsmuster; zugleich weist sie dem sozialen Sektor eine Position der Randständigkeit und Ausgegrenztheit zu. Schließlich: Ob soziale Arbeit für die betroffenen Individuen gelingt, hängt weniger von jener und von diesen, als von den gesellschaftlichen Reproduktionsbedingungen ab. Das politische System legt dagegen spezifische Definitionen vor und gestaltet die formelle Seite des sozialen Sektors; es begründet so seine Organisation. Auf welcher Ebene man also diesen und die in ihm geschehende Praxis sozialer Arbeit betrachtet – ob schon (1.) auf der sektoralen oder Systemebene, auf der, welche (2.) durch die Träger, insbesondere die Verbände bestimmt wird, auf der (3.) institutionellen, der (4.) innerinstitutionellen Arbeitsorganisation, oder (5.) der Ebene konkreter Interaktionen –, stets bestimmt der Konflikt zwischen gesellschaftlicher Erfordernis und den Ansprüchen (sowie tatsächlichen) Wirkungsmöglichkeiten des politischen Systems das sozialpädagogische Feld. Ein soziologisch-politologisch reduktionistisches Verständnis der sozialen Arbeit scheint also durchaus realistisch; eine pädagogische Reflexion sieht sich in den Bereich der Selbstillusionierung verwiesen.

Allerdings stellt sich die skizzierte Widersprüchlichkeit den Beteiligten in der Gestalt von Entscheidungs- und Handlungsproblemen. Sie erfordert von diesen kommunikative Prozesse, in welchen die Gegensätze für die Beteiligten aufgehoben und in einer Weise begreifbar werden, die als ein einheitlicher »Sinn« Handeln, zugleich Stabilität und Invarianz gegenüber den wechselnden Anforderungen ermöglichen: Die Heterogenität und Zufälligkeit der eigenen Feldbedingungen zwingt also die im sozialen Sektor Tätigen, einen eigenen Kommunikationszusammenhang auszubilden, mit welchem und in welchem sie sich über ihre Probleme verständigen, diese, die eigenen Handlungsbedingungen und sich selbst identifizieren, Handlungsregeln und verbindliche Wertmaßstäbe entwickeln. Sie entfalten einen eigenen Diskurs, der nicht nur eine Sinnbestimmung der sozialen Arbeit im allgemeinen, sondern auch konkrete Handlungsperspektiven jenseits einer Festlegung durch das politische System eröffnet. Das diskursive Reflexionssystem, der kulturelle Code von sozialer Arbeit sichert den Bestand der sozialen Praxis gegenüber einer veränderlichen Umwelt, die nicht nur in den sich wandelnden Ansprüchen von Gesellschaft und politischem System sich zeigt, sondern noch als Widerspruch zwischen beiden besteht[68].

Der Diskurs stellt eine Ordnung her, die symbolisch und semantisch den Erhalt der sozialen Arbeit sichert; er präsentiert ihre einheitliche Idee, vor allem auch das Bewußtsein »des« sozialen Sektors von sich selbst[69]. Beständigkeit wird dabei durch den in ihm geschlossenen Zusammenhang von Themen, Fragestellungen und Orientierungen hergestellt, auf welche die Beteiligten zurückgreifen. Sie etablieren und nutzen den Diskurs als ihr professionelles Profil; in ihrer eigenen theoretischen Reflexion prüfen und verarbeiten sie im Blick auf ihre eigenen Handlungsbedingungen die diskursiven Inhalte hinsichtlich ihrer Herkunft, ihrer Systematik und Reichweite. Das entbehrt nicht der Spannungen: Weil sie mit einer sich verändernden Gesellschaft, mit wechselnden Bedingungen und Zusammenhängen, schließlich auch mit den unterschiedlichsten Individuen konfrontiert sind, sehen sie sich auf die Entwicklung und Integration neuer Erkenntnisse, auch auf die Rezeption der Einsichten anderer Disziplinen angewiesen. Der Diskurs im Feld der sozialen Arbeit muß sich daher immer wieder mit neuen geistigen Energien aufladen[70]. Zugleich gilt es, seine Identität dort noch zu sichern, wo sie im Zentrum gefährdet ist: Der Diskurs muß selbst um seine Konstanz besorgt sein, bedarf aber doch auch der Veränderung.

Für die Beteiligten enthält er einerseits das für ihr Selbstverständnis nötige Wissen; er bindet und verarbeitet die Erfahrungen im sozialen Sektor, erlaubt zugleich aber auch, die Grenzen gegenüber anderen Diskursen zu sichern. Mit seiner Hilfe werden Außen- und Innenbeziehungen erkennbar. Aber er gilt nicht bloß dem Denken, sondern gründet in sinnhaftem Handeln, ermöglicht dieses auch: Einerseits stellt er eine ideologische Praxis dar, in welcher Signifikationen sowohl deskriptiver wie auch axiologischer Art vorgenommen werden, die auf ein in der Sozietät des sozialen Sektors gültiges Einverstehen und Einhandeln ausgehen. Zum anderen begründet er das Handeln in diesem, nicht nur, weil er ihm einen eigenen Impuls gibt, sondern vor allem, weil er ihm Sinn verleiht.

Im Rahmen einer gesellschaftlichen Möglichkeit, zugleich gegenüber der politischen Determination konstituiert sich der soziale Sektor also selbst, indem in seiner Praxis ein eigener Code und eine eigene Semantik entstehen, die sich selbstreferentiell auf diese beziehen, sie identifizieren und nach außen hin, für andere sichtbar symbolisieren. Zwar entbehrt diese somit begriffene Praxis nicht einer realen, noch in sie eingehenden Vorgeschichte, die in der Tradition mittelalterlicher Fürsorge und neuzeitlicher Armenpflege steht, doch wandelt sich diese zur sozialen Arbeit im sozialen Sektor erst, wenn in ihm ein eigenes Bewußtsein entstanden und durch Tradition gesichert ist. Jenseits der von der Gesellschaft und dem politischen System aufgestellten Vorgaben entwickelt sich so eine dritte Bestimmung des sozialen Sektors und der sozialen Arbeit durch diese selbst[71].

Der Diskurs bezieht sich auf reale Sachverhalte, die in ihm und im Zusammenhang seiner Systematik neu bestimmt werden. Doch das gedankliche Zentrum, um welches er organisiert wird, bezieht sich auf einen Bereich, der von anderen Definitionen weitgehend freigeblieben ist; es besetzt mit seinen Zeichen ein Terrain, das von anderen noch nicht erprobt wurde: Das politische System (und der gesellschaftliche Reproduktionszusammenhang[72]) beherrschen nämlich den Teil des sozialen Sektors, der als Strafsystem ausgestaltet wird[73]; sie verfügen auch über die Institutionen kollektiver Daseinsvorsorge. Dort jedoch, wo es um die Bearbeitung konkreter individueller Notlagen geht, beschränken sie sich auf den bloßen Ausschluß aus dem sozialen Zusammenhang[74]. Die Ausgestaltung dieser Tätigkeit lassen sie offen. So entsteht der Raum einer Eigendefinition, für den einmal gilt, daß er nicht durch zweckrationale Umgangsformen, sondern durch unmittelbar persönliche, emotionale und intensive Beziehungen bestimmt ist. – Das Nachdenken über diesen Bereich sieht sich also selbst auf »nichttechnische« Reflexionsformen, somit in der Tat auf ein reflexiv-diskursives Verfahren verwiesen, welches nur das Allgemeine sichern, zu besonderer Konkretion jedoch nicht voranschreiten kann. – Zum anderen liegt für diese Eigendefinition eine Orientierung auf – allgemein – Zeitlichkeit und – besonders – Entwicklungsprozesse nahe: Wenn der Ausschluß des Individuums nicht endgültig sein soll, so muß die Möglichkeit geschaffen werden, daß sich dieses selbst verändert.

Sowohl in formaler, wie auch in inhaltlicher Hinsicht erfüllt der neuzeitliche Begriff der Pädagogik die Erfordernisse dieses Designationsaktes. Der Diskurs im sozialen Sektor lädt sich mit der Semantik des Pädagogischen auf; er wird um den Begriff der Erziehung organisiert: Auf der Ebene kommunikativer und reflexiver Verarbeitung wird die soziale Arbeit als Sozialpädagogik begriffen und begreifbar. Wo dieses Zentrum und seine Implikate suspendiert werden, wo der Begriff des Pädagogischen als ein (nicht einmal immer bewußter) Kern des Diskurses im sozialen Sektor suspendiert wird, bricht dieser zusammen; er wird erneut für die Ansprüche des politischen Systems verfügbar. Darin liegt offensichtlich eine tragische Dialektik jener sozialwissenschaftlichen Aufklärung, welche die herrschaftlich-verfügenden Momente pädagogischen Denkens (vielleicht sogar empirisch gerechtfertigt) herausstellt[75], welche auch die diskursive Selbstillusionierung und das auf bloße Selbstlegitimation zielende Denken der im sozialen Sektor Tätigen enthüllt. Statt daß sie nur eine Gefahr ins Bewußtsein hebt, löst sie die symbolischen und semantischen Grundlagen des Ganzen auf.

Die Identifizierung der Handlungsprobleme und Handlungsstrategien im sozialen Sektor als Fragen der Pädagogik hat eine Vorgeschichte. Sie setzt am Ausgang des 18. Jahrhunderts ein. Zwar ist noch keine Rede von Sozialpädagogik, doch werden gegenüber den bloß verwahrenden Verfahren im Bereich der Ausgrenzung Argumente geltend gemacht, welche schon in der Terminologie, mehr noch in ihrem sachlichen Gehalt das neue, durch die Aufklärung und die philanthropische Reformbewegung bestimmte Verständnis von Erziehung einbringen. Unmittelbares Objekt der Kritik, in welcher sich diese pädagogische Vorstellung entfaltet, sind die Waisenhäuser des pietistischen Typus, dann aber alle Formen nichtfamilialer Erziehung überhaupt[76], welchen man einen Nutzen für das Gemeinwohl nicht abgewinnen kann[77]:

> »Ein ganzes Heerdchen Kinder, deren Versorger im Grabe moderten, die hier sollen versorget seyn, und doch so schlecht versorget waren! Alle sahen sie wie bleich aus, wie die Leichen, hatten matte, viele triefende Augen, kein Zug von Munterkeit war an ihnen sichtbar, einige hatten verwachsene Füße, andere verwachsene Hände, und alle starrten vor Krätze, die alles Mark auszusaugen schien. Die Stube war schwarz von Öldämpfen und an den Wänden flossen die Ausdünstungen herab, die diese Elenden von sich gaben. Sie waren auf ihre Arbeit so erpicht, daß unsere Gegenwart sie gar nicht störte. Und alle ihre Arbeit war Spinnen. Einige, besonders die Kleinen spannen sitzend, die anderen stehend. Mein Herz hätte über den Anblick springen mögen, wie ich sahe, daß so viele Keime, die der Schöpfer gepflanzet, zerknirscht, und diese Elenden in so schreckliche Lagen versetzt wurden, daß sie am Geist und Leibe gebrechlich und klein werden mußten. Unterdessen, daß andere Kinder springen, scherzen und lachen, und in der Natur

einen Schatz von Kenntnissen sich sammeln, sind diese Elenden an das Rad gefesselt, und der einzige Gegenstand ihrer Betrachtung ist die Spindel ... So entfernt unser politiziertes Publikum seine leidenden Brüder von sich, gibt gern milde Beyträge, damit es nur ihren Anblick nicht haben darf, hängt seinem Vergnügen nach ... unterdessen, daß jene in dem hülflosesten Zustande verzweifeln wollen«[78].

Im »Waisenhausstreit« schlägt sich der Ertrag des pädagogischen Jahrhunderts für den sozialen Sektor nieder. Aber dies bleibt doch bloßes Vorspiel. Erst im 19. Jahrhundert kann er ausformuliert werden. Sechs unterschiedliche Momente konvergieren nämlich und fördern in unerwarteter Parallelität die Ausdehnung der pädagogischen Semantik: Empirisch treten – erstens – dramatische soziale und politische Veränderungen ein, in welchen Armut und Elend – sei es als Folge der Industrialisierung oder, früher, kriegerischer Auseinandersetzung, massenhaft werden; unter diesen Bedingungen zu überleben, muß erst erlernt werden. Die Auflösung oder Veränderung politischer Strukturen löst – zweitens – die traditionellen Orientierungsrahmen auf, innerhalb welcher über Ausgrenzung entschieden, Abweichung sanktioniert wurde. Unklar bleibt somit – drittens –, wer noch der Gesellschaft angehört; die Vorstellung von der Pluralität gleichgültiger, aber unterschiedener Lebensformen kann als Orientierungsdatum für pädagogische Prozesse entstehen. Diese Vorstellung wird zugleich konfrontiert mit – viertens – einer neuen Auffassung von Humanität: Unabhängig von der jeweiligen sozialen Lage soll menschliches Leben als solches überall geführt werden können. Ihr tritt – fünftens – die Einsicht in die – anthropologisch – selbstschöpferische Aktivität des Menschen zur Seite, die den Anspruch auf die Gestaltung der eigenen Lebenswelt rechtfertigt. Und schließlich tritt – sechstens – die liberale Enthaltsamkeit des besitzenden Bürgertums hinzu, welches soziales Elend und Not den Betroffenen überläßt, auf private Initiative und Hilfeleistung setzt: Das pädagogische Programm gerät so schnell in die Nähe einer revolutionären Programmatik für jene, die lernen wollen, mit sich selbst und ihren Verhältnissen gegenüber bürgerlicher Borniertheit umzugehen.

Das ist die Konstellation, in welcher – um die herausragendsten zu nennen – Pestalozzi und Wichern einsetzen und den sozialpädagogischen Diskurs konstituieren: Dieser in rückwärtsgewandter, jener in vorwärtsgerichteter Utopie, versuchen beide, orientiert am Kriterium der Verpflichtung zur Selbstreproduktion, den Individuen den Anstoß zu geben, die eigene Humanisierung zu ermöglichen; faktisch scheitern freilich beide: Pestalozzi an seinen eigenen unzureichenden Mitteln, Wichern daran, daß er sich nicht auf das pädagogische Werk beschränkt, sondern dieses für die religiöse Fragestellung zu instrumentalisieren sucht, die ihm den Impuls zur Erziehungsarbeit gab. Gleichwohl verwandeln beide den sozialen Sektor in ein Labor[79], in welchem die pädagogische Semantik als Technologie der sozialen Arbeit erprobt wird.

Weil zugleich eine Tradition der pädagogischen Denkweise im sozialen Sektor institutionalisiert wird[80], kann sich der sozialpädagogische Diskurs zunehmend von den unmittelbaren Erfahrungsbefunden ablösen, zu deren kommunikativer Verarbeitung er zunächst entsteht: Indirekt zeigt sich dies an der Erweiterung seiner Themenstellungen. Direkt aber wird es deutlich an den ersten Kontroversen, in welchen die Inhalte des sozialpädagogischen Diskurses gegenüber anderen Diskursen, besonders jedoch gegenüber dem politischen System geltend gemacht werden. In den Auseinandersetzungen um die Einführung eines Jugendstrafrechts[81] sowie in den ersten, anfangs noch zögernden Versuchen, Jugendfürsorge gesellschaftlich zu etablieren[82], schlägt sich der Wechsel zu einer »eindeutigen pädagogischen Idee« gegenüber den »Zweckmotiven des Staates (. . .), deren Tendenz ursprünglich pädagogischem Geist sehr fern stand«, nieder[83].

Endgültig setzt sich die Pädagogisierung der sozialen Arbeit in der Weimarer Republik durch. Nicht nur, daß im entfalteten Wohlfahrtsstaat die Notwendigkeit offenkundig wird, für den sozialen Sektor »spezifische, eigenständige Ziele abzugrenzen und eigene Zuständigkeit zu reklamieren«[84], vielmehr wird jetzt gegenüber den staatlich geregelten, sozialpolitischen Institutionen die Besonderheit der eigenen Arbeit in ihrem individuell gerichteten, immateriellen, personenbezogenen und -fördernden Charakter gesehen. So wird die »Wiederherstellung des ›inneren Menschen‹, bzw. die Bearbeitung des ›inneren Leiden‹ an der äußeren Not«[85] zum Thema; die Teilnehmer des Diskurses aber sehen sich selbst im Kontext der sozialpädagogischen Bewegung, erfassen auch, daß ihr Denken von einem Begriff der neuen Erziehung angestoßen wird. »Die Pädagogisierung der Fürsorge vollzieht die Entwicklung der Sozialarbeit zu einem eigenständigen Bereich, die bereits mit der sozialen Ausgestaltung der Wohlfahrtspflege begonnen hat, und vollendet ihre Institutionalisierung als eigenständigen Praxisbereich. Pädagogisierung der Problemsicht und des Aufgabenverständnisses, zusammen mit der Professionalisierung der Praxisabläufe und der Institutionalisierung des Handlungsfeldes bedeuten die endgültige Verselbständigung der Sozialarbeit als eigenständiger gesellschaftlicher Praxis mit eigenem Aufgabenbereich und Problemlösungen. Dies zeigt sich schon äußerlich deutlich in der neuen Nomenklatur, die sich am Ende der Weimarer Zeit herausbildet«[86]. Zugleich aber wird sich der Diskurs selbst zum Gegenstand und zum Problem: Nicht nur setzen Versuche ein, ihn und seine Inhalte zu sichern und zu dokumentieren, um ihn so in den neu entstehenden Ausbildungseinrichtungen zu tradieren; damit verliert er freilich seine Lebendigkeit, wird didaktisch aufbereitet und verhärtet. Vielmehr beginnt auch die wissenschaftliche Reflexion über die Reflexionsprobleme im sozialen Sektor, die allerdings – aus historischen Gründen – bei einer Ansammlung der Diskursthemen stehen bleibt[87], in der noch die pädagogische Grundlegung wenigstens für die Bestimmung von Ausbildung verloren geht: Diese habe, so formuliert Gertrud Bäumer, von einer recht verstandenen Sozialwissenschaft auszugehen[88].

Mit der Etablierung des Diskurses verändern sich jedoch auch seine Beziehungen zu anderen Diskursen, auch zum politischen System. Sie unterliegen nun einer doppelten Tendenz: Einmal können sie sachbezogen auf das »Innere« des Diskurses gerichtet sein; Theorie der Sozialpädagogik als Kategorienanalyse hat dies dann zum Gegenstand. Zum anderen vollzieht sich hier die Außendarstellung des Diskurses, seine öffentliche, legitimatorische Präsentation und Absicherung; es geht um Geltungs- und Machtfragen, um die existentielle Sicherung der Beteiligten, schließlich auch um die Herstellung von Bedingungen, die noch im Vorfeld des sozialen Sektors liegen, jedoch die Bedürfnisse und Probleme der Betroffenen tangieren. Dieser Außenaspekt des Diskurses folgt einem anderen Kalkül als die interne, reflexive Verarbeitung von Problemen und Themen: Hier geht es um die *Politik der Sozialpädagogik*; in ihr zählen weder die Qualität der Argumente, noch ihre ethische Dignität, sondern die Strategien wirkungsvoller Selbstdarstellung und öffentlicher Mobilisierung[89].

Die nach außen gerichtete Politik des Diskurses verfolgt vier Interessen, die sich allerdings überlappen und überlagern, daher im konkreten Vollzug der Politik der Sozialpädagogik kaum getrennt werden können: Einmal will diese den sozialen Sektor insgesamt in seiner Bedeutung hervorheben und durch Verweis auf seine gesellschaftliche Relevanz stabilisieren. Zum zweiten geht es in ihr um berufspolitische Interessen der im sozialen Sektor Berufstätigen; sie verfolgen außenpolitisch Ziele ihrer Einkommens- und Standespolitik, instrumentalisieren hierbei im Blick auf ihre Arbeitgeber öffentlichkeitswirksam sachliche Fragen. Dabei wenden sie – pointiert formuliert – Strategien der public-relations-Arbeit an: Sie betreiben »öffentliche Aufklärung« über die Realität, vor allem aber über die Mißstände des eigenen Handlungsgebietes, Sympathiewerbung; in subtiler Weise wird auf allen Ebenen des sozialen Sektors ein Bedingungszusammenhang hergestellt, der die eigene Relevanz ständig neu bestätigt: Noch mit den Klienten, vornehmlich jedoch mit den Trägern, Politikern und Medienvertretern produziert so der soziale Sektor vor aller Hilfeleistung ein Klima von Fürsorglichkeit; man bestätigt sich so in seiner eigenen Notwendigkeit selbst[90].

Drittens geht es in der Außenpolitik des sozialen Sektors um Definitionen. An den Nahtstellen zwischen den Diskursen entscheidet sich nämlich, ob Probleme des Gesellschaftssystems überhaupt symbolisiert, sowie wem sie zur Bearbeitung übertragen werden. Die Spannungen und Widersprüchlichkeiten der Politik des sozialen Sektors prägen sich in dieser Dimension am stärksten aus: Nicht nur, daß der Definitionsanspruch sich ständig fragen lassen muß, ob er nicht doch bloß das Eigeninteresse der im sozialen Sektor Wirkenden verfolgt. Vielmehr werden die sozialpädagogischen Problembestimmungen vom Gesellschaftssystem selbst aufgenommen und als Inhalte stigmatisierender Zuweisung in die Filter eingebaut, welche über den Zugang zum Reproduktionsbereich entscheiden. Aber wenn sich der soziale Sektor politisch für unzuständig erklärt, geraten die Individuen in die Gefahr, noch der letzten Einrichtung verloren zu gehen, in welchen sie mit ihren Problemen existieren können. Andrerseits aber vergrößern sich die Möglichkeiten einer öffentlichkeitswirksamen Eigendefinition dort, wo die exotischen und skandalösen Erscheinungen ausgestellt werden; auch dies birgt eine fatale Dialektik in der Politik der Sozialpädagogik: Weder der konkrete Alltag in seiner regelmäßigen Schwierigkeit, noch der durchschnittliche Erfolg und Mißerfolg lassen sich wirksam repräsentieren; dies gelingt nur für das Spektakuläre, das dann noch das Verständnis der »Außenwelt« vom Ganzen des sozialen Sektors prägt.

Die vierte Richtung der Außenpolitik gilt einer noch sachlich begründeten, stellvertretenden Wahrnehmung von Interessen der Betroffenen, der politischen und rechtlichen Absicherung ihrer Lebensbedingungen, »präventiven« Maßnahmen, mit welchen Notlagen und kritische Situationen verhindert werden sollen, aber auch einer anderen Politik gegenüber der Abweichung. Durchaus kann diese Dimension der politischen Auseinandersetzung mit dem Anspruch auf Bestandssicherung konfligieren: Das Einwirken auf politische Strukturen mit Hilfe einer Mobilisierung von Öffentlichkeit oder im Versuch, gesetzliche Änderungen zu erzielen, kann nämlich zu einer Entpathologisierung der Betroffenen führen; spätestens wenn die soziale Arbeit ihre Politik auf eine Stützung von Selbsthilfeeinrichtungen richtet, beginnt sie, den sozialen Sektor aufzulösen.

Darin wird eine prinzipielle Schwierigkeit deutlich, die aus dem grundsätzlich politischen Charakter der Politik des sozialen Sektors folgt: Die Gefahr besteht nämlich, daß andere Diskurse, insbesondere das politische System inhaltliche Angebote des sozialpädagogischen Diskurses umformulieren und ihrer eigenen Zwecksetzung unterwerfen: Selbsthilfeeinrichtungen können beispielsweise im staatlichen Kalkül einfach billiger erscheinen; ihr pädagogischer Sinn wird so korrumpiert. Die De-Institutionalisierung läßt sich im sozialpädagogischen Handlungsfeld nicht vermeiden; aufgenommen vom politischen Sektor legitimiert diese Formel jedoch den Abbau des sozialen Sektors, damit auch die Zerstörung von Überlebensmöglichkeiten der Betroffenen[91].

Hinter der Frage nach der Machtpolitik verbirgt sich allerdings noch eine zusätzliche Problematik, die im Verhältnis zwischen den Diskursen auftritt. Sie betrifft die linguistische Struktur und die benutzten Termini des sozialpädagogischen Diskurses: Er konstituiert sich auch in der Übernahme und Integration von Elementen aus anderen Diskursen: In »Gesetzgebung und Kindermord« plädiert Pestalozzi als Sozialpädagoge für eine Veränderung der gesetzlichen Vorschriften, um sie zu positiven Lebensbedingungen für die Betroffenen zu verwandeln; Makarenko nutzt die politischen Ansätze Lenins als Kategorien pädagogischer Reflexion; Bernfeld weist auf die pädagogische Transformation des Disziplinproblems hin[92]. Umgekehrt wirkt sich auch die Semantik des pädagogischen Diskurses auf andere Diskurse aus. In diesem wechselseitigen Austausch von Elementen erweitern sich die einzelnen Diskurse in ihrer Geltung, während andere schrumpfen und überflüssig werden – vielleicht entsteht nur so das, was als Wissenszuwachs erscheint. Als Monitum bleibt jenseits dieser skeptischen Frage jedoch festzuhalten, daß dieser Austausch von Elementen bewußt und kontrolliert geschehen muß, soll der Diskurs nicht auf subtile Weise unterwandert und ausgehöhlt werden; kurz: die Politik der Sozialpädagogik muß im sozialpädagogischen Diskurs selbst stets kritisch befragt werden. Nur so besteht nämlich die Chance, daß der soziale Sektor seinen Ort im Zusammenhang mit dem gesellschaftlichen Reproduktionssystem und dem politischen System behalten, sich selbst gegenüber diesen (und den in ihnen ausgebildeten Diskursen) verteidigen kann.

13 Vom Verhältnis des Rechts zum sozialpädagogischen Handeln

Den Zusammenhang zwischen Gesellschaft, politischem System und sozialem Sektor stiftet das Recht. Rechtlichkeit, gesetzliche, sowie gesetzesförmige Regelungen bilden allgemein ihr gemeinsames, grundlegendes und sie noch integrierendes Prinzip. Denn in der formalen Abstraktheit des Rechts gewinnt die moderne Gesellschaft mit Hilfe des politischen Systems nicht nur ein Bewußtsein von sich selbst, sondern kann ordnend, noch jede Situation übergreifend stabilisierend auf sich zurückwirken. Sie schreibt nicht nur ihre eigene Theorie als Rechtsphilosophie[1], sondern begründet die ihr angemessene Herrschaftsform in der legalen Herrschaft[2]. In den konkreten Rechtsnormen positivieren sich die sozialen Handlungsregeln[3], welche die Aktivität der Individuen bestimmen; noch ihre Existenz als solche wird durch das Recht begründet und geschützt, mehr noch: sie vergesellschaften sich selbst durch ein Handeln, welches zwar konkreten Normen gehorcht, zugleich dem allgemeinen Prinzip des Rechts unterliegt. Damit aber findet die bürgerliche Gesellschaft zu einer ihrer bedeutendsten Errungenschaften: Schon durch den prinzipiellen Charakter des Rechts entsteht ihr eine Verhaltenssicherheit, wie sie in keiner früheren Gesellschaft bekannt war; Handeln wird in seinem Risiko abwägbar, berechen- und kontrollierbar.

Recht und Gesetz dienen der Gesellschaft – vermittelt über das politische System – als Mittel, die Beziehungen zwischen den Socii und deren Handlungen – nach liberaler Auffassung – im Konfliktfall, später nach dem Grundsatz der Güterabwägung, die zwischen dem individuellen und dem Gemeinwohl zu entscheiden hat, schließlich in Leistungsregelungen, welche eine bloß nachgängige Ordnungsfunktion durch eine positive Lebensgestaltung ersetzen, systematisch zu beeinflussen. Mit Hilfe des Rechts bringt die moderne Gesellschaft zunehmend soziale Wirklichkeit erst hervor[4]; auf die Rationalität des Rechts gestützt bilden sich auch die Institutionen, mit welchen sie die Welt ökonomischer Interessenverfolgung und die diffuse, durch Tradition und Sinnlichkeit gestützte Alltagswelt durchdringt: So verwirklicht sich ihr abstraktes Prinzip der Rechtlichkeit in der bürokratischen Verwaltung, welche »der Rechtssprechung den Boden für die Durchführung eines begrifflich systematisierten und rationalen Rechts auf der Grundlage von ›Gesetzen‹ schafft«[5].

Die bürgerliche Gesellschaft spricht ihren Willen durch im politischen System als Recht geformte, als Gesetze konkretisierte und in der Verwaltung ausgeführte Normen aus. Wenn in der Topologie des sozialen Sektors die Möglichkeit sich eröffnete, daß die an ihm geschehende Praxis durch die im sozialpädagogischen Diskurs gebundenen Reflexionsleistungen der Beteiligten einen sozialpädagogischen Sinn gewinnt, so scheint dies nun endgültig (vor allem aber empirisch) widerlegt: Der Macht des juristischen Diskurses läßt sich wenig entgegensetzen[6]. Soziale Arbeit sieht sich nicht bloß der Rechtsidee im allgemeinen unterworfen, sondern wird als Praxis konkret durch Rechtsnormen bestimmt; sie scheint allein Rechtsanwendung, hoheitliche und verwaltende Tätigkeit, welche keinen Anspruch auf eine eigene sachliche Sinngebung erheben kann. So ist die Praxis im sozialen Sektor als einem rechtlich durchgestalteten Bereich »nicht mehr selbsttätiges Handeln, auch nicht mehr beliebiger privater Verfügung überlassen, ob, wie, in welcher Weise gehandelt wird. Sozialpädagogisches Handeln ist eingegliedert in die Form hoheitlichen Handelns und in die dieser Rationalität entsprechenden Strukturen. Das bedeutet besonders, daß sozialpädagogisches Handeln zunehmend einer Institutionalisierung und Verrechtlichung unterliegt. Institutionalisierung bedeutet dabei die Generalisierung und Typisierung des sozialpädagogischen Handelns, um möglichst konstante, berechenbare (und damit auch planbare) und steuerbare Handlungsweisen zu erreichen. Verrechtlichung bedeutet, daß eines der zentralen Mittel zur Erreichung dieses Zwecks der Einsatz von Recht ist«[7].

Mit Recht und Gesetzen (bzw. gesetzesähnlichen Vorschriften) regelt das politische System die Aktivitäten im sozialen Sektor schon äußerlich: Als Verwaltungstätigkeit gehorcht die soziale Arbeit den Normen, welche für eine rationale Verwaltung generell gelten; als Vorgang muß sie aktenförmig dokumentiert, im Falle von eher pädagogischen Maßnahmen kommunikativ legitimiert und dargelegt werden. Stets wird sie im Rahmen geordneter Hierarchien vollzogen[8].

Mehr noch aber bestimmen Recht und Gesetz das Handeln im sozialen Sektor seinem Inhalt nach: Schon die Auslösebedingungen für die Aktivitäten von Sozialarbeitern und Sozialpädagogen sind rechtlich fixiert. Sie heben mit der Subsumtion gegebener Erscheinungen unter rechtlich fixierte Tatbestandsbestimmungen an; konkrete, individuelle Wirklichkeit wird dabei auf jene, von abstrakter Individualität ausgehenden, zugleich typisierend und formalisierend Normal- und Durchschnittsverhältnisse wiedergebenden Sachverhaltsbeschreibungen reduziert, welche das politische System zur Verfügung stellt. Mit dieser – hermeneutischen – Prüfung der Wirklichkeit, der Beschränkung ihrer Komplexität auf die in Gesetz und Vorschrift vorgesehenen Möglichkeiten, schließlich mit der faktischen Unterordnung unter die rechtlich positivierten Tatbestandsmerkmale gewinnen die im sozialen Sektor Tätigen die ihnen zugebilligte »handhabbare« Wirklichkeit.

Das politische System sieht dabei – grob unterschieden – vier unterschiedliche Fall- und Problemkategorien vor: Einmal definiert es Probleme, welche der »Normalexistenz« des Individuums zugerechnet werden; es handelt sich um persönliche Zustände und Risiken, die regulär und typisch eintreten, gewöhnlich jedoch in den kollektiven Versicherungseinrichtungen antizipiert werden.

Zweitens definiert das politische System eine Reihe »untypischer«, in der von ihm und der Gesellschaft angenommenen und konstruierten Normalbiographie nicht selbstverständlich aufgenommene Zustände; es handelt sich – allgemein – um die »besonderen Notlagen«[9], welche von einzelnen oder ganzen Gruppen nicht mehr bewältigt werden können. Drittens definiert das politische System als handlungsinitiierende Problemlagen Lebensbedingungen von Personen, die eine normalbiographische Entwicklung verhindern oder gefährden; seinen klassischen Ausdruck findet dies im juristischen Verständnis der drohenden oder eingetretenen Verwahrlosung eines Kindes.

Zeichnen sich diese drei Fallgruppen dadurch aus, daß die Betroffenen selbst vom Gesetzgeber nicht in einem Normenkonflikt gesehen werden, dieser allerdings in ihrer Lebenswelt oder als Zukunftsmöglichkeit vermutet wird, so geht die letzte Kategorie von einem eingetretenen Normenkonflikt aus, welcher durch den je Betroffenen bewirkt war. Anders als in der zweiten Kategorie, welche eine Abweichung im Blick auf die gesellschaftlich übliche Gestaltung eines Lebenslaufes implizierte, diese allerdings nicht juristisch sanktionierte, sind nun schon rechtlich relevante Normverletzungen zugrunde gelegt. Dem sozialen Sektor werden diese jedoch, wie in der dritten Fallgruppe, zu einer Bearbeitung im Sinne von Veränderung, Sozialisation oder Resozialisation übergeben.

Neben der Definition der ihnen aufgetragenen Problemlagen erhalten die im sozialen Sektor Tätigen zugleich auch den Richtpunkt und die Richtung vorgegeben, in welche sie ihr Handeln steuern sollen. Einmal legt das politische System den Status der Adressaten sozialer Arbeit fest. Dabei konkurrieren systematisch unterschiedliche Ansätze solcher Statusbestimmungen, die sich historisch-genetisch herleiten lassen: In der ersten Phase einer rechtlichen Konstitution des sozialen Sektors – markiert etwa durch das Preußische Landrecht, beibehalten z. B. im Unterstützungswohnsitzgesetz – wird die soziale Praxis als eine »polizeiliche« Verwaltung begriffen, welche sich auf objektivierte Personen bezieht; zwar weicht in dieser Statusdefinition die Zufälligkeit und Irrationalität der alten Armenfürsorge schon einem systematisierenden, ordnenden und kontrollierten Umgang mit der – im weitesten Sinne – Bedürftigkeit, doch werden die Personen allein gegenständlich, als zu behandelnde Dinge aufgefaßt, mit welchen man – gemessen an ihren Interessen – willkürlich, orientiert an der Staatsraison jedoch planmäßig zu verfahren habe. In einer zweiten Phase werden Personengruppen definiert, die einen Anspruch auf spezifische, durch einen Eigenbeitrag gerechtfertigte Leistungen haben; sie treten in ein quasi-Rechtsverhältnis ein, innerhalb dessen sie als Rechtssubjekte Ansprüche geltend machen können. Allerdings unterliegen die Inhalte dieses Rechtsverhältnisses einer (vergleichsweise zufälligen) Festlegung durch das politische System; die individuellen Subjekte sind dies nur im Blick auf die generalisiert festgelegten Leistungen.

Die dritte Phase legt den Status der Adressaten sozialer Arbeit in dreifacher Hinsicht fest. Sie werden einmal als Träger von Grundrechten prinzipiell gleiche Rechtssubjekte. Damit entsteht eine Grenze für die bloß hoheitliche Verwaltung; soziale Arbeit kann nicht bloß in die Lebensvollzüge objektivierter Adressaten »eingreifen«, sondern muß sich öffentlich legitimieren können und zugleich mit den Betroffenen als Rechtssubjekte rechnen; sie sieht sich mit Grenzen konfrontiert, die sie nur nach Verständigungs- und Vereinbarungsprozessen überschreiten darf. Soziale Arbeit vollzieht sich somit in kooperativen Tätigkeitsformen. Andrerseits nimmt der Staat selbst in Anspruch, als Sozialstaat für erträgliche und gerechte Lebensbedingungen zu sorgen; er entwickelt selbst eine Programmatik für die von ihm gesteuerten Lebensbereiche. Doch muß diese Programmatik, soll sie nicht der Bestimmung grundrechtlicher Subjektivität widersprechen, zustimmungspflichtig und ausgleichend »gerecht« angelegt sein. Schließlich definiert sich im demokratischen Sozialstaat der Status der Adressaten sozialer Arbeit nun als der eines Anspruchsberechtigten; anders als im autoritären Wohlfahrtsstaat steht ihm ein Recht nicht nur auf Partizipation an den Entscheidungs- und Gestaltungsprozessen zu, welche die konkrete Ausgestaltung von Gesellschaft und politischem System beeinflussen, vielmehr kann er als Bürger Anspruch auf rechtlich spezifizierte soziale Leistungen materieller und persönlicher Art erheben. Sie bilden einen Teil der Ausstattung, die ihm als Rechtssubjekt zukommt.

Diese historisch zuletzt entstandene, in sich noch vielschichtige Form einer rechtlichen Festlegung des Status von Adressaten sozialer Arbeit schützt diese nicht bloß »vor der Willkür der Verwaltung bzw. vor informeller Rechtssetzung durch die Exekutive und macht die Aktionen der Sozialadministration (allerdings im Rahmen des Ermessensspielraums) kalkulierbar und zuverlässig«. Insofern ist die so verwirklichte »Verrechtlichung« der sozialen Arbeit »historisch gesehen ein Fortschritt gegenüber privater Mildtätigkeit, die als ›unverdiente Gabe‹ verteilt wird, und einer vornehmlich am polizeilichen Schutz der Öffentlichkeit orientierten Armenpflege«[10]. Aber sie birgt zugleich eine doppelte Problematik: Einmal spricht sie zwar den potentiellen Adressaten sozialer Arbeit die freie Willensentscheidung über die Wahrnehmung seiner Berechtigung zu, verlangt aber von ihm »als ›Störer‹ aktiv (zu) werden, um eine Verwaltungsentscheidung zu erwirken, die dann nach Maßgabe der Kriterien legaler Richtigkeit und Wirtschaftlichkeit hergestellt und kontrolliert wird«[11]. Nicht nur, daß offensichtlich empirisch eine Reihe subjektiver und objektiver Hemmnisse – etwa Informationsmängel – der Rolle als »Störer« entgegenstehen[12]. Vor allem kann soziale Arbeit somit weder von sich aus wirksam werden, um Lebensbedingungen herzustellen, in welchen soziale Probleme gar nicht erst entstehen, noch kann sie überhaupt soziale Zusammenhänge als solche zum Tätigkeitsgegenstand erheben; sie ist auf die individuelle (und individualisierende) Perspektive angewiesen, welche der »Störenfried« eröffnet, kann damit freilich auch seine Lebensbedingungen nicht diskreditieren.

Die andere Schwierigkeit liegt im Gleichheitspostulat, welches schon durch die Orientierung an den Grundrechten nahegelegt wird. Es impliziert nämlich als rechtliches Kriterium, daß die Adressaten sozialer Arbeit in eine Position der Unterschiedslosigkeit geraten. Bezogen auf Personen und ihre Probleme lassen sich jedoch sachlich Gerechtigkeit und Gleichheit nur bestimmen als die gleiche Berücksichtigung ihrer Differenz; soziale Arbeit wäre nur dann gerecht, wenn sie ihre Adressaten nicht formal und abstrakt einander gleichstellt, sondern ihrer je besonderen Situation angemessen ungleich behandelt. Umgekehrt erlaubt eine juristisch konsequente Gleichbehandlung beispielsweise nicht, daß bestimmten Personengruppen – etwa Kindern und Jugendlichen – besonderer Schutz und zugleich der Anspruch auf Maßnahmen zugesprochen werden, welche für ein gesichertes Aufwachsen hinreichende Bedingungen sicherstellen; ein kinder- und jugendspezifisches

»Sonderrecht« widerspräche unter derart formalem Gesichtspunkt ihren Grundrechten[13].

Neben der Definition des Status der Adressaten von sozialer Arbeit legen die rechtlichen Normen schließlich auch die Handlungsformen fest, welche die Praxis im sozialen Sektor gewinnen kann. Ihre Steuerung durch rechtliche Bestimmungen läßt sich dabei in der Formel des »praktischen Syllogismus« beschreiben: Unter der ersten Prämisse der generellen Adressatenbeschreibungen folgen aus den Rechtssätzen – nämlich den in ihnen hergestellten Zusammenhängen von Tatbeständen (bzw. ihren Merkmalen) und den Rechtsfolgen – als Obersätzen und den in der Hermeneutik des Subsumtionsverfahrens gefundenen besonderen Bedingungen als Untersatz das je konkrete Tun oder Unterlassen; sie werden gleichsam logisch abgeleitet[14]. Dabei lassen sich wiederum drei Kategorien grob unterscheiden, nämlich

a) regelmäßig erbrachte materielle Leistungen in Form von Renten, sowie »regelrechte« Betreuungsleistungen, welche ebenfalls »normalbiographisch« in die Rentenzahlung eingerechnet sind;
b) einmalige materielle Leistungen, die entweder in pekuniärer Form oder als Sachmittel erbracht werden;
c) persönliche Leistungen, die in Form einer individuellen oder gruppenbezogenen Betreuung, Beratung, Förderung, Unterstützung oder Sozialisationsleistung erbracht werden.

Nimmt man die vom politischen System an den sozialen Sektor herangetragenen Definitions- und Handlungsmuster in ihrer konkreten, inhaltlichen Ausdifferenzierung und Artikulation auf, so eröffnet sich nicht nur eine formal und material hinreichende Theorie des Handelns im sozialen Sektor. Vielmehr bietet sich hier eine umfassende Handlungskonzeption, welche zudem a priori mit dem Prinzip der Rechtlichkeit (freilich nicht notwendig mit dem der Gerechtigkeit) übereinstimmt, das von dem politischen System für die Gesellschaft aufgestellt wird: Im Recht und in den Gesetzen scheinen hinreichende Reflexionsmöglichkeiten gegeben, welche die Bestimmung des Handelns im sozialen Sektor noch vor jeglichem sozialpädagogischen Diskurs erlauben. Dieser scheint überflüssig. Dem scheint zunächst die Realität zu entsprechen: In den Berufsvollzügen von Sozialarbeitern und Sozialpädagogen schlägt sich dies nämlich entweder in dem Gefühl, man sei vor allem in administrative Tätigkeiten involviert[15], oder in der selbst noch widersprüchlichen Haltung nieder, Recht und Gesetz beengen die eigenen Handlungsspielräume, böten allerdings auch die einzigen Möglichkeiten für ein effektives Wirken im Interesse der Klienten[16]. Mit fortgeschrittener Verrechtlichung, vor allem aber mit einer zunehmenden gerichtlichen Klärung von möglichen und realen Ansprüchen tritt – regelmäßig vermittelt über institutionelle Hierarchien – als subjektiver Reflex von Verrechtlichung ein Verstärkungseffekt ein, den man als die Ausbildung des mentalen Habitus der Verrechtlichung bezeichnen könnte: Selbst in Bereichen sozialer Praxis, die einer rechtlichen Regelung nicht unterworfen wurden, sogar noch durch die Rechtsprechung selbst – etwa als besondere, beispielsweise pädagogischer Gestaltungsfreiheit und Verantwortung unterliegende »Gewaltverhältnisse« – für nicht judiziabel gehalten werden, rechnen die Beteiligten stets mit möglichen juristischen Schritten und Sanktionen. Ihr Handeln vollzieht sich dann allein in den gefahrlosen Bereichen, jenseits von dem Wagnis und dem Risiko, welche wenigstens in menschlichen Entwicklungsprozessen unvermeidbar sind.

Tatsächlich unterliegen die Beteiligten, vielleicht sogar das politische System selbst einer Täuschung über die Steuerungsmöglichkeiten durch rechtliche Normen. Nicht nur, daß sich die konkrete Praxis oft noch im Widerspruch zu konkreten Rechtsnormen bewegt[17], entweder weil die Definition des Klientenstatus uneinheitlich geblieben ist, somit auch den willkürlichen Umgang immer noch erlaubt, oder da sich soziale Arbeit »durch im Rahmen von Finanzbeschlüssen gesteuerte Verbandstätigkeit und deren anders motivierte Interessenlagen« verwirklicht[18]. Vielmehr stehen Recht und Gesetz in Spannung zueinander[19], sind sogar in sich uneinheitlich: Folgt man beispielsweise Gustav Radbruchs Bestimmung, so wird in Begriff und Idee des Rechts der – letztlich prozessual zu verwirklichende – Versuch gemacht, eine je konkrete Beziehung zwischen der auf die Idee der Gleichheit zurückzuführenden Gerechtigkeit, der Zweckmäßigkeit einer rechtlichen Normierung und Entscheidung, sowie der Rechtssicherheit herzustellen[20]. Im Recht sind also diese Faktoren mitzudenken; im konkreten Rechtsfall müssen sie miteinander ausgeglichen werden. Unterhalb dieser systematischen Instabilität des Rechts durchziehen das positive Recht Tendenzen und Vorstellungen, welche seine unterschiedlichen Entstehungsbedingungen und Gestaltungsintentionen repräsentieren; dabei können Normenkonflikte nicht bloß aufgrund uneinheitlicher Materien, somit als Folge von nichtausgleichbaren Differenzen in den zu regelnden Lebensbereichen, sondern auch zwischen den einzelnen Normenkomplexen, schließlich aber als Folge der – im Sinne der Rechtssicherung unausweichlichen – Verselbständigung und Erstarrung des Rechts auftreten: Historisch entstandene, von der Lebenswirklichkeit längst überholte Rechtsnormen stehen so beharrlich gegenüber Regelungen, welche aktuellen Gestaltungsbedürfnissen, vor allem auch gesellschaftlich veränderten Vorstellungen und Moralkonzeptionen entspringen[21]. Zudem führt die Auslegungsbedürftigkeit der meisten Rechtsnormen dazu, daß sie – abhängig von der Schichtzugehörigkeit der Rechtsanwender, sowie der die Rechtsprechung ausübenden Personen – unterschiedlich ausgelegt werden, somit trotz aller abstrakten Gleichheit doch Ungleichheiten systematisch produziert werden[22].

Prinzipiell besteht eine Spannung zwischen dem Versuch rechtlicher Regelung, typisierend und dauernd gültige Sachverhalte sowie Folgen festzulegen, und der Dynamik des realen Lebens. Das Recht ist letztlich »untauglich zur Regelung konkreter Lebensverhältnisse«[23], wenngleich gerade in diesem Defizit ein Anstoß zu einer weiterführenden Verrechtlichung liegt, die »auch noch den letzten hypothetisch denkbaren Fall zu erfassen« sucht[24]. Aber nicht nur, daß diese rekursiv den Anspruch auf weitere Verrechtlichung erhöht[25], vielmehr läßt sie sich offensichtlich gar nicht mehr vollziehen: Die »Vollzugsdefizite« rechtlicher Regelungen machen diese selbst zu einer untauglichen, stumpfen Waffe und reduzieren ihre Fähigkeit, Handeln überhaupt noch zu steuern[26].

Allerdings enthalten Rechtssätze selbst schon – formal betrachtet – Elemente, welche ermöglichen sollen, daß konkrete Lebenstatsachen, vor allem aber der soziale Wandel aufgenommen und in der Rechtsprechung berücksichtigt werden: Sie sind entweder insgesamt als »Generalklauseln« formuliert – verstärken so freilich die Entscheidungsgewalt der Richter und der Verwaltung, verringern zugleich die Rechtssicherheit[27]. Oder sie werden mit dem Mittel der in ihrem Umfang und Inhalt weitgehend ungewissen, auslegungsbedürftigen »unbestimmten Rechtsbegriffe«[28] konstruiert oder räumen in der in ihnen angeführten Rechtsfolge einen Spielraum ein, der entweder als richterliches Ermessen oder von der vollziehenden Behörde als Verwaltungsermessen ausgefüllt wird.

Prinzipiell hängt die Ausfüllung der unbestimmten Rechtsbegriffe von einer hinreichenden fachlichen Kompetenz ab[29]; dies gilt auch dann, wenn ein Rechtssatz nur einen allgemeinen Auftrag erteilt, für die »notwendigen«, »erforderlichen« oder »gebotenen« Maßnahmen zu sorgen, bzw. die Wahl zwischen mehreren Möglichkeiten einräumt. Für den sozialen Sektor verstärkt sich diese Konkurrenz zwischen juristischem Denken und pädagogischer Fachlichkeit[30] jedoch noch durch die Heterogenität in den für ihn geltenden Rechtskomplexen. Sie gehören nämlich den unterschiedlichsten Bereichen an und müssen erst fallbezogen einander zugeordnet sowie systematisiert werden. Die – fehlende – Ordnung eines Rechts des sozialen Sektors[31] erfordert also, mit anderen Worten, eine zureichende fachliche Kompetenz, die aus den sachlich gegebenen Gründen überhaupt erst einen Zusammenhang zwischen den Materien herstellt. So wäre schon aus Gründen, die in der Struktur der Rechtsnormen und der Normenkomplexe liegen, eine bloß rechtliche Steuerung der sozialen Arbeit nicht nur gänzlich unzureichend, sondern auch unmöglich.

Hinzu kommt, daß sie sich dysfunktional für das Gesellschaftssystem auswirkt. Offensichtlich bedeutet nämlich die Verrechtlichung einerseits eine zunehmende Ausdehnung des sozialen Sektors; da immer mehr Bereiche gesellschaftlichen Lebens einer zunehmend feiner ausdifferenzierten Regelung unterliegen, finden sich immer mehr Gelegenheiten, für welche soziale Arbeit zuständig wird. Andrerseits aber führt die Verrechtlichung zu einer Erstarrung des sozialen Sektors: Angetreten zur Lösung sozialer Probleme bleibt er, fixiert durch Rechtsnormen, bestehen; er kann aufgrund seiner konstruktiven Anlage gar nicht mehr überflüssig werden, sondern muß gleichsam soziale Probleme ständig neu produzieren[32]. Zudem sind für das politische System »psychische, soziale und materielle Probleme (. . .) erst bearbeitbar, wenn sich die alltagsweltlichen Schwierigkeiten in rechtlich handhabbare Formen transformieren lassen«[33]. Damit geraten aber für die soziale Arbeit nicht nur die realen und konkreten sozialen Bezüge der Betroffenen aus dem Blick; vielmehr erzwingt die rechtliche Ordnung eine Resortierung der Probleme, welche der Gesetzessystematik, jedoch weder den realen Problemzusammenhängen, noch ihrer Genese entspricht[34]. Eine allein durch Rechtsnormen gesteuerte soziale Arbeit würde sich also in der Tat auf die Bearbeitung von Problemen beschränken, welche das politische System durch die ihm zugänglichen Definitionsweisen von Problemen erst schafft.

In der Analyse der in den Feldbedingungen sozialer Arbeit ruhenden Einflüsse auf das Handeln im sozialen Sektor wurde dieses Verhältnis von Determination durch Recht und Verwaltung bei gleichzeitiger Notwendigkeit, eine eigene pädagogisch-sachliche Bestimmung zu finden, zumeist als eine »Verbehördlichung« beklagt, die letztlich – zu Lasten der pädagogischen Orientierung – eine wachsende Anonymisierung im Bereich sozialer Arbeit zur Folge habe[35]; trotz aller Sorge um die fachlich sozialpädagogischen Inhalte, somit also um die Determination durch den sozialpädagogischen Diskurs scheint – folgt man dieser Auffassung – seine juristische und verwaltungsförmige Rationalisierung selbst in Bereichen unausweichlich, die wesentlich über freie Träger gestaltet werden oder aber einer unmittelbar personenbezogenen pädagogischen Arbeit gelten. Selbst noch der Rückzug auf Therapie, in welcher man sich als Reaktion auf die scheinbar naturwüchsige Verbehördlichung persönliche Kommunikation und Interaktion erhofft, gehorcht dabei auf eigentümliche Weise der Logik rational juristischer Verwaltung. Sie läuft, so wird kritisch bemerkt, »auf eine Reduktion komplexer sozialer Probleme hinaus, mit dem Ziel ihrer effizienteren, d. h. auch kostengünstigeren Bewältigung im sozio- und psychotechnischen Sinne. Indem in der Sozialstruktur angelegte Ungerechtigkeit und ihre am Subjekt angreifenden Auswirkungen von Benachteiligung und Unterprivilegierung psychologistisch in Kategorien persönlich-individueller Unzulänglichkeit transformiert werden und das in seiner Identität ohnehin schon verunsicherte und von externer Hilfe abhängig gewordene Subjekt diese Problemtransformation bereitwillig mitvollzieht, hat diese Strategie den ordnungspolitischen Zugewinn einer Neutralisierung potentieller stabilitätsgefährdender Systemkritik«[36].

Jenseits der eher moralisierenden Klage über den Zugriff des politischen Systems und der ihr folgenden Flucht in die Therapie wird die Spannung zwischen juristischem und pädagogischem Anspruch in der Regel als konstitutives, daher unhintergehbares

Faktum sozialer Arbeit festgehalten[37]; sie werde notwendig zwischen den in den Gestalten des Rechts und der Verwaltung auftretenden Ansprüchen des politischen Systems und der sachlich notwendigen, auf Personen in ihrer Individualität gerichteten »pädagogischen« Intention zerrissen. Der Staat nehme sogar »Fehlleistungen des Gesetzes im Einzelfalle in Kauf; ihm ist wesentlich daran gelegen, daß das Gesetz auf die typischen, regelmäßig wiederkehrenden Fälle paßt. Dem Erzieher dagegen liegt eine solche unter massenpsychologischen Gesichtspunkten erfolgende Typisierung fern. Er wertet die einzelne Verfehlung seines Zöglings nicht als Störung der Gesellschaftsordnung, sondern als Symptom einer inneren Entwicklungsschwierigkeit des ihm anvertrauten Menschen. Nicht der Eindruck der Tat auf die Bevölkerung, sondern die Gesamtpersönlichkeit des Täters bildet den Beziehungspunkt seiner Betrachtungen und nicht die Bedürfnisse kriminalpolitischer Massenbehandlung, sondern die Erziehungsbedürftigkeit des Zöglings den Maßstab seiner Erziehungsmaßnahmen«[38]. Gleichwohl findet sich keine prinzipielle Lösung des Konflikts zwischen den unterschiedlichen Ansprüchen an die soziale Arbeit: Er wird entweder – etwa in der Formel vom »doppelten Mandat« – als unvermeidlich festgeschrieben oder durch den Verweis auf eine intensive fachliche »Ethik« gleichsam ideologisch relativiert[39].

Eine Übersetzung der in juristischer Form gegebenen Sachverhalte in den Zusammenhang sozialpädagogischer Denk- und Handlungslogik liegt offensichtlich außerhalb des Möglichen. Sie scheint nicht nur illusionär, sondern birgt noch die Gefahr, daß für die Adressaten sozialer Arbeit die im politischen System historisch erreichten, über die Definition von Grund- und subjektiven Rechten formalisierten Statusmöglichkeiten verlorengehen[40]. Um der Stärkung sozialpädagogischer Kompetenz willen einen Verlust rechtlicher Sicherung ihrer Adressaten hinzunehmen, steht in der Tat noch gegen das im sozialpädagogischen Diskurs gesicherte Selbstverständnis; sie setzte sich so erneut dem Verdacht aus, als »defensive Sozialpädagogik (...) im ganzen eine Art von gesellschaftlicher Subkultur (zu werden), in der trotz aller formalen Rechtsstaatlichkeit bürgerliche Rechte und bürgerliche Umgangsformen weitgehend suspendiert« wären[41].

Pragmatisch wird das Dilemma allerdings schon immer gelöst: In den alltäglichen Interaktionen innerhalb des sozialen Sektors finden unterhalb der offiziellen Regelungen informelle Aushandlungsprozesse statt, die sich nicht mehr um Rechtsvorschriften bekümmern[42]. Als Bewährungshelfer tätige Sozialpädagogen ignorieren strafrechtlich relevantes Tun ihrer Klienten, weil sie für diese eine günstige pädagogische Prognose formulieren können, wenn ihre Beziehung nicht gefährdet wird. Neben den offiziellen Akten werden im Zuge einer »zweiten« Aktenführung eigene Notizen angefertigt, die außerhalb des kontrollierten Verwaltungswegs Eigentum von Sozialarbeitern und Klienten bleiben. So bleiben die rechtlichen Regelungen zwar anerkannt, doch finden »neben der Legalität« die eigentlich fachlichen Aktionen erst statt. Selbst im offiziellen Gerichtsverfahren finden sich derartige pragmatische Lösungen. So greifen Familienrichter bei ihren Entscheidungen in der Regel auf die Gutachten der Jugendämter zurück und stützen sich so auf die pädagogisch-psychologische Kompetenz der Beteiligten[43]. Schließlich läßt sich auf der pragmatischen Ebene noch denken, daß Sozialarbeiter und Sozialpädagogen ihre »Klienten« beratend und stellvertretend bei der Wahrnehmung von Rechtsansprüchen unterstützen, sie vor allem auf ihre juristischen Handlungsmöglichkeiten aufmerksam machen; Recht würde so zu einem Hilfsmittel sozialpädagogischer Intervention[44].

Sieht man jedoch von einem – vermutlich nur deklamatorisch wirkungsvollen – Insistieren auf Postulate einer »gerechten Ordnung« ab[45], so scheint eine prinzipielle Lösung des Dilemmas nur in der Transformation von Recht und Gesetz in sozialpädagogische Kategorienzusammenhänge möglich: Recht muß so als Bildungsbegriff thematisiert, konkret: als ein Mittel verstanden werden, die Entwicklungsprozesse von Subjekten zu ermöglichen und zu unterstützen. Erst in dieser pädagogischen Definition der dann allerdings wieder vom politischen System vorzugebenden Sachverhalte als Rahmenbedingungen des sozialen Sektors kann dieser auch seine gesellschaftliche Funktionalität gewinnen.

Historisch hat diesen Ansatz Johann Heinrich Pestalozzi in seiner Schrift über »Gesetzgebung und Kindermord« vorgelegt: Angesichts der Problematik, daß unehelich schwangere Dienstmägde der gesellschaftlichen Ächtung und dem Verlust ihrer Arbeitsstelle nur durch die Ermordung ihres Neugeborenen entgegentreten konnten, damit aber der Verfolgung durch die Strafbehörden anheimfielen, schlägt Pestalozzi eine juristische Absicherung ihrer

Lebensmöglichkeiten in doppelter Hinsicht vor. Zum einen soll ihnen die Möglichkeit einer ungefährdeten Geburt geschaffen, zum anderen eine hinreichende materielle Sicherung ihrer Existenz als ledige Mütter durch rechtliche Festlegung eingerichtet werden. Langfristig sollen jedoch diese flankierenden (sowie zusätzlich strategisch gedachten) gesetzgeberischen Maßnahmen und Initiativen eine Veränderung der moralischen Einstellung in der Gesellschaft insgesamt bewirken, welche den Kindesmord überflüssig macht[46].

Systematisch betrachtet zielt also Pestalozzi auf eine rechtliche und materielle Sicherstellung der Adressaten sozialer Arbeit, vor allem aber auf die Etablierung von Institutionen, innerhalb derer sie – betreut – mit ihren kritischen Lebenssituationen umgehen können. Er will also eigentlich erst die Etablierung eines – schon immer pädagogisch bestimmten – sozialen Sektors bei gleichzeitiger Sicherung des Status des Betroffenen. Diese Systematik bietet sich, wenn auch modifiziert und akzentuiert, angesichts der durch die Fiskalkrise des Staates wachsenden Finanzierungsprobleme für den sozialen Sektor erneut an: Sie bietet eine Lösung des Dilemmas zwischen Recht und Sozialpädagogik, indem einerseits seine Existenz rechtlich in der Vorgabe von Rahmenbedingungen abgesichert, gleichzeitig jedoch die internen Handlungsweisen in ihm aus dem Regelungsanspruch des politischen Systems herausgenommen werden, während andrerseits auch die Position der Adressaten sozialer Arbeit juristisch bestimmt wird. Dabei geht es also nicht um eine Entrechtlichung des sozialen Sektors und der von sozialer Arbeit Betroffenen, sondern um die Herstellung seiner Autonomie[47]: Die rechtliche Sicherstellung des sozialen Sektors insgesamt (sowie einer materiellen Grundausstattung, über welche jedoch in ihm frei verfügt werden kann) hätte zur Konsequenz, daß für die in kritische Lebenssituationen Geratenen Lebensräume zur Verfügung stünden, innerhalb derer sie sich jenseits unmittelbarer Reproduktionszwänge ertragen, stabilisieren und – beraten sowie unterstützt – verändern können; die Existenz solcher Orte, sowie die Möglichkeit von Hilfe und Betreuung wären dabei rechtlich verbürgt, doch intern nicht durch rechtliche Kodifikation geregelt, denn es geht »darum, sozialstaatliche Agentien dem steuerstaatlich vermittelten Zugriff des ökonomischen Funktionszusammenhangs zu entziehen und nichtstaatliche Organisationsformen« zu finden[48].

Durch die Festlegung des rechtlichen Personenstatus wäre zugleich sichergestellt, daß die Interaktionen im sozialen Sektor nicht willkürlich, sondern vielmehr als Ergebnis von Verständigungs- und Übereinkunftsprozessen zustande kämen. Dies stellt einerseits die Transparenz der Vorgänge sicher; andrerseits können gemeinsam Problemdefinitionen und -lösungen erarbeitet werden, welche den besonderen Umständen, vornehmlich jedoch auch den individuellen Lösungskompetenzen und -erwartungen gerecht werden. (Vermutlich steigt auch die Effektivität des sozialen Sektors, wenn die Beteiligten von vornherein über die subsidiierten Mittel informiert werden und frei über sie verfügen können).

Zwar bleibt so Recht als Organisationsmittel weiterhin bestehen. Allerdings wird die »Feinsteuerung« im sozialen Sektor aufgehoben, während Entscheidungen sachbezogen unter Einbeziehung aller Betroffenen gefällt und durchgeführt werden. Von konservativen Therapievorstellungen der Entstaatlichung unterscheidet sich dieses Konzept jedoch: »Bisher staatliche Aufgaben werden nicht privatisiert, sondern bleiben insofern öffentlich, als sie politisch verantwortet werden müssen«[49]. Das setzt freilich die Öffnung von politischen Partizipationsmöglichkeiten aller potentiellen Adressaten sozialer Arbeit voraus. In der Tat: Wie schon Pestalozzi festhielt, kann die Spannung zwischen rechtlichem und pädagogischem Diskurs strategisch nur durch eine Veränderung der gesellschaftlichen Rahmenbedingungen, damit auch der Bedingungen für das Zustandekommen politischer Entscheidungen erreicht werden.

14 Von der Sozialpädagogik im Sozialstaat – ein historischer Exkurs[1]

In der Verfestigung von Sozialpolitik und der – parallel zu dieser – historisch zuletzt entstandenen Definition des rechtlichen Status von Adressaten sozialer Arbeit drückt sich eine Veränderung in der Topologie des sozialen Sektors aus: Die Beziehungen zwischen gesellschaftlichem Reproduktionssystem, politischem System und sozialem Sektor fixieren sich in der Konstellation des Wohlfahrts- oder Sozialstaates[2]. Mit ihr scheint eine neue Qualität gesellschaftlicher Strukturzusammenhänge erreicht, von der aus erst eine der historischen Realität angemessene Bestimmung der Sozialpädagogik möglich wird; neuere theoretische Arbeiten zur Sozialpädagogik knüpfen jedenfalls stets an eine problematisierende Bestimmung des Sozialstaates an. Allerdings legen die wachsende Kritik am Sozialstaat, welche einerseits ökonomisch geführt auf die ihn auszeichnenden Finanzierungsschwierigkeiten, andrerseits kulturkritisch gefärbt auf die durch ihn bewirkten soziokulturellen und habituellen Veränderungen der Individuen reagiert, vor allem aber der sich faktisch vollziehende Abbau sozialstaatlicher Organisationsformen nahe, den Sozialstaat vornehmlich als ein historisches Ereignis zu betrachten (dessen Analyse überdies noch national spezifiziert werden müßte). Eine systematische Verknüpfung des Sozialstaatsproblems mit der Theorie der Sozialpädagogik beschwört somit eine doppelte Gefahr herauf. Einmal muß die Sozialpädagogik selbst mit der Auflösung des Sozialstaates als aufgehoben gelten; bildet dieser ihren zentralen Bezugspunkt, so verliert sie mit ihm ihr Fundament. Zum anderen wäre Sozialpädagogik, würde man sie allein über den Begriff des Sozialstaates bestimmen, zu einer eigenen Kritik der Zerstörung sozialstaatlicher Regelungen unfähig. Beides führte schließlich dazu, daß eine eigenständige, konstruktive Reaktion der Sozialpädagogik auf die ihr historisch zugemutete Situation unmöglich wäre. (Deshalb haben die hier vorgetragenen Überlegungen den Status eines Exkurses).

Die sozialstaatliche Organisation einer Gesellschaft zeichnet – allgemein formuliert – aus, daß das politische System aktiv auf den gesellschaftlichen Arbeits- und Lebenszusammenhang Einfluß nimmt, um seine Prosperität, mithin die »Wohlfahrt« aller zu erreichen. Seine Aktivitäten zielen dabei, von ihren Intentionen parallel laufend, auf die Sicherung der Dynamik des ökonomischen Reproduktionsprozesses, andrerseits auf die ausgleichende Herstellung von erträglichen Lebensbedingungen für die Individuen, welche über die bloße Existenzsicherung hinausgehen: Die Wohlfahrt des Ganzen und der einzelnen bilden die finalen Bezugsgrößen, nach welchen das politische System im Sozialstaat handelt, diesem durch sein Handeln zugleich erst Wirklichkeit gibt.

Dem Handeln des Sozialstaates liegen demnach Probleme zugrunde, die ihm allgemeine Zwecke und Aufgaben setzen, welche er durch Intervention, politische Steuerung und Institutionenbildung konkret zu verwirklichen hat; seine Einrichtungen zeichnet dabei aus, daß sie Komplementärfunktionen zu den Einrichtungen des gesellschaftlichen Reproduktionsprozesses erfüllen, welche dieser erfordert, jedoch nicht selbst tragen kann. Den Sozialstaat zeichnet somit ein Wechselspiel zwischen privater und öffentlicher Sphäre aus, welche funktional aufeinander verwiesen sind. Gleichzeitig zeichnet die sozialstaatliche Programmatik aus, daß sie die Aktivitäten nicht als hoheitlich-verwaltendes Handeln erlaubt; es werden vielmehr Rechtsansprüche normiert, welche im Sinne des Inklusionsprinzips für alle Mitglieder der Gesellschaft gelten. Diese Rechtsansprüche werden verknüpft mit Partizipationsmöglichkeiten für alle; sie ermöglichen eine wachsende Mitgestaltung aller Beteiligten, sichern zugleich die Legitimation des sozialstaatlichen Handelns[3].

Die prinzipielle Rahmenbedingung des Sozialstaates liegt dabei zunächst darin, daß er weiterhin als Steuerstaat von den wirtschaftlichen Prozessen abhängt, welche er doch zugleich ermöglichen und befördern soll. Eine Untergrenze finden seine Handlungsmöglichkeiten in der Struktur der Einkommensverteilung; er kann zur Finanzierung seiner Aufgaben und zur Verwirklichung seiner programmatischen Ansprüche Einkommen nur unter der Bedingung umverteilen, daß nicht nur jene Struktur (und die mit ihr verbundenen Herrschaftsbedingungen) bewahrt, sondern auch in »gerechtem« Maße berücksichtigt bleiben. Verteilungsakte, die über dieses Maß hinausgehen, gefährden ihn schon in seinen ökonomischen Grundlagen, da sie die Investitionsbereitschaft und -möglichkeit gefährden, die für ein wirtschaftliches Wachstum erforderlich sind. Ihre materielle Obergrenze finden seine Handlungsmöglichkeiten nämlich darin, daß er von wirtschaftlichem Wachstum abhängt, welches er allerdings auch erzeugen soll: Sollen Dynamisierung und Modernisierung der Gesellschaft erreicht werden, indem der Staat komplementär wirksame Einrichtungen schafft, so ist er auf eine Ausdehnung des öffentlichen Bereichs angewiesen. Aber dies gelingt nur, wenn die von ihm angestrebten wirtschaftlichen Effekte eintreten. Dies bedeutet allerdings auch, daß der Sozialstaat zunehmend die Modernisierungsprobleme bearbeitet, welche er erst ermöglicht hat; damit geraten die »klassischen« strukturbedingten Problemlagen nicht nur aus seinem Wahrnehmungs-, sondern auch aus seinem Tätigkeitsbereich: Selbst die Einrichtungen kollektiver Vorsorge werden gefährdet, weil die sozialstaatlichen Aufwendungen zunehmend der Absorption von Risiken gelten, die durch seine eigenen Maßnahmen entstehen[4].

Phänomenologisch betrachtet etabliert sich der Sozialstaat, indem die Sozialpolitik oberhalb des Grundverhältnisses von Kapital und Arbeit, vor allem jedoch durch einen institutionenschöpfenden Eingriff in die durch jenes bedingten kulturellen Strukturen ein Netz von Verkehrsformen schafft, die ihrer Eigenart nach in den sozialen Sektor gehören. Es handelt sich nämlich um Verkehrsformen, welche wesentlich dadurch gekennzeichnet sind, daß in ihnen biographische Risiken aufgehoben, zugleich auch Lebensläufe außerhalb von Marktverhältnissen strukturiert werden. Die Risikoabsicherung findet dabei als staatliche Gewährleistung von individueller Sicherheit im gesellschaftlichen Reproduktionssystem statt, wobei dies regelhaft institutionalisiert wird. Damit hört auch die Ausgrenzung von sozialen Problemen auf; diese werden vielmehr durch antizipierte, präventiv gerichtete Normalinstitutionen im gesellschaftlichen Bereich geregelt. Kurz: staatliches Handeln »transponiert« – vornehmlich mittels rechtlicher Regelung und pekuniärer Leistung – den sozialen Sektor in den Produktions- und Reproduktionsbereich und spannt so *über* die Konfliktlinie Kapital-Arbeit ein Netz von Regelungen, welches die kritischen Entwicklungen in diesem Verhältnis einfängt und bändigt. (Insofern führt die Rede vom »sozialen Netz« dann in die Irre, wenn sie den Eindruck vermitteln will, man könne in dieses fallen; das soziale Netz bändigt den Kapitalismus als Ganzen, doch läßt der Ausfall von einzelnen sozialen Sicherungen die Betroffenen in die »alten« Konfliktlagen, in die traditionellen Bedrohungen, in Armut und Obdachlosigkeit stürzen. Umgekehrt reißt dieses soziale Netz, sobald die gesellschaftliche Entwicklung eine Dynamik angenommen hat, welche sich nicht mehr bändigen läßt.)

Bezieht man die Betrachtung auf den sozialen Sektor, so erscheint dieser Prozeß sozialstaatlicher Transponierung durchaus doppelsinnig: Einerseits dehnt er sich außerordentlich, historisch tatsächlich fast explosiv, vor allem auch kaum gesteuert aus; weil er sich auf das gesamte Gesellschaftssystem erstreckt und sich in diesem institutionalisiert, werden seine Funktionen als Komplementäreinrichtungen allgegenwärtig. Andrerseits aber verliert er so seine Konturen und Grenzen; er wird in seinem Erscheinungsbild diffus, verfügt über keine spezifische Kompetenz mehr. Noch seine diskursive Selbstreflexion verliert den spezifischen, nämlich pädagogischen Fokus. In ihr beginnen Themen der Gesellschaftstheorie, -kritik und -politik zu dominieren, während die Reflexion über Handlungsprobleme, über den spezifischen Sinn sozialer Arbeit als solcher in den Hintergrund treten. Der sozialpädagogische Diskurs mutiert zur Gesellschaftspolitik (verliert dabei auch seine traditionsverbürgten Inhalte). Oder anders betrachtet: Gesellschaftssystem und sozialer Sektor fallen ineins.

Der entscheidende Gewinn der Transposition für die soziale Arbeit liegt allerdings darin, daß ihr sozialer Ort nicht mehr im Gebiet der gesellschaftlichen Ausgrenzung liegt[5]. Seine Einrichtungen gewinnen normalbiographischen Charakter und verlieren ihre stigmatisierende Bedeutung: Sie werden gewöhnliche und unvermeidliche Stationen der Lebensgestaltung. Individuelles Leben organisiert sich durch die sozialstaatlich zur Verfügung gestellten Normalformen gesellschaftlicher Rollen[6]. Gesellschaftlich zieht diese sozialstaatliche Stabilisierung von Lebensentwürfen zunächst erhebliche Vorteile für alle Beteiligten nach sich: Sie erweitert nämlich den Anteil marktunabhängig geregelter Beziehungen, hebt somit die Naturwüchsigkeit des Produktionsbereiches auf. Auf der einen Seite verringert sich so das »Unternehmerrisiko«, kann doch unabhängig von Konjunkturschwankungen wenigstens mit einem Minimum an Produktabsatz gerechnet werden. Andrerseits verringert sich das Lebensrisiko derjenigen, die auf den Verkauf ihrer Arbeitskraft angewiesen sind.

Das gesellschaftliche Leben wird durch die sozialstaatliche Transposition durchsichtiger und besser kalkulierbar; man weiß vorab, was einen erwartet, muß so nicht mehr mit Ungewißheiten rechnen. Tatsächlich vollendet die sozialstaatliche Organisation des gesellschaftlichen Lebensprozesses so den Vorgang der Rationalisierung und Entzauberung, den Max Weber als charakteristisch für die abendländische Kulturentwicklung angesehen hat. Allerdings ist das Ergebnis durchaus ambivalent: Weil dem politischen System neben dem Geld allein das Recht als Steuerungsmittel zur Verfügung steht[7], führt die von den Subjekten gewünschte und selbst noch subjektiv vorangetriebene Rationalisierung zu einer Einengung und Erstarrung ihrer Handlungsmöglichkeiten; die Beteiligten werden auf die normierten, durch Verwaltung durchgesetzten und mittels finanzieller Dotierung attraktiv gemachten

Handlungsweisen verpflichtet, die das sozialstaatliche System anbietet. Die Möglichkeiten von Freiheit und Abweichung gehen verloren. Der Sozialstaat verwandelt sich demnach auf eine überaus paradoxe Weise in jeder Hinsicht in einen Sicherheitsstaat[8].

Vor allem aber bedeutet das Voranschreiten der Rationalisierung die endgültige Zerstörung von informellen, nicht staatlich strukturierten Lebenswelten. Weil der Staat den Individuen existentielle Sicherheit durch die von ihm verteilten, Leben in Normalbahnen regelnden Gratifikationen eröffnet, werden die traditionellen Sozialbezüge entwertet; Verdinglichung und kulturelle Verarmung bedrohen sie[9]. Da sie ihre Gültigkeit als Situationsbasis verlieren, werden sie auch nicht mehr durch subjektive Tätigkeit »aufgeladen« und weiter entwickelt; dabei weicht zunächst ihre inhaltliche, auch sinnvolle Qualität zurück und läßt sie als bloße Formalität bestehen, die dann in sich zusammenbricht. Die in den modernen Gesellschaften schon immer bestehenden Modernisierungstendenzen, welche die traditionellen Sozialbezüge auflösen, verstärken sich so nicht bloß als ein Resultat der Dynamisierungseffekte, welche der Sozialstaat durch seine politische Steuerung bewirkt, sondern werden noch durch das sozialstaatliche Handeln unmittelbar ausgelöst und intensiviert.

Soziokulturell betrachtet zersetzt der Sozialstaat mit Hilfe seiner auf materielle Gratifikation gestützten Politik die traditionellen Lebensentwürfe und Normalitätsraster; schon die durch ihn bewirkte »Auflösung stabiler und homogener Sozialmilieus« im Zuge der Rationalisierung der Lebenswelten bewirkt, daß »ehedem stabile Konzepte von Normalität und Abweichung an normativer Geltungskraft« verlieren und zu einer »Erosion von Werten und Austauschbarkeit von Lebensentwürfen führen«[10]. Es kommt zu einer Pluralisierung (und Beliebigkeit) von Normalitätskonzepten[11], welche allein durch die vom Sozialstaat geltend gemachten Steuerungsmittel Geld und Recht begrenzt werden[12]. (Erstmals tritt offensichtlich ein, daß Recht selbst nicht mehr durch lebensweltlich verbürgte Moralauffassungen und Normensysteme gestützt wird). Zugleich wird die Tradition von gesellschaftlich organisierten und institutionalisierten Handlungskonzepten und Lebensorientierungen fragwürdig und überflüssig; Tradition und ihre Inhalte werden für die Individuen obsolet. Sie bedürfen dieser nicht mehr, da außerhalb ihrer Handlungsvollzüge der Staat ein ihr Leben dauerhaft sicherndes Zentrum bildet und sich als solches präsentiert[13]. Mehr noch: der Sozialstaat besetzt das Sinnvakuum in den nach der Rationalisierung der Lebenswelten zurückbleibenden Sozialräumen und ersetzt – wo diese nicht den Zwängen einer kommerziellen Organisation unterworfen werden – die lebensweltlich gebundenen Orientierungen durch bürokratisierte und vereinheitlichte Strukturen. In einem radikal materialistischen Sinne macht er als Zentrum gesellschaftlichen Lebens sogar jene transzendental begründeten Systeme überflüssig, welche nicht nur traditionell die Komplexität des Alltags bewältigen helfen, sondern auch als Eigentum der Individuen diesen eine Vorstellung von Lebenssinn und vom Sinne der gesellschaftlichen Entwicklung vermittelten[14]: Der Sozialstaat übernimmt empirisch die Aufgabe der Sinnstiftung, indem er sie überflüssig macht, weil er das gesamte Leben auf sich bezieht; er wird zum Subjekt-Objekt aller gesellschaftlichen Organisation, zum realen Leviathan.

So treten die alten Konflikte, die Auseinandersetzungen zwischen Kapital und Arbeit in den Hintergrund; gesellschaftlich wird das Leben in der Tat friedlicher, beruhigter. Kontroversen entstehen dagegen zwischen den Individuen – vielleicht auch zwischen den korporativ organisierten Individuen[15] – und dem Staat. Er bildet nicht nur das Subjekt, welches die Lebensvollzüge organisiert und auf sich selbst ausrichtet, sondern auch das Objekt, den Adressaten, an welchen man seine Forderungen heranträgt. Er hat für die ausgleichende Gerechtigkeit, für eine Sicherung der Lebensumstände zu sorgen[16]; an ihn muß man alle Probleme zur Lösung delegieren, weil er selbst die alten Lösungsinstanzen aufgehoben und sozialstaatlich dort vereinnahmt hat, wo sie Konfliktpotentiale in sich bargen[17]. An ihn richtet sich schließlich auch die Klage über die Disparitäten in der Zuteilung von Mitteln.

Umgekehrt aber belohnt der Staat Wohlverhalten der Individuen mit seinen Gratifikationen, mit welchen er zugleich ihre Zustimmung erwirbt. Dies zieht eine grundlegende Veränderung in den gesellschaftlich erforderlichen Handlungsstrukturen nach sich: An die Stelle von allein tauschbezogenen oder durch traditionelle Kulturmotive ausgelösten Aktivitäten, die stets ein Element der Unsicherheit, des Wagnisses bargen, treten zunächst selbstverständliche Handlungen, die allein auf den Staat gerichtet sind. Zugleich aber werden diese Handlungen von einem Zug der kommunikativen Sinnproblematisierung begleitet; Sinn ist in ihnen weder notwendig, noch verbürgt; sie sind kulturell gleichsam schwerelos geworden, da sie schon immer durch ihre sozialstaatliche Zweckorientierung ausgerichtet werden. Eben darin aber wird die Frage nach ihrem Sinn virulent; nicht bloß, daß man eine Gewißheit suchen muß, welche dem Handelnden subjektiv zur Verfügung steht, ihm seine Aktivität aus ihrer Entfremdung an das sozialstaatliche Muster zurückgeben könnte, vielmehr wird der Prozeß der Kommunikation zum entscheidenden Moment, in welchem eben diese Sinnfrage gestellt wird. Man könnte das so formulieren: Im Sozialstaat vollzieht sich das Handeln einem Automatismus gleich; seine subjektiven Anteile können kommunikativ nur mehr eingeklagt werden[18]. Andrerseits aber werden eben deshalb alle Aktivitäten zu Staatsaffären, welche allein über das politische System behandelt werden müssen: Jede Normabweichung, welche ursprünglich informell geregelt werden konnte, muß nun den öffentlichen Instanzen überwiesen werden.

Für die Individuen führen die Entstehung und Etablierung des Sozialstaates nicht bloß zu einer in diesem Ausmaße früher unbekannten Absicherung ihrer physischen Existenz. Sie sind nicht nur materiell geborgen, sondern auch von jenen Reflexionsleistungen entlastet, welche angesichts knapper Ressourcen unvermeidlich scheinen. Man müßte deshalb mit einer Ausdehnung und Entfaltung kreativer Potenzen rechnen, doch tritt eher das Gegenteil ein; »Sinn« geht verloren, die Kultur verarmt. Die Entideologisierung tritt ein. Die unter der Bedingung knapper Mittel als »Selektionsdruck« und Kompensation von Mängeln abverlangte illusionäre Bewältigung des Daseins mittels ideologischer, vor allem mittels kultureller Symbole wird überflüssig. Allerdings gehen damit auch die kreativen Kompetenzen verloren, welche in Sinnsystemen eingelagert sind und über diese mobilisiert werden können[19].

Jenseits einer kulturkritischen Beurteilung läßt sich dieser Vorgang schlicht als eine Veränderung im Sozial- und Sozialisationstypus konstatieren: Nicht nur, daß sich in der subjektiven Aneignung der Realität sozialstaatlicher Organisation eine neue Art gesellschaftlicher Persönlichkeit herausbildet; vielmehr verändert sich der Sozialisationsvorgang selbst. Die individuelle Persönlichkeit entwickelt sich nicht mehr in einem komplizierten, durch Erfahrungen, Erfolg und Mißerfolg geprägten Bildungsprozeß, in welchem sie noch durch die eigene Abstraktion von der selbsterlebten Bildungsgeschichte und den ihr widerfahrenden Situationen die Zusammenhänge gesellschaftlichen Lebens sich zugänglich macht, um sie dem Handeln zugrunde zu legen; Vergesellschaftung vollzieht sich vielmehr mit einem weit geringeren Anteil eigener Entscheidungen und Steuerungsakte in einem linearen, durch den Sozialstaat formierten und auf diesen ausgerichteten Entwicklungsgang. In der Sozialisation überwiegt die rezeptive Tätigkeit, die einer entfremdeten Ausbildung gilt. Mehr noch: eben weil sie als Handlungsform angeeignet und ausgebildet wird, dominieren im Sozialtypus der Individuen rezeptive, auch passive Handlungsweisen, welche der Aufnahme von ihnen vorgegebenen Inhalten gelten. Diese Inhalte sind jedoch schon immer (sozial)staatlich bestimmt; bürgerlich-gesellschaftliche Zusammenhänge, soziale Milieus, informelle Sozialbezüge treten dagegen in ihren sozialisierenden Bedeutungen zurück. Das Individuum knüpft seinen Bildungsprozeß nicht mehr an den gesellig-gemeinschaftlichen, auch nicht mehr an den gesellschaftlichen Lebensbedingungen an. Diese geraten aus dem Blick, somit auch aus seinem Handlungshorizont. Insofern kann nicht überraschen, daß die über die normierten Lebensmöglichkeiten hinausgehenden »Lernüberschüsse« vor allem auf die eigenen Befindlichkeiten gerichtet werden; sozialstaatliche Vergesellschaftungsformen stehen so in deutlicher Beziehung zum Problem des Narzißmus[20], bedeuten vor allem aber einen Verlust an sozialen Kompetenzen der Individuen.

Allerdings rufen die skizzierten Entwicklungen auch gegenläufige Tendenzen hervor: Dem Modell organisierter Interessenvertretung folgend konstituieren sich thematisch orientierte »Bürgerinitiativen«, welche zunächst Ansprüche an den Staat formulieren, Gerechtigkeit in der Gestaltung von Lebensbedingungen einklagen, zunehmend jedoch eine innere Dynamik entwickeln, welche gleichsam »am Staat vorbei« geht. Im Inneren dieser Initiativen wird die Erfahrung sozialer Organisation jenseits vorgegebener Institutionen wieder möglich. Dazu zeigt sich zunehmend, daß die von ihnen geltend gemachten Themen einer staatlichen Regelung unzugänglich bleiben; in der Kritik an den staatlich beauftragten »Professionellen« wird dies innerhalb dieser Initiativen selbst noch artikuliert. Sie schließen zunehmend an die Tradition der Selbsthilfegruppen an, setzen auf Laien, sowie auf alltagsweltlich fundierte Lebensmuster.

In der Entstehung solcher Initiativen kündigt sich das Ende sozialstaatlicher Organisation als Reaktion auf ihre kulturellen Implikationen an. Ihre Achillesferse bildet jedoch der in ihr gegebene Zusammenhang mit dem wirtschaftlichen Wachstum. Nicht nur, daß – zyklisch oder strukturell bedingte – ökonomische Krisen die Handlungsmöglichkeiten des Sozialstaates einschränken. Vielmehr zeigt sich aktuell, daß wirtschaftliches Wachstum »mit den herkömmlichen wirtschafts- und strukturpolitischen Mitteln nicht oder nicht im erforderlichen Maße herzustellen ist *und* – darin liegt das Neue – daß selbst dann, wenn es herzustellen wäre, es nicht wünschenswert wäre wegen der mit herkömmlichen wohlfahrtsstaatlichen Mitteln nicht mehr ohne weiteres zu absorbierenden externen Effekte und sozialen Kosten weiterer Industrialisierung. Dabei ist nicht nur an die ganze ›grüne‹ Problematik, an die Naturgrenze des kapitalistischen Wachstums gedacht, sondern es ist auch gedacht an die psychischen, sozial-hygienischen, arbeitsmedizinischen oder urbanistischen Belastungen, die mit weiterem Wachstum einhergehen würden. Das System befindet sich also auf der politischen und ökonomischen Ebene in der Klemme – daß es einerseits Wachstum *braucht*, um das bisher gewohnte Maß von Stabilität weiter genießen zu können, andrerseits Wachstum nicht herstellen kann, einfach weil die herkömmlichen Mittel der ökonomischen Steuerung dazu nicht ausreichen, drittens aber weiteres Wachstum gar nicht wünschen kann, weil die Folgen weiteren industriellen Wachstums schlicht unerträglich wären und Konflikte einer Art heraufbeschwören würden, die sich mit den Mitteln herkömmlicher staatlicher Politik nicht unter dem Deckel würden halten lassen«[21]. Faktisch zeichnet sich jedoch ab, daß das politische System die Gefahr sozialer Konflikte (aber auch einer unerträglichen Umweltsituation) durchaus riskiert[22]. Mit dem Verweis auf die Unmöglichkeit, den Sozialstaat zu finanzieren, zerschneidet es selbst das über die Gesellschaft gespannte Netz[23], erlaubt so aber ein vor allem auf technische Innovation und den Ersatz menschlicher Arbeitskraft gestütztes Wachstum. Dabei beschneidet es nicht nur die eigenen Finanzierungsgrundlagen[24], sondern nimmt ein Anwachsen sozialer Konflikte in Kauf, welche jedoch auf statistische Größen reduziert und nicht zur Kenntnis genommen werden. Dies kann das politische System, weil es die sozialstaatlich zur Verfügung gestellten, auf den Staat ausgerichteten Lebensformen aufbricht und sich selbst für nicht mehr zuständig erklärt; eine Reaktion der Betroffenen fällt dabei aus, weil einerseits der Druck auf diese enorm schnell anwächst, vor allem auch immer mehr betrifft, andrerseits aber die traditionellen Organisationszusammenhänge verloren (oder ihrer Legitimation verlustig) gingen, welche als ein Mittel einer auf das Gesellschaftssystem bezogenen politischen Auseinandersetzung dienen konnten. Die »am Staat vorbei« gehenden Initiativen stellen dabei keine Bedrohung dar, da sie faktisch partikular bleiben, in ihren Möglichkeiten zudem dann eingeschränkt werden, wenn die sie tragenden Individuen erneut unter Existenzdruck (oder vermehrte Arbeitsanforderungen) geraten.

Doch der so eingeleitete Vorgang einer Entstrukturierung der sozialstaatlich verknüpften Bereiche von Gesellschaftssystem, politischem System und sozialem Sektor bleibt in sich widersprüchlich. Nicht nur, daß ein wirtschaftliches Wachstum notwendig krisenanfällig bleibt, wenn es um den Preis verringerter menschlicher Arbeitskraft erkauft wird, somit zu einer Reduktion individueller Konsummöglichkeiten führt. Vor allem geht die Legitimationsfähigkeit des Staates aus zwei Gründen verloren: Einmal stellt die Umkehr einer auf Gerechtigkeit zielenden Verteilungspolitik, also auch die erneute Zunahme des Reichtums bei wenigen, das von ihm in Anspruch genommene Konzept der Gerechtigkeit in Frage. Vor allem aber verweigern die Individuen ihre Zustimmung, weil die bislang über Gratifikationen gesicherten Biographien nun zusammenbrechen; trivial formuliert: der Staat kann sich seine Individuen nicht mehr kaufen, wenngleich dies zunächst nur als Fortsetzung jenes Verlusts an gesellschaftlich-politischem Interesse erscheint, welches durch die sozialstaatliche Umorientierung der einzelnen auf den Staat bewirkt war. Nun aber wird ihm die Legitimation zunehmend völlig entzogen; er wird allein unter dem Aspekt des Skandals thematisiert. Er kann allerdings auch nicht mehr auf eine bloße Ordnungspolitik umschalten, da eine Orientierung auf Normalität, welche nicht über Gratifikation ausgezeichnet wird, kaum mehr durchzusetzen ist[25].

Dramatische Qualität nimmt jedoch die Entstrukturierung des Sozialstaates für die Individuen an. Sie sind zuallererst außerordentlichen, ihnen gar nicht mehr bekannten materiellen Notständen ausgesetzt, zu deren Bewältigung in nichtstaatlichen Formen sie sich außerstande sehen; sie haben dies entweder nicht gelernt, oder sind von alten traditionsgestützten Institutionen getrennt worden. Ihre sozialstaatlichen Normalbiographien brechen zusammen, ohne daß hinreichende Sozialbezüge eine Sicherung oder wenigstens die Lernmöglichkeiten bieten würden, welche zur Bewältigung ihrer Lebenssituation erforderlich sind. Unmittelbar sehen sie sich dabei mit der alten Konfliktlinie Kapital-Arbeit konfrontiert. Mittelbar lösen sich jedoch die sozialstaatlich bestimmten kulturellen Sozialisationsmuster und -inhalte in ihrer Geltung auf, in welchen die Individuen gebunden waren oder an welchen sie sich orientierten. Kurz: die Gesellschaftlichkeit in ihrer Persönlichkeit gilt nicht mehr. Sie stehen in einer Situation, in der einerseits die von ihnen angeeigneten Formen gesellschaftlichen Verkehrs, somit die situative Basis ihres Handelns entwertet wurde, sie aber andrerseits weder über alternative Handlungsmuster verfügen, noch sich diese aneignen können, da ihnen eben die dazu erforderliche situative Basis fehlt. Der Modus der Differenz gewinnt in einer kritischen Gestalt gesellschaftliche Allgemeinheit.

Für den sozialen Sektor bedeutet die Entstrukturierung des Sozialstaates zunächst unmittelbar eine materielle Belastung, da auch ihm die stützenden materiellen Ressourcen entzogen werden; er gerät vor allem dann in Finanzierungsschwierigkeiten, wenn die rechtlichen Vorgaben nur im Sinne von neuen Regeln geändert werden, welche auf Umverteilung unter den Trägern sozialer Arbeit zielen. Zugleich sieht er sich einerseits wieder auf den Ort außerhalb der gesellschaftlichen Zusammenhänge, andrerseits auf die Bearbeitung von klassischen Problemlagen verwiesen; ihm droht, daß er angesichts ihres Anwachsens zur bloßen Armutsverwaltung verkommt. Verstärkend wirken sich hierbei die wachsenden Marginalisierungstendenzen innerhalb des gesellschaftlichen Systems aus, durch welche zunehmend ganze Bevölkerungsgruppen von der Teilnahme am gesellschaftlichen Reproduktionsprozeß ausgeschlossen und in außergesellschaftliche Bereiche, auch auf die »grauen Arbeitsmärkte« einer »Schattenwirtschaft« verwiesen werden.

In dieser Situation knapper Mittel drängt sich eine erneute Eigendefinition des sozialen Sektors auf: Nicht nur, daß eine faktische Autonomisierung jene Dysfunktionalität und Ineffektivität beseitigen könnte, welche aus den staatlich vorgegebenen Regelstrukturen entstanden sind[26]. Vor allem läßt sich seine pädagogische Redefinition aus zwei Gründen nicht umgehen: Einmal befinden sich die Individuen gesellschaftlich in einer Lage, in der sie ihr Überleben nur durch Lernprozesse sichern können. Es geht für sie darum, nicht nur spezifische soziale Kompetenzen wieder anzueignen, sondern auch Fähigkeiten zu erwerben, die jenseits von fragwürdigen industriellen Lebenszusammenhängen Geltung haben, zugleich auch die Lebenskosten verringern. Zum anderen kann die soziale Arbeit sich an traditionellen Normalitätsvorstellungen nicht mehr orientieren; ihr ist nicht einmal mehr eine Selbstbestimmung über den Gedanken der Reintegration möglich. Sie muß vielmehr Bildungsprozesse unterstützen, ohne darüber befinden zu können, wohin diese gehen. Darin sieht sie sich auf die klassischen, subjektbestimmten Vorstellungen von Pädagogik als Unterstützung von Bildungsprozessen verwiesen. Empirisch wird sie sich allerdings auf die Etablierung »selbstaktiver Felder«[27], vor allem auch auf Selbsthilfeprojekte richten, welche außerhalb des gesellschaftlichen Reproduktionsprozesses angesiedelt sind. Damit gerät sie freilich wieder in die Position der sozialen Randständigkeit; allerdings scheint dies weniger schwer zu wiegen, da ein Verständnis von gesellschaftlicher Normalität in unverbrüchlicher Gültigkeit kaum mehr aufzufinden ist[28].

15 Von den geistigen Energien des sozialpädagogischen Diskurses[1]

Ouvertüre:
Amsterdam 1596: Eine Revolution im Strafvollzug erhoffen sich die Gründer des in Amsterdam eröffneten Zuchthauses für kriminelle Jugendliche. Diese sollen nicht mehr bestraft, sondern, getrennt von den Erwachsenen, durch schwere Arbeit, ein Programm von Ermahnungen und geistlichen Lesungen moralisch gebessert und zu nützlichen Gesellschaftsmitgliedern gebildet werden. »Zum ersten Male wurde auch auf diesem Gebiet der Erziehungsgedanke verwirklicht«[2].

Das »Tuchthuis« fügt sich in ein Netz von unterschiedlichen Einrichtungen ein, mit welchen, arbeitsteilig und abgestimmt auf die besonderen Bedürfnisse und Notlagen, die psychosoziale Versorgung der Bevölkerung sichergestellt werden soll. So bestand schon seit längerer Zeit »ein großer Gebäudekomplex für die Armen, der (...) ›Gasthuis‹ genannt wurde, obwohl damit ein typisches Hospital gemeint war«[3]. Dreißig Jahre vor dem Tuchthuis wurde schließlich schon für die Irren das inzwischen vielfältig erweiterte »Dollhuys« am Kloveniers Burgwal eingerichtet[4].

Mit dem Tuchthuis wendet man sich ab von der Körperstrafe, die auch bei Jugendlichen – etwa bei Wiederholungstätern – die Hinrichtung einschloß. Angesichts der Wirkungslosigkeit der traditionellen Maßnahmen – sie erfüllten nicht einmal mehr den Zweck einer Generalprävention – haben jedoch die Richter jetzt beschlossen, bei Jugendlichen und Heranwachsenden ganz auf das Programm einer pädagogischen Besserung zu setzen. »Durch strenge Zucht und schwere Arbeit in der Furcht Gottes sollen in dem Zuchthaus, also einem Erziehungshaus, jugendliche Missetäter, aber auch Bettler und Landstreicher moralisch gebessert und zu nützlichen Gliedern der neuen Wirtschaftsgesellschaft erzogen werden«[5]. Im Mittelpunkt der Behandlung steht die religiöse Besserungsarbeit, mit welcher man »zum Guten hinziehen und vom Bösen abwenden will«[6]. Gleichwohl macht man auch vor harten Maßnahmen nicht halt. So werden »Unbotmäßigkeiten mit Schlägen, Essensentzug, Auspeitschung und Einkerkerung bestraft«[7].

Neben der harten, gemeinschaftlich verrichteten Arbeit gilt für die Zöglinge des Tuchthuises eine strenge, minutiöse Zeiteinteilung. Auch unterliegen sie der steten Überwachung, in welcher besonders auf die Einhaltung aller Verpflichtungen und Verbote geachtet wird. Allerdings erhalten die Insassen der Anstalt sogar Lohn für ihre Arbeit[8].

Das Zuchthaus soll Vorbild für ähnliche Einrichtungen in ganz Europa werden[9]. Es umfaßt mehrere Abteilungen. Männliche Delinquenten werden im »Raspelhuis« an die Arbeit gewöhnt, indem sie eisenharte Hölzer zu Holzmehl verarbeiten; die weiblichen Missetäter leben im Spinnhaus. Angeschlossen wurde ein »Secreete Tuchthuis«, in welchem Kinder aus wohlhabenden Familien auf Wunsch der Eltern und Angehörigen erzogen werden.

Schon deshalb weisen die Gründer der Amsterdamer Einrichtung energisch den Vorwurf zurück, hier sei der »Anfang einer gesonderten Anstaltserziehung für die in Elend und Kriminalität getriebene Jugend des Proletariats gemacht«[10]. Als Objekt der Erziehungsarbeit könnte man viel eher – ein wenig pauschal – das abweichende Verhalten bezeichnen.

Die freiwillig der Zucht unterstellten Kinder und Jugendlichen müssen zwar weniger arbeiten als ihre aufgrund richterlicher Anweisung untergebrachten Altersgenossen, doch unterliegen sie ebenfalls einer strengen Aufsicht. »Verbannt von der Straße und aus des Bacchus Schulen«[11] bleiben sie stets eingeschlossen und dürfen nur mit besonderer Genehmigung Kontakt zur Außenwelt aufnehmen. Nachts und zuweilen auch tagsüber werden sie sogar in Einzelräumen eingesperrt. Immerhin genießen sie das Privileg, bei den Mahlzeiten Weißbrot anstelle des sonst üblichen Roggenbrots verzehren zu dürfen. Doch die Leitung der Anstalt zeigt sich keineswegs glücklich über ihre »Wittebrootskindern«. Sie mußte nämlich feststellen, daß »Diebesgesindel und dergleichen Übeltäter viel traktabler sind als guter Leute Kinder«[12]. Vor allem würden sie zumeist viel zu spät in die Obhut der Anstaltserzieher gegeben; diese werden oft nur als ein letztes Mittel angesehen, wenn die Kinder schon ihre Eltern mißhandelt und bestohlen hätten. Dann aber, so die Verantwortlichen, besteht nur mehr wenig Hoffnung auf Besserung.

Mit besonderem Nachdruck betont die Verwaltung des Zuchthauses, daß sie, wenngleich innerhalb gewisser Grenzen, die Dauer des Aufenthaltes der Kinder und Jugendlichen selbst bestimmen dürfe. Man könne es weitgehend unabhängig von einer öffentlichen und behördlichen Kontrolle allein nach erzieherischen Gesichtspunkten entscheiden und handeln.

Inzwischen haben sich allerdings auch schon Kritiker zu Wort gemeldet. Abgesehen von allgemeinen Einwänden gegen die Herrschaft der Erzieher, Therapeuten und Psychologen, welche nicht nur keiner öffentlich-rechtlichen Kontrolle unterliegt, sondern auch von den Betroffenen selbst nicht mehr berechnet und angegriffen werden kann[13], wird dem Amsterdamer Projekt »religiöse Indoktrination« vorgeworfen[14]. Auch prangert man an, daß in ihm geradezu eine Abrichtung für die Arbeit stattfände. »Diese so nützliche Einrichtung wird beim faulen Subjekt den Geschmack an der Arbeit wiederherstellen; sie wird es in ein System von Interessen zurückzwingen, in welchem die Arbeit mehr Vorteile bringt als die Faulheit; sie wird um es herum eine kleine, beschränkte Gesellschaft von einfachem und zwingendem Charakter schaffen, in der die Maxime herrscht: wer leben will, muß arbeiten. Verpflichtung zur Arbeit – aber auch Entlohnung der Arbeit, die dem Häftling erlaubt, sein Schicksal während und nach der Haft zu verbessern«[15]. Sogar die ganze Erziehungsabsicht der Einrichtung wird in Frage gestellt: statt Besserung bezwecke sie letztlich nur die »Ausschließung aus der bürgerlichen Gesellschaft«[16].

Amsterdam 1596: In den gesellschaftlich gelegten Spuren der Disziplinierung und Ausschließung von Individuen entsteht Neues, anderes; eine Ambivalenz bricht auf: Zwar wird ein weiterer Ort außerhalb des gesellschaftlichen Lebens geschaffen, der der öffentlichen Kontrolle, auch den gültigen sozialen Normen entzogen bleibt. Aber dies drückt weder das Desinteresse der Gesellschaft, noch ihre bloße Segregationsabsicht aus. Im Gegenteil: weil ihre inneren Widersprüche an Sprengkraft zunehmen, delegiert sie ihre Macht an »soziale Techniker«, welche die Individuen so weit bringen sollen, daß sie sich nicht bloß mit ihrer Situation abfinden[17], sondern durch angeleitete Selbstveränderung die Ausgrenzung überwinden. Die Gesellschaft beginnt mit der Funktion des *pädagogischen Ortes* zu rechnen. Dienten nämlich die Missetäter bislang vornehmlich als Medium zur warnenden Aufklärung der Bevölkerung, wobei sie durch Stigmatisierung in ihrer Existenz zerstört wurden, so sollen Ausschließung *und* pädagogische Technologie nun ermöglichen, daß sie als gesellschaftliche Individuen unauffällig und sozial nützlich zurückkehren. Deshalb dürfen sie auch nicht mehr mit äußeren Makeln gezeichnet sein, sondern müssen in ihrem Inneren beeinflußt und auf die moderne Gesellschaft eingeschworen werden. Dies geschieht durch das Milieu des pädagogischen Ortes, sowie durch die an ihm (und nur an ihm) möglichen besonderen Beziehungen und Handlungsformen. Dabei gelingt an ihm, was im Leben in der modernen Gesellschaft unmöglich scheint. Die sie auszeichnenden sozialen Prinzipien werden zugänglich und sinnfällig.

Darin tritt die Differenz des pädagogischen Ortes hervor, welche die erste Bestimmung nicht aufhebt, ihr jedoch einen Gegensinn zur Seite stellt: Wenngleich er gesellschaftlich verfügt ist, eröffnet das ihn auszeichnende, besondere – eben: pädagogische – Handeln den Individuen Lebens- und Entwicklungsmöglichkeiten, welche diese über den ihnen sozial zugefügten Zustand hinausführen können. So ist am pädagogischen Ort die Subjektivität in ihrer gesellschaftlich bedingten *und* in ihrer utopischen Perspektive zum Kriterium erhoben. Dafür gibt es einen empirischen Beleg, der zugleich noch die Spezifik des so ermöglichten Denkens fassen läßt: Weil die Ausgrenzung am pädagogischen Ort der Abweichung schlechthin, jedoch nicht mehr bestimmten sozialen Gruppen gilt, kann die Reflexion der geforderten Technologie sich in der Dimension einer allgemeinen pädagogischen Begrifflichkeit bewegen, die an jenes Subjektverständnis anknüpft, welches durch das Aufklärungsdenken zugänglich, durch den modernen Humanismus dann aber erst in seiner pädagogischen Radikalität ausgefüllt wurde.

Wären sie als Geraden denkbar, so könnte man sagen, daß sich die Wege der Ausgrenzung des Individuums und der Erziehung des Individuums zur gesellschaftlichen Person in der Erfindung des pädagogischen Ortes schneiden. Der sozialpädagogische Diskurs enthält jedenfalls stets diese Doppeldeutigkeit: Er entfaltet sich als Antwort auf den gesellschaftlichen Anspruch, eine professionelle, aus eigenen Gründen bestimmte Erziehung zu entwikkeln; weil sich die Mechanismen der sozialen Integration ändern, fordert nämlich die Gesellschaft, daß jenseits einer Erziehung durch die Eltern eine bewußt betriebene Pädagogik entsteht. Dafür stellt sie einen Raum zur Verfügung, der durch das Nachdenken über Erziehung bestimmt und dem erzieherischen Handeln zugänglich wird. – Damit wird übrigens auch jenes in der Aufklärungspädagogik entstandene Dilemma gelöst, welches zwischen dem Anspruch und der Hoffnung, durch Erziehung den »künftig möglichen besseren Zustand« zu verwirklichen, und der »technischen« Grenze bestand, daß wenigstens die Eltern stets schon in einer bestimmten, fortschreitend doch zu überwindenden Gesellschaft lebten[18].

Der Ausdruck »Raum« braucht dabei keineswegs allein empirisch-sinnlich verstanden und verkürzt werden. Vielmehr kann ein gesellschaftlich verfügter Raum noch allein symbolisch-begrifflichen Charakter haben; er kann eine Institution bilden, welche in der semantischen Konstruktion der Gesellschaft besteht. Noch hinter psychologischen Masken verbirgt sich der Status sozialer Exterritorialität: Als gesellschaftliche Konzepte demarkieren die Begriffe »Kindheit« und »Jugend« (aber auch – um einen Modernismus aufzugreifen – »Senioren«) ganze Bevölkerungsgruppen und machen sie so einer pädagogischen (aber auch einer bloß bewahrenden) Bearbeitung zugänglich; ihnen mögen besondere Freiheiten zugebilligt sein, doch gelten diese im Rahmen sozialer Gedankengefängnisse. Sie befinden sich an Orten, die als »Lebensphasen« getarnt sind.

Die Doppeldeutigkeit des sozialpädagogischen Diskurses aber besteht darin, daß in ihm bewußt die Freiheit des Subjektes, die Möglichkeit einer individuell angemessenen Entwicklung und die Chance zu einem Leben geschaffen wird, welche im gesellschaftlichen Zusammenhang gar nicht möglich wäre. So besteht der durch die Exterritorialität gegebene, den Diskurs selbst noch prägende Widerspruch darin, daß am pädagogischen Ort beides möglich ist: An ihm kann ein befreiendes Handeln stattfinden, welches dem Subjekt die Kraft gibt, zu sich selbst und zu einer es selbst, wie auch die gegebenen Umstände verändernden Aktivität zu finden; aber ebenso können Strafe und Herrschaft, bloße Verwahrung, Abrichtung und technische Verwaltung dominieren.

Ausgangslage und Bezugspunkt des sozialpädagogischen Diskurses lassen sich so erfassen: Er etabliert sich an dem ihm mit seinen Handlungsproblemen zugewiesenen Ort der Ausgrenzung. Dieser bildet den empirischen Bezugspunkt der Reflexion im Diskurs; vor allem stellt er eine Hypothek dar, von der sich der Diskurs selbst dann nicht befreien kann, wenn seine Empirie historisch zu einem gesellschaftlich allgegenwärtigen Moment geworden ist: Das diskursive Denken der Sozialpädagogik hat zunächst immer mit Personen zu tun, die als abweichend gelten und um der gesellschaftlichen Kontinuität willen wieder in den Zustand möglicher Integrierbarkeit versetzt werden sollen. So zeichnet sich die reale Voraussetzung ab, die in den sozialpädagogischen Diskurs eingeht, ihn eigentlich als solchen erst bestimmt: Während das pädagogische Denken schlechthin unmittelbar auf die empirische Entwicklungstatsache reagiert und diese mit gesellschaftlichen und historischen Bedingungen zu verknüpfen sucht, um erzieherisches (und unterrichtliches) Handeln zu begründen, hebt der sozialpädagogische Diskurs damit an, daß er sich – zu pädagogischer Reflexion gesellschaftlich aufgefordert – über einen gesellschaftlich entstandenen und aufgegebenen Bedingungszusammenhang entfaltet: Auf paradoxe Weise ist die Sozialpädagogik gesellschaftlich genötigt, zu einem pädagogischen Selbstverständnis zu finden: Um die eigene Handlungsfähigkeit durch die Konstitution eines eigenen Sinnverständnisses zu sichern, müssen die Beteiligten ihre eigenen gesellschaftlichen Voraussetzungen ignorieren und gleichsam soziologisch naiv in diesen einen pädagogischen Problemgehalt entdecken.

Über diesen empirischen Bezugspunkt entfaltet sich der Diskurs, indem er die vielfältigsten, auf den Ausgrenzungsort zielenden Ansprüche, Denkansätze und Handlungskonzeptionen prüfend aufnimmt, verarbeitet und zu einem eigenen Profil verknüpft, welches sich doch stetig ändert. Seiner eigentümlichen Ausgangslage entspricht also, daß die in ihm eingebrachten Inhalte aus durchaus heterogenen Zusammenhängen und Traditionen stammen. Sie wirken als Motive und Ideen, begriffliche und konzeptionelle, auf strategisches und aktuelles Handeln gerichtete Einflüsse. Erst in der Summe ergeben diese unterschiedlichen Strömungen das Gesamt des Diskurses, der zugleich doch auch eine allein ihn auszeichnende Bedingung des Zusammenhangs hervorbringt. Sowohl hinsichtlich seiner empirischen Bedingungen, wie auch im Blick auf die in ihm gebundenen Ideen gilt demnach, daß er »nicht herausgewachsen (ist) aus einer von vornherein pädagogischen Idee«[19]. Er ergibt sich in dem Zusammenhang von »geistigen Energien« als ein dynamisches, »spannungsreiches System«[20], welches sich zu einem geschlossenen Gedankenkreis kaum verdichten läßt; ihn zeichnet aus, daß er tatsächlich Ausdruck und Erscheinungsweise einer aus zahlreichen Strömungen entstehenden »sozialpädagogischen Bewegung«[21] ist, die heterogen und zugleich doch auch in sich einig ist.

Nicht bloß, daß die Träger der »geistigen Energien« keine einheitlichen Ideen, sondern Denkeinsätze und Problembezüge, zugleich differente Lösungen und Inhalte repräsentieren, welche noch in sich ambivalent und widersprüchlich Sozialpädagogik der Kontroverse aussetzen. Vielmehr bedingen sie die ungebrochene Dynamik des sozialpädagogischen Diskurses. Sie verknüpfen sich zu einer »ideologischen Praxis«, welche durch die Träger der einzelnen Energien und den von diesen transportierten Inhalten in Gang gehalten werden; zugleich aber bestimmen sie die Sinnmomente und -bezüge, über welche das konkrete Handeln wenn nicht bestimmt, so doch kritisch befragt werden kann. Die am Diskurs Beteiligten aber repräsentieren ihrerseits noch mehr oder weniger deutlich die Linien, welche in den Diskurs führen, müssen sich indes nicht minder an dem Anspruch des Ganzen, am einheitlichen Sinn der Sozialpädagogik messen lassen.

Historisch lassen sich wenigstens sieben unterschiedliche Themenlinien ausmachen, welche als »geistige« und praktisch wirksame Energien in den Diskurs münden[22]. Sie bestimmen seine Geschichte, bleiben aber als Gegensätze, vielleicht sogar nur als kritische Frageimpulse gegenwärtig. So laden sie die Praxis des Diskurses immer wieder auf, fördern auch durch die in ihnen selbst gegebenen Polaritäten seine Entwicklung. Zugleich aber dienen sie empirisch als Kraftquellen für jene, die ihr Handeln im Sinnzusammenhang des sozialpädagogischen Diskurses bestimmen: Oft genug liegt in der einseitigen Betonung einer dieser Themenlinien die Voraussetzung dafür, daß sich der sozialpädagogische Diskurs zu neuen Einsichten, vor allem zu einem neuen Verständnis des sozialpädagogischen Handelns vorwärtsbewegen kann.

Der – *erstens* – älteste Themenbereich könnte mit dem Ausdruck »Theologisches Motiv« bezeichnet werden. Ursprünglich in der christlichen Vorstellung von »caritas« gegeben, meint es einerseits den Dienst am Nächsten, der durch die Einsicht in die Gemeinsamkeit göttlicher Geschöpfe geprägt ist; dabei gehen Hingabe an den Niedersten und Erniedrigten, Hilfe und Erziehung eigentlich über den Umgang mit Menschen hinaus: Sie sind Gottesdienst. Andererseits aber zielt das theologische Motiv auf die Rettung des einzelnen für Glaube und Kirche. Ihm geht es jenseits der gottgefälligen Liebestätigkeit um die Verbreitung christlicher Lehre, auch um die Bewahrung vor Auffassungen, welche als glaubensfeindlich betrachtet werden. Die »innere Mission« am Ort der Ausgrenzung folgt so zwei parallelen Anliegen: Herstellung einer ruhigen, bürgerlichen Ordnung, in welcher die einzelnen sich verwahrt und orientiert fühlen können, sowie Abschottung gegen die Idee einer politischen, gar revolutionären Veränderung.

Aber dieser soziale und politische Konservativismus bildet kein notwendig ausschließliches Implikat des theologischen Motivs.

Zwar beherrscht er historisch die Entstehungs- und Etablierungsphase des sozialpädagogischen Diskurses, weil er einerseits im Rigorismus der pietistischen Waisen- und Arbeitserziehung institutionelle Gestalt gewann, andrerseits in Wicherns konservativ-erschreckten Überlegungen zur Abwehr des Kommunismus literarischen Ausdruck fand[23]. Doch obgleich das seelsorgerische Anliegen tragend und das sozialpädagogische Problem regelmäßig als »Abfall vom Christentum« identifiziert blieb[24], können sich über das theologische Motiv zunehmend mit Vorstellungen des Urchristentums begründete, humanistisch radikale, egalitär ausgerichtete Ansätze ausbreiten, welche auch auf eine Gesellschaftsreform zielen[25]; sie stehen heute vielleicht sogar im Vordergrund.

Dem entspricht, daß schon historisch eine Spannung in den Grundorientierungen besteht, welche historisch im theologischen Denkeinsatz dem Handelnden zur Verfügung gestellt werden. Schon die anthropologischen Auffassungen variieren: Müssen Arbeit und irdisches Leben als Strafen ertragen werden, die Gott den mit der Erbsünde belasteten Menschen auferlegt hat? Sind menschliche Taten und Werke Zeichen dafür, daß ihnen göttliche Gnade doch zuteil wird? Ist die Rettung der vom Glauben Abgefallenen vielleicht unmöglich[26]?

Über die Inhalte des theologischen Motivs lassen sich Bestimmungen und Orientierungen in der Welt finden. Vor allem aber gibt es den Handelnden Kraft in ihrem Alltag, nicht zuletzt, weil es – beispielsweise in institutionellen Zusammenhängen – einen Konsens vermittelt, der erlaubt, daß Konflikte ertragen und ausgehalten werden: Es läßt den Handelnden gegenüber aller Widerwärtigkeit auf Gott vertrauen und noch dort auf Erfolg und Lohn hoffen, wo er aktuell verwehrt bleibt. Das scheint egoistisch, hat vornehmlich jedoch einen altruistischen Sinn; weil in allem Schicksal göttliche Fügung wirkt, kann man auch erwarten, daß der andere selbst dann der Gnade teilhaftig wird, wenn man ihn durch die eigenen Bemühungen nicht erreichte.

Wie sehr jedoch das theologische Motiv einen persönlich tragenden Grund für das pädagogische Handeln gibt, wie sehr es auch – wenn auch nur indirekt – zur Entwicklung differenzierter pädagogischer und psychologischer Einsichten und Aktivitätsformen führt, es bleibt doch dem unmittelbar pädagogischen Anliegen äußerlich. Es verharrt auf der Ebene des Impulses, gelangt zu jenem nur aus fremden Interesse. Vielleicht liegt jedoch gerade darin der Grund für seine besondere Wirkungsstärke; vielleicht läßt es sich gar nicht hintergehen. Denn wer aufgrund eines Anstoßes aus einem Glauben handelt, findet einen archimedischen Drehpunkt, von dem aus er sich selbst in seinem Tun und dieses immer wieder neu erfassen, bestimmen und beurteilen kann.

Als gesellschaftlich säkularisierte Form der Auffassung von der Sünde tritt dem theologischen Denkeinsatz – *zweitens* – jener zur Seite, der dem Strafproblem gilt. In ihm stehen abweichendes Verhalten, Kriminalität und Reaktion auf diese zur Debatte. Was zeichnet, so wird in ihm einerseits gefragt, den Verbrecher aus, worin liegt der Grund für sein Verbrechen? Andererseits: was bedeutet die Strafe für das Individuum und für die Gesellschaft? Dient sie der Rache, der Besserung, den Zwecken der Generalprävention? Soll sie die gesellschaftliche Ordnung in ihrer Macht und Funktionsfähigkeit beweisen oder sie wieder herstellen?

Daß die Auseinandersetzung um das Strafproblem und das Strafhandeln historisch in den sozialpädagogischen Diskurs mündet, gründet zunächst in dem gemeinsamen Bezugspunkt auf die exterritorialen Orte. Zugleich hat es aber Voraussetzungen, welche in einer selbst noch gesellschaftlich bedingten Veränderung der Auffassung von der Strafaufgabe und dem mit ihr verbundenen Wandel der Straftechniken gründen[27]: Erst wenn die peinliche Körperstrafe verschwindet, der physischen Zerstörung oder Beschädigung von Delinquenten ein Ende bereitet wird, kann man über die Veränderung der Seele und des Geistes nachdenken. So entsteht die Pädagogisierung des Strafaktes[28]. Umgekehrt aber bleiben von diesem Augenblick an das Strafhandeln und das Strafdenken in der diskursiv gebundenen Praxis, sogar selbst noch in der unmittelbaren Interaktion präsent. Sie stellen Möglichkeiten innerhalb der Sozialpädagogik dar; nicht bloß, daß das pädagogisch gemeinte und als Erziehung bezeichnete Handeln zur subtilen Form des Strafaktes sich wandelt[29], vielmehr wird aufgrund dieser historisch entstandenen Denklinie innerhalb des sozialpädagogischen Diskurses die soziale Arbeit von den Betroffenen als Strafvollzug wahrgenommen. Was als pädagogischer Versuch erscheint, Selbstbeherrschung und Selbstdisziplin zu ermöglichen, kann in jene beherrschende Disziplinierung und Abrichtung, in jene übermächtige, dauernde Überwachung umschlagen, in welcher totale

Institutionen die ihnen anvertrauten Individuen völlig vereinnahmen[30]. Es ist die auf das Strafproblem konzentrierte geistige Energie, welche dazu führt, daß einer Praxis der totalen Institution durch den sozialpädagogischen Diskurs Vorschub geleistet werden kann.

Andererseits aber gehen aus dem Strafdenken auch die Anregungen für eine Veränderung des pädagogischen Handelns hervor; es wirkt sich somit doppelt aus, nämlich einmal, indem es eine Faktizität sozialer Arbeit und ihrer Formen schafft, und zum anderen, indem es korrigierend auf das Bewußtsein der Beteiligten wirkt. Weil man weiß, daß die eigene Praxis in der Tradition der Strafe steht, versucht man Anklänge an diese zu vermeiden, sie auch ganz zu überwinden. Die Erinnerung an die in den sozialpädagogischen Diskurs eingehende Straflinie wirkt so als ein Moment der Selbstzensur.

Sowohl die theologische, wie auch die auf die Strafe gerichtete Denklinie lassen sich – *drittens* – nicht von derjenigen trennen, die um das Problem der Arbeit konzentriert ist. Wird in jener mit dem Begriff der Arbeit die existentielle Verfaßtheit des Menschen als Folge seiner Vertreibung aus dem Paradies, somit eine Orientierung auch für jede karitative Tätigkeit ausgedrückt, so zeigt sich für diese der Zusammenhang in der historischen Empirie des Arbeitshauses: Ob es ein Ort der Bestrafung, ein Platz für gesellschaftlich nützliche Tätigkeit, oder gar schon eine Einrichtung der Sozialisation ist, hängt allein von aktuellen Umständen ab; die Übergänge bleiben jedenfalls fließend. Anders formuliert: Daß die Arbeit anstelle bloßer Bestrafung größeren gesellschaftlichen Ertrag bringt, macht schon die merkantilistische Nationalökonomie deutlich: »Was nützet ein Dieb«, bemerkt Johann Jochim Becher in seinem »Politischen Discurs«, »der um 50 Gulden ist gehenket worden, sich oder diesem, dem er gestohlen, da er doch im Werkhaus in einem Jahr wohl viermal soviel verdienen kann«[31]. Zugleich läßt sich die sozialisatorische Wirkung, wie das Beispiel des Tuchthuises schon zeigt, nicht übersehen. Und schließlich bildet spätestens mit der Aufklärung, vermittelt auch über das calvinistische Arbeitsethos, die Norm der Selbstreproduktion jenes Kriterium, mit dessen Hilfe die nützlichen und die faulen, vor allem aber die bürgerlichen und die abweichenden Subjekte unterschieden werden: Arbeit und Arbeitsfähigkeit bilden Raster, die über die Zuweisung an die Ausgrenzungsplätze entscheiden.

Im Begriff der Arbeit findet sich eine tragende Säule des sozialpädagogischen Diskurses. Ihn zeichnen freilich nicht minder Ambivalenzen aus: Arbeit kann nämlich die Fähigkeit zur Selbstreproduktion, zur Selbstverwirklichung, auch die Bedingung zu gesellschaftlicher Freiheit meinen. Sie bedeutet, daß man sich in produktiver Tätigkeit entäußert, Wirklichkeit umwandelt, Natur und Lebensbedingungen den eigenen Zwecken unterwirft, sich schließlich in den kollektiven Arbeitszusammenhängen vergesellschaftet. Zugleich schließt sie Entfremdung und Unterordnung, auch Ausbeutung und Hingabe eigener Produktivität an andere ein; in ihr kann es um bloße Veräußerung menschlicher Kraft an einen beliebigen Gegenstand gehen, welche nur dem Zweck dient, Geld für die eigene Reproduktion zu sichern, dem Subjekt die unmittelbare existentielle Not nehmen, ohne es jedoch zu einer menschlich möglichen Lebensweise zu führen.

Dem sozialpädagogischen Diskurs vermittelt der Begriff der Arbeit eine dauernde Spannung zwischen dem Bemühen, die Individuen zur Arbeit zu befähigen, um die in dieser ruhenden, humanisierenden Potenzen zu erschließen, und sie andrerseits zur Arbeit abzurichten, sie gerade jenen entmenschlichenden Wirkungen auszusetzen, welche spätestens die kapitalistische Form des anthropologisch unvermeidlichen Arbeitsprozesses auszeichnet. Weil der Begriff der Arbeit nun unmittelbar auf elementare anthropologische Zusammenhänge verweist, stellt das ihm geltende Denken die stärkste und bedeutendste Denklinie des sozialpädagogischen Diskurses dar; er findet in dieser die Begründung von Zielen, Formen und Inhalten des durch ihn bestimmten Handelns. Selbst noch die Bemühungen um eine Humanisierung des kapitalistischen Arbeitsprozesses wirken sich auf ihn aus. Weil aber Arbeit zugleich auch die Entfremdung und Disziplinierung der Lohnarbeit impliziert, bricht mit der auf den Sachverhalt der Arbeit gerichteten Denklinie eines der belastendsten Elemente des Diskurses auf; hier muß er sich der Kritik stellen, welche zum Vorwurf macht, das durch den Diskurs bestimmte Handeln liefere die Individuen nur als nützliche Arbeitskräfte an die Gesellschaft ab.

Seit der Durchsetzung des Kapitalismus und seiner ideologischen Überformung durch das bürgerliche Selbstverständnis des Liberalismus steht die auf Arbeit gerichtete Denklinie in enger Beziehung zu jener – *vierten* – geistigen Energie, die im Zusammenhang einer Auseinandersetzung mit der Armut entstand. Sie bildet den ursprünglichen, zugleich den mächtigsten Hebel und Wirkfaktor für die Praxis der sozialen Arbeit und ihre Bestimmung. Ursprünglich steht sie im Zusammenhang mit dem theologischen Denken, in welchem die Hilfe für die Armen und Bettelnden sowie ihre Unterstützung in materieller und ideeller Hinsicht Rechtfertigung und Sinn finden. Seit dem 15. Jahrhundert setzt sich jedoch eine kritische Neubewertung von Armut und Bettelei durch, welche ihren Grund in den sich verändernden wirtschaftlichen Gegebenheiten sowie im Wandel der theologischen Auffassungen hat. Armut verliert ihren gottgefälligen, andere zur Unterstützung verpflichtenden Charakter, Bettelei unterliegt zunehmend dem Verdikt parasitärer Lebensweise. Da die Armenhilfe nicht mehr theologisch gerechtfertigt werden kann, verwandelt sie sich in eine Form der politischen Organisation, welche der Ordnung und Beseitigung eines Notstandes gilt, der seinerseits noch ein ungünstiges Urteil über die Betroffenen ausspricht; wer der Armenhilfe bedarf, sieht sich aus dem gesellschaftlichen Leben ausgeschlossen. Über die rigide Arbeitsorientierung der Armen- und Bettelordnungen sowie die Einführung des Arbeitshauses demarkiert man die Armut zunächst als selbstverschuldete Untätigkeit, um sie schließlich als unvermeidliche Begleiterscheinung der Lohnarbeit hinzunehmen[32].

Innerhalb dieser Prämissen entsteht die soziale Arbeit als die Tätigkeit, welche Armut zum Objekt hat; sie ist keineswegs mit Hilfe und Unterstützung hinreichend beschrieben. Ihrem Grundansatz entspricht am ehesten jene Doppeldeutigkeit, die im Ausdruck der »Armenpflege« anklingt. Weil Armut als Objekt begriffen wird, können sich auch in seiner Analyse und Bestimmung erste Differenzierungsmechanismen entfalten – so werden, stets unter dem Gesichtspunkt der Arbeitsfähigkeit, Kategorien der Armut[33], Markierungstechniken[34], schließlich auch komplexe Verfahrensweisen eingeführt und systematisiert[35]. Die auf Armut gerichtete fürsorgliche Tätigkeit und ihre Reflexion führen so ein eigentümlich wissenschaftliches Moment in den Diskurs ein[36], geben ihm aber zugleich auch jenen Geruch nach armen Leuten, der niemals verschwinden wird: Der sozialpädagogische Diskurs mag den Gedanken an das Armutsproblem verdrängen – real aufgegeben und begrifflich impliziert ist es dennoch.

Noch stärker betont die wissenschaftlichen Verfahren des Kategorisierens, Systematisierens und der methodischen Vorgehensweise die *fünfte* Denklinie, welche der Welt des Pflegens und Heilens entspringt. Sie läßt sich als das ärztlich-medizinische, vielleicht auch als das therapeutische Motiv bezeichnen, mit welchem ein naturwissenschaftlich technischer, physiologisch und neurologisch orientierter Ansatz in den sozialpädagogischen Diskurs eindringt[37].

Seine Bedeutung für diesen gewinnt er mit der Überwindung der Auffassung von Armut und Abweichung, welche diese entweder als Schicksal oder als bestrafenswerten Sachverhalt hinnimmt. Dabei verbindet er sich auf eigentümliche Weise mit dem moralisierenden Verständnis von Abweichung und der materialistischen Denkweise: Armut wird nun als eine »moral disease«, genauer noch: als Symptom einer Krankheit betrachtet, welche das Individuum befallen hat; es handelt sich bei ihr um den Ausdruck einer physiologischen Pathologie, die sich durch eine gezielte, letztlich mechanische Behandlung beseitigen läßt. Dabei konvergieren in dieser medizinischen Auffassung Armenpflege und Reform der Psychiatrie unter zwei Prämissen: Einmal geht in sie eine empirieorientierte, materialistische Auffassung vom Menschen ein, welche selbst noch den Geist auf Natur reduziert. Zum anderen drückt sich in ihr der Fortschrittsoptimismus prinzipieller Machbarkeit aus. Noch die »innermenschlichen« Zustände sind einer planmäßigen und bewußten Gestaltung zugänglich, in welcher sich defizitäre und krankhafte Erscheinungen beseitigen lassen. Allerdings richtet sich im medizinischen Paradigma die Behandlung allein auf das Individuum; es wird außerhalb seiner sozialen Bezüge gesehen, aus diesen sogar noch zum Zwecke der Isolation des Krankheitsherdes und seiner Behandlung herausgerissen.

Den Diskurs der Sozialpädagogik erreicht das medizinische Modell sachlich über die Diskussion der Verwahrlosung; es gibt den entscheidenden Anstoß dazu, daß die Verknüpfung zwischen dieser und der Kategorie der Schuld aufgehoben, vor allem aber jenseits theologischer Begründung für das Individuum die Chance einer Besserung und Heilung erkannt wird. Verwahrlosung hört damit auf, als endgültiges und unüberwindbares Schicksal den Status der betroffenen Person auszuzeichnen[38]. Theoriegeschichtlich beeindruckt das medizinische Modell aufgrund seiner wissenschaftlichen Dignität offensichtlich besonders jene Denker, welche dem Herbartianismus nahestehen. Sie greifen wenigstens seine Darstellungsform auf, wenn sie die Bearbeitung »sittlicher Krankheitszustände«[39] thematisieren. Dazu legen sie nämlich komplexe Klassifikationsschemata, sowie einen Katalog von subtil ausdifferenzierten Maßnahmen vor[40].

In dieser Ausdifferenzierung von Maßnahmen zeichnet sich eine Parallelität zur – *sechsten* – politischen Dimension (und Energie) des Diskurses wenigstens dann ab, wenn man die Reaktion auf Armut in der Form von gesetzlicher Regelung und polizeilicher Verwaltung ins Auge faßt. Allerdings kann sich die reflektierte Praxis in dieser politischen Dimension auf reine Ordnungsverfahren beschränken, welche nur die Ausgrenzung und Disziplinierung vollziehen oder bestätigen. Als politische Enthaltsamkeit mag sie das Elend vermehren, indirekt jedoch Selbsthilfeaktivitäten, vielleicht auch die Entwicklung revolutionärer Strömungen fördern. In der sozialpolitischen Ausprägung des Denkens in dieser Dimension zeichnen sich schließlich ebenso der Versuch, durch Reformen menschenwürdige Lebensbedingungen zu schaffen, in welchen Ausgrenzung *und* Revolution überflüssig werden, wie auch das Bemühen ab, Armenpflege und pädagogische Versorgung im Zusammenhang staatlicher Prosperität zu interpretieren[41].

Damit zeichnet sich schon die polemische Spitze ab, welche durch das politische Denken in den sozialpädagogischen Diskurs eingebracht wird: Könnte dieser nicht überflüssig werden, wenn durch politisches Handeln hinreichende Lebensbedingungen für alle geschaffen wären? Müßte der sozialpädagogische Diskurs, nähme er seine eigenen Überlegungen ernst genug, nicht in Politik übergehen? Und umgekehrt: Verliert man nicht, beschränkt man sich erst einmal auf Politik, das konkrete Individuum und seine Situation aus den Augen? Schließlich: entmündigt das politische Handeln nicht sogar die Betroffenen, weil es für diese Lösungen vorgibt, welche sie – wären sie pädagogisch unterstützt – selbst entwickeln könnten oder eigentlich müßten?

Darin aber deutet sich schon wieder ein anderer Politikbegriff an: Er steht in der bürgerlich-radikalen Tradition und meint die selbstverantwortliche Wahrnehmung der eigenen Lebenslage, das Bemühen um die Gestaltung der eigenen Polis; er schließt eigentlich an die in der Antike entstandene Vorstellung von dem autonomen, »mündigen« Bürger an, der stets am Gedeihen und Gelingen des Ganzen interessiert ist. Von ihm leitet sich die Vorstellung der Selbsthilfe ab, gilt sie doch nicht bloß einer Beseitigung von Notlagen durch die unmittelbar Betroffenen, sondern auch dem Bemühen um selbstgestaltete Lebensverhältnisse. Aber diese läßt sich wiederum kaum trennen von dem Gedanken der Solidarität, wie er ursprünglich christlich begründet, dann aber in der Idee und der Praxis des Sozialismus mit seinem heute gültigen Sinn ausgerüstet wurde[42].

Es ist offensichtlich, daß über die in politischen Denkzusammenhängen wurzelnde »Energie« die vielfältigsten, auch widersprüchlichsten Inhalte und Motive in den Diskurs eingebracht werden. Sie wirkt sicherlich in höchstem Maße befruchtend, steht freilich auch in der Gefahr, den Diskurs selbst zu instrumentalisieren oder ihn gar aufzuheben. Die *siebte* in den sozialpädagogischen Diskurs führende Linie läßt dies hervortreten. Sie läßt sich von der politischen Linie kaum trennen, bestimmt den Diskurs jedoch erst dann, wenn sie sich im Gegensatz zu jener stellt: In ihren Voraussetzungen, die an das Selbstverständnis der modernen bürgerlichen Gesellschaft anschließen, stimmt die »geistige Energie« einer *philosophischen Pädagogik* (d. h. einer auf das Allgemeine der Erziehungsvorgänge zielenden Reflexion) mit dem politischen Denken überein. Wenn sich nämlich die modernen Menschen aufgrund ihrer Vernunftfähigkeit und ihrer Vernünftigkeit zu ihrer Selbstbestimmung noch in dem Sinne in der Lage sehen, daß sie die politische Herrschaft von ihrem eigenen Willen abhängig machen, sich als Subjekte einer selbstgegebenen Ordnung begreifen, so finden sie diese politische Überzeugung durch die Philosophie begründet. Sie stellt den ganzen Sachverhalt von Handeln, Geschichte und Subjektivität heraus und verknüpft ihn mit den beiden zentralen, als anthropologische Grunddaten angenommenen Bezugspunkten Vernunft und Freiheit. Vernunft und Freiheit werden für den modernen Menschen als Charakteristika reklamiert, zugleich doch programmatisch aufgegeben; ebenso wie die ganze Gattung Vernunft und Freiheit verwirklichen muß, ist Sorge zu tragen, daß auch jedes Individuum in vernünftiger und freier Weise lernt, von seiner Vernunft Gebrauch zu machen und in Freiheit zu existieren. Daß einem jeden Handeln auferlegt ist, Freiheit und Vernunft zu achten, sie schließlich auch für die ganze

Gattung und für die Individuen zu fördern und zu verwirklichen, markiert die in der Philosophie der Neuzeit unhintergehbare Verknüpfung mit dem Erziehungsproblem: Das moderne, bürgerliche Denken wird als eine politische Philosophie begründet, welche doch stets über ein pädagogisches Implikat verfügt. Seine Einheit als Zusammenhang von Philosophie, Politik und Pädagogik findet es dabei in der Vorstellung von dem tätigen, zu steter Selbstverbesserung fähigen Menschen, der als Subjekt seiner Lebensbedingungen im Mittelpunkt eines Prozesses steht, welchen er selbst in den historischen Fortschritt führt.

Während jedoch das politische Denken sich bei dem Gedanken an den gesellschaftlichen Fortschritt beruhigt und die Prosperität des Ganzen zum Maßstab erhebt, behält die philosophische »Energie« ihre Radikalität. Sie frägt nicht nur nach dem Preis, den die Individuen für die fortschreitende Verwirklichung des Projekts der Moderne entrichten, sondern stellt dieses selbst noch kritisch in Frage. Spätestens seit dem Einfluß der rousseauistischen Zivilisationskritik und der romantischen Denkweise beharrt sie darauf, daß das Leben in der modernen Gesellschaft an die Bedingung der Subjektivität gebunden ist, soll es als humanes, menschenwürdiges Leben gelten; in einem bloßen Fortschrittsdenken aber geht diese verloren, weil sie aufgeopfert wird.

Diese philosophische Kritik der modernen Gesellschaft zieht zwei, einander bedingende Konsequenzen nach sich: Einmal zieht sie die Konturen der Konstellation, welche als das pädagogische Problem in der Neuzeit betrachtet werden kann. Sie legt nämlich den Raum frei, in welchem das Nachdenken nicht mehr a priori durch die Perspektive auf den gesellschaftlichen Fortschritt bestimmt ist; es kann gefragt werden, wie die Grundbedingung menschlicher Existenz, nämlich die Subjektivität, als Eigenleistung des Subjekts her- und sichergestellt werden kann, wo sie noch nicht gegeben oder durch die menschlich geschaffenen Umstände selbst verloren ist. Weil sich der Blick abwendet von der Gesellschaft als Ganzer, vor allem aber von ihrer fortschreitenden Entwicklung, kann das individuelle Subjekt in seinen gegebenen Umständen zum Thema werden. Das bedingt nicht nur, daß solches Denken – politisch bewertet – ebenso progressiv wie konservativ erscheinen kann. Vor allem aber läßt sich hier Erziehung als Aufforderung zur Selbsttätigkeit, somit als ein Handeln von Subjekten erfassen, welches fortschreitender Verwirklichung von Subjektivität zu dienen hat[43]. Zum anderen markiert diese Konstellation zugleich die kategorialen Möglichkeiten, in welchen das pädagogische Problem erfaßt und als solches in einem kritischen Einwurf gegenüber der politischen Linie geltend gemacht werden kann. Innerhalb dieser Konstellation tritt nämlich ein durchaus abstraktes Verständnis vom Subjekt und seiner Subjektivität hervor, welches unabhängig von gesellschaftlichen und politischen Zusammenhängen das Denken auf die konkret handelnden Menschen in ihren Nöten und Hoffnungen, kurz in ihrer »Reallage« lenkt.

Historisch vollzieht sich der Umschlag von einer philosophisch-politischen zu einer philosophisch-pädagogischen Sichtweise in der Kritik an der philanthropisch-aufklärerischen Erziehung; sie entwickelt eine Perspektive auf den Menschen, sein Handeln und seine Entwicklung jenseits der dort in den Vordergrund gestellten Vorstellungen von gesellschaftlicher Nützlichkeit und Brauchbarkeit des Individuums. Die Frage nach der individuellen Subjektivität als dem schlechthin gültigen Bestimmungsgrund menschlichen Handelns wird in aller Radikalität aufgeworfen: »Und es ist eine große tröstende Wahrheit, auch der allerelendste ist fast unter allen Umständen fähig, zu einer alle Bedürfnisse der Menschheit befriedigenden Lebensart zu gelangen. Keine körperliche Schwäche, kein Blödsinn allein gibt Ursache genug, solche unter Beraubung ihrer Freiheit in Spitälern und Gefängnissen zu versorgen. Sie gehören ohne anderes in Auferziehungshäuser, wo ihre Bestimmung ihren Kräften und ihrem Blödsinn angemessen gewählt und leicht und einförmig genug ist. So wird ihr Leben der Menschheit gerettet, für sie nicht Qual, sondern beruhigte Freude, für den Staat nicht länger kostbare Ausgabe, sondern Gewinn werden«[44].

Ausgehend von den Prämissen einer radikalen bürgerlichen Haltung, somit eigentlich noch im Zusammenhange des politischen Denkens, ist es Pestalozzi, der das Zentrum des sozialpädagogischen Diskurses im Zusammenhang des Bildungs- und Erziehungsproblems festlegt. Zwar geht er von den gegebenen sozialen und politischen Bedingungen aus, greift sogar noch das Faktum des Ausgrenzungsprozesses auf, richtet aber sein Interesse und seine Überlegung auf das sinnlich konkrete Subjekt, dessen Fähigkeiten und Möglichkeiten, sowie auf seine Lebensbedingungen.

Um es paradox zu formulieren: In einem durch die neuzeitliche Philosophie und den in ihr aufgenommenen anthropologischen Annahmen erst möglichen *Abstraktionsschritt* gewinnt er die Vorstellung vom *konkreten* Subjekt in seinen konkreten Lebensverhältnissen, mit welcher er die im philosophisch-politischen Denken erreichten Einsichten hinter sich läßt oder besser: beiseite schiebt. Mit diesem Schritt wird aber auch der sozialpädagogische Diskurs möglich. Er erlaubt nämlich, daß die empirisch gegebene Tatsache der Ausgrenzung als ein Handlungsproblem definiert wird, welches in der Beziehung zwischen dem jeweiligen Subjekt und seinen Lebensbedingungen besteht; die Ausgrenzung selbst muß nicht mehr als solche hingenommen werden: »Soviel sah ich bald: Die Umstände machen den Menschen. Aber ich sah ebensobald: Der Mensch macht die Umstände; er hat eine Kraft in sich selbst, selbige vielfältig nach seinem Willen zu lenken. Sowie er dies tut, nimmt er selbst Anteil an der Bildung seiner selbst und an dem Einfluß der Umstände, die auf ihn wirken[45].« Man kann gleichsam soziologisch naiv von der gesellschaftlichen Determination des Ausgrenzungsortes abstrahieren und – erstens – fragen, was dieser konkret als Ort für das Subjekt bedeutet, und – zweitens – eine Überlegung zu dem Handeln anstellen, welches dem betroffenen Subjekt eine Auseinandersetzung mit der ihm gegebenen Realität ermöglicht. Anders formuliert: im philosophisch-pädagogischen Zugriff gerät nicht nur das konkrete Subjekt in den Blick. Vielmehr wird über den Begriff des Subjektes hinaus durch die Abstraktion von den gesellschaftlichen Determinationsprozessen zugleich die zweite Grundkategorie der sozialpädagogischen Reflexion gefunden: Sie läßt sich mit dem Begriff des »Ortes« benennen, weil sie auf die realen und konkreten Bedingungen verweist, in welchen ein Subjekt – aus welchen Gründen auch immer – zu Hause ist.

Die auf der philosophisch-pädagogischen Linie anzusiedelnde »Energie« setzt also die Grundbestimmungen des sozialpädagogischen Diskurses frei. Sie ermöglicht die Entstehung einer Perspektive, welche dem wirklichen, subjektiv unmittelbaren Zusammenhang von individueller Existenz und Lebensumständen gilt, in welchen das Subjekt existiert, handelt und sich entwickelt. Daß diese Lebensumstände beispielsweise durch einen gesellschaftlichen Ausgrenzungsakt entstanden sind, tritt hierbei in den Hintergrund; die gesellschaftlich vorgängigen Prozesse verlieren ihre Bedeutung, weil sie nur zur »Verwilderung der einzelnen und Verwirrung des Ganzen« führen[46], kurz: Subjektivität in Frage stellen oder gar zerstören. Stellt man aber unter diesen Umständen die Frage, wie denn überhaupt noch das Subjekt bestehen oder gar entstehen kann, so sieht man sich auf eine Erziehung verwiesen, die sich nach den Prozessen der Bildung richtet, welche für alle Menschen gleich gelten: »Man muß sich nicht täuschen; die Menschenbildung der Armen und der Reichen fordert in ihrem Wesen die nämlichen Mittel, die Menschennatur ist beim Armen und Reichen die nämliche. Um den Armen verständig, wohlwollend und sinnvoll für jede Kunst und kraftvoll für jede Anstrengung zu machen, fordert es die nämlichen Mittel, deren die Erziehung des Reichen zu eben diesem Zwecke bedarf. Wer bei der Erziehung des Reichen nur das Eigene des Reichtums und seiner Folgen ins Auge faßt, der ist für das Resultat der Menschenbildung bei ihm ebenso gehemmt und verwirkt als derjenige, der für die Bildung des Armen nur seine Armut und das Eigene ihrer Beschränkung ins Auge faßt. Beide hätten um des Zufälligen willen das Wesentliche der Menschennatur selber vergessen und sich dadurch außerstand gesetzt, den Eigenheiten der Bedürfnisse beider mit der Sicherheit ein Genüge zu leisten, die nur durch die Anerkennung dieser inneren Gleichheit der Menschen statthaben kann[47].«

Dieser – durch den Bezug auf die menschliche Natur gewonnene und in seinem politischen Gehalt radikal egalitäre – prinzipiell pädagogische Zugang findet nun seinen methodischen Anknüpfungspunkt in den realen Lebensverhältnissen der Individuen. Der durch die gesellschaftlichen Prozesse determinierte Ort wird als Ort des Lebens thematisiert und zu dem Gegenstand erhoben, auf welchen sich das Subjekt überhaupt noch beziehen kann: »Was für den Vogel das Nest ist (...), so ist die Wohnstube dem Volk der Mittelpunkt«[48]; das Haus, die ökologischen Lebenszusammenhänge werden als die Grundlage bestimmt, auf welcher Aneignungs- und Entwicklungsprozesse stattfinden können: Als gegebene Wirklichkeit läßt sich selbst dort eine situative Basis für Aneignungsprozesse entdecken, wo die Individuen als arm oder abweichend aus der Gesellschaft ausgeschlossen sind; es gilt also, die so vorgegebenen Lebensbedingungen für die Subjektwerdung zu nutzen – was als Zumutung einer Erziehung zur Armut erscheint, enthüllt sich somit als ein subversiver Umgang mit gesellschaftlichen Vorgaben; sie werden umfunktioniert: Der Ort der Armut, der Platz der Ausgrenzung bilden für das Subjekt die unmittelbar bedeutsame Welt, deren es sich nicht nur vergewissern muß; indem es sich diese vielmehr aneignet, kann es überhaupt erst über die ihm gesellschaftlich zugewiesene Rolle hinauswachsen.

Indem der sozialpädagogische Diskurs spätestens mit Pestalozzi seinen zweiten Kernbegriff in dem Begriff des Ortes festhält, beginnt er – politisch gesprochen – einer pessimistischen Gesellschaftsauffassung zuzuneigen; Gesellschaft wird nur mehr kritisch wahrgenommen, die Chancen ihrer Veränderung eher abschätzig beurteilt. Man prüft, wie an den gesellschaftlich entstandenen Plätzen »dennoch« Humanisierung möglich ist. Pädagogisch betrachtet, entscheidet sich der sozialpädagogische Diskurs für den Rousseauismus des »Emile«, ohne jedoch den Schritt der gesellschaftlichen Isolation a priori als methodisches Verfahren zu übernehmen; wo sie gegeben ist, nimmt man sie als die Voraussetzung hin, an welche man anzuknüpfen habe. Dies ändert sich jedoch in dem Moment, in welchem der Begriff des Ortes (bzw. das mit ihm, vor aller terminologischen Festlegung sachlich Gemeinte) einerseits als Instrument spezifisch sozialpädagogischer Wahrnehmung, andrerseits als Grundbegriff sozialpädagogischen Handelns verstanden wird. In jener Hinsicht erlaubt er nämlich eine Betrachtung und Beurteilung von »ökologischen« Lebensverhältnissen auch jenseits des Problems der Anstalt, welches der Genese des sozialpädagogischen Diskurses vorausging. Mit seiner Hilfe lassen sich nun auch andere Orte als Lebensorte thematisieren und prüfen: So wird – bei Wichern – »das gewöhnliche Elternhaus« als Rettungshaus bedacht; man kann – wie dies spätestens in der Landschulbewegung geschieht – die Schule als Lebensort ansprechen. Denkbar wird schließlich auch eine »Straßenpädagogik«, gar eine »Großstadtpädagogik«: »Die Großstadtpädagogik ist Heimatpädagogik, also eine Pädagogik, die den besonderen Verhältnissen der Großstadt Rechnung tragen soll, die das Großstadtkind, seine nächste Umgebung, seine Erzieher, seine Schule in ihrer Eigenart auffassen lehren und aus dieser Eigenheit heraus praktische Erziehungsanforderungen stellen will«[49].

Zu einem Grundbegriff des sozialpädagogischen Handelns wird der Begriff des Ortes jedoch in dem Moment, in welchem pädagogisches Handeln damit einsetzt, daß ein – wie auch immer gearteter – Lebensort dem Subjekt zur Verfügung gestellt wird. Wo die »positive Organisation des Hauses«[50] den Anfang der Erziehung markiert, ist die Differenzierung des Sozialpädagogischen eigentlich erst deutlich gemacht; tatsächlich liegt in dieser Organisation des Lebensortes – so kann man spätere Überlegungen vorwegnehmen – die Bedingung dafür, daß ein Modus der Differenz überwunden wird. Sie schafft nämlich eine neue Situationsbasis, auf welcher ein Aneignungsgeschehen überhaupt wieder möglich wird. Daß ein Ort zur Verfügung gestellt wird, bedeutet dabei nicht nur, daß die Lebensverhältnisse des Subjekts gesichert werden, sondern von diesem auch angeeignet werden können; so entsteht durch das Subjekt selbst eine Dynamik, welche den funktionalen und strukturellen Zusammenhang durchbricht, der in der gesellschaftlichen »Ausgrenzungsaxiomatik« gegeben war.

Über die philosophisch-pädagogische Linie konstituiert sich also der paradigmatische Kern des sozialpädagogischen Diskurses. Denn die Begriffe »Subjekt« und »Ort« bestehen nicht nur in dem Abstraktionsverfahren, in welchem sie gewonnen wurden, sondern bilden die Grundlage für eine eigene, auch dem konstruktiven Handeln zugrundeliegende Sichtweise; jenseits des Ausgrenzungsproblems kann nun – sozialpädagogisch – nach der Bedeutung des »Ortes« für das Subjekt gefragt werden, kann nun auch ein Handeln einsetzen, welches der Herstellung von Lebensorten auch dort gilt, wo die Subjekte keineswegs Ausgrenzungsprozessen ausgesetzt sind. Obgleich jedoch die philosophisch-pädagogische Energie dies ermöglicht, bleibt sie zugleich doch ein Teilmoment des Diskurses. Sie bleibt nicht nur als solche in ihrer Dynamik und Widersprüchlichkeit erhalten, sondern birgt noch ein kritisches Moment, mit welchem Erziehung kritisch befragt werden kann. Weil sie nämlich vom Problem des Subjekts ausgeht, kann sie das pädagogische Handeln zur Disposition stellen, indem sie den Vorbehalt geltend macht, daß dieses die Subjektivität behindert oder gar unterdrückt. Über diese Energie fließt also in den sozialpädagogischen Diskurs stets ein Element des »Antipädagogischen« ein; sie bleibt kritische Instanz und Prüfstein, wird als solche auch von den Teilnehmern am Diskurs mobilisiert.

Exkurs: Der Gegensatz »Pädagogik-Antipädagogik« wirkt sich im sozialpädagogischen Diskurs vor allem in der Differenz zwischen einer Tendenz, welche auf die Institutionalisierung der sozialen Arbeit gerichtet ist, und der antiinstitutionellen Bemühung aus. Wenngleich beide in der Außendarstellung des sozialpädagogischen Diskurses, somit auf der Ebene seiner »Politik« systematisch gleichwertig erscheinen, lassen sie sich zunächst unterschiedlichen Ebenen in der kategorialen Durchdringung des Diskurses zuordnen. Die auf Institutionalisierung zielende Tendenz gilt nämlich stärker der Sicherung von sozialer Arbeit überhaupt, während die antiinstitutionelle Reflexion ihren zentralen Stellenwert im Blick auf die prozessuale Dimension sozialpädagogischen Handelns gewinnt[51].

Gleichwohl kann man an dem Gegensatz institutioneller und antiinstitutioneller Tendenz zeigen, wie unterschiedliche »geistige Energien« den Diskurs als Einheit im Widerspruch hervorriefen und in ihm bestehen bleiben. Historisch lassen sie sich nämlich der Frauen- und der Jugendbewegung zuordnen, die Herman Nohl neben Sozialismus, Innerer Mission und Sozialpolitik als konstitutiv für die Sozialpädagogik in der Weimarer Republik hielt, dabei allerdings das Moment der Einheitlichkeit und Gemeinsamkeit überbetonte. In der Tat kommt der Impetus zur Institutionalisierung der Sozialpädagogik als Sozial*pädagogik* von seiten der bürgerlichen Frauenbewegung. Sie steht dabei nicht nur im Gegensatz zur Praxis der Fürsorgerinnen, welche ursprünglich auf einen pädagogisch-psychologischen Zugang zu ihren »Klienten« verzichteten, sich auf materiell unterstützende und anweisend beratende Maßnahmen beschränkten, ansonsten jedoch in politisch bewußter Distanz zu diesen blieben[52]. Vor allem steht sie auch noch im Widerspruch zur Etablierung des Wohlfahrtsstaates, die noch gegen eine willkürlich caritative und persönliche Betreuung rechts- und versicherungsförmig ausgebildete, persönlich neutral wirkende Institution favorisierte. (Das faktisch eintretende Massenelend machte wiederum erst recht eine Pädagogisierung fragwürdig, blieb doch jenseits reiner Armutsverwaltung kaum ein Handlungsspielraum.)

Den Motiven der Frauenbewegung für die Institutionalisierung der Sozialpädagogik liegt denn auch kein Altruismus zugrunde. So war es beispielsweise »nicht das Pathos der ›Sozialen Arbeit‹, das die junge Alice Salomon faszinierte, sondern die schlichte Tatsache, daß sie plötzlich eine Lebensperspektive sah, in der sie selbst als Person vorkam und nicht als Anhängsel eines Mannes, auf den sie warten sollte, den sie bedienen sollte, zu dem sie aufschauen sollte. Die bisher brachliegende Energie dieser tätigkeitsorientierten jungen Frau erhielt plötzlich eine Richtung«[53]. Pointiert verallgemeinert: Nicht die gesellschaftliche Not, sondern die Suche nach einem gesellschaftlich noch nicht besetzten Betätigungsfeld für die höheren Töchter löst ihr sozialpädagogisches Engagement aus; es steht so durchaus in jener Tradition des Abenteuertums, welches das Bemühen um soziale Arbeit durch bürgerliche Kreise schon im 19. Jahrhundert bestimmt hatte[54]. Allerdings hat das Folgen. Einmal wird nämlich so ein Bild der sozialen Arbeit geprägt, welches nur schwer zu vereinbaren ist mit Fragen der Gehaltszahlung und der gewerkschaftlichen Organisation; sie wird – bis in das Methodenverständnis hinein – als ein Liebesdienst erfaßt, welche sich an einem sublimierten Modell der Mütterlichkeit orientiert. Dem widersprechen die Bemühungen um eine Systematisierung sozialer Arbeit nur vordergründig, wie sie von Alice Salomon vorangetrieben werden; sie gelten vielmehr einer Definition des eigenen Adressatenkreises: Die zu erziehenden und zu betreuenden Individuen werden so überhaupt erst als »Fälle« zugänglich gemacht; in dem Prozeß, in welchem die bürgerliche Frauenbewegung sich ein Betätigungsfeld durch die Institutionalisierung der Sozialpädagogik schafft, konstituiert sie auch ihre Klientel, den mütterlich-pädagogisch zu betreuenden Adressaten der Sozialpädagogik.

Die Angehörigen der Jugendbewegung bilden dazu den Konterpart. Zwar unterscheiden sie sich ihrer sozialen Herkunft nach, vor allem aber unter dem Aspekt der sie bewegenden Motive nur bedingt von der Frauenbewegung; auch sie handeln aus dem Gefühl, über keinen eigenen Platz in der Gesellschaft zu verfügen[55]. Aber sie richten ihre Aktivitäten auf die schon vorhandenen Einrichtungen des sozialen Sektors, um diese zu reformieren; sie machen sich auf den langen Marsch durch die Institutionen. Gilt das Bemühen der Frauenbewegung allgemein der Institutionalisierung sozialer Arbeit, im besonderen aber der Schärfung des kognitiven Instrumentariums, mit welchem die eigenen Adressaten erfaßt werden, so setzt sich die Jugendbewegung in Opposition zu den bestehenden Anstalten, um den »reinen Menschen« freizusetzen[56]. Neigt nun die Institutionalisierungstendenz zur Verhärtung und Verselbständigung der sozialen Arbeit, so birgt die Gegenrichtung die Gefahr in sich, daß sie scheitert, weil sie nur unzureichend professionspolitisch abgesichert werden kann; sie stellt sich im Prinzip dauernd selbst in Frage. Obwohl dies als Aufforderung für das Handeln mit den Betroffenen im sozialen Sektor unabdingbar scheint, setzt es die soziale Arbeit als Ganze, vermittelt damit aber auch die Existenz und Entwicklung der Subjekte aufs Spiel, die erst durch das professionell sozialpädagogische Handeln (wieder) Subjekte werden können. Das dramatische Ende der Bemühungen von Karl Wilker im Berliner »Lindenhof« illustriert dies beispielhaft. Es belegt zugleich auch, daß die unterschiedlichen Strömungen im sozialpädagogischen Diskurs diesen notwendig als Einheit im Widerspruch begründen.

16 Von den Begriffen »Subjekt« und »Ort« als den Grundbestimmungen des sozialpädagogischen Handelns

Schon die Annahme, die Begriffe »Subjekt« und »Ort« entstünden historisch als Kernelemente des sozialpädagogischen Diskurses, befremdet in mehrerlei Hinsicht. Denn weder der empirische, aktuell vorfindliche Diskurs, noch die theoretischen Bemühungen um die Sozialpädagogik machen von beiden Begriffen in einer Weise Gebrauch, der dem ihnen hier zugesprochenen Rang entspräche. Daß man in der sozialen Arbeit mit Subjekten zu tun habe, gehört zwar zu den als selbstverständlich gültig hingenommenen Grundsätzen professioneller Ethik, wird jedoch höchstens im Zusammenhang von Überlegungen explizit, die auf den Ansätzen des modernen therapeutischen Denkens aufbauen. Als Zentrum eines eigenen sozialpädagogischen Gedankenkreises spielt jedoch der Subjektbegriff als solcher nur eine untergeordnete Rolle. Hier dominieren nicht zuletzt vornehmlich durch die Humanistische Psychologie geprägte Auffassungen, die beispielsweise in die Formeln von der »ganzen Person« oder dem »ganzheitlichen Ansatz« gegossen wurden, dabei jedoch einen eher synthetisch-holistischen, als einen analytischen Zugang verraten. Tatsächlich hebt der Verweis auf die ganze Person gegenüber vornehmlich kognitiv-rational akzentuierten Vorstellungen vom Menschen Emotionen und unterbewußte (bzw. vorbewußte) Determinationen hervor, um Verhalten zu erklären oder verständlich zu machen. Anders als in der klassisch pädagogischen Tradition, in welcher das menschliche Subjekt als ein Zentrum seines Tuns begriffen wurde, zeigt sich eher eine Tendenz, auf Voraussetzungen von Handlungen hinzuweisen, die außerhalb von Willensentscheidungen und rationaler Verfügung liegen; pointiert formuliert liegt in dem psychologisch-therapeutischen Denken ein Muster der Exkulpation vor, welches ganz und gar nicht mit dem Handeln der Beteiligten rechnet. Sie sind eher als Objekte dunkler Mächte, denn als Subjekte innerhalb pädagogischer Interaktionen fingiert.

Noch mehr gilt jedoch für den Begriff des »Ortes«, daß er nicht nur ungebräuchlich ist, sondern nahezu untauglich erscheint, da er für ein Verständnis von Handlungen höchstens eine verdinglichte Vorstellung zur Verfügung stellt. Wenn für den sozialpädagogischen Diskurs überhaupt ein sachlich und begrifflich erstes Moment seiner Pragmatik erfaßt werden kann, so würde man dies eher in der »helfenden Beziehung« zwischen Sozialarbeiter und Klient oder dem »pädagogischen Bezug« zwischen Sozialpädagogen und Kind (bzw. Jugendlichen) sehen: Im Mittelpunkt einer Reflexion des sozialpädagogischen Handelns stehen nämlich regelmäßig die Interaktion zwischen Personen oder – in den der Technologiekonzeption verbundenen Konzepten – eine lineare, intervenierend, bessernd oder verändernd ausgerichtete Tätigkeit einer Person auf die andere. Wenngleich dies professionsspolitisch gerechtfertigt werden kann – es projiziert das Modell ärztlichen oder anwaltlichen Tuns auf die Handlungsvollzüge von Sozialarbeitern –, birgt es doch eine Reihe von fragwürdigen Implikationen. So wird beispielsweise im Ausgang von der helfenden Beziehung meist »unterschlagen, daß die Hilfesituation von der dem Klienten gegenüberstehenden Institution der Jugendhilfe schon vordefiniert ist und daß die Stellung der Sozialarbeiter selbst massiven institutionellen Abhängigkeiten unterliegt«[1]. Vor allem aber ist »die ›helfende Beziehung‹ (...) durch einseitige Interaktions- und Kommunikationsmuster geprägt; im Vordergrund stehen die Beeinflussungsmöglichkeiten, -techniken und -taktiken des Sozialarbeiters und nicht die Lernbedingungen des Klienten«[2].

Allerdings stellt der Begriff des »Ortes« zunächst keine Alternative dar, da er zu den »blinden Flecken der Sozialtheorie« gerechnet werden kann[3]. Sieht man nämlich von den Arbeiten der sogenannten »Chicago-Schule«[4] als den Klassikern eines ökologischen Ansatzes zur Erforschung sozialer Probleme und Situationen, sowie von Urie Bronfenbrenners Werk ab, so sind – wenn überhaupt – auf »Raum« und »Ort« bezogene Überlegungen erst in jüngster Zeit angestellt worden[5]; insbesondere von seiten der modernen Systemtheorie, die das Verhältnis von System und Umwelt thematisiert, lassen sich dabei Anstöße erwarten.

Im Denken der Sozialpädagogik hat sich dies allerdings bislang nur am Rande niedergeschlagen. Die Begriffe »Subjekt« und »Ort« lassen sich daher weder als explizit eingeführte (oder wenigstens partiell verbindliche) Termini, noch als herausragende Elemente in der alltagssprachlichen Kommunikation von Angehörigen des sozialen Sektors identifizieren. Sie müssen als Kunstbegriffe der hier angestellten Überlegung gelten. Aber nicht nur, daß der Diskurs der Sozialpädagogik und das in ihm gefaßte Sinnverständnis sozialpädagogischen Handelns mit ihrer Hilfe in ihren systematischen Zusammenhängen aufgeklärt werden können. Vielmehr lassen sie sich durch sachliche Gegebenheiten rechtfertigen, welche in der Geschichte der sozialpädagogischen Praxis aufgefunden werden: Ihre historisch entwickelten Problemansätze und ihre Gestalten institutioneller Ausprägung verfolgen nämlich zuallererst das Ziel, Lebensbedingungen zu schaffen, welche den Individuen nicht bloß existentielle Sicherheit geben, sondern Lern- und Entwicklungsmöglichkeiten eröffnen, die schließlich zu einem selbstbestimmten Leben führen, in welchem vor allem auch die Traditionszusammenhänge durch die Betroffenen selbst bestimmt und gestaltet werden[6]. Sozialpädagogik will somit in ihrem eigenen Selbstverständnis helfen, daß die Individuen ihre Rolle als Opfer von Verhältnissen überwinden und ihre Lebensbedingungen als Subjekte selbst ausfüllen. Dazu sucht sie Lebensräume zu eröffnen: Von den Bemühungen um die Einrichtung von Armen- und Waisenhäusern bei gleichzeitiger Sorge um die Sicherung der »familiären Wohnstube«[7], über das »Rauhe Haus«, welches zugleich auch Zentrum einer lebendigen, in sich ruhenden Gemeinde sein sollte, bis zu Samuel und Henrietta Barnetts »Toynbee Hall« im Londoner Viertel Whitechapel und Jane Adams »Hull-House« in Chicago[8] bildet die Etablierung von Lebensorten den methodisch ersten Zugang; erst mit der Aufgliederung sozialpädagogischer Methoden in die berühmte Trias von Einzelfallhilfe, Gruppenarbeit und Gemeinwesenarbeit ging die Einsicht in diesen Primat des ortsbezogenen Handelns verloren, weil er nur mehr als Teilaspekt betrachtet und der Gemeinwesenarbeit zugeschlagen wurde, während zugleich – vielleicht gerade als Reaktion auf die Institutionalisierung der sozialen Arbeit – die persönliche Beziehung in den Vordergrund rückte. Für diese war der Ort des Handelns immer schon vorgegeben.

Ähnlich läßt sich die Orientierung auf das Subjekt in seiner Individualität als sachlicher Bezugspunkt der sozialpädagogischen Reflexion verfolgen. So versuchen die für das methodische Handeln grundlegenden und standardisierten Formeln – etwa das Monitum, den Klienten dort »abzuholen, wo er steht« –, aber beispielsweise auch bedürfnisorientierte Vorgehensweisen das Problem der Subjektivität zu formulieren. Systematisch und explizit wird es freilich nicht aufgeworfen.

Gegen die hier angenommene zentrale Stellung der Begriffe »Subjekt« und »Ort« könnte darüber hinaus eingewandt werden, daß sie keine Spezifik der Sozialpädagogik erkennen läßt; ihr Unterschied gegenüber der Allgemeinen Pädagogik oder der Schulpädagogik bliebe verborgen. Nicht nur, daß die historisch eingetretene Systematisierung und Professionalisierung von Erziehung diese notwendig in einem Teilsystem außerhalb des gesellschaftlichen Reproduktionsprozesses zusammengefaßt hat und deshalb jede Pädagogik an Orten (oder, abhängig von dem gewählten Standpunkt der Betrachtung, in »Institutionen«) stattfindet. Vielmehr müssen Erziehung überhaupt und Unterricht im besonderen stets auf der Subjektivität des Zöglings aufbauen, andernfalls sie nicht einmal als bloße Abrichtung gelten dürfen; der Begriff der Pädagogik kann wenigstens in seinem neuzeitlichen Verständnis nicht von der Vorstellung der Subjektivität des Zöglings getrennt werden.

Die Differenz der Sozialpädagogik liegt denn auch weniger in der Reflexion, die dem Subjekt gilt, sondern stärker im theoretischen und methodisch orientierten Bewußtsein von der Bedeutung des Ortes; im Begriff des Ortes findet sich in der Tat der Angelpunkt, mit welchem eine Antwort auf die spezifische Gestalt des sozialpädagogischen Problems möglich wird. Das Bewußtsein von der Bedeutung des Ortes, welches das sozialpädagogische Denken eigentümlich auszeichnet, tritt dabei hervor, wenn Problem und Sachverhalt des Ortes nicht bloß als hinzunehmende Faktoren, sondern als gegenständlich relevant für das pädagogische Geschehen systematisch aufgenommen werden: So sind Familienerziehung und Unterricht zwar an die Sozialräume Familie und Schule gebunden, doch bleiben diese in pädagogisch-systematischer Hinsicht kontingent; die Erziehungsreflexion unterstellt diese gewöhnlich als unhintergehbare und nicht verfügbare Prämissen, gilt somit dem pädagogischen Handeln, welches unter diesen Voraussetzungen stattfinden kann. Wo jedoch Familie und Schule als Lebensorte thematisiert werden, welche Aneignungsprozesse hindern und stören, Subjektivität gar beschädigen, wo andrerseits Familie und Schule als Räume begriffen werden, in welchen Leben, Aneignung und Entwicklung aufgrund der »örtlichen« Gegebenheiten möglich werden, beginnt die sozialpädagogische Reflexion[9].

Grundsätzlicher spricht jedoch noch ein weiterer Einwand gegen eine Überlegung, welche Sozialpädagogik in pragmatischer Hinsicht ausgehend von den Begriffen »Subjekt« und »Ort« bestimmen will. Beide Begriffe lassen sich nämlich auf den ersten Blick kaum mit der Vorstellung von einem Handeln, noch weniger mit der von der Erziehung als einem Tun verbinden. Sie als »Grundbestimmungen des sozialpädagogischen Handelns« zu bezeichnen, muß Unverständnis hervorrufen.

In der Tat dienen sie – bzw. ihre begrifflichen Äquivalente – zuallererst einem kritischen Bedenken; sie lassen ein Geschehen, sei es pädagogisch intendiert oder entstehe aus anderen Absichten, fragwürdig werden, erinnern doch beide an einzulösende Möglichkeiten menschlicher Existenz. Man könnte sie deshalb als die grundlegenden »Reflexionsoperatoren« bezeichnen, die im sozialpädagogischen Diskurs zur Verfügung gestellt und von den Beteiligten eingeübt werden, um einerseits – kognitiv – eine spezifisch sozialpädagogische Wahrnehmung zu ermöglichen, andrerseits als Maßstab für die Beurteilung des jeweiligen Geschehens zu dienen. Wahrnehmungsvorgänge und kritische Beurteilung noch des

Wahrgenommenen verbinden sich, wenn als Voraussetzung des Handelns und in der es dauernd begleitenden Reflexion der Blick (und die Gedanken) auf das konkrete Subjekt, seine Entwicklungen und seine Möglichkeiten selbst dort noch gelenkt werden, wo sie unmittelbar nicht ins Auge fallen. In jedem Augenblick des sozialpädagogischen Geschehens stellt sich so die Frage nach der aktuellen Realität des Subjekts, nach seiner Befindlichkeit und nach den sich andeutenden Möglichkeiten seiner Entwicklung. Und nicht minder gilt die Frage den gegebenen räumlichen Bedingungen, in welchen das Subjekt lebt, den Punkten, an welchen es anknüpfen könnte, kurz: der Umwelt, mit der es sich auseinandersetzt.

Doch ebenso wie der Subjektbegriff auffordert, Orte zu schaffen, an welchen sich die Subjekte nicht nur selbst aushalten können, sondern ihnen angemessene Lebensmöglichkeiten finden, wirkt er zugleich als ein Instrument zur Kritik dieses Ansinnens. Er hält noch gegenüber einem pädagogischen Anspruch an der aktuellen modalen Realität des Subjektes fest, verteidigt diese als gültig gegenüber den Versuchen, sie durch Einrichtung von Orten zu beeinflussen und zu verändern. Er hilft entdecken, wie Erziehungsinstitutionen Subjektivität schädigen und die Möglichkeit der Subjekte einschränken – beispielsweise, weil sie auf organisatorischen Strukturen beharren, die für die Funktion einer Institution soziologisch unvermeidbar scheinen, gleichwohl dann das Subjekt fesseln, wenn es sich diese Strukturen erfolgreich angeeignet hat und über sie gleichsam hinausgewachsen ist, sie jedoch nicht verlassen darf. Über den Begriff des Subjekts zu verfügen, bildet daher die logische Voraussetzung für die Entdeckung, daß »im Inneren« (einer Anstalt) »die Irrelevanz des Subjekts endgültig wird«[10]. Paradoxerweise ermöglicht aber der Begriff des Subjekts sogar noch die Kritik einer bloß abstrakten Ablehnung pädagogischer Orte, indem er ihre lebensweltliche Relevanz für die Individuen verdeutlicht und sichtbar macht, daß sie außerhalb ihrer – möglicherweise auch psychiatrischen Lebensorte – verloren sind.

Durch ihre eigenen Grundbegriffe sieht sich die sozialpädagogische Absicht daher schon immer mit dem Gegenentwurf des Antipädagogischen konfrontiert. Jene impliziert diese. Sie erweist sich als pädagogische Reflexion überhaupt erst dort, wo sie in fortschreitendem Prüfen und Beurteilen sich selbst negiert und aufhebt[11]. Darin liegt freilich eine Parallele zur Allgemeinen Pädagogik: Wann immer man von Erziehung spricht, muß man doch zugleich ihr Ende mitbedenken; weil es um Subjekte und deren selbständiges Handeln geht, tendiert die Aktivität zum Überflüssigwerden, welche die Entwicklung des Subjekts unterstützt[12].

In ihrer kognitiven und kritischen Funktion begleiten die Begriffe »Subjekt« und »Ort« das pädagogische Geschehen im sozialen Sektor auf allen Ebenen; sie werden in der diskursiven Sinnbestimmung noch dort geltend gemacht, wo es um den Vollzug klarer Verwaltungsvorschriften geht. Die Kritik an dem verdinglichenden, bloß behördlichen Umgang mit Individuen und die Forderung nach »mehr Menschlichkeit« in der sozialen Arbeit belegen dies ebenso, wie die Versuche einer milieunahen, dezentralisierten Neuorganisation sozialer Dienste; wird in jener mit dem Begriff des Subjekts operiert, gehen diese von einer Vorstellung lebensweltlicher Ökologie, somit von einem Denken aus, welches über den Begriff des Ortes gesteuert wird[13]. Weil jedoch beide Begriffe in höchstem Maße abstrakt bleiben, müssen sie vom Sozialpädagogen stets »divinatorisch« in eine Anschauung der aktuellen Realität übersetzt werden. Er nutzt sie wie den Brennpunkt einer Linse, in welchem er selbst die nötigen Informationen bündelt und in Beziehung zueinander setzt: Jedes Subjekt ist in seiner Subjektivität anders und muß daher in dieser aufgesucht werden; ihr nachzuforschen bildet die ständige Aufforderung, welche der Begriff der Subjektivität als Zentralbegriff des sozialpädagogischen Diskurses für denjenigen bereithält, der sich als professionell oder – altmodisch formuliert – kunstgerecht Handelnder begreift. Nicht minder gilt das Gesagte für den Begriff des »Lebensortes«, der kaum weniger abstrakt die vielfältigsten Erscheinungen meinen kann. Er mag dem großräumigen, »heimatlichen« Zusammenhang, dem Milieu eines Stadtviertels, einem Schulgebäude, aber auch noch einer Wohnung oder der Spielecke eines Kindes gelten.

Die fehlende inhaltliche Spezifik und die Verpflichtung, sie im Kontext sozialpädagogischer Reflexion anzuwenden, sowie auf der anderen Seite ihre Funktionsfähigkeit auf allen Ebenen des Geschehens, somit auch die Möglichkeit ihrer dauernden »unbewußten« Präsenz, welche zu einem spontanen Urteil befähigt, lassen vermuten, daß beide Begriffe inhaltlich ausdrücken, was man den »sozialpädagogischen Takt« nennen könnte. Aber damit umreißt man nur ihre Funktion, klärt dagegen noch nicht, inwiefern sie »Grundbestimmungen des sozialpädagogischen Handelns« darstellen: Weil sie, über den gemeinsamen Diskurs vermittelt, den an der sozialen Arbeit Beteiligten den Sinn und die Qualität ihrer Tätigkeit begrifflich vorstellen, bilden »Subjekt« und »Ort« mit ihren systematischen Implikationen die Grundbeziehungen und -bedingungen ab, welche in sozialpädagogischen Handlungen als solchen für die Sozialpädagogen gegeben sind (bzw. auch verwirklicht werden müssen, sofern sozialpädagogisch gehandelt werden soll). Mit ihrer Hilfe läßt sich nicht nur ein strukturtheoretischer Begriff der sozialpädagogischen Praxis entfalten, sondern vor allem eine Analyse der Möglichkeiten und Grenzen durchführen, die aus den diskursgebundenen Vorstellungen über sozialpädagogisches Handeln erwachsen. Sie machen die Elemente zugänglich, die in der Grammatik des sozialpädagogischen Diskurses als »Analytik der Kategorien sozialpädagogischen Handelns« gelten.

Formal betrachtet legt der Begriff des Subjekts als Grundbedingung – und als *erste Grundbestimmung* – des sozialpädagogischen Handelns fest, daß der Sozialpädagoge in der Person des Zöglings[14] mit einer Paradoxie konfrontiert ist. Diesen zeichnet einerseits aus, daß er als Subjekt in seiner Subjektivität allen anderen Subjekten unterschiedslos gleicht[15]. Andrerseits aber unterscheidet er sich gerade in seiner Subjektivität von allen anderen Subjekten[16]; als Kern individueller Subjektivität läßt sich die Differenz nicht aufheben. Sozialpädagogisches Handeln muß also mit der Normalität des Unterschiedes rechnen; der Standard individueller Subjektivität bedeutet, daß das sozialpädagogische Handeln die individuelle und konkrete Existenz des Subjekts als die ihm aktuell zugängliche und verfügbare Normalform seines Lebens voraussetzt[17]. Empirisch fällt dies oft schwer, denn »es widerspricht dem naiven menschlichen Gefühl, auffälliges Verhalten dort zuzulassen, wo es gerade abgebaut werden soll«[18].

Das Subjekt zeichnet sich dabei – so die *zweite Grundbestimmung*, welche ein Bündel von anthropologischen und psychologischen Annahmen umfaßt – durch seine Selbsttätigkeit aus; es setzt sich auf seine individuelle Art und Weise (welche noch die Erscheinungsform der Untätigkeit umfaßt) mit seiner Umwelt auseinander. »In reger Tätigkeit«[19] beschäftigt sich der Zögling mit den ihm objektiv gegebenen Lebensbedingungen, somit auch mit seinem Erzieher, und versucht diese anzueignen. Ihm werden nicht nur – psychologisch – Lernfähigkeit und faktische Lerntätigkeit unterstellt, vielmehr geht als strukturbestimmende Grundbedingung sozialpädagogischen Handelns ein, daß sich das Zöglingssubjekt durch seine Tätigkeit verändert und entwickelt; »die allgemeine Entwicklung der menschlichen Kräfte muß also als das Fundament (...) angesehen werden«[20]. Mehr noch: die subjektiven Entwicklungsprozesse bilden den entscheidenden Bezugspunkt sozialpädagogischer Handlungen. Jene sollen nicht nur durch deren prozessuale Abfolge ermöglicht werden, sondern wirken ihrerseits bedingend auf die konkrete Gestalt des Erziehungsprozesses.

Dabei gilt jedoch, daß das Subjekt sich auf seine eigene Weise bildend verändert. Da es seiner individuellen Entwicklungslogik gehorcht[21], muß das pädagogische Handeln die Integrität und Autonomie des Zöglings wahren; es zeichnet sich dadurch aus, daß es ihm ermöglicht, sich in »freiester Aneignung«[22] mit seinen Gegebenheiten auseinanderzusetzen. Empirisch legt dies zugleich eine Art »Naturgrenze« fest, die den Ablauf pädagogischer Handlungen, vor allem aber die Dauer des Erziehungsprozesses zeitlich bestimmt. In diese gehen Momente eines natürlichen und psychischen Wachstums ein, welche unhintergehbar für das Erziehungsgeschehen durch den Zögling festgelegt werden[23].

Subjektivität als Rahmenbedingung des sozialpädagogischen Handelns heißt jedoch noch mehr: Den Erzieher erwartet nicht nur, daß seine Intentionen durch den Zögling aufgehoben werden; vielmehr zeichnet sich darin subjektive Aktivität schon ab. Paradoxerweise kann demnach ein auf die Unterstützung und Förderung der Subjektivität gerichtetes Handeln gerade im Scheitern der Intentionen sich als gelungen beweisen, welche der Erzieher aktuell verfolgte. Sozialpädagogisches Handeln bezieht sich also auf den Bildungsprozeß eines Subjekts; es gilt dem Handeln, in welchem sich der Zögling selbst entwickelt und zu einer eigenen Gestalt seiner Kräfte findet. Somit läßt sich – als *dritte Grundbestimmung* – eine eigentümliche Formalstruktur sozialpädagogischer Handlungen feststellen: Sie vereinigen als sozialpädagogische Handlungen die Aktivitäten von zwei Aktoren[24]. Das vom Erzieher als Impuls in bestimmter Absicht ausgelöste Tun vollendet sich nur durch die Aktivität des Zöglings, die nicht nur andere

Absichten verfolgen kann, sondern allein auf diesen selbst gerichtet ist. Das sozialpädagogische Handeln vollzieht sich also in einer Form, die zunächst der Linie einer auf dem Rücken liegenden »9« gleicht: Das Tun des Erziehers entäußert sich an das Handeln des Zöglings, der sich selbstreferentiell mit der Aktivität des Erziehers und den in dieser gemachten Aneignungsangeboten auseinandersetzt, dabei sich selbst bildet; zu einer »8« erweitert sich das sozialpädagogische Handeln, wenn der Erzieher wiederum versucht, das Ergebnis seines Tuns zu verstehen[25] und zum Anknüpfungspunkt künftiger Tätigkeit zu erheben. So schließt sich zwar die Linie des sozialpädagogischen Handelns, doch kann sich der Erzieher niemals sicher sein, daß der beim Zögling eingetretene Effekt durch seinen pädagogischen Impuls bewirkt worden war; weil der Zögling sich selbsttätig mit der eigenen Umwelt auseinandersetzt, kann die Wirkung auch aus anderen Bedingungen entstanden sein. (Zudem bleibt festzuhalten, daß die Dauer der pädagogischen Handlungen durch den Zögling bestimmt wird; sie läßt sich vom Erzieher kaum beeinflussen.)

Selbstverständlich besagt die durch den Subjektbegriff festgelegte Struktur sozialpädagogischer Handlungen noch nichts über ihre prinzipielle Legitimität. Darin aber liegt die eigentliche Schwierigkeit der Vorstellung von einem Handeln, welches durch verschiedene Subjekte konstutiert wird. Man muß nämlich fragen, aus welchem Grund es vom Erzieher ausgelöst wird, wenn er doch immer schon unterstellen und voraussetzen muß, daß sich der Zögling selbst bildet. Anders formuliert: nur der Zögling selbst kann das auf ihn gerichtete Handeln legitimieren. Der Subjektbegriff stellt jedoch vor die widersprüchliche Ausgangslage, das Subjekt noch in seiner Krise als Subjekt begreifen zu müssen. Geht man von der Subjektivität des Subjekts schlechthin aus, so ist ihre Einschränkung gar nicht denkbar; jeder Zustand hat seine subjektive Berechtigung und begründet keinen Versuch, ihn durch Impulse von anderer Seite zu verändern. Würde man den Modus der Differenz als den Auslöser des sozialpädagogischen Handelns betrachten, dann wäre er als Subjektivitätsmodus negiert. Man bewegte sich so im Rahmen der – letztlich pathologisierenden – Definition einer Auffälligkeit, welche beseitigt werden muß. Erkennt man dagegen den Modus der Differenz positiv als subjektive Realität an, dann gerät man nicht nur in die Gefahr, das ihn auszeichnende subjektive Leiden und die Tatsache zu ignorieren, daß dem Subjekt zu einer befriedigenden Lebensführung »etwas fehlt«[26], sondern macht noch Anstalten, diesen Modus zu bestätigen und kontinuierlich zu erhalten; als Paradox geht dieses Verhalten aus der Forderung nach der »Solidarität mit den Betroffenen« hervor. In ihr bleibt, beschränkt sie sich nicht auf die Ebene empathischer Zuwendung, verkannt, daß das Subjekt in seinem Modus der Differenz mit einer realen Schwierigkeit konfrontiert und in seiner Entwicklung behindert, ja sogar existentiell gefährdet ist.

Eine objektive Begründung für die Initiierung einer sozialpädagogischen Handlung läßt sich allerdings im Blick auf die objektiven Bedingungen finden, in welchen ein Subjekt lebt. Wenn Subjektivität nämlich heißt, über die eigenen Lebensbedingungen zu verfügen und sich durch deren Aneignung weiter zu entwickeln, dann schließt dies – als *vierte Grundbestimmung* des sozialpädagogischen Handelns – den Bezug auf gesellschaftliche Realität ein. Die Freiheit des Subjekts als Voraussetzung seiner Handlungsfähigkeit ist nämlich in einem doppelten Sinne an seine gesellschaftliche Stellung gebunden: »Was die Gesellschaft betrifft, so sollte der Mensch durch die Erziehung die Fähigkeit erlangen, ein nützliches Mitglied der Gesellschaft zu werden. Um wahrhaft nützlich zu sein, ist es unerläßlich, daß man wahrhaft unabhängig ist. Ob diese Unabhängigkeit nun aus seinen Lebensumständen herrührt, ob sie durch den redlichen Gebrauch seiner Gaben erworben wird, oder ob er sie mühseliger Anstrengung und Gewohnheiten der Mäßigung verdankt, klar ist, daß wahre Unabhängigkeit steigen und fallen muß mit der Würde seiner sittlichen Persönlichkeit und erst in zweiter Linie mit günstigen Verhältnissen, geistiger Überlegenheit oder unverdrossenen Bemühungen. Ein Zustand von Knechtschaft oder selbstverschuldeter Armut ist nicht erniedrigender als ein Zustand der Abhängigkeit von Erwägungen, die eine kleinliche Seele verraten, einen Mangel an sittlicher Kraft oder an edlem Gefühl. Ein Mensch, dessen Handlungen den Stempel geistiger Unabhängigkeit tragen, muß einfach ein nützlicher Mensch und ein geachtetes Mitglied der Gesellschaft werden. Er nimmt einen bestimmten Platz in der Gesellschaft ein, der der seine ist, weil er ihn durch Verdienst erlangt und durch Charakter gesichert hat«[27]. Die objektive Begründung für den sozialpädagogischen Impuls verweist also auf die Möglichkeit des Subjekts, eine subjektiv hinreichende Position in der Gesellschaft zu erreichen. Das pädagogische Handeln zielt darauf, auf der Seite des Subjekts die Voraussetzungen zu schaffen, die diesem den Zugang zur Gesellschaft eröffnen und ein Leben in dieser ermöglichen, welches nicht durch die Verfügung sozialer Mächte enteignet wurde. Indes: dem Subjekt einen Weg in die Gesellschaft zu bahnen, darf nicht dazu führen, daß es dieser ausgeliefert wird. Es muß Subjekt bleiben. Insofern muß jedoch einer objektiven Begründung noch ein Grund zur Seite treten, der im Subjekt selbst liegt; aus diesem hat eine Kraft zu erwachsen, die ihm erlaubt, sich gegen die gesellschaftliche Verfügung zu wehren.

Wie findet sich diese Kraft, die – als *fünfte Grundbestimmung* – zu einer unauflösbaren Spannung innerhalb sozialpädagogischer Handlungen führt? Faßt man die Art und Weise, in welcher sich das Subjekt mit seiner Umwelt auseinandersetzt, als Ausgangspunkt, dann ist man mit seiner *Lebenslage* konfrontiert: Das Interesse gilt seiner lebensweltlichen Ökologie, den realen Bedingungen und Sozialbezügen, welche seine existentielle Situation charakterisieren, da sie ihm als Grundlage und Bezugssystem seiner Handlungen, zugleich auch als deren gegenständliches Moment dienen. Doch darf man die Frage nach der Lebenslage nicht objektivistisch verkürzen. Nicht nur, daß sich in den materiellen Lebensbedingungen Hinweise auf mögliche künftige Fähigkeiten eines Subjektes sowie Andeutungen finden, die über sein kommunikatives und interaktives Leistungspotential Auskunft geben. Vielmehr gilt die Frage nach der Lebenslage der Realität, welche die Reallage für das Subjekt selbst hat. In der Lebenslage verknüpfen sich nämlich reale Bedingungen und ihre subjektive Wahrnehmung und Verarbeitung: Objektive Faktoren stehen in Beziehung zu Leidenserfahrungen, Hoffnungen, Träumen, Resignation und Optimismus. Deshalb lassen sich im Blick auf das Subjekt eine Reallage und eine Ideallage unterscheiden. Jene wird – erstens – festgelegt durch die tatsächliche Stellung eines Individuums im gesellschaftlichen Reproduktionsprozeß und die Auswirkungen der durch das politische System gesteuerten Maßnahmen auf seine Lebensführung – beide Momente lassen sich als »Soziallage« zusammenfassen. Zweitens wird die Reallage bestimmt durch die Geschichte des Individuums und seine persönlichen, auch genetisch, vor allem aber durch den je eigentümlichen Charakter festgelegten Verarbeitungsformen, mit denen es seiner Wirklichkeit begegnet. Die Ideallage läßt sich dagegen begreifen als eine durch das Subjekt hergestellte Reflexionsform. In ihr vergewissert es sich selbstreflexiv seiner Identität, entwirft andrerseits projektiv eine Vorstellung seiner künftigen Lebensweise, schließlich auch seine Lebensperspektive; sie ist der Ort des individuellen Lebensprojektes. Dabei wirken die Komposition des eigenen Selbstbildes und die Antizipation der künftigen Lebensumstände wechselseitig aufeinander; diese schreibt nämlich die Möglichkeiten fort, welche man sich in jenem aktuell verspricht, und synthetisiert sie. Umgekehrt bedingt das eigene Zukunftsbild auch die aktuelle Selbstdarstellung. Die Ideallage zeichnet also ein dynamischer Zug aus.

Der Modus der Differenz läßt jedoch keine Zukunftsprojektion zu. So reduziert sich die Ideallage auf den Anspruch, in einem Modus der Identität zu bestehen, ohne daß diesem eine Realität entspräche. Oft genug birgt diese Differenz zwischen einem Wollen und dem realen Können dramatische Züge: Der heimentlassene Jugendliche gilt rechtlich als Erwachsener, nimmt sich selbst als solcher wahr und möchte selbständig handeln; doch er macht die Erfahrung, daß er seine wöchentlichen Ausgaben nicht planen kann. Soll er sein Selbstbild, seine Hoffnungen auf sich und seine Zukunft negieren, die eigene Unfähigkeit einräumen? Der Abhängige, der in sich spürt, daß er lieber clean wäre, seine Fähigkeiten aber doch nur mehr darin sieht, sich Drogen zu beschaffen. Soll er sich auf diese beschränken? Das Subjekt erfährt sich also in der widersprüchlichen Situation, nur dunkel eine Zukunft zu erahnen, zugleich aber diese fürchten zu müssen, da sie seine Gegenwart in Frage stellt, ohne positive Gewißheit zu gewähren. Es will etwas anderes sein, kann aber dieses nicht einmal wollen, weil ihm die Realität fehlt, auf welche sich das Wollen eines Ideales beziehen könnte.

Darin liegt nun die subjektive Legitimation des sozialpädagogischen Handelns; zugleich finden sich ein Anknüpfungspunkt für den Erzieher und eine Triebfeder für die Aktivität des Zöglings: Es leitet sich von den uneingelösten Möglichkeiten des Subjekts ab, welche diesem selbst noch als ein unbestimmtes Ideal, als ein bloßes Wollen der Veränderung vorschweben, ihm jedoch in seinem Modus der Differenz unzugänglich bleiben. Die Vorstellung von einem Subjekt leitet das Handeln, das in einen Bildungsprozeß eintreten will, den Schritt dazu noch nicht wagt, oder zu diesem noch unfähig ist. (Doch muß man sich vor zwei Mißverständnissen hüten. Einmal darf man die Absicht eines Subjektes, sich verändern zu wollen, nicht mit der »Motivation« im psychologischen Sinne verwechseln; diese umfaßt mehr, schließt die Wahrnehmung der eigenen Reallage, das Bewußtsein von ihrer Veränderbarkeit und die Einsicht in die eigenen Fähigkeiten, aber auch in die eigene Verantwortlichkeit ein. Motivation setzt also eine andere Reallage voraus; sie gehört einer differenten Form von Lebenslage an. Sie vorzubereiten, gehört zur Aufgabe der Sozialpädagogik. Das andere Mißverständnis könnte entstehen, wenn man sozialpädagogisches Handeln sogleich als ein veränderndes Tun begreift. Daß jedoch ein Subjekt sich modifizieren will, läßt sich oft genug nur an kleinen Anzeichen erkennen; es muß erahnt und erfühlt, schließlich behutsam in die Struktur der sozialpädagogischen Handlung überführt werden.)

Es ist offenkundig, daß die vierte und die fünfte Bestimmung des sozialpädagogischen Handelns in Spannung zueinander stehen; wollte man nämlich die Veränderungsabsicht des Subjekts als Wunsch interpretieren, in die Gesellschaft einzutreten, dann würde dies zu einer Instrumentalisierung des Subjekts führen. Wie bleibt also umgekehrt seine Freiheit bewahrt, künftig seine Zwecke selbst zu setzen (und so den eigenen Bildungsprozeß zu bestimmen), wenn es gegenwärtig solche noch nicht einmal erkennen kann, weil es im Modus der Differenz verharrt? Der sozialpädagogische Erzieher muß daher für seinen Handlungsimpuls auf die Äußerungen des betroffenen Subjektes hören[28] und ihm andrerseits mittels der gesellschaftlich verfügbaren »Materialien« – also mit den gesellschaftlichen Gegebenheiten, Handlungsweisen und perspektivischen Angeboten – »realistische« Lebensbedingungen schaffen, die zugleich zukünftige Möglichkeiten eröffnen, welche das Subjekt selbst ausgestalten kann. Kurz: das sozialpädagogische Handeln muß die Gegenwart des Subjekts so strukturieren, daß in ihr eine offene Zukunft für dieses entsteht[29].

Sozialpädagogisches Handeln zeichnet demnach – so die *sechste Grundbestimmung* – prinzipiell aus, daß es in seiner materiellen Verwirklichung einerseits auf Zukunft gerichtet ist, diese andrerseits jedoch nicht antizipiert und festlegt, da sie vom Subjekt gestaltet und verwirklicht werden muß. Dabei greift es auf gesellschaftlich verfügbare Inhalte zurück, die dem subjektiven Aneignungsprozeß jedoch in einer Weise zur Verfügung gestellt werden, die eine subjektiv eigene Entwicklung zuläßt; der sozialpädagogische Handlungsimpuls vergegenständlicht sich demnach in gesellschaftlich möglichen Inhalten, formt sich jedoch so aus, daß das Subjekt selbst mit diesen seine Zukunft gestalten und konkret verwirklichen kann. Diese formale Gestalt des Inhalts sozialpädagogischer Handlungen begreift der sozialpädagogische Diskurs in der Kategorie des »Ortes«.

Der futurische Aspekt des sozialpädagogischen Handelns macht jedoch eine Zwischenbemerkung erforderlich. Er impliziert nämlich, daß der aktuelle Modus der Differenz keinen Anknüpfungspunkt für die konkrete Bestimmung des sozialpädagogischen Handelns bildet. Anders formuliert: weil die Sozialpädagogik einer durch den Zögling selbst zu gestaltenden, somit von ihm zu verantwortenden Zukunft gilt, kann sie das aktuelle Problem nicht beseitigen. Sie schafft Bedingungen, welche ihm erlauben, daß es sich aus der Erstarrung im Modus der Differenz befreit und aus diesem herauswächst, ihn schließlich auch als ein Moment der eigenen Biographie verarbeiten kann[30]. Aber sie leistet – stricto sensu – weder eine Problemlösung, noch vollbringt sie eine »Umerziehung«[31]; ihr geht es nur um Bedingungen, die Erziehung überhaupt (wieder) ermöglichen, um eine offene Situation, in welcher sich das Subjekt in seinem Modus der Differenz zunächst ertragen kann[32], dann aber die Spannung des Modus der Differenz in die Spannung eines Lernprozesses »umpolen« kann. Die Beseitigung der Aneignungsschwierigkeiten selbst, genauer: die Aufhebung des Modus der Differenz liegt außerhalb der sozialpädagogischen Möglichkeiten. Das Subjekt ist hierfür selbst verantwortlich[33]. Allerdings bezieht sich seine Verantwortlichkeit nicht auf die eigene Vergangenheit; pädagogisch relevant ist sie nur als Bereitschaft, gegenwärtig und für die Zukunft Entscheidungen zu treffen, diese auch im Handeln zu verfolgen. Verantwortung im sozialpädagogischen Zusammenhang gilt keiner Schuldzuweisung, sondern meint, daß ein Subjekt wissen kann und darf, daß es selbst betroffen ist. Es ist für seine Zukunft verantwortlich und muß diese mittragen[34].

Indem das sozialpädagogische Handeln sich in der Gestalt des

Ortes vergegenständlicht, schafft es die Voraussetzung für einen Bildungsprozeß des Subjekts, dessen Zukunft noch von dem Subjekt selbst bestimmt werden kann. In systematischer Hinsicht löst sich so das der Handlungsbestimmung aufgegebene Dilemma, die Subjektivität noch in der Krise des Subjekts anerkennen zu müssen. Da dem Subjekt ein neuer Lebensort entsteht, findet es die Chance für einen neuen Weg, auf welchem es sich selbst wieder entwickeln kann; es wächst so auf einem neuen, noch nicht durch die Aneignungsschwierigkeit belasteten Terrain aus dem Modus der Differenz heraus, läßt ihn dabei hinter sich zurück – löst ihn freilich auch nicht auf. Erst später hat es die Möglichkeit, ihn wieder in seiner Biographie zu integrieren. Andrerseits ist durch den sozialpädagogisch geschaffenen neuen Ort der subjektive Modus der Differenz auch nicht negiert; er bleibt dem Subjekt als Realität, welche es belasten mag, die aber doch hinter die Anforderungen zurücktritt, welche der neue Ort an es stellt. Darin liegt allerdings eine durchaus kritische Belastung für den Sozialpädagogen, der die in Gestalt des Ortes auftretenden Anforderungen so gestalten muß, daß sie einerseits dem Kräftepotential des Subjekts entsprechen, diese andererseits doch so in Anspruch nehmen, daß seine lebensgeschichtliche Verknüpfung mit dem Modus der Differenz irrelevant wird. In empirischer Hinsicht stellt der durch sozialpädagogisches Handeln errichtete Ort jene Situationsbasis dar, die im krisenhaften Verlauf des Modus der Differenz aufgelöst worden war; der Ort kann so als pädagogisches Äquivalent und als Bedingung der Handlungsdisposition des Zöglings begriffen werden, welche einerseits seine Erziehbarkeit sichert, andrerseits die Grundlage seiner eigenen Bildungsanstrengungen darstellt.

Sozialpädagogisches Handeln vergegenständlicht sich – *siebtens* – notwendig in der primären Gestalt eines Ortes, an welchem Subjekte bestehen können; der Begriff des Ortes erfaßt den ersten pragmatischen Grundbegriff der Sozialpädagogik, der freilich immer nur durch den Begriff des Subjektes gefunden werden kann: Mit der Frage nach dem Ort, seiner Bedeutung für den Menschen, den diesem durch ihn gegebenen Möglichkeiten und Grenzen hebt das sozialpädagogische Denken in pragmatischer Absicht an. Es beginnt, wo überlegt wird, wie ein Ort beschaffen sein muß, damit ein Subjekt als Subjekt an ihm leben und sich entwickeln kann, damit er auch als Lebensbedingung vom Subjekt kontrolliert wird. Sozialpädagogisches Handeln stellt somit Räume zur Verfügung, in welchen sich die Individuen wieder bewegen und miteinander als Subjekte verkehren, zugleich auch sich selbst bilden können. Der von Herman Nohl gebrauchte Vergleich mit dem Schienennetz liegt nahe[35], doch verkennt er noch die eigentliche Radikalität des sozialpädagogischen Ansatzes. Für die Rekonstruktion der Subjektivität als der sozialpädagogischen Grundaufgabe, welche doch nur durch die Zöglinge selbst verwirklicht werden kann, müssen Plätze, Trassen und Räume zur Verfügung gestellt werden, an welchen die Subjekte selbst die Gleise legen, auf welchen sie sich bewegen wollen[36].

In zwei Richtungen kann sich das auf den Ort gerichtete sozialpädagogische Handeln bewegen: Orientiert an der Möglichkeit des Subjekts begründet es einen neuen, von gesellschaftlicher Determination freien Raum; es löst entweder die schon verfügten, das Subjekt beherrschenden und in den Modus der Differenz drängenden Zusammenhänge auf oder konstituiert überhaupt ein neues, vorher nicht gegebenes Lebensfeld. In jener Hinsicht wird der Sozialpädagoge zum »Kritiker der Gesellschaft«[37], da er ihre Ausgrenzungsprozesse durchbricht und die so entstandenen Plätze einer Aneignung wieder zugänglich macht. Für die Errichtung eines neuen Ortes ist dagegen entscheidend, »nicht von dem Kind (oder Jugendlichen und Erwachsenen -mw) zu verlangen, sich unserer Welt anzupassen (die es, wie Bettelheim betont, aus Verzweiflung verlassen hat), sondern ihm zu erlauben, sich ein eigenes Universum zu schaffen, das dem unsrigen fremd sein mag, in dem es sich aber ertragen kann«[38].

Tatsächlich klingt hier erneut eine Parallele zu Rousseaus »Emile« an: Daß ein pädagogisches Handeln durch den Begriff des Subjektes gesteuert und zugleich inhaltlich in der Herstellung eines Ortes verwirklicht wird, läßt sich zu dem Prinzip der negativen Erziehung in Beziehung setzen. Schafft man nämlich einen von künstlichen sozialen Determinationen freien Raum, dann gelingt es, nicht nur der Dialektik von subjektiven Kräften und Bedürfnissen wieder ein Betätigungsfeld zu geben; vielmehr kann man nun alles tun, indem man nichts tut: Vor jedem direktiven Zugriff kann das Subjekt an seinem Lebensort seine eigenen Möglichkeiten ausschöpfen; freilich: die Last der Erziehungsarbeit ruht so auf ihm. Und andererseits sieht sich der Erzieher zur Zurückhaltung aufgefordert; er muß selbst dort innehalten, wo er eingreifen und Veränderungen bewirken möchte[39].

Der gesicherte Lebensort löst das Subjekt dabei aus dem Druck, welchen das Aneignungsproblem im Modus der Differenz entstehen ließ. Seinem Handeln ist nicht nur eine situative Basis gegeben; sondern es kann noch an unbelastete Bedingungen anknüpfen. So wird im neuen Ort die subjektive Realität der Krise zwar nicht aufgehoben, jedoch ein Bedingungszusammenhang geschaffen, in dem materielle Gestalt annimmt, was man die Projektion der Subjektivität als einer realen Möglichkeit nennen könnte.

Die zentrale Funktion – somit auch die *achte Grundbestimmung* – des im Ort und an diesem verwirklichten sozialpädagogischen Handelns besteht darin, daß ein Raum geschaffen wird, der dem Subjekt existentielle Sicherheit gibt. Er befreit es von der Bedrohung, die von dem Modus der Differenz ausgeht; das Subjekt findet einen Ort, an dem es leben und handeln kann. So knüpft das in der Kategorie des Ortes gefaßte sozialpädagogische Handeln an die Tradition der Fürsorge, auch an die der Solidarität an, muß jedoch mit seinem eigenen Begriffe kritisch gewürdigt werden, will man die durch die fürsorgerische Intention entstehenden Ambivalenzen verdeutlichen.

Unmittelbar stellt sich die Sicherung des Ortes in der Gestalt jener Besorgung dar, mit welcher selbstverständlich und unaufdringlich die Lebensnot des Subjekts beseitigt und aufgehoben wird, damit die im Modus der Differenz erwachsende Angst einer ruhigen Gelassenheit weichen, zugleich auch das Subjekt sich noch in seiner Körperlichkeit wieder entdecken und annehmen kann. So geschieht diese Sicherung als materielle Fürsorge und körperliche Versorgung, aber auch als ein Angebot emotionaler Gewißheit[40], kurz: in jener »allseitigen Besorgung«[41], die aus dem »Sumpfe des Elends«[42] aufhilft, in welchem man durch den Modus der Differenz zu ersticken droht. Durch die Wendung seiner Not gewinnt das Subjekt die für Aneignung und Bildung nötige Freiheit, somit die Bedingung der inneren Disposition, welche zu einem eigenen Bildungsgang befähigt. Beließe man es jedoch bei der sichernden Besorgung, so wäre die Herstellung des Ortes keine pädagogische Handlung; sie richtete einen Raum ein, in welchem die Individuen bloß versorgt und verwahrt, verwaltet und in Abhängigkeit gehalten[43] jener Rentnerideologie verfielen, die Bernfeld am Schulheim erkannte, die zugleich doch für alle Institutionen gilt, welche ihre institutionelle Struktur nicht der Aneignung durch die Subjekte preisgeben: »Das Schulheim nimmt Kinder aus ihrem Milieu heraus, es versetzt sie in ein neues und sehr eigenartiges Wirtschaftsleben. Sie befinden sich auf einer Insel völlig saturierter Wirtschaft ohne die mindeste Produktion. Sie werden Rentner. Der Tisch ist täglich drei- oder viermal gedeckt; es gibt Wärme, Licht, Kleidung, Bücher, Musik, Theater, Sport- und Spielgerät und Raum. All dies wird produziert ohne ihre Arbeit, ohne ihre Sorge, ja ohne Arbeit und Sorge des Schulheims und seiner Führer. (...) In den meisten Schulheimen haben die Bürger Arbeit zu leisten, häusliche, wirtschaftliche (...). Aber all diese Arbeit ändert nichts an dem Rentnerdasein (...). So ernst sie genommen werden mag, sie ist nicht ernst in bezug auf die ökonomische Struktur des Schulheims[44].«

Die kritische Funktion des Begriffs »Ort« liegt deshalb darin, daß er auf die Notwendigkeit verweist, Versorgung zwar nicht abzubauen, sie jedoch den Subjekten selbst zu überantworten; er zielt darauf, den Ort noch von den ursprünglich für notwendig erachteten inneren Strukturen zu befreien. Das auf den Ort gerichtete Handeln sichert somit einerseits die Rahmenbedingungen des subjektiven Bildungsprozesses, objektiviert sich jedoch zugleich – oder in der Folge der Versorgung – zu einem gegenständlichen Moment, auf welches sich der subjektive Aneignungsprozeß beziehen kann. So besteht im sozialpädagogischen Handeln eine doppelte Funktionalität des dritten Faktors: Durch die Herstellung des Ortes sichert es nicht nur seine eigenen Rahmenbedingungen und konstituiert die Erziehbarkeit des Zöglings in der durch es selbst gegebenen situativen Basis; zugleich stellt es noch in der Gestalt des Ortes, aber auch in der Tätigkeitsform der Versorgung Aneignungsmaterial zur Verfügung, über welches sich der Bildungsprozeß des Subjekts entfalten kann. Die Komplexität der Sozialpädagogik ergibt sich demnach daraus, daß das sozialpädagogische Handeln in seinem Vollzug die eigenen Voraussetzungen und den eigentlichen Aneignungsgegenstand herstellt, zugleich aber von dem tatsächlichen Aneignungshandeln der Subjekte abhängt. So bedeutet der Ort zwar eine Möglichkeit, den Modus der Differenz zu überwinden, und eröffnet dem Subjekt zugleich einen Bereich, in welchem es seinen noch unklaren Veränderungswillen inhaltlich bestimmen kann. So sehr die materielle Gestalt des Ortes daher auch gesellschaftliche Möglichkeiten repräsentieren kann, darf sie doch andererseits die Tätigkeit des Subjekts nicht festlegen: Sie muß eine Selbstorganisation des Zöglings anstoßen[45].

Sozialpädagogisches Handeln birgt deshalb allerdings ein größeres Risiko als jede andere erzieherische Aktivität. Sozialpädagogik kann sich nämlich niemals sicher sein, wie sich die Subjekte am pädagogischen Ort entwickeln. Da der Ausgang des sozialpädagogischen Geschehens von der Aktivität der Zöglinge selbst abhängt, bleibt dieses für den Erzieher stets offen und riskant. Mehr noch: Im Kern ist jedes sozialpädagogische Geschehen zum Scheitern verurteilt. Gelingt nämlich dem Subjekt eine subjektiv-individuelle Aneignung seines Lebensortes, dann überwindet es diesen schon. Der sozialpädagogische Impuls wird überflüssig oder muß in anderer Weise neu gesetzt werden. Aber dies erscheint als Scheitern freilich nur in der Sicht einer auf Institutionalisierung drängenden Gesellschaft; im Kontext der sozialpädagogischen Denkweise selbst ist man sich der notwendigen Eigendynamik bewußt, die dazu führt, daß sozialpädagogisches Handeln stets eigentümlich und novellistisch, niemals jedoch schlechthin verbindlich und vorbildlich für ein späteres Handeln werden kann. Weil es um Subjekte in ihrer Subjektivität geht, müssen die Handlungen stets neu bestimmt werden[46].

17 Vom Verhältnis der pädagogischen Tätigkeit zu den anderweitigen Einwirkungen

Jenseits von – auch beispielhaft und beispielgebend gemeinten – Beschreibungen alltäglicher Handlungssituationen in der Sozialpädagogik finden sich kaum theoretisch-begriffliche Darstellungen und Analysen des sozialpädagogischen Handelns. Wenn überhaupt werden nur seine Voraussetzungen, Bedingungen und Möglichkeiten erörtert, nicht jedoch das Handeln selbst. Ein sachlicher Grund für diese Situation liegt in dem offensichtlichen Gegensatz zwischen dem eigenen Anspruch der im sozialen Sektor Tätigen auf ein methodisches Handeln und der ihnen zugänglichen Erfahrung, daß sich das sozialpädagogische Handeln entweder als ein (mehr oder weniger) kundiger Umgang mit den rechtlichen, politischen und institutionellen Rahmenbedingungen oder in der Form einer gemeinsamen Bewältigung alltäglicher Lebensprobleme vollzieht; gefordert sind Hausfrauen-, Hausväter- und Heimwerker-Kompetenzen, die Fähigkeit zur Mütterlichkeit und zu »sentimental work«[1], kaum jedoch spezifisch »sozialpädagogisches« Tun. In der Tat wird ein Sozialpädagoge, der eine Jugendwohngruppe betreut, nach einem Arbeitstag, den er mit der Montage eines als Geschenk erhaltenen Ölofens zubrachte, professionelles Handeln erst in dem Augenblick entdecken, in welchem er mit den Rudimenten gesprächstherapeutischer Kenntnisse eine Unterredung mit einem Jugendlichen führt. Alltägliche Lebensbewältigung als Inhalt einer professionellen Tätigkeit muß in einer Gesellschaft zwangsläufig suspekt erscheinen, die solches Tun in den Bereich der Freizeit und des Feierabends verlegt.

Vermutlich gründet diese Einstellung in der Art der Kategorien, die für eine Reflexion des sozialpädagogischen Tuns zur Verfügung stehen. So scheint vor allem an der für das Nachdenken über sozialpädagogisches Handeln maßgebenden Orientierung an »Methoden« fragwürdig, daß sie auf den Vollzug, das »Machen« abhebt, jedoch die in dem Handeln und durch es realisierten konstellativen Bedingungen außer Acht läßt; sie versucht, Vorgänge festzuhalten, übersieht jedoch, daß sich diese Vorgänge gleichsam gegenständlich materialisieren und so erst ihre Funktionalität für das sozialpädagogische Geschehen gewinnen.

Mit der Kategorie des »Ortes« als handlungstheoretischer Grundbestimmung der Sozialpädagogik geht man daher einen Schritt weiter, betritt jedoch auch systematisches Neuland: Ausgehend von der schon umrissenen Formalstruktur des sozialpädagogischen Handelns hebt die Überlegung nun hervor, was man seine »ontische« Qualität nennen könnte. Im Ort findet das sozialpädagogische Handeln nämlich jene Gestalt, mit der es für die intendierten subjektiven Bildungsprozesse funktional werden kann. Er bildet die Voraussetzung und – mit dem Eintreten eines vom Zöglingssubjekt ausgehenden Handeln – schon die erste Realisierung eines neuen Lebensmodus des Subjekts[2]; indem das sozialpädagogische Handeln verantwortlich, nämlich einmal im Blick auf die aktuellen Fähigkeiten des Subjekts, zum anderen unter Berücksichtigung der gesellschaftlichen Möglichkeiten, den Ort gestaltet, das Subjekt aber sich handelnd auf ihn bezieht und so das sozialpädagogische Tun erst realisiert, findet es seinen neuen Modus.

Die theoretische Schwierigkeit dieser Überlegung liegt zum einen jedoch darin, daß man ständig Übersetzungen von einer Sprache, die auf Tun und Geschehen abhebt, in eine Diktion leisten muß, welche dieses Tun in seinem gegenständlichen Resultat festhält; man sieht sich also mit einer pädagogischen Parallele zur Ambiguität des Bildungsbegriffes konfrontiert. Diese Übersetzungen müssen schon in der Beschäftigung mit der vorliegenden Literatur vorgenommen werden, wenngleich die klassischen Texte von Pestalozzi, Makarenko, Wilker und Bernfeld, sowie einige neuere Arbeiten – etwa von Bruno Bettelheim und Maud Mannoni – sich für die angestrebte Deutung anbieten. Allerdings hebt dies die zweite theoretische Schwierigkeit kaum auf: Neuland zu betreten bedeutet nämlich, daß man eher spekulativ und ohne Absicherung durch schon geleistete Forschung vorgehen muß.

Das sozialpädagogische Handeln, das im Ort seine Gestalt findet, sichert einerseits die Lebensbedingungen des Subjekts; es gibt ihm – besorgend – die situative Gewißheit zurück, welche es für sein Aneignungshandeln benötigt, im Modus der Differenz jedoch verloren hat. Andererseits bildet es – noch in den besorgenden Teilaktivitäten – gegenständliche Anknüpfungspunkte für den subjektiven Bildungsprozeß; in seiner Vergegenständlichung wird das sozialpädagogische Handeln selbst zum dritten Faktor des Erziehungsgeschehens. Der Bildungsprozeß des Subjekts entsteht zunächst, indem das Subjekt seinen Lebensort ertastet, sich der dort vollziehenden Ereignisse vergewissert und sie in sein eigenes Handeln aufnimmt. Die Herstellung eines Ortes als solche stützt und unterstützt somit die Lebensaktivität des Subjekts.

Im Blick auf dieses lassen sich daher die Dimensionen festlegen, innerhalb welcher das »Orts-Handeln« der Sozialpädagogik näher bestimmt werden kann. Vergegenwärtigt man sich, daß das Subjekt im Modus der Differenz nicht nur schon eine Geschichte hat, sondern vor allem den sozialpädagogischen Ort als Moment seiner Biographie verarbeiten muß, um ihn für den eigenen Bildungsprozeß fruchtbar zu machen, dann liegt – erstens – eine eher temporale Charakterisierung des Ortes nahe. Damit ist nicht mehr das durch das Subjekt selbst festgelegte Erfordernis der Zeit für das sozialpädagogische Handeln, sondern seine Stellung in der Lebenszeit des Individuums gemeint. Von »eher temporal« muß man dabei jedoch sprechen, weil diese Stellung nur eingeschränkt betrachtet wäre, sähe man davon ab, daß sich die Biographie einer Person in ihren Beziehungen zur Umwelt konkretisiert: In dieser erinnert sie sich ihrer Geschichte; diese ruft die Assoziationen des Vergangenen hervor und birgt das Material, mit dem die eigene Geschichte faßbar wird. Denn frühere Lebenswelten tragen die Bedeutungen, die das Subjekt angeeignet und in seiner Biographie eingelagert hat, um sie innerhalb dieser (oder ähnlicher) Welten zunächst im Bewußtsein, dann in seinen Handlungen zu reaktualisieren.

Fragt man also, wie sich der sozialpädagogische Ort zu dem verhält, was das Subjekt mitbringt, so lenkt dies zwar den Blick auf seine Biographie, gilt aber doch auch – zweitens – einer (wiederum: eher) räumlichen Dimension. Begründet durch das Nachdenken über die Geschichte des Individuums, zugleich aber im Blick auf seine aktuelle Lage stellt sich die Frage nach dem Verhältnis des pädagogischen Ortes zu seiner Umwelt. Traditionell formuliert gilt demnach die Überlegung den Beziehungen des sozialpädagogischen Handelns zu den Einwirkungen, welche nicht durch den Erzieher bedingt sind.

Erstens: In der Lebensgeschichte des Subjekts bildet das sozialpädagogische Handeln (mithin der sozialpädagogische Ort) stets ein Novum. Der so entstandene Ort verändert seine subjektive Lebensweise, fundiert einen Wandel in seiner modalen Realität. Er ist ihm neu und fremd zugleich. Zwar stellt er seine Subjektivität nicht in Frage, doch fordert er diese – in einem doppelten Sinne – heraus. Durch den Ort erlebt es einen Bruch in der Kontinuität seines Lebens – auch im gleichmäßigen Bestehen der Untätigkeit, welche den Modus der Differenz noch auszeichnet. Einem Angriff gleich[3] provoziert der Ort nicht bloß zu einem Handeln überhaupt, sondern zu einem anderen, bislang noch nicht vertrauten Tun.

Dieser Grundzug des sozialpädagogischen Ortes erlaubt eine formale Charakterisierung von Sozialpädagogik schlechthin. Er legt nämlich nahe, sie in ihrem pragmatischen und methodischen Selbstverständnis einer Pädagogik der unsteten Vorgänge zuzuordnen[4]. Weder zielt sie in ihrem Ansatz auf die Sicherung einer Kontinuität in den Lebensverhältnissen eines Subjektes, noch bedient sie sich des methodischen Prinzips der Verstetigung, sondern beginnt nicht nur mit einem Neuanfang, der dem Subjekt als Einbruch in der eigenen Biographie erscheinen muß, sondern behält dies in der Gestalt herausfordernder, Krisen bedingender Zäsuren bei. Obwohl sie zu kontinuierlichen Handlungsformen insofern greift, als der Ort selbst stabil gehalten und dem Subjekt als Refugium und Stätte eigener biographischer Identifikation gewiß bleibt[5], tendiert sie doch immer wieder zur Diskontinuität. Der Grund dafür liegt darin, daß das sozialpädagogische Handeln und seine Träger versuchen, Bedingungen herzustellen, in welchen das Subjekt von ihnen unabhängig wird; es soll seine eigene Subjektivität, auch seine Identität als ein in sich ruhender, starker und schöner Charakter finden[6]. Die Diskontinuität gründet also in der vorgegebenen Orientierung des sozialpädagogischen Handelns am Subjekt; sie unterscheidet sich darin von der Familienerziehung, in welcher der kontinuierlichen Erhaltung der Familie ein der Individualisierung gleicher Rang zukommt. Während somit die familiäre Erziehung eigentlich doppelt ausgerichtet ist, kann die Sozialpädagogik nicht für sich in Anspruch nehmen, daß sie als Institution durch das erzieherische Handeln erhalten wird. Ihr bleibt allein das Subjekt Maßstab, auch wenn diesem deshalb eine größere Anstrengung abverlangt wird, als dem in einer Familie aufwachsenden Individuum; jenes ist nämlich ganz auf sich gestellt.

Neuheit und Fremdheit des sozialpädagogischen Ortes gründen einerseits in der mit ihm verfolgten Intention, einen Impuls für ein Handeln zu geben, welches den Modus der Differenz überwindet. Da andererseits das Subjekt in seiner Realität, will man nicht seine Subjektivität selbst negieren, kein Gegenstand von Veränderung sein kann, bleiben bei der Konstruktion des Ortes die vergangenen und noch die gegebenen Lebensbedingungen des Individuums außer Betracht. Einmal lösen diese in ihren Zusammenhang (zugleich auch aufgrund einer individuellen Leistung) das Aneignungsproblem und den Modus der Differenz aus; da sie aber in einer biographisch gebundenen Verarbeitungsbeziehung zueinander stehen, lassen sie sich kaum isolieren und als Ursache einer Aneignungsschwierigkeit betrachten (bzw. auch »bearbeiten«). Analog zu den Überlegungen der Psychiatrie über die möglichen

Auslöser einer Geistesstörung läßt sich für den Modus der Differenz nämlich feststellen, daß sich bei ihm kein »positiver Beginn« findet, an welchem man für die konkrete Bestimmung des pädagogischen Handelns anknüpfen könnte: Er ist nicht minder »nur eine Situation manifester und offiziell anerkannter Störung im Rahmen einer persönlichen Geschichte, deren Schwierigkeiten und Ungleichgewichte auf extrem komplizierte Konditionierungen zurückgehen und sich in den großen und kleinen Ereignissen des Lebens in der Jugend und Kindheit verlieren. Wenn auch manchmal das eine oder andere ›Schlüsselereignis‹ aufgespürt werden kann, das die Störung ausgelöst hat, so gilt doch immer, daß sie nie eine eindeutige Ursache hat, sondern Ergebnis einer existentiellen Lage insgesamt ist«[7].

Neuheit und Fremdheit des sozialpädagogischen Ortes bedeuten zugleich auch, daß dieser dem Subjekt künstlich erscheinen muß; er stellt im Lauf seiner Biographie einen Bruch dar, der nicht nur artifiziell erzeugt, sondern auch mit einer artifiziellen Wirklichkeit ausgefüllt wurde, die nichts mit seiner »natürlichen« Lebensgeschichte zu tun hat. Kritisch wurde deshalb gegenüber den institutionellen Ausformungen der Sozialpädagogik, insbesondere gegenüber der Heimerziehung vorgebracht, daß diese »immer ein künstlich arrangierter Lebensraum« bleibe[8]. Die Künstlichkeit könne verhindert werden, wenn man, so die Überlegung, vor allem familienähnliche Formen der Unterbringung von Kindern und Jugendlichen oder überhaupt Ersatzfamilien den Vorzug gebe; insgesamt sei anzustreben, daß sich sozialpädagogisches Handeln solcher Lebensformen bediene, welche den Betroffenen schon vertraut seien[9]. Pädagogisch begründet wird dies nicht bloß mit dem Verweis auf die Konsequenzen, welche aus der Anonymität und Eigengesetzlichkeit der letztlich unter wirtschaftlichen Gesichtspunkten entstehenden Organisationsstrukturen öffentlicher Erziehung erwachsen, sondern vor allem mit der Forderung nach Kontinuität und Gleichmäßigkeit, welche für pädagogisches Handeln schlechthin zu gelten habe, in öffentlicher Erziehung jedoch kaum zu verwirklichen sei.

Die Vorbehalte gegenüber der Künstlichkeit sozialpädagogischer Einrichtungen und die Absicht, diese durch vertraute, familienähnliche Orte zu ersetzen, sind freilich fast so alt wie die Begründung einer Gegenposition. Schon Johannes Falk hat jene im

Waisenhausstreit vehement vorgetragen[10], während beispielsweise Wichern die mögliche Dysfunktionalität familiärer Pflegestellen mit der unterschiedlichen sozialen Zukunft begründete, welche den Kindern drohe, die zwar scheinbar gemeinsam in einer Familie heranwachsen, zugleich doch nicht durch natürliche Abstammung Familienmitglieder wären[11]. Eigentümlicherweise hat sich Wichern selbst auf der Ebene der »politischen« Außendarstellung des Rauhen Hauses am Familienmodell orientiert. Doch zollt er hierin eher Tribut an eine Öffentlichkeit, auf deren Spenden er angewiesen ist, statt eine sachliche Aussage über die Organisationsstruktur des sozialpädagogischen Ortes Rauhes Haus zu formulieren; diese war durch Gruppenstrukturen geprägt, näherte sich also dem Typus kollektiver Erziehung.

Gegen die Künstlichkeit des sozialpädagogischen Ortes wird jedoch vor allem eingewandt, daß in ihnen die für gelingende Sozialisationsprozesse erforderliche Qualität sozialer Beziehungen nicht erreicht werde; noch der Anspruch auf Methodik verhindere, daß emotional tiefgehende Verhältnisse einerseits, jene Momente des Informellen und Zufälligen andrerseits entstünden, die jene gleichzeitige Diffusität und Gewißheit naturwüchsiger pädagogischer Beziehungen auszeichnen. Nicht zuletzt die positiven Erfahrungen, die mit Laienhelfern in der psychosozialen Prävention und Versorgung, aber auch in der Betreuung von Kindern und Jugendlichen gemacht wurden, stützen diese Überlegung. Es scheint, daß Laien einen entspannten, persönlichen und auf den eigenen Alltagsverstand vertrauenden Umgang, vor allem aber auch Offenheit und Echtheit schon deshalb eher entfalten können, weil sie nicht in Karrieremodellen denken müssen[12]. So taugen pädagogisch offensichtlich die »gestandene Person«[13] und die »natürliche« Mütterlichkeit mehr als die Professionalität öffentlicher Eltern, zumal ihr Handeln einen stärkeren Bezug zu jener Alltäglichkeit aufweist, in welcher die Kinder und Jugendlichen in jedem Falle leben müssen. Allerdings zeigt sich jedoch, daß sowohl Pflegestellen als auch Laienhelfer einer steten Betreuung und Beratung, somit einer fachlichen Supervision bedürfen[14]. Pointiert formuliert handelt es sich also bei den vorgeschlagenen Alternativen keineswegs um Handlungsweisen, die weniger künstlich, sondern mehr naturwüchsig angelegt seien. Sie bilden nichts anderes als Varianten des im Begriff des Ortes gefaßten sozialpädagogischen Handelns. Darüber hinaus sind zwei systematische Einwände gegen Handlungsvorstellungen zu erheben, welche sich von der Künstlichkeit des sozialpädagogischen Ortes distanzieren: Zwar kann man diese damit rechtfertigen, daß sie nicht nur die informellen Sozialbezüge pädagogisch nutzen, somit alltagsnahe bleiben, sondern auch die Integrität und Identität des Subjekts und seiner Biographie schützen, indem sie seine Lebensbezüge konstant halten. Aber nicht nur, daß dies spätestens dann zynisch erscheinen muß, wenn diese einen Modus der Differenz erst produzieren, Lebensmöglichkeiten des Subjekts abbrechen oder gar nicht erst entstehen lassen; knüpfte das sozialpädagogische Handeln an diese an, so würde es also die belastenden Bedingungen erneuern und als eigenes Handlungsmittel noch aufnehmen. Vor allem aber bringen derartige Versuche das Subjekt in die eigentümliche Situation, mit zwei konkurrierenden »Normalitäten« in seiner Biographie umgehen zu müssen. In welcher Art sich der sozialpädagogische Ort auch realisiert, er stellt in jedem Falle eine vom Subjekt selbst erfaßte Unterbrechung seiner Sozialisationskarriere dar: Wenn nun sowohl die eigene Vorgeschichte wie auch das Geschehen am sozialpädagogischen Ort gleichermaßen den Anspruch erheben, »normale« Formen der Erziehung darzustellen, sieht sich das Subjekt einem kaum lösbaren Konflikt ausgesetzt; es kann nicht Erfahrungen eigener Art in seiner Biographie integrieren, sondern muß sich zwischen Erfahrungen, schlicht: zwischen Eltern entscheiden, die in gleicher Weise als Eltern begriffen sein wollen, sich von ihren Ausgangsbedingungen jedoch sehr wohl unterscheiden[15]. Empirisch tritt schließlich hinzu, daß die betroffenen Kinder und Jugendlichen sehr wohl um die Künstlichkeit ihrer Situation wissen: So gehört es vor allem in den Kleinheimen, die sich als familienähnlich geben, zu den ständig wiederkehrenden Ritualen, daß die Kinder und Jugendlichen die emotionale Belastungsfähigkeit ihrer Erzieher so lange testen und provozieren, bis sich diese auf ihre Rolle als professionelle Erzieher (und sei es durch die Umorganisation des Schichtdienstes) zurückziehen; die Zöglinge beweisen so ihren Erziehern, daß diese eben keine Eltern sind. (Dabei beklagen viele Jugendliche noch die Unklarheit der Beziehungen in solchen Einrichtungen, die sich oft als therapeutisch begreifen, dabei jedoch nur unfähig sind, eine Organisation der pädagogischen Beziehungen herzustellen[16].)

Faßt man dies positiv, so ist nicht nur auf der eigenen Dignität des sozialpädagogischen Handelns zu insistieren, sondern muß vielmehr seine vorgebliche Künstlichkeit in ihrer spezifischen Qualität als Merkmal sozialpädagogischen Handelns »kunstgerecht« ausgestaltet werden. Der sozialpädagogische Ort darf daher nicht bloß auf die Gestalt einer Lösung »als ob« beschränkt, gar als den anderen Formen der Erziehung nachrangig betrachtet werden, bleibt doch sonst »die Tatsache, daß hier seit Jahrzehnten immer wieder Formen entwickelt worden sind, die für das Leben des modernen Menschen insgesamt von Interesse sein könnten, außerhalb der Diskussion. Man muß dabei nicht in den Eskapismus der gesellschaftsfernen Kommunen abgleiten. Vielmehr kommt es darauf an, mögliche Alternativen zur Kleinfamilie nüchtern zu prüfen«[17]. Die Artifizialität des pädagogischen Ortes gehört mithin der eigenen Rationalität sozialpädagogischen Handelns an, darf deshalb nicht negiert, sondern muß vielmehr bewußt zum Gegenstand der Gestaltung auch solcher Lebensformen benutzt werden, welche naturwüchsig gar nicht denkbar wären.

Neuheit und Künstlichkeit des sozialpädagogischen Ortes können nur dann gewährleistet sein, wenn er weder aus der Vergangenheit noch aus der Gegenwart des Subjektes bestimmt wird: Jener muß diesem eine Zukunft, vor allem eine Perspektive eröffnen. Für die Methodik des sozialpädagogischen Handelns impliziert dies, daß die aktuelle Wirklichkeit der subjektiven Biographie als irrelevant ignoriert und aufgehoben, ideell oder symbolisch verbrannt wird[18]. Am sozialpädagogischen Ort beginnt man auf einer neuen, noch offenen Verhandlungsgrundlage; dem Subjekt soll die Möglichkeit zur freien Entwicklung, vor allem zu einer dieser vorangehenden freien Entscheidung gegeben sein. Was war, sogar was noch ist, verliert seine Bedeutung und tritt hinter das zurück, was werden könnte: »Unser Standpunkt in dieser Frage war vom ersten Tag an unverändert. Als grundlegend für die Umerziehung der Rechtsbrecher hielt ich eine auf das völlige Ignorieren der Vergangenheit und mehr noch der einstmals begangenen Verbrechen beruhende Methode. Es fiel mir durchaus nicht leicht, mich ganz konsequent danach zu richten, neben anderen Hindernissen mußte man sich selbst überwinden. Stets juckte es einen, in Erfahrung zu bringen, warum ein Kolonist in die Kolonie geschickt wurde, was er wohl angestellt haben mochte. Damals wollte es die gängige pädagogische Logik der Medizin gleichtun und erklärte mit einem klugen Ausdruck im Gesicht: Um eine Krankheit heilen zu können, muß man sie kennen[19].«

Aber der Modus der Differenz ist keine Krankheit; er ist eine soziale Konstellation, in welcher das Subjekt sich handelnd in seinen Entwicklungsprozessen verstrickt hat. Mit dem neuen Ort befreit die Sozialpädagogik es von den Determinationen, die auf ihm lasten; nicht nur die Stigmata, die Aktenbiographie, die Vergangenheit in »defizienten« Sozialverhältnissen und seine in anderen Einrichtungen verbrachte Lebensgeschichte werden irrelevant, sondern auch die Beziehungen, in welche es selbst eingebettet lebte. Die sozialen Bewertungen, die es in der Vergangenheit erlebte, werden ungültig[20]. Weil dies schlagartig mit dem Eintreten des neuen Ortes geschieht, hat das sozialpädagogische Handeln explosiven Charakter[21]: Der Modus der Differenz, auch die vergangene Biographie des Subjekts werden in einem Moment in Frage gestellt; sie brechen aus der Verhärtung und Erstarrung auf, welche sie kennzeichneten. Für das Subjekt selbst wirkt dies freilich nicht nur befreiend. Denn der auf es ausgeübte Angriff durch den sozialpädagogischen Akt belastet auch, weil die Lebensbezüge aufgebrochen werden, welche das Subjekt bislang bargen; es sieht sich nun in radikaler Weise auf sich selbst verwiesen, muß sich nicht nur Handlungsformen jenseits des Gewohnten aneignen, sondern diese noch auf eine Zukunft hin organisieren, die am pädagogischen Raum zunächst nur in dessen eigenen Umrissen denkbar wird.

Exkurs: »Die Mahnung klingt eher konservativ, sie besagt, daß die Erziehungsarbeit etwas sui generis sei, das nicht mit psychoanalytischer Beeinflussung verwechselt und durch sie ersetzt werden kann[22].« Obwohl Sigmund Freud selbst die Psychoanalyse als eine Nacherziehung verstand[23], hat er doch selbst noch angesichts der gelingenden Erziehungspraxis von August Aichhorn die Differenz von Pädagogik und psychoanalytischer Therapie hervorgehoben. Er war darin kritischer und bewußter als die Mehrzahl derjenigen, die eine Therapeutisierung der Sozialpädagogik heute verfechten; vielleicht lag dies freilich auch daran, daß die Psychoanalyse trotz ihrer naturwissenschaftlichen Attitüden im Unterschied zu den aktuell gängigen Therapiekonzepten einer sozialwissenschaftlichen Aufklärung immer zugänglich war.

Die Differenz zwischen Therapie und Sozialpädagogik läßt sich zunächst – neben der im pädagogischen Handeln niemals zu verwirklichenden methodischen Strenge[24] – vor allem am futurischen Charakter der Erziehung festmachen (obgleich dieser Unterschied in der Wirklichkeit sozialer Arbeit verschwinden mag). Therapie bedient sich dabei primär kommunikativer Prozesse. Sie will sprachlich Vor- und Unbewußtes ins Bewußtsein heben, problematische Sachverhalte symbolisieren, zum Ausdruck bringen und sie so einer rationalen Bearbeitung zugänglich machen. Dabei setzt sie die Entlastung vom unmittelbaren Entscheidungsdruck voraus. Sie gründet in einem freien, nicht zuletzt von Assoziationen geleiteten Reden; Handeln, interaktive Vorgänge bleiben sekundär. Sie dienen, wie etwa die Übertragungsbeziehung, nur als Mittel der sprachlichen Auseinandersetzung.

Im Erziehungsprozeß kommt dem Handeln der erste Rang zu – dies gründet allgemein in dem trivialen Sachverhalt, daß das Nachgeborene noch keine Geschichte hat, welche kommunikativ aufgearbeitet werden müßte, gleichwohl aber handelt und erzogen werden muß. Dem Sprechen gehen also Aktivitäten, vor allem die Aneignungsleistungen des Subjekts voran[25].
Die Therapie will nicht bloß das Vergangene vergegenwärtigen, sondern dazu beitragen, daß sich das Subjekt in seiner geschichtlich gewordenen Gegenwart selbst annehmen kann; sie will helfen, die Ungewißheit zu ertragen, welche eine offene Zukunft bietet. Mehr noch: indem sie das Subjekt in Einklang mit sich selbst bringt, will sie ermöglichen, daß das Subjekt der Ungewißheit einer offenen Zukunft nicht mehr begegnen muß. Darin liegt ein unübersehbarer Reiz gegenüber dem pädagogischen Verfahren, welches Ungewißheit systematisch induziert, dabei sogar noch mit einem höheren Risiko behaftet ist. Zudem aber besteht die eigentümliche Leistung vor allem des gesprächstherapeutischen Zugangs darin, daß die Individuen durch die kommunikativ ermöglichte Veränderung ihrer Selbstinterpretation den Modus der Differenz nicht mehr wahrnehmen. Was als existentielles Problem im Zusammenhang von sozialer Lebenswelt und individueller Aneignungsleistung ent-

stand, wird zur inneren Zufriedenheit des Subjekts aufgehoben; es lernt, beredt seine Situation zu ertragen. Im therapeutischen Verfahren wird so die aktuelle Lage erträglich, indem die Vergangenheit des Subjekts »beredet«[26] und symbolisch gebannt wird; eine Entwicklung, die durch die Lernprozesse des Subjektes selbst noch bestimmt wäre, bleibt damit eigentlich ausgeschlossen. Pädagogisches Handeln orientiert sich dagegen an der Zukunft; es läßt gemeinsam mit dem Zöglingssubjekt dessen Vergangenheit als irreversibel zurück. Aber Pädagogik muß sich sehr wohl fragen, ob nicht die Narben der Biographie weiter schmerzen, ob nicht die in der Therapie herstellbare Einheit des Subjekts mit seiner Biographie ein nicht minder legitimer Weg wäre, den Modus der Differenz zu überwinden.

So ist der Gegensatz von Pädagogik und Therapie typologisch als Differenz von Handlungen zu begreifen, welche der Zukunft oder der Vergangenheit eines Subjektes gelten. Über ihre Legitimität muß jedoch konkret, im aktuellen Falle entschieden werden.

Auch wenn das sozialpädagogische Handeln methodisch einen Bruch in der Biographie des Subjekts bewirkt, erstreckt sich dieser nicht auf seine gesamte Existenz; er wirkt auf die biographisch entstandenen und als Lebensgeschichte mitgetragenen Beziehungen zur Lebenswelt des Individuums und berührt daher nur unmittelbar das ontogenetisch hervorgetretene Ensemble von Kräften und Bedürfnissen. Dessen Integrität wird nicht in Frage gestellt. Tatsächlich spricht Makarenko beispielsweise davon, daß er die Vergangenheit des Subjekts bei der Bestimmung des sozialpädagogischen Ortes und der Konstruktion der dort möglichen sozialen Beziehungen außer Betracht läßt. Sie sind nicht maßgebend, werden gleichsam mit einem Tabu versehen, welches besagt, daß die Vergangenheit ohnedies nicht geändert werden kann. Aber sie werden nicht verachtet. Im Gegenteil: Noch im Geschehen am sozialpädagogischen Ort knüpft man an frühere Fähigkeiten und Fertigkeiten an[27]; sie drücken, durch das Medium der Gemeinsamkeiten am sozialpädagogischen Ort hindurch, die besondere Individualität des Subjekts aus.

Die materiell pädagogische Funktion des Ortes besteht demnach darin, daß er das Subjekt als solches dann schützt, wenn ihm von den in seiner Vergangenheit hergestellten Beziehungen Gefahren drohen; er beschützt und behütet es. Zugleich aber werden seine Kräfte durch den Ort selbst sozial neu bewertet. Das Subjekt findet sich nämlich durch den neuen Ort in eine veränderte soziale Position gebracht. Nicht nur wird es zu einer – in des Wortes mehrfacher Bedeutung – Stellungnahme herausgefordert; vielmehr entwickelt es aus seiner Position am sozialen Ort eine neue Perspektive gegenüber der es umgebenden Welt. Der sozialpädagogische Ort gibt also seinen Impuls zunächst dadurch, daß er das Individuum in eine veränderte Stellung zu seinen Lebensverhältnissen bringt. Er eröffnet ihm eine neue Sicht, zeigt die Dinge in anderen Relationen, stellt vor allem sich selbst als eine Realität zur Verfügung, welche der Aneignung bedarf: Aneignungstätigkeit und Perspektivbildung werden in ihrer unauflöslichen Einheit wieder möglich. Denn der Ort gibt – gebrochen als subjektive Perspektive – einen Blick auf neue, vorher nicht gesehene Handlungsmöglichkeiten frei und führt so zu einer veränderten Orientierung, schließlich auch zu einem Wandel in der inhaltlichen Bestimmung des Handelns selbst.

Schon auf der Impulsebene bestätigt sich so die von Makarenko gefundene Einsicht, daß die Rationalität der Sozialpädagogik in ihrem perspektivischen Charakter besteht. In der Verbindung mit dem Begriff des Ortes wird jedoch deutlich, daß die Perspektive weder auf die Temporalstruktur des Erziehungsgeschehens noch gar auf eine Vorstellung beschränkt werden darf, welche mit dem Begriff des Erziehungsziels verwandt ist. Perspektive meint – wie der ursprüngliche Wortsinn auch nahelegt – eine räumliche Beziehung des Subjekts zu seinen Lebensbedingungen: »Einen Menschen erziehen heißt, in ihm die perspektivischen Wege herauszubilden, auf denen für ihn die Freude von morgen liegt[28].« Diese Interpretation widerspricht freilich der Betonung, mit welcher Makarenko selbst vom futurischen Charakter der Pädagogik spricht; es liegt nahe, die Perspektive wenigstens als den Horizont künftiger Existenzformen des Subjekts zu betrachten. Aber das Problem ist doch komplexer: weil die Erziehung im sozialpädagogischen Sinne auf dem Handeln der Zöglinge selbst ruht, kann sie temporal nur unter dem Gesichtspunkt des Offenhaltens (oder der Öffnung) von Zukunft organisiert werden; andernfalls greift sie einer möglichen Entscheidung des Zöglings voraus oder stellt die

Eigendynamik in der individuellen oder kollektiven Entwicklung in Abrede. Das futurische Moment der Sozialpädagogik liegt daher zuerst darin, daß sie sich – anders als das therapeutische Handeln – nicht aus der Vergangenheit begründet. Der Ausdruck Perspektive aber bezeichnet auf der Ebene des Impulses – in einem schon der Psychologie nahen Sinne – den im subjektiven Bildungsprozeß zu vollziehenden Umschlag von der Organisation des Ortes in ein Handeln der Person; er markiert den Punkt, an welchem der in den materiellen Gegebenheiten des Ortes vergegenständlichte Impuls vom Subjekt wahrgenommen, in die eigene modale Realität übersetzt und in das Aneignungshandeln überführt wird, genauer: dem Aneignungshandeln erst wieder die nötige Dynamik gibt. Vom Erzieher als materiale Gegebenheit eingerichtet, versetzen die Perspektiven den Zögling in Bewegung, da er auf ihre Erfüllung hofft – tatsächlich bedingen allerdings die Perspektiven eine Dynamisierung des Aneignungsprozesses, da jede »erfüllte« Perspektive umschlägt in einen aktuellen Modus, der schon über sich hinausweist. Denn durch den Aneignungsakt selbst gewinnt man neue Fähigkeiten, welche die ursprüngliche Perspektive wieder revidieren. Man wächst auch in seiner Sicht auf die Welt über sich selbst hinaus[29].

Die Festlegung eines Ortes stellt demnach eine vom Erzieher vorgenommene, Entwicklungsfähigkeit unterstellende Projektion von Handlungsmöglichkeiten des Subjekts dar, die von diesem nicht gesehen wurden, nun aber wahrgenommen werden. »Das Gute im Menschen muß stets projiziert werden, und der Pädagoge ist verpflichtet, das zu tun. Er muß mit einer optimistischen Voraussetzung an den Menschen herangehen, selbst wenn er dabei ein gewisses Risiko auf sich nimmt und Fehler begeht« (Makarenko). Der Grad der Herausforderung, die durch einen Ort gestellt wird und (abhängig von der aktuellen bildenden Aktivität) dem Zögling zugemutet werden kann, schlägt sich in der Weite einer möglichen Perspektive nieder: Ursprünglich nur eine nahe, unmittelbar auf den Bereich bezogene Perspektive, welche durch Besorgung ausgefüllt[30] und durch die Zöglinge angeeignet wird[31], wird sie immer weiter gesteckt. Sie umfaßt einerseits einen wachsenden Horizont, erfordert andererseits Wachstum und schließlich Größe des Subjekts selbst. Weil aber schon in der mittleren, vor allem aber in der fernen Perspektive Wirklichkeiten als Aneignungsmöglichkeiten wahrgenommen werden, welche einen hohen Aufwand an Aneignungstätigkeit erfordern, lassen sich diese Perspektiven zwar weiterhin nur räumlich präsentieren, gewinnen jedoch für das Subjekt zunehmend temporalen Charakter: Um die ferne Perspektive zu erreichen, muß es sich für einen langen Zeitraum anstrengen; die »Produktion« der eigenen Bildung beschließt sich deshalb für das Subjekt dann erst in einer fernen Zukunft.

Zweitens: Der durch den sozialpädagogischen Ort bewirkte Bruch trifft die biographische Lebenskontinuität des Subjektes, indem Grenzen gegenüber dessen aktuellen Lebenszusammenhängen gezogen werden. Für seine Organisation stellt sich daher notwendig die Frage nach der Beziehung zwischen den durch ihn selbst ausgelösten Wirkungen und den Einflüssen, welche nicht pädagogisch gestaltet werden. Im Grad seiner Verknüfung mit der Lebenswelt des Subjekts lassen sich dabei typologisch fünf Formen des Ortes unterscheiden; allerdings müßte man in der Realität der sozialpädagogischen Praxis eher von einem Kontinuum unterschiedlicher Realisationen des sozialpädagogischen Impulses sprechen, an dessen einem Ende die schwere Lösungsgestalt des sozialpädagogischen Handelns, am anderen Ende die scheinbar leichte Lösung steht. Tatsächlich ist aber auch diese Beurteilung fragwürdig. So ist nämlich die »leichte« Lösung deshalb pädagogisch außerordentlich schwierig, da sie dauernd mit Interferenzen zwischen der pädagogischen Organisation und der sie umgebenden Welt rechnen muß; jene bedient sich dieser, muß daher ein höheres Maß an Aufmerksamkeit auf Entwicklungen richten, welche die Subjektivität der Zöglinge bedrohen könnten.

Traditionell bestimmen – erstens – Bild und Selbstbild des sozialpädagogischen Handelns die konkrete und radikale Verwirklichung eines neuen Ortes (wobei dies historisch mit dem Eintreten der Sozialpädagogik in die Räume zusammenhängt, welche durch die gesellschaftlichen Ausgrenzungsprozesse entstanden sind). Sie vollzieht, wie Wilhelm Rein das »Heilmittel« gegen »sittliche Krankheitszustände«[32] beschreibt, eine »Losreißung aus dem bisherigen Lebenskreis. Das heißt: es muß, soweit möglich, mit alten Erinnerungen gebrochen, die Gewalt neu eindringender Anschauungen muß zur Überwältigung des vergifteten Gedankenkreises benutzt werden, um gleichsam auf dem so entstehenden freien

Raum Neues, neue Wertschätzungen, neue Neigungen zu pflanzen«[33]. Können nämlich die leichteren Fälle sittlicher Erkrankung »in geeigneten Kostfamilien geheilt werden, (...) weil auch hier die individualisierende, hebende und helfende Kraft der Familie durch nichts anderes ersetzt werden kann«[34], bedarf es für die Fälle, in welchen »vorgerücktes Alter« mit »tiefer Verdorbenheit der Lebensanschauung sich verbindet, maßlose Herrschaft sinnlicher Triebe hinzukommt«[35], des Alumnats, das Rein in Wicherns Rauhem Haus idealiter verwirklicht sieht: Der konkreten und radikalen Verwirklichung des neuen Ortes entspricht demnach die Anstaltserziehung, wie sie vor allem im Erziehungsheim Gestalt gewinnt.

Die Anstaltserziehung – heute vor allem das ausgelagerte »Großheim« – trennt das Subjekt von seiner Vorgeschichte und seiner diese fortschreibenden Umwelt. Entlastet von früheren Beziehungen, Konflikten und Widersprüchen seiner Realsituation[36] kann es in seiner eigenen Normalität leben, wobei allerdings der Eindruck nicht zu vermeiden ist, daß diese Entlastung primär der Gesellschaft zugute kommt. Denn es kommen »fast nur solche Personen in die Anstalten, die immer wieder durch die ›öffentliche Hand‹ gingen, mit denen man alles mögliche auf ambulante Weise versucht hat und mit denen man sonst nichts mehr anzufangen weiß. Die Art ihrer Taten ist dabei weitgehend unwichtig, die Tatsache, schon in irgendeiner Anstalt gewesen zu sein, dagegen für das Urteil oder das Gutachten entscheidend. Weil man sie draußen nicht mehr ›festmachen‹, sozial eingliedern kann, da ihre Ausbildungs- und Arbeitssituation wie ihre Kontakt-, Wohn- und Familiensituation zerstört ist, muß man sie irgendwo abladen«[37]. So bilden »Erreichung, Festigung oder Schutz des gesellschaftlichen Wertsystems (...) den Maßstab der Heimerziehung. (Aber) nur im Rahmen dieser Zielsetzung kann Verhaltensauffälligen zur persönlichen Entfaltung verholfen werden, ihre eigenständige Entwicklung vollzieht sich jedoch erst, wenn die eigenen Unangepaßtheiten von ihnen selbst als solche erlebt werden können, wo Beurteilungen von Dritten sie nicht dauernd hemmen. Erst dann werden sie lernen, ihre Auffälligkeiten vor anderen und sich selbst nicht zu leugnen, sondern sie zu akzeptieren, um mit ihnen umgehen zu können«[38].

Der Gefahr, Abweichende bloß aufzubewahren, begegnet die

Anstalt, wenn sie als sozialpädagogischer Ort gestaltet wird. Nicht nur, daß gesellschaftliche Effektivitätskriterien zurückgewiesen werden müssen, vielmehr hat sie eine Möglichkeit zu Lernprozessen zu bieten; die Anstalt stellt dabei einen »für die spezifische Belastbarkeit und Bedürfnislagen der einzelnen eingerichteten Lebensraum und zusätzliche therapeutische Hilfen zur Verfügung«, intendiert vor allem »stabile affektive Beziehungen im Umgang mit Erwachsenen, die als professionelle besonderen Belastungen gewachsen sind, (und) Lernfelder, die attraktiv sind und zugleich für die nicht mehr entlastete Zukunft außerhalb des Heims lohnende Perspektiven eröffnen«[39].

Durch ihre Distanz zur Außenwelt brechen die Anstalten jedoch auch Lern- und Lebensmöglichkeiten ab. Sie stellen Orte dar, die auf eigentümliche Weise gleichzeitig eine Kontinuität erzwingen und begrenzen: Einmal erfahren Kinder und Jugendliche (aber auch die in Anstalten untergebrachten Erwachsenen) den Übergang in die Anstalt als einen Akt willkürlicher Verfügung mit strafenden Zügen[40], in welchen nicht nur das eigene Selbstbild vernichtet[41], sondern auch die Kompetenzen zerstört werden, die »vor« der Anstalt erworben wurden; man verwandelt sich in ein Individuum ohne Verhandlungsstärke, das höchstens auf subversive Verteidigungsstrategien sinnen kann. Die Anstalt wird als eine Zwangseinrichtung, in der ein verbindliches, undurchdringliches Regiment herrscht, und zugleich als ein »Bruchstück in unorganischer Entwicklung«[42] erfahren. Denn die schwierigen Fälle werden in therapeutische Spezialeinrichtungen, in welchen ihre Probleme »kleingearbeitet« werden sollen, schließlich als »nicht bildungsfähig« in Aufbewahrungsstätten überstellt[43].

Die innere Widersprüchlichkeit der radikalen Lösung des sozialpädagogischen Ortes zeigt sich spätestens darin, daß die Anstalt ihre Sozialisationsaufgabe zumeist überaus effektiv, gleichwohl für das Subjekt dysfunktional erfüllt; sie ist schon deshalb uneinheitlich, weil in ihr regelmäßig (aber nicht notwendigerweise) die technischen Funktionen, die der materiellen Sicherung des Lebensprozesses gelten, ohne pädagogische Bedeutung gesehen werden[44]. Vor allem aber erlernen die Insassen der Anstalt eine Kultur, welche einerseits die organisatorische Hierarchie der Institution, andererseits die auf diese ausgerichtete Subkultur der Insassen widerspiegelt[45]. Aber nicht nur, daß diese Kultur eine Kultur eigener Art ist, sie hat vielmehr keine Bedeutung außerhalb der Anstalt. Das Subjekt, welches sie aneignet (und aus Gründen des Selbstschutzes sogar aneignen muß[46]), ist für die Welt »draußen« verloren – vielleicht auch nur, weil es den Status des Versorgten nicht mehr überwinden kann.

So bleiben für den radikalen Fall des sozialpädagogischen Ortes eigentlich nur zwei Möglichkeiten. Einmal muß die materielle Organisation des Lebensprozesses in ihm, also die Besorgung, selbst Gegenstand der Aktivität aller Beteiligten werden. Zum anderen hat der erste Typus sozialpädagogischen Handelns nur dann eine Berechtigung, wenn er sich zu einem gültigen Lebensort wandelt, von dem aus ein Oszillieren zwischen der Innenwelt des Ortes und der gesellschaftlichen Außenwelt möglich ist. Aber dies läßt sich nur in einem überaus schwierigen Lernprozeß mit allen Beteiligten verwirklichen; vor allem aber scheitert es an den Funktionszuweisungen, welche von der Gesellschaft an den sozialen Sektor gehen.

Die Skandalisierung der Heimerziehung und die Diskussion um die totalen Institutionen führten zur zweiten Form des sozialpädagogischen Ortes. Nicht die Anstalt, welche das Subjekt von seinen Erfahrungen trennt, sollte die Struktur des sozialpädagogischen Impulses auszeichnen, sondern eine Unterbringung in Zusammenhängen, welchen den Individuen vertrauter scheinen: An die Stelle des Großheimes treten das Kleinheim mit einer einzigen Gruppe, gar die Unterbringung in Ersatzfamilien; beide zeichnet nicht nur größere Intimität, ein engerer Zusammenhang zwischen den für gelingendes Alltagsleben nötigen »produktiven« Tätigkeiten und der Erziehungsarbeit selbst, weite Möglichkeiten der Zöglinge, ihr Leben und seine Gestalt in offener Auseinandersetzung mitbestimmen zu können, sondern vor allem die Nähe zu den größeren ökologischen Zusammenhängen der Umgebung aus; den zweiten Typus prägt demnach die Milieunähe, damit auch die Möglichkeit, die Umwelt selbst pädagogisch zu nutzen.

Zwar bewirkt dieser Typus nicht minder einen Bruch in der Geschichte des Subjekts, doch bleiben »außerhalb« des pädagogischen Ortes die Bezugslinien bestehen. Zu dem Vorteil, daß die stigmatisierenden Effekte zurücktreten, kommt hinzu, daß die sozialisatorischen Wirkungen weniger von einem organisierten Zusammenhang als von einer in sich heterogenen, durch Kontingenzen geprägten Sphäre ausgehen. Man ist dem Alltagsleben näher, verfällt damit aber auch der Diffusität und Unklarheit, welche es bestimmen. Der Grad der Interferenzen steigt also, erschwert vor allem die Ausbildung einer klaren Perspektive; das Subjekt kann nicht nur in den Außenbeziehungen von seinem Modus der Differenz eingeholt werden, sondern reproduziert ihn unter Umständen am sozialpädagogischen Ort selbst. Hinzu tritt, daß der sozialpädagogische Ort auch in dieser Gestalt »Maßnahme« bleibt; er kann sich nicht in einer Weise verwandeln, welche dem Bildungsprozeß des Subjekts angemessen wäre.

Weniger im Sinne der klassischen aufsuchenden und beratenden (freilich auch stigmatisierenden und disziplinierenden) Familienfürsorge, sondern als Stützung eines schon vorhandenen »Ortes« muß der dritte Typus verstanden werden. Seine funktionalen Eigenschaften zeigen sich am Beispiel der Reaktion auf Kindesmißhandlungen. Regelmäßig zeigt sich nämlich, daß selbst erheblich verletzte Kinder sich gegen eine Fremdplazierung wehren und den Verbleib im Gefährdungszusammenhang vorziehen. Die im vertrauten Milieu gegebene Situationsbasis scheint ihnen wertvoller als der Schutz der eigenen Existenz. Zudem hat man die Erfahrung gemacht, daß eine Zerstörung der Familie durch den öffentlichen Eingriff nicht nur die Belastungen für alle Beteiligten erhöht, sondern die Mißhandlungstendenz verstärkt. Es scheint daher günstiger, das vorhandene familiäre System trotz seiner Fehlfunktion zu erhalten, es gleichzeitig aber durch stützende (materielle und therapeutische) Maßnahmen zu entlasten und so die Möglichkeit eröffnen, daß es sich in einer anderen Dynamik neu strukturiert[47].

Typologisch charakterisiert den dritten Typus des sozialpädagogischen Ortes demnach, daß ein schon vorhandenes, institutionalisiertes System sozialer und sozialisatorisch wirkender Beziehungen materiell oder psychosozial gestützt wird. Der sozialpädagogische Ort wird also gleichsam um einen schon bestehenden Ort gelegt; anders formuliert: eigentlich bildet nun das schon bestehende System das Zöglingssubjekt des pädagogischen Handelns.

Die Vorzüge dieses Typus lassen sich kaum übersehen. Weder zerstört er die aktuellen Lebensbezüge, noch entwertet er die ursprünglichen Kompetenzen der Beteiligten. Im Sinne einer parallelen Einwirkung kann man an frühere Beziehungen anknüpfen und diese zu einem weiterführenden Medium des pädagogischen

Handelns umfunktionieren. Auch kann er in der Form einer distanzierten, neutralen Unterstützung, Betreuung und Beratung gelingen, welche die Gestalt eines Angebots hat, somit die Beteiligten weder in ihrem Selbstbild noch in ihrer Außendarstellung diskriminiert. Allerdings ist zu bedenken, daß so möglicherweise Systeme gestützt werden, die doch schon dysfunktional wurden und aufgrund ihrer Eigenstruktur systematisch Aneignungsprobleme schaffen – die Stützung von Familien geschieht beispielsweise nicht immer aus sachlichen, sondern vor allem auch aus gesellschaftlich ideologischen Gründen, auch aufgrund von rechtlichen Regelungen, welche der Institution Familie Priorität vor allen Formen pädagogischer Orte zusprechen. Zudem besteht die Gefahr, daß sich auf dem nun sozialpädagogisch instrumentalisierten Ort die Belastungen weiter auswirken, welche doch erst zum Modus der Differenz geführt hatten.

In der Fundierung im Alltagsleben ähnelt der vierte Typus dem dritten. Er unterscheidet sich jedoch darin, daß er prinzipiell Neues schafft oder ermöglicht, ohne an vorhandene Einrichtungen und Gegebenheiten einer Gesellschaft anzuschließen. Bei ihm werden in einem Alltagsleben künstliche Einrichtungen mit der Absicht geschaffen, daß sie sich, vermittelt durch die betroffenen und beteiligten Subjekte selbst, mit dem Alltagsleben verbinden und so eine neue Form sozialer Praxis ermöglichen[48]. Dabei lassen sich selbst noch drei Formen unterscheiden. Einmal werden in dem schon vorhandenen Alltag als ein *Angebot* zusätzliche neue Orte zur Verfügung gestellt; realisieren kann sich dies in einem weiten Spektrum von Vorhaben, die von Beratungseinrichtungen über offene Jugend- und Gemeindehäuser bis hin zu »Kulturläden« reichen. Aktuelle »jugendpflegerische« Maßnahmen – etwa auch ein Spielmobil oder eine Spielaktion –, aber auch Bürgerfeste, schließlich auch ambulante soziale Dienste gehören zu diesem Typus. Dabei liegt auf der Hand, daß die angebotenen Orte in ihrem Aufforderungscharakter an die Lebenswelt der Betroffenen, vor allem an deren Bedürfnisse anschließen müssen; sie lassen sich somit weder zentral steuern, noch in ihren Inhalten a priori festlegen, sondern bedürfen intensiver Aushandlungsprozesse. Sie bleiben deshalb auch nahe an den Selbsthilfekompetenzen der Beteiligten. Darin liegt freilich ein spezifisches Hemmnis: Es besteht nämlich durchaus die Gefahr, daß die bei den Beteiligten noch vorhandenen subjektiven und objektiven Kompetenzen nicht mehr ausreichen, um den neuen Ort mit zu initiieren oder sein Angebot wahrzunehmen; es kann das Paradox eintreten, daß die Alltagsnähe nicht zu erreichen ist, da die älteren Sozialstrukturen mit ihren informellen Formen von nachbarschaftlicher Hilfe schon zerstört sind.

Die zweite Form des vierten Typus realisiert sich zumeist als ein Moment des pädagogischen Prozesses. Bei ihr werden Orte im Alltag geschaffen, denen eine *Übergangsfunktion* für jene zukommt, die an pädagogischen Orten des ersten Typus gelebt haben. So werden Wohnkollektive oder auch Einzelwohnungen eingerichtet, die ehemaligen Heimzöglingen erlauben, mit ambulanter Betreuung in der Belastungssituation des Alltags zu leben. Man mediatisiert somit das Gesamt sozialer Beziehungen des Alltags, stellt es so auch der Aneignung zur Verfügung. Als Hauptschwierigkeit stellt sich hier die Gefahr einer Überlastung der Zöglinge durch die Vielfalt alltäglicher Anforderungen und den an sie herangetragenen Anspruch auf selbständige Lebensgestaltung.

Die dritte Form des vierten Typus scheint auf den ersten Blick durch keinerlei pädagogisches Merkmal ausgezeichnet; sie hat Verwandtschaft mit dem Gedanken der Selbsthilfe, die sich durchaus gegen eine mögliche Bevormundung und Kontrolle durch die Instanzen der öffentlichen Sozialpädagogik richtet. Aber dies darf weder über den pädagogischen Charakter der Selbsthilfe, noch über ihren Charakter des Neuen hinwegtäuschen: Durch die Mobilisierung eigener Ressourcen und Kompetenzen verändern nämlich die Subjekte selbst ihre Lebenszusammenhänge und entwikkeln ein Arrangement von Bedingungen, in welchem sie eine Situationsbasis finden. Sie sind also gleichzeitig Sozialpädagogen und sich bildende Zöglinge. Dabei fällt strukturtheoretisch ins Gewicht, daß sie nicht bloß in einen vorhandenen Alltag einen zusätzlichen Raum einführen, sondern vielmehr einen neuen Alltag eröffnen.

Man kann dies freilich auch schon als Übergang zum fünften Typus des sozialpädagogischen Ortes begreifen. Denn in diesem verschwinden die Grenzen zwischen dem pädagogischen Ort und der alltäglichen Lebenswelt. Diese verwandelt sich in jene. Mehr noch: den fünften Typus zeichnet aus, daß die bestehende alltägliche Lebenswelt in eine Veränderungsdynamik gebracht wird. Das

Umfeld der Subjekte gewinnt den Charakter eines Experiments[49], in welchem unter Beteiligung, ja »Verschmelzung von Organisation und Klientel«[50] ein Prozeß gemeinsamer Vergesellschaftung einerseits, ein Übergang zu einer politischen Praxis andererseits eintritt.

Trotz der besonderen Attraktivität dieses Typus für diejenigen, welche eine Politisierung der Sozialpädagogik anstreben, lassen sich die Probleme nicht übersehen, welche bei einer Transformierung des Alltags in einen sozialpädagogischen Ort entstehen: Zwar muß sich die Sozialpädagogik auf die Lebensdeutungen und Interessen der Betroffenen einlassen, übernimmt so aber auch zwangsläufig die Normalitätsvorstellungen, welche als »Sozialkitt« gewöhnlich wirken, zumeist aber auch das Raster bilden, über welches die subjektiven Aneignungsschwierigkeiten sich brechen. Das Moment der Entlastung entfällt; auch bleibt der Grad der Novität des sozialpädagogischen Ortes geringer. Andrerseits verlieren bei dieser wechselseitigen Durchdringung einer pädagogischen und einer alltagspolitischen Praxis die erzieherischen Prozesse nicht nur ihre spezifischen Differenzen, sondern auch ihr klares Erscheinungsbild als Erziehung. Zwar treten das Sozialexpertentum und die mit ihm verbundenen Herrschaftsansprüche in den Hintergrund; aber sie verlieren möglicherweise nur an Evidenz, wirken jedoch in subtiler Weise auf den Alltag ein. Vor allem gründet jedoch die Gefahr einer Dysfunktionalität einer Vermischung von sozialpädagogischem Ort und Alltag darin, daß nun dieser methodisch reflektiert wird und so seine ursprünglichen Qualitäten verliert.

Dies stellt sich als Problem freilich dort nicht mehr, wo ein Alltagsleben in den Verwertungszwängen des Kapitals, durch neue Kommunikationsmedien, aber auch durch einen von der Arbeitswelt ausgehenden Druck höchstens noch in leeren Ritualen und Klischees besteht. Die Sozialpädagogik muß dann helfen, einen neuen Alltag gegenüber dem politisch-ökonomischen Zugriff einzurichten. Darin mag sie an schon entwickelte »alternative« Lebenszusammenhänge anknüpfen. Strukturell betrachtet aber stellt sich ihr Handeln dann wenigstens in der Gestalt des vierten Typus dar.

Der sozialpädagogische Ort kann dem selbstbildenden Handeln des Subjekts einen Impuls geben, weil er vier Bedingungen zugleich erfüllt. Er ist für das Subjekt neu, schneidet in durchaus provozierender, einen Anfangspunkt setzender Weise in seine Biographie ein, bietet eine schützende, das Risiko aneignender Tätigkeit verringernde Situationsbasis und bildet schließlich selbst einen Aneignungsgegenstand. Seinem Charakter als neuartigem Anfangspunkt korrespondiert dabei die inhaltliche Seite dessen, was in seiner Gestalt vermittelt wird: Der Ort soll nicht nur als ein Lebensort dienen, vielmehr will er ermöglichen, daß an ihm die Bewältigung des Lebens wieder gelernt wird.

Wie dies geschieht, kann freilich allgemein nicht bestimmt werden, sondern hängt von der Verfassung des Subjekts einerseits, den gesellschaftlichen Bedingungen andrerseits ab. Wenn nämlich – beispielsweise – in einer Gesellschaft die eine Selbstreproduktion erlaubende Arbeit ein wesentliches Moment des alltäglichen Lebens darstellt, zugleich jedoch nicht mehr zugänglich ist, dann heißt »Leben lernen« auch eine Aneignung von Techniken, mit welchen man unter solchen Umständen als Subjekt bestehen kann. Deutlicher wird aber das Gemeinte auf der Ebene des Ortes, an welchem die biographische Situation eines Zöglings die Besorgung hat unvermeidlich werden lassen: Das durch das sozialpädagogische Handeln vermittelte Aneignungsangebot objektiviert dann für die nahe Perspektive des Zöglings Tätigkeiten, welche seine unmittelbare und aktuelle Existenzerhaltung erfordert.

Ursprünglich fallen unter solche Tätigkeiten die körperliche Reinigung und die Herstellung von Nahrung, somit die Befriedigung der physischen Grundbedürfnisse; es handelt sich also um Tätigkeiten, welche im durchschnittlichen Verlauf einer Biographie zuerst eintreten, weil sie von den Eltern geleistet werden[1]. Nur vordergründig scheint dies trivial. Denn in Wirklichkeit weist die Betonung solcher elementarer Lebenstechniken auf eine Dimension besonderer Dramatik und Bitterkeit in der sozialpädagogischen Praxis hin[2]. Nicht nur, daß in dieser die doppelte Notwendigkeit meist übersehen wird, diese Tätigkeiten durchzuführen und, objektiviert als Aneignungsgegenstände, zur Verfügung zu stellen – es fällt nicht nur organisationstechnisch, sondern auch psychisch leichter, sie routiniert zu erledigen und als »Helfer« zu besorgen, was selbstverständlich scheint, statt es schrittweise zu vermitteln und »beyzubringen«. So wird aber vergessen, daß diese Tätigkeiten gerade in ihrer Selbstverständlichkeit das durch die Subjekte in ihrer Praxis selbst je aktuell verknüpfte Netz von Aktivitäten, Beziehungen und Verbindlichkeiten erst weben, welches ein Alltagsleben erst ermöglicht. Vor allem gewinnt diese Notwendigkeit einer Erziehung zu elementaren Lebenstechniken beängstigende Dimensionen, wenn die Sozialpädagogik mit älteren, »erwachsenen« Personen konfrontiert ist: Für den nach Jahrzehnten aus der Haft Entlassenen, für den heroinabhängigen Dreißigjährigen, der – von Infektionskrankheiten zermürbt – schon fast verhungert ist, und für den fünfzigjährigen Nichtseßhaften, der nach Verlust von Arbeitsstelle und familiären Bindungen nicht lernte, eine Mahlzeit zuzubereiten, kann der im neuen Ort gesetzte Beginn schlicht unter der Dusche oder in der Küche beim Schälen von Kartoffeln und Spülen von Geschirr stattfinden.

In seinen vermittelten Inhalten ist somit der sozialpädagogische Ort zuallererst als eine Form der Elementarbildung zu verstehen; an ihm lassen sich die Grundtechniken des Lebens in einem gleichsam konzentrischen Gang erwerben: Er beginnt im unmittelbaren, körpernahen und buchstäblich greifbaren Umkreis des Subjekts, ist dabei auf dessen Besorgung gerichtet, dehnt sich dann zunehmend auf den gesamten Bereich der am Ort gegebenen »Haushaltung«[3] aus. Zunehmend kommen so in der Erziehung auszeichnenden wechselseitigen Verknüpfung von Vermittlung und Aneignung alle Tätigkeiten in die Reichweite eines Subjekts, welche »gewöhnlich« einen gelingenden (und bewältigbaren) Alltag, ein dem Individuum »normales« Leben an seinem Ort erlauben.

Diese Orientierung auf das »ABC der Elementarbildung für das Alltagsleben« bildet das fundamentale, inhaltliche Charakteristikum des im Ort vergegenständlichten Handelns. Dies gilt nicht in struktureller, sondern auch in prozeßhafter Hinsicht. Weil das sozialpädagogische Handeln mit einem biographischen Neuanfang anhebt, muß es – in seiner zeitlichen Dimension verdichtet – exemplarisch einen durchschnittlichen Lebenslauf artikulieren und der Aneignung zur Verfügung stellen; es erlaubt dem Subjekt so, sich mit den gesellschaftlichen Realmöglichkeiten auseinanderzusetzen. Insofern führt die Sozialpädagogik als einen möglichen Inhalt von Aneignung auch jene Form der Arbeit in den Ort ein, mit der sich das Subjekt auch dann reproduzieren kann, wenn sie durch Strukturen der Fremdbestimmung geprägt ist[4]. Die konkrete Orientierung an den Inhalten der mit Arbeitsvollzügen verbundenen Tätigkeiten schafft die Bezugspunkte, über welche das sozialpädagogische Handeln als Organisation der Selbstorganisation eines Subjekts artikuliert werden kann, wäre es doch ein »Irrtum der Begriffe«, nähme man an, »der Mensch müsse Mensch sein, ehe er Kannengießer werden könne, während er in Wahrheit muß Kannengießer werden, weil eben seine Menschheit unabhängig von seiner Kannengießerarbeit ihn zu einem Unmenschen in der Gesellschaft machen würde«[5].

So erstreckt sich der inhaltliche Bestimmungsgrund des sozialpädagogischen Ortes auf die Bewältigung des gesamten Alltagslebens eines Subjektes; die Genialität eines von der Sozialhilfe existierenden Lebenskünstlers ist ihr auch dann noch fremd, wenn dies eine realistische Perspektive in der Gesellschaft aus Gründen bildet, die in der Gestalt des gesellschaftlichen Reproduktionsprozesses liegen. (Freilich schließt das ABC der elementaren Lebenstechniken, gerade weil es realistisch angelegt sein muß, auch die Kompetenzen ein, welche beispielsweise für den Umgang mit zuständigen Behörden erforderlich sind; es impliziert noch die Aufklärung der Subjekte über die ihnen zustehenden Möglichkeiten.) Allerdings besteht die zentrale Schwierigkeit für die Entwicklung eines »Curriculums« elementarer Alltagstechniken darin, daß die Phänomenologie des Alltags fehlt, über welche sich die didaktische Struktur des sozialpädagogischen Ortes begründen ließe. – Pestalozzi, Makarenko und Wichern hatten es dabei leichter, da sie in gesellschaftlichen Umbruchsphasen wirkten, sich somit nicht an einem durchschnittlichen Alltag orientieren mußten; daß Wichern sich jedoch an vergangenen und überholten Mustern der Lebensbewältigung orientierte, verdeutlicht Schwierigkeit und Risiko der Didaktik im sozialpädagogischen Handeln.

Da eine solche Phänomenologie jedoch nur historisch, gesellschaftlich, ja regional konkret zu entwickeln wäre, bleibt sie ohnedies notwendig außerhalb der abstrakt-theoretischen Bestimmungen, welche die Grammatik des Diskurses enthalten; sie können nur das Erfordernis benennen. Ihr Schwerpunkt liegt dagegen bei der Entwicklung der Kategorien, mit welchen die Kausalität des sozialpädagogischen Handelns formal umrissen werden kann. Sie zielen auf die allgemeinen Strukturelemente des pädagogischen Prozesses, in welchem sich das Subjekt als Subjekt organisiert.

Als räumliche Gegebenheit bringt das sozialpädagogische Handeln das Subjekt in eine neue Position zur Welt; als eine inhaltlich bestimmte, strukturierte Umwelt eigener Art erlaubt der Ort, daß neue Perspektiven entstehen, indem sich die Individuen an seiner materiellen Faktizität orientieren, sie als Bestimmungsgrund ihres Handelns aufnehmen und subjektiv verarbeiten. Die Realität des Ortes »vermittelt« sich so durch die über eine Perspektive gesteuerte Aneignungstätigkeit »in« das Subjekt. Der Ort schafft also die Möglichkeit, daß sich das Subjekt selbst organisiert. Er legt Rahmenbedingungen fest, innerhalb derer die Tätigkeit des Subjekts überhaupt möglich wird, sich einerseits über die Perspektiven zu einer bestimmten, »tonalen« Struktur der persönlichen Aktivität verknüpft, andererseits aber zu einer neuen, eigenen Biographie zusammenfügt, welche in den Erfahrungen von der eigenen Tätigkeit am pädagogischen Ort gründet. Denn diese bilden einen Zusammenhang von selbsterlebten und selbstbestimmten Geschichten, welche das Subjekt als seine eigene Tradition mit sich tragen kann.

Die Bildung der »Seelenkräfte«[6], somit die eigentlich sozialisatorische Wirkung des sozialpädagogischen Ortes kann jedoch nicht durch ein sich bildendes Individuum hervorgebracht werden. Der unmittelbare Grund dafür liegt in der Eigenart von Aneignung. Sie beschränkt sich nämlich nicht auf die Interiorisation, sondern bedarf noch der Exteriorisation, somit eines sozialen Umfeldes, in welchem das Subjekt seine Tätigkeit in einem Zeichen objektiviert. Was das Subjekt sich an Lebenstechniken aneignet, muß sich somit in einem »Produkt« vergegenständlichen, welches einerseits als Zeichen seine Aneignungsarbeit bezeugt, andererseits aber sozialen Sinn gewinnen muß; es muß für andere Bedeutung haben, so zu den »ersten Gefühlen (...) des Beisammenseins«[7] führen.

In einem strikten Sinne kann daher das Zöglingssubjekt der Sozialpädagogik kein Individuum sein. Da die »individuellen Wege (...) doch unklar sind«[8], wird das Zöglingshandeln, welches dem als Ort repräsentierten Erzieherhandeln korrespondiert, stets von einem kollektiven Subjekt getragen, welches die Sozialisationsleistung dadurch erbringt, daß es sich selbst strukturiert. »Um unsere Anschauungen in der Praxis umzusetzen«, so beschreibt daher Bruno Bettelheim (wenngleich in seiner eigenen Terminologie) den Zusammenhang zwischen Ort und sich selbst erziehendem Kollektiv, »mußten wir eine ganz spezifische Umwelt schaffen, einen ganz besonderen sozialen Organismus, der die Matrix sein sollte, in der die Kinder anfangen konnten, ein neues Leben zu entwickeln. Diese besondere Gemeinschaft hat ihre eigenen Gesetze geschaffen. Manche sind identisch mit denen unserer Gesellschaft allgemein oder laufen ihnen parallel. Andere aber entsprechen den Maßstäben der Umgebung manchmal nicht. Z. B. hat bei uns häufig die Duldung oder sogar Förderung asozialer oder regressiver Tendenzen den Vorrang vor der Förderung schulischer Fortschritte[9].«

Formal lassen sich zwei Gestalten unterscheiden, in welchen sich die zu einer »Matrix« führende Strukturierung des sozialpädagogischen Ortes methodisch durch den Erzieher ausführen läßt. (Wobei hier die Schwierigkeit beiseite gelassen wird, die eintritt, wenn kein Kollektiv gebildet werden kann, der Erzieher vielmehr mit einem einzelnen Zögling konfrontiert ist. Er muß dann nämlich zwar den sozialpädagogischen Ort als Matrix strukturieren, dann aber mit dem Zögling gemeinsam ein Pseudo-Kollektiv bilden, somit die Position des Erziehers verlassen.): Der sozialpädagogische Ort stellt – erstens – die höchsten Anforderungen dort, wo er als ein »leerer Ort« das Subjekt zwingt, Aneignung, Perspektivbildung und Selbstorganisation völlig aus eigener Kraft vorzunehmen. Weil er nur in seinen Grenzen festgelegt, ansonsten jedoch unbestimmt ist, fordert er das Subjekt zur Mobilisierung aller seiner Kräfte heraus. Es muß seine Fähigkeiten und Gedanken gleichzeitig dem Ort und sich selbst zuwenden: Ihm ist alles zugemutet, aber doch auch zugetraut. Manchmal liegt sogar noch in seinen Händen die Aufgabe, das Fundament für den Ort selbst zu legen.

Den leeren Ort anzueignen, kann nur in der Form einer »Eroberung«[10] gelingen. In ihr bemächtigt sich das (oft nur zufällig zustande gekommene) kollektive Subjekt eines unbekannten Territoriums, versucht dieses selbst auszufüllen und symbolisch zu markieren. Dabei ist es von Anfang an gezwungen, sich durch Arbeit selbst zu versorgen, setzt aber auch die Bezugspunkte, auf welche sich seine Aneignungstätigkeit beziehen kann und muß. Diese Leistung kann allerdings kein Individuum allein erbringen; ein kollektiver Akt läßt sich nicht vermeiden, der zugleich auch alle Schwierigkeiten birgt, welche in der Dialektik einer Beziehung von Gruppe und Individuum auftreten: Einmal läßt sich denken, daß dieses zur Aneignung der von jener entwickelten kollektiven Ordnung außerstande ist; es kann später eingetreten sein, ohne sich hinreichend entwickelt zu haben, oder eine Ordnung vorfinden, welche noch nicht explizit genug ist. Auch kann es zu einem Moment in dem individuellen Aneignungsprozeß werden, sich der kollektiven Lebensordnung zu verweigern. Soll dann das kollektive Erziehungssubjekt nicht riskiert werden, kann es notwendig werden, sich von einem Individuum zu trennen. Vermeiden läßt sich dies, wird das Individuum vorübergehend freigestellt – es verläßt den Ort, der ihm zur Rückkehr offen bleibt und hält sich vorübergehend an einem anderen Platz auf.

Der entscheidende Vorzug einer Kollektiverziehung tritt hervor, wenn die gesellschaftliche Entwicklung selbst offen steht, oder für die Individuen keine Orientierungschancen mehr bietet. Durch das Kollektiv entsteht nämlich nicht nur ein festes Bezugssystem; vielmehr kann dieses selbst Möglichkeiten entwickeln, sich auch in »alternativen« Formen selbst zu reproduzieren, da seine Bedürfnisse und Kräfte zum maßgeblichen Kriterium werden. Allerdings liegt darin auch die Gefahr, daß sich das Kollektiv verselbständigt und einem Eskapismus des Autonomen verfällt.

Die zweite methodische Form des sozialpädagogischen Impulses vermeidet dies – allerdings um den Preis einer höheren Fremdbestimmung der subjektiven Entwicklungsprozesse. Sie zeichnet aus, daß der Ort von vornherein stärker determiniert und in den an ihm möglichen Beziehungen klar strukturiert ist[11]. Das pädagogische Handeln tritt somit stärker in seiner vermittelnden Dimension in den Vordergrund; eigentlich zeichnet diese Form erst aus, daß sie einen didaktisch organisierten Zusammenhang bildet, in welcher zumeist auch eine konkrete Ausbildung möglich wird. Die Verhältnisse und Beziehungen an dem »didaktischen Ort« sind dabei sowohl systematisch wie auch in zeitlicher Artikulation, nämlich als ein Nacheinander von Stufen, welche das Subjekt je nach erbrachter Leistung durchschreitet[12], in Gestalt einer »Vorordnung«[13] gegliedert und geregelt. (Wobei eine hinreichende

Härte und Transparenz erforderlich scheint, andernfalls Aneignung nur unzureichend gelingen kann.)

Geht man davon aus, daß Sozialpädagogik in einer bestehenden Gesellschaft geschieht, dann ist dieses zweite Modell als offensichtlich realistischer dem des offenen Ortes vorzuziehen. Es greift nämlich eher die künftigen gesellschaftlichen Möglichkeiten des Subjekts auf, kann auch konkrete Wege eröffnen und erfolgversprechend Perspektiven anbieten. Auch vermeidet es die Gefahr, das Subjekt mit zu hohen Anforderungen zu überfordern. Allerdings birgt das didaktische Arrangement auch eine spezifische Gefahr. Zwar liegt die Chance in ihm, individualisierend auf die Besonderheit des Subjektes einzugehen, kompensierend und zielgerichtet spezifische Behinderungen des Aneignungsprozesses aufzubrechen. Doch wird es ständig durch eine Verhärtung der in ihm vorgeschriebenen Struktur bedroht; es tritt die Gefahr ein, daß sich die gegebene Vorordnung verselbständigt und jenseits aller subjektiven Aneignungstätigkeit obligatorisch wird.

Unabhängig von der jeweiligen methodischen Ausgestaltung des Ortes bleibt jedoch der sozialisierende Funktionszusammenhang gleich, den der sozialpädagogische Impuls bewirkt: Indem sich das kollektive Subjekt mit der als Ort gegebenen Umwelt auseinandersetzt, sie anzueignen versucht, entsteht ein Netz sozialer Beziehungen zwischen den ihm angehörenden Individuen. Zwar eignet es sich als Ganzes die vom Erzieher geregelte Realität von den »Zöglingen äußeren Erscheinungen der Wirtschaft und des alltäglichen Lebens«[14] an, doch geschieht dies nicht in einheitlicher Tätigkeit; die Aktivität des kollektiven Subjekts gleicht einem komplizierten und in sich differenzierten Arbeitsprozeß. Der Ort und die an ihm gegebene materielle Wirklichkeit bilden nämlich spätestens dann, wenn es um die umfassende Selbstversorgung des Kollektivs geht, keine Einheit, sondern eine Vielfalt von notwendig zu erledigenden Arbeiten: Schon die Vorbereitung von Mahlzeiten für eine Gruppe kann von einem einzelnen nicht erledigt werden, sondern bedarf der Abstimmung und Regelung zwischen vielen; unter der gemeinsamen nahen Perspektive »Mahlzeit« differenzieren sich so auch die Einzelperspektiven, d. h. Anforderungen für das Gelingen einzelner Tätigkeiten. Das Leben an einem Ort hat also, so wie es vom Erzieher organisiert wird, eine eigene, sachlich objektive Struktur, die als »äußere Regelung«, als

»Ordnung des Lebens«[15] nicht nur als für den Ort selbstverständlich (daher auch leicht aneigenbar) vorgegeben wird, sondern auch in den sachlichen Gegebenheiten selbst liegende Zwänge verkörpert; an ihm sind allein durch die benutzten Materien technische und sachliche Gegebenheiten vor jeder individuellen Absicht festgelegt.

In der Aneignung der Vielzahl dieser unumgänglichen Tätigkeiten durch das kollektive Subjekt vollzieht sich jedoch eine Positionierung der Individuen in doppelter Hinsicht: Übernehmen sie nämlich wechselweise die spezifischen Tätigkeiten, so erwerben sie einerseits einen Grundbestand von Erfahrungen, mit welchen sie ihren Alltag bestreiten können, zeigen sich andrerseits in der Bewältigung der jeweiligen Tätigkeiten auch in der konkreten individuellen Besonderheit ihrer Aktivität. Die wechselnde Zuordnung zu »Einsatzgruppen«, auch die sich stets verändernde gegenseitige Über- und Unterordnung in Makarenkos Kolonien gewinnen so eine diagnostische Funktion: Erzieher wie Zögling können, ohne den kollektiven Arbeitsprozeß aufzugeben, die besondere Individualität, die Fähigkeiten und Anlagen des einzelnen dort erkennen, wo er sich bewährt. Er sammelt seine notwendigen Erfahrungen und findet zugleich zu seiner konkreten Besonderheit.

Andererseits erhalten die Individuen so eine durch Arbeitstätigkeit bestimmte Position im Kollektiv. Denn in der Aneignung der Vielzahl von für die »Haushaltung« nötigen Tätigkeiten durch das kollektive Zöglingssubjekt bildet sich zwischen den einzelnen eine »rechtsverbindliche Form von Beziehung«[16]. Damit tritt die Pointe des sozialpädagogischen Handelns in aller Klarheit hervor: Der Erzieher beschränkt sich auf die Bereitstellung von herausfordernden – wesentlich wirtschaftlichen, d. h. die Lebensversorgung betreffenden – Rahmenbedingungen, mit welchen sich das Kollektiv auseinandersetzen und so als ganzes, wie aber auch in der Wechselbeziehung zwischen den einzelnen sich strukturieren und organisieren muß; in gegenseitiger Verpflichtung, auch darin, daß man aufeinander angewiesen ist, bildet sich – soziologisch formuliert – soziale Homogenität, pädagogisch gesprochen: Verantwortung[17].

Ein entscheidendes Implikat dieses Vorganges bildet jedoch, daß der Erzieher als Erzieher nur den Ort und die Rahmenbedingung bestimmt, dann aber den Regeln gehorchen muß, welche das

Kollektiv selbst entwickelt: »Die Mitarbeiter«, so beschreibt dies Bruno Bettelheim, »sind ständig der scharfsinnigen Kritik der Kinder ausgesetzt. Es wäre unmöglich, wollte man die Kinder ermutigen, nach einem Sittenkodex zu leben, während die Mitarbeiter sich nach einem ganz anderen richten. Im allgemeinen sind die Mitarbeiter gezwungen, gemäß einer sehr viel anspruchsvolleren und ehrlicheren Moral zu leben, als es die Gesellschaft forderte«[18]. Methodisch aber bedeutet dies zugleich auch, daß der Erziehung keine Möglichkeit bleibt, unmittelbar auf das Individuum einzuwirken; sie würde es so nicht nur aus dem Kollektiv lösen, sondern dessen eigene Kraft und Ordnung in Frage stellen. Der Erzieher muß sich des Kollektivs als eines Hebels bedienen, wobei ihm als Angelpunkt nur die Möglichkeit zur Verfügung steht, über die Gestaltung der Aneignungsbedingungen eine Veränderung in der Struktur des Kollektivs zu bewirken. Die »parallele Einwirkung«[19] zeigt sich also eher als die Fortsetzung eines Impulses, den der Erzieher in der Hoffnung setzt, daß sich seine Energie über die einzelnen Träger des sozialpädagogischen Handelns auf die Individuen auswirkt.

In der Aneignung der Ordnung und der Strukturierung der eigenen Tätigkeit findet das kollektive Subjekt zunächst eine – oft nur vorübergehend bestehende – Gestalt seiner Tätigkeit. Es entwickelt eine eigene Form, in welcher es tätig ist; die kollektive, durch Selbsttätigkeit bestimmte Dynamik drückt sich als ein eigener Arbeits- und Lebensstil aus. Er verkörpert die Richtung, welche die subjektive Tätigkeit in dem Bildungsprozeß an dem neuen Ort gewonnen hat; zugleich enthält er auch die Erfahrungen schon gelungener Aneignung, die als Wissen und Tradition die Aktivität faktisch strukturieren, im Stil aber einen symbolischen Ausdruck erhalten. Weil er die Struktur der Aneignungstätigkeit, somit auch Maß und Form ihrer Dynamik ausdrückt, ist der Stil »eine äußerst empfindliche und äußerst leicht verderbliche Sache. Man muß ihn hegen und pflegen, muß ihn täglich beobachten, er verlangt eine ebenso peinlich genaue Fürsorge wie ein Blumenbeet. Stil entsteht sehr langsam, denn er ist undenkbar ohne die Anhäufung von Grundsätzen und Gewohnheiten, die bereits nicht mehr vom reinen Bewußtsein aufgenommen werden, sondern durch die bewußte Achtung vor der Erfahrung älterer Generationen und vor der größeren Autorität des ganzen betreffenden Kollektivs, das in seiner Zeit lebt«[20].

Der Aufmerksamkeit bedarf der Stil vor allem, weil er gleichzeitig ein Indikator für die Dynamik des Kollektivs und ein wesentliches Moment des Bildungsprozesses selbst ist. Er hat wiederum diagnostische Bedeutung, wenngleich diese keineswegs leicht zu identifizieren ist. Man bedarf dazu einer methodischen Objektivierung des Stils in der Tätigkeit eines Kollektivs (aber auch eines Individuums), um so den erreichten Stand des Bildungsprozesses zu dokumentieren. Schwerer wiegt jedoch die Funktion der Objektivierung für das Subjekt selbst. Einmal hält nämlich so der Zögling seinen Entwicklungsstand in einer Form fest, welche ihm gegenübersteht, so einer bewußten Reflexion zugänglich wird; die Objektivierung erfordert also ein Darstellungsmedium, in welchem die eigene Tätigkeit anschaulich zugänglich und Gegenstand der eigenen Auseinandersetzung werden kann. Das Zöglingssubjekt muß sich also so entäußern, daß die von ihm als Ausdruck des Stils produzierte objektive Gegenständlichkeit ihm die eigene Realität zurückspiegelt und wiederum angeeignet werden kann. Das schließt ein, daß sie eine Verbindlichkeit für das Subjekt markiert, welche es für sich selbst setzen konnte und gesetzt hat.

Die Funktion des Erziehers kann sich dabei darauf beschränken, sorgfältig auf die spontan entstehenden Objektivationen zu achten. Oft wird nämlich nicht begriffen, daß – etwa in einem Jugendzentrum – »subkulturelle Stile Ausdruck selbständiger Lebensformen sind, daß sich Jugendliche in dieser Symbolik ›ihren Raum‹ schaffen und nicht pädagogisch verfremden lassen wollen, daß solche Ausdrucksformen für sie ihren Wert als eigene soziale Praxis haben«[21]; insofern hat der Erzieher zurückhaltend zu beobachten. Ihm kann jedoch auch eine gleichsam mäeutische Arbeit abverlangt werden. Aus den noch vielfältigen, dem Zögling selbst undeutlichen Aktivitätsgestalten hebt er dann mögliche einheitliche Muster und Züge hervor, um sie dem Zögling selbst wiederum gegenüber und zur Verfügung zu stellen; er verdeutlicht ihm, was dieser aufgrund seiner Aktivität schon sein könnte, wenngleich er sich dessen noch nicht bewußt ist, und stellt so einen aus der Biographie des Zöglings gewonnenen Aneignungsgegenstand für weitere Bildungsarbeit zur Verfügung[22]. Weil aber mit der Methode der Objektivierung ein noch vorübergehender Stand in der Entwicklung dokumentiert werden soll, verbietet sich ein Rückgriff auf Gestaltungsformen, welche für das Alltagsleben selbst relevant sind; ein gelungenes Arbeitsprodukt kann so kaum Mittel zur Objektivierung werden, da es bleibende Gültigkeit beanspruchen kann. Eher liegen ästhetische und spielerisch regelhafte Formen nahe[23].

Der Stil drückt die Dynamik und den Weg aus, welche der Bildungsprozeß des Zöglingssubjekts aktuell nimmt. Aber er bezeichnet nicht das Ende des Aneignungsprozesses, der an einem Ort stattfinden kann: Dieses findet sich dort, wo das Subjekt im Rahmen der ihm offenstehenden Möglichkeiten nicht nur vorläufig eine Struktur seiner Tätigkeit gefunden, sondern sich selbst diszipliniert hat. Die Disziplin bildet das Ende des Erziehungsprozesses[24]: Bewußt beherrscht und kontrolliert das Subjekt seine Umwelt und sich selbst; es kennt und erfaßt die Perspektiven, kann sie in sein Handeln umsetzen. Nicht nur hat es in seiner Disziplin eine »Formalisierung« der ihm ursprünglich vorgegebenen Ordnung vorgenommen – zwar bleiben die gegebenen Regeln gültig, aber sie treten in ihrer Lebensrelevanz zurück und werden von wichtigeren Inhalten überlagert. Vor allem hat sich jedoch das Subjekt über die am Ort gegebenen Bedingungen hinaus entwikkelt. Darin liegt nicht nur der Grund dafür, daß die Ordnung in der methodischen Gestaltung des Ortes in den Hintergrund und die selbstgesetzte Disziplin an ihre Stelle tritt. Vielmehr müssen die Rahmenbedingungen des Ortes selbst verändert werden: Will man nicht die Kraft und die Dynamik des Subjekts, aber auch seine Schönheit riskieren, muß man die Grenzen des Ortes sprengen.

Verhärtet sich nämlich das Verhältnis zwischen dem Ort und den an ihm geltenden sozialen Beziehungen, dann erstarrt die kollektive Praxis in Routine; sie verliert ihre Dynamik von Aneignung und Objektivierung, ihr Stil verselbständigt sich zu einem bloßen Klischee. Die aus ihrem Inneren entstandene Ordnung mechanisiert sich in einem äußeren Zwangsprinzip, dem man gehorcht, ohne ihm Sinn zuzumessen. Alles verengt sich zu einem rigiden, die Beziehungen reglementierenden Reglement, welches keine Ausnahme kennt und allein die technischen Ansprüche derjenigen repräsentiert, die es erlassen haben. Nur mehr der »Akt der Zerstörung seiner selbst oder der anderen« kann vom Subjekt erlebt werden[25].

So zeichnet die Dialektik der Sozialpädagogik aus, daß sie selbst in den Zustand der totalen Institution münden kann.

Dem ersten sozialpädagogischen Impuls, der über die Einrichtung eines Ortes eine Situationsbasis und das die Organisation des Zöglingssubjekts auszeichnende System sozialer Beziehungen bewirkt, muß demnach ein zweiter folgen, in welchem dieser Ausgangspunkt des sozialpädagogischen Handelns revidiert wird: An das Subjekt müssen neue Herausforderungen gestellt werden, durch welche es wieder eine andere Position erreichen kann; seine Perspektiven sind durch die Aussicht auf eine neue Objektivität oder durch diese selbst so zu organisieren, daß sich eine Bildungstätigkeit über den bisherigen Ort hinaus erstrecken kann. Der Ort muß sich öffnen; ein neuer Horizont ist zu begründen. So erst gewinnt das sozialpädagogische Handeln seinen prozessualen Charakter.

Freilich kommt in der Wirklichkeit des sozialpädagogischen Handelns dem zweiten Impuls häufig die Priorität zu, da die Öffnung des Ortes, die Sprengung der Institution und der antiinstitutionelle Diskurs erst die Möglichkeit entstehen lassen, pädagogisch zu handeln; sie bilden die pädagogische Form, um den sozialen Sektor gegen die Ansprüche des Gesellschaftssystems und des politischen Systems zu etablieren. Eine am Subjektbegriff orientierte Sozialpädagogik kann nämlich erst dort einsetzen, wo der in administrativen Strukturen und Institutionen verhärteten offiziellen »Pädagogik« eine Absage erteilt wird und sich die Möglichkeit von Leben andeutet, da »Gitter um Gitter... abgesägt« wird[26]. Allerdings zielt die Öffnung der Institution auf die Herstellung des sozialpädagogischen Ortes. In systematischer Hinsicht ist sein Begriff somit logisch vorauszusetzen. Zudem bildet die Öffnung des Ortes eben auch ein zweites, Prozessualität überhaupt erst bestimmendes Moment des pädagogischen Handelns.

Als Form des sozialpädagogischen Handelns birgt sie ein erhebliches Risiko; sie verwirklicht sich in einem komplexen, offenen Prozeß, für den die generellen Strukturmerkmale sozialpädagogischen Handelns weiterhin gelten. Dieses Risiko verringert sich jedoch, wenn die Öffnung des Ortes als ein integrales Moment des sozialpädagogischen Prozesses vollzogen wird. Denn sie kann dann gewagt werden, da das Zöglingssubjekt in seiner Dynamik und in der Struktur seiner inneren Beziehungen eine hinreichende Stabilität erreicht hat. Mehr noch: sie muß sogar gewagt werden, andernfalls das kollektive Subjekt gefährdet wäre. So hat die Öffnung des Ortes einen dreifachen Sinn: Einmal sichert sie die Dynamik des Lebensprozesses, indem sie dem Subjekt einen erweiterten Horizont objektiver Möglichkeiten zur Verfügung stellt und es erneut zu Aneignungshandlungen herausfordert. Zum anderen zwingt sie das Subjekt, sich selbst gegenüber einer nun wieder komplex und diffus erscheinenden Umwelt zu identifizieren; sie hebt die Integration von Ort und sozialen Beziehungen auf, zwingt dabei das Subjekt, sich selbst zu erfassen und festzustellen. So werden zwar dessen Fähigkeiten nicht negiert, wohl aber auf das Subjekt gleichsam zurückgeworfen, damit es sie in neuer Form mobilisiert und für den nun geänderten Raum erneut organisiert. Langfristig führt schließlich die Öffnung des Ortes zu einer Vermischung zwischen dem pädagogischen Ort und dem gesellschaftlichen Alltag; sie erlaubt den Weg in die Widersprüche und Konflikte des gesellschaftlichen Lebens.

Typologisch lassen sich drei Strukturformen der »Öffnung des Ortes« unterscheiden, deren methodische Verwendung jedoch von den Ausgangsbedingungen abhängt; andererseits vermischen sie sich auch in der Wirklichkeit des sozialpädagogischen Handelns. Diese Strukturformen sollen hier mit dem Namen derjenigen bezeichnet werden, die sie jeweils besonders (freilich auch nicht ausschließlich) theoretisch problematisiert und in das Bewußtsein gehoben haben, nämlich Anton Makarenko, Maud Mannoni und Karl Wilker.

Erstens: »Ich stellte mir die Kraft des Kolonistenkollektivs vor, und plötzlich begriff ich, woran es liegt. Ja, natürlich, wie konnte ich nur so lange überlegen: Das alles liegt am Stillstand. Im Leben des Kollektivs darf es keinen Stillstand geben. Ich freute mich wie ein Kind: welche wunderbare, ergreifende Dialektik! Ein freies Arbeitskollektiv kann nicht auf der Stelle stehenbleiben. Das weltweit gültige Gesetz der allgemeinen Daseinsform des Kollektivs ist die Bewegung nach vorn, und die Form des Todes ist der Stillstand[27].« Anton Makarenkos »Pädagogische Poem« gliedert sich inhaltlich in zwei Teile. Behandelt es im ersten, wie das kollektive Erziehungssubjekt sich an einem leeren Ort selbst organisiert, durch den Zwang zur Selbstversorgung eine innere Struktur entfaltet und sich stabilisiert, so wird im zweiten Teil zum Thema, warum und wie das kollektive Zöglingssubjekt den ursprünglichen

Ort verläßt und einen neuen Ort »erobert«. Um der Gefahr zu begegnen, daß das Kollektiv in seiner Entwicklung stehen bleibt, sogar durch den Mangel an objektiver Herausforderung und Indifferenz entstrukturiert wird[28], anknüpfend aber auch an die im Kollektiv entstandenen Veränderungsabsichten[29], riskiert Makarenko die ganze Existenz des Kollektivs: Einer Explosion gleich wird der alte Ort zwar nicht zerstört, aber doch durch die Perspektive auf einen neuen Ort in Frage gestellt. Der Wechsel der Orte, zuerst aber die Herausforderung durch eine neue Aufgabe, lassen nicht nur eine neue Position für das Subjekt entstehen, sondern verändern auch seine Perspektiven. Das wirkt zurück auf die Qualität der sozialen Beziehungen im Kollektiv selbst. Sie verlieren ihre Starrheit, werden dynamisch und modulierbar; ein neuer Ton des Kollektivs klingt an.

Wo ein kollektives Subjekt sich in seiner eigenen Praxis selbst erzieht, kann der methodische Schritt einer Öffnung des Ortes auf die innere Stabilität des Subjekts setzen und es in seiner Gesamtheit mit einem anderen Ort herausfordern: Man kann einen *Wechsel der Orte* vollziehen. Dabei gewinnt das Subjekt zunächst die Perspektive auf den neuen Ort, verläßt dann seinen alten und geht in einen neuen Aneignungsprozeß an dem nun zu erobernden Ort über. Pädagogisch läßt sich keine größere Herausforderung denken. Denn obgleich am Anfang noch Beziehungen zwischen beiden Orten bestehen – bei Makarenko ziehen Vorausgruppen hin und her –, muß man doch schließlich das ganze Kollektiv auf sein eigenes System von sozialen Beziehungen stellen. Es muß in sich gefügt und gefestigt sein, weil ihm die durch den ursprünglichen Ort gegebene Situationsbasis verlorengeht[30]. Der alte Ort läßt sich in seiner Gültigkeit als Aneignungsgegenstand nicht mehr wieder herstellen; am neuen Ort aber gibt es nur die Herausforderung, von der man nicht wissen kann, ob sie durch das kollektive Subjekt bewältigt wird.

Zweitens: »Hinter dem von uns eingeführten Begriff der gesprengten Institution steht die Absicht, aus allen möglichen Vorkommnissen Nutzen zu ziehen (aus dem Ungewöhnlichen, das man gewöhnlich unterdrückt). Anstelle der Permanenz bietet der Rahmen der Institution von nun auf der Grundlage der Permanenz Öffnungen nach außen, Breschen aller Art (beispielsweise Aufenthalte außerhalb der Institution). Unverändert bleibt er nur als Ort des Rückzugs; aber der wesentliche Teil des Lebens spielt sich woanders ab, bei der Arbeit oder in irgendeinem Projekt außerhalb. Vor dem Hintergrund dieser Oszillation von einem Ort zum anderen kann ein Subjekt entstehen, das sich nach seinem eigenen Willen befragt«[31]: Zwar ist auch dem Individuum ein Wechsel der Orte möglich, doch läßt sich dies nur mit noch größeren Schwierigkeiten bewerkstelligen; die so entstehenden Belastungen kann nur eine gefestigte, in sich ruhende Person ertragen. Aber kann man ernsthaft mit solchen Individuen in der Sozialpädagogik rechnen?

Wenn die Einbindung in eine kollektive soziale Praxis fehlt, kann man den ursprünglichen Lebensort nicht aufgeben; man ist auf ihn als Grundlage der eigenen Existenz verwiesen. So bleibt nur die Möglichkeit, dem Individuum ein *Oszillieren zwischen innen und außen* zu eröffnen; es kann seinen Ort verlassen, andere aufsuchen und wieder zu seinem ursprünglichen Lebensort zurückkehren. Dessen Gültigkeit wird so nicht in Abrede gestellt, wenngleich sich seine Bedeutung verändert. Er wird zu einem Ort, an welchen man sich flüchten kann[32], vor allem zu einem Ort, der für das Subjekt selbst Bedeutung und Geschichtlichkeit hat. Er wird nun erst real Ort des Lebens. Denn »ein Ort des Lebens ist ein Ort, den man verläßt (denn er läßt Ortsveränderungen zu). Aus diesem Grund ist es von besonderer Bedeutung, daß ein solcher Ort sich nicht nach dem Vorbild der Kleinfamilie strukturiert, sondern den Interessen und Kämpfen der Außenwelt aufs engste verbunden bleibt«[33].

Maud Mannoni hat für das aus den Überlegungen zur Antipsychiatrie entwickelte Konzept der »gesprengten Institution« explizit festgehalten, daß es um ein Prinzip des – bei ihr »therapeutisch« genannten – Handelns geht: Die Sprengung der Institution muß ein Moment im reflektierten, somit – im Kontext der hier vorgelegten Überlegungen – sozialpädagogischen Handeln bilden, wodurch dieses Permanenz und Prozessualität gewinnt. »Die Metapher der Sprengung zielt ab auf die Öffnung eines Lebensortes gegenüber der Außenwelt; eines Ortes, der, obwohl institutionalisiert, sich dennoch weigert, als Ersatz für das gesamte Netz von Institutionen zu dienen, in welchen das Subjekt sich integrieren muß: zunächst der Familie, dann die schulischen, die beruflichen und die soziopolitischen Institutionen etc. Die Institution selbst nimmt die Sprengung auf sich[34].«

In der Sprengung des Ortes vollzieht sich keine absolute Negation des Ausgangspunktes; dieser bleibt ungebrochen als ein Objekt bestehen, welches das Subjekt wählen kann, ohne an es gefesselt zu sein. Er dient ihm als Rückzugsgebiet und positionelle Sicherheit gegenüber den Ansprüchen, die in der Außenwelt an es herangetragen werden. Seine Subjektivität entfaltet sich aber in dem »Alternieren der Aufenthalte«[35], in der oszillierenden Bewegung, bei der es sich von einer neuen Dimension aneigenbarer Objektivität bestimmt und so eine veränderte Biographie gewinnt, sich vor allem in den Widerspiegelungen der Außenwelt selbst neu erfährt, ohne dies als Bedrohung empfinden zu müssen[36].

Drittens: Während die dritte Strukturform einer Öffnung des Ortes in ihrem Ergebnis der zweiten gleicht, unterscheidet sie sich doch in der Ausgangssituation. Vor allem verfügt sie über die höchste Komplexität aller Strukturformen; sie stellt die pädagogisch schwierigste, zugleich auch eine im höchsten Maße politische Verwirklichung dieses methodischen Prinzips dar. Sie zielt auf die *Herstellung eines Lebensortes bei gleichzeitiger Öffnung des Raumes*, an welchem die Subjekte leben; sie gilt einer Umwandlung, bei der ein pädagogischer Ort geschaffen wird, indem durch die kollektive Selbstorganisation ein Ausgrenzungsraum umgewandelt wird. Die methodische Schwierigkeit ist offensichtlich, denn die Herstellung des pädagogischen Ortes, an welchem ein Subjekt sich erst organisieren kann, setzt dieses hier schon eigentlich voraus. Anders formuliert: den dritten Strukturtypus zeichnet aus, daß er nur in einem komplexen Prozeß verwirklicht werden kann, der von allen Beteiligten höchste Anstrengung erfordert, zugleich aber – wie schon das Beispiel Karl Wilkers zeigt – überaus leicht durch äußere Angriffe zerstört werden kann.

Die dichteste, freilich immer noch unzureichende Beschreibung der Implikationen, welche dieser Strukturtypus für das pädagogische Handeln bereithält, hat der italienische Psychiatriereformer Franco Basaglia vorgetragen; ihre verblüffenden Parallelen etwa zur Schilderung Wilkers erlauben, sie hier wiederzugeben, obwohl sie doch – mehr noch als Maud Mannonis Überlegungen – aus einem »fremden Gebiet« zu stammen scheinen: »Im Falle einer offenen Institution läßt sich die Klinik von dem Ziel leiten, unter allen Umständen die Subjektivität des Kranken zu wahren, auch auf Kosten der allgemeinen Effizienz der Organisation. Das Ziel spiegelt sich konsequent in jedem einzelnen Akt der Institution wider: Wenn sich die Identifizierung des Patienten mit der Klinik als notwendig erweist, dann wird bei seiner Identifikation Wert darauf gelegt, daß er seine individuelle Zielsetzung dabei erkennt und durchschaut, darin eine Möglichkeit für seine Zukunft erblickt – denn die Institution stellt sich ihm als eine offene Welt dar, die mehr als eine Alternative anbietet und das Leben des Patienten als lebensmöglich aufzeigt.

In einer so beschaffenen Wirklichkeit wird die Freiheit zur Norm, und der Patient gewöhnt sich daran, davon Gebrauch zu machen. Damit erzieht er sich selbst zur Übernahme von Verantwortung, zur Selbstkontrolle, zur Beherrschung seines Körpers und zum Verständnis für seine Krankheit jenseits aller wissenschaftlichen Vorurteile. Doch dazu gehört, daß die Institution (d. h. alle sie bestimmenden Rollen) als materielle und psychologische Hilfestellung dem Kranken jederzeit zur Verfügung steht. Sie muß in all sein Tun und Lassen wie selbstverständlich einbezogen sein. Das bedeutet, aus den erstarrten Rollen herauszutreten, die Objekt-Beziehung zum Kranken aufzugeben und seine Ziele zu gemeinsamen Zielen werden zu lassen. Das bedeutet die Zerstörung des autoritär-hierarchisch bestimmten Bezugsrahmens, in dem die Werte des einen Pols und die Nicht-Werte des anderen als erwiesen gegeben sind; das Zurverfügungstellen mehrerer Alternativen, um den Kranken in den Stand zu versetzen, daß er sich dem Dickicht der institutionellen Regeln widersetzen kann und auf diese Weise das Gefühl erhält, noch zu existieren, und zwar in einer Institution, die sich vornimmt, die Voraussetzungen für sein Existieren beständig neu zu schaffen. Das bedeutet schließlich, daß die Institution auf jede Art von Selbstschutz verzichtet und daß alle sie bestimmenden Rollen mitwirken, damit sich eine Lebensgemeinschaft formieren und entfalten kann, in der die Grenzen für den einen von der Gegenwart des anderen und der wechselseitigen Anfechtungsmöglichkeit abgesteckt sind«[37].

Die pädagogische Komplexität dieses Strukturtypus liegt also darin, daß den im Sinne einer Anstaltskultur schon vergesellschafteten Individuen die Möglichkeit geschaffen werden muß, sich ihre Institution anzueignen und zugleich einen neuen, eigenen sozialen Zusammenhang zu entwickeln, in welchem sie real Subjekte des

Veränderungsprozesses werden. Darin liegt eine doppelte Paradoxie. Denn einmal geht nun von den als Disziplinierung erfahrenen Beziehungen zu den Rollenträgern der Anstalt – also den Ärzten oder Sozialpädagogen – der Impuls aus, eben diesen Beziehungszusammenhang zu verändern; am Ort des Zwanges, ja noch als Ausdruck von herrschaftlicher Verfügung und Macht wird den Subjekten aufgetragen, sich selbst gegen diese Verfügungen zu definieren und ihr Handeln autonom zu bestimmen. Gleichzeitig bleibt offen, woher sie die dazu erforderlichen Kompetenzen nehmen sollen; sie haben sich ja der Anstalt eingefügt, haben sich Handlungsformen angeeignet, welche der dort bestehenden Kultur entsprechen, und sind erneut auf Angebote der Pädagogen angewiesen; dabei aber besteht die Gefahr, daß sich die alten Herrschaftsbeziehungen wieder reproduzieren.

Deshalb erscheint die Öffnung des Ortes als Herstellung eines Lebensortes weder im Sinne des »leeren Ortes«, noch nach dem Prinzip des »didaktisch gestalteten Ortes« möglich; jener widerspräche der gegebenen Faktizität, dieses reproduzierte nur die gegebenen sozialen Beziehungen. So bleibt allein die Möglichkeit, in einen Prozeß »objektivierender Aneignung« einzutreten. Pädagogische Arbeit zielt dann darauf, die gegebenen Lebensverhältnisse, auch die Situation der Betroffenen selbst zu thematisieren und sie in gegenständlich-objektiver Qualität den Subjekten so vorzugeben, daß sie sich diese aneignen und über sie verfügen können. »Aber nur«, so hat Franco Basaglia diesen Vorgang beschrieben, »wenn sich der Kranke seiner Situation als Ausgeschlossener, dann der Verantwortung bewußt wird, die die Gesellschaft bei seiner Verstoßung trug, kann an die Stelle der Gefühlsleere, in der er jahrelang gelebt hat, allmählich ein gewisses Maß an persönlicher Agressivität treten, die dann zu offener Auflehnung führt gegen eine Realität, die er jetzt nicht mehr ursächlich als Kranker ablehnt, sondern deshalb, weil die Realität für jedermann unerträglich ist. Seine Freiheit wird dann für ihn etwas, das er sich selbst errungen hat, nicht aber das Geschenk eines Stärkeren«[38].

Gleichzeitig gelingt der Prozeß der objektivierenden Aneignung nur, wenn das Subjekt selbst seine institutionelle Realität aktiv gestaltend besetzen und modifizieren kann. Objektivierende Aneignung setzt daher häufig mit einer ästhetischen Gestaltung ein, in welcher ein zunächst fremdbestimmter Raum eine neue Gestalt erhält; die Subjekte besetzen ihn mit ihrer Farbe und ihren eigenen Symbolen, überführen ihn so in ihr Eigentum: Karl Wilker richtet im »Lindenhof« seine Aktivität zunächst auf das Handeln in den inneren Verhältnissen der Anstalt. Er benutzt symbolische Mittel, vor allem aber bedient er sich der ästhetischen Gestaltung als Mittel der objektivierenden Aneignung. So werden die vorgegebenen Räumlichkeiten zunächst von der funktionalen Definition befreit, die ihnen institutionell zugeordnet war, und zum Gegenstand einer diskursiven Auseinandersetzung über ihre Ausgestaltung erhoben. Darin werden sie objektiviert, angreif- und zugleich auch handhabbar; ihr institutioneller Mythos zerbricht spätestens in dem Augenblick, in welchem die Zöglinge die Wände bemalen[39]. Weil sich aber in der Auseinandersetzung und der gestaltenden Arbeit selbst ein Kollektiv organisiert, somit ein in sich ruhendes soziales System entsteht, kann man die symbolischen Grenzen des Ortes aufbrechen. In Wilkers »Lindenhof« wird die Anstalt geöffnet, indem die Fenstergitter entfernt und das schwere Holztor zerbrochen wird. Ein Mauerdurchbruch entsteht, welcher ein Oszillieren in die gesellschaftliche Außenwelt erlaubt.

Aber damit sind nicht die Ängste und Unsicherheiten aufgehoben, welche diese Außenwelt vor der Anstalt und ihren Insassen entwickelt hat. Darin liegt der politische Sinn dieses Strukturtypus der »Öffnung des Ortes«. In ihm wird nicht nur gegen die Raumordnungen gekämpft, welche gesellschaftlich vorgenommen wurden; in ihm wird nicht nur die Struktur innerhalb der Institution verändert; vielmehr muß die Öffnung der Anstalt noch eine Veränderung der Gesellschaft selbst bewirken. Dem Lebendigwerden einer sozialen Praxis am pädagogischen Ort entspricht dabei ein Vorgang, in welchem in dreifacher Hinsicht Transparenz zur gesellschaftlichen Umwelt hergestellt wird: Erstens verliert das Geschehen in der Einrichtung seine in der Außenwelt vorhandenen Mystifikationen. So wie es von den Insassen angeeignet und selbst kontrolliert wird, kann es auch nach außen dargestellt werden; das Dunkel des Zwangsapparates lichtet sich, er verliert seine Schrecken. Im Lindenhof dokumentiert eine selbstgedruckte Zeitung den Fortgang in der Sprengung der Institution; Feste folgen, in welchen sich die lebendige soziale Praxis am pädagogischen Ort den Außenstehenden darstellt. Schließlich dienen auch Theateraufführungen dazu, die Außenwelt über die Innenwelt des pädagogischen Ortes aufzuklären. Makarenkos Erziehungskollektiv gerät dabei sogar in die Rolle einer politischen Avantgarde, welche nicht nur die Außenwelt über diese selbst aufklärt, sondern sie noch zu einem politischen Reflexionsprozeß anstößt. So bleibt – zweitens – die Transparenz nicht auf die Beziehung innen-außen beschränkt. Indem die Subjekte sich über ihre gesellschaftlich bedingte Situation bewußt werden, leiten sie einen Prozeß ein, in welchem die gesellschaftlichen Strukturen selbst hervortreten und klarer werden. Die pädagogische Aktion mündet in einen Vorgang gesellschaftlicher Veränderung, in der sich die Ausgrenzungslinien verändern, vielleicht sogar auflösen. Dieses Verschwinden bedeutet aber – drittens –, daß der pädagogische Ort seine diskriminierende Funktion verliert. Er wird zu einer realen Alternative des Lebens.

Gewiß: das alles klingt utopisch. Vor allem aber unterliegt der Prozeß einer Öffnung des Ortes keiner Mechanik. Zwar eignet ihm eine Logik, doch handelt es sich dabei um eine Handlungslogik, welche in subjektiv empirischer Praxis verwirklicht werden muß. Aber diese ist von Konflikten, Auseinandersetzungen, Zwischenfällen und Ereignissen bestimmt. Sie läßt sich nicht antizipieren. So bleibt der Prozeß der Sozialpädagogik stets offen.

19 Vom Handeln in der sozialpädagogischen Situation[1]

In der Erörterung von Funktion und Wirkung des sozialpädagogischen »Ortshandelns« kommt die Theorie der Sozialpädagogik als solche eigentlich zu ihrem Abschluß. Denn was das Handeln der Beteiligten miteinander, die Struktur des pädagogisch geleiteten Aneignungsgeschehens und die Frage angeht, was denn der Erzieher mit seinem Zögling will, fällt aus ihrem Bereich heraus. Es gehört schon dem Nachdenken über Erziehung und Bildung schlechthin, letztlich somit der Allgemeinen Pädagogik an.

Die Analyse der pädagogischen Situation selbst verdeutlicht dies: Die für Erziehung und Bildung charakteristischen Aneignungsprozesse geschehen nämlich unter der Voraussetzung, daß die situative Basis – etwa in der Gestalt des pädagogischen Bezuges – durch Erzieher und Zögling schon praktisch gesichert ist; sie müssen Vertrauen zueinander haben, um die Anfechtungen der Aneignungsprobleme zu bewältigen. Das sozialpädagogische Handeln zielt dagegen darauf, sowohl diese Basis, wie auch die ihr zugehörende subjektive Verfaßtheit zu rekonstruieren. Darin ist die Sozialpädagogik eine unter spezifischen Bedingungen angewandte Pädagogik, welche – allerdings schon immer pädagogisch – die Voraussetzungen von Erziehung erst schafft; sie leisten dies in der mit Hilfe des Subjektbegriffes reflektierten Einrichtung von Orten. In diesen und – situationstheoretisch systematisiert – »auf« diesen können dann pädagogische Situationen stattfinden[2].

Im Diskurs der Sozialpädagogik ist freilich nicht nur die Frage nach dem Prinzipiellen von Erziehung, sondern auch die nach dem Handeln in der pädagogischen Situation immer aufgenommen und aufgeworfen. Für ihn gilt dabei, daß die Reflexion der pädagogischen Situation – systematisch gesprochen – auf einer Abstraktionsebene stattfindet, die der untergeordnet ist, auf welcher die Kategorien »Ort« und »Subjekt« mit ihren Implikationen thematisiert werden. Die Bestimmung der Situation und ihrer Eigenschaften vergegenwärtigt demnach Zusammenhänge, welche auch die Mikrologik sozialpädagogischen Handelns auszeichnen. Sie stellt damit zugleich Begriffe zur Verfügung, die Einsicht geben in die konkrete Umsetzung des »Ortshandelns« zwischen den beteiligten Individuen, konkret: zwischen Erzieher und Zögling. Die Aneignung des Ortes läßt sich nämlich situationstheoretisch konkretisiert beschreiben; so gilt, daß das sozialpädagogische Handeln zwar seinen Schwerpunkt in der Errichtung und Einrichtung von Orten hat, seine letzte und unmittelbare Wirklichkeit jedoch in Situationen findet.

Dem entspricht eine Parallelität zwischen den mit »Ort« und »Situation« bezeichneten Sachverhalten. Beide zeichnet aus, daß sie gleichzeitig eigenartige Struktur und Handlung sind; so wie man »ortshandelt«, werden Situationen nur als Handlungen und in diesen möglich, verfügen zugleich doch über eine für sie charakteristische Struktur. Sie müssen also ebenfalls über die Vorstellung der »structuration« erfaßt werden, welche besagt, daß die situative Struktur praktisch produziert und reproduziert wird[3]. Dabei stehen sie unter der Herrschaft handelnder Subjekte, besitzen jedoch ein identifizierbares Geflecht von Elementen, die in eigengesetzlicher Beziehung zueinander stehen; dieses kann theoretisch erfaßt werden. Weil Situationen sich nicht von Handlungen trennen lassen, kommt ihnen empirisch kein einheitlicher und statischer Charakter zu: Situationen bilden vielmehr eine komplexe Einheit von Spannungen und dynamischen Veränderungen. Das liegt einmal daran, daß in ihnen die Ambivalenzen, Widersprüche und Antinomien des sozialen Sektors bestimmend werden. Zum anderen gründet es darin, daß in ihnen Subjekte mit unterschiedlichen Erfahrungen, Erwartungen und Perspektiven in Beziehungen aufeinandertreffen, die gleichzeitig asymmetrisch und symmetrisch gestaltet sind; kurz: situatives Handeln in der Pädagogik spielt sich im Feld der Kontingenzen ab.

Der Hauptgrund für die innere Spannung von pädagogischen Situationen liegt jedoch darin, daß sie nur als eine Einheit im Wandel definiert werden können. Sie zeichnet als pädagogische Situation aus, daß sich in ihrem Verlauf ihre eigene Struktur, vor allem die Positionen der Beteiligten verändern. Aus der Sicht des Erziehers betrachtet bestimmt pädagogische Situationen daher, daß es »um ihre Gültigkeit geht«[4]. Potentiell für möglich gehalten und deshalb vom Erzieher initiiert, müssen sie doch durch das aneignende Handeln des Zöglings als pädagogische Situationen erst gültig werden. Dabei tritt in ihnen ein unvorhersehbarer, wohl aber zu ahnender qualitativer Umschlag in den Strukturen ein, der von einem »fruchtbaren Moment«[5] abhängt, sich jedoch schlagartig, explosiv durchsetzt. Dies läßt sich zwar vorbereiten, indem die Situation »pädagogisch geladen« wird. – Peter Petersen hat mit diesem Ausdruck zu fassen versucht, wie auf eine stehende Situation eine pädagogische Absicht »aufgeladen« wird[6]. Im hier entwickelten Zusammenhang liegt jedoch der Vergleich mit einem Kondensator nahe: Über einen gewissen Zeitraum wird ein Geflecht von Beziehungen mit Spannungen, Widersprüchen und Anforderungen energetisch aufgeladen, um in einem bestimmten Augenblick schlagartig die Energie so abzugeben, daß sich ein veränderter Zustand im System der sozialen Beziehungen ergibt. – Aber diese explosive Umschaltung selbst kann im pädagogischen Zusammenhang weder herbeigeführt, noch gesteuert werden[7]. Sie hängt von der strukturellen Eigengesetzlichkeit ab, die eine Situation aufgrund ihrer konkreten Bedingungen gewinnt.

In dieser Nichtbeeinflußbarkeit der situativen Dynamik liegt eine Grenze für das Handeln des Erziehers, der auch auf der Seite des Zöglings ein Grenzcharakter der Situation korrespondiert. »Jede einzelne pädagogische Situation hat zunächst, wie jede bestimmte Situation, die Merkmale der Enge und Bedingtheit usf., aber dem Schüler wird sie mehr als das; sie nimmt den Charakter einer Grenzsituation an. Aus zwei Gründen: einmal deswegen, weil der Schüler lange Zeit kein Bewußtsein besitzt, das ihm das Ende der pädagogischen Situation im voraus kräftig anzeigt, ihm den Schluß im voraus erlebbar macht (. . .). Den Grenzcharakter behält sie jedoch stets darum, weil der Schüler und Zögling die pädagogische Situation erleiden muß. Er kann sie nicht herbeiführen und selber schaffen; das tun andere für ihn; sie kommt über ihn eines Tages, und er kann ihr innerhalb der heutigen Kulturstaaten nicht entrinnen«[8].

Ausgelöst werden sozialpädagogische Situationen durch Ereignisse. Sie bilden – strukturell betrachtet – den »dritten Faktor«, mit welchem, zufällig oder absichtsvoll eingeführt, Erzieher und Zögling als nur mögliche Situationsteilnehmer konfrontiert werden. Beziehen sie sich nun handelnd – nämlich vermittelnd und aneignend – auf das Ereignis, dann beginnt die pädagogische Situation zu gelten. Pädagogische Situationen ergeben sich, anders formuliert, aus Zwischenfällen, die nicht – wie etwa in der Mehrzahl von Institutionen – als Störung[9], sondern als aufstörende Chance begriffen und systematisch genutzt werden. Sie brechen unerwartet in einen gewohnten Lebensrhythmus – somit auch in einen Modus der Differenz – ein, unterbrechen diesen und lassen die Routine der Handlungen bersten; was als gewiß galt und eingeübt war, ist erschüttert und aufgehoben. Ereignisse treten demnach in unsere Praxis als objektive, fremde Momente ein, die sich zunächst weder kontrollieren, noch beherrschen lassen. Erst in der situativ gebundenen Aneignung holen wir sie in unsere Horizonte ein; wir bemächtigen uns ihrer, indem wir uns selbst verändern.

Allerdings führt nicht jedes Ereignis zu einer Situation: Man geht manchmal über Zwischenfälle als bedeutungslos oder nebensächlich hinweg; auch kann der Erzieher fehlen, der die pädagogische Situation ausgehend von dem Ereignis strukturiert. So müssen also zusätzliche Bedingungen gegeben sein, damit ein Ereignis situativ bewältigt wird: Besteht nicht ohnedies eine Bereitschaft dazu auf seiten der Subjekte, so muß der durch das Ereignis ausgeübte Druck so groß sein, daß man sich ihm nicht entziehen kann. Aber dann kann immer noch eine hinreichende Situationsbasis fehlen; auch kann es dem Subjekt an Mitteln mangeln, um das Aneignungsproblem zu fassen, das durch das Ereignis entstand. Es kann somit selbst noch in den Modus der Differenz führen. Selbst positive Voraussetzungen für ein Zustandekommen von Situationen können sich kontraproduktiv auswirken: Der Realisierungszwang kann übermächtig werden, sämtliche Kapazitäten des Subjekts fesseln. Sogar seine übergroße Bereitschaft verhindert unter Umständen den Erfolg – die Eigengesetzlichkeit der Situation führt dazu, daß sie nicht erzwungen werden kann.

Zufällig eintretende Ereignisse können pädagogisch genutzt werden, sofern eine hinreichende Situationsbasis oder – sozialpädagogisch – ein schützender Ort vorhanden ist. Auch lassen sich Zwischenfälle vorausahnen. Vor allem aber lassen sich Zwischenfälle planen und vorbereiten; sie bilden ein Instrument des methodischen Handelns, das allerdings unter der Prämisse des offenen Ausgangs von Situationen steht.

Die Planung von Zwischenfällen, mit welchen pädagogische Situationen möglich werden sollen, orientiert sich an dem schon erreichten Stand des subjektiven Bildungsprozesses eines Zöglings. Sie bemißt sich einerseits an seinem Leistungspotential, genauer: an den »Erfolgszonen« subjektiven Handelns, somit an den Tätigkeitsfeldern, auf welchem das Subjekt sich »sicher fühlt, immer wieder besonders aktiv und damit ständig erfolgreich« ist[10]. Andererseits knüpft die Planung von Zwischenfällen auch an Potentiale an, von deren Bestehen man zwar weiß, die jedoch – durch erfolgreiche Routinisierung von Aktivität als Folge von Übung – aktuell ungenutzt bleiben. – Da man aus vorausgegangenen Aneignungsbemühungen um die Stärke des Subjekts weiß, sucht man diese freilich in der Sorge erneut herauszufordern, daß das Subjekt nicht überfordert wird. – Schließlich orientiert sich die Planung von Zwischenfällen an dem perspektivischen Horizont, innerhalb dessen sich das Leben eines Subjekts an seinem Ort bestimmt; sie versucht, seine Position in dem ökologischen Zusammenhang seiner Haushaltung aufzunehmen, kann allerdings in der Öffnung des Ortes über diesen hinausweisen.

Formal lassen sich bei der Planung von Ereignissen für pädagogische Situationen drei Formen unterscheiden: Erstens können sie für die Zöglinge als *unerwartete Ereignisse* eintreten; sie werden mit einem Problem konfrontiert, mit dem sie weder rechneten, noch rechnen konnten. Sie können – zweitens – eine Anforderung erwarten, ohne um deren Qualität zu wissen. So hat jede Aufnahme in einem Heim den Charakter des *erwarteten, gleichwohl unbekannten Ereignisses*. Schließlich – drittens – können Situationen durch *quasi-bekannte Ereignisse* ausgelöst werden: Diese werden vom Erzieher oder vom kollektiven Zöglingssubjekt als abstrakte Idee oder als noch unklar bestimmte Aufgabe projektiv entworfen und müssen ihre für die Situation konstitutive Objektivität noch durch die Beteiligten selbst gewinnen; die Situation entsteht so in der Konkretisierung, Vorbereitung der Durchführung und der Durchführung der Idee: Steht am Anfang eine unklare, auch erschreckende Vorstellung, so wird diese zunehmend faßlicher ausgefüllt und schließlich in ein konkretes Handeln umgesetzt, in welchem eine Fähigkeit entsteht. Insofern bildet die durch das quasi-bekannte Ereignis ausgelöste Situation ein geradezu ideales Pendant zum Prozeß der Aneignung selbst, vor allem aber zu dem Vorgang, in welchem sich das Subjekt durch die Aneignung konstituiert.

Unabhängig davon, ob der Erzieher ein zufälliges Ereignis aufgreift oder in irgendeiner Form plant, fällt ihm in der Situation eine dominierende Rolle zu. Er eröffnet sie, indem er auf das Ereignis aufmerksam macht, es somit als für sich und für den Zögling bedeutsam erklärt; er stiftet den Aneignungsakt, mobilisiert die Kräfte des Zöglings, indem er das Fragen und Suchen weckt, in welchem die Qualitäten des Ereignisses erforscht werden. Damit wird nicht nur der Gegenstand für die Beteiligten objektiviert, sondern auch eine eigentümlich doppelsinnige Beziehung definiert: Sie ist asymmetrisch und symmetrisch zugleich.

Diese Beziehung ist asymmetrisch, weil der Erzieher durch seinen Hinweis auf den durch das Ereignis gegebenen Gegenstand Wahrnehmung und Denken des Zöglings anregt, gegenüber diesem somit eine führende Position einnimmt; er hebt die Problematik des Ereignisses hervor, die andernfalls dem Blick entgangen wäre, stößt so die Auseinandersetzung an. (Läßt sich der Zögling auf diese »Zumutung« ein, so legitimiert er sie von seiner Seite, gibt aber auch zu erkennen, daß er die Asymmetrie aufheben will.) Die Asymmetrie in den Beziehungen ergibt sich jedoch nicht nur aus der Tatsache, daß der Erzieher ein Ereignis setzen oder nutzen, somit eine Situation einleiten kann. Sie ist vielmehr gewöhnlich schon dadurch empirisch vorgegeben, daß der Erzieher in einem Ereignis einen möglichen dritten Faktor der pädagogischen Situation sehen kann, weil er mit ihm schon vertraut ist; er ist ja schon erzogen. Allerdings: obwohl der Erfahrungsvorsprung oft die pädagogische Initiative legitimiert, kann er nicht als systematisch notwendig in Rechnung gestellt werden. Spätestens in der eigentümlichen Grundkonstellation des sozialpädagogischen Problems kann sich der Erzieher weder auf sein besseres Wissen, noch auf seine größere Erfahrung berufen. Gegenüber einem zufällig eintretenden, auch von ihm nicht antizipierten Ereignis befindet er sich deshalb ebenfalls in der Position des Neuanfangs. Um als Erzieher wirken zu können, müssen ihn deshalb andere Qualitäten auszeichnen.

Auch wenn also die Notwendigkeit der Erziehung für das Subjekt objektiv nachgewiesen werden kann – ohne Erziehung verliert es seine Subjektivität in den gesellschaftlichen Rahmenbedingungen menschlichen Lebens –, so läßt sich doch die Position des Erziehers in der sozialpädagogischen Situation nicht objektiv begründen. Sie hat ihr Fundament in seiner voluntativen Entscheidung zur Erziehung; der Erzieher muß erziehen wollen. Er nimmt somit selbst die Position des Pädagogen ein, legt sich damit auch die Zwänge auf, die für ein Gelingen pädagogischen Handelns erforderlich sind. So bildet die Asymmetrie der pädagogischen Situation ein qualitatives Merkmal der Erzieherposition, welches selbst noch absichtsvoll handelnd zu realisieren ist. Sie konstituiert sich durch die reflektierte Haltung, in welcher der Erzieher seine Position wahrnimmt und ausfüllt; eine pädagogische Situation kann als solche demnach nur der Rekurs auf den Diskurs eröffnen, der dem Erzieher vermittelt, wie Erziehung überhaupt möglich ist.

Die situative Position, der sich der Erzieher reflexiv vergewissert, zeichnet sich durch drei Bestimmungen aus: Erstens definiert sich der Erzieher durch das Bewußtsein seiner Differenz gegenüber dem Zögling. Dies kann als ein aus Unsicherheit entstandenes dogmatisches Festhalten an der eigenen Überlegenheit wirken, tatsächlich auch aus diesem Grunde entstehen. Situativ (und somit methodisch) relevant ist jedoch allein, daß das Bewußtsein von der Differenz zwischen den Subjekten in der pädagogischen

Situation real wird; so wird die für pädagogische Handlungsvollzüge nötige Distanz und Resistenz des Erziehers geschaffen. Er behält nicht nur seine klare und definierte Position, läßt sich also nicht in die emotionalen Konflikte des Zöglings verstricken, sondern bietet sich noch als ein Bezugs- und Angriffspunkt dar, an welchem sich der Zögling seiner eigenen Identität versichern kann; man kann dies als den in der Erziehung unvermeidbaren Zwang interpretieren, die »Aneignung von Entfremdung« zu ermöglichen[11].

Zweitens kann jedoch die Differenz des Erziehers nur handelnd verdeutlicht werden. Sie zeigt sich in seiner Stellungnahme gegenüber der Welt, vor allem gegenüber dem Ereignis. Der Erzieher muß also wertend tätig werden[12], um so – bildlich formuliert – eine Reibungsfläche zu bieten, an welcher sich die Aneignungstätigkeit des Zöglings entzünden kann. Der Erzieher führt also das aus der Welt gesellschaftlich-geschichtlicher Gegenstände und Lebensformen ereignishaft erwachsende »objektive« Moment nicht nur in die Situation ein, indem er auf es aufmerksam macht. Er konstituiert vielmehr die Situation, wenn er verdeutlicht, daß dieses Moment, diese Lebensform für ihn selbst Bedeutung hat und wertvoll erscheint; nicht um das Durchhalten von Wertungen, sondern um das Werten selbst, um die persönliche Betroffenheit und das Engagement geht es dabei. Gewiß gibt sich der Erzieher so spätestens dann preis, wenn der aufmerksam Gemachte die Wertung selbst kritisiert und ablehnt.

Es zeigt sich hier allerdings auch, daß die theoretischen Annahmen über die Struktur der pädagogischen Situation präzisiert werden müssen: Das gegenständliche Moment, der dritte Faktor in ihr besteht nicht an und für sich in sachlicher Objektivität, sondern wird vermittelt über die Art und Weise, in welcher sich der Erzieher mit ihm auseinandersetzt. So wie sich die vermittelnde Tätigkeit auf die Aneignungsaktivität des Zöglings bezieht, richtet sich umgekehrt diese auch auf jene als Handeln.

Das heißt jedoch – drittens – daß sich der Erzieher auch in der Art seiner Aktivität, somit in seinem eigenen Handlungsstil identifiziert. Die Asymmetrie der pädagogischen Situation gründet also darin, daß der Erzieher nicht nur die selbsttätige Veränderung des Zöglings ermöglichen will, sondern dessen Aneignung in der Überzeugung vorantreibt, daß sie gelingen kann. Er dient der inneren Dynamik der Situation als ein Energieträger; kurz: er ist Optimist.

Als Optimist geht er von einer prospektiv gültigen Annahme über die künftigen Fähigkeiten des Zöglings aus; er hofft, daß dieser wirklich kann, was man ihm zutraut. Dabei zeichnet die situativ gebundene Praxis aus, daß der Erzieher bei der Auseinandersetzung mit dem Ereignis dem Zögling gleichsam stets ein kleines Stück voraus ist, somit durch sein Handeln die Aktivität des Zöglings mit- und zu den Erfolgszonen hinreißen will, von denen er annimmt, daß sie der Zögling erreichen kann.

Darin aber zeigt sich, daß neben der Asymmetrie schon immer eine Symmetrie der Beziehungen in der pädagogischen Situation gegeben ist; sie besteht notwendig. Das zunächst nur durch die vermittelnde Tätigkeit des Erziehers objektivierte Ereignis dient nämlich in seiner Objektivität als Bezugspunkt einer gemeinsamen, in sich freilich differenzierten Tätigkeit: Erzieher und Zögling gleichen sich – trotz aller Asymmetrie – in ihren situativen Positionen, weil sie beide dem Gegenstand gegenüber gestellt sind und sich mit diesem auseinandersetzen müssen. Diese Symmetrie ihrer Positionen bildet eine unhintergehbare Grundbedingung der Situation. Denn selbst wenn sich der Erzieher nur erneut mit dem Gegenstand auseinandersetzt, so ist er doch dem Zögling insofern gleichgestellt, als er sich erstmals gemeinsam mit diesem dem Gegenstand gegenübersieht. Erzieher und Zögling sind also darauf angewiesen, in der pädagogischen Situation miteinander zu kooperieren.

Durch die ihnen auferlegte Kooperation binden sie sich ein in den sozialisatorisch wirkenden Zusammenhang gemeinsamer Arbeit an dem Ereignis, der nur gelingen kann, wo einerseits die Einzeltätigkeit – nämlich Vermittlung und Aneignung – ihrer sachlichen Anforderung angemessen, andererseits doch im steten Bezug auf den anderen durchgeführt wird[13]. Man kann in diesem Zusammenhang gemeinsamer Aktivität einen dritten Faktor zweiter Ordnung sehen: Bildet nämlich das Ereignis als objektiver Bezugspunkt den dritten Faktor erster Ordnung für die pädagogische Tätigkeit, so führt die situativ gemeinsame Praxis der Erziehung zu einem Netz von Beziehungen zwischen beiden, das als solches ebenfalls eine über die Personen hinausreichende pädagogische Qualität gewinnt.

Diese Praxis der Kooperation in der Situation läßt sich wiederum dreifach bestimmen. Sie kann – erstens – nur begriffen werden als ein labiles Gleichgewicht von Symmetrie und Asymmetrie in den Beziehungen, welches in einem komplexen Prozeß des Ausgleichens gehalten wird. Dem entspricht die Vielfalt von Rollen, welche der Sozialpädagoge in seinen Interaktionsprozessen spielen muß (und welchen selbstverständlich komplementäre Rollen des Zöglings entsprechen): Er wirkt nämlich – oftmals gleichzeitig (und ohne Anspruch auf Vollständigkeit genannt) – als Vater/Mutter, (großer) Bruder/Schwester, Freund, Bekannter, auch Kumpel, Aufpasser, Polizist und Anwalt, Helfer und Berater, Lehrer und Therapeut, Unterhalter und Moderator, schließlich sogar als professioneller Pädagoge. Zweitens zeichnet diese Praxis aus, daß sie durch wechselseitige Verläßlichkeit bestimmt wird. Damit ist zwar eine Symmetrie der Beziehungen im Sinne der gegenseitigen Anerkennung und Achtung, nicht jedoch die Gleichheit der Beteiligten gemeint. Verläßlichkeit heißt, daß die Beteiligten bestimmt mit der Aktivität des anderen rechnen können. – Sie verfügen über die Gewißheit, daß positionell aufgetragene Leistungen auch eingehalten werden; so kann der Zögling sich der Existenz des Erziehers in einem positiven Sinne, nämlich stützend und schützend, gewiß sein. Er kann ihm vertrauen. Drittens aber realisiert sich im kooperativen Prozeß, was (logisch betrachtet) der pädagogischen Situation vorausgehen (und durch den sozialpädagogischen Ort gesichert werden) muß: Zwischen den Beteiligten entfaltet sich ein letztlich emotionales Verhältnis, in welchem sich die Personen achten, schätzen und gegenseitig annehmen – vielleicht auch als Menschen lieben[14]. Dies schlägt sich als »Mütterlichkeit« und Zwang zur Gefühlsarbeit in den sozialpädagogischen Handlungsvollzügen nieder, die gleichwohl keineswegs idyllisiert werden dürfen: »Sozialarbeit, zumindest in ihren offenen, weniger ›amtlichen‹ Formen ist auch immer zu einem wesentlichen Teil solche Gefühlsarbeit: Sich anlabern lassen, zuhören, sich testen lassen, Mutproben aushalten, sich (nicht) austricksen lassen, trösten. All das gehört zur Arbeit der ›öffentlichen Väter und Mütter‹ (Götz Aly)«[15].

Neben die Symmetrie in der kooperativen Praxis der pädagogischen Situation tritt jedoch noch eine zweite, welche einerseits das Ende der Situation markiert, andererseits – situationstheoretisch gesprochen – auf der Ebene einer reflexiven Verarbeitung und Thematisierung der Situation angesiedelt werden muß: Denn durch das Aneignungshandeln des Zöglings tritt auch die ursprünglich gegebene, noch durch pädagogische Reflexion hergestellte Asymmetrie zwischen ihm und dem Erzieher zurück und wird als überflüssig aufgehoben; die pädagogische Situation als solche ist beendet.

Aber dies ist in doppelter Hinsicht zu relativieren. Denn einmal begründet die so entstehende Symmetrie eine situative Basis für künftige pädagogische Situationen. Zum anderen ist die pädagogische Situation als Aneignungsvorgang nicht erschöpft. Zu ihr gehört ein Moment, das doch schon außerhalb von ihr liegt: Die Aneignungsleistung des Subjekts muß verifiziert (und dazu objektiviert) werden.

In der Objektivation der Aneignungsleistung erhält nicht nur die pädagogische Situation ihre Wahrheit. Vielmehr kann das Subjekt so erfahren, daß es den Modus der Differenz verlassen hat und sich in einem Modus der Identität bewegt. Die Verifikation gelingt also nur, wo das Subjekt an der gesellschaftlichen Praxis teilnimmt und so den dort vollzogenen Beurteilungsverfahren unterworfen ist. So werden seine Kompetenzen, nämlich seine Fähigkeiten und Fertigkeiten, aber auch die Grenzen seines Tuns, somit seine Zuständigkeit festgelegt. Insofern bedeutet jede Verifikation auch eine Verpflichtung. Man erwartet von ihm, daß es sich in einer Weise verhält, die ihm möglich geworden ist, oder sein Abweichen von der Regel begründen kann. Verifikation schließt also notwendig ein, daß das Subjekt sein Tun und seine Situation reflektiert; es wird sich seiner selbst auf einer hohen Stufe der Rationalität bewußt. Insofern fällt die Verifikation aus der Alltäglichkeit heraus; sie ist selbst noch ein besonderer Vorgang, der ein spezifisches Qualitätsmerkmal der pädagogischen Situation belegt.

Ihre formale Gestalt findet die Verifikation der Erfolgs- und Leistungszonen eines Subjekts im *Vertrag*, der zwischen ihm und dem Erzieher geschlossen wird. Er bestätigt den Aneignungsvorgang, legt ihn verbindlich fest, thematisiert ihn vor allem in einer von subjektiver Willkür freien – sprachlichen – Gestalt. Insofern nimmt der Vertrag auch eine Formalisierung der Aktivität des Zöglings vor. Er muß nämlich von ihren individuellen Besonderheiten absehen, da er ihr Ausdruck in einem gesellschaftlichen Symbolisierungsmedium gibt; der Vertrag hält die Leistung des Subjekts so fest, wie sie allgemein »denkbar« und »sagbar« ist. Er ist deshalb in seinem Kern selbst dann noch ein soziales Ereignis, wenn der Zögling ihn mit sich selbst abschließt[16].

Der pädagogische Vertrag leistet zweierlei. Indem er die dem Subjekt möglichen Aktivitäten dokumentiert und verbindlich macht, legt er – erstens – für künftige Situationen eine Basis fest, die für alle Beteiligten nachprüfbar gilt. Er erkennt die frühere Leistung an, bestätigt ein subjektives Niveau der Handlungen und Beziehungen, gibt es so aber zugleich in die Verfügung und unter die Kontrolle der Subjekte. Deshalb setzt der Abschluß des Vertrages einen Prozeß der Kritik und Selbstkritik voraus. Zwar kann er nur von freien Subjekten abgeschlossen werden[17], die ihre Stellung selbst fixieren, doch schließt dies nicht die Konfrontation und Herausforderung der Beteiligten aus. So läßt sich beispielsweise eine reflexive Brechung der Selbsteinschätzung des Zöglings durch den Erzieher denken. Dieser kann jenen mit der Frage angreifen, ob er sich denn der selbstentwickelten Definition sicher sei und die selbstauferlegten Ansprüche überhaupt erfüllen könne; er kann das Selbstbild des Zöglings diesen selbst gegenüberstellen, kann es auch mit der Realität, vor allem der Fremdwahrnehmung konfrontieren. Aber er kann den Zögling auch herausfordern, indem er festhält, daß dieser zu größerer Leistung fähig sei, sich vielleicht auch der Verantwortung für sich selbst entziehen möchte. Die zum Vertrag führende Verifikation entbehrt so weder der Dramatik noch der Härte. Aber sie gilt nicht bloß dem Zögling, sondern schließt den Erzieher ein. Dieser muß sich nicht minder über sich, seine Kräfte und die Bedingungen gewiß sein, unter welchen er handelt; er muß die subjektiven Beschränkungen eingestehen und die objektiven Grenzen erkennen[18].

Aber der Vertrag dokumentiert nicht nur Erreichtes, sondern legt klar und deutlich, somit verfügbar und kontrollierbar fest, was die Vertragsteilnehmer in Zukunft erreichen wollen. Er enthält nicht nur eine Vereinbarung über die Gegenwart und die auf dieser ruhenden Grundlage künftiger Beziehungen, in der qualitativ und material die Positionen der Beteiligten unter Anerkennung ihrer subjektiven Differenzen definiert sind. – Den pädagogischen Vertrag bestimmt somit nicht die Idee des Rechts; ihn leiten die Ideen der Gerechtigkeit und der Solidarität. – Vielmehr markiert der Vertrag einen Gegenstand der kooperativen Aneignungstätigkeit. Er legt also die Beziehungen in ihrem gegenwärtigen Status und zugleich für ein künftiges Tun fest, welches – so paradox dies klingt – noch durch ein Handeln in künftigen pädagogischen Situationen verwirklicht werden muß. In ihm machen die Subjekte die Erweiterung ihrer Handlungsmöglichkeiten zum Inhalt ihres eigenen Tuns.

Den Gegenstand eines Vertrages bildet also die von Subjekten geplante Einführung eines dritten Faktors. Sie begründen mit dem Gegenstand – der typologisch ein quasi-bekanntes Ereignis bildet – die Möglichkeit einer neuen pädagogischen Situation, welche jedoch auf einem höheren Niveau als die vorangegangenen Situationen liegt, deren Ergebnisse der Vertrag selbst verifiziert. Zugleich hat die durch den Vertrag zustandekommende Situation einen höheren Grad der Verbindlichkeit: Ihre Voraussetzungen und Inhalte sind so fixiert, daß man sich ihnen nicht entziehen kann. So wird durch den Vertrag den Subjekten eine höhere Realitätskontrolle faktisch und als »künftiges Produkt« zugänglich[19]; sie unterstellen ihre gemeinsame und individuelle Tätigkeit einer selbstgewählten und entwickelten Perspektive.

Auch für die Festlegung der den Vertragsgegenstand bestimmenden Perspektiven gilt, daß sie sich in einem Prozeß der Kritik und Selbstkritik vollzieht. Erzieher und Zögling müssen sich über die von ihnen entwickelten Perspektiven verständigen, sie schließlich so in Deckung bringen, daß sie Gegenstand einer gemeinsamen Erziehungsarbeit werden können. So gibt der Vertrag, der die Perspektive zum bewußt gewählten Inhalt des gegenwärtigen Handelns macht, diesem einen Sinn, der doch erst künftig eingeholt werden kann. Vor allem aber legen der Vertrag und seine Folgeverträge die Entwicklung des Subjekts zunehmend in dessen Hände: Es lernt, über sich selbst zu verfügen, seine eigenen Perspektiven zu fassen und zu verfolgen; es wird imstande, sich selbst zu erziehen.

Epilog

Wie alle Pädagogik gelingt auch die Sozialpädagogik nur in einem verantwortlichen Handeln. Sieht man auf ihr Ende, so müssen das Subjekt, welches Zögling war, und die Gesellschaft befragt werden, in welcher dieses lebt und wirkt; ihre Antworten entscheiden. Und doch: Erziehung ist dann gelungen, wenn sich der Zögling selbst annehmen, somit in seinem eigenen Zustand einen Gegenstand seiner Selbsttätigkeit finden kann; Erziehung glückte, wenn er seine Gegenwart aushalten und in die Veränderung seiner Lebensumstände dort eintreten kann, wo er in Gemeinsamkeit mit anderen Subjekten ihren Wandel für nötig befindet. Die Pädagogik genügt aber ihrem Begriffe, sobald das Subjekt gegenwärtig und künftig ein Leben führen kann, welches ihm selbst wert- und sinnvoll, somit so lebenswert erscheint, daß es dieses als eine Lebensform tradieren und anderen Subjekten überantworten will, ohne deren Subjektivität in Frage zu stellen.

So liegt für den Erzieher die Absicht der Erziehung darin, in eine Lebensform, die ihm selbst wertvoll ist, einzuführen und diese weiterzugeben. Der Sinn der Erziehung erschließt sich aber dann, wenn der Erzogene seinem Erzieher gegenübertritt und ihn kritisiert, ohne daß dieser gekränkt wird; er ist dort gegeben, wo der Zögling mich in einer Weise kritisiert, die ich nicht nur aushalten kann, sondern in der ich selbst wachse – und erzogen werde.

Erziehung gelingt!

Anmerkungen

Vorwort

1 Vgl. Holtstiege 1976, S. 11ff.; vgl. dagegen dies. 1978, S. 38.

Kapitel 1

1 Die hier angestellten methodologischen Überlegungen greifen allerdings über die Sozialpädagogik hinaus; sie wären in weiten Teilen für Pädagogik überhaupt geltend zu machen. Allerdings ist das Objekt der theoretischen Erkenntnis in der Pädagogik schlechthin durch die Erziehungstatsache definiert, während sozialpädagogische Theoriebildung den Zugang zu ihrem Objekt und die Bestimmung ihres Gegenstandes nur über die Reflexion einer von den Handelnden zu leistenden Reflexion findet. Dies wird im 2. Kapitel deutlich. Hinzu tritt, daß die Wissenschaft der Pädagogik durch eine längere Tradition schon gesichert ist.

2 Obwohl später eine systematische Zuordnung vorgenommen wird, soll auf der hier angesprochenen Ebene einer methodologischen Erwägung nicht zwischen »Sozialpädagogik« und »Sozialarbeit« unterschieden werden. Das entspricht auch dem gegenwärtig in der Diskussion erreichten Stand.

3 Man muß allerdings auch die eigentümliche Beobachtung mitteilen, daß es kaum Versuche gibt, die Notwendigkeit einer sozialpädagogischen Theorie überhaupt ernsthaft nachzuweisen und zu begründen. (Eine Ausnahme bildet allerdings Zander 1975).

4 Vgl. Thiersch/Rauschenbach 1984, S. 984–988.

5 Claus Offe 1984 S. 340.

6 Vgl. die Beiträge in Becher (Hrsg.) 1982.

7 Vgl. Hornstein u. a. 1982, Deutscher Bundestag 1984.

8 Hornstein u. a. 1982, S. 23.

9 Vgl. z. B. Vobruba 1983, S. 156ff.

10 Gärtner/Sachße 1978, S. 15.

11 So die Annahme bei Vahsen 1975.

12 Vgl. z. B. Müller B. 1984 b.

13 Vgl. Peters 1971.

14 Müller C. W. 1979, S. 56.

15 Vgl. z. B. Schmidbauer 1977.

16 Peters/Cremer-Schäfer 1975.

17 Vgl. Thiersch 1981 a.

18 Vgl. Heiner 1981, S. 221.

19 Matthes 1975, S. 208.

20 Vgl. z. B. Hamann 1975.

21 So Wollenweber 1983.

22 Dies gilt auch für die nicht hinreichend rezipierten Arbeiten von Lutz Roessner und seiner Schule. Vgl. dazu die Kritik bei Stötzel 1978, S. 198.

23 Thiersch/Rauschenbach 1984, S. 985f.

24 So Schmidt 1981, vgl. auch Buchkremer 1982.

25 An diesem orientiert sich beispielsweise Marburger 1979.

26 Hierzu rechne ich vor allem die neueren, an einer Phänomenologie des Alltags orientierten Arbeiten von Hans Thiersch.
27 So etwa Hollstein/Meinhold 1973, Bauer 1973, zuletzt Khella 1978.
28 Böhnisch 1982, Münchmeier 1981.
29 Landwehr/Baron 1983, Sachße/Tennstedt 1980.
30 Vgl. die Beiträge in: Projektgruppe Soziale Berufe 1981 b. Wolff 1983, S. 101–169.
31 Thiersch/Rauschenbach 1984, S. 985.
32 Vgl. kritisch Deutsches Jugendinstitut 1982, Honig 1982.
33 Dazu rechne ich auch die kaum übersehbare Publizistik der Wohlfahrtsverbände und der berufsständischen Organisationen.
34 Thiersch/Rauschenbach 1984, S. 985.
35 Fooken 1973, S. 14.
36 Pfaffenberger 1980 b, S. 345. Lattke 1968; Stötzel 1978, bes. S. 202; Iben 1972, S. 235.
37 Immerhin kann man davon ausgehen, daß feststeht, »welche Wege sozialpädagogischer Theoriebildung nicht zu Zielen führen«: Müller, C. W. 1979, S. 41.
38 Vgl. z. B. Gildemeister 1983.
39 Ihre Schwierigkeit wird vor allem an den Ansätzen deutlich, welche die Sozialpädagogik nicht nur als Funktion des Sozialstaates bestimmen, sondern auch eine inhaltliche Abhängigkeit – etwa in der Verpflichtung, zur Sozialintegration normale, durchschnittliche Lebensentwürfe zu organisieren, sowie Abweichung sanft zu kanalisieren – sehen, nun aber mit dem Abbau sozialstaatlicher Regelungen ein »Verschwinden des Orientierungshorizonts der Sozialpädagogik« konstatieren müssen (vgl. Böhnisch 1984). Folgte man der Logik des Arguments, so dürfte nicht bloß ein »sozialpädagogisches Handeln ins Ungewisse«, sondern eine Auflösung von Sozialpädagogik überhaupt die Konsequenz sein. Doch dies ist nicht der Fall. Im Gegenteil: Wenngleich sich Handlungsspielräume und politische Möglichkeiten der Sozialpädagogik zunehmend verringern, ist doch ihre Argumentationsfähigkeit im Prinzip nicht gebrochen. Theorie muß sich dann – erstens – fragen, worauf diese gründet. Zweitens muß sie die Inhalte dieser Argumentation zur Kenntnis nehmen und prüfen, dabei jedoch anerkennen, daß sie einen Teil der Realität von Sozialpädagogik darstellen, die unabhängig von sozialstaatlicher Determination bestehen kann.
40 So schon Strehler 1909, 9 f.
41 Vgl. als Übersicht Tuggener 1971, S. 26 ff., Mollenhauer 1966, S. 32 ff.
42 Das zeigt sich beispielsweise in den Versuchen, den Begriff der Sozialpädagogik gleichsam klientelspezifisch durch den der Jugendhilfe zu ersetzen. So Mollenhauer mit Bezug auf Theodor Wilhelm (Mollenhauer 1966 b) und selbstkritisch dazu ders.: 1968, S. 9 und 1971, S. 134 f. Analoge Probleme haben sich allerdings auch schon in der Auseinandersetzung um eine Fürsorgewissenschaft gezeigt, die der Debatte um die Theorie der Sozialarbeit vorwegging; vgl. Vogel 1975, Matthes 1964, S. 79.
43 Nohl-Pallat 1929, S. 3. (Ich behandle im folgenden den fünften Band des Handbuchs als eine Einheit, zitiere ihn deshalb allein mit dem Verweis auf die Herausgeber. Obwohl seine Beiträge von verschiedenen Autoren verfaßt wurden, drücken doch diese und das Werk insgesamt eine einheitliche Position aus.

44 Ebenda.

45 Dies hat C. W. Müller 1982 verdeutlicht.

46 Diesen Schluß legen wenigstens seine späteren Arbeiten nahe, die den in den »Ursprüngen« gegebenen Zusammenhang von Realgeschichte, Theorie- und Bewußtseinsgeschichte nicht mehr aufgreifen.

47 Im Kern hat dieses Argument schon Otto Willmann vorgetragen. Neuerdings wird es erneut von Liening 1975 und Werner 1984 vertreten.

48 Das wird deutlich im Handbuch Sozialarbeit/Sozialpädagogik (1984), besonders jedoch im Beitrag von Thiersch und Rauschenbach zu diesem. Vgl. auch Böhnisch 1979, S. 23.

Kapitel 2

1 Bäuerle 1967, S. 117.

2 Diesen Sachverhalt hat offensichtlich schon Erich Weniger vor Augen, wenn er 1930 im Enzyklopädischen Handbuch des Kinderschutzes und der Jugendfürsorge zum Stichwort Sozialpädagogik schreibt: »Seit etwa 1905 hat dieser Streit um den Begriff der S. P. jede Bedeutung verloren. Statt dessen gibt es heute eine ausgedehnte Praxis, die sich selbst als eine ›sozialpädagogische‹ weiß, hervorgegangen seit der Jahrhundertwende aus hier und da isoliert auftauchenden konkreten Bemühungen, die sich an den verschiedensten Einzelproblemen, die man jeweils als die vordringlichsten empfindet, entzünden; aus solchen Einzelbemühungen etwa seit dem Weltkriege sich zusammenfindend in dem großen Strom einer ›sozialpädagogischen Bewegung‹, die nun auch nach theoretischer Begründung ihres Arbeitszusammenhanges verlangt und ihn in der Deutung des von allen Seiten gebrauchten Begriffes der S. P. sucht. Man fühlt eine Zusammengehörigkeit sich als Tatsache herausbilden, deren Grund zunächst nicht klar erkannt wird ...« (Weniger 1930, S. 750 f.).

3 Man kann dies in Beziehung setzen zu dem von der berufssoziologischen Forschung entdeckten eigentümlichen Charakter als »Geheimnis«, der Professionswissen offensichtlich neben allen inhaltlichen Momenten auch auszeichnet.

4 Empirische Hinweise dazu geben Lau/Wolff 1982, S. 280 f.

5 Berger/Luckmann 1977, S. 24.

6 Klaus Mollenhauer hat m. E. das Phänomen des sozialpädagogischen Diskurses in den »Ursprüngen der Sozialpädagogik« erkannt und systematisch geortet, es jedoch weder theoretisch aufgenommen, noch als Programm einer Historiographie der Sozialpädagogik benannt. Er thematisiert faktisch den Diskurs als »eigentümliche(n) Verbindung sozialgeschichtlicher Tatsachen und geistesgeschichtlicher Strömungen, aus denen sich die Grundprobleme dieser Sozialpädagogik als einem pädagogischen Bereich, der der Gesellschaft neu dazugewonnen war, ergeben« (Mollenhauer 1959, S. 121 f.).

Eine Historiographie der Sozialpädagogik müßte in einem gleichsam archäologischen Zugriff die historischen Stadien des sozialpädagogischen Diskurses aufdecken und je systematisch rekonstruieren. Dies müßte sie konkret (und auch regional bezogen) nicht nur im Blick auf die im ersten Kapitel benannten Ebenen der innerdiskursiven Reflexion leisten; vielmehr müßte sie auch die öffentliche Auseinandersetzung verfolgen und prüfen, wie weit durch diese Themen in der fachlichen Diskussion induziert wurden. Als Beispiel für eine derartige

Diskursgeschichte kann man die Auseinandersetzung um Lampels »Revolte im Jugendhaus« und Karl Wilkers Lindenhof sehen, die sich offensichtlich – etwa zum besonderen Thema der Disziplin – im Gesamtdiskurs auswirkte und die Reflexionsbemühungen auch der Praktiker bestimmte (vgl. als Beispiele die Beiträge in Moll 1930/31). Darüberhinaus hätte eine Historiographie des Diskurses auch Schlüsselstellen aufzudecken – so etwa die (Wieder)Entdeckung Pestalozzis als Sozialpädagogen im Pestalozzijahr 1927 (vgl. Weniger 1930, S. 751).

7 Der hier verwendete Diskursbegriff unterscheidet sich also von dem, den Jürgen Habermas eingeführt hat.

8 Vgl. Foucault 1974 und 1976; für die Rekonstruktion spezifischer Diskurse Foucault 1976, 1978 und 1979. Allerdings teile ich nicht die inhaltlichen Interpretationen Foucaults, die in ihrem historischen Zugriff Komplexität und Dialektik der Diskurse vernachlässigen. Sie begreifen Geschichte als die Durchsetzung eines anonymen, letztlich ontologisierten Subjekts »Macht«. Demgegenüber wäre am historischen Subjekt der menschlichen Gattung festzuhalten, damit aber auch an die aufklärerisch befreienden Momente von Rationalität erinnert. Vgl. im übrigen Laclau 1981 und 1982.

9 Bes. Wittgenstein 1969. Vgl. auch Winch 1974.

10 Man bedient sich als Diskursteilnehmer der in der Ausbildung erworbenen Inhalte, des eigenen Vor- und Erfahrungswissens. All dies wird zu typisierenden »Normalformen« verdichtet (vgl. Berger/Luckmann 1977, S. 77f., Cicourel 1975) und zu einer Sinnbestimmung herangezogen, die zunehmend routinisiert Gebrauch findet.

11 Im Blick auf das Phänomen bedeutet dies, daß sich Diskurs und soziale, als Profession identifizierte Gruppe nicht trennen lassen. (Siehe dagegen aber die Überlegungen am Ende des Kapitels). Das historisch entstandene System einer Sprache bindet so die Gruppe der Sozialpädagogen. »Sinn« heißt dabei zunächst, daß die eigene, als Zusammenhang konstituierte Sprache »Namen« für die Phänomene enthält, die den Teilnehmern am Diskurs bedeutungsvoll sind (ja diese Phänomene überhaupt erst in ihren Bewußtseinshorizont einholt). Insofern gilt, daß der im Diskurs verbürgte inhaltliche Sinn auch Abgrenzungen, d. h. Unterscheidungen erlaubt. Sinn tritt immer »in abgrenzbaren Zusammenhängen auf (...)« und verweist »zugleich über den Zusammenhang, dem er angehört, hinaus: (er macht) andere Möglichkeiten vorstellbar« (Luhmann 1974, S. 30). Funktional betrachtet, bezeichnet der Sinnbegriff »die Ordnungsform menschlichen Erlebens (...) – und nicht etwa irgendeinen ausschnitthaft bestimmten Sachverhalt in der Welt« (Luhmann 1974, S. 31). Obwohl sich der spezifische Sinn von Sozialpädagogik inhaltlich durch die Beschreibung des Diskurses bestimmen läßt, dient Sinn als ein letztlich psychologischer Verarbeitungsmechanismus; er ist als »selektive Beziehung zwischen System und Welt, aber auch damit nicht ausreichend charakterisiert. Vielmehr liegt das eigentlich Besondere sinnhafter Erlebnisverarbeitung darin, Reduktion und Erhaltung von Komplexität zugleich zu ermöglichen, nämlich eine Form von Selektion zu gewährleisten, die verhindert, daß die Welt im Akt der Determination des Erlebens auf einen Bewußtseinsinhalt zusammenschrumpft und darin verschwindet« (Luhmann 1974, S. 34). Allerdings muß Luhmann auch widerspro-

chen werden: Er schließt aus, daß Sinn als Mittel der Informationsbeschaffung dient. Das ist aber offensichtlich der Fall, da nämlich, wenigstens im sozialpädagogischen Feld, der im Diskurs gebundene Sinn gesteuertes Erkennen ermöglicht. Darüberhinaus sieht Luhmann nicht die Subjektgebundenheit von »Sinn«. Vgl. Keseling 1979, S. 113 ff.

12 Der Begriff »Sozialpädagogik« selbst hat zum einen die Funktion eines Index; er markiert zur Sozialpädagogik gehörende Sachverhalte als solche, läßt auch Zusammenhänge herstellen. Zugleich hat er auch die Funktion eines Relevanzoperators: Insofern er den spezifischen Sinn faßt und zugänglich macht, sind in ihm Entscheidungen über die Wichtigkeit für die Diskursteilnehmer vorweggenommen: Für sie ist ein sozialpädagogisch indiziertes Phänomen vorrangiger als (z. B.) ein juristisch indiziertes Phänomen.

13 Wittgenstein 1969, S. 311.

14 Vgl. hierzu Matthes 1975.

15 Wittgenstein 1969, S. 324.

16 Vgl. dazu in historischer Perspektive Koselleck 1976 und Habermas 1976.

17 Genauer: die Formulierung einer eigenen Ethik, von spezifischen Handlungsstandards, sowie die damit verbundene Einführung eigener Gremien, bilden Professionalisierungsprozesse auszeichnende Momente. Zur Professionalisierungsproblematik vgl. Otto/Utermann 1971, als Übersicht zum jüngsten Stand Dewe/Otto 1984.

18 Wilensky 1972.

19 Diese Versuche liegen auf drei Ebenen: Sie kommen von anderen Diskursen (etwa von dem therapeutischen, psychologischen und medizinischen), dann vom administrativen und politischen System, schließlich aber auch innerhalb des Diskurses selbst – etwa durch die sogenannte Antipädagogik.

20 Vgl. von Kardorff 1982, S. 2; vgl. Bopp 1979.

21 Vgl. Habermas 1981 c, S. 130 f.

22 Vgl. Barabas u. a. 1975, S. 374–441, dies. 1977.

23 Wittgenstein 1969, S. 324.

24 Wittgenstein 1969, S. 293.

25 Weißenfels 1980, S. 401.

26 Leube 1981, S. 138.

27 Gildemeister 1983, S. 86.

28 Vgl. z. B. Herbart 1887.

29 D. h. also den systematischen Zusammenhang von sozialpädagogischem Sinn. Die Argumentationslinie hat übrigens schon Natorp vorgegeben, wenn er formuliert: »Nicht nach den Existenzgründen der Gemeinschaft, sondern danach fragen wir, was sie dem Bewußtsein inhaltlich bedeutet« (Natorp 1909, S. 85). Kritisch, zugleich im Blick auf die Heimerziehung konkretisiert, meint Siegfried Bernfeld offensichtlich diesen Zusammenhang, wenn er von der »Ideologie« einer pädagogischen Institution spricht. Vgl. Bernfeld 1970 (Bd. II), S. 414, 415 f.

30 Im Vergleich mit der juristischen Denkform macht dies Wolff 1984, S. 31 deutlich.

31 Lau/ Wolff 1982, S. 282.

32 Vgl. Luhmann/Schorr 1979.

33 Weber 1972, S. 1. Eigentümlicherweise hat Weber die mit seinem Handlungsbegriff gegebene Problematik gar nicht gesehen, daß er über den Sinnbegriff zurückgebunden werden muß an soziale Semantik. Er hat Handeln letztlich nur individualistisch aufgefaßt, den Zusammenhang mit sozialen Kommunikationssystemen überhaupt nicht zur Kenntnis genommen.
34 Im übrigen liegt offensichtlich eine analoge Problematik schon beim Begriff der Erziehung vor. Vgl. Schwenk 1983, S. 389.
35 Vgl. Berger/Luckmann 1977.
36 Dazu zählen beispielsweise das Problem der Mündigkeit, aber auch das der Selbständigkeit in der Lebensführung etc.
37 Z. B. den Subjektivitätsbegriff.
38 Das gilt z. B. für die Veränderung der Jugendarbeit als Folge der Existenz selbstverwalteter, unabhängiger Jugendzentren. Den umgekehrten, auch für Selbsthilfeinitiativen charakteristischen Wechsel von klassisch professionsbezogenen Themen in vorprofessionelle Bereiche hat Dieter Oelschlegel z. B. für die Idee der Gemeinwesenarbeit notiert (Oelschlegel 1979, bes. S. 388).
39 Vgl. Gilgenmann 1983, S. 27.
40 Er gehört also in den Bereich, den Popper in seinen neueren Veröffentlichungen als »Welt 3« bezeichnet (vgl. Popper 1973 b, Popper/Eccles 1984).

Kapitel 3

1 Vgl. z. B. die Arbeiten von Popper 1972, Dahrendorf 1967, S. 16 ff.
2 Vgl. Marzahn/Ritz 1984, exemplarisch Endres 1981, Sachsse/Tennstedt 1980, Landwehr/Baron (Hg.) 1983.
3 Koselleck 1984, S. 264.
4 Ich folge hier Kronen 1980, S. 41–64.
5 Kronen 1980, S. 61 f.
6 Diesterweg gebraucht den Ausdruck erst in der vierten Auflage seines »Wegweisers«, dessen erste Lieferung 1849 erschien, während das Gesamtwerk dann 1850 vorlag (Kronen 1980, S. 13). Ich beziehe mich auf die fünfte Auflage, die 1873 erschien.
7 Kronen 1980, S. 34.
8 Kronen 1980, S. 24.
9 Diesterweg 1873, S. 153.
10 Ebenda.
11 Erinnert sei nur an die Stiehlschen Regulative. Vgl. z. B. Herrlitz/Hopf/Titze 1981, Titze 1973, S. 89–218.
12 Vgl. Schwenk 1974, v. allem S. 23–52.
13 Vgl. Herrlitz/Hopf/Titze 1981, bes. Kapitel 4 und 5.
14 Heman 1913, S. 562. Hemans Geschichte der neueren Pädagogik kann übrigens auch als ein bemerkenswertes Dokument zur Politisierung der Pädagogik im Blick auf nationale und imperialistische Ideologie gelesen werden. Vgl. bes. S. 559 ff.
15 Vgl. Marburger 1979, S. 17 ff.
16 Edelheim 1902, S. 7; vgl. Strehler 1909, S. 6 ff.
17 Natorp 1922, S. 42.
18 Diese Bedeutung Paul Natorps für die Denkbarkeit von Sozialpädagogik soll

nicht mit seinem Beitrag für die inhaltliche Bestimmung der Sozialpädagogik verwechselt werden. In dieser Hinsicht hat er wohl in der Tat »(mit Ausnahme von ein paar Doktoranden) wenig bewirkt« (Müller, C. W. 1981, S. 109). Es kann deshalb nicht überraschen, daß die Sozialpädagogik Natorp »die Vaterschaft dieser Disziplin nur ungern zuspricht« (Froese 1962, S. 247). Immerhin läßt sich feststellen, daß zu »Beginn des 20. Jahrhunderts und bis in dessen dreißiger Jahre (...) Paul Natorp zu den Pädagogen (gehörte), die die Diskussion zu theoretischen und praktischen Problemen der Bildung entscheidend mitgestalteten« (Ruhloff 1966, S. 11). Das bestätigt auch das zeitgenössische Urteil: »Natorp ist gegenwärtig der am meisten gelesene Pädagoge, nicht nur im Kreise der Volksschullehrer, sondern beachtenswerterweise auch in den Hochschulseminarien, woraus hoffentlich auch die Lehrerseminare den Mut und die Pflicht entnehmen werden, sich an Natorp vor dem modernen Stand der pädagogischen Wissenschaft zu rechtfertigen« (Görland 1907, S. 126).

Allerdings muß man wohl den Einwänden Richard Pipperts zustimmen: »Der Wirklichkeitsgehalt des pädagogischen Sozialismus Natorps ist anti-individualistisch, der des proletarischen Sozialismus aber ist antikapitalistisch. Übersetzt man Natorps deduktive sozialpädagogische Chiffren in sozialgeschichtlichen Klartext, dann, aber auch nur dann ist das Problem der Relevanz der Natorpschen Sozialpädagogik für konkrete Probleme sozialpädagogischer Theorie und Praxis formulierbar« (Pippert 1983, S. 30f).

19 Natorp 1907, S. 606.

20 Für diese in jüngerer Zeit von W. Brezinka und Lutz Roessner vorgeschlagene Unterordnung (Roessner 1975, S. 28) hat schon Aloys Fischer den Begriff der pädagogischen Soziologie geprägt (Fischer 1954, S. 116 und S. 162).

21 Natorp 1908, S. 675. Natorp umreißt den theoretischen Gegenstand dort folgendermaßen: »Ziemlich einhellig versteht man darunter (= Sp) nicht sowohl einen abgegrenzten Teil der Pädagogik als vielmehr eine bestimmte Auffassung ihrer ganzen Aufgabe, nämlich diejenige, welche bei der Bestimmung des Ziels wie der Mittel der Erziehung die Gemeinschaft, nicht das Individuum in den Vordergrund stellt. Es kommt aber ein doppeltes Verhältnis zwischen Erziehung einerseits Gemeinschaft oder Individualität andrerseits hier in Betracht, nämlich der Einfluß der ersteren auf die letztere und umgekehrt« (ebenda).

22 Zur biographischen Einheitlichkeit des Denkens bei Natorp vgl. Ruhloff 1966, S. 13ff.

23 Natorp 1909, S. 94.

24 Die Durchführung dieses Vorhabens selbst geschieht in der exklusiven Entfaltung eines theoretischen Gegenstandes (und zwar in dem Verstande des Ausdrucks, der hier in Kapitel 4 vorgeschlagen wird), den Natorp als Ideal betrachtet. Natorps Vorschlag zielt auf die Entfaltung eines theoretischen »Ideals«; er versucht – modern gesprochen – die Konstruktion eines komplexen »Idealtypus«, der als Bewußtseinsinhalt unser Handeln steuert, wobei sie zugleich ausdrücken soll, was der »objektive Geist« der Sozialpädagogik genannt werden könnte. Eben deshalb sieht er sich auch zu einem Rückgriff auf Tradition – Natorp nennt vor allem Plato, Rousseau, Kant, Pestalozzi – gezwungen.

25 Vgl. Natorp 1909, S. 84f.

26 Vgl. z. B. Willmann 1904, S. 269ff.

27 Natorp 1922, S. 185 f. Die philosophische Fundierung der Pädagogik war beständig Thema der Natorpschen Überlegungen. Explizit hat er sie aber abgehandelt in seinem Werk »Über Philosophie als Grundwissenschaft der Pädagogik« (Natorp 1964).

28 Vgl. Natorp 1907, S. 41.

29 Deutlich wird diese Akzentuierung des Begriffes »Sozialpädagogik als Fokus spezifischer Forschungs- und Theoriearbeit beispielsweise in Willmanns Beitrag »Sozialpädagogik« zum Enzyklopädischen Handbuch der Erziehungskunde von 1908: Er legt dort nahe, »ein Untersuchungsgebiet abzugrenzen, in welchem alle sozialen Momente der Erziehung zur Behandlung kommen, und ein solches kann füglich Sozialpädagogik heißen« (Willmann 1908, S. 769 f.).

Entscheidend scheint hierbei, daß für Willmann, obwohl er sich zunächst an Herbart und erst später an Schleiermacher orientierte, eine sozialwissenschaftliche Fundierung der Pädagogik insgesamt schon früh außer Frage stand. Schon 1876 betont er in der Vorlesung zur Enzyklopädie der Pädagogik: »Die Pädagogik kann nur wissenschaftlich behandelt werden als Teil der Sozialwissenschaft« (zit. nach Pfeffer 1962, S. 40 und S. 41). Systematisch wird dieser Zusammenhang dann in der Einleitung zur Didaktik als Bildungslehre ausgeführt (vgl. Willmann 1894). Zur sozialwissenschaftlichen Orientierung Willmanns siehe Pfeffer 1962, bes. S. 39 f., 41–44, 50 ff., 146 ff.

30 Willmann 1904, S. 42, S. 272.

31 Willmann 1904, S. 249.

32 Willmann 1894.

33 Willmann 1904, S. 249.

34 Willmann 1904, S. 243 f.

35 Willmann 1904, S. 242.

36 Buchenau 1925, S. 16.

37 Gritschneder 1921, S. 136.

38 Fischer (1954), S. 208 f.

39 Fischer (1954), S. 209.

40 Fischer (1954), S. 338.

41 Vgl. Aristoteles 1976 (Politik 1254 a).

42 Vgl. Mollenhauer 1959.

43 Vgl. z. B. Braun 1976, Mennicke 1959, Scherpner 1962 und 1965, Maul 1981 und 1984.

44 Diese Sorge war keineswegs unberechtigt, wie sich etwa an der Disziplinierung der pädagogischen Bewegung durch die Vertreter akademischer Pädagogik vor allem auf der Ebene einer philosophischen Reflexion über Erziehung und auf der Ebene schulpolitischer Auseinandersetzung erkennen läßt. Vgl. Tenorth 1983.

45 Hermann 1956, S. 6 und S. 12; vgl. Nohl 1956, vgl. auch Weniger 1930, S. 749 ff.: »Seit etwa 1918 läßt sich von einer ›sozialpädagogischen Bewegung‹ als einer neuen Phase der pädagogischen Bewegung der Gegenwart sprechen« (Weniger 1930, S. 749).

46 Nohl-Pallat 1929, S. 221.

47 A. a. O., S. 220.

48 Vgl. Holtstiege 1976, Münchmeier 1981, S. 89.

Kapitel 4

1 Bernfeld 1973, S. 16.
2 Vgl. Holtstiege 1976; als Übersicht: Schmidt 1981, S. 5-41.
3 Eine derartige Verwechslung liegt m. E. bei Christian Niemeyers Versuch vor, Theorie der Sozialpädagogik als Metatheorie zu begründen: Vgl. Niemeyer 1980.
4 Niemeyer 1980, S. 286.
5 Siehe Popper 1973, Hans Albert 1972; kritisch dazu Adorno 1972 a, Benner 1978.
6 Vgl. Erich Weniger 1953, dazu Benner 1978 bes. S. 202–217.
7 Zuletzt Schäfer 1984, S. 553.
8 Whitehead 1950, S. 159.
9 Giddens 1984, S. 179, 191 ff.
10 Damit eröffnet sich ein die Bestimmung des Objekts sozialpädagogischer Theoriebildung präzisierender Zugang: Theorie der Sozialpädagogik bezieht sich demnach nicht auf den Diskurs allein. Sie beschäftigt sich vielmehr mit diesem als einem semiotischen Vorgang, der über seine pragmatische Dimension eine Beziehung zum Handeln in der Welt hat, als Zeichenprozeß darüber hinaus noch über eine syntaktische und eine semantische Dimension verfügt, zugleich aber in sich selbst ruht. Während jedoch der Diskurs alle Dimensionen umschließt, richtet sich die Theoriearbeit – nicht zuletzt aus pragmatischen Gründen – auf die semantische Dimension. Vgl. grundlegend Morris 1972 und 1973.
11 Schütz 1971, S. 68, vgl. auch S. 6 f.
12 Vgl. Barabas u. a. 1977: Der »Bezugspunkt ist vielmehr die Reflexion von Sozialarbeitern über ihre Praxis« (S. 491).
13 Man geht vermutlich nicht fehl, wenn man vermutet, daß sowohl Herman Nohl wie auch Erich Weniger eine ähnliche Theorie ins Auge gefaßt hatten: Beide gehen zunächst von dem Phänomen einer zugleich heterogenen und doch in sich geschlossenen »sozialpädagogischen Bewegung« aus, die sich selbst mit dem Begriff »Sozialpädagogik« identifiziert (bzw. von Nohl mit der schon gegenständlich schärferen Auffassung als »Jugendwohlfahrtsarbeit« näher bestimmt wird) (vgl. Weniger 1930, S. 751). So notiert Nohl in seiner berühmten Abhandlung zwar die differenten »geistigen Energien«, hält jedoch zugleich fest, daß die Jugendwohlfahrtsarbeit »das spannungsreiche *System* der geistigen Energien ist, die die Lebensnot der Zeit, insbesondere der Jugend aufgeweckt hat« (Nohl 1965, S. 10 – Hervorhebung von mir). Der Ansatz einer materialen Theorie der Sozialpädagogik findet sich dann bei Nohl wie bei Weniger, indem ein innerer, »ideeller« Zusammenhang der verschiedenen Strömungen rekonstruiert und aufgestellt wird.
14 Whietehead spricht davon, daß »science« als »organisation of thought« begriffen werden muß. Siehe Whitehead a. a. O.
15 Auf eine ähnliche Theoriekonzeption zielen offensichtlich Bernd Dewe und Hans-Uwe Otto, 1980, S. 127.
16 Vgl. Berger/Luckmann 1977, S. 121; praktisch liegt hier eine der Disziplinierungsfunktionen, die von der Supervision in der Sozialarbeit ausgeübt wird.
17 Es gilt somit: »Theorie will benennen, was insgeheim das Getriebe zusammenhält« (Adorno 1972 b, S. 81).

18 Richmond 1917, S. 5.

19 Diese Unterscheidung folgt, obwohl sie den Kontext der Überlegung nicht mitangibt: Frege 1975, S. 40ff., vgl. bes. S. 46 Anmerkung 5. Dieser Hinweis darf allerdings nicht von der durch Frege allerdings erkannten Größe der Gesamtproblematik ablenken, die hier angesprochen ist. Es geht nämlich letztlich um die Theorie des objektiven Geistes: Theorie der Sozialpädagogik zielt nämlich dann darauf, einen »objektiven Denkinhalt«, also die objektive Idee der Sozialpädagogik zum Ausdruck zu bringen. Dabei liegt die Annahme nahe, daß sich eine objektive Semantik als Emergenzphänomen objektiver sozialer Strukturen annehmen läßt, welche Interaktion ermöglichen und regeln, zugleich aber auch subjektive Intentionalität konstituieren (vgl. Oevermann u. a. 1979, S. 378ff.).

20 Vgl. Soeffner 1979, bes. S. 330.

21 Eine topographische Theorieform hat allerdings entscheidende Bedeutung für die inhaltliche Struktur der Sätze und ihre Verknüpfungen. Sie werden nämlich nicht (nur) als wenn-dann Beziehungen vorgelegt, schon gar nicht als Aussagen über die Verbindung von Zweck und Technik: Theorie der Sozialpädagogik muß als kategoriales Strukturnetz verstanden werden, das vom Handelnden als sinnhafte Bestimmung seiner Wirklichkeit auf eine zunächst indifferent wahrgenommene, selbst verwirklichte Realität »gelegt« wird.

Diese Vorstellung von Theorie kollidiert allerdings mit Versuchen, die Sozialpädagogik, resp. die Sozialarbeitswissenschaft als eine exakte Wissenschaft (etwa als angewandte Soziologie) zu entwickeln, die einen Zusammenhang zwischen festgelegten Zielen und – vermittelt über Grundannahmen – technischen Anweisungen herstellt. So hat Lutz Roessner die Notwendigkeit von präzisen normativen Sätzen für die Konstitution einer Erziehungswissenschaft betont, welche technologische Aussagen formulieren soll (Roessner 1975, S. 37). Die Kritik an dieser Auffassung begründet zugleich, warum Theorie hier nur auf dem vergleichsweise bescheidenen Level eines Strukturgitters angesiedelt wird: Ein technologisches Konzept übersieht nämlich, daß die Adressaten von Erziehung sich ständig – und zwar sogar noch durch Erziehung intendiert und induziert – verändern; gegenüber einem lernenden System, das sich nicht nur durch Umweltinformation wandelt, sondern diese Umwelt durch seine eigene Veränderung modifiziert, da es sich in seiner Position – etwa durch ein Wachstum, das die optischen Wahrnehmungsmöglichkeiten verändert – wandelt, müßten Ziele und Mittel ständig neu bestimmt werden. Gleichzeitig verändern sich aber auch die Umweltanforderungen, sodaß auch von dieser Seite keine verbindliche Technologie begründbar wäre. Theorie der Sozialpädagogik vergegenwärtigt deshalb nur die Punkte eines Netzes, welche mit Notwendigkeit beachtet werden müssen, ohne jedoch über ihr Gewicht für den Einzelfall a priori entschieden zu haben.

22 Sie wird im nächsten Kapitel aufgenommen.

23 Habermas 1981 a, S. 25.

24 Ich folge hier der Terminologie Noam Chomskys (vgl. Chomsky 1973 und 1974). Zum Bezug dieser Theoreme auf soziale Sachverhalte vgl. Cicourel 1975.

25 Vgl. Hönigswald 1913, S. 1–28.

26 Regel darf hier nicht normativ im Sinne von Vorschrift verstanden werden. Gemeint ist eine praktische wirksame, faktische Regel (vgl. Heringer 1974).

27 Vgl. Chomsky 1973, S. 19.

28 Vgl. Chomsky 1973, S. 13.

29 Zur Unterscheidung vgl. Horkheimer 1968. Allerdings muß gegenüber den Verkürzungen, die aus bloß instrumentellen Interesse entstehen, geltend gemacht werden, daß Theorie aus Vernunftsgründen und auf die Totalität zielend konstruiert wird; sie erbringt noch den Nachweis der in den Forderungen nach bloß technischem Wissen liegenden Mängel und Verzerrungen: »Solchen Tendenzen gegenüber ist eine prinzipielle Herausstellung des theoretischen Sachverhaltes als solchen in der ganzen Breite des pädagogischen Forschungsbetriebes unerläßlich und die kritische Analyse seiner methodischen Voraussetzungen oder was dasselbe bedeute, seiner Grundbegriffe, eine der Aufgaben, denen sich die Pädagogik als Wissenschaft niemals wird entziehen können. Daß mit dieser Forderung nicht etwa ein Zweifel an der durchaus praktischen Funktion aller Pädagogik gemeint sei, bedarf wohl kaum einer ausdrücklichen Versicherung; sind es doch gerade Sinn und Begriff der pädagogischen Praxis, worum zu tun sein muß. Denn alle Theorie der Pädagogik ist, dem Begriff der letzteren gemäß, Theorie der pädagogischen Praxis. Nur hat sie freilich als Theorie den Bedingungen zu genügen, die mit dem Begriffe jeglicher Theorie gesetzt sind« (Hönigswald 1913, S. 2).

30 Vgl. Chomsky 1973, S. 75.

31 Oder mit den Worten Herbarts: »Pädagogik als Wissenschaft ist Sache der Philosophie; und zwar der ganzen Philosophie, sowohl der theoretischen, als der practischen, und eben so sehr der tiefsten transcendentalen Forschung als des, allerley Facta leichthin zusammenstellenden Räsonnements« (Herbart 1887 b, S. 143).

32 Hönigswald 1931, S. 728.

33 Vgl. Hamburger 1977, S. 57 f.

34 Vaihinger 1913. Ich berühre Vaihingers Überlegungen allerdings hier nur dort, wo sie mir für den hier thematisierten wissenschaftstheoretischen Zusammenhang hilfreich erscheinen. Sein Werk selbst ist umstritten, kann vor allem kaum den Anspruch auf eine geschlossene Theorie erfüllen. Sein Hauptmangel besteht dabei darin, daß es die erkenntnistheoretischen Probleme mit psychologischen Fragestellungen in einen ungeklärten Zusammenhang bringt.

35 Vaihinger a. a. O., S. 124.

36 Vaihinger a. a. O., S. 15 ff.

37 Vaihinger a. a. O., S. 24.

38 Vaihinger a. a. O., S. 149.

39 Vaihinger a. a. O., S. 150.

40 Vaihinger a. a. O., S. 152.

41 Auf die Notwendigkeit, Fiktionen im pädagogischen Alltag zu verwenden, hat Klaus Mollenhauer hingewiesen: So gilt zum Beispiel für Identität, daß es diese »nur als Fiktion, nicht aber als empirisch zu sichernden Sachverhalt (gibt). Diese Fiktion aber ist eine notwendige Bedingung des Bildungsprozesses, denn nur durch sie bleibt er in Gang. Identität ist eine Fiktion, weil mein Verhältnis zu meinem Selbstbild in die Zukunft hinein offen, weil das Selbstbild ein riskanter Entwurf meiner selbst ist« (Mollenhauer 1983, S. 158). Vgl. hierzu auch Henningsen 1984.

42 Trotz aller Nähe liegt hier ein Unterschied meiner Auffassung zu den Ansätzen, die im französischen Strukturalismus und den folgenden historischen und sozialwissenschaftlichen Überlegungen entwickelt wurden, dabei zum Teil parallel laufen zur hermeneutischen Tradition im deutschsprachigen Raum, insbesondere zur Rezeption des Werkes von Dilthey. Dort wird die Auffassung vertreten, Geschichte, das soziale Leben insgesamt, müsse als ein Text, somit unter – im weitesten Sinne – sprachwissenschaftlichem Gesichtspunkt betrachtet werden. Demgegenüber bezieht sich Text hier auf Theorie; es soll den dann doch literarisch-fiktionalen Charakter, das Narrative einer pädagogischen Theorie, vor allem auch ihre Konstruktionsprinzipien deutlich machen.

Darüber hinaus zielt es auf die Problematik der Darstellung historischer Realität innerhalb pädagogischer Reflexion. Weil pädagogische Situationen nämlich immer gleichsam von Neuem zu beginnen sind, weil sie – da in ihnen Subjekte interagieren – in ihrem Ausgang offen sind, kann die Theorie nur als ein Erzählen von Geschichten über ihren philosophisch begründeten kategorialen Rahmen hinaus konkretisierend komplettiert werden; sie läuft hinter den Ereignissen her. Deshalb ist Pädagogik auch eine nie zu vollendende Wissenschaft (Schleiermacher 1804). Daß man Theorie als historische somit ständig neu schreibt, gilt freilich für jedes Nachdenken über – wiederum im weitesten Sinne – Prozesse der Bildung von Kollektiven und Individuen. In typischer Weise begegnet uns dies etwa in den Berichten Franco Basaglias über die Veränderung in den psychiatrischen Einrichtungen von Görz (vgl. Basaglia 1978).

43 Sozialpädagogische Theorie zeichnet deshalb ein eigentümlich eklektizistischer Zug aus, den auch Paul Moor, allerdings stärker für die Heilpädagogik, ein wenig ironisch in der Darstellung seiner Arbeitsweise als Wissenschaftler dargestellt hat (Paul Moor 1977, S. 15 f.).

44 Man kann hierin eine Analogie zur literarischen Gattung des historischen Romans sehen, der ebenfalls eine Totalität von Beziehungen zu entfalten sucht.

45 Scherpner 1962, S. 17.

46 Vgl. Giddens 1984.

47 Das verselbständigt sich allerdings gelegentlich in dem Versuch, Begriffe in den sozialpädagogischen Kontext zu integrieren, deren Bezug zum Problem nicht unbedingt deutlich ist. Man tut dann, aus welchen Gründen auch immer, oft so, als wäre mit dem Begriff schon eine neue Wirklichkeit entdeckt, generiert aber bloß eine neue Diskussion.

48 In klassischer Weise findet sich dies in den Arbeiten Freuds, vor allem in seinen kulturkritischen Schriften.

49 Hinweise dazu finden sich in der modernen Gehirnforschung. Vgl. Bateson 1984.

50 Ich greife hier auf Überlegungen zurück, die Otto Friedrich Bollnow im Anschluß an Freyer entwickelt (vgl. Bollnow 1982, S. 130). Bollnow sieht allerdings die Bündigkeit als ein nie erreichtes Optimum im Verstehensakt an.

51 Allerdings mit der von Adorno festgehaltenen Einschränkung: »Klarheit ist ein Moment im Prozeß der Erkenntnis, nicht deren ein und alles« (Adorno 1972 a, S. 64).

52 Zur Problematik vgl. die Arbeiten Ludwig Wittgensteins. Als Einführung und Übersicht: Kenny 1974, S. 208–236.

53 Die ästhetische Komponente bei der Formulierung pädagogischer Urteile ist

neuerdings im Zusammenhang der Diskussion um das Verstehen wieder deutlich gemacht worden. Vgl. Lauff 1984, bes. S. 72 ff. (vgl. auch Bernfeld 1970, S. 414).

54 Vgl. auch Kerschensteiner 1921, bes. S. 74 f.

Kapitel 5

1 Es liegt am Thema, daß die Ausführungen hier mehr Raum beanspruchen als die bisher vorgetragenen Überlegungen. Sie beanspruchen gleichwohl keineswegs, die Problematik erschöpfend abhandeln zu können. Auch liegt ihnen noch keine hinreichende Systematik zugrunde, vielmehr versuchen sie, in fortlaufendem Gedankengang die für entscheidend erachteten Bestimmungen zu entfalten.

Auf ein Referat klassischer Positionen als solcher wurde verzichtet; sie haben in einzelnen Aspekten und Gedanken vergleichsweise eklektizistisch dort Aufnahme gefunden, wo sie sachlich geboten schienen. Zum historisch-philosophischen Hintergrund der Problematik vgl. Riedel 1976, bes. S. 73 ff. und 121 ff., Habermas 1971; eine Übersicht zu ihrer pädagogischen Thematisierung gibt Benner 1978. Vgl. auch Dahmer 1967, Flitner 1978.

Als »klassischen« Text dieses Jahrhunderts vgl. Litt 1967. Zum Horizont der Problematisierung innerhalb der sozialpädagogischen Diskussion vgl. Dümpelmann/Terhorst 1978, deren Skepsis gegenüber theoretischer Antizipation ich mich anschließe: »So gesehen besteht demnach ein Spannungsverhältnis zwischen dem, was man professionell-methodisch-wissenschaftlich vorwegnehmen kann und dem, was sich offensichtlich prinzipiell einer Antizipation entzieht – der Raum der menschlichen Freiheit, so klein er auch sein mag, so unverzichtbar ist er« (a. a. O., S. 62). Auf die neuere Diskussion des Theorie-Praxis-Verhältnisses, die vor allem im Kontext der Auseinandersetzung um den Begriff der Handlungskompetenz entstanden ist, gehe ich später ein.

2 Dazu in traditioneller Version: Schleiermacher 1902, S. 147, 419.

3 A. a. O., S. 516, 147.

4 A. a. O., S. 7.

5 Das trifft schon für die Theorie der Psychoanalyse zu. Allerdings darf es nicht mit der Tendenz zur Selbsterfahrung verwechselt werden, die für die Mitarbeiter im sozialen Sektor zunehmend an Bedeutung gewinnt, wobei jedoch das sachlich-inhaltliche Moment von Sozialarbeit/Sozialpädagogik oft genug suspendiert wird.

6 Vgl. Soeffner 1979, S. 330. Supervision im Sinne einer methodischen Praxisberatung könnte hier ihr Feld und ihre Aufgabe finden.

7 Dilthey 1923, S. 358.

8 Vgl. beispielsweise Perlman 1969, Marburger 1979.

9 Vgl. Tenorth 1974.

10 Vgl. die etwa bei Popper gegebene Position, Wissenschaft soll sich allein mit entscheidbaren Fragen befassen.

11 So zum Beispiel im Bereich der Heimerziehung, wo aufgrund der rechtlichen Bedingungen die Maßnahme mit Eintritt der Volljährigkeit beendet wird, es sei denn, eine berufsbildende Maßnahme im Sinne Paragraph 6, 3 JWG erlaubt eine Verlängerung des Verbleibs in einer Erziehungseinrichtung.

12 So die Formulierung in der geisteswissenschaftlichen Pädagogik, etwa bei Erich Weniger.

13 Hier zeichnen sich allerdings vor allem dort Änderungen ab, wo sich die Arbeit im sozialpädagogischen Feld (nicht zuletzt beeinflußt durch die Richtlinien zur Finanzierung etwa mit Tagessätzen, die bei spezifischen Indikationen höher angesetzt werden können) stärker an therapeutischen Verfahren orientiert. Die zunehmende Heimdifferenzierung (vor allem die eigentümliche Entwicklung von »heilpädagogischen Heimen«), die sich über die Bestimmung je besonderer Behandlungsbedürftigkeit ergibt, legt davon Zeugnis ab (vgl. im Überblick: Wördehoff 1975). Ähnliche Entwicklungen zeichnen sich inzwischen auch in der Drogenarbeit ab, wobei dort die dramatischen Konsequenzen der klientenspezifischen Differenzierung am deutlichsten zu sehen sind: Wer nicht als »guter Klient« dem je gegebenen Behandlungstypus entspricht, kann auf Aufnahme und Betreuung kaum hoffen. So zieht sich ein Teil der möglichen Adressaten nolens volens von den hochspezialisierten Einrichtungen zurück. Im Bereich der Heimerziehung könnte eine ähnliche Tendenz eintreten: Wo keine spezifischen Indikationen angesagt sind und eine Behandlung durch therapeutische Spezialisten verlangen, werden Heime dann zu reinen Aufbewahrungsstätten (vgl. die Hinweise bei Eyferth 1984, bes. S. 491). Nicht nur angesichts solcher möglicher (und schon eintretender) Folgekosten einer in arbeitsteilige Spezialisierung mündenden Professionalisierung läßt sich fragen, ob die Problematik des Spezifikums von Pädagogik als einer die gesamte Situation eines Individuums berücksichtigenden Handlungsform nicht erneut stärker in das Bewußtsein gehoben werden muß. Das gilt insbesondere angesichts der Tatsache, daß eine nicht geringe Zahl therapeutischer Konzepte die »Ganzheit« der menschlichen Persönlichkeit als ihren Ansatzpunkt betrachtet.

14 Vgl. Bernfeld 1973.

15 Vgl. »Stellungnahme« 1976; dazu Klapprott 1984 als Zusammenfassung einer Umfrage bei den Anstellungsträgern, Oelschlegel 1984, bes. S. 167 ff.; die Position der Anstellungsträger referiert Wesche 1980.

16 Vgl. Hege 1981, bes. S. 149–153; zur Gesamtproblematik Geissler/Hege 1979.

17 Vgl. Müller B. 1981, S. 171 ff.

18 So z. B. Leber/Reiser 1975, Ohlmeier 1984. Vgl. die grundlegenden Texte von August Aichhorn (1972, 1977).

19 Siehe Ohlmeier 1984, S. 816.

20 So beispielsweise der Ansatz der klientenzentrierten Gesprächstherapie nach Rogers, die Gestalttheorie und das Psychodramakonzept.

21 Makarenko 1974, S. 437. Vgl. auch Winter u. a. 1979, S. 264 ff.

22 Von Kardorff 1982, S. 1; vgl. Gröschke 1982.

23 Geissler/Hege 1979, S. 13.

24 Kant 1956, S. 51, 59; Litt 1967.

25 Zur Diskussion um das Problem der Hilfsbedürftigkeit vgl. Brumlik/Keckeisen 1976; die Konsequenzen solcher (Pseudo-)Rechtfertigungen des eigenen Tuns wurden zurecht auch als »pathologische« Definition in dem Zusammenhang der Stigmatisierungs- und Entmündigungseffekte diskutiert.

26 Vgl. allerdings die empirisch gesicherten Annahmen über menschliches Verhalten in Berelson/Steiner 1972.

27 Innerhalb der neueren Beratungskonzepte ist man sich dessen allerdings bewußt. So hebt beispielsweise Rogers die Bedeutung von allgemeinen anthropo-

logischen Annahmen hervor (vgl. Rogers 1981, S. 36ff.); er betont auch explizit den Stellenwert der individuellen Beraterpersönlichkeit.

28 Vgl. hierzu Thiersch 1978 a, 1978 b, 1981 a und 1981 b; eine Übersicht findet sich bei Dewe, Ferchhoff, Sünker 1984. Die philosophischen Grundtexte der Alltagstheorie finden sich bei Lefebvre 1972, 1974 und 1975, Kosik 1967, Heller 1978.

29 Dies konnte man als Hintergrundidee der Arbeiten von Hans Thiersch annehmen. Vgl. jedoch auch Bronfenbrenner 1981.

30 Professionelle Handlungskompetenz besteht somit in nichts anderem als den allgemeinen sozialen Handlungsfähigkeiten, der Fähigkeit zum Vollzug kommunikativer und sozialer Akte. (Vgl. Gildemeister 1984 a, S. 259). Allerdings kann man die These vertreten, daß eben diese Fähigkeiten heute erst in einem mühsamen Lernprozeß erworben werden müssen. Insofern ließe sich die Paradoxie behaupten, daß der glückende Alltag, aber auch die sozialen Minimalfähigkeiten eben nicht mehr alltäglich sind, sondern erst wieder in bewußten Akten angeeignet werden müssen.

31 Man muß jedoch vor einem Mißverständnis warnen: Alltagshandeln scheint, weil es uns vertraut und unmittelbar in seinem Sinn zugänglich ist, oft einfach und konkret, vor allem schnell erlernbar. Spätestens der Besuch im Alltag eines fremden Landes lehrt jedoch, wie vielschichtig gerade die alltäglichen, nur bedingt rational gesteuerten Handlungsformen sind; sie sind eingebettet in die soziale, durch Traditionen bestimmte Lebenslage der Alltagshandelnden. Traditionalität, aber auch die häufig mit ihr verbundenen subversiven Elemente bilden dabei gerade den Punkt, auf welchen sich die Zerstörung alltäglicher Lebenswelten durch »moderne« rationale Lebenskonzepte richtet. Historisch hat dies etwa E. P. Thompson in seinen Arbeiten gezeigt (Thompson 1980).

32 Aly 1977; zum Fremdbild des Sozialarbeiters und Sozialpädagogen vgl. Skiba 1969 und 1975.

33 Müller, A. 1983, S. 87; vgl. auch Niemeyer 1984.

34 Vgl. Müller A. a. a. O., Selbstverständlich muß man aber fragen, ob nicht jedem pädagogischen Akt prinzipiell ein Moment der Kompetenzverlagerung eignen muß. Ferner: Liegt nicht eine eigene Funktion der Sozialpädagogik darin, den Betroffenen eben die Freiräume zu schaffen, in welchen sie ihre eigene Kompetenz (wieder oder neu) entdecken, für sich auch vor aller Bevormundung (etwa durch behördliche Akte) eigene Lösungsstrategien entwickeln.

Im übrigen zählt das Abwarten, die – modern formuliert – Nicht-Intervention seit Rousseau zu den klassischen Methoden des pädagogischen Handelns.

35 Vgl. Richmond 1917.

36 Weder Richmond noch Alice Salomon waren frei von dieser Tendenz.

37 Bloch 1978, S. 53.

38 Lau/Wolff 1982, S. 278.

39 Damit ist selbstverständlich nicht ausgesagt, daß sozialpädagogisches Handeln frei von geplanten und methodischen Schritten sei (vgl. Heiner 1981, S. 222f.). Nur die theoretische Reflexion darf sich nicht (bloß) auf diese richten, sondern muß noch Denkmöglichkeiten bereitstellen, die eine Reflexion von Methode und Planung für den praktischen Zusammenhang erlauben.

40 Heiner 1981, S. 223.

41 Lowy 1983, S. 23. Integriert werden die Teile des professionellen Handlungs-

wissens über ein ökologisch orientiertes »life model«. Vgl. Lowy a. a. O., S. 53.

42 Von Clausewitz 1916, S. 83.

43 A. a. O., S. 83.

44 A. a. O., S. 84 f.

45 So zum Beispiel Schleiermacher 1902, S. 517.

46 Schleiermacher 1902, S. 62.

47 Darin schlägt sich allerdings nieder, daß Schleiermacher angesichts des Fortschreitens der Reaktion zu seiner Zeit Abstand vom aufklärerischen Zukunftsoptimismus nimmt.

48 Schleiermacher 1902, S. 61.

49 Neuerdings: Schülein 1977, S. 86 ff.

50 Schleiermacher 1902, S. 516.

51 Vgl. Eduard Spranger 1969, S. 280–338; allerdings meint Spranger den »genuinen Erzieher« (siehe S. 285).

52 Dies ist allerdings ein alter Gedanke, der schon von dem philanthropischen Erziehungsreformer C. G. Salzmann (Salzmann 1960, bes. S. 10 ff.) in der Rede vom pädagogischen Symbolum geltend gemacht wurde. Vgl. hierzu Sünkel 1965. Zur neueren Diskussion: Gildemeister 1983, S. 115, dies. 1984, S. 262 ff.

53 Jungblut/Schreiber sprechen hier von einer »faktengenerierenden Kompetenz«, die sich auf die – so interpretiere ich wenigstens – sinnhafte Rekonstruktion von Biographie und Lebenslage der Adressaten sozialpädagogischen Handelns bezieht, sowie in der Interaktion selbst wirksam wird. (Jungblut/Schreiber 1980, bes. S. 156 ff.).

54 Thiersch 1981 a, S. 35.

55 Das somit anzustrebende Theorie-Level hat kürzlich Jörg Wolff deutlich gemacht und in Anlehnung an das »Rechtsgefühl« mit der Formel vom »Angemessenheitsgefühl« beschrieben, über welches gerade der Sozialpädagoge verfügen müsse, der zwischen Routine und Diffusität des Alltags sich in seinem Handeln bewegt (Wolff 1984, S. 38).

56 Vgl. hierzu die Beiträge in Müller/Otto/Peter/Sünker (Hg.) 1982 und 1984, Dieterich (Hrsg.) 1983, sowie Müller B. 1982.

57 Scheuerl 1983, S. 251.

58 Vgl. hierzu vom Verfasser 1984 a.

59 So die von Makarenko verschiedentlich gebrauchte Formulierung, bei der der Fokus somit auf das Handeln, nicht bloß auf die Analyse der situativen Bedingungen gerichtet ist.

60 Makarenko 1982 b, S. 213.

61 Die Landkartenmetapher findet sich schon bei Herbart. Vgl. Herbart 1887 b, S. 10.

62 Herbart 1887 a, S. 284.

63 Riedel 1979, bes. S. 67 und 75 f.

64 Vgl. Benner 1982.

65 Kant 1964, S. 153.

66 Kant 1923, S. 560.

67 Henningsen 1984, S. 50.

68 Bubner 1973, S. 93 f.

69 So die wiederholt von Schleiermacher gebrauchte Formulierung.
70 Vgl. Bolzano 1981.
71 Schleiermacher 1902, S. 420.
72 Schleiermacher 1942, S. 440.
73 Schleiermacher 1942, S. 443.
74 Hartkopf 1979, S. 77.

Kapitel 6

1 Vgl. z. B. Mollenhauer 1959, S. 9.
2 Tuggener 1973, S. 176.
3 Zur theoretisch-philosophischen Grundlegung des Ansatzes, v. a. des mit ihm verbundenen Handlungsverständnisses vgl. Heinrichs 1980.
4 In dieser Zentralstellung des Subjektbegriffes gründet allerdings bei der Ausführung der Theorie selbst, daß nicht nur die Subjektproblematik, sondern auch eine Reihe von mit ihm verbundenen Einzelthemen (etwa die Situationsfrage) mehrfach – oder zumindest wenigstens zweifach, nämlich unter dem Aspekt des Problems und unter dem der Reaktion auf dieses – angesprochen werden. Darin liegt eine Redundanz des hier gewählten Zuganges; sie ist unvermeidlich, weil es sich um unterschiedliche Thematisierungen dieser Sachverhalte handelt. Gleichwohl versucht die Darstellung ökonomisch zu verfahren und mögliche inhaltliche Wiederholungen auf das Notwendigste zu beschränken.

Formal läßt sich feststellen, daß beide Teile der Theorie parallel konstruiert sind: Sie stellen zunächst dar, was man als allgemeine und reale Rahmenbedingungen des jeweiligen Themenbereichs fassen könnte; dann explizieren sie die semantische Codierung dieser Bedingungen, schließlich verknüpfen sie beides in einer kategorialen Ausdifferenzierung.
5 Dieser Zusammenhang deutet sich mit Rousseau an, wird spätestens mit der philosophischen Bemühung um Pädagogik in der klassischen Deutschen Philosophie bewußt. Explizit zum Thema wird er vor allem in den Bemühungen der Fichte-Schüler um eine Fundierung der Pädagogik. Vgl. Benner 1978, S. 89 ff., vgl. ders. 1983, S. 283 ff.
6 Vgl. z. B. Liening 1975, Werner 1984.
7 Vgl. Aichhorn 1977, S. 13.
8 Vgl. z. B. Montalta 1967, S. 15. In konsequenter Durchführung des Gedankens: Klein 1979.

Kapitel 7

1 Marx 1972, S. 362 f.
2 Die hier vorgetragenen Überlegungen beschränken sich auf eine Skizze der anthropologischen Grundannahmen, die erforderlich sind, um das Problem der Erziehung zu begreifen. Sie schließen an Ausführungen der kulturpsychologischen Schule Wygotskis und Leontjews (vgl. Wygotski 1974, Leontjew 1973) sowie an die Kritische Psychologie an (vgl. bes. Holzkamp 1973).
3 Friedrich Nietzsche, zit. nach Gehlen 1961, S. 23.
4 So u. a. Portmann, vgl. Gehlen 1961, S. 57.
5 Dies wird schon von Herder angedeutet, der vom Menschen als einem »Mängelwesen« spricht.

6 U. a. durch klimatische Veränderungen sowie die Existenz der Hominiden im Lebensraum Savanne–Steppe.
7 Als Übersicht vgl. Jantzen 1979, S. 15ff.
8 Jedes Individuum ist daher prinzipiell menschliches Individuum. Daher verbietet sich die Vorstellung von einer menschlichen »Minusvariante«, wie sie etwa im Umgang mit geistig Behinderten entwickelt wurde; vgl. Jantzen 1979, S. 27f., Klein 1979, S. 281.
9 Riedel 1973, S. 137.
10 Riedel 1972.
11 Marx 1968, S. 517.
12 Vgl. z. B. Holzkamp 1973, bes. S. 133ff.
13 Gehlen 1961, S. 70f.
14 Vgl. Durkheim 1970, S. 106ff., hier S. 107.
15 Kant 1964, S. 36.
16 So Durkheim 1970.
17 Vgl. Leontjew, bes. S. 210.
18 Malson 1974, S. 36f. Unter psychoanalytischen Voraussetzungen: Lincke 1981.
19 Berger/Luckmann 1977, S. 57.
20 Vgl. Obermann u. a. 1979, S. 380f.
21 Das läßt sich selbstverständlich nicht von Arbeit trennen, Jantzen 1979.
22 Dies ist ebenfalls schon von Herder formuliert worden. Ich knüpfe hier und im folgenden an Sève 1973, bes. S. 61–176 an. Vgl. Durkheim 1977, S. 387ff.
23 Vgl. Williams 1965, S. 62ff.
24 Malinowski 1975, S. 25.
25 Plessner 1974, S. 185f.
26 Plessner 1974, S. 184.
27 Auf diese Problematik wechselseitiger selbstreferentieller Antizipation möglicher Verhaltensweisen und Urteile hat Niklas Luhmann mehrfach hingewiesen.
28 Selbstverständlich ist hier auch an Freuds Über-Ich zu denken.
29 So etwa ein »generalized-other« im Sinne G. H. Meads.
30 Márkus 1975, S. 80.
31 Das ist zumindest der Zugang, den die am Problem gesellschaftlicher Reproduktion interessierte Theoriebildung in der Pädagogik seit Schleiermacher wählt.
32 Die Wahl des Generationenverhältnisses liegt nahe, weil es eine unmittelbar erfahrbare Abstraktion darstellt. Eltern stehen zu ihren Kindern in einem Generationenabstand (der allerdings in seiner Länge schwanken kann). Auf Gesellschaft insgesamt bezogen darf man den analytischen Wert der Bestimmung des Generationenverhältnisses nicht überschätzen; es hat dann nur die Funktion eines Idealtypus, der eine Problemstruktur für die Theoriebildung freilegt, die konkret empirisch auf gesamtgesellschaftlicher Ebene nur unter ganz spezifischen Bedingungen ins Bewußtsein treten kann. Man muß also die Grenzen dieses analytischen Zugangs vor Augen behalten: Betrachtet man nämlich die Gesamtheit der Gattung (oder auch nur einer Gesellschaft), so werden in jedem Augenblick Kinder geboren; die Generationen vermischen sich also, lassen sich daher als Differenz nur im familiären Mikrobereich ausmachen.
33 Vgl. pointiert Sève 1975, S. 90, ausführl. Sève 1973, vgl. ebenso (trotz anderer Prämissen) Durkheim 1977, S. 351ff., 360ff.

34 Vgl. Mollenhauer 1983.

35 Oder man institutionalisiert Erziehung und unterwirft sie organisationsbedingten Kontrollmechanismen. Dazu vgl. bes. Plake 1981.

36 Schleiermacher hat so argumentiert, wobei er zugleich, wenn auch in der Sprache seiner Zeit, eine Begründung der Erziehungstheorie über den »dritten Faktor« anstrebt. Vgl. Winkler 1979.

37 Ich schließe hier (und im folgenden wiederholt) an Durkheim 1977, bes. S. 346–363 an.

38 Vgl. hierzu die Zusammenfassung zu Durkheim 1977, S. 437 ff.

39 Herbart 1887 b, S. 7.

40 Siehe Musgrove 1964; als Übersicht Musgrave 1970, Teil 1.

41 Beispielsweise wenn Trapp Empfehlungen für das Schulmobiliar ausspricht, die uns heute barbarisch erscheinen.

42 Vgl. Heinsohn/Knieper/Steiger 1979.

43 Der Ausdruck »Ableitung« wird hier in einer Weise gebraucht, die dem mathematischen Verständnis von »abgeleiteter Funktion« bzw. Ableitungsfunktion entspricht. Danach ist zwar die ursprüngliche Funktion fundierend noch gegeben und gültig, gleichwohl verfügt die von ihr abgeleitete über spezifische, sie allein auszeichnende Eigenschaften.

44 Man muß allerdings sorgfältig unterscheiden zwischen dem hier gegenständlichen Problem und seiner – immer noch auf der Problemebene bleibenden – Modifikation und den Problemlösungen und ihren Modifikationen. Daß ein problemlösendes Handeln sich unterschiedlich ausformt, auch verbessert werden kann, steht hier gar nicht zur Debatte.

45 Besonders bei Pestalozzi und Makarenko wird dies deutlich, da ihre pädagogische Praxis und ihre Theorie durch den revolutionären Wandel der Gesellschaft unmittelbar angestoßen werden; beide thematisieren dabei immer wieder das Problem der Gleichzeitigkeit des Ungleichzeitigen – so etwa Makarenko in seiner Kritik an der Rückständigkeit der Landbevölkerung.

46 Das kann und soll hier allerdings weder näher begründet, noch intensiver verfolgt werden, weil dies nur in einer ausführlichen ökonomischen Analyse geschehen könnte. Der Sozialpädagogik ist die Problematik ohnedies auf der phänomenalen Ebene gegeben, ohne daß ihr die Möglichkeit gegeben wäre, qua sozialpädagogischem Handeln Einfluß auf ihre Entstehung zu nehmen. Sie kann hier nur appellativ verfahren.

47 Damit wird deutlich, daß die sozialpädagogische Problematik auch in weiterer Perspektive, so etwa im Blick auf die Länder der Dritten Welt, identifiziert werden kann. In historischer Perspektive zeigt sich die angesprochene Vorgehensweise beispielsweise am Anonymhalten ganzer Bevölkerungsgruppen im 18. Jahrhundert. Dazu (vor allem auch zu den pädagogischen Implikationen) vgl. Petrat 1979, S. 52 ff., bes. S. 58.

48 In dieser Intention einer auf Herrschaftssicherung zielenden Konstitution unterschiedlicher Praxen, zu denen über absichtsvoll etablierte Selektionsmechanismen der Zugang eröffnet wird, gründet, daß jede sozialpädagogische Reflexion eine deutliche Affinität zum politisch-eingreifenden, auf »Humanisierung« gerichteten Ansatz hat. Humanisierung heißt dabei zunächst nichts anderes, als den Zugang zum gesellschaftlichen Erbe allen zu eröffnen. Tatsächlich zeichnet

sich hier ein Bezugspunkt der Sozialpädagogik zur Bildungspolitik ab. Vgl. Vahsen 1975, der gerade die bildungspolitische Funktion einer avancierten Sozialpädagogik darin sieht, dem sozialen Wandel als Stabilitätsmerkmal von Gesellschaft Kontinuität zu verschaffen.

49 Jede gesellschaftliche Politik der Segregation von einzelnen oder Gruppen, seien es Strafgefangene, Kranke, aber auch bestimmte Altersgruppen, schafft so über ihre funktionale Bedeutung für die gesellschaftliche Integration und Identität hinaus zwangsläufig eine sozialpädagogische Problematik.

50 Vgl. Moore 1982.

51 Anders 1980, S. 15.

52 Vgl. Hornstein u. a. 1982, S. 58 f.

53 Darauf stützt sich offensichtlich Buchkremer 1976.

Kapitel 8

1 Damit soll nur eine gegenständliche, jedoch keine prinzipielle Einschränkung vorgenommen werden. In dazu freilich auch spezifisch zu rekonstruierender Weise treten sozialpädagogische Probleme auch in sozialistischen Gesellschaften auf.

2 Ausdrücke wie »alte Gesellschaft« und »Moderne« haben hier typologisch ordnenden Sinn. Sie werden eingedenk der Tatsache gebraucht, daß sie für einen Historiker fragwürdig erscheinen müssen. Allerdings kann hier auch nur in den für die aufgeworfene Fragestellung relevanten Punkten der Ansatz einer Theorie der Moderne entwickelt werden.

3 Vgl. Durkheim 1977.

4 Vgl. Marx 1972 a, bes. S. 198.

5 Vgl. Heller 1978, bes. S. 86 ff.

6 Ein historischer Bruch in diesem Fortschrittsoptimismus tritt allerdings mit dem Erdbeben von Lissabon ein.

7 Wenn auch, zynisch formuliert, in Gestalt einer eigenartigen Gartenlaubenidylle.

8 Vgl. als ein eindrucksvolles Dokument dieses Selbstverständnisses Daniel Defoes »Essay of Projects« von 1697 (deutsch: Defoe 1975).

9 Zum Hintergrund dieser Überlegungen, insbesondere zum Begriff der »structuration« vgl. Giddens 1984, bes. S. 146 ff.

10 Bendix 1980, S. 16.

11 Vgl. Ahlheim u. a. 1976, S. 16 ff., Scherpner 1962, S. 23 f., sowie Scherpner 1966.

12 Scherpner 1962, S. 29.

13 Vgl. Elias 1977 a und 1977 b.

14 Elias 1977 a, S. LXXIV.

15 Vgl. Ariès 1976, S. 92, sowie die Gegenthese bei McLaughlin 1975, S. 102.

16 Vgl. Macpherson 1973.

17 Groethuysen 1978, S. 11.

18 Lukàcs 1967, S. 97.

19 Marx 1970, S. 743.

20 Die Individuen werden demnach in einem sich erst heute in letzter Konsequenz verwirklichenden Atomisierungsprozeß andauernd *verwahrlost.*

21 Man kann dies sehr gut an dem sogenannten Hobby- und Freizeitmarkt studieren.
22 Marx/Engels 1969, S. 67.
23 Vgl. zur Problematik die Beiträge in Schülein u. a. 1981.
24 Vgl. Moore 1982.
25 So der Titel (jedoch eigentlich nicht das Thema) des Werkes von LaMettrie (vgl. Popper/Eccles 1984, S. 22, 254).
26 Vgl. hierzu als eindrucksvolle Studie zur Entstehung des Proletariats als Lernprozeß am Beispiel Englands: Vester 1972.
27 Rousseau 1978, S. 225.
28 Vgl. hierzu Koselleck 1976.
29 Zijderveld 1972, S. 58–99.
30 Dies im doppelten Sinne von Kollektivbewußtsein und Kollektivgewissen.
31 Elias 1977 b, S. 316 f.
32 Tawney 1972, bes. S. 271 ff.
33 Weber 1979, S. 42.
34 Dies beschäftigt dann die Hegelsche Philosophie.
35 In klassischer Formulierung bei Ferguson 1923, S. 1.
36 Vgl. Elias 1982.
37 Vgl. Giddens, bes. S. 36 f.
38 Vgl. hierzu Edward P. Thompson 1980.
39 Vgl. hierzu als aktuelle Erörterung Müller-Wichmann 1984.
40 Schütz/Luckmann 1979, S. 127. Vgl. Sève 1973.
41 Vgl. Elias 1977 a und 1977 b.
42 Dies geschieht strukturell analog zum Vorgang einer Legitimation durch Verfahren (vgl. Luhmann 1983), läßt sich inhaltlich jedoch nicht trennen von dem historischen Prozeß, in welchem sich die Disziplinen durchsetzen (vgl. Foucault 1979, bes. S. 173–292).
43 Charles Darwin »The Expression of Emotions in Animals and Men«.
44 Pestalozzi o. J., S. 8. Vgl. zur Lippe 1974.
45 Vgl. Foucault 1974 und 1978, Groethuysen 1978, S. 40–68, bes. S. 60.
46 Dörner 1975, S. 26.
47 Vgl. Jetter 1981, S. 11.
48 Dörner 1975, S. 27.
49 Vgl. dazu Jean Itard in Malson 1975, bes. S. 125.
50 Vgl. Swift 1979, S. 261 ff., hier bes. S. 265.
51 So Michel Foucault, der m. E. allerdings die mit dem Individualisierungsprozeß verbundenen Freiheitsmöglichkeiten übersieht.
52 Vgl. Foucault 1978, S. 424 ff.
53 Sie schlägt sich zunächst in der Trennung von Strafanstalten, Arbeitshäusern und Irreneinrichtungen, dann aber in deren inneren Aufgliederung nieder. Vgl. Jetter 1981, z. B. S. 136.
54 Vgl. Foucault 1978, S. 379 ff.
55 Vgl. Jetter 1981, S. 141.
56 Eigentümlicherweise gilt dies auch (und sogar besonders) für die Familie, der nicht nur eine Vorreiterrolle als gesellschaftlich funktionaler Sozialisationsinstanz zukommt, die außerhalb der Gesellschaft angesiedelt ist (Berger/Berger

1984, bes. S. 97 ff.). Vielmehr steht sie unter permanenter Aufsicht der Öffentlichkeit – was sich nicht nur in reaktiven staatlichen Interventionen, sondern auch in sozialstaatlichen Unterstützungsmaßnahmen niederschlägt.

57 Vgl. Foucault 1979.

58 Zit. nach Ariès 1976, S. 193.

59 Zit. nach Rutschky 1977, S. 161.

60 Plake 1981, S. 1.

61 Zur Problematik vgl. Lockwood 1970.

Kapitel 9

1 Dieser Abschnitt nimmt Überlegungen auf, die 1987 gesondert in Olk/Otto: Soziale Dienste im Wandel, Bd. 2, erscheinen werden.

2 Berger/Luckmann 1977, S. 121.

3 In Anlehnung an Wittgenstein 1969, S. 65; Satz 5.632.

4 Vgl. zum folgenden Müller 1981 und Guttandin 1980.

5 Vgl. Guttandin 1980, S. VX f., Krappmann 1973.

6 Williams 1965, S. 22.

7 Vgl. Benner 1983 b, bes. S. 50 ff.

8 Kant 1956, S. 210.

9 Diese Einsicht hat der Renaissance-Philosoph Giambattista Vico vorbereitet.

10 Wuthenow 1980, S. 57.

11 »Projektiver Charakter« bezieht sich hier sowohl auf das »Wesen« der Moderne als Ganzer, wie aber auch auf den individuellen Sozialcharakter, der dem Menschen in der Moderne möglich ist.

12 Kant 1964, S. 53.

13 So schon John Locke im zweiten Buch von »Über den menschlichen Verstand«.

14 Ritter 1974, S. 11.

15 Fichte 1911, S. 291.

16 Vgl. Mead 1973, bes. S. 177 ff.

17 Vgl. Mollenhauer 1983, S. 155 ff.

18 Durkheim 1970, bes. S. 157 ff.

19 Luhmann 1972.

20 Laing 1979, S. 17.

21 Darin liegt zunächst eine Differenz der Aneignung zur Nachahmung. Darüber hinaus bleibt festzuhalten, daß nicht bloß die dem Gegenstand als objektive Qualitätsmerkmale zukommenden Handlungsaufforderungen, sondern vielmehr der eigene aktive Umgang mit dem Gegenstand angeeignet wird. Man eignet – schon als Kind – die eigene Praxis mit dem Gegenstand an, die nur mehr oder weniger stark durch dessen implizite Handlungsaufforderungen festgelegt werden kann. Darin liegt das Argument für die Notwendigkeit, alle pädagogischen Prozesse über die Selbsttätigkeit der Zöglinge zu steuern. Vgl. auch Leontjew 1973, S. 281.

22 Gleiss 1978, S. 516.

23 Loch 1981, S. 34.

24 Vgl. Kossakowski u. a. 1977, bes. S. 100.

25 Wygotski 1974, S. 237. Dies hat auch zur Konsequenz, daß die »Pädagogik sich nicht auf die kindliche Entwicklung von gestern, sondern auf die von morgen

orientieren muß. Nur dann wird sie imstande sein (...), die Entwicklungsprozesse auszulösen, die jetzt in der Zone der nächsten Entwicklung liegen« (a. a. O., S. 241).
26 Gleiss 1978, S. 516.
27 Sève 1973, S. 237.
28 Sève 1973, S. 316 f.
29 Brumlik/Keckeisen 1976, S. 258.
30 Vgl. die Diskussion des Konzepts »Lebenslage« in Böhnisch 1982, S. 77 ff.

Kapitel 10

1 Nohl 1965, S. 32 (Hervorhebungen im Original).
2 Vgl. z. B. Khella 1978, die Beiträge in Hollstein/Meinhold 1975, sowie Ahlheim u. a. 1976.
3 Pfaffenberger 1968, S. 30.
4 Nohl 1965, S. 48.
5 Brumlik/Keckeisen 1976.
6 Jervis 1978, S. 91.
7 Es gibt gute Gründe für die Annahme, daß eine nicht unerhebliche Zahl von Drogenkonsumenten sozial angepaßt und unauffällig leben, somit ihren spezifischen Drogenkonsum in ähnlicher Weise bewältigen wie die Konsumenten von legalen Giftstoffen; sie treten dann auch nicht in den öffentlichen Statistiken zum »Drogenproblem« auf (vgl. Quensel 1982, Braun/Gekeler 1983).
8 So z. B. als »Freizeitrocker« und »Freizeitpunks«.
9 Vgl. Jervis 1978, sowie die Arbeiten von Basaglia.
10 »Ökologisch« wird hier – wie schon früher – im Sinne von Urie Bronfenbrenner gebraucht.
11 Vgl. Müller/Otto 1984.
12 Vgl. die Beiträge in Brusten/Hohmeier 1975.
13 Vgl. Braun 1982 bes. S. 118 ff.
14 Vgl. Kieper 1980, bes. S. 162 f.
15 Vgl. Ziehe/Stubenrauch 1982, S. 145.
16 Vgl. Ziehe 1981, S. 106–132, 165 ff.
17 Jervis 1978, S. 170.
18 Studien zu lang anhaltender Jugendarbeitslosigkeit belegen einen zunehmenden Aktivitätsverlust, vgl. Heinemann 1980, S. 89. Vgl. kurz zusammenfassend zur Struktur der Problematik Braun/Gekeler 1983, S. 29 ff.
19 Vgl. Furmann 1977. Es wird hier deutlich, daß Objektivität (bzw. »Objekt«) durchaus im psychoanalytischen Sinne interpretiert werden kann.
20 Bernfeld 1970, S. 658.
21 Kupffer 1980, S. 109.
22 Theyson/Spazier 1981, S. 180.
23 Die hier geschilderte Problematik zeigt sich etwa dort, wo der Drogenkonsum den Versuch darstellt, entwicklungsbedingte Krisen – etwa der Adoleszenz – zu bewältigen. Vgl. hierzu Parow u. a. 1980.
24 Quensel 1973, S. 49.
25 A. a. O., S. 49 f.
26 Vgl. klassisch Becker 1973, sowie Keckeisen 1974.

Kapitel 11

1 Die folgenden Überlegungen haben noch keinen streng wissenschaftlich-systematischen Charakter, sondern sind eher locker miteinander verknüpft. Das hat Gründe, die in der verhandelten Sache, nämlich in der unendlichen menschlichen Vielfalt liegen, soll andrerseits aber auch die Möglichkeit zu einer integrierenden Theoriearbeit erst eröffnen. Die bedeutendsten Ansätze dazu finden sich wohl bei Balzer/Rolli 1981, sowie in Jervis 1978; auf beide Werke stütze ich mich vor allem im zweiten Teil dieses Kapitels.

2 Vgl. Giddens 1984.

3 Weder im Gebiete der Sozialwissenschaften, noch in dem der Philosophie ist bis heute eine zureichende Theorie der Situation entwickelt worden. Ansätze zu ihr finden sich in der auf Husserl zurückgehenden phänomenologischen Soziologie von Alfred Schütz, sowie in den Arbeiten von W. I. Thomas (vgl. Thomas 1965). Für eine systematische Diskussion vgl. Markowitz 1979.

4 Eine Gleichzeitigkeit von Situation und Nichtsituation markiert beispielsweise die psychiatrische Definition eines Patienten als »anormal«. Für den Arzt bildet sie einen Akt der Routine, in welchem keine situative Basis erforderlich ist, im Gegenteil sogar die Ansätze für sie abgebrochen werden. Er hat ja eben nichts mit seinem Patienten gemein. Für diesen aber entsteht sehr wohl eine Aneignungsproblematik, freilich gleichzeitig auch eine unlösbare Anforderung.

5 Vgl. zum Gesamten Schütz/Luckmann 1979, S. 62ff.

6 Schütz/Luckmann 1979, S. 67.

7 Vgl. Habermas 1981 b, S. 182ff.

8 Gemeint ist jene Alltagswelt, in der wir buchstäblich (und sehr ernsthaft) verwurzelt sind. Sie ist nicht eindeutig, da sich in ihr generalisierende Annahmen (etwa eine Ablehnung von Ausländern) mit konkretisierenden Ausnahmen (etwa: »aber die Türken in unserem Haus sind sehr nette Menschen«) verbinden.

9 Erikson 1977, S. 62.

10 Vgl. Habermas 1981 a, S. 197, ders. 1981 b, S. 293.

11 Eine Situation zeichnet sich demnach als solche durch ihren Schichtaufbau aus, welcher aber doch nur durch die Subjekte »in« der Situation konstituiert wird.

12 Vom Erscheinungsbild kann sich dies auch als Zerstörung von Wirklichkeit zeigen. So konstituieren sich Jugendkulturen beispielsweise durch den Umbau von existenten Sinnbezügen zu einem eigenen Stil, wobei dessen Grundlage »die Aneignung und Reorganisation von Elementen der Objektwelt durch das Subjekt (ist), die dieses sonst determinieren und einschränken würden« (Clarke 1981, S. 167). Die Zerstörung des Gegebenen, der Vandalismus dient dabei nicht bloß derartigem Sinnumbau, sondern auch der Markierung von lebensweltlichen Territorien. Vgl. Clarke 1981, S. 255ff.

13 Habermas 1981 b, S. 187.

14 So etwa bei einer Definition von Situationen als kriminellen Akt etc.: Vgl. Bohnsack 1973.

15 Was Sozialarbeiter beispielsweise als »Hilfe« klammern, wird von den Betroffenen schlicht als »Bevormundung«, »Überwachung« und »Kontrolle« thematisiert.

16 Vgl. Jantzen 1978.
17 Moor 1968, S. 179.
18 Vgl. Thiersch 1973.
19 Vgl. Jantzen 1979, S. 33–68, bes. S. 43.
20 Thiersch 1973, S. 31.
21 Jantzen 1978, S. 123f., vgl. a. a. O., S. 159ff.
22 Vgl. z. B. Kieper 1980, S. 165.
23 Quensel 1982, S. 182f.
24 Vgl. Balzer/Rolli 1981 (bes. S. 192ff.).
25 Historisch zeigt sich dies daran, daß revolutionäre Veränderungen (nicht jedoch Revolten) kaum in der Zeit höchster Not, sondern meist in vergleichsweise stabilen Phasen von den Subjekten durchgeführt wurden.
26 Schülein u. a. 1981, S. 128.
27 Jervis 1978, S. 171.
28 So die Beobachtung einer Sozialpädagogin, die vor allem heimentlassene Jugendliche betreut.
29 Kupffer 1978, S. 106f.
30 Balzer/Rolli 1981, S. 193.
31 Vgl. Spitz 1973, S. 111. Insgesamt bestätigen die Beobachtungen von Spitz die hier angestellten Erwägungen, wenngleich die Krisendynamik bei Säuglingen sehr viel schneller abläuft, da sie über geringere Möglichkeiten verfügen, ihr Handlungsrepertoire zu testen.

Kapitel 12

1 Vgl. Böhnisch 1982, S. 147. Die umfassendste und bis heute vorbildliche Materialsammlung für eine Theorie, die den Zusammenhang Gesellschaft, Sozialpolitik, »Ideologische Motive« – etwa die christliche Vorstellung von caritas – und soziale Arbeit thematisiert, findet sich – wenn auch ausgehend von einer Position der katholischen Soziallehre – bei Nell-Breuning/Sacher 1949.
2 Vgl. zur Terminologie z. B. Böhnisch a. a. O.
3 Die von mir vorgetragenen Gedanken knüpfen an Luhmann 1972 an. Damit ist jedoch keine prinzipielle Option für einen systemtheoretischen Zugang verbunden.
4 »Gesellschaft« ist hier in dem Sinne von moderner Gesellschaft gemeint, wie er im I. Teil entwickelt wurde.
5 Dies scheint mir vor allem dort der Fall zu sein, wo sich Analysen des sozialen Sektors und der sozialen Arbeit vornehmlich auf ihren Zusammenhang zum Sozialstaat beziehen.
6 Der methodische Zugang über Systemtheorie erlaubt also eine Untersuchung, in der Gesellschaft gleichsam subjektiviert wird, jedoch Mechanismen erfaßt, die jenseits der Intentionen von einzelnen liegen, bzw. sich durch diese hindurch realisieren. Der Gefahr einer unzulässigen Ontologisierung von Gesellschaft bin ich mir dabei bewußt.
7 Wenngleich immer unter der Prämisse einer Freiheit des Handelns innerhalb gegebener Verhältnisse.
8 So erklären sich beispielsweise die Versuche von Krupp und Harkort in der Mitte des 19. Jahrhunderts, die Arbeitskräfte mit billigen Wohnungen an die

Betriebe zu binden; man konnte sich ihrer dann auch in Krisen sicher sein, in welchen sie nicht beschäftigt wurden.

9 Auch wenn diese im Zuge einer staatlich geregelten Versicherung von den Beteiligten selbst aufgebracht werden.

10 Wo ein Verkauf der Ware Arbeitskraft den Subjekten auf dem Markt nicht mehr möglich scheint, wird ihnen der Wert der eigenen Arbeitskraft auch beliebig, mehr noch: sie kalkulieren höchstens mit staatlichen Unterstützungsleistungen.

11 Hierzu sei nur an die sog. »Blutgesetzgebung« erinnert. Vgl. hierzu und zur historischen Konkretisierung der folgenden Überlegungen Sachße/Tennstedt 1980, Landwehr/Baron 1983 und Köhler 1977.

12 Vgl. Kuczynski 1968 sowie die Dokumente in Kuczynski 1960.

13 In diesem Punkt wird der Zusammenhang zwischen Bildungssystem, Jugendhilfe und Armenpflege deutlich.

14 Vgl. Pankoke 1977, S. 78.

15 Gesellschaft ist hier also in einem umfassenden, den gesamten, konkreten kulturellen Lebensprozeß der Individuen umfassenden Sinn gemeint; die in den Vordergrund meiner Überlegungen gerückten ökonomischen Zusammenhänge sind als paradigmatisch (und »in letzter Instanz« grundlegend) zu werten. Mit Gesellschaft ist die reale, umfassende Societas ins Auge gefaßt, die noch die physische Reproduktion der Gattung aufnimmt.

16 So die Politik des liberalen Bürgertums im 18. und 19. Jahrhundert; vgl. Köhler 1977.

17 Hierin liegt also eine systematische Grenze gegenüber Versuchen zu einer Privatisierung der sozialen Arbeit.

18 Vgl. Barabas u. a. 1977, S. 500 ff.

19 So schon Georg Simmel im Blick auf die Armenpflege (Simmel 1922, S. 459).

20 Dies läßt sich beispielsweise an der wechselvollen Geschichte der Zucht- und Arbeitshäuser ablesen: sie hatten u. a. auch die Funktion, dem neuentstehenden Arbeitsmarkt Arbeitskräfte zuzuführen; vgl. Sachße/Tennstedt 1980, S. 112 ff, 159 ff., Aumüller 1974, bes. S. 45, sowie Scherpner 1966, S. 54 ff.

21 Dies betrifft etwa die Frage von Rehabilitationsmaßnahmen, vgl. von Ferber 1975.

22 Vgl. Anm. 20. Nach dem 2. Weltkrieg hat z. T. die Arbeitslosenversicherung diese Funktion des sozialen Sektors übernommen.

23 So etwa Heinsohn 1974, Barabas u. a. 1975, S. 374 ff.

24 Vgl. Simmel 1922, S. 349 ff.

25 Dies leisten Umschulungs- und Fortbildungsmaßnahmen.

26 Als Auftrag an die Sozialarbeiter selbst formuliert dies Böhnisch 1982, S. 147.

27 Vgl. Barabas u. a. 1977, S. 500.

28 Vgl. zur Realgeschichte Sachße/Tennstedt 1980.

29 Simmel 1922, S. 374.

30 Vgl. Heinsohn/Knieper 1976, S. 20–38.

31 So Koch/Rocholl 1976.

32 Vgl. Badura/Gross 1977, Münchmeier 1981, S. 102 ff. und 124 ff.

33 Hornstein u. a. 1982, S. 206.

34 Ich ziehe prinzipiell den Ausdruck »politisches System« vor, da er, sehr viel umfassender angelegt als der Begriff des Staates, die Vielzahl von in sich ver-

mittelten Prozessen erfaßt, die das politisch-staatliche Handeln in einer Gesellschaft und auf diese hin ausmachen. Im Begriff des politischen Systems lassen sich nicht nur die eigentlichen Entscheidungsgremien und -vorgänge denken, sondern auch noch der Gesamtzusammenhang der Verwaltungstätigkeit aufnehmen. Darüber hinaus erlaubt er, die überaus komplexen kommunikativen Prozesse zu thematisieren, die in eine Entscheidungsfindung und in das politische Handeln selbst eingehen. So kann jede auf Politik zielende, an Öffentlichkeit gerichtete Tätigkeit (etwa von Verbänden und Kirchen) mit bedacht werden.

35 Sachße/Tennstedt 1980, S. 13.

36 Vgl. etwa schon das Preussische Landrecht (in Baron/Landwehr 1983, S. 15), sowie die Bismarcksche Sozialgesetzgebung des 19. Jahrhunderts.

37 Dies legt der internationale Vergleich, insbesondere jedoch der mit den Vereinigten Staaten nahe.

38 Damit ist selbstverständlich schon der nachliberale, durch die Prämissen einer keynesianischen Politik geprägte Staat gemeint.

39 Unter diesem Aspekt kann man den Staat daher eigentlich nicht als Interventionsstaat und schon gar nicht im Sinne des Theorems vom staatsmonopolistischen Kapitalismus fassen.

40 Heimann 1980, S. 167.

41 Vgl. Vobruba 1983, S. 35ff.

42 Vgl. Sachße 1979, S. 11.

43 Schon Bismarck führt in den Reden, in welchen er die Sozialgesetzgebung begründet, insbesondere gegenüber seinen liberalen Kritikern an, daß privatwirtschaftlich betriebene Sozialversicherungen nur unzureichend funktionieren könnten, da sie dem Gewinnprinzip gehorchen müßten.

44 Der Staat stützt somit die wesentlich kommunikativ bestimmten Lebenswelten, konkret beispielsweise auch die Kultur der Gesellschaft.

45 Offe 1972, S. 76f.

46 Vgl. hierzu die Diskussion der Rationalisierung von Lebenswelten in Habermas 1981 a und 1981 b.

47 Vgl. hierzu die Arbeiten von Gramsci, z. B. Gramsci 1980, S. 221.

48 Dabei handelt es sich um einen komplexen historischen Vorgang, an welchem die unterschiedlichsten Gruppierungen – etwa Vertreter der Kirchen, des wirtschaftenden Bürgertums, aber auch Philanthropen – sich beteiligen und zu einer politikfähigen Interpretation des sozialen Elends gelangen.

49 Vgl. Lenhardt/Offe 1977.

50 Erst von dieser Zwecksetzung aus läßt sich die Untergliederung der Praxis im sozialen Sektor herleiten.

51 Vgl. Brand 1982.

52 Barabas u. a. 1975, S. 382f.

53 Heimann 1980, S. 172.

54 Vgl. hierzu die Beispiele und Analysen in Barabas u. a. 1975.

55 Damit sind etwa auch die kollektiven Veränderungsprozesse gemeint, die sich nicht auf »Randprobleme« wie Obdachlosigkeit und Nichtseßhaftigkeit, sondern auch auf massenhafte Erscheinungen – etwa Arbeitslosigkeit – beziehen können; sie können durch das politische System und die Art seiner Darstellung im Blick auf Öffentlichkeit aus dem Bewußtsein geraten.

56 Vgl. z. B. die politisch induzierte Aufmerksamkeit auf das »Drogenproblem« oder die Umdefinition von Problemen des Arbeitsmarktes als »Jugendprobleme«.
57 Empirisch gilt in der Tat, daß die Mehrzahl der von sozialer Arbeit Betroffenen nicht aus eigenem Antrieb in den sozialen Sektor kommt, sondern diesem aufgrund der Definitionsakte politischer Institutionen zugewiesen wird; vgl. Haferkamp/Meier 1972, S. 105 ff.
58 Vgl. allgemein Schütz/Luckmann 1979, bes. S. 126 ff.; im Blick auf den Sozialstaat: Habermas 1981 b, S. 514; Böhnisch 1984 b.
59 Dazu rechne ich z. B. die Kirchen, die Verbände, die Gewerkschaften, aber auch andere »außerparlamentarische« Gruppen – etwa die Umweltschutzbewegung, sowie die Bürgerinitiativbewegung.
60 Vgl. Strasser 1983.
61 Ich nehme hier bewußt den Ausdruck der Implementation auf, da er auf die Schwierigkeiten hinweist, die einer Durchsetzung von programmatischen Vorgaben des politischen Systems schon auf der Verwaltungsebene, besonders aber auch in anderen Bereichen des gesellschaftlichen Lebens entstehen; vgl. die Beiträge in Mayntz 1980. Mit dem Ausdruck soll also auch deutlich gemacht werden, daß die Annahme einer linearen Umsetzung staatlicher Vorgaben etwa im sozialen Sektor schon empirisch nicht haltbar ist.
62 Vgl. Barabas u. a. 1977, S. 500.
63 So weist beispielsweise die sog. Disparitätsthese darauf hin, daß Ungleichheit im gesellschaftlichen System durch das staatliche Handeln transformiert wird, nun aber als Ungerechtigkeit in der Behandlung einzelner durch den Staat zum Problem wird. (Vgl. hierzu auch die Auseinandersetzung um den neokorporativen Staat und die Frage nach der »neuen Armut«).
64 Vgl. Matthes 1964, S. 117.
65 So schon Herman Nohl 1970, S. 228.
66 Man denke beispielsweise an die Umdefinition von strukturellen Problemen in Gruppen- und Alterskohortenprobleme.
67 Als historisches Beispiel vgl. hierzu die Einführung des RJWG, bei der wesentliche Inhalte des Gesetzes mit dem Hinweis auf ihre aktuelle Nichtfinanzierbarkeit außer Kraft gesetzt wurden. Als Gegenbeispiel vgl. auch den Ausbau des Systems sozialer Sicherung in der Bundesrepublik, der ohne Rücksicht auf die Finanzierungsgrundlagen vorgenommen wurde, dank der wirtschaftlichen Entwicklung jedoch verwirklicht werden konnte; vgl. Baron/Landwehr 1983, S. 255.
68 Unter dem Gesichtspunkt der vorgetragenen Überlegungen empfiehlt sich allerdings eine erneute Reflexion des aus der christlichen Soziallehre stammenden Prinzips der Subsidiarität, sowie der durch es bedingten »intermediären« Stellung der Verbände. So muß ernsthaft geprüft werden, wie weit gerade sie eine Möglichkeit der Abkoppelung des sozialen Sektors von staatlichen Direktiven eröffnen.
69 Vgl. grundlegend Luhmann 1976, S. 195 f.
70 Selbstverständlich ist dies Leistung der praktisch im sozialen Sektor Tätigen. Darüber hinaus darf es nicht bloß idealisierend verstanden werden. Vielmehr betrifft es einen realen sozialen Mechanismus, der beispielsweise innerhalb der

institutionellen Hierarchien im sozialen Sektor auch gegenüber den Beteiligten mobilisiert wird. Sie werden sanktoniert, indem sie auf die einheitliche Idee der Sozialpädagogik verpflichtet werden.

71 Vgl. Kap. 15; vgl. auch Nohl 1970, S. 3–102.

72 Dies muß vor allem gegenüber Deutungsansätzen sozialer Arbeit festgehalten werden, welche diese allein als Funktion für das Gesellschaftssystem beschreiben. So beispielsweise Hollstein/Meinhold 1973; neben der Vernachlässigung der Mikrostruktur des sozialpädagogischen Tuns zeigte sich nämlich, so dieselben später, »die Kritik an bestehender Gesellschaft und Sozialarbeit... so überlastig, daß kaum noch ein Raum blieb, um Alternativen zum so deutlich Abgelehnten zu benennen« (Hollstein/Meinhold 1977, S. 9).

73 Vgl. das schon fast klassische Werk: Rusche/Kirchheimer 1981.

74 So war noch bis zum 1. Weltkrieg der Empfang von materiellen Fürsorgeleistungen mit dem Entzug der bürgerlichen Ehrenrechte gekoppelt.

75 Vgl. z. B. Foucault 1979.

76 Vgl. Mollenhauer 1959.

77 Unterhalb der pädagogischen Reflexion verbergen sich somit ökonomische Intentionen.

78 Salzmann: Carl von Carlsberg I/333, zit. nach Ahlheim u. a. 1976, S. 32.

79 Köhler 1977, S. 119.

80 Dies geschieht sowohl bei Pestalozzi – vgl. hierzu die Berichte seiner Mitarbeiter Krüsi und Niederer in: Pestalozzi im Urteil zweier Mitarbeiter 1961 –, sowie bei Wichern in der Ausbildung zum Diakon und Erzieher.

81 So Franz von Liszt 1892; vgl. hierzu Simonsohn 1975.

82 Hasenclever 1978, bes. S. 20ff.

83 Nohl-Pallat 1929, S. 181. Tatsächlich bleibt jedoch festzuhalten, daß sämtliche rechtliche Regelungen, welche die Sozialisation von Jugendlichen betreffen, unter einer unaufgelösten Spannung, einer »grundsätzlichen Wertungsdifferenz (...) Pädagogen, Jugendfürsorger, Psychologen hier – Juristen dort« stehen (Zenz 1979, S. 49).

84 Münchmeier 1981, S. 62.

85 Münchmeier 1981, S. 64.

86 Münchmeier 1981, S. 83.

87 Vgl. Nohl-Pallat 1929.

88 Nohl-Pallat 1926, S. 220f.

89 Als Beispiele seien hier die »Heimkampagne« am Ende der sechziger Jahre, sowie die italienische Psychiatriereform in den siebziger Jahren genannt.
Im übrigen darf der Hinweis auf die Politik der Sozialpädagogik nicht mißverstanden werden. Sie ist ebenso notwendig wie legitim; erforderlich ist aber, daß man sie konsequent mit den Mitteln politischer Auseinandersetzung betreibt, sie dabei nicht mit einer sachlich-diskursiven Auseinandersetzung verwechselt. Die Theorie der Sozialpädagogik muß sie deshalb als ein Moment in der Realität des sozialpädagogischen Handelns vermerken, wenngleich sie auch festzuhalten hat, daß die Politik der Sozialpädagogik außerhalb des Bereiches sozialpädagogischer Praxis stattfindet. Vgl. zur Problematik insgesamt Böhnisch 1975, S. 146f.

90 Wolff 1983, bes. S. 70ff.

91 Vgl. Scull 1980.
92 Zu Makarenko vgl. Hillig 1982, S. 68 ff.; zu Bernfeld: Bernfeld 1970, S. 224.

Kapitel 13

1 So die Hegelsche »Rechtsphilosophie«.
2 Dies bildet das zentrale Thema von Weber 1972.
3 Vgl. Luhmann 1972, S. 24, sowie Luhmann 1970. Im übrigen stütze ich mich im folgenden bei den unmittelbar juristischen Fragestellungen auf Radbruch 1965 und 1969, sowie auf Engisch 1977, schließlich im Besonderen des Sozialisationsrechts auf Münder 1980.
4 Vgl. Ellwein 1971, S. 303 ff.
5 Weber 1972, S. 563.
6 Dies gilt zumindest für die Bundesrepublik Deutschland, in welcher Verrechtlichungstendenzen nicht nur eine historisch lange Tradition haben, sondern sich auch in der administrativen Struktur etwa dann niedergeschlagen haben, wenn – wenigstens – die Spitzenfunktionen aller Fachbehörden prinzipiell mit Juristen besetzt werden.
7 Münder 1981, S. 327.
8 Innerhalb der durch freie Träger geschaffenen Organisationszusammenhänge treten neben quasi-dienstrechtliche Vorschriften eher informelle Regelungen, die häufig über die für »Tendenzbetriebe« geltende Vorschriften normiert werden.
9 Vgl. hierzu für die Bundesrepublik Deutschland das BSHG.
10 Olk/Otto 1981, S. 125.
11 Ebenda.
12 Vgl. den Hinweis in Knapp 1980, S. 72.
13 Dies bildet eines der problematischen Themen in der neuen »Kinderrechtsbewegung«. Vgl. auch die Beiträge in Goldstein/Freud/Solnit 1974, insbesondere das Nachwort von Simitis zu diesem Band.
14 Vgl. Koch/Rüßmann 1982.
15 Vgl. Hegner 1981.
16 Münder 1981, S. 320 f.
17 Als Beispiel sei hier die Behandlung von Nichtseßhaften durch die kommunalen Sozialverwaltungen genannt, welche regelmäßig den Normen des BSHG widerspricht.
18 Rehbein 1980, S. 25.
19 So werden Richter in der Bundesrepublik auf Recht *und* Gesetz vereidigt.
20 Vgl. Radbruch 1965, S. 24–33, ders. 1969, S. 35 ff.
21 Vgl. beispielsweise zum Verhältnis von Kinderschutz und Familienrecht Zenz 1979, S. 48 ff.
22 Münder 1980, S. 97.
23 Sachße 1979, S. 17.
24 Knapp 1980, S. 68.
25 Vgl. a. a. O., S. 70.
26 Vgl. hierzu die Beiträge in Voigt 1983.
27 Vgl. Neumann 1967, S. 38.
28 Vgl. Engisch 1977, S. 108 ff.

29 Vgl. Giese 1975, S. 53, sowie Simitis u. a. 1979.
30 Vgl. Giese 1975.
31 Bei der Arbeit im sozialen Sektor ist man über grundrechtliche Normen hinaus mit Bestimmungen des Strafrechts, des Zivilrechts, des Sozial- und Arbeitsrechts, schließlich auch des Jugendrechts konfrontiert. Vgl. hierzu auch die Kontroversen um das sog. Sozialgesetzbuch, insbesondere um die Frage, ob das Jugendhilferecht diesem zugeordnet werden soll.
32 Darauf hat schon Aloys Fischer in seinem Aufsatz über die »Problematik des Sozialbeamtentums« hingewiesen. Vgl. Fischer 1954, S. 332.
33 Müller/Otto 1980, S. 10.
34 Vgl. Olk/Otto 1981, S. 125.
35 Vgl. Scherpner 1962, S. 173.
36 Gröschke 1982, S. 166.
37 Vgl. z. B. Fooken 1973, S. 35 ff.
38 Nohl-Pallat 1929, S. 196.
39 Vgl. Fischer 1954, S. 332.
40 Vgl. Vobruba 1983, S. 91 ff.
41 Giesecke 1973, S. 5.
42 Vgl. Blankenburg 1980, S. 94.
43 Vgl. Simitis u. a. 1979, S. 73 ff. und S. 109, sowie Münder 1980, S. 107 ff.
44 Vgl. Gastiger 1983, S. 88.
45 Knapp 1980, S. 75.
46 Vgl. Pestalozzi 1930.
47 Vgl. die Überlegungen bei Strasser 1983.
48 Vobruba 1983, S. 113.
49 Voigt 1983, S. 11.

Kapitel 14

1 Die folgenden Überlegungen sind eher essayistisch angelegt; sie greifen auf Gedanken zurück, die ich unter der Überschrift »Alles unruhig im Lande?« 1984 vorgelegt habe. Sie sind zum Teil absichtsvoll einseitig und kulturkritisch konservativ formuliert, um die spezifischen Aufgaben herauszuarbeiten, die einer pädagogischen Reflexion der Lage gestellt sind.
2 Die Begriffe werden gewöhnlich synonym gebraucht, wenngleich sie in der Akzentsetzung unterschiedlich scheinen; so wäre der Ausdruck »Wohlfahrtsstaat« heute eher konservativen Reflexionszusammenhängen zuzuordnen, während der Begriff des Sozialstaates stärker »sozialdemokratisch« besetzt ist. Ein inhaltlicher Unterschied liegt offensichtlich in der unterschiedlichen Thematisierung subjektiver Rechte; sie stehen beim Sozialstaatskonzept im Vordergrund.
3 Vgl. Voigt 1983, S. 21.
4 Hierbei ist beispielsweise an die Folgen des Straßenverkehrs, aber auch an die Folgekosten der Energiepolitik zu denken.
5 Soziale Arbeit wird so zu einer Normalform gesellschaftlicher Reproduktion, zugleich auch zum Normalfall im individuellen Erleben.
6 Siehe Habermas 1981 b, S. 514.
7 Vgl. Luhmann 1981, S. 94 ff.

8 Vgl. Joachim Hirsch 1980.
9 Habermas 1981 b, S. 483.
10 Olk/Otto 1981, S. 100.
11 A. a. O., S. 127.
12 Symptomatisch dafür die Zunahme von Prozessen insbesondere vor Verwaltungsgerichten.
13 Dies schlägt sich beispielsweise in Werbe- und Anzeigenkampagnen nieder, in welchen sich das politische System mit seinen Leistungen darstellt.
14 Vgl. Löwenthal 1979, bes. S. 31.
15 Vgl. hierzu die Beiträge in Becher 1982, sowie die Darstellung in Brand 1982.
16 Dies besagt die Annahme von der »staatlich produzierten Anspruchsdynamik«, vgl. zur Übersicht Brand 1982.
17 Hier ist einerseits an die Integration der Gewerkschaften – etwa im Rahmen einer »konzertierten Aktion« – sowie an die Wandlung der Parteien zu »Volksparteien« zu erinnern.
18 Vgl. Sachße 1979, S. 15 f.
19 Im Sozialstaat setzt sich eine Tendenz der Säkularisierung durch, die sich empirisch beispielsweise an den wachsenden Schwierigkeiten kirchlicher Jugendarbeit zeigt.
20 Vgl. Christopher Lasch 1982.
21 Offe 1980, S. 810.
22 Dies gilt m. E. besonders für Großbritannien und die Bundesrepublik. Im übrigen läßt sich nachweisen, daß Staaten wirtschaftliche Rezessionen offensichtlich besser überstehen, wenn sie auf diese nicht mit einer Kürzung von sozialstaatlichen Regelungen reagieren; vgl. Alber 1980 und 1983.
23 Als Beispiel hierfür wäre die Aufhebung von Arbeitsschutzgesetzen – insbesondere für Jugendliche – zu nennen.
24 Vgl. hierzu die Diskussion um die Wertschöpfungssteuer, die inzwischen auch im konservativen Lager geführt wird.
25 Vgl. Olk/Otto 1981.
26 Vgl. Strasser 1983, bes. S. 142 ff.
27 Dazu Becher o. J., vgl. auch Böhnisch 1982 (bes. S. 108 ff.), der die Funktion von Sozialpädagogik in der Stützung von Lebenswelten und Lebenslagen sieht.
28 Vgl. Olk/Otto 1981, S. 127; Böhnisch 1984 a, Böhnisch 1984 b.

Kapitel 15

1 Trotz methodischer Bedenken greife ich hier auf den Ansatz zurück, den Herman Nohl in seiner Abhandlung über die geistigen Energien der Jugendwohlfahrtspflege angedeutet hat, sowie seinem Werk über die pädagogische Bewegung in Deutschland (Nohl 1970, S. 3–102) zugrundegelegt hat; dieser führt den Gedankengang des Aufsatzes über die »geistigen Energien« weiter und differenzierter aus. Der Ausdruck »geistige Energie« scheint mir nämlich in mehrerlei Hinsicht hilfreich, um zu einem angemessenen sachlichen Verständnis der Sozialpädagogik zu gelangen. Erstens macht er deutlich, daß die Einflüsse auf den sozialpädagogischen Diskurs (resp. auf die Jugendwohlfahrtspflege) nicht unmittelbar inhaltlich, sondern im Sinne von tragenden Kräften wirken, welche die Eigenheit der Sozialpädagogik nur mittelbar berühren, ihr jedoch die für sie

typische Dynamik verleihen. Sie stellen gleichsam das Material zur Verfügung, mit welchem dann die spezifische Semantik des Diskurses konstituiert wird. Zweitens faßt der Ausdruck zusammen, daß es um Einflüsse geht, die sowohl gedanklich ideell wie auch praktisch bedeutsam werden; es sind Einflüsse, die ein geistig sinnhaftes Verständnis der Handlungen im sozialen Feld ermöglichen. Zugleich handelt es sich um Einflüsse, die von sozialen Bewegungen ausgehen, welche über ein Ideenzentrum gelenkt werden. Drittens zeigt der Ausdruck, daß es sich nicht um einheitliche Wirkungen handelt, sondern eher um Impulse, welche in besonderen Feldern gesellschaftlicher Auseinandersetzung entstehen.

Im Unterschied zu Nohl setze ich jedoch bei der Beschreibung der geistigen Energien die Akzente anders. Übrigens blieb eigentümlicherweise in der Rezeption des Nohlschen Werkes die Reflexion auf den eben genannten Ansatz im Blick auf sein Verständnis von Sozialpädagogik unberücksichtigt; vgl. Finckh 1977.

2 Scherpner 1966, S. 46 f.

3 Jetter 1981, S. 150.

4 Ders. S. 149.

5 Scherpner 1966, S. 47.

6 Foucault 1979, S. 156.

7 Ahlheim u. a. 1976, S. 25.

8 Foucault a. a. O.

9 Vgl. hierzu Ahlheim u. a., a. a. O., S. 26, Scherpner 1966, Foucault 1979.

10 Ahlheim u. a., a. a. O., S. 26.

11 Scherpner 1966, S. 48.

12 A. a. O., S. 49.

13 Vgl. hierzu Foucault 1979, Scull 1980.

14 Ahlheim u. a., a. a. O., S. 25.

15 Foucault 1979, S. 157.

16 Roloff 1913, Spalte 125.

17 Vgl. Basaglia 1978, S. 125.

18 Das Problem bildet offensichtlich schon den Ausgangspunkt für Rousseaus Konzeption der Erziehung des Emile; explizit thematisiert wird es dann beispielsweise in Kants Vorlesung zur Pädagogik. Schleiermacher hat es schließlich als eine der pädagogischen Grundantinomien erfaßt, vgl. Schleiermacher 1902, S. 489 (Aphorismus 49).

19 Nohl-Pallat 1929, S. 181.

20 Nohl 1965, S. 10.

21 So jedenfalls das Selbstverständnis der Sozialpädagogen im ersten Viertel dieses Jahrhunderts.

22 Während Nohl konkret bestimmte Strömungen seiner Zeit als geistige Energien thematisiert, beziehe ich mich auch auf allgemeinere Diskussionszusammenhänge (und Aktivitäten), die ich deshalb auch nur vergleichsweise abstrakt benennen kann. Anders als Nohl beziehe ich diese zudem nicht in jedem Fall auf organisatorische Zusammenhänge, wenngleich sich ihre Ausformungen in solchen (insbesondere auch in den von Nohl beschriebenen) unschwer erkennen lassen.

23 Vgl. Wichern 1979 a, S. 89–110.
24 So Wilhelm Emanuel Ketteler zit. nach Belardi 1980, S. 32.
25 Dies scheint mir schon bei Don Bosco der Fall.
26 Vgl. schon August Hermann Francke. Besonders deutlich aber Wichern 1979 b, vor allem S. 25 ff., dagegen ders.: 1979 b, S. 123 ff.
27 Vgl. hierzu Rusche 1933, Rusche/Kirchheimer 1981, sowie Foucault 1979.
28 So die These bei Foucault 1979. Die Problematik hängt unmittelbar mit der Frage nach der Herrschaft von Sozial- und Erziehungsexperten zusammen; vgl. auch Scull 1980, bes. S. 199.
29 Dies läßt sich an der wechselvollen Geschichte der Arbeits- und Zuchthäuser verfolgen.
30 Vgl. Francke 1967, S. 224.
31 Zit. nach Rusche 1933, S. 73.
32 Dies ist dann spätestens im 19. Jahrhundert der Fall.
33 Als ein frühes Dokument dieses Verfahrens kann John Lockes »Plan zur Beseitigung der Arbeitslosigkeit« von 1697 gelten; vgl. Locke 1980, bes. S. 272. Zum historischen Hintergrund der folgenden Überlegungen vgl. Sachße/Tennstedt 1980.
34 So etwa in der Einführung von Bettelzeichen.
35 Dies deutet sich in den städtischen Armenordnungen der beginnenden Neuzeit an, tritt stärker hervor z. B. im Preußischen Landrecht und gewinnt konkrete Gestalt im Hamburger Armenwesen des ausgehenden 18. Jahrhunderts, besonders aber im Elberfelder und im Straßburger System der Armenfürsorge.
36 Als Symptom dafür steht die Gründung des »Deutschen Vereins für Armenpflege und Wohltätigkeit« (heute: »Deutscher Verein für öffentliche und private Fürsorge«), im Jahre 1881. Vgl. Landwehr/Baron 1983, S. 28 ff.
37 Vgl. Herriger 1979, S. 25–70.
38 Herriger a. a. O., S. 30.
39 Vgl. Stoy 1978, S. 298, Rein 1911, S. 38.
40 Vgl. z. B. Rein 1911, S. 14–46.
41 Vgl. Kuczynski 1968, S. 16; Leschinsky/Roeder 1983, S. 299 ff.
42 Auf den unauflöslichen Zusammenhang von Sozialpädagogik (bzw. Jugendwohlfahrtspflege) mit dem Sozialismus weist schon Nohl hin. Vgl. zu seinem Sozialismusverständnis jedoch Finckh 1977, S. 182 ff.
43 Vgl. Benner 1973, S. 89 ff.
44 Pestalozzi 1962, S. 97.
45 Pestalozzi 1963, S. 118.
46 Pestalozzi 1963, S. 241; vgl. Wichern 1979 b, S. 25.
47 Pestalozzi 1964, S. 114; vgl. Wichern 1979 b, S. 148, S. 202.
48 Pestalozzi zit. nach Raith 1971, S. 32.
49 Tews 1911, S. 1.
50 Pestalozzi 1964, S. 127.
51 Vgl. hierzu Basaglia 1978.
52 Vgl. hierzu und zum folgenden Geisel/Leschmann 1984 a, S. 27 ff. und 1984 b, S. 28 f.
53 Müller C. W. 1982, S. 139.
54 Vgl. Dießenbacher 1981, S. 272–298.

55 Vgl. Lukács 1965, sowie Müller C. W. 1982, S. 160 ff.

56 Vgl. Wilker 1921, S. 7.

Kapitel 16

1 Deutsches Jugendinstitut 1973, S. 114.

2 Ebenda.

3 Albrecht 1982, S. 19.

4 A. a. O., S. 28 ff., vgl. auch Thomas 1965.

5 Vgl. die Beiträge in: Vascovics (Hrsg.) 1982.

6 Wenigstens implizit hat schon Pestalozzi in seiner Schrift »Zweck und Plan einer Armen-Erziehungsanstalt« auf die Notwendigkeit hingewiesen, daß die betroffenen Subjekte eine eigene Tradition ausbilden, so auch die nötigen Vermittlungsprozesse aus eigener Kraft gestalten. Die sozialpädagogische Intention bezieht sich dann darauf, Bedingungen herzustellen, innerhalb welcher die Subjekte sich selbst – im ganzen Sinne des Begriffs – erziehen können; die ganze Pädagogik, also Vermittlung und Aneignung soll durch sie selbst geleistet werden können (Pestalozzi 1964, S. 113).

7 So die Intention beispielsweise bei Pestalozzi und Wichern; systematisch thematisiert hat das Raumproblem in der Geschichte der pädagogischen Theoriebildung allerdings nur Friedrich Fröbel; vgl. Fröbel 1965, S. 54 f.

8 Siehe hierzu die Einzeldarstellungen in C. W. Müller 1982.

9 Vgl. Petersen 1971, S. 61.

10 Basaglia/Giannichedda 1980, S. 27.

11 Differenzierter müßte man sagen, daß die Kritik der Pädagogik durch die Pädagogen selbst jenen gesellschaftlichen Verfügungsprozessen gilt, in welchen Erziehung sozial vereinnahmt wird und zur Sozialtechnologie verkümmert. Insofern ist »die Negation (...) die vorläufig einzige Möglichkeit einer Aktion innerhalb eines politisch-ökonomischen Systems, das jede Affirmation als ein neues Instrument zur eigenen Konsolidierung (der Gesellschaft – M. W.) absorbiert« (Basaglia 1978, S. 157).

12 Tenorth hat auf die wissenslogischen und professionspolitischen Implikationen der Vorstellung hingewiesen, nach welcher Erziehung sich selbst überflüssig zu machen habe: »Wer Überflüssig-Werden, Hilfe zur Mündigkeit und Emanzipation zum leitenden pädagogischen Ethos stilisiert, der kann nicht zugleich lebenslange Wertschätzung und allgemeine soziale Geltung erwarten.« (Tenorth 1984, S. 66). Allerdings geht m. E. in Tenorths Überlegung eine Ebenenverwechslung ein, bei der nicht zwischen gleichsam erziehungstechnologischen und professionspolitischen Äußerungen unterschieden wird; wer als Kraftfahrzeugmechaniker beansprucht, Defekte an einem Pkw endgültig zu reparieren, stellt damit noch nicht den Berufsstand in Frage.

13 Vgl. hierzu die Beiträge in Müller/Otto 1980 a, sowie – bezogen auf die Reform der italienischen Psychiatrie – Simons (Hg.) 1980, bes. Teil III.

14 Trotz aller möglichen Vorbehalte, die z. B. mit autoritären Implikationen des Begriffs begründet werden, wähle ich auf systematisch-terminologischer Ebene den Begriff des »Zöglings«. Ich ziehe ihn dem Ausdruck »Klient« vor, wie er z. B. von Iben 1970, S. 189 ff. favorisiert wird. Dieser scheint mir sachlich unangemessen. Einmal unterstellt dieser Ausdruck die Souveränität und Ver-

handlungsstärke der jeweiligen Person; sie kann einen Fachmann auswählen und honorieren, um die eigenen Probleme zu bearbeiten. Zudem ist sich ein »Klient« seiner Problematik wenigstens in dem Grade bewußt, daß er einen Fachmann hinzuzieht. Beides trifft empirisch für die öffentliche soziale Arbeit nicht zu, kann auch aufgrund der Merkmale des Modus der Differenz nicht eintreten.

15 Dies besagt, daß es keine menschlichen »Minus-Varianten« gibt.

16 Dies zeigt sich noch als Individualität der biologischen Organisation.

17 Vgl. Kupffer 1978 b, bes. S. 166.

18 Kupffer 1978 a, S. 50.

19 Pestalozzi 1963, S. 136.

20 Pestalozzi 1964, S. 115.

21 Vgl. Jantzen 1978 und 1979.

22 So schon Wichern z. B. 1979 b, S. 35.

23 Vgl. Sünkel o. J., S. 1.

24 Dies wird in der Forschung zur Struktur sozialer Dienstleistungen mit dem Ausdruck »uno-actu-Prinzip« bezeichnet; dieses weist für alle personenbezogenen Dienstleistungen auf die Notwendigkeit hin, daß der Klient nicht nur bei der Erbringung der Leistungen anwesend ist, sondern auch über diese mitbestimmt und ihre Ausgestaltung selbst konkretisiert. Andernfalls könnten solche Leistungen nur ineffektiv erbracht werden; vgl. Herder-Dorneich/Kötz 1972, Maleri 1973. In eine ähnliche Richtung zielen die Überlegungen von Plake, die als Spezifikum von Sozialisationseinrichtungen festhalten, daß in diesen eine Wechselwirkung zwischen Personen stattfindet; vgl. Plake 1981.

25 Verstehen als eine spezifische Wahrnehmungsform innerhalb pädagogischer Kontexte entsteht m. E. erst aus dieser Problematik einer eigentlich unmöglichen Effektivitätskontrolle pädagogischer Handlungen.

26 Vgl. Brumlik/Keckeisen 1976.

27 Pestalozzi 1965, S. 87.

28 Vgl. Mannoni 1978, S. 217.

29 Der soziologischen Naivität des sozialpädagogischen Diskurses korrespondiert deshalb ein utopischer Charakter, der beispielsweise an der Heimerziehung greifbar wird; vgl. Thiersch 1978 c, S. 92 f.

30 Vgl. Jervis 1978, S. 170–174.

31 Vgl. Makarenko 1975, S. 150.

32 Vgl. Mannoni 1978, sowie dies. 1979, bes. S. 170 ff., Bettelheim 1973, bes. S. 30 f.

33 Vgl. am Beispiel des Jugendstrafvollzuges: Schneider 1974, S. 74 ff.

34 Daß das sozialpädagogische Handeln nur durch die Aktivität des Zöglings verwirklicht werden kann, von seinen strukturellen Möglichkeiten her zu einer Lösung subjektiver Aneignungsprobleme und Krisenzustände außerstande ist, läßt zu, es formal von anderen Handlungsformen im sozialen Sektor zu unterscheiden: Grob lassen sich diese in die Kategorien »helfende« und »pflegende« Tätigkeiten einordnen. Beide zeichnet aus, daß sie – erstens – unmittelbar auf ein zu bewältigendes Problem gerichtet sind, welches zwar mit den Mitteln nicht beseitigt werden kann, die einem Individuum aktuell zur Verfügung stehen, wenngleich dieses um deren Art und Notwendigkeit weiß. Zweitens geht

das Einverständnis des Subjekts voraus, das die Bereitschaft erklärt, sich stellvertretend bei der Durchführung seiner Absichten helfen zu lassen – im Grunde besteht also kein subjektiver Modus der Differenz, sondern ein spezifisches, eingegrenztes und subjektiv definiertes Nichtkönnen. Helfendes Handeln hat hierbei regelmäßig kompensierenden Charakter, pflegendes Tun richtet sich dagegen auf eine Entlastung von Tätigkeiten, die ein Subjekt aufgrund seiner eigenen Schwäche nicht leisten kann.

35 Nohl 1965, S. 48.

36 Vgl. Böhnisch 1980, Franzkowiak/Wenzel 1983, Aly 1977.

37 Mollenhauer 1976, S. 21.

38 Mannoni 1978, S. 256.

39 Vgl. zur theoretischen Problematik des Rousseauschen Ansatzes in diesem Punkte Sünkel 1984, als praktisch gemeinte und therapeutisch begründete Aufforderung: Rogers 1973, S. 37.

40 Die Bedeutung einer durch Personen verbürgten emotionalen Gewißheit tritt jedoch hinter die »physische Unveränderlichkeit« (Bettelheim 1973, S. 30) des Ortes zurück. Denn nur so können die Kinder und Jugendlichen den Wechsel der Betreuer (der sich z. B. als Folge des Schichtdienstes ergibt) aushalten; zudem wissen die Kinder und Jugendlichen sehr bald, daß eine vorgeblich stabile emotionale Zuwendung ihnen in Konfliktfällen entzogen wird. Darin liegt ein gravierender Unterschied zwischen der Familienerziehung und der öffentlichen Erziehung; Eltern können auch in einem fundamentalen Konflikt ihren Kindern kaum die emotionale Zuwendung entziehen, professionelle Erzieher tun dies oft schon aus Gründen der Organisation ihrer Arbeit. Schon aus diesem Grund erscheint eine Sozialpädagogik problematisch, die sich vornehmlich auf die emotionale Komponente des pädagogischen Bezugs stützt; die sachliche Struktur des Ortes ist demnach gegenüber dem persönlichen Verhältnis als Fundament der Erziehung vorzuziehen. Emotionale Gewißheit heißt dann: Kontinuität und Klarheit von Gegebenheiten und Beziehungen.

41 Pestalozzi 1963, S. 255.

42 In Anlehnung an Pestalozzi.

43 Vgl. z. B. Böseke 1981, S. 198.

44 Bernfeld 1970, S. 415 f., vgl. auch Bettelheim 1973, S. 38 f.

45 Vgl. Nohl 1965, S. 49.

46 Darin gründet selbstverständlich das »pädagogische Risiko«; vgl. z. B. Makarenko 1964, S. 239; ders. 1982 b, S. 280.

Kapitel 17

1 Vgl. Müller B. 1984 a, bes. S. 1050.

2 Vgl. Makarenko 1982 c, S. 310.

3 Vgl. z. B. die »Angriffsmethode« im Synanon-Konzept; vgl. Yablonsky 1975, S. 258 ff.

4 Vgl. Bollnow 1968.

5 Vgl. zur Problematik Bonhoeffer 1973, S. 71, sowie die Beiträge in Bonhoeffer/Widemann 1974 und Mannoni 1978 und 1979.

6 Vgl. Makarenko 1982 c, S. 170.

7 Jervis 1978, S. 147.

8 Bonhoeffer 1973, S. 71, vgl. Bonhoeffer/Widemann 1974, S. 124 ff.
9 Vgl. Bonhoeffer/Widemann 1974, Sauer 1979.
10 Vgl. Bonhoeffer/Widemann 1974, S. 29 ff.
11 Wichern 1979 b, S. 33 f.
12 Vgl. Gerlicher u. a. 1979, S. 21–25.
13 A. a. O., S. 131.
14 Vgl. Gerlicher u. a. 1979, S. 65 ff.
15 Vgl. Hoffmann-Riem 1980.
16 Vgl. hierzu Colla 1973, bes. S. 21.
17 Kupffer 1978 b, S. 35.
18 Vgl. Makarenko 1975 a, S. 149, ders. 1964, S. 399; wenn auch mit theologischer Begründung (und zugleich einem überraschenden Bewußtsein von der stigmatisierenden Wirkung öffentlicher Erziehung): Wichern 1979 b, S. 41.
19 Makarenko 1982 a, S. 228.
20 Vgl. für das Beispiel Drogenarbeit Theyson/Spazier 1981, S. 54.
21 Makarenko 1964, S. 264 ff.
22 Aichhorn 1977, S. 8.
23 z. B. Freud 1975, S. 118.
24 Vgl. Thiersch 1978 b, S. 18; vgl. Gilles/Sander 1980.
25 Aus der Sicht des Psychoanalytikers hat dies Aichhorn selbst festgehalten; vgl. Aichhorn 1977, S. 141.
26 Ich verwende diesen Ausdruck bewußt, um die Kontinuität neuer Therapieformen zu archaischen Formen des Heilens darzustellen; vgl. Frank 1981.
27 Vgl. Makarenko 1982 a, S. 49 ff., sowie Wichern 1964, S. 29.
28 Makarenko 1982 c, S. 170, vgl. ders. 1964, S. 78 ff.
29 Vgl. Makarenko 1964, S. 81.
30 Vgl. Makarenko 1964, S. 80.
31 A. a. O., S. 81.
32 Rein 1911, S. 38 (in nahezu wörtlicher Übernahme von Stoy 1878, S. 300 f.).
33 Ebenda.
34 Ebenda.
35 Ebenda, vgl. S. 39.
36 Thiersch 1973 b, S. 57.
37 Quensel 1977, S. 85.
38 Kupffer 1978 b, S. 50.
39 Thiersch 1973 b, S. 57.
40 Vgl. Bonhoeffer 1973, S. 72, Wenzel 1970, S. 21.
41 Goffman 1977, S. 25.
42 Bonhoeffer 1973, S. 72, vgl. auch die empirischen Untersuchungen in Wenzel 1970, S. 124 ff., bes. S. 146.
43 Vgl. Mannoni 1979.
44 Vgl. Goffmann 1977, Quensel 1977.
45 Goffmann 1977, S. 17.
46 Quensel 1977, S. 92.
47 Vgl. Helfer/Kempe 1978, Zenz 1979.
48 Vgl. z. B. die Erfahrungen mit mobiler Jugend-Drogenarbeit bei Specht/Kurzweg 1983, bes. S. 175 f.

49 Vgl. Bronfenbrenner 1981.
50 Müller/Otto 1980, S. 22.

Kapitel 18

1 Vgl. Pestalozzi 1963, S. 231 ff.
2 Vgl. auch Bettelheim 1970, bes. S. 15 ff.
3 Vgl. Pestalozzi a. a. O.
4 Vgl. Pestalozzi 1963, S. 252.
5 Pestalozzi 1930, S. 355.
6 Pestalozzi 1963, S. 253.
7 A. a. O., S. 242.
8 Makarenko 1982 b, S. 168.
9 Bettelheim 1973, S. 8 f.
10 Vgl. Makarenko 1982 a, b, c.
11 Die zweite methodische Möglichkeit des Impulses steht jedoch keineswegs notwendig in einem Gegensatz zur ersten Form. Beide können einander ergänzen oder sich ablösen.
12 Vgl. hierzu die Organisationsstrukturen in Einrichtungen der Drogenarbeit etwa in Yablonsky 1975, Heckmann 1980.
13 Ich folge in der Terminologie, wie auch in der sachlichen Auffassung Petersen 1971, S. 70 ff.
14 Makarenko 1975 c, S. 759.
15 Makarenko 1975 b, S. 388.
16 Makarenko 1982 c, S. 225.
17 Vgl. z. B. Makarenko 1982 c, S. 161 ff.
18 Bettelheim 1973, S. 9.
19 Vgl. z. B. Makarenko 1975 c, S. 756 ff.
20 Makarenko 1982 c, S. 156.
21 Böhnisch 1980, S. 100.
22 Dies hat Eduard Spranger mit dem Ausdruck des »emporbildenden Verstehens« erfaßt; vgl. Spranger 1925, S. 40.
23 Makarenko benutzt beide Formen, so etwa das Theaterspiel, Feste, vor allem aber die Gestalt einer Spielhandlung, welche das Geschehen am sozialpädagogischen Ort ständig begleitet und umgibt, so als Medium des Stils dauernd zur Verfügung steht.
24 Vgl. Makarenko 1975 b, S. 386 ff.; ders. 1974, S. 39 ff.
25 Basaglia 1978, S. 333.
26 Wilker 1921, S. 47.
27 Makarenko 1982 b, S. 169.
28 A. a. O., S. 168.
29 A. a. O., S. 174 f.
30 Vgl. Makarenko 1982 c, S. 117.
31 Mannoni 1979, S. 77.
32 Vgl. a. a. O., S. 165.
33 A. a. O., S. 172.
34 Mannoni 1978, S. 237.
35 A. a. O., S. 285.

36 Vgl. a. a. O., S. 287.
37 Basaglia 1978, S. 335.
38 A. a. O., S. 147.
39 Vgl. Wilker 1921, S. 47.

Kapitel 19

1 Vgl. hierzu das Kapitel 11, an dessen systematische Bestimmungen ich anschließe.
2 Empirisch bedeutet dies, daß die jeweils konkrete Gestalt eines Ortes die Möglichkeiten situativer Handlungen bestimmt und begrenzt.
3 Vgl. Giddens 1984.
4 Schöneberg 1963, S. 44.
5 Vgl. Copei 1955.
6 Vgl. Petersen 1971, S. 13.
7 Allerdings lassen sich ihre Wirkungen durch die Zuwendung des Erziehers »auffangen« und so abschwächen.
8 Petersen 1971, S. 24.
9 Vgl. Basaglia 1978, S. 331.
10 Poeppelt 1978, S. 65.
11 Vgl. Müller B. 1979, S. 154.
12 Vgl. Spranger 1973, S. 215 ff.
13 Vgl. Holzkamp 1973, S. 195 ff.
14 Vgl. Müller B. 1984 b.
15 Müller B. 1979, S. 144 f.
16 Auch dann scheint es jedoch noch erforderlich zu sein, daß dieser Vertrag des Subjekts mit sich selbst anderen mitgeteilt wird; vgl. z. B. Colla 1973, S. 26.
17 Insofern wird ein Vertrag, der aus dem Druck einer Institution oder aus der Abhängigkeit von ihr geschlossen wird, zu Recht als Farce erkannt.
18 Vgl. Dörner/Plog 1980, S. 68.
19 Vgl. Jantzen 1979, S. 151.

Literaturverzeichnis

Adorno, Theodor W.: Einleitung zu: Adorno Theodor W. u. a.: Der Positivismusstreit in der deutschen Soziologie. Darmstadt und Neuwied (2. Auflage) 1972 a.

Adorno, Theodor W.: Soziologie und empirische Forschung. In: Adorno, Theodor W. u. a.: Der Positivismusstreit in der deutschen Soziologie. Darmstadt und Neuwied (2. Auflage) 1972 b, S. 81–102.

Ahlheim, Rose/Hülsemann, Wilfried u. a.: Gefesselte Jugend. Fürsorgeerziehung im Kapitalismus. Frankfurt M. 1971.

Aichhorn, August: Verwahrloste Jugend. Die Psychoanalyse in der Fürsorgeerziehung. Zehn Vorträge zur ersten Einführung. Mit einem Geleitwort von Sigmund Freud. Bern, Stuttgart, Wien (9. Auflage) 1977.

Alber, Jens: Der Wohlfahrtsstaat in der Krise. Eine Bilanz nach drei Jahrzehnten Sozialpolitik in der Bundesrepublik. In: Zeitschrift für Soziologie Jg. 9 (1980), S. 313–342.

Alber, Jens: Einige Grundlagen und Begleiterscheinungen der Entwicklung der Sozialausgaben in Westeuropa 1948–1977. In: Zeitschrift für Soziologie Jg. 12 (1983), S. 93–118.

Albert, Hans: Theorie und Prognose in den Sozialwissenschaften. In: Topitsch 1972, S. 126–143.

Albrecht, Günther: Theorien der Raumbezogenheit sozialer Probleme. In: Vascovics (Hg.) 1982, S. 19–57.

Aly, Götz: »Wofür wirst du eigentlich bezahlt?« Möglichkeiten praktischer Erzieherarbeit zwischen Ausflippen und Anpassung. Berlin 1977.

Anders, Günther: Die Antiquiertheit des Menschen. Erster Band: Über die Seele im Zeitalter der zweiten industriellen Revolution. München (5. Auflage) 1980.

Ariès, Philippe: Geschichte der Kindheit. Mit einem Vorwort von Hartmut von Hentig. München (3. Auflage) 1976.

Aristoteles: Politik. Übersetzt und herausgegeben von Olof Gigon. München (2. Auflage) 1976.

Arnold, Alfred: Dialektik und Persönlichkeitstheorie. Persönlichkeitsauffassungen in der Psychologie. In: Deutsche Zeitschrift für Philosophie Jg. 22 (1974), S. 999–1012.

Aumüller, Ursula: Industrieschule und ursprüngliche Akkumulation in Deutschland. Die Qualifizierung der Arbeitskraft im Übergang von der feudalen in die kapitalistische Produktionsweise. In: Hartmann, Klaus u. a.: Schule und Staat im 18. und 19. Jahrhundert. Frankfurt M. 1974.

Bäuerle, Wolfgang: Sozialarbeit und Gesellschaft. (Sozialpädagogisches Forum). Weinheim und Berlin 1967.

Bäuerle, Wolfgang: Zur Entwicklung einer sozialen Technologie. Eine einführende Übersicht. In: Theorie und Praxis der sozialen Arbeit Jg. 24 (1973), S. 162–175.

Barabas, Friedrich/Sachße, Christoph: Das Theorie-Praxis-Syndrom in der Sozialarbeiterausbildung. In: Theorie und Praxis der sozialen Arbeit Jg. 28 (1977), S. 269–277.

Barabas, Friedrich/Blanke, Thomas/Sachße, Christoph/Staschet, Ulrich (Hg.):

Jahrbuch der Sozialarbeit 1978. Analysen, Berichte, Materialien. Reinbek 1977.
Baron, Rüdeger/Dyckerhoff, Kristin/Landwehr, Rolf/Notbaar, Hans (Hg.): Sozialarbeit zwischen Demokratie und Klient. Dokumente der Sozialarbeiterbewegung. Sozialpädagogische Korrespondenz 1969–1973. Reprint. Offenbach 1978.
Barth, Kreszentia: Gruppenarbeit. In: Eyferth/Otto/Thiersch 1984, S. 458–464.
Basaglia, Franco (Hg.): Die negierte Institution oder Die Gemeinschaft der Ausgeschlossenen. Ein Experiment der psychiatrischen Klinik in Görz. Frankfurt M. (2. Auflage 1978).
Basaglia, Franco/Giannichedda, Maria Grazia: Die Transformation der Psychiatrie. In: Simons (Hg.) 1980, S. 23–42.
Bateson, Gregory: Geist und Natur. Eine notwendige Einheit. Frankfurt M. (3. Auflage) 1984.
Becher, Berthold: Selbstaktive Felder im kommunalen Raum. Arbeitspapier o. O. und o. J.
Becher, Heribert J. (Hg.): Die Neue Soziale Frage. Zum soziologischen Gehalt eines sozialpolitischen Konzepts. Hrsg. von H. J. Becher im Auftrag der Sektion »Soziale Probleme und soziale Kontrolle« der Deutschen Gesellschaft für Soziologie. (Beiträge zur sozialwissenschaftlichen Forschung Bd. 40). Opladen 1982.
Beck, Klaus J.: Kritische Darstellung der Interventions-Problematik in Sozialpädagogik und Sozialarbeit. Magisterarbeit Typoskript. Erlangen 1973.
Becker, Howard S.: Außenseiter. Zur Soziologie abweichenden Verhaltens. Frankfurt M. 1973.
Belardi, Nando (Hg.): Soziale Arbeit. Band I. Sozialpädagogische Arbeitsfelder. Frankfurt M. 1980.
Bendix, Reinhard: Könige oder Volk. Machtausübung und Herrschaftsmandat. Frankfurt M. 1980.
Benner, Dietrich: Hauptströmungen der Erziehungswissenschaft. Eine Systematik traditioneller und moderner Theorien. München (2. Auflage) 1978.
Benner, Dietrich: Bruchstücke zu einer nicht-affirmativen Theorie pädagogischen Handelns. In: Zeitschrift für Pädagogik Jg. 28 (1982), S. 951–968.
Benner, Dietrich: Grundstrukturen pädagogischen Denkens und Handelns. In: Enzyklopädie Erziehungswissenschaft. Band 1 (hrsg. von Dieter Lenzen und Klaus Mollenhauer). Stuttgart 1983, S. 283–300 (a).
Benner, Dietrich: Das Normproblem in der Erziehung und die Wertediskussion. In: Beiträge zum 8. Kongreß der Deutschen Gesellschaft für Erziehungswissenschaft. Zeitschrift für Pädagogik 18. Beiheft 1983, S. 45–57 (b).
Berelson/Steiner: Menschliches Verhalten. Band I und Band II. Weinheim und Basel 1972.
Berger, Brigitte/Berger, Peter: The War over the Family. Capturing the Middle Ground. Harmondsworth (Penguin) 1984.
Berger, Peter L./Berger, Brigitte/Kellner, Hansfried: The Homeless Mind. Modernization and Consciousness. Harmondsworth (Penguin) 1974.
Berger, Peter L./Luckmann, Thomas: Die gesellschaftliche Konstruktion der

Wirklichkeit. Eine Theorie der Wissenssoziologie. Frankfurt M. (5. Auflage) 1977.

Bernfeld, Siegfried: Antiautoritäre Erziehung und Psychoanalyse. Ausgewählte Schriften hrsg. v. Lutz von Werder, Reinhart Wolff (in drei, durchpaginierten Bänden). Frankfurt M. (3. Auflage) 1970.

Bernfeld, Siegfried: Sisyphos oder die Grenzen der Erziehung. Frankfurt M. 1973.

Bernstein, Saul/Lowy, Louis: Neue Untersuchungen zur sozialen Gruppenarbeit. Freiburg 1975.

Bettelheim, Bruno: Liebe allein genügt nicht. Die Erziehung emotional gestörter Kinder. (Sozialpädagogik Bd. 5, hrsg. v. Günther Bittner, Andreas Flitner, Walter Hornstein) Stuttgart 1970.

Bettelheim, Bruno: So können sie nicht leben. Die Rehabilitierung emotional gestörter Kinder. Stuttgart 1973.

Bloch, Ernst: Tendenz-Latenz-Utopie. Ergänzungsband zur Gesamtausgabe. Frankfurt M. 1978.

Böhnisch, Lothar: Perspektiven zur Entstigmatisierung im Bereich der Sozialarbeit und Sozialpolitik. In: Brusten, Manfred und Hohmeiner, Jürgen (Hg.): Stigmatisierung 2. Zur Produktion gesellschaftlicher Randgruppen. Neuwied und Darmstadt 1975, S. 145–172.

Böhnisch, Lothar: »Sozialpädagogik« hat viele Gesichter. In: betrifft: erziehung Jg. 12 (1979), Heft 9, S. 22–24.

Böhnisch, Lothar: Sich ihrer selbst nicht mehr gewiß. Jugendarbeit zwischen Bildung und Versorgung. In: Lothar Böhm/Richard Münchmeier/Ekkehard Sander (Hg.): Abhauen oder Bleiben? Berichte und Analysen aus der Jugendarbeit. München, Zürich 1980, S. 84–102.

Böhnisch, Lothar: Der Sozialstaat und seine Pädagogik. Sozialpolitische Anleitungen zur Sozialarbeit. Neuwied und Darmstadt 1982.

Böhnisch, Lothar: »Normalität« – Ein Schlüssel zum Verständnis der gegenwärtigen gesellschaftlichen Situation der Sozialarbeit. In: Neue Praxis. Kritische Zeitschrift für Sozialarbeit und Sozialpädagogik Jg. 14 (1984), S. 108–114 (a).

Böhnisch, Lothar: Vom Sozialstaat verlassen? Sozialpädagogisches Handeln ins gesellschaftlich Ungewisse. In: Müller/Otto/Peter/Sünker (Hg.) 1984, S. 77–100 (b).

Böseke, Harry: Der starke Mann ist hier nicht gefragt. Jugendhof Odenthal – eine Alternative zur Heimerziehung. In: Demokratische Erziehung Jg. 7 (1981), S. 198–201.

Bohnsack, Ralf: Handlungskompetenz und Jugendkriminalität. Neuwied, Berlin 1973.

Bollnow, Otto Friedrich: Existenzphilosophie und Pädagogik. Versuch über unstetige Formen der Erziehung. Stuttgart, Berlin, Köln, Mainz (4. Auflage) 1968.

Bollnow, Otto Friedrich: Studien zur Hermeneutik. Band I. Zur Philosophie der Geisteswissenschaften. Freiburg und München 1982.

Bolzano, Bernard: Wissenschaftslehre. Band 3. Hrsg. v. Wolfgang Schultz. Aalen (Reprint d. 2. Auflage: Leipzig 1929/1931) 1981.

Bonhoeffer, Martin: Totale Heimerziehung oder begleitende Erziehungshilfe. In: Giesecke 1973, S. 70–80.

Bonhoeffer, Martin/Widemann, Peter (Hg.): Kinder in Ersatzfamilien. Sozialpädagogische Pflegestellen. Projekte und Perspektiven zur Ablösung von Heimen. Stuttgart 1974.

Bopp, Jörg: Der linke Psychodrom. In: Kursbuch 55. Berlin 1979, S. 73 ff.

Brack, Ruth: Methode – die Suche nach dem Allgemeinen im Besonderen. In: Projektgruppe Soziale Berufe (Hg.) 1981 a, S. 216–218.

Brand, Karl-Werner: Neue soziale Bewegungen. Entstehung, Funktion und Perspektiven neuer Protestpotentiale. Eine Zwischenbilanz. Opladen 1982.

Braun, Karl-Heinz: Genese der Subjektivität. Zur Bedeutung der Kritischen Psychologie für die materialistische Pädagogik. (Studien zur Kritischen Psychologie Bd. 31). Köln 1982.

Braun, Karl-Heinz/Gekeler, Gert: Psychische Verelendung, Heroinabhängigkeit, Subjektentwicklung (Hochschulschriften 136, Fortschritte der Psychologie Bd. 1). Köln (2. Auflage) 1983.

Braun, Walter: Rousseau und die moderne Sozialpädagogik, Versuch einer Theorie. In: Pädagogische Rundschau Jg. 30 (1976), S. 873 ff.

Brockmann, Anna Dorothea/Liebel, Manfred/Rabatsch, Manfred (Hg.): Jahrbuch der Sozialarbeit 3. Arbeit mit Frauen, Heimerziehung, Jugend- und Stadtteilarbeit. Reinbek 1979.

Bronfenbrenner, Urie: Ökologische Sozialisationsforschung. Stuttgart 1976.

Bronfenbrenner, Urie: Die Ökologie der menschlichen Entwicklung. Natürliche und geplante Experimente. Stuttgart 1981.

Brückner, Margit: Gemeinwesenarbeit. In: Eyferth/Otto/Thiersch 1984, S. 415–429.

Brumlik, Micha: Fremdheit und Konflikt. Programmatische Überlegungen zu einer Kritik der verstehenden Vernunft in der Sozialpädagogik. In: Kriminologisches Journal Jg. 12 (1980), S. 310–320.

Brumlik, Micha/Keckeisen, Wolfgang: Etwas fehlt. Zur Kritik und Bestimmung von Hilfsbedürftigkeit für die Sozialpädagogik. In: Kriminologisches Journal Jg. 8 (1976), S. 241–262.

Bubner, Rüdiger: Dialektik und Wissenschaft. Frankfurt M. 1973.

Buchenau, Artur: Sozialpädagogik. Leipzig 1925.

Buchkremer, Hansjosef: Ansatz einer Theorie der subsidiären Erziehung. In: Archiv für angewandte Sozialpädagogik 7. Jg. (1976), Heft 2, S. 59–72.

Buchkremer, Hansjosef: Einführung in die Sozialpädagogik. Darmstadt 1982.

Cicourel, Aaron V.: Generative Semantik und die Struktur der sozialen Interaktion. In: R. Wiggershaus (Hg.): Sprachanalyse und Soziologie. Die sozialwissenschaftliche Relevanz von Wittgensteins Sprachphilosophie. Frankfurt M. 1975, S. 212–250.

Clarke, John u. a.: Jugendkultur als Widerstand. Milieus, Rituale, Provokationen. Frankfurt M. (2. Auflage) 1981.

Clausewitz, Carl von: Vom Kriege. Mit einer Einführung von Graf von Schlieffen. Berlin, Leipzig (11. Auflage) 1916.

Chomsky, Noam: Aspekte der Syntaxtheorie. Frankfurt M. 1973.

Chomsky, Noam: Thesen zur Theorie der generativen Grammatik. Frankfurt M. 1974.

Colla, Herbert E.: Der Fall Frank. Exemplarische Analyse der Praxis öffentlicher Erziehung. Neuwied und Berlin 1973.
Copei, Friedrich: Der fruchtbare Moment im Bildungsprozeß. Heidelberg (3. Auflage) 1955.
Dahmer, Ilse: Theorie und Praxis. In: Ilse Dahmer, Wolfgang Klafki: Geisteswissenschaftliche Pädagogik am Ausgang ihrer Epoche – Erich Weniger. Weinheim, Berlin 1967, S. 35–80.
Dahrendorf, Ralf: Pfade aus Utopia. Arbeiten zur Theorie und Methode der Soziologie. Gesammelte Abhandlungen. München 1967.
Defoe, Daniel: Über Projektemacherei. Wiesbaden 1975.
Deutsches Jugendinstitut: Zur Reform der Jugendhilfe. Analysen und Alternativen. München 1973.
Deutsches Jugendinstitut (Hg.): Die neue Jugenddebatte. Was gespielt wird und um was es geht. Schauplätze und Hintergründe. München 1982.
Deutscher Bundestag: Verbesserung der Chancengleichheit von Mädchen in der Bundesrepublik Deutschland. – Sechster Jugendbericht – (Deutscher Bundestag: Drucksache 10/1007) 1984.
Dewe, Bernd/Otto, Hans-Uwe: Über den Zusammenhang von Handlungspraxis und Wissensstrukturen in der öffentlichen Sozialarbeit. Einleitende Bemerkungen zum regulativen Handlungsbezug sozialer Deutungsmuster in der Experten-Laien-Interaktion sozialer Dienstleistungen. In: Neue Praxis. Kritische Zeitschrift für Sozialarbeit und Sozialpädagogik Jg. 10 (1980), S. 127–149.
Dewe, Bernd/Otto, Hans-Uwe: Professionalisierung. In: Eyferth/Otto/Thiersch 1984, S. 775–811.
Dießenbacher, Hartmut: Altruismus als Abenteuer. Vier biographische Skizzen zu bürgerlichen Altruisten des 19. Jahrhunderts. In: Sachße/Tennstedt 1981, S. 272–298.
Diesterweg, Adolph: Wegweiser zur Bildung für Deutsche Lehrer. Erster Band. Das Allgemeine. (Vermehrt und bearbeitet von Ludwig Randolph.) Essen (5. Auflage) 1873.
Dieterich, Rainer (Hg.): Pädagogische Handlungskompetenz. Zum Theorie-Praxis-Problem in den Erziehungswissenschaften. Kolloquium an der Hochschule der Bundeswehr Hamburg. Paderborn, München, Wien, Zürich 1983.
Dilthey, Wilhelm: Einleitung in die Geisteswissenschaften. In: Wilhelm Dilthey: Gesammelte Schriften. Band I. Leipzig und Berlin (2. Auflage) 1923.
Dörner, Klaus: Bürger und Irre. Zur Sozialgeschichte und Wissenschaftssoziologie der Psychiatrie. Frankfurt M. 1975.
Dörner, Klaus/Plog, Ursula: Irren ist menschlich oder Lehrbuch der Psychiatrie/Psychotherapie. Rehburg-Loccum (5. Auflage) 1980.
Dümpelmann, Leo/Terhorst, Hermann: Zum Theorie-Praxis-Dilemma in der heutigen Sozialarbeit. In: Neue Praxis. Kritische Zeitschrift für Sozialarbeit und Sozialpädagogik Jg. 8 (1978), S. 50–65.
Durkheim, Emile: Die Regeln der soziologischen Methode. Herausgegeben und eingeleitet von René König. Neuwied und Berlin (3. Auflage) 1970.
Durkheim, Emile: Über die Teilung der sozialen Arbeit. Eingeleitet von Niklas Luhmann. Frankfurt M. 1977.

Edelheim, John: Beiträge zur Geschichte der Socialpädagogik. Berlin, Bern 1902.

Elias, Norbert: Über den Prozeß der Zivilisation. Soziogenetische und psychogenetische Untersuchungen. Erster Band: Wandlungen des Verhaltens in den weltlichen Oberschichten des Abendlandes. Frankfurt M. (3. Auflage) 1977 (a).

Elias, Norbert: Über den Prozeß der Zivilisation. Soziogenetische und psychogenetische Untersuchungen. Zweiter Band: Wandlungen der Gesellschaft. Entwurf zu einer Theorie der Zivilisation. Frankfurt M. (3. Auflage) 1977 (b).

Elias, Norbert: Über die Zeit. In: Merkur. Deutsche Zeitschrift für europäisches Denken Jg. 36 (1982), S. 841–856 und S. 998–1016.

Ellwein, Thomas: Rechtswissenschaft und Erziehung. In: Ellwein/Groothoff/Rauschenberger/Roth (Hg.): Erziehungswissenschaftliches Handbuch. Dritter Band: Aufwachsen und Erziehen als Gegenstände verschiedener Wissenschaften. Erster Teil. Berlin 1971.

Endres, Rudolf: Das »Straf-Arbeitshaus« St. Georgen bei Bayreuth. In: Sachße/Tennstedt 1981, S. 89–105.

Engisch, Karl: Einführung in das juristische Denken. Stuttgart, Berlin, Köln, Mainz (7. Auflage) 1977.

Erikson, Erik H.: Identität und Lebenszyklus. Drei Aufsätze. Frankfurt M. 1977.

Eyferth, Hanns/Otto, Hans-Uwe, Thiersch, Hans: Handbuch zur Sozialarbeit/Sozialpädagogik. Neuwied und Darmstadt 1984.

Ferguson, Adam: Abhandlung über die Geschichte der bürgerlichen Gesellschaft. Jena (2. Auflage) 1923.

Fichte, J. G.: Grundlage der gesamten Wissenschaftslehre. In: J. G. Fichte: Werke. Herausgegeben von Fritz Medicus. Band I. Leipzig 1911, S. 275–520.

Finckh, Hans Jürgen: Der Begriff der »Deutschen Bewegung« und seine Bedeutung für die Pädagogik Herman Nohls. Frankfurt, Bern, Las Vegas 1977.

Fischer, Aloys: Leben und Werk. Hrsg. von Karl Kreitmair. Band 3/4. Gesammelte Abhandlungen zur Soziologie, Sozialpädagogik und Sozialpsychologie. München o. J. (1954).

Flitner, Andreas: Eine Wissenschaft für die Praxis? In: Zeitschrift für Pädagogik Jg. 24 (1978), S. 183–193.

Flitner, Andreas/Scheuerl, Hans (Hg.): Einführung in pädagogisches Sehen und Denken. Überarbeitete Neuausgabe. München 1984.

Flitner, Wilhelm: Allgemeine Pädagogik (Zweite umgearbeitete Auflage der Systematischen Pädagogik). Stuttgart o. J. (1950).

Fooken, Enno: Grundprobleme der Sozialpädagogik. Eine Analyse ihrer theoretischen Aufgaben. Heidelberg 1973.

Foucault, Michel: Die Ordnung der Dinge. Eine Archäologie der Humanwissenschaften. Frankfurt M. 1974.

Foucault, Michel: Die Geburt der Klinik. Eine Archäologie des ärztlichen Blicks. Frankfurt M., Berlin, Wien 1976.

Foucault, Michel: Wahnsinn und Gesellschaft. Eine Geschichte des Wahns im Zeitalter der Vernunft. Frankfurt M. (3. Auflage) 1978.

Foucault, Michel: Überwachen und Strafen. Die Geburt des Gefängnisses. Frankfurt M. (3. Auflage) 1979.

Francke, August Hermann: Ordnung und Lehrart, wie selbige in dem Pädagogio zu

Glaucha eingeführet ist. In: Eugenio Garin: Geschichte und Dokumente der abendländischen Pädagogik. Band III. Von der Reformation bis John Locke. Reinbek 1967, S. 223–231.

Frank, Jerome D.: Die Heiler. Wirkungsweisen psychotherapeutischer Beeinflussung. Vom Schamanismus bis zu den modernen Therapien. Stuttgart 1981.

Franzkowiak, Peter/Wenzel, Eberhard: Risiko und Verschwendung. Gesundheitsbewußtsein und Gesundheitsverhalten Jugendlicher. In: Neue Praxis. Kritische Zeitschrift für Sozialarbeit und Sozialpädagogik Jg. 13 (1983), S. 390–402.

Frege, Gottlob: Über Sinn und Bedeutung. In: Gottlob Frege: Funktion, Begriff und Bedeutung. Fünf logische Studien. (Hrsg. von Günther Patzig.) Göttingen (4. Auflage) 1975.

Freud, Sigmund: Schriften zur Behandlungstechnik. In: Sigmund Freud: Studienausgabe. Ergänzungsband. Frankfurt M. 1975.

Friedländer, W./Pfaffenberger, Hans: Grundbegriffe und Methoden der Sozialarbeit. Neuwied und Berlin (2. Auflage) 1969.

Fröbel, Friedrich: Kleine pädagogische Schriften. Hrsg. von Albert Reble. Bad Heilbrunn Obb. 1965.

Froese, Leonhard: Paul Natorp – ein vergessener Pädagoge? In: Pädagogische Rundschau Jg. 16 (1962), S. 245 ff.

Furman, Erna: Ein Kind verwaist. Untersuchungen über Elternverlust in der Kindheit. Stuttgart 1977.

Gaertner, Adrian/Sachße, Christoph (Hg.): Politische Produktivität der Sozialarbeit. Frankfurt M., New York 1978.

Gastiger, Sigmund: Die Bedeutung des Rechts in der sozialen Arbeit. Freiburg 1983.

Gehlen, Arnold: Anthropologische Forschung. Zur Selbstbegegnung und Selbstentdeckung des Menschen. Reinbek 1961.

Geisel, Beatrix/Leschmann, Gudrun: Handlungsansätze sozialer Arbeit. Pragmatische Ansätze: die »klassische Fürsorge« (Skripten: Sozialarbeit und Sozialverwaltung). In: Sozialmagazin Jg. 9 (1984), Heft 1, S. 27–34, und Heft 2, S. 27–38.

Geißler, Karl-Heinz/Hege, Marianne: Konzepte sozialpädagogischen Handelns. München 1979.

Gerlicher, Karl/Bebber, Gillian/Stockhammer, Margot: Laienhelfer in der Erziehungsberatung. Ein neuer Weg in der Jugendhilfe. Weinheim, Basel 1979.

Giddens, Anthony: A Contemporary Critique of Historical Materialism. Vol I. Power, Property and the State. London and Basingstoke (Macmillan) 1981.

Giddens, Anthony: Interpretative Soziologie. Eine kritische Einführung. Frankfurt M., New York 1984.

Giese, Dieter: Zur Kompatibilität von Gesetz und Sozialarbeit. In: Hans-Uwe Otto/ Siegfried Schneider 1975 a, S. 45–66.

Giesecke, Hermann (Hg.): Offensive Sozialpädagogik. Göttingen 1973.

Gildemeister, Regine: Als Helfer überleben. Beruf und Identität in der Sozialarbeit/Sozialpädagogik. Neuwied und Darmstadt 1983.

Gildemeister, Regine: »Berufliche Identität« als integratives Konzept sozialpädagogischer Kompetenz. In: Müller/Otto/Peter/Sünker (Hg.) 1984, S. 251–272.

Gilgenmann, Klaus: Ist die Geschichte der Erziehung ein Irrweg? Ein Beitrag zur

Auseinandersetzung mit neueren Tendenzen radikaler Erziehungskritik. In: Dirk Axmacher u. a.: Bildungssoziologie zwischen Wissenschaft, Politik und Alltag. Osnabrück 1983.

Gilles, Astrid/Sander, Günther: Thesen zum Verhältnis von Sozialpädagogik und Therapie. In: Kriminologisches Journal Jg. 12 (1980), S. 142–147.

Gleiss, Irma: Probleme und Perspektiven der sozialen Epidemiologie. In: Heinrich Keupp/Michael Zaumseil (Hg.): Die gesellschaftliche Organisierung psychischen Leidens. Frankfurt M. 1978, S. 449–538.

Goffman, Erving: Asyle. Über die soziale Situation psychiatrischer Patienten und anderer Insassen. Frankfurt M. (3. Auflage) 1977.

Goldstein, Joseph/Freud, Anna/Solnit, Albert J.: Jenseits des Kindeswohls. Mit einem Beitrag von Spiros Simitis. Frankfurt M. 1974.

Görland: Rezension zu Paul Natorps »Gesammelte Abhandlungen zur Sozialpädagogik«. In: Die Deutsche Schule. Jg. 11 (1907).

Gramsci, Antonio: Zu Politik, Geschichte und Kultur. Ausgewählte Schriften. Frankfurt M. 1980.

Gritschneder, Max: Der Begriff der Sozialpädagogik in der deutschen erziehungswissenschaftlichen Literatur des XIX. Jahrhunderts. Inauguraldissertation zur Erlangung der Doktorwürde der philosophischen Fakultät (I. Sektion der K. Ludwig-Maximilians-Universität München. Typoskript München 1921).

Groethuysen, Bernhard: Die Entstehung der bürgerlichen Welt- und Lebensanschauung in Frankreich. Band I: Das Bürgertum und die katholische Weltanschauung. Frankfurt M. 1978.

Gröschke, Dieter: Kritik der Therapeutik in der Sozialarbeit. Wiederaufnahme eines unerledigten Themas. In: Neue Praxis. Kritische Zeitschrift für Sozialarbeit und Sozialpädagogik. Jg. 12 (1982), S. 160–171.

Gross, Peter/Badura, Bernhard: Sozialpolitik und soziale Dienste. Entwurf einer Theorie personenbezogener Dienstleistungen. In: Kölner Zeitschrift für Soziologie und Sozialpsychologie. Sonderheft: Soziologie und Sozialpolitik. Hrsg. v. Christian von Ferber, F. X. Kaufmann. Opladen 1977, S. 361–385.

Guttandin, Friedhelm: Genese und Kritik des Subjektbegriffs. Zur Selbstthematisierung der Menschen als Subjekte. Marburg 1980.

Habermas, Jürgen/Luhmann, Niklas: Theorie der Gesellschaft oder Sozialtechnologie. Frankfurt M. 1974.

Habermas, Jürgen: Theorie und Praxis. Sozialphilosophische Studien. Frankfurt M. 1971.

Habermas, Jürgen: Zur Logik der Sozialwissenschaften. Frankfurt M. (3. Auflage) 1973.

Habermas, Jürgen: Vorbereitende Bemerkungen zu einer Theorie der kommunikativen Kompetenz. In: Habermas/Luhmann 1974 S. 101–141.

Habermas, Jürgen: Strukturwandel der Öffentlichkeit. Untersuchungen zu einer Kategorie der bürgerlichen Gesellschaft. Neuwied und Berlin (8. Auflage) 1976.

Habermas, Jürgen: Theorie des kommunikativen Handelns. Band I. Handlungsrationalität und gesellschaftliche Rationalisierung. Frankfurt M. 1981 (a).

Habermas, Jürgen: Theorie des kommunikativen Handelns. Band II. Zur Kritik der funktionalisierenden Vernunft. Frankfurt M. 1981 (b).

Habermas, Jürgen: »Dialektik der Rationalisierung«. Jürgen Habermas im Gespräch mit Axel Honneth, Eberhard Knödler-Bunte und Arno Widmann. In: Ästhetik und Kommunikation Jg. 12 (1981), S. 126–155 (c).

Haferkamp, Meier: Sozialarbeit als Instanz sozialer Kontrolle. In: Kriminologisches Journal Jg. 4 (1972).

Hamann, Bruno: Zur Frage der Konstituierung der Sozialpädagogik als erziehungswissenschaftlicher Disziplin. In: Pädagogische Rundschau Jg. 29 (1975), S. 881–896.

Hamann, Bruno (Hg.): Jugendhilfe. Bad Heilbrunn Obb. 1978.

Hamburger, Käte: Die Logik der Dichtung. Frankfurt M., Berlin, Wien (3. Auflage) 1977.

Harney, Klaus: Sozialarbeit als System. Die Entwicklung des Systembegriffs durch N. Luhmann im Blick auf eine Funktionsbestimmung sozialer Arbeit. In: Zeitschrift für Soziologie Jg. 4 (1975), S. 103–114.

Hartkopf, Werner: Dialektik und Heuristik. In: W. R. Beyer (Hg. im Auftrag der internationalen Hegelgesellschaft): Hegel-Jahrbuch 1977/78. Köln 1979.

Hasenclever, Christa: Jugendhilfe und Jugendgesetzgebung seit 1900. Göttingen 1978.

Heckmann, Wolfgang (Hg.): Vielleicht kommt es auf uns selber an. Therapeutische Gemeinschaften für Drogenabhängige. Frankfurt M. 1980.

Hege, Marianne: Die Bedeutung der Methoden in der Sozialarbeit. In: Projektgruppe Soziale Berufe 1981 a, S. 145–161.

Hegner, Friedhart: Sozialarbeit als Verwaltungshandeln. In: Projektgruppe Soziale Berufe 1981 b, S. 43–81.

Heimann, Eduard: Soziale Theorie des Kapitalismus. Theorie der Sozialpolitik. Frankfurt M. 1980.

Heinemann, Klaus: Arbeitslos und dann ...? Reaktionen Jugendlicher auf Arbeitslosigkeit und Einschränkungen in der Berufswahl. In: Martin Furian (Hg.): Gefährdete Jugend. Zwischen Zweifel, Resignation und Hoffnung. Heidelberg 1980, S. 84–99.

Heiner, Maja: Demontage oder Neuorientierung der Methoden. In: Projektgruppe Soziale Berufe 1981 a, S. 218–226.

Heinrichs, Johannes: Reflexionstheoretische Semiotik. 1. Teil: Handlungstheorie. Struktural-semantische Grammatik des Handelns. (Abhandlungen zur Philosophie, Psychologie und Pädagogik Band 160). Bonn 1980.

Heinsohn, Gunnar: Vorschulerziehung in der bürgerlichen Gesellschaft. Geschichte, Funktion, aktuelle Lage. Frankfurt M. 1974.

Heinsohn, Gunnar/Knieper, Barbara: Das Desinteresse lohnabhängiger Pädagogen als zentrales Problem der Erziehung. Erklärungen und Lösungen in der »Erziehungspsychologie« von Reinhard und Anne-Marie Tausch. In: Klaus-Jürgen Bruder u. a.: Kritik der Pädagogischen Psychologie. Falsche Theorien einer falschen Praxis. Reinbek 1976, S. 20–38.

Heinsohn, Gunnar/Knieper, Rolf: Theorie des Familienrechts. Geschlechtsrollenaufhebung, Kindesvernachlässigung, Geburtenrückgang. Frankfurt M. 1974.

Heinsohn, Gunnar/Knieper, Rolf/Steiger, Otto: Menschenproduktion. Allgemeine Bevölkerungslehre der Neuzeit. Frankfurt M. 1979.

Helfer, Ray E./Kempe, Henry C. (Hg.): Das geschlagene Kind. Frankfurt M. 1978.

Heller, Agnes: Das Alltagsleben. Versuch einer Erklärung der individuellen Reproduktion. Hrsg. von Hans Joas. Frankfurt M. 1978.

Heman, Friedrich: Geschichte der neueren Pädagogik. Eine Darstellung der Bildungsideale der Deutschen seit der Renaissance und der Reformation. Osterwieck, Leipzig (4. Auflage) 1913.

Henningsen, Jürgen: Peter stört. In: Flitner/Scheuerl 1984, S. 46–66.

Herbart, Johann Friedrich: Zwei Vorlesungen über Pädagogik. In: J. F. Herbarts Sämtliche Werke. In chronologischer Reihenfolge herausgegeben von Karl Kehrbach. Band 1. Langensalza 1887, S. 279–290 (a).

Herbart, Johann Friedrich: Allgemeine Pädagogik aus dem Zweck der Erziehung abgeleitet. In: J. F. Herbarts Sämtliche Werke. In chronologischer Reihenfolge herausgegeben von Karl Kehrbach. Band 2. Langensalza 1887 (b).

Herder-Dorneich, Philipp/Kötz, Walter: Zur Dienstleistungsökonomik, Systemanalyse und Systempolitik des Krankenhauspflegedienstes. Berlin 1972.

Heringer, Hans Jürgen (Hg.): Seminar: Der Regelbegriff in der praktischen Semantik. Frankfurt M. 1974.

Herriger, Norbert: Verwahrlosung. Eine Einführung in Theorien sozialer Auffälligkeit. München 1979.

Herrlitz, Hans-Georg/Hopf, Wulf/Titze, Hartmut: Deutsche Schulgeschichte von 1800 bis zur Gegenwart. Eine Einführung. Königstein 1981.

Herrmann, Gertrud: Die sozialpädagogische Bewegung der zwanziger Jahre. Quellenhefte für die soziale Ausbildung. Herausgegeben unter Förderung durch die Victor-Gollancz-Stiftung Weinheim, Berlin 1956.

Hillig, Götz: »... Er steht auf unserer Seite!« Anmerkungen zu A. S. Makarenkos Leninrezeption. In: Pädagogik und Schule in Ost und West Jg. 30 (1982), Heft 4, S. 62–71.

Hirsch, Joachim: Der Sicherheitsstaat. Das »Modell Deutschland«, seine Krise und die neuen sozialen Bewegungen. Frankfurt/M. 1980.

Hönigswald, Richard: Über die Grundlagen der Pädagogik. München (2. Auflage) 1927.

Hönigswald, Richard: Studien zur Theorie pädagogischer Grundbegriffe. Eine kritische Untersuchung. Stuttgart 1913.

Hönigswald, Richard: Das Problem der Erziehung. In: Pädagogische Warte 38 (1931) S. 727–733.

Hoffmann-Riem, Christa: Die Verarbeitung bedrohter Normalität in der Adoption. Referat auf dem 20. Deutschen Soziologentag. Themenbereichsveranstaltung: Interpretative Sozialforschung. Typoskript o. O. 1980.

Hollstein, Walter/Meinhold, Marianne (Hg.): Sozialarbeit unter kapitalistischen Produktionsbedingungen. Frankfurt M. 1973.

Hollstein, Walter/Meinhold, Marianne (Hg.): Sozialpädagogische Modelle. Möglichkeiten der Arbeit im sozialen Bereich. Frankfurt M., New York 1977.

Holtstiege, Hildegard: Sozialpädagogik? Zur Geschichte eines Theoriedilemmas. Saarbrücken, Kastellaun 1976.

Holtstiege, Hildegard: Sozialpädagogik – Aspekte eines Theorie-Dilemmas und Überlegungen zu seiner Überwindung. In: Wollenweber 1978, S. 35 ff.

Holzkamp, Klaus: Sinnliche Erkenntnis. Historischer Ursprung und gesellschaftliche Funktion der Wahrnehmung. Frankfurt M. 1973.
Honig, Michael-Sebastian (Hg.): Kindesmißhandlung. München 1982.
Hornstein, Walter u. a.: Situation und Perspektiven der Jugend. Problemlagen und gesellschaftliche Maßnahmen. Fünfter Jugendbericht der Bundesregierung. Weinheim und Basel 1982.
Iben, Gerd: Die Sozialpädagogik und ihre Theorie. In: Zeitschrift für Pädagogik Jg. 15 (1969), S. 389 ff.
Iben, Gerd: Die Methoden der Sozialpädagogik und Sozialarbeit. In: Wolfgang Klafki u. a.: Funk-Kolleg Erziehungswissenschaft. Band 2. Frankfurt M. 1970, S. 188–206.
Iben, Gerd: Bereiche und Begriffe der Sozialpädagogik. In: Wolfgang Klafki u. a.: Funk-Kolleg Erziehungswissenschaft. Band 3. Frankfurt 1972, S. 231–236.
Iljenkow, E. W.: Die Dialektik des Abstrakten und Konkreten im ›Kapital‹ von Marx. In: Alfred Schmidt (Hg.): Beiträge zur marxistischen Erkenntnistheorie. Frankfurt M. (2. Auflage) 1970, S. 87–127.
Jantzen, Wolfgang: Behindertenpädagogik, Persönlichkeitstheorie. Therapie. Vorbereitende Arbeiten zu einer materialistischen Behindertenpädagogik. Köln 1978.
Jantzen, Wolfgang: Grundriß einer allgemeinen Psychopathologie und Psychotherapie. Köln 1979.
Jervis, Giovanni: Kritisches Handbuch der Psychiatrie. Frankfurt M. (2. Auflage) 1978.
Jetter, Dieter: Grundzüge der Geschichte des Irrenhauses. Darmstadt 1981.
Jungblut, Hans Joachim/Schreiber, Werner: Zur Notwendigkeit alltagsweltlich orientierter Methoden in der Sozialarbeit/Sozialpädagogik. In: Neue Praxis. Kritische Zeitschrift für Sozialarbeit und Sozialpädagogik Jg. 10 (1980), S. 150–160.
Karberg, Walter: Soziale Einzelfallhilfe – Methode als Beeinflussungsinstrument. In: Hans-Uwe Otto/Siegfried Schneider 1975 b, S. 147–168.
Kant, Immanuel: Kritik der reinen Vernunft. Hrsg. v. Benno Erdmann. Berlin und Leipzig (6. Auflage) 1923.
Kant, Immanuel: Grundlegung zur Metaphysik der Sitten. In: Kant: Werke in zwölf Bänden. Hrsg. von W. Weischedel. Bd. VII. Wiesbaden 1956, S. 7–102.
Kant, Immanuel: Idee zu einer allgemeinen Geschichte in weltbürgerlicher Absicht. In: Kant: Werke in zwölf Bänden. Hrsg. v. W. Weischedel, Bd. XI. Frankfurt M. 1964, S. 31–50.
Kardorff, Ernst von: Die Strategie der Therapeutisierung. Zum veränderten Handlungstyp in der Sozialarbeit. In: Neue Praxis. Kritische Zeitschrift für Sozialarbeit und Sozialpädagogik Jg. 12 (1982), S. 1–11.
Keckeisen, Wolfgang: Die gesellschaftliche Definition abweichenden Verhaltens. Perspektiven und Grenzen des labeling approach. München 1974.
Kenny, Anthony: Wittgenstein, Frankfurt M. 1974.
Kerschensteiner, Georg: Die Seele des Erziehers und das Problem der Lehrerbildung. Leipzig und Berlin 1921.
Kieper, Marianne: Lebenswelten ›verwahrloster‹ Mädchen. Autobiographische Berichte und ihre Interpretation. München 1980.
Klapprott, Jürgen: Zum Berufsbild der Sozialarbeit/Sozialpädagogik: berufliche

Anforderungen seitens der Anstellungsträger. In: Neue Praxis. Kritische Zeitschrift für Sozialarbeit und Sozialpädagogik Jg. 14 (1984), S. 43–58.

Knapp, Wolfgang (Hg.): Die wissenschaftlichen Grundlagen der Sozialarbeit und Sozialpädagogik. Stuttgart, Berlin, Köln, Mainz 1980.

Knirck, Erich: Sozialpädagogik. Ein Schlagwort oder mehr? Düsseldorf 1962.

Koch, Hans-Jochim/Rüssmann, Helmut: Juristische Begründungslehre. Eine Einführung in Grundprobleme der Rechtswissenschaft. (Schriftenreihe der Juristischen Schulung). München 1982.

Koch, Rüdiger/Rocholl, Georg: »Gleichgültigkeit der Lohnererzieher« oder die Möglichkeiten und Grenzen kooperativer Erziehungstätigkeit im Kindergarten. In: Demokratische Erziehung Jg. 2 (1976), S. 77–91.

Köhler, Ernst: Arme und Irre. Die liberale Fürsorgepolitik des Bürgertums. Berlin 1977.

Koselleck, Reinhart: Kritik und Krise. Eine Studie zur Pathogenese der bürgerlichen Welt. Frankfurt M. (2. Auflage) 1976.

Koselleck, Reinhart: Vergangene Zukunft. Zur Semantik geschichtlicher Zeiten. Frankfurt M. (2. Auflage) 1984.

Kosik, Karel: Die Dialektik des Konkreten. Eine Studie zur Problematik des Menschen in der Welt. Frankfurt M. 1967.

Kossakowski, Adolf u. a.: Psychologische Grundlagen der Persönlichkeitsentwicklung im pädagogischen Prozeß. Köln 1977.

Krappmann, Lothar: Soziologische Dimensionen der Identität. Stuttgart (3. Auflage) 1973.

Kronen, Heinrich: Sozialpädagogik. Geschichte und Bedeutung des Begriffs. Frankfurt M. 1980.

Kuczynski, Jürgen: Die Geschichte der Lage der Arbeiter unter dem Kapitalismus. Band 8: Hardenbergs Umfrage über die Lage der Kinder in den Fabriken und andere Dokumente aus der Frühgeschichte der Lage der Arbeiter. Berlin 1960.

Kuczynski, Jürgen: Die Geschichte der Lage der Arbeiter unter dem Kapitalismus. Band 19. Studien zur Geschichte der Lage des arbeitenden Kindes in Deutschland von 1700 bis zur Gegenwart. Berlin 1968.

Kunstreich, Timm: Der institutionalisierte Konflikt. Eine exemplarische Untersuchung zur Rolle des Sozialarbeiters in der Klassengesellschaft am Beispiel der Jugend- und Familienfürsorge. Offenbach 1975.

Kunstreich, Timm: Staatsintervention und Sozialarbeit. In: Kriminologisches Journal Jg. 8 (1976), S. 263–279.

Kupffer, Heinrich (Hg.): Erziehung verhaltensgestörter Kinder. Heidelberg 1978 (a).

Kupffer, Heinrich(Hg.): Einführung in Theorie und Praxis der Heimerziehung. Heidelberg (2. Auflage) 1978 (b).

Kupffer, Heinrich (Hg.): Öffentliche Erziehung als Aufgabe der Gesellschaft. Heidelberg 1980.

Laing, Ronald D.: Die Politik der Familie. Reinbek 1979.

Landwehr, Rolf/Baron, Rüdeger (Hg.): Geschichte der Sozialarbeit. Hauptlinien ihrer Entwicklung im 19. und 20. Jahrhundert. Weinheim und Basel 1983.

Lasch, Christopher: Das Zeitalter des Narzißmus. München 1982.

Lau, Thomas/Wolff, Stephan: Grenzen von Modellen sozialpädagogischer Kompetenz. In: Neue Praxis. Kritische Zeitschrift für Sozialarbeit und Sozialpädagogik. Jg. 12 (1982), S. 299–306.
Lau, Thomas/Wolff, Stephan: Wer bestimmt hier eigentlich, wer kompetent ist? Eine Kritik an Modellen kompetenter Sozialpädagogik. In: Müller/Otto/Peter/Sünker 1982, S. 261–302.
Lauff, Werner: Vom Stehen zum Verstehen – Denn: Die Grundlage aller Erkenntnis ist sinnlich. In: Müller/Otto 1984, S. 63–82.
Leber, Aloys/Reiser, Helmut (Hg.): Sozialpädagogik, Psychoanalyse und Sozialkritik. Perspektiven sozialer Berufe. Neuwied und Darmstadt (2. Auflage) 1975.
Lefebvre, Henri: Kritik des Alltagslebens. Band I. München 1974.
Lefebvre, Henri: Kritik des Alltagslebens. Band II. München 1975.
Lefebvre, Henri: Das Alltagsleben in der modernen Welt. Frankfurt M. 1972.
Lenhardt, Gero/Offe, Claus: Staatstheorie und Soziologie. Politisch-soziologische Erklärungsansätze für Funktionen und Innovationsprozesse der Sozialpolitik. In: Kölner Zeitschrift für Soziologie und Sozialpsychologie. Sonderheft Soziologie und Sozialpolitik. Hrsg. v. Christian von Ferber und F. X. Kaufmann. Opladen 1977, S. 98–127.
Leontjew, Alex. Nikolajew: Probleme der Entwicklung des Psychischen. Frankfurt M. 1973.
Leschinsky, Achim/Roeder, Peter Martin: Schule im historischen Prozeß. Frankfurt M., Berlin, Wien 1983.
Leube, Konrad: Praxisbezüge in der Ausbildung. In: Projektgruppe Soziale Berufe 1981 a, S. 120–144.
Liening, Hubert: ›Sozialpädagogik‹ – ein verbrauchter Begriff. In: Pädagogische Rundschau Jg. 29 (1975), S. 897–905.
Lincke, Harold: Instinktverlust und Symbolbildung. Die psychoanalytische Theorie und die psychobiologischen Grundlagen des menschlichen Verhaltens. Mit einem Vorwort von Paul Parin. Herausgegeben von Hans-Jürgen Heinrichs. Berlin 1981.
zur Lippe, Rudolf: Naturbeherrschung am Menschen. Bd. I. Körpererfahrung als Entfaltung von Sinnen und Beziehungen in der Ära des italienischen Kaufmannskapitals. Frankfurt M. 1974.
Litt, Theodor: Die Bedeutung der pädagogischen Theorie für die Ausbildung des Lehrers. In: Theodor Litt: Führen oder Wachsenlassen. Stuttgart (13. Auflage) 1967, S. 110–126.
Loch, Werner: Anfänge der Erziehung – Zwei Kapitel aus einem verdrängten Curriculum. In: Friedemann Maurer: Lebensgeschichte und Identität. Beiträge zu einer biographischen Anthropologie. Frankfurt M. 1981, S. 31–83.
Locke, John: Plan zur Beseitigung der Arbeitslosigkeit. In: John Locke: Bürgerliche Gesellschaft und Staatsgewalt. Leipzig 1980, S. 271–288.
Lockwood, David: Soziale Integration und Systemintegration. In: Wolfgang Zapf (Hg.): Theorien des sozialen Wandels. Köln 1970, S. 124–135.
Löwisch, Dieter Jürgen: ›Offensive Sozialpädagogik‹ als Antwort auf ›Aporien bürgerlich-liberaler Pädagogik‹? (Anmerkungen zur Theoriediskussion in der Sozial-

pädagogik heute). In: Vierteljahrsschrift für wissenschaftliche Pädagogik Jg. 57 (1981), S. 466–477.

Lowy, Louis: Sozialarbeit/Sozialpädagogik als Wissenschaft im angloamerikanischen und deutschsprachigen Raum. Herausgegeben von der Bundeskonferenz der Rektoren und Präsidenten kirchlicher Fachhochschulen in der Bundesrepublik Deutschland. Freiburg 1983.

Luhmann, Niklas: Rechtssoziologie (in zwei durchgehend paginierten Bänden). Reinbek 1972.

Luhmann, Niklas: Sinn als Grundbegriff der Soziologie. In: Habermas/Luhmann 1974, S. 25–100.

Luhmann; Niklas: Funktionen und Folgen formaler Organisation. (Auszug). In: Günther Büschges: Organisation und Herrschaft. Klassische und moderne Studientexte zur sozialwissenschaftlichen Organisationstheorie. Reinbek 1976.

Luhmann, Niklas: Politische Theorie im Wohlfahrtsstaat. München, Wien 1981.

Luhmann, Niklas: Autopoiesis, Handlung und kommunikative Verständigung. In: Zeitschrift für Soziologie Jg. 11 (1982), S. 366–379.

Luhmann, Niklas: Legitimation durch Verfahren. Frankfurt M. (Neuauflage der 3. Auflage 1978) 1983.

Luhmann, Niklas/Schorr, Karl-Eberhard: Reflexionsprobleme im Erziehungssystem. Stuttgart 1979.

Lukács, Georg: ›Größe und Verfall‹ des Expressionismus. In: Paul Raabe (Hg.): Expressionismus. Der Kampf um eine literarische Bewegung. München 1965, S. 254–273.

Lukács, Georg: Geschichte und Klassenbewußtsein. Studien über marxistische Dialektik. Amsterdam 1967.

Macpherson, C. B.: Die politische Theorie des Besitzindividualismus. Von Hobbes bis Locke. Frankfurt M. 1973.

Makarenko, Anton S.: Ein pädagogisches Poem. In: Anton Makarenko: Werke. Erster Band. Berlin (5. Auflage) 1975 (c).

Makarenko, Anton S.: Pädagogen zucken die Achseln. In: Anton Makarenko: Werke. Zweiter Band. Berlin (4. Auflage) 1974.

Makarenko, Anton S.: Flaggen auf den Türmen. In: Anton Makarenko: Werke. Dritter Band. Berlin (4. Auflage) 1975 (a).

Makarenko, Anton S.: Werke: Vierter Band. Berlin (3. Auflage) 1975 (b).

Makarenko, Anton S.: Werke: Fünfter Band. Berlin 1964.

Makarenko, Anton S.: Werke. Siebenter Band. Berlin 1983.

Makarenko, Anton S.: Ein pädagogisches Poem. Teil I. In: Anton Makarenko: Gesammelte Werke. Marburger Ausgabe. Band 3. Stuttgart 1982 (a).

Makarenko, Anton S.: Ein pädagogisches Poem. Teil II. In: Anton Makarenko: Gesammelte Werke. Marburger Ausgabe. Band 4. Stuttgart 1982 (b).

Makarenko, Anton S.: Ein pädagogisches Poem. Teil III. In: Anton Makarenko: Gesammelte Werke. Marburger Ausgabe. Band 5. Stuttgart 1982 (c).

Maleri, Rudolf: Grundzüge der Dienstleistungsproduktion. Berlin, Heidelberg, New York 1973.

Malinowski, Bronislaw: Eine wissenschaftliche Theorie der Kultur. Und andere Aufsätze. Frankfurt M. 1975.

Malson, Lucien: Die wilden Kinder. Frankfurt M. (2. Auflage) 1974.
Mann, Golo: Zum Konflikt der Generationen. In: Neue Rundschau Jg. 84 (1973), S. 385–391.
Mannoni, Maud: Ein Ort zum Leben. Die Kinder von Bonneuil. Frankfurt M. 1978.
Mannoni, Maud: »Scheißerziehung«. Von der Antipsychiatrie zur Antipädagogik. Frankfurt M. (3. Auflage) 1979.
Marburger, Helga: Entwicklung und Konzepte der Sozialpädagogik. München 1979.
Markowitz, Jürgen: Die soziale Situation. Entwurf eines Modells zur Analyse der Verhältnisse zwischen personalen Systemen und ihrer Umwelt. Frankfurt M. 1979.
Markus, György: Der Mensch als gesellschaftliches und bewußtes Naturwesen. In: Georg Lukács, Agnes Heller u. a.: Individuum und Praxis. Positionen der ›Budapester Schule‹. Frankfurt M. 1975, S. 78–93.
Marx, Karl: Ökonomisch-philosophische Manuskripte. In: Marx-Engels: Werke. Ergänzungsband. Schriften bis 1844. Erster Teil. Berlin 1968, S. 465–588.
Marx, Karl: Der achtzehnte Brumaire des Louis Bonaparte. In: Marx-Engels: Werke. Band 8. Berlin 1972, S. 111–207 (a).
Marx, Karl: Randglossen zu A. Wagners ›Lehrbuch der politischen Ökonomie‹. In: Marx-Engels: Werke. Band 19. Berlin 1972, S. 355–382 (b).
Marx, Karl: Das Kapital. Kritik der politischen Ökonomie. Erster Band. In: Marx-Engels: Werke. Band 23. Berlin 1970.
Marx, Karl/Engels, Friedrich: Die deutsche Ideologie. Kritik der neuesten deutschen Philosophie in ihren Repräsentanten Feuerbach, B. Bauer und Stirner, und des deutschen Sozialismus in seinen verschiedenen Propheten. In: Marx-Engels: Werke. Band 3. Berlin 1969.
Marzahn, Christian/Ritz, Hans Günther: Zähmen und Bewahren. Die Anfänge bürgerlicher Sozialpolitik. Bielefeld 1984.
Matthes, Joachim: Gesellschaftspolitische Konzeptionen im Sozialhilferecht. Zur soziologischen Kritik der neuen deutschen Sozialhilfegesetzgebung. Stuttgart 1964.
Matthes, Joachim: Individualisierende oder strukturbezogene Sozialarbeit? Thesen zum Ansatz und zur Organisation der Sozialarbeit. In: Neue Praxis. Kritische Zeitschrift für Sozialarbeit und Sozialpädagogik Jg. 2 (1972), S. 250–253.
Matthes, Joachim: Soziale Stereotype in der Theorie der Fürsorge. In: Hans-Uwe Otto, Siegfried Schneider 1975 a, S. 193–212.
Maul, Peter: Formen der sozialen Intervention im 18. Jahrhundert. Diss. phil., Köln 1981.
Maul, Peter: Ursprünge der ›Sozialen Intervention‹ im 18. Jahrhundert. In: Pädagogische Rundschau Jg. 38 (1984), S. 235–252.
Mayntz, Renate (Hg.): Implementation politischer Programme. Empirische Forschungsberichte. Königstein Ts. 1980.
McLaughlin, Mary Martin: Survivors and Surrogates: Children and Parents from the Ninth to the Thirteenth Centuries. In: Lloyd de Mause (Editor): The History of Childhood. New York (Harper) 1975, S. 101–181.

Mead, George Herbert: Geist, Identität und Gesellschaft. Aus der Sicht des Sozialbehaviorismus. Frankfurt M. 1973.
Meinhold, Marianne/Guski, Elin: Einzelfallhilfe. In: Eyferth/Otto/Thiersch 1984, S. 271–281.
Mennicke, Carl: Sozialpädagogische Entwürfe im 18. Jahrhundert. In: Zeitschrift für Pädagogik Jg. 5, 1. Beiheft, 1959, S. 40–53.
Moll, N. (Hg.): Beiträge zur Jugendfürsorge. Landerziehungsheim ›St. Josef‹, Landau-Queichheim, Rheinpfalz. Jahrbuch 1930/1931. Landau-Queichheim 1930/31.
Mollenhauer, Klaus: Die Ursprünge der Sozialpädagogik in der industriellen Gesellschaft. Eine Untersuchung zur Struktur pädagogischen Denkens und Handelns. Weinheim, Berlin 1959.
Mollenhauer, Klaus (Hg.): Zur Bestimmung von Sozialpädagogik und Sozialarbeit in der Gegenwart. (Sozialpädagogisches Forum Band 3). Weinheim, Berlin 1966 (a).
Mollenhauer, Klaus: Was heißt »Sozialpädagogik«. In: Mollenhauer 1966 a, S. 32 ff.
Mollenhauer, Klaus: Jugendhilfe. Soziologische Materialien. Heidelberg 1968.
Mollenhauer, Klaus: Erziehung und Emanzipation. Polemische Skizzen. München (5. Auflage) 1971.
Mollenhauer, Klaus: Einführung in die Sozialpädagogik. Probleme und Begriffe der Jugendhilfe. Weinheim und Basel (6. Auflage) 1976.
Mollenhauer, Klaus: Vergessene Zusammenhänge. Über Kultur und Erziehung. München 1983.
Montalta, Eduard: Grundlagen und systematische Ansätze zu einer Theorie der Heilerziehung (Heilpädagogik). In: Heribert Jussen (Hg.): Handbuch der Heilpädagogik in Schule und Jugendhilfe. München 1967, S. 3–43.
Moor, Paul: Verwahrlosung. In: Röhrs 1968, S. 175–183.
Moor, Paul: Heilpädagogik und heilpädagogische Ausbildung. In: BHD (= Berufsverband der Heilpädagogen in der Bundesrepublik Deutschland) Informationen Jg. 10, Nummer 3, 1977.
Moore, Barrington: Ungerechtigkeit. Die sozialen Ursachen von Unterordnung und Widerstand. Frankfurt M. 1982.
Morris, Charles William: Grundlagen der Zeichentheorie. Ästhetik und Zeichentheorie. München 1972.
Morris, Charles William: Zeichen, Sprache und Verhalten: Düsseldorf 1973.
Mühlum, Albert: Sozialpädagogik und Sozialarbeit. Eine vergleichende Darstellung zur Bestimmung ihres Verhältnisses in historischer, berufspraktischer und theoretischer Perspektive. (Sonderveröffentlichung des Deutschen Vereins für öffentliche und private Fürsorge) Frankfurt M. 1982.
Müller, Albrecht: Über die ›Inkompetenz‹ als Gegenstand und Methode der Sozialpädagogik. In: Dieterich 1983, S. 82–88.
Müller, Burkhard: Jugendarbeit, Lohnarbeit, Gefühlsarbeit. In: Brockmann u. a. 1979, S. 143–157.
Müller, Burkhard: Methoden und berufliche Identität. In: Projektgruppe Soziale Berufe 1981 a, S. 162–187.
Müller, Burkhard: Zum Stellenwert von Konzepten sozialpädagogischer Hand-

lungskompetenz. In: Neue Praxis. Kritische Zeitschrift für Sozialarbeit und Sozialpädagogik Jg. 12 (1982), S. 306–317.

Müller, Burkhard: Sozialpädagogisches Handeln. In: Eyferth/Otto/Thiersch 1984, S. 1045–1059 (a).

Müller, Burkhard: Kraft zum Handeln. Was bedeutet der Anspruch, daß zum sozialpädagogischen Handeln auch Liebe gehöre. In: Neue Praxis. Kritische Zeitschrift für Sozialarbeit und Sozialpädagogik Jg. 14 (1984), S. 114–124.

Müller, Siegfried/Otto, Hans-Uwe: Gesellschaftliche Bedingungen und Funktionsprobleme der Organisation sozialer Arbeit im Kontext staatlichen Handelns. In: Neue Praxis. Kritische Zeitschrift für Sozialarbeit und Sozialpädagogik Jg. 10 (1980). Sonderheft 5: Sozialarbeit als Sozialbürokratie? Zur Neuorganisation sozialer Dienste. Hrsg. von Siegfried Müller, Hans-Uwe Otto, S. 5–29.

Müller, Siegfried/Otto, Hans-Uwe (Hg.): Verstehen oder Kolonialisieren? Grundprobleme sozialpädagogischen Handelns und Forschens. Hrsg. von Siegfried Müller und Hans-Uwe Otto im Auftrage des Vorstands der Kommission Sozialpädagogik der Deutschen Gesellschaft für Erziehungswissenschaft. Bielefeld 1984.

Müller, Siegfried/Otto, Hans-Uwe/Peter, Hilmar/Sünker, Heinz (Hg.): Handlungskompetenz in der Sozialarbeit/Sozialpädagogik I. Interventionalmuster und Praxisanalysen. Bielefeld 1982.

Müller, Siegfried/Otto, Hans-Uwe/Peter, Hilmar/Sünker, Heinz (Hg.): Handlungskompetenz in der Sozialarbeit/Sozialpädagogik II. Theoretische Konzepte und gesellschaftliche Strukturen. Bielefeld 1984.

Müller, C. Wolfgang: Alles unter einem Hut. In: betrifft: erziehung Jg. 12 (1979), Heft 11, S. 54–57.

Müller, C. Wolfgang: (Sammelbesprechung) Einführende Lehrbücher in die Methoden der sozialen Arbeit. In: Literatur Rundschau Jg. 4 (1981), Heft 5/6, S. 105–112.

Müller, C. Wolfgang: Wie Helfen zum Beruf wurde. Eine Methodengeschichte der Sozialarbeit. Weinheim und Basel 1982.

Müller, Rudolf Wolfgang: Geld und Geist. Zur Entstehungsgeschichte von Identitätsbewußtsein und Rationalität seit der Antike. Frankfurt M. (2. Auflage) 1981.

Müller-Wichmann, Christiane: Auf den Spuren der verleugneten Zeit. In: Neue Praxis. Kritische Zeitschrift für Sozialarbeit und Sozialpädagogik Jg. 14 (1984), S. 281–288.

Münchmeier, Richard: Zugänge zur Geschichte der Sozialarbeit. München 1981.

Münder, Johannes: Familien- und Jugendrecht. Eine sozialwissenschaftlich orientierte Darstellung des Rechts der Sozialisation. Weinheim und Basel 1980.

Münder, Johannes: Sozialpädagogik und Recht. In: Neue Praxis. Kritische Zeitschrift für Sozialarbeit und Sozialpädagogik Jg. 11 (1981), S. 320–337.

Musgrave, P. W.: Sociology, History & Education. A Reader. London (Methuen) 1970.

Musgrove, F.: Youth and the Social Order. London (Routledge and Kegan Paul) 1964.

Natorp, Paul: Religion innerhalb der Grenzen der Humanität. Ein Kapitel zur Grundlegung der Sozialpädagogik. Freiburg, Leipzig 1894.

Natorp, Paul: Der Streit um den Begriff der Sozialpädagogik. In: Die Deutsche Schule Jg. 11 (1907), S. 601–622.

Natorp, Paul: Sozialpädagogik. In: W. Rein (Hg.): Enzyklopädisches Handbuch der Pädagogik. Band 8. Langensalza (2. Auflage) 1908, S. 675 ff.

Natorp, Paul: Sozialpädagogik. Theorie der Willenserziehung auf der Grundlage der Gemeinschaft. Stuttgart (3. Auflage) 1909.

Natorp, Paul: Gesammelte Abhandlungen zur Sozialpädagogik. Stuttgart 1922 (eigentlich: 1922 f.).

Natorp, Paul: Über Philosophie als Grundwissenschaft der Pädagogik. In: Paul Natorp: Pädagogik und Philosophie. Bes. v. W. Fischer. Paderborn 1964.

Nell-Breuning, Oswald v./Sacher, Hermann: Zur Sozialen Frage. Beiträge zu einem Wörterbuch der Politik. Freiburg 1949.

Neumann, Franz: Demokratischer und autoritärer Staat. Beiträge zur Soziologie der Politik. Frankfurt M. 1967.

Niemeyer, Christian: Ansätze zu einer sozialpädagogischen Metatheorie. In: Neue Praxis. Kritische Zeitschrift für Sozialarbeit und Sozialpädagogik Jg. 10 (1980), S. 285–306.

Niemeyer, Christian: Das Nicht-Helfer-Syndrom. Zur Kolonialisierung des Verstehens. In: Müller/Otto 1984, S. 199–208.

Nohl, Herman: Aufgaben und Wege der Sozialpädagogik. Vorträge und Aufsätze. Vorwort von E. Blochmann. (Kleine pädagogische Texte Band 35). Weinheim 1965.

Nohl, Herman: Die pädagogische Bewegung in Deutschland und ihre Theorie. Frankfurt M. (7. Auflage) 1970.

Nohl, Herman/Pallat, Ludwig (Hg.): Sozialpädagogik. Handbuch der Pädagogik. Fünfter Band. Langensalza, Berlin, Leipzig 1929.

Oelschlägel, Dieter: Gemeinwesensarbeit – eine Problemskizze. In: Brockmann u. a. 1979, S. 368–395.

Oelschlägel, Dieter: Ausbildung für Sozialarbeiter/Sozialpädagogen. In: Eyferth/Otto/Thiersch 1984, S. 161–171.

Oevermann, Ulrich/Allert, Tilman/Konau, Elisabeth/Krammbeck, Jürgen: Die Methodologie einer »objektiven Hermeneutik« und ihre allgemeine forschungslogische Bedeutung in der Sozialwissenschaft. In: H. G. Soeffner (Hg.): Interpretative Verfahren in den Sozial- und Textwissenschaften. Stuttgart 1979, S. 352–433.

Offe, Claus: »Am Staat vorbei«. Interview mit Claus Offe. In: Das Argument Jg. 22 (1980), S. 801–821.

Offe, Claus: Perspektiven auf die Zukunft des Arbeitsmarktes. In: Claus Offe: Arbeitsgesellschaft. Strukturprobleme und Zukunftsperspektiven. Frankfurt M., New York 1984, S. 340–358.

Olk, Thomas/Otto, Hans-Uwe: Wertwandel und Sozialarbeit. Entwicklungsperspektiven kommunaler Sozialarbeitspolitik. In: Neue Praxis. Kritische Zeitschrift für Sozialarbeit und Sozialpädagogik Jg. 11 (1981), S. 99–146.

Otto, Hans-Uwe: Professionalisierung und gesellschaftliche Neuorientierung. Zur

Transformation des beruflichen Handelns in der Sozialarbeit. In: Neue Praxis. Kritische Zeitschrift für Sozialarbeit und Sozialpädagogik Jg. 2 (1972), S. 416–420.
Otto, Hans-Uwe/Utermann, Kurt (Hg.): Sozialarbeit als Beruf. Auf dem Weg zur Professionalisierung? München 1971.
Otto, Hans-Uwe/Schneider, Siegfried (Hg.): Gesellschaftliche Perspektiven der Sozialarbeit. Band I. Neuwied und Darmstadt (3. Auflage) 1975 (a).
Otto, Hans-Uwe/Schneider, Siegfried (Hg.): Gesellschaftliche Perspektiven der Sozialarbeit. Band II. Neuwied und Darmstadt (3. Auflage) 1975 (b).
Pankoke, Eckart: Sozialpolitik zwischen staatlicher Systematisierung und situativer Operationalisierung. Zur Problem- und Programmgeschichte sozialer Politik. In: Kölner Zeitschrift für Soziologie und Sozialpsychologie. Sonderheft: Soziologie und Sozialpolitik. Hrsg. von Christian von Ferber, F. X. Kaufmann. Opladen 1977, S. 76–97.
Parow, Eduard/Hegi, Fritz u. a.: Über die Schwierigkeit, erwachsen zu werden. Rauschmittel und Adoleszenzkrise. Eine empirische Untersuchung auf der Grundlage einer dialektischen Interaktionstheorie. Frankfurt M. (3. Auflage) 1980.
Perlman, H. H.: Soziale Einzelhilfe als problemlösender Prozeß. Freiburg 1969.
Pestalozzi, Johann Heinrich: Über Körperbildung als Einleitung auf den Versuch einer Elementargymnastik in einer Reihe körperlicher Übungen. In: Pestalozzis Einleitung auf den Versuch einer Elementargymnastik. (Kleine pädagogische Texte Heft 7). Berlin, Langensalza, Leipzig o. J.
Pestalozzi, Johann Heinrich: Über Gesetzgebung und Kindermord. Wahrheiten und Träume, Nachforschungen und Bilder. In: Pestalozzi: Sämtliche Werke. Hrsg. von Buchenau, Spranger, Stellmacher. Band 9. Berlin, Leipzig 1930.
Pestalozzi, Johann Heinrich: Ausgewählte Werke. Eingeleitet und erläutert von Otto Boldemann. Band I. Berlin 1962.
Pestalozzi, Johann Heinrich: Ausgewählte Werke. Eingeleitet und erläutert von Otto Boldemann. Band II. Berlin 1963.
Pestalozzi, Johann Heinrich: Ausgewählte Werke. Eingeleitet und erläutert von Otto Boldemann. Band III. Berlin 1964.
Pestalozzi, Johann Heinrich: Ausgewählte Werke. Eingeleitet und erläutert von Otto Boldemann. Band IV. Berlin 1965.
Pestalozzi im Urteil zweier Mitarbeiter: Krüsi und Niederer. 1839–1840. Zürich 1961.
Peters, Helge: Die mißlungene Professionalisierung der Sozialarbeit. In: Otto/Utermann 1972, S. 99–123.
Peters, Helge/Cremer-Schäfer, Helga: Die sanften Kontrolleure. Wie Sozialarbeiter mit Devianten umgehen. Stuttgart 1975.
Petersen, Peter: Führungslehre des Unterrichts. Weinheim, Berlin, Basel (10. Auflage) 1971.
Petrat, Gerhardt: Schulunterricht. Seine Sozialgeschichte in Deutschland. 1750–1850. München 1979.
Pfaffenberger, Hans: Sozialarbeit/Sozialpädagogik. In: Schwendtke 1980, S. 275–278 (a).

Pfaffenberger, Hans: Theorie der Sozialarbeit/Sozialpädagogik. In: Schwendtke 1980, S. 344–346 (b).
Pfeffer, Fritz: Die pädagogische Idee Otto Willmanns in der Entwicklung. Freiburg 1962.
Pippert, Richard: Paul Natorps Sozialpädagogik. In: Wollenweber 1983, S. 11–36.
Plake, Klaus: Die Sozialisationsorganisationen. Soziogenetisch systematische Grundlagen zu einer Theorie pädagogischer und therapeutischer Einrichtungen. (Beiträge zur sozialwissenschaftlichen Forschung Band 14). Opladen 1981.
Plessner, Helmut: Zur Frage der Vergleichbarkeit menschlichen und tierischen Verhaltens. In: Helmut Plessner: Diesseits der Utopie. Frankfurt M. 1974.
Poeppelt, Konrad: Erfolgszonen eines Dissozialen als Ausgangspunkt der Nacherziehung. In: Archiv für angewandte Sozialpädagogik Jg. 9 (1978), S. 65–81.
Popper, Karl Raimund: Prognose und Prophetie in den Sozialwissenschaften. In: Topitsch 1972, S. 113–125.
Popper, Karl Raimund: Logik der Forschung. Tübingen (5. Auflage) 1973 (a).
Popper, Karl Raimund: Objektive Erkenntnis. Ein evolutionärer Entwurf. Hamburg 1973 (b).
Popper, Karl Raimund/Eccles, John C.: Das Ich und sein Gehirn. München, Zürich (3. Auflage) 1984.
Projektgruppe Soziale Berufe (Hg.): Sozialarbeit. Expertisen I. Ausbildung und Qualifikation. München 1981 (a).
Projektgruppe Soziale Berufe (Hg.): Sozialarbeit. Expertisen II. Problemwandel und Institutionen. München 1981 (b).
Quensel, Stephan: Wie wird man kriminell? In: Giesecke 1973, S. 45–55.
Quensel, Stephan: Sozialarbeit in totalen Institutionen. In: Hollstein/Meinhold 1977, S. 83 ff.
Quensel, Stephan: Drogenelend. Cannabis, Heroin, Methadon: Für eine neue Drogenpolitik. Frankfurt M., New York 1982.
Radbruch, Gustav: Einführung in die Rechtswissenschaft. Stuttgart (12. Auflage) 1969.
Radbruch, Gustav: Vorschule der Rechtsphilosophie. Göttingen (3. Auflage) 1965.
Rehbein, Klaus: Öffentliche Erziehung im Widerspruch. Stuttgart, Wiesbaden 1980.
Rein, Wilhelm: Pädagogik in systematischer Darstellung. Zweiter Band. B. Die Ausführung 1. Die Lehre vom Bildungswesen. Praktische Pädagogik. Langensalza (2. Auflage) 1911.
Richmond, Mary: Social Diagnosis. New York (Russel Sage Foundation) 1917.
Riedel, Manfred: Arbeit und Handeln. Hegel und die Kopernikanische Revolution der praktischen Philosophie. In: W. R. Beyer (Hg. im Auftrag der internationalen Hegel-Gesellschaft): Hegel-Jahrbuch 1971. Meisenheim Glan 1972, S. 124–132.
Riedel, Manfred: System und Geschichte. Studien zum historischen Standort von Hegels Philosophie. Frankfurt M. 1973.
Riedel, Manfred: Theorie und Praxis im Denken Hegels. Interpretationen zu den Grundstellungen der neuzeitlichen Subjektivität. Frankfurt M., Berlin, Wien 1976.

Riedel, Manfred: Norm und Werturteil. Grundprobleme der Ethik. Stuttgart 1979.
Ritter, Joachim: Subjektivität. Sechs Aufsätze. Frankfurt M. 1974.
Röhrs, Hermann (Hg.): Die Sozialpädagogik und ihre Theorie. Frankfurt M. 1968.
Roessner, Lutz: Theorie der Sozialarbeit. Ein Entwurf. München, Basel (2. Auflage) 1975.
Rogers, Carl R.: Die klientenzentrierte Gesprächspsychotherapie. München (3. Auflage) 1981.
Roloff, Ernst M.: Fürsorgeerziehung. In: Roloff/Willmann (Hg.): Lexikon der Pädagogik. Zweiter Band. Freiburg 1913, Spalte 124–127.
Rousseau, Jean Jacques: Schriften. Band I. München 1978.
Ruhloff, Jörg: Paul Natorps Grundlegung der Pädagogik. Freiburg 1966.
Rusche, Georg: Arbeitsmarkt und Strafvollzug. Gedanken zur Soziologie der Strafjustiz. In: Zeitschrift für Sozialforschung Jg. 2 (1933), S. 63–78.
Rusche, Georg/Kirchheimer, Otto: Sozialstruktur und Strafvollzug. Frankfurt M. 1981.
Sachsse, Christoph/Tennstedt, Florian: Geschichte der Armenfürsorge in Deutschland. Vom Spätmittelalter bis zum I. Weltkrieg. Stuttgart, Berlin, Köln, Mainz 1980.
Sachsse, Christoph/Tennstedt, Florian (Hg.): Jahrbuch der Sozialarbeit 4. Geschichte und Geschichten. Reinbek 1981.
Sauer, Manfred: Heimerziehung und Familienprinzip. Neuwied und Darmstadt 1979.
Schäfer, Alfred: Die Geltungsproblematik in der Rekonstruktion pädagogischen Alltagsbewußtseins. In: Zeitschrift für Pädagogik Jg. 30 (1984), S. 549–569.
Scherpner, Hans: Theorie der Fürsorge. Hrsg. von Hanna Scherpner. Göttingen 1962.
Scherpner, Hans: Geschichte der Jugendfürsorge. Göttingen 1966.
Scheuerl, Hans: Läßt sich Erziehungswissenschaft als Handlungstheorie zureichend konstruieren? In: Dieterich 1983, S. 249–257.
Schleiermacher, Friedrich: Pädagogische Schriften. Mit einer Darstellung seines Lebens herausgegeben von C. Platz. Langensalza (3. Auflage) 1902.
Schleiermacher, Friedrich: Dialektik. Im Auftrage der Preußischen Akademie der Wissenschaften hrsg. von R. Odebrecht. Leipzig 1942.
Schmidtbauer, Wolfgang: Die hilflosen Helfer. Reinbek 1977.
Schmidt, Hans Ludwig: Theorien der Sozialpädagogik. Kritische Bestandsaufnahme vorliegender Entwürfe und Konturen eines handlungstheoretischen Neuansatzes. Rheinstetten 1981.
Schneider, Hans Joachim: Jugendkriminalität im Sozialprozeß. Göttingen 1974.
Schöneberg, Hans: Situation als pädagogisches Problem. (Neue pädagogische Bemühungen Band 10). Essen 1963.
Schülein, Johann August: Selbstbetroffenheit. Frankfurt M. 1977.
Schülein, Johann August u. a.: Politische Psychologie. Entwürfe zu einer historisch-materialistischen Theorie des Subjekts. Frankfurt M. 1981.
Schütz, Alfred: Gesammelte Aufsätze. Band I. Das Problem der sozialen Wirklichkeit. Den Haag 1971.

Schütz, Alfred/Luckmann, Thomas: Strukturen der Lebenswelt. Band I. Frankfurt M. 1979.
Schwendtke, Arnold (Hg.): Wörterbuch der Sozialarbeit und Sozialpädagogik. Heidelberg (2. Auflage) 1980.
Schwenk, Bernhard: Unterricht zwischen Aufklärung und Indoktrination. Studien zum Begriff der Didaktik. Frankfurt M. 1974.
Schwenk, Bernhard: Erziehung. In: Enzyklopädie Erziehungswissenschaft. Band 1 (herausgegeben von Dieter Lenzen und Klaus Mollenhauer). Stuttgart 1983, S. 386–394.
Scull, Andrew T.: Die Anstalten öffnen? Decarceration der Irren und Häftlinge. Frankfurt M., New York 1980.
Sève, Lucien: Marxismus und Theorie der Persönlichkeit. Frankfurt M. (2. Auflage) 1973.
Sève, Lucien: Kampf der Begabungsideologie! In: Demokratische Erziehung Jg. 1 (1975), S. 89–96.
Shorter, Edward: The Making of the Modern Family. Glasgow (Collins/Fontana) 1977.
Simitis, Spiros u. a.: Kindeswohl. Eine interdisziplinäre Untersuchung über seine Verwirklichung in der vormundschaftsgerichtlichen Praxis. Frankfurt M. 1979.
Simmel, Georg: Soziologie. Untersuchungen über die Formen der Vergesellschaftung. München, Leipzig (2. Auflage) 1922.
Simons, Thomas (Hg.): Absage an die Anstalt. Programm und Realität der demokratischen Psychiatrie in Italien. Frankfurt M., New York 1980.
Simonsohn, Berthold (Hg.): Jugendkriminalität, Strafjustiz und Sozialpädagogik. Mit einer Vorbemerkung von Gustav W. Heinemann. Frankfurt M. (5. Auflage) 1975.
Skiba, Ernst Günther: Der Sozialarbeiter in der gegenwärtigen Gesellschaft. Empirische Untersuchungen zum sozialen Fremdbild des Fürsorgers. Weinheim 1969.
Skiba, Ernst Günther: Zum Fremdbild des Sozialarbeiters. In: Otto/Schneider 1975 b, S. 223–246.
Soeffner, Hans-Georg: Interaktion und Interpretation. Überlegungen zu Prämissen des Interpretierens in Sozial- und Literaturwissenschaft. In: Hans-Georg Soeffner (Hg.): Interpretative Verfahren in den Sozial- und Textwissenschaften. Stuttgart 1979, S. 328–351.
Specht, Walter/Kurzweg, Klaus: Drogenarbeit im Konzept mobiler Jugendarbeit. In: Neue Praxis. Kritische Zeitschrift für Sozialarbeit und Sozialpädagogik Jg. 13 (1983), S. 164–183.
Spitz, René: Die Entstehung der ersten Objektbeziehungen. Direkte Beobachtungen an Säuglingen während des ersten Lebensjahres. Stuttgart (3. Auflage) 1973.
Spranger, Eduard: Psychologie des Jugendalters. Leipzig (3. Auflage) 1925.
Spranger, Eduard: Der geborene Erzieher. In: Eduard Spranger: Gesammelte Schriften. Band I. Geist der Erziehung. Hrsg. von Gottfried Bräuer und Andreas Flitner. Heidelberg 1969, S. 280–338.
Spranger, Eduard: Grundfragen der philosophischen Pädagogik. In: Eduard Spran-

ger: Gesammelte Schriften. Band II. Philosophische Pädagogik. Herausgegeben von Otto Friedrich Bollnow und Gottfried Bräuer. Heidelberg 1973, S. 208–221.

Stellungnahme der kommunalen Spitzenverbände zur Ausbildung der Sozialarbeiter/Sozialpädagogen an den Fachhochschulen In: Der Sozialarbeiter 1976, Heft 5, S. 18–20.

Stötzel, Herbert: Zur wissenschaftlichen Gegenstandsbestimmung der Sozialarbeit/Sozialpädagogik. In: Archiv für angewandte Sozialpädagogik Jg. 9 (1978), S. 195–205.

Stoy, Karl Volkmar: Enzyklopädie, Methodologie und Literatur der Pädagogik. Leipzig (2. Auflage) 1878.

Strasser, Johano: Grenzen des Sozialstaats. Soziale Sicherung in der Wachstumskrise. Köln (2. Auflage) 1983.

Strehler, Adolf: Die sozial-philosophisch-pädagogischen Grundanschauungen Bergemanns und Natorps. (Inauguraldissertation zur Erlangung der philosophischen Doktorwürde Univ. Leipzig) München 1909.

Sünkel, Wolfgang: Salzmanns Symbolum. Einige Gedanken über den inneren Abstand des Erziehers von sich selbst. In: Die Deutsche Schule Jg. 57 (1965), S. 645–649.

Sünkel, Wolfgang: Die Bedürfnisse des Kindes und das Problem der Erziehung. In: Pädagogische Rundschau 38 (1984), Sonderheft, S. 61 ff.

Sünker, Heinz: Handlungskompetenz im Kontext des Theorie-Praxis Verhältnisses. In: Müller/Otto/Peter/Sünker 1984, S. 5–20.

Swift, Jonathan: Respektlose Schriften. Leipzig 1979.

Tawney, R. H.: Religion and the Rise of Capitalism. A Historical Study. Harmondsworth (Penguin) 1972..

Tegethoff, H. G.: Zur Problematik politischer Steuerung und staatlicher Intervention im Bereich der Jugendarbeit. In: Neue Praxis. Kritische Zeitschrift für Sozialarbeit und Sozialpädagogik. Jg. 11 (1981), S. 46–57.

Tenorth, Heinz-Elmar: Pädagogik der 20er Jahre. Funktion pädagogischen Denkens. Konstitution einer Disziplin. Diskussionsvorlage zur Tagung der Arbeitsgemeinschaft für Wissenschaftsforschung (in der Deutschen Gesellschaft für Erziehungswissenschaft). Tübingen Mai 1983 (unveröffentlichtes Typoskript).

Tenorth, Heinz-Elmar: Berufsethik, Kategorialanalyse, Methodenreflexion. Zum historischen Wandel des ›Allgemeinen‹ in der wissenschaftlichen Pädagogik. In: Zeitschrift für Pädagogik Jg. 30 (1984), S. 49–68.

Tews, J.: Großstadtpädagogik. Vorträge gehalten in der Humboldt-Akademie zu Berlin. Leipzig 1911.

Theyson, Frieder/Spazier, Dieter: Nowhere. Therapeutische Expedition in die Unwegsamkeit der Drogenszene. Frankfurt M. 1981.

Thiersch, Hans: Verwahrlosung. In: Giesecke 1973, S. 24–44 (a).

Thiersch, Hans: Institution Heimerziehung. Pädagogischer Schonraum als totale Institution. In: Giesecke 1973, S. 69 (b).

Thiersch, Hans: Sozialpädagogik. In: Christoph Wulf: Wörterbuch der Erziehung. München 1974, S. 551–555.

Thiersch, Hans: Alltagshandeln und Sozialpädagogik. In: Neue Praxis. Kritische Zeitschrift für Sozialarbeit und Sozialpädagogik Jg. 8 (1978), S. 6–25 (a).

Thiersch, Hans: Zum Verhältnis von Sozialarbeit und Therapie. In: Neue Praxis. Kritische Zeitschrift für Sozialarbeit und Sozialpädagogik Jg. 8 (1978). Sonderheft: Sozialarbeit und Therapie. S. 6–24 (b).

Thiersch, Hans: Anspruch, Wirklichkeit und Funktion der Heimerziehung. In: Hamann 1978, S. 92–96 (c).

Thiersch, Hans: Die Zukunft der Sozialarbeit und der sozialen Berufe. In: Projektgruppe Soziale Berufe 1981 a, S. 20–38 (a).

Thiersch, Hans: Der mißverständliche Alltag. Rückfragen zum Konzept einer alltagsorientierten sozialen Arbeit. In: Literatur-Rundschau Jg. 4 (1981), Heft 5/6, S. 90–97 (b).

Thiersch, Hans/Rauschenbach, Thomas: Sozialpädagogik/Sozialarbeit. Theorie und Entwicklung. In: Eyferth/Otto/Thiersch 1984, S. 984–1016.

Thomas, William I.: Person und Sozialverhalten. Hrsg. v. Edmund H. Volkert (Soziologische Texte 26). Neuwied und Berlin 1965.

Thompson, Edward P.: Plebeische Kultur und moralische Ökonomie. Aufsätze zur englischen Sozialgeschichte des 18. und 19. Jahrhunderts. Frankfurt M., Berlin, Wien 1980.

Titze, Hartmut: Die Politisierung der Erziehung. Frankfurt M. 1973.

Topitsch, Ernst (Hg.): Logik der Sozialwissenschaften. Köln 1972.

Tuggener, Heinrich: Social Work. Versuch einer Darstellung und Deutung im Hinblick auf das Verhältnis von Sozialarbeit und Sozialpädagogik. (Sozialpädagogische Reihe Band 6). Weinheim, Berlin, Basel 1971.

Tuggener, Heinrich: Verwahrlostenpädagogik. In: Svetluse Solarova (Hg.): Geschichte der Sonderpädagogik. Stuttgart, Berlin, Köln, Mainz 1983, S. 167–211.

Vahsen, Friedhelm: Einführung in die Sozialpädagogik. Bildungspolitische und theoretische Ansätze. Stuttgart, Berlin, Köln, Mainz 1975.

Vaihinger, Hans: Die Philosophie des als ob. System der theoretischen, practischen und religiösen Fictionen der Menschheit auf Grund eines idealistischen Positivismus. Mit einem Anhang über Kant und Nietzsche. Berlin (2. Auflage) 1913.

Vaskovics, Laszlo A. (Hg.): Raumbezogenheit sozialer Probleme. Hrsg. von Laszlo A. Vascovics im Auftrag des Vorstandes der Sektion ›Soziale Probleme und Soziale Kontrolle‹ der Deutschen Gesellschaft für Soziologie. Beiträge zur sozialwissenschaftlichen Forschung Band 35. Opladen 1982.

Vester, Michael: Die Entstehung des Proletariats als Lernprozeß. Die Entstehung antikapitalistischer Theorie und Praxis in England 1792–1848. Frankfurt M. (2. Auflage) 1972.

Vobruba, Georg: Politik mit dem Wohlfahrtsstaat. Frankfurt M. 1983 (a).

Vobruba, Georg: Entrechtlichungstendenzen im Wohlfahrtsstaat. In: Voigt 1983, S. 91–117 (b).

Voigt, Rüdiger (Hg.): Abschied vom Recht? Frankfurt M. 1983.

Weber, Max: Wirtschaft und Gesellschaft. Grundriß der verstehenden Soziologie. Tübingen (5. Auflage) 1979.

Weber, Max: Die protestantische Ethik I. Eine Aufsatzsammlung. Hrsg. v. J. Winckelmann. Gütersloh (5. Auflage) 1979.

Weissenfels, Ulf: Wissenschaftliche Sozialarbeit? Ansichten aus einem Fachbereich für Sozialarbeit/Sozialpädagogik. In: Neue Praxis. Kritische Zeitschrift für Sozialarbeit und Sozialpädagogik Jg. 10 (1980), S. 399–406.

Wendorff, Rudolf: Zeit und Kultur. Geschichte des Zeitbewußtseins in Europa. Opladen 1980.

Weniger, Erich: Sozialpädagogik. In: Enzyklopädisches Handbuch des Kinderschutzes und der Kinderfürsorge. Leipzig 1930, S. 749–752.

Weniger, Erich: Die Eigenständigkeit der Erziehung in Theorie und Praxis. Probleme der akademischen Lehrerbildung. Weinheim 1953.

Wenzel, Hermann: Fürsorgeheime in pädagogischer Kritik. Eine Untersuchung in Heimen für männliche Jugendliche und Heranwachsende. Stuttgart 1970.

Werner, Wolfgang: Zum Selbstverständnis der Sozialpädagogik. Geschichte – Anspruch – Revision. Diss. phil. Gießen 1980.

Werner, Wolfgang: Sozialpädagogik – Fortschritt oder Fehlentwicklung. In: Vierteljahrsschrift für wissenschaftliche Pädagogik Jg. 60 (1984), S. 198–209.

Wesche, Heribert: Voraussetzung und Grundsätze sozialer Arbeit in öffentlicher Verwaltung. In: Neue Praxis aktuell, Sept. 1980, S. 3–6.

Whitehead, A. N.: The Aims of Education and other Essais. London (Ernest Benn) (2. Auflage/7. Nachdruck) 1950.

Wichern, Johann Hinrich: Schriften zur Sozialpädagogik. Hrsg. von Job G. Kling. Bad Heilbrunn 1964.

Wichern, Johann Hinrich: Ausgewählte Schriften. Bd. I. Schriften zur sozialen Frage. Gütersloh 1979 (a).

Wichern, Johann Hinrich: Ausgewählte Schriften. Bd. II. Pädagogische Schriften. Gütersloh 1979 (b).

Wilker, Karl: Der Lindenhof. Werden und Wollen. Heilbronn 1921.

Wilensky, H. L.: Jeder Beruf eine Profession? In: Luckmann, Sprondel (Hg.): Berufssoziologie. Köln 1972, S. 198 ff.

Williams, Raymond: The long Revolution. Harmondsworth (Penguin 1965).

Willis, Paul: Spaß am Widerstand. Gegenkultur in der Arbeiterschule. Frankfurt M. 1979.

Willis, Paul: »Profane Culture«. Rocker, Hippies: Subversive Stile der Jugendkultur. Frankfurt M. 1981.

Willmann, Otto: Didaktik als Bildungslehre. Nach ihren Beziehungen zur Sozialforschung und zur Geschichte der Bildung. Braunschweig (2. Auflage) 1894.

Willmann, Otto: Aus Hörsaal und Schulstube. Gesammelte kleinere Schriften zur Erziehungs- und Unterrichtslehre. Freiburg 1904.

Winch, Peter: Die Idee der Sozialwissenschaft und ihr Verhältnis zur Philosophie. Frankfurt M. 1974.

Winkler, Michael: Geschichte und Identität. Versuch über den Zusammenhang von Gesellschaft, Erziehung und Individualität in der »Theorie der Erziehung«. Friedrich Daniel Ernst Schleiermachers, Bad Heilbrunn 1979.

Winkler, Michael: Pädagogische Denktradition und Handlungskompetenz. Längere Notiz im Blick auf eine mögliche Theorie der Sozialpädagogik. In: Müller, Otto, Peter, Sünker 1984, S. 215–230 (a).

Winkler, Michael: Erzieher sind keine Götterboten. Unfrisierte Skizzen zum Verstehen in der Pädagogik. In: Müller, Otto 1984, S. 83–107 (b).

Winter, Mona, Vogel, Angela, Ochmann, Nana, Kardorff, Ernst von, Knetsch, Heidi: Venusfliegenfalle. Sozialarbeit – Geometrisierung der Nächstenliebe. Frankfurt M. 1979.

Wittgenstein, Ludwig: Schriften I. Frankfurt M. 1969.

Wördehoff, Bernd: Differenzierung der Heimerziehung. Von der Bewahranstalt zum spezialisierten Verbundsystem. In: Neue Praxis. Kritische Zeitschrift für Sozialarbeit und Sozialpädagogik. Jg. 5 (1975), S. 229–236.

Wolff, Jörg: Routine und Gefühle im Entscheidungshandeln von Sozialarbeitern: Vernachlässigte Themen der Professionalisierung. In: Neue Praxis. Kritische Zeitschrift für Sozialarbeit und Sozialpädagogik. Jg. 14 (1984), S. 26–42.

Wolff, Stephan: Die Produktion von Fürsorglichkeit. Bielefeld 1983.

Wollenweber, Horst (Hg.): Sozialpädagogik in Wissenschaft und Unterricht. Paderborn 1978.

Wollenweber, Horst (Hg.): Modelle sozialpädagogischer Theoriebildung. Paderborn 1983.

Wuthenow, Ralph-Rainer: Subjekt und Subjektivität. Beitrag zu einer Begriffsgeschichte. In: Manfred Hahn, Hans Jörg Sandkühler (Hg.): Subjekt der Geschichte. Theorien gesellschaftlicher Veränderung. (Studien zur Dialektik) Köln 1980, S. 56–67.

Wygotski, Lew Semjonowitsch: Denken und Sprechen. Frankfurt M. (5. Auflage) 1974.

Yablonsky, Lewis: Synanon. Selbsthilfe der Süchtigen und Kriminellen. Stuttgart 1975.

Zander, Hartwig: Armut und Sozialarbeit. In: Demokratische Erziehung Jg. 2 (1976), S. 676–689.

Zenz, Gisela: Kindesmißhandlung und Kindesrechte. Erfahrungswissen, Normstruktur und Entscheidungsrationalität. Frankfurt M. 1979.

Ziehe, Thomas: Pubertät und Narzißmus. Sind Jugendliche entpolitisiert? Frankfurt M., Köln (4. Auflage) 1981.

Ziehe, Thomas/Stubenrauch, Herbert: Plädoyer für ungewöhnliches Lernen. Ideen zur Jugendsituation. Reinbek 1982.

Zijderveld, Anton C.: Die abstrakte Gesellschaft. Zur Soziologie von Anpassung und Protest. Frankfurt M. 1972.

Register

Konzepte der Humanwissenschaften

Die 100 Bücher für die Sozial- und Erziehungsberufe

Standardwerke der Psychologie

Albert Bandura
Sozial-kognitive Lerntheorie

D. E. Berlyne
Konflikt, Erregung, Neugier
Zur Psychologie der kognitiven Motivation.

Urie Bronfenbrenner
Ökologische Sozialisationsforschung

George A. Miller, Eugene Galanter, Karl H. Pribram
Strategien des Handelns
Pläne und Strukturen des Verhaltens.

Ulric Neisser
Kognitive Psychologie

Kurt Pawlik (Hrsg.)
Diagnose der Diagnostik
Beiträge zur Diskussion der psychologischen Diagnostik in der Verhaltensmodifikation.

Jean Piaget
Biologische Anpassung und Psychologie der Intelligenz

Walter J. Schraml
Einführung in die moderne Entwicklungspsychologie
Für Pädagogen und Sozialpädagogen.

Entwicklungspsychologie/ Kinderanalyse/Kinder- und Jugendlichen-psychotherapie

Helen I. Bachmann
Malen als Lebensspur
Die Entwicklung kreativer bildlicher Darstellung.

Bruno Bettelheim
Liebe allein genügt nicht

Bruno Bettelheim
So können sie nicht leben

Peter Blos
Adoleszenz
Eine psychoanalytische Interpretation.

John Bowlby
Das Glück und die Trauer
Herstellung und Lösung affektiver Bindungen.

Madeleine Davis, David Wallbridge
Eine Einführung in das Werk von D.W. Winnicott

Françoise Dolto
Praxis der Kinderanalyse

Mia Kellmer Pringle
Was Kinder brauchen

Evelyne Kestemberg, u. a.
Schauplatz Familie
Psychoanalytiker beobachten frühe Mutter-Kind-Beziehungen im Alltag.

Rosine und Robert Lefort
Die Geburt des Anderen
Bericht einer Kinderanalyse aus der Lacan-Schule.

Ashley Montagu
Körperkontakt
Die Bedeutung der Haut für die Entwicklung des Menschen.

Violet Oaklander
Gestalttherapie mit Kindern und Jugendlichen

René A. Spitz
Vom Dialog
Studien über den Ursprung der menschlichen Kommunikation.

D.W. Winnicott
Piggle
Eine Kinderanalyse.

D.W. Winnicott
Vom Spiel zur Kreativität

D.W. Winnicott
Aggression
Versagen der Umwelt und antisoziale Tendenz.

Elizabeth R. Zetzel
Die Fähigkeit zu emotionalem Wachstum

Michel Zlotowicz
Warum haben Kinder Angst?

Psychoanalyse

Michael Balint, Enid Balint
Psychotherapeutische Techniken in der Medizin

Gertrude und Rubin Blanck
Angewandte Ich-Psychologie

Gertrude und Rubin Blanck
Ich-Psychologie II

Rubin und Gertrude Blanck
Ehe und seelische Entwicklung

Luc Ciompi
Affektlogik
Über die Struktur der Psyche und ihre Entwicklung. Ein Beitrag zur Schizophrenieforschung.

Peter Fürstenau
Zur Theorie psychoanalytischer Praxis

Heinz Hartmann
Psychoanalyse und moralische Werte

James Masterson
Psychotherapie bei Borderline-Patienten

Michael Lukas Moeller
Anders helfen
Selbsthilfegruppen und Fachleute arbeiten zusammen.

Wolf-Detlef Rost
Psychoanalyse des Alkoholismus
Theorie, Diagnostik, Behandlung.

Joseph Sandler, Christopher Dare, Alex Holder
Die Grundbegriffe der psychoanalytischen Therapie

Elaine V. Siegel
Tanztherapie
Ein psychoanalytisches Konzept.

Paul L. Wachtel
Psychoanalyse und Verhaltenstherapie
Ein Plädoyer für ihre Integration.

D.W. Winnicott
Bruchstück einer Psychoanalyse

Neue Therapien/ Humanistische Psychologie/ Transpersonale Psychologie

Anthony Barton
Freud, Jung, Rogers. Drei Systeme der Psychotherapie

Ruth C. Cohn
Von der Psychoanalyse zur themenzentrierten Interaktion
Von der Behandlung einzelner zu einer Pädagogik für alle.

Rudolf Dreikurs
Grundbegriffe der Individualpsychologie

Gerald Epstein
Wachtraumtherapie

Meine Stimme begleitet Sie überallhin
Ein Lehrseminar mit Milton H. Erickson, hrsg. von Jeffrey K. Zeig.

Mary McClure Goulding und Robert L. Goulding
Neuentscheidung
Ein Modell der Psychotherapie.

John Grinder, Richard Bandler
Therapie in Trance
Hypnose: Kommunikation mit dem Unbewußten. Neurolinguistische Programme.

Stanislav Grof
Topographie des Unbewußten
LSD im Dienst der tiefenpsychologischen Forschung.

Stanislav Grof, Joan Halifax
Die Begegnung mit dem Tod

Stanislav Grof
LSD-Psychotherapie

Diana Sullivan Everstine,
Louis Everstine
Krisentherapie

Hildegard Katschnig/
Esther Wanschura
Familientherapie in den Ferien

Frederick S. Perls
Gestalt-Therapie in Aktion

Frederick S. Perls
Das Ich, der Hunger und die Aggression
Die Anfänge der Gestalt-Therapie.

Frederick S. Perls,
Ralph F. Hefferline, Paul Goodman
Gestalt-Therapie. Lebensfreude und Persönlichkeitsentfaltung

Frederick S. Perls,
Ralph F. Hefferline, Paul Goodman
Gestalt-Therapie. Wiederbelebung des Selbst

Diane und Albert Pesso
Dramaturgie des Unbewußten
Eine Einführung in die psychomotorische Therapie.

Mary Priestley
Analytische Musiktherapie
Vorlesungen am Gemeinschaftskrankenhaus Herdecke.

Carl R. Rogers
Entwicklung der Persönlichkeit
Psychotherapie aus der Sicht eines Therapeuten.

Carl R. Rogers, Rachel L. Rosenberg
Die Person als Mittelpunkt der Wirklichkeit

Carl R. Rogers
Der neue Mensch

Ruth Ronall, Bud Feder
Gestaltgruppen

Anne Schützenberger
Einführung in das Rollenspiel
Anwendungen in Sozialarbeit, Wirtschaft, Erziehung und Psychotherapie.

Charles T. Tart
Das Übersinnliche
Forschungen über einen Grenzbereich psychischen Erlebens.

Lewis Yablonsky
Psychodrama

Lewis Yablonsky
Synanon
Selbsthilfe der Süchtigen und Kriminellen.

Texte zur Familiendynamik

Maurizio Andolfi, u. a.
Das Spiel in der Maske
Therapeutischer Wandel in rigiden Familiensystemen.

Ivan Boszormenyi-Nagy,
Geraldine M. Spark
Unsichtbare Bindungen

Josef Duss-von Werdt,
Rosemarie Welter-Enderlin (Hrsg.)
Der Familienmensch
Systemisches Denken und Handeln.

Theodore Lidz, Stephen Fleck
Die Familienumwelt der Schizophrenen

Salvador Minuchin, u. a.
Psychosomatische Krankheiten in der Familie

M. Selvini Palazzoli, u. a.
Paradoxon und Gegenparadoxon
Ein neues Therapiemodell für die Familie mit schizophrener Störung.

Mara Selvini Palazzoli
Magersucht

Helm Stierlin
Von der Psychoanalyse zur Familientherapie

Helm Stierlin, u. a.
Das erste Familiengespräch

Michael Wirsching, Helm Stierlin
Krankheit und Familie

Sozialarbeit

Martin Bonhoeffer,
Peter Widemann (Hrsg.)
Kinder in Ersatzfamilien

Arthur W. Combs, u. a.
Die helfenden Berufe

Helga Kaminski, Walter Kast,
Anne Dore Spellenberg
Das Leben Geistigbehinderter im Heim

Helmut Ortner, Reinhard Wetter
Sozialarbeit ohne Mauern
Anstöße zu einer „befreienden“ Gefangenenarbeit.

Isca Salzberger-Wittenberg
Die Psychoanalyse in der Sozialarbeit

Harald Hottelet, u. a.
Offensive Jugendhilfe

Angewandte Sozialwissenschaften

Mihaly Csikszentmihalyi
Das flow-Erlebnis
Jenseits von Angst und Langeweile: im Tun aufgehen.

Adolf M. Däumling, u. a.
Angewandte Gruppendynamik

Gerhard Kaminski (Hrsg.)
Umweltpsychologie

Lisl Klein
Sozialwissenschaftliche Beratung in der Wirtschaft
Eine Einzelfallstudie.

Lothar Krappmann
Soziologische Dimensionen der Identität

Joseph Luft
Einführung in die Gruppendynamik

Max Pagès
Das affektive Leben der Gruppen
Eine Theorie der menschlichen Beziehungen.

Albert E. Scheflen
Körpersprache und soziale Ordnung

Hugo Schmale
Psychologie der Arbeit

Mara Selvini Palazzoli u. a.
Hinter den Kulissen der Organisation

Mara Selvini Palazzoli u. a.
Der entzauberte Magier
Zur paradoxen Situation des Schulpsychologen.

Burkhard Sievers (Hrsg.)
Organisationsentwicklung als Problem

Manès Sperber
Individuum und Gemeinschaft
Versuch einer sozialen Charakterologie.

Rolf Verres, Ingrid Sobez
Ärger, Aggression und soziale Kompetenz
Zur konstruktiven Veränderung destruktiven Verhaltens.

Gunnar Westerlund, Sven-Erik Sjöstrand
Organisationsmythen

Pädagogik/Sonderpädagogik/Pädagogische Modelle

Christoph Ertle, Andreas Möckel (Hrsg.)
Fälle und Unfälle der Erziehung

Kurt Guss
Psychologie als Erziehungswissenschaft
Eine theorienkritische Untersuchung des Themas Lohn und Strafe.

Gerhild Heuer
Selbstmord bei Kindern und Jugendlichen

Erhard Meueler
Erwachsene lernen

Reinhilt Plinke, Inga und Herbert Sell
Erziehung in der Pflegefamilie

Paul Scheid, Herbert Weidlich (Hrsg.)
Beiträge zur Montessori-Pädagogik 1977

Peter Schneider
Einführung in die Waldorfpädagogik

Myrna B. Shure, George Spivack
Probleme lösen im Gespräch
Erziehung als Hilfe zur Selbsthilfe.

Willem ter Horst
Einführung in die Orthopädagogik

Reinhard Voß
Anpassung auf Rezept
Die fortschreitende Medizinisierung auffälligen Verhaltens von Kindern und Jugendlichen.